U0922383

黄冈统计年鉴

HUANGGANG STATISTICAL YEARBOOK

2009

黄冈市统计局
黄冈市财政局 编

中国统计出版社
China Statistics Press

（京）新登字041号

图书在版编目（CIP）数据

黄冈统计年鉴. 2009/黄冈市统计局，黄冈市财政局编.
—北京：中国统计出版社，2009.9
ISBN 978-7-5037-5807-2
Ⅰ.黄… Ⅱ.①黄…②黄… Ⅲ.统计资料-黄冈市-2009-年鉴
Ⅳ.C832.633-54
中国版本图书馆CIP数据核字(2009)第171069号

黄冈统计年鉴—2009

作　　者 / 黄冈市统计局　黄冈市财政局
责任编辑 / 郑淼淼
E - mail / yearbook@stats.gov.cn
责任校对 / 童卫红
封面设计 / 童卫红
出版发行 / 中国统计出版社
通信地址 / 北京市西城区三里河月坛南街57号　中国统计出版社
邮　　编 / 100826
电　　话 / （010）63376907
印　　刷 / 武汉市金港彩印有限公司
经　　销 / 新华书店
开　　本 / 890×1240 毫米 1/16
字　　数 / 69万字
印　　张 / 27.87印张 60彩页
印　　数 / 1000册
版　　别 / 2009 年 9 月第 1 版
版　　次 / 2009 年 9 月第 1 次印刷
书　　号 / ISBN 978-7-5037-5807-2
定　　价 / 200.00元

《黄冈统计年鉴-2009》编辑委员会

《黄冈统计年鉴-2009》编辑部

主　　编： 王礼端　宋兰萍

副 主 编： 袁新安　曾汉良　熊先化　刘金国　胡建华
王政权　周腊香　程建明

成　　员： 曹卫东　方南书　翟　建　曾祥超　方利中
徐同心　杨金贵　李志明　潘旭平　胡晓红
陈国平　洪应政　余能华　陈定春　童卫红
王秋芳　杨仕和　夏　焱　夏建军　蒋　庆
张顺发　黄河清　倪继福

编辑部工作人员

总 编 辑： 童卫红　余能华

副总编辑： 顾援越

责任编辑： 童　泉　高小妹　李　瑛　张丽娟　刘　煜
戢志扬　林　红

编 辑 说 明

一、《黄冈统计年鉴-2009》是一本信息密集的资料性工具书。16K本，精装套印。它通过大量的数据，在系统整理黄冈2008年经济社会发展统计资料的前提下，首次全景式地全面分析和记载了黄冈市建国以来特别是改革开放以来经济、社会、可持续发展等方面的情况。是我市唯一一本用数据描述经济社会发展的大型纪实性存史类书籍，也是我市第一本公开对国内外发行的全面记述地方经济社会发展历史轨迹的大型资料性刊物。

二、本年鉴共分七大部分。第一部分为特载。包括：国家、湖北和黄冈市国民经济和社会发展统计公报；市委书记刘善桥在全市经济工作会议上的讲话；2009年黄冈市政府工作报告。第二部分为黄冈六十年发展综述篇。包括黄冈市和市内黄州区、团风县、红安县、麻城市、罗田县、英山县、浠水县、蕲春县、武穴市、黄梅县、龙感湖、开发区等十三个单位专文。第三部分为六十年黄冈和分县市区国民经济和社会发展数据资料。第四部分为2008年统计资料。包括综合、国民经济核算、农业经济、工业经济、能源、建筑业、固定资产投资、商贸、物价、财政、税收、金融、保险、对外贸易和旅游、劳动、交通运输与邮电、科技、教育、文体、卫生、环境和民政福利、人民生活、社会发展。第五部分为2008年黄冈主要经济指标在全省排名情况。第六部分为黄冈2008年在全省县域经济排位情况。第七部分为单位简介。

三、本年鉴对过去发表的统计资料重新进行了审核和调整，特别是建国以来主要经济指标进行了同口径调整，凡与本年鉴有出入的，均以本年鉴为准。

四、本年鉴在编辑过程中得到了市委、市政府和各县市区党政领导及有关经济主管部门的大力支持和帮助，对本年鉴的内容和编辑工作提出了许多宝贵意见，为此，我们特表谢忱！由于水平有限，编辑工作中难免有疏漏之处，竭诚欢迎广大读者批评指正！

《黄冈统计年鉴》编辑委员会

目　录

第一部分　特　载

第二部分　六十年发展综述

第三部分　建国六十年统计资料

第四部分 2008年统计资料

一、综 合

二、国民经济核算

三、农业经济

四、工业经济

五、能 源

六、建筑业

七、固定资产投资

八、商　贸

九、物　价

十、财政、税收、金融

十一、外　贸

十二、劳动工资

十三、交通运输与邮电

十四、文化、卫生和民政福利

十五、人民生活

十六、社会发展

第五部分　2008年黄冈主要经济指标在全省排名

第六部分　全省县域经济排位情况

第七部分　单位简介

坚持开放开发 实现弯道赶超

黄冈经济开发区（黄冈高新区）

黄冈开发区明珠大道全景

黄冈经济开发区全景

书记 黄永文

市委领导考察黄冈经济开发区恒信德龙公司(4S店)

黄冈经济开发区（黄冈高新区）自1990年6月被湖北省人民政府列为首批省级开发区以来。经过全区人民的共同努力，开发区由小到大，由弱到强，已呈现出大开发、大开放的良好态势，打造了黄冈经济发展的第一引擎。

2006年经国家发改委[2006]66号文件审核通过行政管辖面积为1238.33公顷（含黄州工业园）。全区总人口10.86万人。全区注册企业910家，其中：工业企业148家、规模以上企业89家、高新技术企业13家。全区总体经济以第二产业为主导，第三、第一产业次之的经济结构模式（调整后的三次产业的比重为8%、72%、20%），已经形成“五大功能园区、五大产业集群”的产业结构模式。先后荣获“中国科教产学研基地”、“国家食品饮料产业基地”、“省级重点扶持单位”等。

2008年。黄冈经济开发区在黄冈市委、市政府的正确领导下，全区紧紧围绕开发区党工委、管委会提出的“抢抓新机遇、大干项目年、实现新跨越”总目标。以科技创新为动力，以招商引资为抓手，以项目建设为重点，以抢抓新的机遇为契机，全面贯彻落实科学发展观，优化产业结构和发展环境，扶持和壮大支柱产业集群，全面提升自主创新和自主发展能力。2008年开发区生产总值24.56亿元，同比增长20.0%；规模以上工业总产值49.84亿元，同比增长30.6%；规模以上工业增加值16.44亿元，同比增长30.3%；其中：高新技术产业增加值4.08亿元，同比增长36.2%；规模以上工业主营业务收入45.48亿元，同比增长30.1%；固定资产投资总额12.42亿元，同比增长34.9%；出口总额3580万美元，同比增长27.4%；税收总额29802万元，同比增长17.0%；财政收入33114万元，同比增长11.8%；招商引资总额80000万元，同比增长21.2%；施工项目个数40个，同比增长11.1%；其中:亿元以上项目8个，同比增长33.3%。

黄冈经济开发区东方广场

黄冈经济开发区高新园区

汇源黄冈分公司厂区

实施“五大工程” 推进兴工强区

中共黄州区委 黄州区人民政府

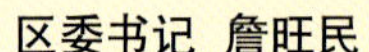
区委书记 詹旺民

区长 余友斌

2008年，全区实现生产总值42.4亿元，比上年增长19.4%；规模以上工业由58户增加到93户，净增35户；规模以上工业实现增加值12.10亿元，增长48.65%；财政收入3.51亿元，增长34.9%；一般预算收入1.61亿元，增长35%；全社会固定资产投资25.35亿元，增长40.6%；社会消费品零售总额36亿元，增长28.5%；城镇居民人均可支配收入11860元，增长18.2%；农民人均现金收入4896元，增长18.86%。2008年，全区区域经济社会发展综合考核在全市位列第2位，在全省79个县市区中排名第8位。

一、推进园区建设工程，打造工业发展平台。始终将园区建设作为推进新型工业化的重要平台来抓，着力布局和推进“一带六区”(沿江经济带及路口工业区、火车站经济开发区、高新技术产业区、东西湖工业区、南湖工业区和白潭湖旅游区)建设，形成了点线互动、相得益彰的园区建设格局，打造区域发展增长极。推进沿江经济带开发。加快推进黄州火车站经济开发区化工产业园区建设。积极参与市区共建东西湖工业园、南湖工业园建设进程。

二、推进产业集群工程，做大做强支柱产业。走差异化发展道路，着力打造具有黄州特色的以医药化工、高新产业、船舶制造、纺织服装等为支柱的产业集群。以中牧药业黄冈公司等高新技术企业为龙头，着力打造百亿化工产业，建设集人药、兽药，成药、医药中间体于一体的化工产业密集区。依托火车站经济开发区定位化工产业园区品牌，抓紧承接武汉化工产业转移。抓住国外船舶制造产业向中国转移、沿海地区船舶制造产业向内地转移的机遇，发展船舶制造产业。依托雅比纺织、三泰纺织等龙头企业，以出口毛巾、卫生敷料、成衣服装三大终端产品为主体，打造纺织服装产业链条。

三、推进创业创新工程，激活全民创业活力。2008年全区新引进投资规模过500万元的项目71个，协议投资规模60.7亿元，其中投资过2000万元的项目36个，过亿元的项目10个。新登记个体工商户3357户，民营企业440户，分别增长35.3%和17.2%，注册登记民营企业累计达到1414户，投资总额15.3亿元，注册资本7.2亿元，民营经济占地区生产总值的75%。

四、推进现代服务业工程，完善城区经济功能。抓住武汉新港和京九铁路黄州站改造升级机遇，迅速启动武汉新港唐家渡作业区、禹杰物流等码头建设，港区疏港，铁路连线正在加紧建设。积极构建市场服务体系，湖北黄商贸易公司已开设大型购物中心7家，标准化超市7家，自营连锁卖场达到49家。已建成了天城贸易、温州商贸、幸福建材等6大专业商贸市场，发展了奥康步行康等10条专业街。做大做实区国有资产经营公司，组建中小企业信用担保公司，发展村镇银行。

五、推进环境建设工程，增强投资吸引力。着力打造“低成本、快回报、讲诚信、优服务、零障碍”的发展环境。着力打造信用县市区，增强投资公信力。着力加强效能建设，优化服务环境。着力完善各项制度。建立健全重点项目、重点企业专班服务工作机制，实行“保姆式”服务。建立健全涉企检查准入制度、涉企执法审批制度、园区集中管理制度、企业宁静日制度等制度体系，规范部门执纪执法行为。

工业园全景

三级联动 大干项目 奋力推进团风县域经济新跨越

中共团风县委 团风县人民政府

县委书记 洪再林

团风县委副书记、代县长 刘应文

刚刚过去的一年，是团风建县历史上极不平凡的一年。一年来，全县人民战胜了百年未遇的冰冻灾害，积极应对金融危机，全县经济社会发展保持了良好的势头。在全市年度考核的11项主要经济指标中，有7项指标增幅位列第一。工业经济实现了跨越发展，规模以上工业企业由2007年的51家增加到75家，工业增加值、销售收入和利税大幅上升，钢结构等支柱产业集群不断发展壮大。招商引资再创佳绩，共引进项目160个，合同投资总额31.97亿元，其中过亿元项目7个。争资争项工作成绩辉煌，全年共争取项目189个，争取资金6.2亿元。品牌创建成效显著，省建筑协会授予我县“楚天建筑之乡”、授予淋山河镇“楚天鲁班镇”，省石材协会授予但店镇“石材之乡”等荣誉称号。

今年是新中国成立60周年，也是应对金融危机，实现团风跨越发展至关重要的一年。按照这个要求，团风县确定今年工作的总体要求是，以科学发展观为统领，以全力保增长为主题，以项目建设为主线，着力推进“三强”发展战略；以打造中国中部钢结构产业基地为重点，大力推进“四大支柱产业”（以鸿路钢构为龙头的百亿钢构产业，以山河建设集团为龙头的百亿建筑建材产业，以回龙山纺织业为龙头的十亿纺织服装业，以兴隆米业为龙头的十亿农副产品加工业）实现新跨越；以罗霍洲港区规划建设为龙头，全力推进“三大园区”（县经济开发区、罗霍洲新港作业区、总路咀“两型社会”试验区）建设实现新飞跃；以保障和改善民生为立足点，努力推进和谐社会建设再上新台阶。进一步动员县乡村三级联动，大干项目，全年开工百万元项目突破200个，投资总额突破30亿元。以项目建设的新跨越，奋力实现在全省县域经济综合排名再向前跨进10位的赶超目标。

开发区工业园 开发区工业园 林家大湾

经济社会齐发展 文明和谐谱新篇

中共红安县委 红安县人民政府

县委书记：熊良宵（左一）

县长：李涛

县委书记熊良宵接待信访群众

2008年，面对严重的自然灾害和复杂的国际国内经济形势，红安人民在县委县政府的正确领导下，抢抓机遇，克难奋进，全县经济呈现发展提速、效益提升、后劲增强的良好局面，各项社会事业全面进步。一是经济总量迅速扩张，发展速度明显加快。全年完成地区生产总值48.9亿元，增长16.1%，是十一年来发展速度最快的一年。全社会固定资产投资25.6亿元，增长51.6%。社会消费品零售额18.9亿元，增长25.6%。实现财政收入6.1亿元，增长19.2%。二是农村工作稳步推进。全年实现农业总产值20.4亿元，增长26.3%。粮油生产全面丰收，被列为“全省油料生产大县”。落实基本农田保护措施，林业外援、退耕还林、扶贫开发、整村推进等项目进展顺利，新农村建设有序开展。三是工业经济迅速壮大。全年新增17家规模以上工业企业，合计达到56家，实现工业增加值16.8亿元，增长35.9%，对GDP的贡献率达到63.1%，工业经济占GDP比重比上年提高近3个百分点。四是第三产业迅速发展。全年第三产业增加值增长12%，达到14.2亿元。旅游业蓬勃发展，全年共接待游客60万人次，实现旅游收入过亿元，红安被命名为全省旅游强县，革命历史纪念园被评为国家4A景区，李先念故居纪念园对外开放，对天河探险漂流景区成为全省接待游客最多的漂流景区之一。金融生态环境不断改善，金融机构各项贷款余额13.1亿元，比年初增长10%，增幅为近十年之最。银行、保险、运输、娱乐餐饮等服务行业迅速发展，民间投资进一步激活。五是民生进一步改善。全年城镇居民可支配收入和农民人均纯收入分别到达9663元和3096元，同比分别增长15.2%和13.2%。实施了经济适用房、廉租房、城区主干道刷黑和杏花大道扩建等重大项目，完成了园艺路、将军路和红金龙大道的绿化改造。通村公路建设当年完成194公里。城乡环境明显改观，城镇化进程持续加快，连续两次获得全省文明县城荣誉称号，并首次获得全国文明县城殊荣。六是社会事业协调发展。城乡学校布局不断优化，办学条件明显改善，教学质量稳步提升，职业教育有了新突破。七是政府效能不断提升。深入开展领导大接访、矛盾纠纷大排查，有效化解社会突出矛盾。平安建设扎实推进，社会大局进一步和谐。认真组织开展一个主题、两项活动，政府执行力得到提升。切实履行政府党风廉政建设职责，依法规范行政行为，加大源头治腐和行政执法监督力度，政风行风进一步好转。

红安烈士陵园全景

上好佳红安有限公司新建厂区

娃哈哈红安有限公司生产车间

60年 黄冈辉煌

乘势而上 克难奋进 夺取保增长快发展的新胜利

中共罗田县委 罗田县人民政府

县委书记（副厅级）：罗刚

县长：肖燕梅

“保增长、快发展”是当前全县的首要任务。罗田县委、县政府坚持把增加投入作为根本途径，把促进三大产业协调发展作为主攻方向，把激活市场主体作为强大动力，把改善民生作为出发点和落脚点，千方百计“保增长、快发展”。

一、始终坚持解放思想不动摇。只要是符合罗田实际的,只要能促进发展的，只要不是法律法规明令禁止的，都要大胆地闯，大胆地试，大胆地干，切实增强抓发展的能力、解难题的能力、促落实的能力、保稳定的能力。

二、抢抓机遇大搞项目建设。立足于“把区位条件搞优、把交通路网搞畅、把基础设施搞牢、把服务功能搞强、把发展平台搞实”等“五大目标”，深入开展调研和项目策划，拓展大项目建设深度。

三、“聚焦工业、强攻工业”不动摇。强化“产业第一、企业家老大”的思想，加快工业发展。一是全力抓好“两区建设”。二是强力推进招商引资。三是加强支柱产业和重点企业建设。

四、突破性发展旅游产业。一是在体制机制上抓突破。加快建立适应旅游开发的新型管理体制和经营机制。二是搭建两个平台。即成立开发公司的融资平台和招商平台。三是突出抓好“三创”工作，即全县要争创全省旅游强县，九资河镇要争创全省旅游名镇，天堂寨风景区要争创4A级景区。四是重点加强四大旅游项目建设。

五、以改革创新精神加强农业农村工作。积极推进农村体制改革，完善集体林权制度改革，促进土地有序流转。把农民增收作为农村工作的重中之重，努力争取农民增收势头不回落、不放缓。利用农民工回流、集体林权制度改革和促进土地流转的契机，加大产业结构调整力度，加强板块农业和特色农业建设，挖掘农业内部增收潜力。加大农业招商引资力度，支持农民自主创业，发展农产品精深加工和销售，拓展农业内部增收空间。

六、大规模推进城镇交通等基础设施建设。用超常规的思维、超常规的办法抢抓机遇大搞建设。继续以提升城市品味、完善城市功能建设为抓手，重点抓好路网、老城区改造、景观、环保、房地产开发、民生等建设。交通建设方面，围绕把区位条件搞优、把区域路网搞畅的总体目标，来一场交通建设史上的革命。全面加强农田水利、电力能源、生态林业、通信网络等各个方面的基础设施建设。

七、着力解决好民生问题。实施积极的就业再就业政策，大力推进创业带动就业，完善社会保障体系，扩大城乡最低生活保障和医疗保险覆盖面，推进城乡基本公共服务均等化，牢固树立安全发展理念，坚决遏制重特大安全事故发生。高度重视稳定工作，健全社会治安防控体系，增强人民群众的安全感。

大地铺金

凤城新姿

秋染天堂---中国最美的田园风

巨大的变化辉煌的业绩

中共浠水县委　浠水县人民政府

县委书记 周勇

县长 吴烨

浠水县山清水秀，人杰地灵，历史悠久，名胜古迹甚多，物产资源丰富，名优特产较多，素有“鄂东粮仓”之美誉。建国六十年来，在党的路线指导下，全县人民在历届县委、县政府的领导下，以发展浠水、振兴浠水、构建和谐浠水为目标，艰苦奋斗，团结拼搏，抢抓机遇，全县经济快速发展，社会事业全面提升，人民生活大幅改善。

一、经济实力明显增强。2008年全县实现生产总值78.06亿元，是1952年的113倍。财政收入达到4.93亿元，是1949年的232倍。三次产业结构不断改善，三次产业结构比由1952年的89.0：5.8：5.2发展到2008年的37.1：30.6：32.3。

二、农业生产稳步推进。2008年全县农林牧渔业总产值47.4亿元，是1949年的49倍。主要农副产品产量成倍增长，2008年粮食产量43.5万吨，油料总产6.56万吨，棉花产量1.23万吨，分别是1949年的2.8倍、12倍和10.5倍，牲猪出栏65.1万头，水产品产量8.51万吨，分别是1949年的9.5倍和53.1倍。

三、工业生产快速发展。经过60年的不断发展，全县工业经济快速发展，现以形成建材、医药化工、汽配、食品加工、窑炉机械等一批行业为主体的工业生产体系，一批支柱企业发展壮大。2008年，全县规模以上工业总产值46.12亿元，是1952年全县工业总产值的824倍。

四、社会事业全面进步。2008年末，全县总人口为103.08万人，比1949年净增45.66万人，拥有各类学校243家，在校学生数16.93万人；拥有卫生机构38家，床位数1494张，卫生技术人员2656人；拥有艺术表演团体2个，公共图书馆藏书近9万册，广播电视覆盖率达到98%。

五、城乡居民生活大幅提高。2008年城镇居民人均可支配收入达到9738元，是1984年的16.8倍，城镇居民人均住房面积34.6□，是1984年的2.8倍；2008年农民人均纯收入4083元，是1978年的38.5倍。城乡居民人均储蓄存款5881元，是1978年的2100倍。

杜邦外景

广场夜晚

神鹭水产品有限公司小龙虾生产车间

领导视察

渔业生产

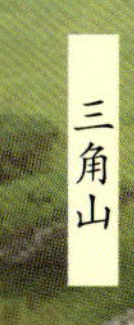

三角山

狠抓六大工程 壮大县域经济

中共蕲春县委 蕲春县人民政府

县委书记 熊长江

县长 徐和木

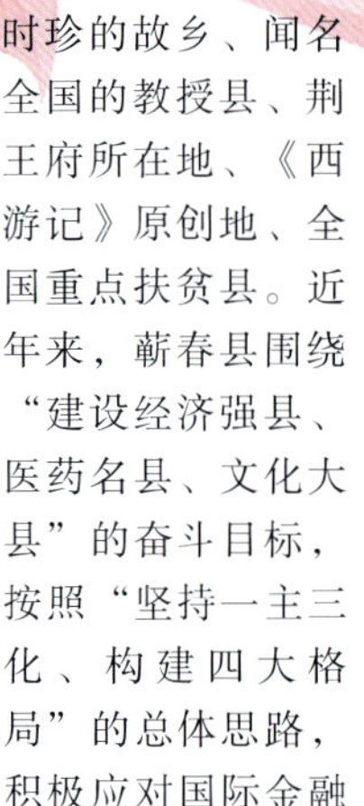

蕲春是医圣李时珍的故乡、闻名全国的教授县、荆王府所在地、《西游记》原创地、全国重点扶贫县。近年来，蕲春县围绕“建设经济强县、医药名县、文化大县”的奋斗目标，按照“坚持一主三化、构建四大格局”的总体思路，积极应对国际金融危机的冲击，抓招商促创业，抓园区促兴工，抓集群促转型，全县形成了“园区带动、项目支撑，县乡联动、多极增长，聚群发展、特色鲜明”的发展态势，呈现出“经济加速发展、民生明显改善、社会政通人和、工作全面进步”的良好局面。2008年，全县实现生产总值74.8亿元，同比增长16.8%；完成财政收入6.03亿元，同比增长36.7%；全社会固定资产投资 49.1亿元，同比增长71.9%；规模以上工业增加值17亿元，同比增长46.4%；城镇居民人均可支配收入9685元，同比增长18.7%；农民人均纯收入3578元，同比增长17.1%。尤为可喜的是，2008年的全县财政收入、税收收入在2005年基础上翻了一番；一般预算收入、固定资产投资、规模企业个数、规模以上工业增加值、社会消费品零售总额、社保基金等经济指标在2006年基础上翻了一番。在全省县域经济考核中，比上年前进了13位并进入全省“五快”行列。

一、狠抓园区建设工程。按照“产业集群、生态园区、现代新城、科学发展”的要求，集中力量建设李时珍国际健康文化旅游区、李时珍医药工业园区、蕲春经济开发区和陶瓷产业园、节能灯工业园、九棵松工业园、华龙国际港口物流园、台湾农民创业园，形成了“三区多园”的发展新格局。

二、狠抓产业集群工程。充分发挥产业集群的聚集带动作用，加大产业集群的招商引资力度，着力建设特色产业园区，初步形成了医药、节能灯、陶瓷三个产业集群。以李时珍国际健康文化旅游区、李时珍国际集团和李时珍国际医药港为龙头的医药产业集群。

三、狠抓产业兴镇工程。坚持把产业兴镇作为壮大县域经济的重要举措，依托有基础、有优势的乡镇，用改革创新的精神和市场经济的办法，大力发展新型乡镇企业；鼓励有条件的乡镇创办工业集中区，重点打好“蕲漕横刘牌”，初步形成了“一镇一业、一村一品”的发展新格局。

四、狠抓中小企业成长。坚持大小并举、内外并举，大力开展“小进规、规进中、中进大”活动，培植壮大市场主体，促进了一批企业“小巨人”成长。

五、狠抓回归创业工程。设立回归创业办公室，在上海、深圳、东莞等地建立服务站，开展多种形式联谊联心活动，促使能人回乡、企业回迁、资金回流、人才回归，在亲情、友情、乡情的感召下，一大批在外成功人士纷纷回乡创业。

六、狠抓品牌带动工程。始终不渝地打好李时珍、教授县、荆王府、《西游记》原创地这四张名片，大力实施企业精品名牌战略，打造了本草纲目中成药、李时珍家方酒、斯多赛尚服装、鄂簧钢板弹簧、燕加隆九方园板材、孺子牛鞋业、金浪珍米、驹龙园茶叶等一批在全省乃至全国叫得响的知名品牌，增强了县域经济发展的竞争力。

① 省委书记罗清泉(中)在蕲春县横车镇九果松调研

② 市委书记刘善桥(右)陪同省委常委组织部长潘立刚(中)在蕲春中瓷万达公司调研

③ 市长刘雪荣陪同省政协副主席程柏槐在蕲春调研

④ 县委书记熊长江(中)在刘河镇宝鸡山工业小区调研

⑤ 徐和木县长陪省开行领导视察开发区（图中右三为徐县长）

◎励精鉴论 顽驻拼博

——中共黄梅县委 黄梅县人民政府

县委书记 吴海涛

县长 余建堂

建国60年来，黄梅历届县委、县政府团结和带领全县人民，励精图治，顽强拼搏，艰苦创业，共同谱写了黄梅发展史上的光辉篇章，全县经济社会发展呈现速度加快、质效提高、民生改善的良好态势。2008年，全县实现生产总值67.72亿元，完成财政收入5.47亿元，地方一般预算收入3.14亿元，地税、社保、土地等三块收入均首次突破亿元大关。全社会固定资产投资完成32.44亿元，城镇居民人均可支配收入8935元，农民人均纯收入4088元。

工业质效明显提升。全县规模以上工业企业达129家，规模以上工业实现增加值15.1亿元，增长45.4%。大胜关山工业园、小池工业园、砖都工业园、杉木陶瓷工业园初具规模，纺织服装、新型建材和农副产品加工三大产业集群实现产值29.3亿元，占全县工业总量的63.1%。

现代农业稳步发展。被列为全国粮食主产县、全省优质油菜板块基地县、全省棉花良种补贴试点县、省级农机化示范县，跻身全省26个水产大县行列。全县规模以上农产品加工企业达31家，其中省级龙头企业4家、市级龙头企业12家，黄梅青虾、源湖大闸蟹等6项水产品获"有机产品"认证。

第三产业凸现活力。五祖寺风景区"创4A"工作已经启动，以佛教禅宗为特色的文化旅游产业格局日益形成。城乡市场日趋繁荣，"万村千乡"和"新网"工程有序推进，全县"农家店"达294家。全县社会消费品零售总额35.36亿元。

项目建设扎实推进。黄梅经济开发区"一区两园"建设扎实推进，污水处理厂、垃圾处理场、工业园区自来水厂即将投入使用，小池码头、合九铁路濯港二级货场、西隔堤整险加固等重点项目取得较大进展。全县已通水泥路的村达483个，通达率92%；推进三大泵站更新改造、三大水库整险加固工程建设，城乡生活环境明显改善。完成招商引资项目65个，协议投资36.3亿元，到位资金8.3亿元。村镇建设管理不断加强，小池镇夺得全省"楚天杯"，黄梅镇、孔垅镇、孔垅张塘村、小池河桥村夺得全市"大别山杯"，张塘村被列为全省新农村建设示范村，获"黄冈市十大秀美乡村"荣誉称号。

社会民生持续加强。被评为全国楹联之乡、诗词之乡、武术之乡、挑花之乡，黄梅挑花、黄梅戏入选全国首批非物质文化遗产保护名录，被列为第二批国家传统知识产权试点县。城镇居民医疗保险参保率达62%，新型农村合作医疗参合率达97.67%。教育事业均衡发展，教育综合水平稳居全省全市前列。县第三小学、县人民医院医疗急救综合大楼、县中医院门诊楼等民生工程已全面开工建设，7家乡镇卫生院国债投资项目已竣工交付使用。

五祖寺风景区

新农村示范点

工业园区一角

武穴市经济总量不断扩大

中共武穴市委

市委书记　张社教

市长　吴美景

2008年，全市经济总量达到了87.79亿元，按可比价格计算，是1952年的100倍，是1978年的42.7倍，是1987年的12.1倍。财政收入8.2亿元，是建国初期的368倍，年均增长11.8%，是1978年的62.5倍，年均增长14.8%，是1987年的30.6倍，年均增长17.7%；三次产业的结构调整为30.5：41.3：28.2。在湖北省县域经济考核评价中实现了历史性突破，首次跻身第一方阵，列第20位。

2008年，全市农林牧渔业总产值已达到39.31亿元，是建国初期的8.4倍。农、林、牧、渔业总产值的比例调整到2008年的40.7：0.6：42.9：15.2。

全市共完成工业增加值34.5亿元，工业占国民经济比重达到39.3%，较建国初期的3.5%提高了35.8个百分点，较1978年的14.5%提高24.8个分点，工业化水平明显提高。企业规模不断扩大，2008年全市规模以上工业企业发展至137家，工业经济效益综合指数达238.24%，创造武穴有史以来的最好水平。规模以上工业企业盈亏相抵后实现利润总额为4亿元，实现利税总额6.8亿元。

全市固定资产投资达到42.6亿元，是1950年的5.3万倍，是1978年的339倍。投资的快速增长，使全市基础设施建设突飞猛进，各种瓶颈制约大大得到缓解，经济持续发展的后劲迅速增强。

社会消费品零售总额已达38.75亿元，是1949年的587倍，建国以来年均增长11.4%，是1978年的78倍，年均增长15.6%。外贸出口额达8767万美元，实际利用外资达到2941万美元。

各项社会事业全面进步。社会保障日益健全。2008年末，城镇职工参加基本养老保险人数达到4.6万人；参加城镇失业保险人数达到2.5万人；参加基本医疗保险的人数达到4.6万人；社会保险参保率达96.1%。

社会福利事业加快发展。全市共有各类福利院85个，拥有床位2894张。城镇建立各种社区服务设施62个。临时救济困难户人数达320人次，五保人员集中供养率达100%，年末城镇居民享受最低生活保障人数达1.47万人，农村低保正式运行，农村居民享受最低生活保障人数达1.7万人，基本实现动态管理中应保尽保的目标。

教育事业长足长展。2008年末全市共有各级各类学校266所，2489个教学班，在校学生12.82万人，在职教职工达7745人，九年义务教育完成率达99.8%。全市各级各类学校校舍建筑面积达101.81万平方米，拥有固定资产4.4亿元。

文化广播电视事业繁荣发展。艺术表演团体全年演出286场，上演剧目21个；公共图书馆馆藏图书12.8万册，全年总流通量达12.5万人次；博物馆馆藏品1.49万件（套）；随着人民物质生活的不断改善和文化需求的不断提高，各类民间文化艺术团体如雨后春笋，竞相发展。拥有调频广播电台、电视台和发射台各一座，可同时转播45套电视节目和4套广播节目。城乡一体的广电光纤网络已基本建成，电视人口综合覆盖率为94.3%，广播人口综合覆盖率达到94.7%。

卫生事业稳步加强。公共卫生服务体系不断完善，到2008年末全市拥有卫生机构66个，技术人员2171人。新型农村合作医疗运转日趋规范，全市有49.3万名农民参加了新型农村合作医疗，参合率为91.4%。

居民收入显著提高，生活质量得到改善。2008年，全市农民人均纯收入达到 4621元，城镇居民家庭人均可支配收入增加到

华新武穴水泥生产线项目

祥云集团

综合实力显著增强

武穴市人民政府

10526元,城乡居民人均储蓄存款达到6865元。农民人均生活消费支出3592元，比1983年的247元增长13.5倍,年均递增11.3%；城镇居民人均住房使用面积由1986年末的14.5平方米扩大到2008年末的33平方米。农村居民人均住房使用面积由1985年末的18.2平方米扩大到2008年末的37.95平方米。

张社教到基层调研

吴美景深入项目建设第一线

▲ 双善洞

▲ 仙姑山

跨越雷池天地宽

——改革奋进中的龙感湖管理区

① | ②

① 党委书记 彭志伟

② 主任（场长） 余学武

龙感湖古称雷池，位于鄂、皖、赣三省结合部。1956年，经国务院批准围湖垦建，系湖北省属大型国有农场；1996年，经省市批准设立黄冈市龙感湖管理区。版图面积100平方公里，总人口5万余人。

半个多世纪以来，特别是全省农垦实施综合改革5年来，龙感湖面貌发生了翻天覆地的变化。2008年，全区地区生产总值8.69亿元，同比增长24.5%，分别是1978年的102倍和2004年的2.8倍；一般预算收入3810万元，同比增长30%，分别是1978年的152倍和2004年的2.3倍；职工人均收入6313元，同比增长19.9%，分别是1978年的27倍和2004年的1.2倍。工业经济从无到有，从小到大，形成了纺织服装、饲料加工、医药化工等主导产业，规模企业达到30家。农业生产由粗放经营向集约化、规模化、标准化、现代化经营转变，种养业板块基地连片，仅生猪养殖就已形成千头以上养殖小区（园区）19个。

2007年，龙感湖被国家农业部确定为全国71家现代农业示范区场之一，被湖北省确定为现代农业示范区；2008年被湖北省发展改革委、财政厅等八厅局确定为省级循环经济产业试点园区；2009年经省人民政府批准设立“湖北龙感湖工业园”。

2008年，龙感湖提出以建设“两型社会”社会为主题、以发展“循环经济”为主线、以打造“百亿元产业园”为主要奋斗目标的工作思路。

发展新型纺织业。龙感湖努力调整纺织产业结构，注重发展新型特色纺织业。黄冈霞客环保色纺公司将废弃聚脂进行回收、加工，从而形成绿色、环保型产品。一期已形成近7万锭规模，二期20万锭色纺纱项目正在抓紧实施。

发展有机种植业。龙感湖通过实施塞湖3万亩、洋湖1.2万亩以及后续基本农田改造工程，新建大湖口泵站、塞湖泵站、春港泵站等大型泵站，提高抗旱排涝能力，提升现代农业装备水平，为发展有机种植提供了坚实的基础保障。重点生产有机水稻、有机黄籽油菜（已试种成功）、有机瓜菜等主导产品。到2012年将形成4万亩黄籽油菜生产基地、4万亩有机水稻生产基地、1万亩有机瓜菜生产基地，与之配套的有机黄籽油菜、有机水稻深加工项目正在规划实施。

发展安全养殖业。龙感湖现有5万头以上生猪养殖园区2个、万头以上小区6个、千头以上小区19个，“百万头”现代化生猪养殖工程正在稳步推进。全区现有规模化精养鱼池2.1万亩，大面积滨湖水面为肉鸭养殖提供了天然放养场。盛龙生猪养殖园区、深港生猪养殖园区以及塞湖水产养殖场通过了无公害产地和产品认证。与之相配套的百万头生猪屠宰及其产品深加工、5000吨水产品加工和与武汉精武集团合作的两千万只肉鸭养殖及熟食加工等产业延伸项目正在抓紧建设。

发展新型能源产业。为了把现代农业和新型工业产业链条衔接起来并形成循环，龙感湖正在着力发展新型能源产业。以霞客公司为代表的纺织企业，改变了“资源产品废弃物”单向直线的传统经济模式，形成了“资源产品再生资源利用”的循环流动型经济流程。盛龙公司20万头现代化生猪养殖基地通过近二年的建设，已形成10万头生产能力，而且正在实施生物沼气发电项目。龙感湖利用丰富的棉花秸秆等生物质资源及湖区风力资源，分别与法国阿海珐公司、华电集团新能源公司合作，正在抓紧实施秸秆发电和风力发电等项目。

◄ 省级农业产业化龙头骨干企业——湖北盛龙农业科技开发有限公司生猪育肥车间一角

▲ 规模企业——黄冈霞客环保色纺有限公司车间一角

鄂东职业技术学院

EDong Institute of Vocation & Technology

鄂东职业技术学院是湖北省人民政府于2004年4月以鄂政函〔2004〕70号文件批准设立的一所普通高等职业技术学院，其前身为国家级重点中专湖北黄冈工业学校。

学院由黄冈市人民政府主管，教育教学业务接受湖北省教育厅的管理和指导。学院位于全国著名的教育之乡、武汉市城市圈黄冈市内，北依大京九，南临长江，西接武汉，东望九江，交通便利，环境优美。建校30多年来，学院先后被评为“全国职业技术教育先进单位”、“国家重点建设示范院校”、“全国职业指导工作先进学校”和“全国最具特色的高职院校”。

学院现占地580亩，校舍建筑面积28万平方米，固定资产近3亿元。学院建有四大实训基地，即国家数控实训基地、国家电工电子实训基地、计算机应用实训中心、金工实训等八大实训基地，同时建有58个实验室、15个视频教室和4个多媒体语音室，教学仪器设备总值3000多万元。图书馆藏书23万余册，并建有数字化图书馆、电子阅览室和校园网。

党委书记、院长饶水林同志

学院现有教职工498人，其中专任教师330人，教师中副高以上职称的119人，本科学历281人，硕士学位90人，市级学科带头人17人，全国优秀教师3人，省级优秀教师8人。近年来，学院教师完成省级以上鉴定的科研成果64项，在国际和国内学术刊物及全国性学术会议上发表论文700多篇，编纂教材专著50多部。

学院各类在校生13000余人，设有机械工程系、机电工程系、计算机科学系、经济贸易系、建筑工程系和公共课部、网络与成人教育部共五系两部，开设有数控技术、机电一体化、计算机应用、工业与民用建筑、会计电算化等23个专业，其中数控技术专业是国家重点建设专业、湖北省教学改革试点专业，机电一体化专业是湖北省骨干示范专业。

学院坚持科学的发展观，认真制订了“十一五”发展规划，确立了三步走发展战略目标，准备利用10年左右的时间建成拥有“十大基地”、“百名教授”、“千亩校园”和“万名学生”的高职院校，努力把学院做强、做大、做特、做优，办成湖北省乃至全国名牌高职院校。

▲ 中国工程院院士杨叔子2005年、2008年先后两次到学院讲学

▲ 市委书记刘善桥、副市长梅香雪等领导参观数控实训基地

▲ 2006年10月20日市长刘雪荣到我院考察调研

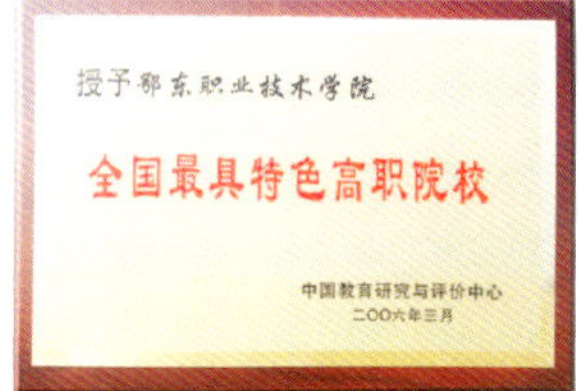

▲ 可编程控制实验中心

▲ 模具电脑设计实训中心

▲ 国家数控实训基地

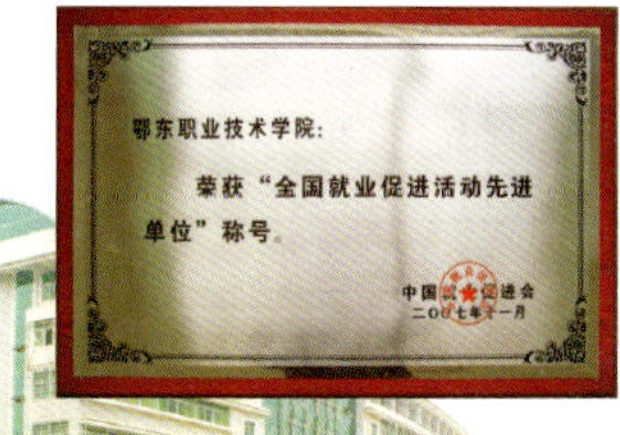

学院地址：湖北黄冈市新港二路43号　电话：0713-8835358

信息化托起

——中国电信黄冈分公司以信

图为全国人大代表莅临黄冈视察农村信息化工作。左三为中国电信黄冈分公司总经理陶代金。

图为市委常委、副市长龙福清(左)与中国电信湖北公司副总经理林幼槐(右)签署战略合作框架协议。

图为黄冈市市长刘雪荣等领导，中国电信湖北公司高春雷副总经理、黄冈分公司陶代金总经理参加黄冈市电子政务专网项目签约暨建设启动仪式。

2005年，我市实现了行政村“村村通电话”的目标，并受到省政府表彰。2006年，我市实施十大信息工程，并启动新农村信息化建设。2007年，我市实施市政府公开承诺的实事工程农村宽带“进村入户”工程，实现了100%乡镇和80%行政村通宽带互联网。2008年，我市实施“农村信息扶贫工程”、农村信息服务“神农模式”，并启动“天翼”品牌和189放号。2009年3月，我市电子政务专网建设正式启动，4月，与全国120个城市同步迈进“天翼”3G时代。

采用信息化技术 推进基础网络建设

近年来，该分公司按照“科学规划、适度超前”的原则，全面实施“光进铜退”工程，大规模应用EPON技术，不断提速宽带接入网建设，实现了光纤接入到路边、到大楼、到小区。同时，大力推进基于三网融合的ITV技术应用，为广大市民提供电视节目直播、点播、回看及丰富互动的信息服务，并通过ITV方式承建农村党员干部现代远程教育网，为农民朋友提供实时教育培训等服务。

自去年10月成功收购联通CDMA网络以来，该分公司克服时间紧、任务重、压力大等困难，加快移动网络建设，扩大网络覆盖和容量，最大限度满足客户对融合业务的需求，努力打造安全、高效、可靠、开放的综合信息服务网络，仅用半年时间，网络覆盖率由65%提升到95%。开通“天翼”3G业务后，该分公司充分发挥CDMA平滑过渡的技术优势，加快EVDO网络部署和WLAN建设进程。目前，3G网络已覆盖全市所有城区，重点宾馆酒店也已实现WLAN无线宽带的热点覆盖，下一步将加快农村、校园等区域的覆盖建设步伐，满足更多客户的信息需求。

推进农村信息化 缩小城乡数字鸿沟

随着“村村通电话”工程、农村宽带“进村入户”工程、农村信息扶贫工程、农村信息服务“神农模式”、“家电下乡”等持续推进，信息化如春潮涌入广大农民的心田，唤醒并滋养着黄冈农村的贫困土地，黄冈农村已通过“信息高速公路”拉近了城乡的距离。目前，黄冈市村一级宽带通达率达91%，76%的乡镇建有农村信息服务站，100%的乡镇建有农村党教点，农村电话入户率、农村信息化应用水平走在全省前列。

深化信息化应用 提升城市综合功能

为助力管理型政府向服务型政府转变，实现政府机关办公自动化、管理智能化、决策科学化，该分公司正与市政府共同

用户至上 用心服务 Customer First Service Foremost

“数字黄冈”

化建设服务恭贺黄冈辉煌六十年

刘雪荣市长视察检查宽带进村入户工程情况。

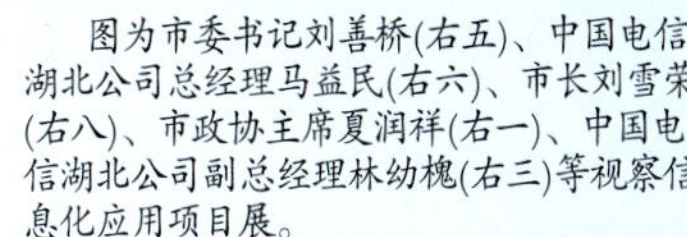

图为市委书记刘善桥(右五)、中国电信湖北公司总经理马益民(右六)、市长刘雪荣(右八)、市政协主席夏润祥(右一)、中国电信湖北公司副总经理林幼槐(右三)等视察信息化应用项目展。

图为市委常委、副市长龙福清（中），市人大常委会副主任张永斌（右），中国电信黄冈分公司总经理陶代金（左）共同按动3G网络开通按纽。

建设黄冈电子政务网项目。该项目计划通过两年时间，建成覆盖市、县、乡政府机关统一的非涉密电子政务专用网络。项目建成后，将为政府机关信息交换和资源共享提供高效服务。

为解决制约企业发展的信息化瓶颈，大力提升企业信息化水平，近年来，该分公司重点打造“商务领航”工程，为企业提供一揽子、一站式的综合信息服务解决方案和专业化技术服务支撑。同时，积极组织开展黄冈企业信息化巡展体验等活动，促进广大企业以信息化为支撑，优化生产和管理流程，提升企业竞争实力，实现企业又好又快发展。

为了更好地服务社会、服务大众，该分公司紧紧围绕平安和谐黄冈建设，充分发挥网络资源优势，重点加快“平安城市”项目建设，着力打造“我的e家”、号码百事通、ITV互动电视、绿色上网等品牌工程，不断提升我市信息化水平。

开启“天翼”3G时代 提速“数字黄冈”建设

2008年12月22日，“天翼”，这个亿万人期待的名字，终于揭开神秘的面纱，在黄冈红色大地上闪亮登场！一时间，从平原到山区，从城市到农村……1.74万平方公里的土地上掀起了一股“天翼”的热潮。

2008年10月1日，中国电信黄冈分公司正式经营CDMA移动通信服务，并在年底启动了“天翼”品牌和189号段。2009年4月16日，中国电信黄冈分公司举行“天翼”3G业务开通庆典活动，宣布与全国120个城市同步开放“天翼”3G业务，率先引领黄冈进入3G时代。使用“天翼”的用户不换号、不换卡，就能实现无线宽带上网、移动办公、在线影视、手机对讲、手机邮箱、音乐下载等高速互联网手机应用。

为促进个人移动通信应用升级，进一步提升城乡信息化水平，该分公司积极组织开展“非翼勿扰”贺岁电影包场、“天翼平安夜”化妆晚会、书法家免费题赠春联、黄梅戏全市巡演等宣传体验活动，为广大市民带来一种全新的绿色通信消费理念，开拓更为广阔的信息服务空间，打造惠及大众的信息服务生活，提供便捷丰富的信息服务应用，进一步改善商务投资环境，提升城市综合竞争力，促进黄冈更好地融入武汉“8＋1”城市圈。

6月30日，黄冈市人民政府与中国电信湖北公司签署战略合作框架协议。根据协议，中国电信湖北公司未来5年将投资18亿元，支持我市建设遍布城乡的高速无线网络、宽带网络以及10大信息化项目。中国电信黄冈分公司将以此为新的契机，与社会各界广泛合作，深入推进信息化建设与发展，助推“数字黄冈”跨越式发展。

北京2008年奥运会合作伙伴
Partner of the Beijing 2008 Olympic Games

中国移动湖北公司黄冈分公司

中国移动核心价值观：正德厚生 臻于至善

黄冈移动分公司成立于1999年7月，经过近十年的发展，网络覆盖日臻完善，客户规模迅速扩大，业务服务领域更加全面：为全方位满足社会和客户的需求，除基本通话业务外，公司还向客户提供了短消息、信息点播、移动秘书、移动梦网、IP电话、手机银行、手机证券、CMNET移动互联网、GPRS手机上网、MMS彩信、彩铃等新业务，同时还向集团客户提供移动400、企业建站企业邮箱、手机邮箱、Blackberry商务宝、动力100业务包、企业一卡通、农信通M2M电梯卫士等。公司拥有知名的10086、12580客户服务品牌，“一点接入，全网服务”的10086全市联网大型客服系统，可实现业务受理、业务咨询、话费查询等多种功能。

2008年，中国移动通信集团湖北有限公司黄冈分公司在市委、市政府的正确领导和大力支持下，围绕年初工作总体部署，扎扎实实做好市场、网络、服务工作，维护社会稳定，促进经济发展，不仅全面完成年度各项经营目标任务，而且公司软硬实力同步提升。在网用户数突破150万户，通信交换容量扩展到300万门，运营收入较去年同期增幅26%。

践行金牌服务，提升客户服务感知。

08年是奥运服务年，中国移动作为奥运合作伙伴，践行“最先进的技术、最丰富的业务、最周到的服务”奥运承诺，以“勇争第一”的精神提升服务品质，夺取客户“满意100”的服务“金牌”。作为奥运服务年的重要内容，黄冈移动积极践行“五心”服务举措从责任、诚信、便捷三个方面积极保障客户的消费权益。“五心”服务主要包括：奥运服务全程创优 为盛世添欢心；广开便捷电子渠道 让服务更随心；为客户量身优选资费套餐 让客户选择更省心；广开便捷电子渠道 让服务更随心；为客户量身优选资费套餐 让客户选择更省心。

加强通信建设，增强客户网络感知。

通信建设加快步伐，GSM13期工程于2007年9月底全部完成。14期工程已经启动。黄冈移动通信能力不断增强，自然村移动信号覆盖率进一步提升。

重要时刻通信保障有力。08年春节黄冈移动网安全渡峰，50年一遇的暴雪应急发电取得了圆满胜利，干线中断为0；防汛工作提前部署，制定了分公司通信保障防汛应急预案，组织了重大自然灾害应急通信保障演练。此外，完成了英山茶叶节、麻城杜鹃节等重大活动通信保障任务。

推进移动信息化，助建社会主义新农村

作为重要骨干企业，公司积极响应“服务三农”号召，不断加大支农惠农力度，通过大力推进农村信息化村镇建设、积极开发“农信通”、“气象通”等业务，为农村提供全方位，全天候、多功能的信息服务，帮助农业增产、农民增收、广受社会好评。

目前，公司已建成的30个乡镇一级信息服务站、90个村级信息服务站、36个农技110服务站正在发挥作用。如今，移动“农信通”业务深入推广，让“三农”深受其益，使其成为农村客户日常耕作、养殖过程中不可缺少的环节。在农村的早晨，信息机和广播给农民朋友送去当天的天气预报；午后，送去各类特色种植养殖信息；傍晚，广播还给农民朋友送上一段地方小戏，一个小

中国移动企业使命 创无限通信世界 做信息社会栋梁

中国移动愿景 成为卓越品质的创造者

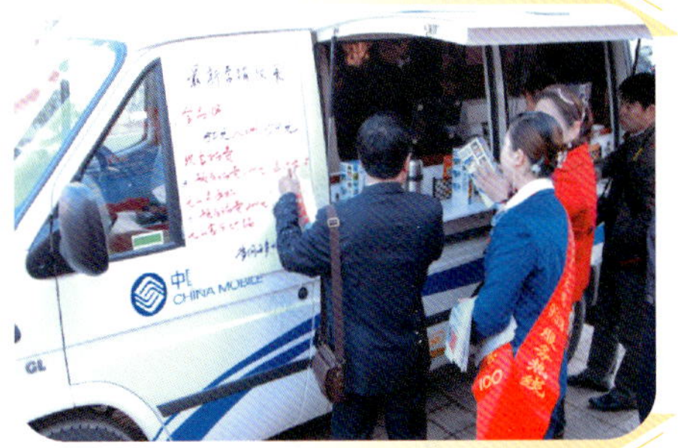

故事等。这些信息化设备已成为农民朋友茶余饭后不可或缺的一部分，农民参与移动信息化村镇建设的热情也因此空前高涨。

2008年12月3日至5日，院农村中心副主任张鹏飞、湖北移动客户部经理涂重斌一行四人到黄冈调研湖北农技110移动短信试点工作后，与湖北移动公司联合制订了《湖北农技110移动短信服务县域试点推广方案》，对下一阶段的工作作了更周密的部署。

12月27日上午，湖北农技110移动短信服务黄冈试点工作启动仪式暨信息员培训会议在蕲春县移动分公司举行。省、市、县有关领导同来自蕲春县、浠水县第一批农民专业合作协会试点单位的负责人、信息员等共四十余人参加了这次会议。省农村科技信息化促进中心副主任张鹏飞介绍，移动短信是湖北农技110服务“三农”的创新和延伸，其进一步完善了语音热线电话专家与农户之间的交流与沟通，是目前其他短信服务在专家信息质量、信息传递模式、信息服务内容细分上的提升。

打造责任移动，践行企业核心价值观

在自身发展的同时,公司秉承“正德厚生，臻于至善”的核心价值观，积极承担社会责任,启动了情满荆楚爱心移动”大学生勤工俭学资助工程，为100名寒门学子提供了锻炼和展示的舞台；举行了向汶川捐款捐资活动，全市移动员工共捐资31万余元，以热忱而又实际的行动传递着血脉相连，患难与共的深厚情谊；提议并举办了“乘奥运东风，创和谐之旅”的通信运营商联席会议，向业界传递了通信业渴望和谐、健康、快速发展的心声与渴望。

黄冈职业技术学院
Huanggangzhiyejishuxueyuan

改革奋进创伟业 科学发展谱华章

------黄冈职业技术学院辉煌六十年

黄冈职业技术学院党委书记 **张鹤桥**　　黄冈职业技术学院院长 **陈年友**

党委书记张鹤桥在学习实践科学发展观活动中作动员报告

院长陈年友在学院教职工大会上讲话

黄冈职业技术学院地处黄冈市南湖教育区，于1999年7月经教育部批准组建，其前身是黄冈农业学校、黄冈财贸学校、黄冈机电工程学校（以下简称“原三校”），三校中建校最早的黄冈财贸学校始建于1949年8月，至今已有60年的办学历史。60年来，特别是改革开放30年和建院10年来，学院各项工作得到了长足发展，取得了明显的办学成效。学院60年的办学历程可以分为两个阶段三个时期，第一阶段是“原三校”的中专办学；第二个阶段是合并组建后的的高职办学。三个时期是1949年--1978年的艰难创建期；1979年--1999年的中专发展期；1999年至今的高职办学期。

一、艰苦奋斗，励精图治，50年中专办学艰难曲折

在中专办学50年的历程中，“原三校”的发展大致可以分为两个时期。

第一个时期，是从1949年1978年的艰难创建期。原黄冈财贸学校创建于1949年8月；原黄冈农业学校创建于1952年5月；原黄冈机电工程学校创建于1960年4月。这一时期“原三校”都走过了一条艰难曲折的办学之路。都有着停办复办、校址变迁、校名变更的经历，“文化大革命”后期，“原三校”先后在黄州南湖复校。三校的创建与发展为黄冈财贸战线、农业战线、工业战线培养了大量急需人才。

第二个时期，是从1979年1999年的中专发展期。这一时期是中专办学快速发展的时期，三校校园面积达到600余亩，在校生规模达到9000余人。办学水平不断提高，原黄冈农业学校被评为国家级重点中专，原黄冈财贸学校和黄冈机电工程学校被评为省部级重点中专。

五十年的中专办学取得了良好的社会效益。“原三校”桃李遍天下，共培养各类人才7万余人，为黄冈经济社会发展作出了巨大贡献。

二、改革创新，勇于实践，10年高职建设成果辉煌

1999年7月，经教育部批准，“原三校”合并组建为黄冈职业技术学院，掀开了高职办学的新篇章。

基础设施逐步完善。学院占地面积1000余亩，建筑面积33万平方米。拥有各类图书90余万册，各类计算机2500多台，有中央财政支持的高职教育实训基地3个，省级高职教育实训基地3个，校外实习实训基地266个。

办学规模趋于合理。学院现有普通大专生近12000人，普通中专生1400余人，成教生近2000人，每年培训各类短训生2000余人。形成了以培养普通大专生为主，中专生、成教生、短训生为辅的人才培养新格局。

教学水平不断提高。学院现有专任教师585人，其中教授、副教授216人，“双师素质”教师289人。楚天技能名师5人。省级优秀教学团队1个。省级重点专业及教改试点专业5个，省级示范院校重点支持建设的专业5个。有国家级精品课1门，国家教指委精品课1门，省级精品课8门。

人才培养质量一流。学院高度重视学生技能训练。近年来，学院学生在省级、国家级职业技能竞赛中成绩优异。仅2008年，学院学生在全国职业技能竞赛中就有46人次获得国家级竞赛40项大奖，96人次获得省级竞赛78项大奖。其中包括全国高职高专生物技术技能大赛团体一等奖和两个单项一等奖，第四届“用友杯”全国大学生创业设计暨沙盘模拟经营大赛全国总决赛一等奖，第九届“广茂达杯”中国智能机器人大赛家用吸尘机器人比赛一等奖等。为学院赢得了荣誉。学院毕业生就业率连续7年超过98%，学生的动手能力和综合素质得到了用人单位的广泛好评。

服务老区成效卓著。近年来，学院累计培训农民56100余人。作为国家“阳光工程”黄冈培训基地，培训转移农村劳动力5900余人，被评为“2005年度黄冈市农村劳动力培训转移先进单位”和“2007年度湖北省农村劳动力培训转移品牌基地”。参与了“一村一名大学生”培养工程、“农村实用人才创业培训”工程。作为科技开发扶贫计划的技术依托单位，学院先后派出了20多名专业教师走上科技开发扶贫第一线，开展了9个专业16种农作物种植及畜禽养殖技术服务。学院茶科所研制的“春缈”有机茶在第七届“中茶杯”名优茶评比中荣获金奖，“春缈”商标在中国商标局注册成功。

2008
部分办学成果

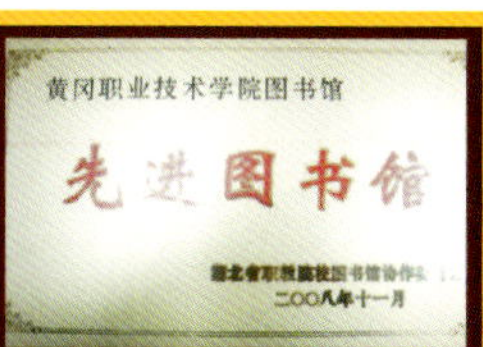

▲ 学生获首届全国高职高专生物技术技能大赛团体一等奖和两个单项一等奖

◀ 学生获“广茂达杯”中国智能机器人大赛金、铜牌

社会声誉大幅提升。学院相继荣获省级文明单位、全省职教先进单位、省级安全文明校园、省级平安校园、湖北省大学生思想政治教育工作先进高校、首届全国高等职业院校就业“星级示范校”等荣誉称号。2006年学院在高职高专人才培养工作水平评估中被评为优秀等次，2007年被确定为湖北省示范性高职院校建设单位。

三、继往开来，科学发展，60年职教经验难能可贵

黄冈职业技术学院办学60年来，积累了丰富的办学经验，尤其是在高职教育实践的十年中，学院坚持以邓小平理论和“三个代表”重要思想为指导，深入贯彻落实科学发展观。坚持“以服务为宗旨，以就业为导向，走产学结合的发展道路”的办学方针。坚持“树品牌、创特色、建示范”的办学战略。树立了“用老区精神办好高职教育，办好高职教育服务老区经济”的办学思想。广大师生员工发扬 “万众一心、紧跟党走、朴诚勇毅、不胜不休”的老区精神，艰苦建院，质量立院，服务兴院，特色强院，形成了独具特色的“多层双向融合”的高职教育模式。学院现已成为大别山革命老区一颗璀璨的职教明珠。

◀ 2009年校企合作专业建设改革工作交流会暨武汉城市圈高职教育联盟联席会在黄冈职院隆重召开

▶ 省级最佳文明单位检查验收汇报会

◀ 国家级汽车实训基地揭牌仪式

▶ 领导在参观我校与湖北中嘉光电技术有限公司合作的笔记本电脑生产线

60年 黄冈辉煌

中国人寿保险股份有限公司
China Life Insurance Company Limited

关注民生保障　促进社会和谐

——中国人寿保险股份有限公司黄冈分公司发展历程介绍

总经理　王平

中国人寿保险股份有限公司黄冈分公司在在市委、市政府和上级公司的正确领导下，以承担社会和行业责任为己任，积极探索建立自身成长与社会贡献兼具的商业模式，在完善社会保障体系、服务社会主义新农村建设、扶助社会弱势群体、宣传和普及保险知识等方面发挥了积极的作用，彰显了保险的经济补偿、资金融通和社会管理功能，有效地促进了人民生活安定和社会和谐。

一、公司发展迈上新台阶。1996年至2008年，公司保费总量由4600万元发展到9.17亿元，年均增长速度达45.3%，成为我市增长最快的企业之一。在困难重重的2009年，黄冈国寿再次以敢为人先的气势，积极投身于市委、市政府“保增长、保民生、保稳定”的热潮之中，又一次实现发展的新跨越。2009年一季度，公司实现保费收入5.07亿元，同比增长12.3%。目前，国寿黄冈分公司共有15个县级支公司，106个乡镇网点，中介代理网点252个，共有3000多名专职营销员和3000多名协保员和驻村业务代表，基本形成了县县有机构、乡镇有网点、村村有业务代表的格局。

二、服务经济社会功能有了新加强。

（一）服务社会保障体系建设的能力不断增强。截至2009年3月底，我公司拥有85万长期客户，为他们提供了60亿元的风险保障，并且每年以4-5万人的速度在增加。客户累计数量和保障能力分别是分业之初的50倍、41倍。目前公司每年为学生和城镇乡村居民提供商业健康，意外、死亡风险保障达400亿元，发放了养老金2.86亿元，是分业初的80倍和60倍。

1996-2000年全国法制宣传教育
先进单位
中共中央宣传部　中华人民共和国司法部
二〇〇一年五月

（二）参与社会经济建设的能力不断提升。1996年以来，公司平均每年支付各类赔款和给付保险金额2.5亿元，其中支付医疗费用1.1亿元，分别的分业前的55倍和63倍；税收贡献能力不断增强。分业后，公司平均每年缴纳各种税费750多万元，是分业前32多倍。

（三）创业创富平台不断扩大。一是提供的就业岗位越来越多。目前，在公司从事营销工作的3600多人中，城区下岗职工1400余人，乡镇及以下人员2200人，分别是分业前的8倍和10倍。二是营销员收入越来越高。1996年分业以来，城区下岗职工在公司再就业年平均收入在9000元以上，农民营销员平均在7000元以上，分别是分业前的2.5倍和3.2倍。

王平总经理陪同保监会主席吴定富到武穴支公司调研

（四）参与社会公益事业程度不断深入。分业以来，公司参加农村奔小康工作队、抗洪救灾、移民建镇、抗击“非典”、地震灾害、希望工程建设等活动，捐赠各类资金850多万元，是分业前的30多倍。特别是近几年来，公司更是加大了对社会公益事业的参与程度。2006年，向湖北省第八届中学生运动会捐款30万元，2007年，向红安詹店捐建国寿“长征小学”30万元，在2008年5.12大地震中，公司员工自发捐款17.8万元，有三名员工远赴地震灾区一线抗震救灾。在6.16国寿客户节期间，公司在全市开展了声势浩大的“节能节能减排进社区”，共计有100多万民众参与其中，为提升全民环保意识作出了积极贡献。

三、公司建设呈现新局面。数十载风雨耕耘，在各项工作取得了巨大成就的同时，公司也得了社会的高度评价。国寿黄冈分公司公司是鄂东地区唯一获得中宣部、司法部联名表彰的先进企业，先后获得全国法制宣传教育先进单位，全国系统创建学习型组织先进单位；被中国保监会评为“保监会系统精神文明建设先进单位”、全国系统先进单位、先进基层党组织；连续八年被评为湖北省“文明单位”、湖北省“巾帼建功”活动先进集体、消费者满意单位、遵守劳动保障法律法规信得过单位、思想政治工作优秀企业等39个省以上荣誉称号。

黄冈广播电视大学

HUANGGANGGUANGBODIANSHIDAXUE

以“人才培养模式改革和开放教育试点”项目为办学重点

中央电大任为民教授来校视察

省电大曾其林校长来校视察指导工作

黄冈广播电视大学、黄冈计算机信息工程中等专业学校党委书记、校长汤伯意

黄冈广播电视大学创办于1980年，隶属黄冈市人民政府，归口黄冈市教育局管理。

学校以市校为中心、设有12个分校、多个教学点，构成了覆盖全市的电大教育网络系统；市电大校内设有黄冈计算机信息工程中等专业学校。全市电大系统占地面积312亩，建筑面积158,000平方米，固定资产6,000多万元；市电大本部占地面积22亩，建筑面积21,000平方米，固定资产1000多万元。全市电大系统拥有教职工638人，其中教师470人，具有大学本科学历或中级以上职称的教师占70%。学校创办三十年来，以按需招生，定向培养，积极主动服务市场经济、以培养应用型人才为宗旨，充分发挥办学形式开放性、专业设置灵活性、教学手段先进性的电大特色。建校以来，共开设了理、工、文、经、医、农等70多个本、专科专业门类，30多中等专业门类，至2008年底，为各条战线输送本、专科毕业生46048人，中专毕业生23 39人。其中有的已成为领导干部，有的已成为专家学者，有的已成为行业骨干。目前，各类在籍学生12000多人，居全省市级电大之首。

为了适应教学和管理的需要，近两年，学校积极筹措资金，每年对教学设施和网络资源设施都有较大的投入，一是建起了以2M专线光缆与省电大互联，主干采取快速交换1000M以太网结构的校园网，在互联网上有了自己的网站；二是建起了双向视频会议教室、多媒体投影教室、网上阅览室、语音室；三是完善了卫星地面接收系统和闭路电视系统，安装了VB/IP接收系统；四是建起了计算机实验室、财会模拟实验室、语音实验室和市人行、市检察院、市水利水电局等校内、外实践基地；五是建起了教学资源库，配置了光盘刻录、课件制作等设备，既满足我校试点专业网上教学和网上教学管理的需要，又为学生自主学习和个别化教育提供了必要的网络设施环境。

近三十年来，黄冈广播电视大学为黄冈经济建设和社会进步作出了很大的贡献，被湖北省教委授予“湖北省先进广播电视大学”称号，其内设广播电视中专学校被省省教委授予“湖北广播电视中专学校示范学校”，黄冈市委、市政府和市教育局多次授予校党委“先进党组织”称号，多次授予我校为“先进学校”称号。新形势下，黄冈电大将进一步调整自己的办学格局，以“人才培养模式改革和开放教育试点”项目为办学重点，以地方经济建设人才需要为培养目标，不断更新观念，加强校园基本建设，进一步改善办学条件，扩大招生规模，加强内涵建设，提高教育教学质量，为地方经济建设培养更多“留得住、用得上”的应用型人才。

学校领导班子合影

计算机教学

师生拔河比赛

机床实训教学

黄冈市发展和改革委员会

潘咏华
黄冈市发展和改革委员会党组书记、主任

授予：2008年度优化经济发展环境
“十佳”单位
中共黄冈市委
黄冈市人民政府
二〇〇九年二月

2008年，市发展改革委认真贯彻落实市委、市政府的各项工作部署，切实履行工作职责，扎实推进各项工作，发展改革工作亮点纷呈：

【项目和投资取得新成绩】全年共向上争取项目829个，争取中央和省预算内资金13.06亿元，完成年度责任目标（4.5亿元）的290%，超目标8.56亿元，其中争取国家新增1000资金5.12亿元，居全省第一位。全年完成全社会固定资产投资370.85亿元，同比增长43.5%，增幅居全省第二位，总量居全省第四位；特别是城镇以上固定资产投资增速连续6个月排名全省第一位。引进了总投资5980万美元的中嘉光电液晶面板项目，填补了市直招商引资高科技项目的空白。

【重大项目前期工作取得新进展】坚持一个项目一个专班，着力推进重大项目前期工作。林纸一体化项目国土资源部已出具项目用地预审意见，工业原料林基地可研报告已通过省和国家林业局评审，环评大纲已编制完成；黄冈火电厂可研报告已编制完成，各项支持性文件正在办理；黄冈长江大桥项目工可报告已通过部省联合审查，项目初步设计已完成，大桥通航论证初审会已通过专家评审；浠水核电项目完成厂址的初选工作，编制完成了项目预可研报告；黄州火车站改扩建工程项目可研报告和初步设计已获铁道部批复。

【调查研究取得新成果】针对经济社会生活中出现的热点、难点问题，组织开展了发展产业集群、推进自主创新、城乡居民消费、人民币汇率调整对纺织行业的影响、金融危机对开发区发展的影响、粮食生产能力和山区流域开发等专题调研，形成了一批调研成果。加强了全市经济运行和农业农村经济运行情况的监测、预测和分析，每月开展一次经济形势分析，充分发挥了市委、市政府的参谋助手作用。

【“两型”社会建设综改试验取得新突破】积极推进“两型”社会建设综合配套改革试验工作，编制了一个实施方案、三年行动计划、五个专项规划、两个先行区规划、一个重点项目清单；收集整理了各类重点项目457个，总投资6667亿元，其中30个项目进入武汉城市圈“两型”社会建设综合配套改革试验区重大启动项目清单，总投资2420亿元。

【节能减排工作取得新成效】积极开展节能减排百日行动和小造纸、小印染、小水泥、小炼铁、小炼钢、城市污水处理厂及配套管网建设等节能减排专项治理工作，对重点企业能耗情况进行跟踪监测。2008年度，全市单位生产总值能耗同比下降5.26%，超额完成了省政府下达的节能目标任务。

【自身建设上了新台阶】以开展提高政府执行力大讨论和文明执法教育活动为契机，全力服务招商引资，积极为企业争取棉花配额、办理符合产业政策证明文件和免税确认书，机关形象和服务质效明显改善。2008年度，市发改委被评为市直服务经济发展环境“十佳”单位之一。

黄冈市国税局

近年来，黄冈市国税局坚持以“三个代表”重要思想为指导，深入贯彻落实科学发展观，不断解放思想、创新思路，以实施科学化、精细化管理为重点，全面落实税收管理员制度，积极探索税源分类管理办法，充分发挥税收分析、纳税评估、税源监控、税务稽查“四为一位”的互动作用，促进全市国税收入总量快速扩张，为黄冈经济社会发展提供了坚实的财力保障。从以流转税为主到流转税和所得税并重，收入规模从机构分设之初的3.51亿元到2007年的15.97亿元，增长4.5倍，全市国税收入呈现出“总量突破、增速加快、结构优化、进度均衡、质量提高”的特点，从1994年至2007年全市累计入库国税收入99.82亿元；2007年全市所得税收入达到2.78亿元，占国税收入的18%，比机构设置之初提高17.6个百分点。全市14个征收单位中过亿元单位达到9个，税收总量在全省排名第9，在武汉城市圈中排名第2。税收增收额度呈阶梯式递增、税种结构不断优化、县域经济和城区经济协调发展、税源广度加深拓宽、税收质量不断提升。亿元税种4个，亿元行业5个，除传统的电力、烟草、石油等支柱行业外，还涌出现了一批钢铁、食品饮料、水泥、医药化工等主导产业和重点支柱企业，2007年全市监控的807户5万元以上重点企业入库税收占全年税收总额的75.2%。

黄冈市国税局局长、党组书记喻耀华

市国税局着眼“两型”社会建设和社会主义新农村建设，全面落实国家促进下岗失业人员再就业、扶持“三农”、鼓励资源综合利用、促进节能减排等方面涉及民生的税收优惠政策。2007年，落实民政福利企业、残疾人就业的优惠政策，全市福利企业享受税收优惠政策万多元，安置残疾人就业346名；落实提高增值税起征点优惠政策，全市15871户个体工商户直接受益；为资源综合利用、饲料生产、宣传文化等企业办理政策性减免退税3865.18万元，认真落实“老、少、边、穷”地区新办企业减免所得税政策，审批减免企业所得税396万元，审批税前扣除财产损失1.9亿元；减免涉外企业所得税4482.9万元；办理出口货物（免、抵）1.85亿元，为全市经济发展和社会稳定做出了贡献。

国家税务总局党组副书记、副局长钱冠林对黄冈国税工作给予充分肯定

市国税局坚持依法治税、服务至上的核心理念，增强法治意识，规范执法行为，创新服务手段，税收工作制度化、规范化、程序化、科技化水平有了实质性提高。基本建立“以申报纳税和优化服务为基础，以计算机网络为依托，集中征收，重点稽查，强化管理”的新型征管模式，形成以直接申报和税款预储为主，邮寄申报、电话申报、代理申报为辅的多元化申报纳税服务体系。建立了覆盖全市国税系统的计算机网络，统一的税收征管软件得到全面应用，95%以上的税收纳入计算机系统管理。队伍素质建设不断加强，全系统有党员1584人，占74%，大专以上学历的干部1847人，占86%，先后涌现出省级业务能手170人（次），500多人（次），在省、市文体竞赛活动中获奖，一批干部被命名为全国税务系统、全省税务系统“先进工作者”、优秀公务员、优秀党员和省、市级劳动模范。

市局党组成员在七一建党节庆祝大会上

2007年，市国税局获得“全国税务系统纪检监察工作先进集体”、“最佳省级文明单位”和“全市党风廉政建设先进单位”；“税务廉政文化建设”和“出口货物退免税预警系统升级及应用”两个项目分别成为全省国税系统“管理提高年”活动“精品项目”和“优秀项目”；在全省税收综合业务能手竞赛中荣获团体第一名；被市委、市政府命名为“党风廉政建设先进单位”、“党建工作先进单位”、“完成政府责任目标先进单位”和“社会治安综合治先进单位”；在市政协组织的全市优化经济发展环境民主评议活动中，市国税局以第一名荣获“优化经济环境优秀单位”。

黄冈市国税局被市委、市政府评为优化经济环境“十佳单位”

黄冈市国税局领导在湖北黄冈太子奶公司调研（右一为喻耀华局长）

树立先进典型，激发队伍活力

永通食品公司对国税部门优质服务深表感谢（左一为喻耀华局长）

风正满眼春　实干筑新城

黄冈市建设委员会

市建委是市政府综合管理全市“三建三业”（工程建设、城市建设、村镇建设、建筑业、房地产业、市政公用事业）的职能部门，统一协调全市规划建设管理工作。市建委所辖4个副县级单位（房产局、环卫局、城建监察支队、自来水公司），8个科级单位（市政设施处、客运处、质监站、燃气处、档案馆、散装水泥办、墙革办、装饰办），纳入机关管理的有三站三办(造价站、建管站、市场站、招投标办、图审办、建筑执法办）。委机关内设10个职能科室（办公室、政工科、计财科、建筑房地产办公室、城镇建设科、市区建设科、市区管理科、法规科、监察室、工会），行政编制40人,工勤编制4人。市直建设系统现有干部职工1818人。

市委书记刘善桥视察城建工程

近几年来，市建委牢固树立“科学发展，城建为民”理念，扎实推进政风行风建设，外树形象、内强素质，塑造行业新风，呈现出心齐、劲足、风清、气正的可喜局面。

服务是金　作风是旗

在市直单位中，建设部门职能最多、队伍最大，事事与民生相关，既是市民关注的“热点”，又是优化经济发展环境的“重点”；既是黄冈城市形象的一扇窗口，又是软硬环境建设的一杆标尺。市建委狠抓部门作风建设和效能建设，大力推行“服务零距离、管理零障碍、工作零缺失”，强化首问负责制和一次性告知制。对行政许可审批、办理证照实行“一个窗口，一门办理，限时办结”，把建设工程施工许可审批印章由原来的10个减到1个，解决施工许可手续复杂、周期长的问题；把25个行政许可、45个收费全部纳入市行政服务中心窗口，形成“只进一个门，只认一个人，办成所有事”的工作机制。开展“阳光权力、阳光执法”和“满意在基层、奉献在岗位”等活动，聘请社会各界83名政风行风监督员，构架政风行风、效能建设监督网络，完善监督体系，大力推进法治型、服务型、责任型、效能型系统建设。

市建委领导班子合影

干净整洁的黄州大道

创新是源泉　实干是基石

近年来，市建委坚持以经营城市的理念建设城市，采取多种措施和途径，实现了城市资源的有效配置和充分利用。引入市场机制经营城市资源，对土地、基础设施、城市空间等城市可经营资源，通过对其使用权、经营权等相关权益的市场化运作，实现城市资源配置最优化和效益最大化。已经建成的污水处理厂采用了BOT模式，破解了城建资金不足的难题。推进投融资体制改革，促进投资主体和融资渠道多元化。积极推行基础设施特许经营权招标，吸纳社会资金参与城市建设，通过盘活城市资源和推介城建项目，先后争取到了国家扩大内需资金、开发银行的贷款近5亿元。创新城市基础设施管理模式。将道路清扫保洁、市政设施养护、户外广告等城市管理维护工作推向市场，使城市管理层与作业层分离，改传统的“以费养人”为“以费养事”。

赤壁大道渠化岛

起步于2007年的黄冈城建“大变脸”工程，8.6亿元巨资投向了城市基础设施建设。城区主次干道“黑化”、遗爱湖保护治理工程，污水处理、垃圾无害化处理等一大批重点项目陆续建设完工，投入资金之巨、建设场面之大、施工速度之快、工程质量之好、节约投资之多，均创历史之最，其中资金投入额、建设工程总量为过去20年的总和。与此同时，加紧进行城市供水管网改造工程，改造管网近44.6公里。改造一户一表用8885户，投入资金600多万元。

遗爱湖公园重大节日

以服务招商引资为己任，完成了市区16个招商引资项目“三通一平”的建设任务，为一大批招商企业完成厂区和门前道路、供排水、环卫等市政设施的配套和建设。对招商引资项目收费，在市政府规定50%优惠的比例基础上，再予以了10%的优惠。市自来水公司对招商引资项目实行的“零阻碍”、“零收费”接通服务。

2008年，市建委系统获得国家、省市级荣誉22项，继被建设部授予“精神文明建设先进单位”称号后，又被国家文明委评为“全国精神文明建设先进单位”。

57年风雨兼程
57年砥砺前行
57年自强不息
57年铸就辉煌

60年 黄冈辉煌

中共黄冈市委党校

中共黄冈市委党校始创于1953年4月。1985年1月被批准为大专体制。上世纪末相继加挂“黄冈市行政学院”、“黄冈市社会主义学院”的牌子，实行“一校两院”合并办学。

建校以来，党校始终紧紧围绕党和政府在各个时期的中心任务，采取多形式、多途径、多渠道的办学方式，积极开展干部教育培训，为黄冈的社会主义革命、建设事业培养了一大批德才兼备的领导者和建设者。在前25年中，党校时停时办，共开办各种学习班60余期，培训党员干部近万人次。党的十一届三中全会的召开，是中国历史上的伟大转折，也是振兴党校干部教育事业的崭新起点。近32年来，党校采取多形式、多层次、多渠道的办学方式，以“掌握理论、丰富知识、增强党性、提高能力”四统一为培训目标，努力为黄冈培养适应改革开放和现代化建设需要的各级各类基层领导干部和理论骨干。在此期间，共开办各类主主体班430期，培训轮训党员干部和国家公务员31000余人次。此外，还开办全日制大专班、本科班8届，培养专、本科生829人；连续开办函授教育班23届，培养专科、本科和研究生共计21486人；开办自修考试辅导班4届，培养专科生近4000人、这些党校毕业或结业的学员，在黄冈的社会主义革命和建设的各个历史时期发挥了重要作用，大都成为各条战线上的工作骨干，不少同志走上了各级领导岗位。

建校以来，特别是近10年来，党校不断加强和改进科研工作，使科研成果数量日趋增多、质量逐年提高，科研综合实力不断增强。近10年中，全校教研人员共在全国各级各类报刊上发表学术论文1480余篇，编著书48部，200多篇论文在各级各类社科优秀成果评比中获奖。

建校以来，特别是改革开放初期实行正规化办学后，党校教师队伍建设不断加强，整体素质不断提高。尤其是近几年来，党校倍加重视教师队伍建设，通过采取积极引进、大胆使用、着力培养等措施，为优秀人才脱颖而出铺设快车道。现已初步建成一支规模适当、结构合理、素质优良的师资队伍。党校现有专兼职教师29人，其中教授2人，副教授11人，讲师13人。这支队伍在黄冈干部培训教育和思想理论战线上发挥了重要作用。

2008年，市委党校获得“全省党校函授招生工作先进单位”、“档案工作目标管理省一级”“市直机关党建工作先进单位”、“市级文明单位”、“平安单位”、“市直干部职工运动会优秀组织奖”等一系列荣誉。

2009年春季开学典礼

教师、学员到鄂东院院参观学习

传达学习十七大精神

黄冈市交通局

HUANGGANGSHIJIAOTONGJU

麻竹高速公路开工仪式

黄冈长江大桥定测开工仪式

黄冈市交通局是主管全市交通运输工作的市政府组成部门。其主要职责有五项。一是贯彻执行国家、省市有关交通运输工作的方针、政策和法律、法规。二是制定全市交通运输的发展战略、中长期发展规划、基础设施建设的行业规划、年度重点基本建设和基础设施改造计划，经批准后组织实施。三是负责全市交通运输（含道路、水路客货运输、客货运场站、轨道交通、机动车维修业及综合性能检测、机动车驾驶学校和驾驶员培训）、综合运输、重点物资运输和重大节假日期间的旅客运输等方面的行业管理。四是主管全市公路工作、港口工作、岸线及水域使用、交通运输应急指挥等。五是对全市物流产业进行宏观管理，指导、协调物流产业中运输平台的功能研究和相关信息平台规划建设工作。

黄上公路摊铺现场

改建后的黄上公路

建国六十年，弹指一挥间。黄冈交通发展迅速，变化巨大。作为国民经济的基础行业和先导产业的交通部门，其重要作用日益得到发挥，成为推动全市经济发展社会进步的一支重要力量。

1949年末，全市仅有公路254公里，其中国道2条，省道7条，公路等级低，皆为砂石路面，雨天不能通车。仅有旧货车4辆。农村运输主要靠传统的人力和畜力运输工具。水路运输主要方式为竹排、木（帆）船运输。

市州自主兴建的第一条一级公路——江北一级公路

十一届三中全会以来，交通人抢抓国家发展交通的良好机遇，交通事业快速发展。国省干线全面提档升级，通村公路进村入户，农村客运基础设施和码头渡口不断完善；长江岸线资源利用步伐加快，依托沿江资源优势的造船业、物流业正蓬勃兴起。黄冈交通发生了翻天覆地的变化。

一是公路等级实现跨越。至2008年底，全市公路通车里程18409公里，桥梁3457座。其中高速公路263.5公里（截至2009年4月），一级公路201公里，二级公路1409公里。累计建设农村公路逾10000公里，通村率达83.2%。

贯穿四县市的境内第一条高速公路：黄黄高速

二是客货运输站场规模扩大，配套完善，进出能力大幅度提高。全市有汽车客运站73个，其中：一级站1个，二级站11个。公路年客运量4662万人次，客运周转量284500万人公里，货运量847万吨，货物周转量54595万吨公里，分别是1949年的2331倍、28450倍、121倍和132.8倍。

三是港口建设日趋完善，吞吐能力不断提高。全市通航里程521.6公里。有万吨级以上港口20个，内湖港口7个，拥有码头226个，泊位189个，码头最大靠泊能力为5000吨级。年货物起运量1766万吨，周转量35亿吨公里。

市区重要出口通道大广高速连接线浠水段

四是交通“三个服务”能力显著提高。实现2个小时上“天”（天河机场），8个小时入“海”（上海）。11个县市区城市出口路均为二级路面或以上，上高速不超过30分钟，到黄州不超过100分钟。县及以下营运线路达到364条，乡镇通班车率100%，行政村通班车率达到83%。

2009年，计划投资60亿元，重点建设十大工程，即：开工建设黄冈长江大桥，麻竹高速公路黄冈段；大广北、武英高速公路实现全线通车；建设九江二桥北岸接线工程；建设通村公路3500公里；完成巴河航道疏浚工程；完成黄冈新汽车客运站主体工程；实施黄上路三期（沙子岗至杨鹰岭段）改造工程；实现华海船厂投入生产等十大工程。

四通八达的农村公路

建国六十年 黄冈体育谱新篇

黄冈市体育局党组书记、局长冯金荣

改革开放以来，随着《奥运争光计划》、《全民健身计划纲要》和《体育法》颁布实施，全市体育工作者抢抓机遇，团结拼搏，创造了辉煌业绩。

群众体育居全省前列。我市群体工作注重基础建设，办好导向活动，特色鲜明，全省领先。基础建设以建立完善的全民健身服务体系为目标，以实施“三边工程”为抓手，全市已建设全民健身工程200多处，农民体育健身工程已覆盖近500个行政村，群众身边的体育设施不断完善；全市现有市级体育协会15个，县乡级协会120多个，以协会为纵线，以县、乡、社区和村级体育组织为横线，以晨晚练点为补充，以社会体育指导员为骨干的群众身边的体育组织网络不断完善；以大型活动为导向，积极开展群众身边的体育活动，2003年以来，举办了两届全市运动会、国家乒乓球队表演、省十二运会红色革命之火火种采集、市二运会火炬传递、全市“村村乐农民篮球联赛”等大型活动。2008年，全民健身迎奥运系列活动贯穿全年。迎奥运倒计时100天活动，共有10万人参加；市直干部职工运动会共有76支代表队、1500多名运动员参赛；送体育下乡活动，走遍全市13个乡镇，观众近5万人次。在大型活动的示范带动下，各系统、单位和协会积极组织开展小型多样的群众体育活动，不断掀起全民健身热潮。青少年体育水平不断提高。我市曾培养了世界冠军裴佳云，亚洲冠军邱波等20多名国际、国家级运动健将，曾在湖北省运会上获得过金牌总数第三、团体总分第四的骄人成绩。近来年，全市业训工作的体制、机制和网络不断健全，以市体校为龙头，县市区体校为骨干，省市体育传统项目学校为基础的业余训练体系初步形成，“体教结合”初见成效，重点项目布局逐步形成一县一品格局。人才输送和参赛成绩逐年提高。2008年，参加省级以上比赛获奖牌44枚，2009年应参加11项省级比赛，目前赛完两项，已取得8金4银7铜共335分的优异成绩。体育产业稳步发展。老场馆开发开放力度加大，自我发展能力增强，取得了良好的经济和社会效益。新场馆建设扎实推进。市体育中心已完成立项、选址，正进行可研和初步设计，预计年底即可动工。至目前为止，全市共有大、中、小型公共体育场馆设施5000多处。彩票销售管理日益规范，销量稳定，体彩公益金为体育事业发展提供了有力支撑。

有为才有位。近年来，我局先后荣获“全国群众体育工作先进单位”、“全国业余训练工作先进单位”、“省安全文明单位”、市“人民群众满意单位”、“完成目标责任状先进单位”、“宣传思想工作先进单位”、“招商引资工作先进单位”、“市级最佳文明单位”等荣誉。

市领导出席二运会火炬传递活动

全市体育工作会议

送体育下乡活动

市直干部职工运动会开幕式

黄冈市商务局

2008年12月27日，省商务厅厅长周先旺（左一）、刘雪荣市长（右一）签订湖北省商务厅黄冈市人民政府战略合作框架协议，刘善桥书记（右四）主持签字仪式

市委书记刘善桥（左四）刘雪荣市长（左五）、费仁平副市长（左六）率队赴上海招商

2008年全年，我市外贸进出口总额55317万美元，同比增长34.35%，其中出口49454万美元，同比增长36.7%，完成省定目标的118.88%，继续保持强劲的增长趋势。

利用外资规模不断扩大，圆满完成全年利用外资目标任务。2008年全市实际利用外资13366万美元，同比增长13.6%，完成省定目标任务的103.6%。

以海员外派工作为主的境外劳务工作扎实推进，合作领域不断拓宽。2008年，全市共招录外派海员260人，同比增长13%。比省下达的指导性计划150人多招110人。同时，还不断拓宽同国内各大劳务公司的合作领域，除同武汉天地公司、中远集团上海远洋公司等合作外，一些外地外经公司慕名而来，主动同我们联系，2008年又加强了同厦门、青岛、北京等外经公司的合作。

近年来，我市紧紧抓住商务部实施的“万村千乡市场工程”、“双百市场工程”的发展机遇，大力加强农村现代物流网络建设，截至12月底，全市9家龙头企业已建成日用消费品和农业生产资料农家店3164家。2008年，省下达我市“万村千乡”农家店建设指标500家，全市实际建成1093家，超计划593家。浠水城北大市场和黄冈市黄商贸易有限公司被商务部列入“双百市场工程”合作企业，浠水城北大市场和黄商物流产业园已经竣工，投入运营，产生了良好的经济效益和社会效益。罗田县、英山县、麻城市“东桑西移”工程全部通过验收，已经惠及三县市30多万农民，为新农村建设注入了新的活力。

2008年全市完成社会消费品零售总额282.3亿元，同比增长26.2%。进一步加大了生猪定点屠宰行业、酒类流通行业、典当、拍卖、报废汽车回收与拆解二手车交易等特种行业，市场监管和整顿力度，市场秩序进一步好转，至12月底止，全市共取缔私屠滥宰黑窝点47家，缴获私宰肉、病害肉21594公斤，销毁病害肉14216公斤，较好地巩固了县城以上生猪定点屠宰进点率达到100%，乡镇进点率达到95%以上的责任目标；至12月底止，全市已办理酒类备案登记证12424份，占应发放的99%，发放随附单76350份，酒类行政执法71起，涉案金额113万元，全部结案；全市报废汽车拆解2856台，二手车交易2816台，同比分别增长12%和20%；全市共召开拍卖会58场，成交额4210万元，全市共发生典当业务1210笔，典当经营额11600万元，同比分别增长9%和10%。由于以上措施,确保市民吃上“放心肉”，喝上“放心酒”、坐上“放心车”。

2008年4月刘雪荣市长率团在武汉举办第三届中博会黄冈市情推介会

局党组成员：黄耀雄（右三）、王钢（左三）、方平武（右二）、孙玉兰（右一）、丰小平（左二）、徐步青（左一）

全省（鄂东片）对外开放工作座谈会在黄冈召开。副省长田承忠（右五）、市委书记刘善桥（左四）副市长杨智（左一）参会

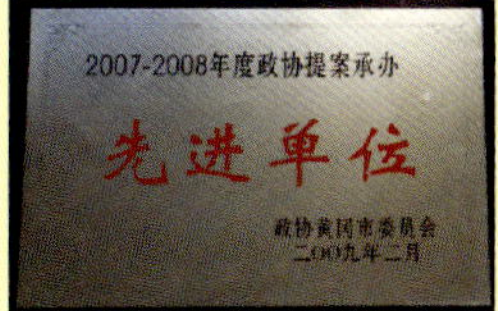

黄冈市国土资源局

市委书记刘善桥、市长刘雪荣在共同加强国土资源管理推进黄冈市“两型”社会建设综合配套改革签署备忘录签字仪式上致辞、签字

黄冈市国土资源局组建于2002年，由原黄冈市土地管理局和矿产资源管理办公室合并而成，下辖10个县、市、区国土资源局，128个乡镇国土所，负责管理全市土地和矿产资源，是市政府工作部门。国土部门的职能职责概括起来就是：围绕黄冈经济建设一个中心；肩负“保护国土资源，保障黄冈发展”两保的重任；履行“土地管理、矿产资源管理、地质环境管理”三大管理的职能；落实“保障发展保护资源的职能部门，参与宏观调控、加强市场监督的综合部门，维护群众权益、构建和谐社会的工作部门，提供资源公共信息的服务部门”四个部门的定位；事关“稳定与发展，财政与民生，宏观与微观，城市与乡村，当前与长远”五个方面的大局。

市国土资源局党组书记、局长喻长友

市国土资源局先后被评为“省级文明单位”、“全省国土资源目标管理先进单位”、黄冈市“目标管理先进单位”、“党风廉政建设先进单位”、“招商引资优质服务单位”、“综合治理先进单位”、“先进基层党组织”、“扶贫工作先进单位”等多项荣誉。

全市国土资源工作将围绕“两法”（《土地管理法》和《矿产资源法》）赋予的职权，严格履行“两保”（保护国土资源和保障经济发展）职责，认真开展“两项”（土地和矿产市场秩序）整治，不断规范“两个”市场（土地和矿产市场），努力维护“两方”（权利人和相对人）权益，积极做好“两服”（服从中央和服务地方）工作，为促进我市经济社会全面、协调、科学发展作出新的贡献。

一是加强土地利用规划计划管理。加快推进土地利用总体规划修编进程，将村庄规划、土地整理、城乡增减挂钩有机结合，促进黄冈社会主义新农村建设。二是探索基本农田和耕地保护新机制。落实耕地保护共同责任，探索运用经济手段实现耕地占补平衡和基本农田永久保护机制。三是推进土地整理复垦开发工作。力争到2020年，土地开发整理复垦面积达到500万亩。四是推进土地节约集约利用。严格执行供地标准，提高土地利用效率，促进土地节约集约利用。五是深化土地审批和宅基地管理制度改革。完善被征地农民社会保障制度，探讨宅基地有偿退出机制，改革农村宅基地管理制度。六是健全城乡统一的土地市场运行机制。探索建立城乡统一的土地市场，完善工业用地招拍挂出让和租赁制度，开展农村集体建设用地流转制度改革，推进农村集体建设用地依法、自愿、有偿、有序流转。七是创新地质找矿和矿业权管理体制。加强矿产资源总体规划、矿山地质环境保护与治理规划和重点矿区矿业权设置方案编制实施工作，加大地质找矿力度，提高矿产资源利用效率。八是加强地质环境保护工作。加快申报世界和国家地质公园进程；加大地质灾害防治、矿山地质环境恢复治理、地质公园、地质遗留保护的力度。

黄冈市国土资源局党组班子成员

黄冈市国土资源局举办全市国土系统迎奥运兴国土“文明执法杯”篮球比赛

60年 黄冈辉煌

黄冈市质量技术监督局

黄冈市质监局党组书记、局长秦建英同志与国家质检总局党组书记李传卿合影

黄冈市质监局下辖黄州区、团风县、浠水县、蕲春县、武穴市、黄梅县、英山县、罗田县、麻城市、红安县等10个县级局及市质检所、纤检局、计量所、特检所、标准信息研究所等5个直属事业单位和稽查分局；市局机关内设办公室、人劳科、计财科、纪检监察室、党办、质量科、计量科、标准化科、特设科、监督科、食品生产监管科等科室，县局机关内设有办公室、人劳股、标准计量股、质量股、特设股和食品生产监管股等6个股室。市局机关建立了局机关党委，下辖8个党支部。全市系统在职干部职工1256人，其中研究生学历29人，本科学历285人，专科学历588人；高级职称14人，中级职称183人。

全市系统固定资产现价值约1.05亿元，检测技术装备总额达到1700多万元，新建、改建和扩建综合检测大楼30000多平方米，中国棉花公正检验黄冈实验室、湖北省大别山农产品检测中心等国家、省级检测中心已落户黄冈，湖北省乳制品检测中心、湖北省钢结构检测中心、湖北省建材检测中心、湖北省车载气瓶检测中心等省级检测中心立项兴建。湖北大别山农产品检测中心具有2056种产品、396个参数的检验能力，市计量所具有32项产品、128项标准的检测能力，特种设备检验项目达到了192项，全市系统内20家技术机构的实验室通过了实验室认可和计量认证，技术机构公正检验检测服务能力位居全省市州前列，满足了黄冈经济社会发展的需要。

黄冈市质监局党组书记、局长秦建英视察乳制品质量安全

黄冈市质量技术监督局综合检测大楼夜景

国家质检总局党组书记李传卿在市委书记刘善桥、省质监局局长王泽洪、市质监局局长秦建英的陪同下视察黄冈市质监局信息化建设

全市系统健全办公信息网络，建立17个网络视频会议系统，推广应用产品电子监管，实现互联互通，质监队伍95%以上的职工达到大专以上文化程度，文明单位创建和档案管理实现了全市系统“满堂红”，机关办公现代化，人居环境时代化，全市系统老有所养，少有所教，病有所医，困有所济，事业发展科学和谐，为服务建设富裕文明和谐新黄冈作出重大贡献。

近年来，黄冈市质监局被国家质检总局、湖北省委省政府和黄冈市委、市政府分别授予“全国质量监督检验检疫工作先进单位”、“湖北省文明单位”、“黄冈市文明质监系统”、“优化经济发展环境‘十佳’单位”、“社会治安综合治理先进单位”、“安全生产先进单位”、“依法行政先进单位”、“党建工作先进单位”、“党风廉政建设先进单位”等荣誉称号。

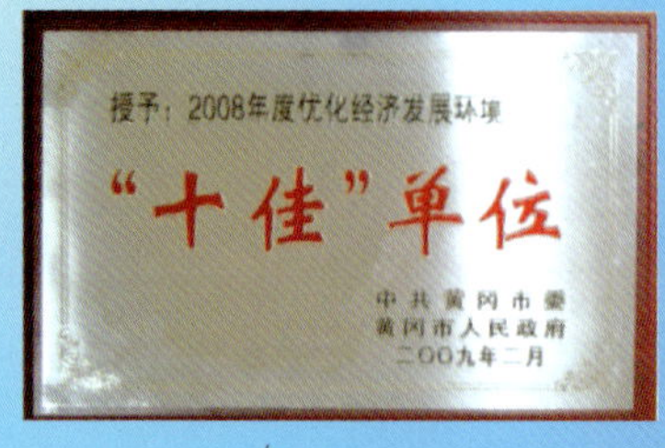

省政府授予局长"2007年度全省环境保护专项治理先进个人"称号

2008年度民主评议政风行风优秀单位

科学践行"好"与"快" 实现经济生态"双赢"

党组书记、局长 朱建国

坚持又好又快发展战略 做到三个率先

率先将环保目标完成情况纳入年度评先创优一票否决。率先在全市23条（个）河、湖、库由各级党委、政府主要负责人担任河长、湖长、库长，对水体进行综合防治，确保水体水质按功能达标，确保群众饮水安全。

落实好中求快发展方针 实现三个转变

市委、市政府高度重视从单纯追求经济增长转变为加强环境保护优化经济增长。从环境保护滞后于经济发展转变为在发展中落实保护，在保护中促进发展。从主要用行政办法保护环境转变为运用法律、经济、技术和必要的行政办法解决环保问题。

谋划更好更快发展措施 实施四大工程

碧水工程　市区遗爱湖水质由劣五类和五类上升为四类和三类，全市地表水环境质量按功能分区基本达标，全市境内长江6条主要支流水质总体为良，符合Ⅱ～Ⅲ类水质标准。两个水库（白莲河、浮桥河）水质主要指标达到国家环境质量标准Ⅱ类。市及各县市区城区18个饮用水源取水口段面水质符合水功能区划Ⅱ类水质标准要求，水质达标率为100%。

蓝天工程　据省环境空气质量监测部门通过自动监控设施监测认定的数据表明，2008年黄冈市区环境空气质量达到优良天数为312天，空气质量优良率为85.2%，优良天数比2007年增加了74天，优良率提高20%。

宁静工程　制定了《黄州城区噪声专项整治行动方案》，对文化娱乐噪声，提高了准入门槛，不经环评审批，文化部门不核发文化经营许可证，工商部门不核发营业执照。对建筑施工噪声，成立了两个夜间巡查小组，轮流值班，基本杜绝了夜间10时以后违法施工现象。对7条干道实行机动车禁鸣。

青山工程　加强对大别山自然保护区的天台山、天堂寨、薄刀峰、桃花冲、吴家山、龟山、三角山、太平山、大崎山、横岗山、挪步园等旅游景点和龙感湖湿地自然保护区进行重点保护。强化农村环境综合整治，努力解决农村面源污染和脏、乱、差问题，建设"清洁水源、清洁家园、清洁田园"的社会主义新农村。

全市环境保护工作会议

黄冈市环境保护委员会会议

机关小区

与时俱进谋发展 开拓创新谱辉煌

黄冈市工商行政管理局建国六十年巡礼

国家工商局有关领导视察基层分局

60年来，全市工商系统经过历届班子奋发图强，经过系统上下同心同力，基本建成了一个上下联动的市场执法机制，建立了市、县、所三级监管执法体系；基本建立了一支过硬的监管执法队伍；基本建立了一套干部队伍分类管理制度；基本建成了一个高效便民的消费维权体系；基本建成了“五个一”工商所（分局）和文明系统。至2009年4月底，全市工商系统现有10个县（市、区）工商局，下辖107个基层工商分局（所），现有在职干部职工2653人。市局机关内设13个科（室）、3个专业分局、1个区域性工商分局，代管3个群团协会组织。

工商职能60年来的演变历程，是积极探索服务新方法、新领域的历程，也是执政为民不断取得新突破、新成效的历程。在发展为民方面，由条线服务转向综合服务，为促进个私经济发展和群众致富做出了积极贡献；在监管为民方面，由监管集贸市场转向监管社会主义大市场，为维护公平竞争的市场秩序做出了积极贡献；在执法为民方面，由突出执法向全面履职，为解决群众最直接、最切身利益问题做出了积极贡献；在普法为民方面，由“封闭型”转向“阳光型”，为推进社会主义法制建设做出了积极贡献。截至2008年12月底，全市共登记内资企业1093户，注册资本253152万元。全市个体工商户达122805户，比上年底增加26254户，增长了28.3%。全市私营企业7347户，比上年底增加1249户，增长了24.5%。全市新发展外商投资企业15户，投资总额10262万美元，注册资本5086万美元。外商投资企业累计达146家，投资总额65452万美元，注册资本41431万美元，外方认缴额27446万美元。

60年的承接推进，60年的继往开来，记录了一页页厚重的宏篇巨著，谱写了一曲曲催人奋进的新乐章。全市工商系统先后被市委、市政府授予“优秀服务单位”、“文明行业创建工作先进单位”、“文明行业示范点”、“完成市政府责任目标先进单位”、“先进基层党组织”、“五好班子建设先进单位”、“党风廉政建设先进单位”、“整治经济环境工作先进单位”、“全市实施行政执法责任制先进单位”及“省特级档案工作目标管理单位”等荣誉称号，被省委、省政府命名为“文明单位”。据统计，截至2008年底，全市工商系统所属的11个单位受到国家总局、省局通报表彰172次，有493人次被市级以上党委政府和有关部门授予各种荣誉称号。

与时俱进谋发展，开拓创新谱辉煌。这不平凡的60年，是全市工商系统沐浴党亲民爱民政策、快速发展的60年，是工商部门改革破冰、与时俱进的60年，是充分发挥职能作用、为经济社会发展作出积极贡献的60年。新的起点，新的希望，新的目标，新的追求，黄冈工商人将搭十七大东风，在追求不息的雄关漫道上，励精图治、锐意进取，不断谱写工商行政管理工作新辉煌！

◀ 2007年时任省工商局局长梁伟年在浠水县工商局调研

▼ 省工商局党组书记、局长许业富检查了麻城市工商局学习实践科学发展观活动开展情况

▼ 市委书记刘善桥同志（右一）在市工商局12315消费者申诉举报中心检查工作

▼ 市工商局工作人员在黄州区进行食品抽样检测

▲ 1997年8月14日，时任省工商局局长宋育英陪同副省长苏晓云到工商局调研

▲ 2002年8月22日，原省工商局局长李宗柏(右二)在我局调研工作

中国人民银行黄冈市中心支行

Zhong guo ren min yin hang huang gangshi zhong xinzhihang

市人民银行行长赵军(右二)街头为群众讲解人民币反假知识

一、发展多类金融机构，构建健全的银行体系

1949年6月，中共黄冈地委接管国民政府各县银行，同时成立了黄冈区支行，开始了人民金融事业的新篇章。到改革开放之初，黄冈只有中国人民银行黄冈地区中心支行,全辖分支机构401个，从业人员1707人。1979年12月起，先后成立了农业银行黄冈地区中心支行、中国人民保险公司黄冈地区中心支公司、中国工商银行黄冈地区中心支行和中国银行黄州支行，人民银行正式履行中央银行职能。1993年，我国金融改革进入了新阶段,专业银行转变经营机制，金融业实行分业经营，全市相继设立了太平洋保险公司黄冈办事处、中国农业发展银行黄冈市分行、黄冈市农村信用社联合社和中国人民保险公司黄冈分公司。2003年底，黄冈银监分局挂牌成立。2008年，成立黄冈市邮政储蓄银行。至此，黄冈金融业从建国之初仅有集中央银行和商业银行功能于一身的中国人民银行，发展到今天的以国有控股银行为主体、农村信用社、邮政储蓄银行和农业发展银行等机构为重要补充的多功能机构体系；从最初的人民银行统一进行金融监管，到今天初步形成了以间接调控手段为主的金融宏观调控体系，银行业、证券业和保险业分业经营、分业管理的监管体系。

二、运用多种调控手段，切实加强宏观调控

到2008年末，全市金融机构总存款达到635.13亿元，是1978年的459倍，其中，城乡居民储蓄存款达到464.22亿元，是1978年的1132倍，人平储蓄由1978年的150元上升到6383元，是1978年的425倍。存款的迅猛增长为黄冈经济的快速发展提供了重要的资金保障。到2008年末，全市金融机构总贷款达到252.44亿元，是1978年的51倍。此外，证券、保险业也获得了长足发展，2008年末，全市保险机构累计实现保费收入22.2亿元，赔款和给付支出累计13.4亿元，保险业在经济社会中所发挥的风险保障功能进一步增强。

三、适应经济社会发展，稳步推进金融改革

从2003年开始，国家相继对四家国有商业银行进行股份制改革，经过近五年的努力，股份制改革取得明显成效，工、中、建行成功上市，农行股改也取得阶段性成果。人民银行对农村信用社发行专项中央银行票据，帮助农村信用社化解历史包袱，全市农村信用社成功兑付13.28亿元。

四、完善金融基础建设，提高金融服务水平

全市金融业充分应用现代信息技术，加强金融基础设施建设，推动金融服务创新，促进了金融服务水平不断提高。银行支付体系有了新发展。从2005年起，全市金融机构相继推广应用大、小额支付系统和支票影像交换系统，支付清算效率明显改善，实现了资金支付的零在途。人民币反假工作有了新进展，建立了遍布城乡的反假货币工作站 1624个。国库服务水平有了新提高。财税库银横向联网工作顺利进行，国库会计数据集中系统成功上线试点运行。创新涉农补贴国库直接支付方式，缩短了资金在途时间，提高了资金使用效率，实现了资金封闭管理，确保了国家惠农政策落到实处；征信管理业务有了新成效。组织全市金融机构推广应用企业、个人、中小企业征信系统，提高了信息传播和利用效率。深入开展创建“最佳金融信用县市”工作，全市有8县市被省政府授予“最佳金融信用县市”；反洗钱工作有了新突破，健全了反洗钱合作机制，完善了反洗钱监管体系，银行、证券和保险业的反洗钱监管工作深入推进。

中国农业银行
AGRICULTURAL BANK OF CHINA
大行德广 伴您成长

农行与黄冈共成长

黄冈农行党委书记、行长：彭景平

1979年恢复成立的中国农业银行黄冈市分行（以下简称黄冈农行），伴随着改革开放的步伐成长壮大。历经30年风雨洗礼，已逐步发展成为一家城乡一体化经营、本外币业务齐全、资金实力雄厚、科技手段先进、社会信誉良好的股份制国有商业银行，成为黄冈地区资金融通和各类金融服务的主要平台，有力地支持了红色老区的经济建设，描绘了一幅可圈可点的创业画卷，谱写了一曲与黄冈经济共同成长的雄浑乐章。随着汇金注资、股改完成和上市准备，农行将站在新的起点上，向新的发展台阶迈进。

目前，黄冈农行服务网络体系日臻完善，共有83个营业网点1449名员工。先进的全国联网业务系统，以及各类自助设备5354台；而且盈利能力迅速提升，凸显县域金融主渠道的品牌优势。

到2008年底，黄冈农行存款总额160多亿元，比年初净增30多亿元，在黄冈四大国有商业银行中，存款市场份额占比40%多，资金优势明显；优质贷款当年投放首次突破10亿大关，年末剥离后贷款总额为32亿元，优良客户贷款占比高达94%，贷款净增额占同期四大商业银行总投放额的48.3%，充分发挥了服务黄冈经济社会发展的主力军作用。

为适应社会发展和客户需求，黄冈农行不断加大金融产品创新力度，推出了金钥匙、金穗卡、金e顺、金光道、金益农等一系列品牌产品。农行网上银行成您家的银行、转账电话帮您资金弹指到帐、第三方存管助您炒股理财更方便、个人按揭贷款圆您购房梦想。目前正在农行畅销的惠农卡和基金宝业务，更是满足了城乡客户的理财与投资梦，日益成为市民生活的“好伴侣”、商家经营的“好管家”、企业发展的“好顾问”。

该行连续七届被省委、省政府评为“省级文明单位”，并先后被黄冈市委、市人大和市政府评为“人民群众满意单位”、“金融支持经济建设先进单位”和“服务于招商引资先进单位”。该行金红英同志被授予“全国五一劳动奖章”、“全国职工职业道德建设十佳标兵”、“全国劳模”等荣誉称号，罗田支行被评为“模范职工之家”和“全国精神文明建设工作先进单位”，都为黄冈乃至湖北争得了荣誉。

2007年中央明确确立农行“面向三农、商业运作”的市场定位。农行在城市业务迅速发展的同时，始终保持服务“三农”方向不改变，通过积极助推农业产业化、工业化和城镇化“三化进程”，全力支持社会主义新农村建设。

牢固树立使命感　认真履行职责　服务经济社会发展

黄冈法院与时代同行

市中院吕小武院长到基层调研

随着改革开放的深入和民主法制建设的推进，黄冈中院由改革开放前只设有办公室和刑事审判庭两个部门，逐步发展到现有刑事、民事、行政、执行和审判监督、立案等20个部门，工作人员由25人增加到140人。市中院140名干警中法官人数占65%，法律大专以上学历人员占99.8%，研究生学历10人，全市法院有51人通过了国家统一司法考试。市中院物质装备现代化、信息化建设得到较快发展，共投资1900万元建起了一栋11层面积13800平方米的审判综合大楼和4层面积4000平方米的多功能审判庭，建起了局域网，实现了法院系统三级联网。

多年来，黄冈两级法院在历史性的机遇与挑战面前，紧紧围绕党和国家工作大局，充分发挥审判工作在保障改革、维护稳定、促进经济社会协调发展中的重要作用，多次受到最高法院、省委政法委、省高院、市委市政府的表彰奖励。近十年来，市中级法院和全市各基层法院共审理和执行各类案件38万余件，仅过去的一年，全市法院共受理各类案件26447件，审执结19475件，涉案总额近8亿元，公开审理了任六高抢劫、故意杀人案、黄州红卫路抢劫案、“斯味特”奶茶屋投放危险物质案以及浠水姜永贵、夏海权抢劫犯罪团伙案等一批群众关注的大要案。通过深入开展集中清理积案活动，破解“执行难”，强化司法权威，构建诚信有序社会运行机制；开展纪律作风教育活动，贯彻落实最高法院“五个严禁”精神，队伍建设常抓不懈；通过开展社会弱势群体合法权益专项保护行动，积极开展农民工工资“清欠”工作，强化涉农案件的审判与指导，有力的服务了社会主义新农村建设；积极推行预约立案、异地受理立案、巡回立案和双休日立案等快捷灵活多样的立案方式，坚持司法为民。审判职能得到进一步强化，审判领域进一步拓宽，审判质量和效率进一步提高。

全市集中清积活动声势浩大

市中院在黄州监狱举行减刑听证会

领导与队员在一起

当事人送锦旗向法官致谢

法院干警向灾区捐献爱心

黄冈市公安消防支队

黄冈市公安消防支队是一支隶属武警序列的公安现役部队，成立于1985年，下辖12个大队、11个中队，主要担负着全市消防安全监督管理和灭火抢险救援工作任务。

近年来，在黄冈市委、市政府和市公安局的正确领导下，市消防支队围绕服务和保障经济发展大局，全面加强消防工作和部队建设，完成了各项防火和灭火抢险救援任务，实现连续24年无重大群死群伤火灾事故发生，尤其是2006年以来，消防支队先后被公安部评为全国预防重特大火灾事故专项行动先进支队、火灾隐患整治工作先进单位和消防宣传'五进'工作先进单位，被省消防总队评为执勤岗位练兵先进单位、先进支队，连续两年被评为优秀班子和车辆管理先进单位。三年内共计有12人次受到公安部表彰，1人受到省政府表彰，2人荣立二等功，50人荣立三等功。2008年，由于成绩突出，消防支队被市公安局荣记集体三等功、市政府荣记集体二等功。

队伍建设迈上了新台阶。通过开展争创优秀警种、争建优秀警队、争当优秀官兵活动，使得各级班子整体有合力、个体有能力、发展有潜力、工作有魄力，全体官兵心往一处想，劲往一处使，形成了坚强的战斗力，各项工作业绩突出，队伍面貌焕然一新。

消防监督执法有了新进步。消防支队在严格执法的同时，始终坚持权为民所用、情为民所系、利为民所谋，做到重点工作上门服务、急难事情上门受理、重大隐患上门指导整改，为了简便办理手续，支队在网上开通了“消防办事大厅”。

① 省委常委、政法委书记、公安厅长吴永文视察部队建设

② 刘雪荣市长带队开展消防检查

③ 新《消防法》宣贯

气势磅礴的消防演练

参加地震救援与抗洪演练

Canjiadizhenjiuyuan yu kanghongyanlian

▲ 党委书记支队长严宜红

▶ 党委副书记政委冯定庭

抢险救援能力有了新提高。圆满完成了各项抢险救援任务。特别是在汶川地震救援中，消防支队经受了有史以来投入力量最多、行进距离最远、持续时间最长的一次跨省应急救援的考验，受到各级党委、政府的充分肯定，新闻媒体的高度关注，社会各界的广泛赞誉。

部队建设实现了新突破。自撤地建市成立支队以来，消防支队抢抓机遇，新建了机关办公大楼及蕲春、罗田、英山、团风、特勤站等5个城市消防站，麻城、黄梅、浠水中队实现了搬迁，其他大、中队营房均进行了改造，彻底结束了部分县没有消防站的历史，部队基础设施建设全面加强。

社会消防工作有了新发展。积极构建社会化大消防工作格局，使黄冈社会消防工作呈现了新的生机和活力。组建了政府、企业专职消防队14支，保安联防消防队11支，治安联防消防队108支，义务、志愿消防队3763支，招聘合同制消防员155人、文职聘员71人，覆盖城乡的多元化消防力量体系全面形成。特别是2009年，消防支队以新消防法颁布为契机，深入推进消防宣传“六进”活动，全面提高全民消防安全素质。

中国工商银行
INDUSTRIAL AND COMMERCIAL BANK OF CHINA

中国工商银行股份有限公司黄冈分行
立足黄冈 倾心服务 效果显现

近几年来，市工行依托社会各界的关心与支持，坚持发展主题，坚定“五抓”思路，通过转变发展方式，抢抓发展机遇，加快服务型银行建设，取得了系列成果：

一是经营绩效不断提升，连续三年实现盈利水平大幅提高。

二是系统内进位明显，2008年末，在全国二级分行的经营绩效等次排名比三年前上长升了72位，正式进入中等行列。

三是各项业务发展迅速，到2009年3月末，各项存款余额已达95.54 亿元，比三年前翻了一番多；各项贷款余额45.29亿元，比三年前增加了两倍；自2006年以来，累计信贷投入近百亿元，三年净增投入30亿元，贷款净增额连续三年居全省系统内前列，贷款余额在黄冈市同业中排名第一，成为全市第一信贷银行。其中，向国家重点建设项目投放30多亿元，主要支持了“两桥”、“两电”、“五路”等九大项目；向全市城乡居民投放个人贷款6亿元，主要支持了助学、住房按揭和个人消费；向全市中小企业净投放贷款15亿元，主要支持了全市重点骨干企业和新兴民营企业。同时电子银行业务突飞猛进，仅2008年，电子银行交易额就超过200亿元，个人网上银行客户突破10万户，企业网上银行客户接近2000户，均居同业第一。

四是资产质量创同业最优，并优于系统内全国平均水平，受到市政府的表彰。

五是工行品牌得到广泛认可，社会形象日益提升，先后荣获“招商引资工作先进单位”、“支持地方经济建设先进单位”、“黄冈市最佳文明单位”等称号。

行长罗新华(右)向市长刘雪荣(左)汇报工作

技能竞赛

向客户推介金融产品

优质服务活动

全员健身活动

2008年度金融支持地方经济发展
先进单位
黄冈市人民政府
二〇〇九年三月

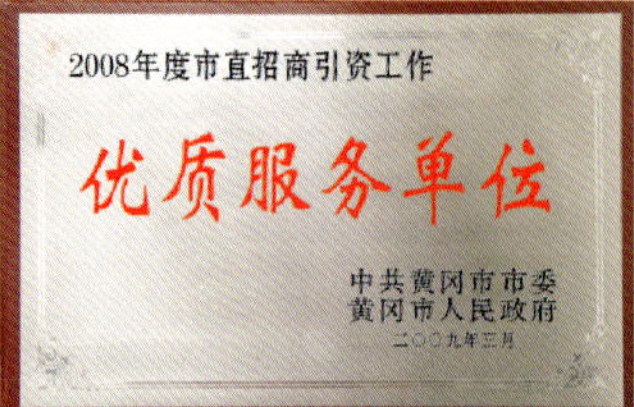

黄冈市黄商贸易有限责任公司

HUANGSHANG HUANGGANG TRADE HPLDING COMPANY.COM

总经理：周志炼

黄商购物中心

黄商物流产业园

各方人士人士参观黄商物流配送中心

公司简介

黄冈市黄商贸易有限责任公司是黄冈市乃至鄂东地区商贸零售龙头企业，享誉鄂东，闻名全省。公司前身是创建于1983年的黄州商场。二十多年来，黄商人坚持以市场为导向，专注于商业连锁发展，使“黄商购物中心”、“黄商超市”、“黄商服饰”、“黄商便民超市”和“黄商‘农家乐’加盟店”五个子品牌遍布市内外。到目前为止，公司在黄冈市各县(市区)、乡(镇)、村以及本省的大冶、嘉鱼、京山、十堰、潜江、孝昌，省外的安徽宿松等地共拥有8家大型购物中心，9家大型超市、16家服饰连锁店、46家乡镇级便民超市和785家村级“农家乐”加盟店，成功走出了一条连锁经营发展之路。79家自营卖场总营业面积达178000m²，员工7000余人，年销售收入达10亿元。

为了促进企业又好又快发展，实现资源优化配置，推动公司连锁经营发展，努力寻求农商共同发展空间。黄商在黄州西湖工业园区征地210.83亩兴建黄商物流加工产业园，A区占地面积108亩，第一期工程计划投资6488万元。该工程中包括了520平方米的冷链系统、13800平方米物流配送系统和2304平方米地下冷藏系统等三个属于国家产业扶持的项目，目前已使用资金3000余万元，该项目在2008 年9月正式运营。配送中心预计年经营额达3亿元，可创利税600万元。二期工程正在建设加工厂房和物流仓储，建筑面积约13000平方米，计划2009年5月完成并投入使用。A区项目实施不仅有利于推进区域经济率先进入全省第一方阵目标，而且开启了黄冈现代物流先河，填补了现代物流空白，也对于公司自身的连锁发展提供了强劲支持，为今后开展“第三方物流”服务奠定了基础。

近几年，我公司先后被批准为国家商务部“万村千乡市场工程”试点企业、“双百市场工程”试点企业和“家电下乡”销售中标企业；获得了湖北省政府“商贸流通先进单位”、省“文明单位”、省“重合同守信用单位”、省”消费者满意单位”、省“五四”红旗团委、黄冈市“突出贡献企业”、黄冈市“百强企业”、黄冈市“优势成长型企业”、黄冈市“消费者合法权益先进集体”、黄州区“十强企业”等诸多荣誉称号；被省政府列为武汉城市圈五家骨干商贸流通企业之一和省上市后备企业，而且在2009年3月已经申报为国家“AAAA”级综合服务型物流企业。

多年来，公司始终坚持“诚信服务，以德经商”的根本宗旨和“顾客是亲人，顾客是朋友”的服务理念，坚持“科学化、规范化、制度化”的管理思想，不断引入现代化、信息化管理机制，使企业竞争力、管理水平和服务信誉日益提高，在全市同行业中享有极高声誉。

电话:0713-8354663 传真:0713-8367198
E-mail:hsb8367198@163.com
网站:http://www.hsjt1983.com
地址:湖北省黄冈市东门路18号

湖北玉环建筑工程有限公司

湖北人大副主任周坚卫同志（右二）来公司调研视察，董事长张仲生（右一）陪同。

总经理 张正林

黄冈市委书记刘雪桥同志（右一）来公司视察，总经理张正林（右二）陪同。

企业简介

湖北玉环建筑工程有限公司，是由多位股东合伙组建的，并已通过了ISO质量管理体系、职业健康体系、环境保护体系认证。现具有房屋建筑施工总承包贰级资质的企业，公司注册资金5086万元。

公司自组建以来，股东们以多种经营方式与省、市内、外有名望的企业进行合作、合股，共承担的建筑工程代表项目有：江苏省新仁科技群建工程、武钢大型系统工程、山西省大同市天衡凤凰国际商贸大厦、辽宁沈阳碧桂园太阳城、河南信阳银球广场、郑州佳锐花园、吉林长春和黄别墅群、武汉中建三局粉磨站、新疆哈密市民政大厦等群建工程、襄樊电厂5#、6#厂房、鄂州市民政福利中心、鄂钢职工住宅群、黄冈师院引智楼、鄂东职业技术学院学生公寓群建工程、黄冈市三泰棉纺厂大型车间等群建工程、黄冈振华大厦、法院审判大庭、宏达集团宏达花园、湖北大地、滨湖花苑、黄州西湖华庭、万利苑、黄冈市公安局警仕等小区、黄冈开发区创业步行街等500多项工程项目，建筑面积约300万平方米。

几年来，公司先后被湖北省人民政府授予“湖北省‘守合同、重信用’企业”；湖北省文明办、省人事厅、省工商局、个私协会授予“文明诚信私营企业”；曾被国家工商局、个体劳动者协会、私营企业协会授于“光彩之星”、“湖北省成长企业40强”、“消费者满意单位”；2006-2007年度被湖北省地方税务局授予“信用等级A级纳税单位”；湖北省建设厅授予“省级质量管理优秀企业”，黄冈市人民政府授予“市直纳税20强企业”、“十佳纳税人”、“十强建筑企业”。所建工程项目多项荣获湖北省建设厅评定的质量“楚天杯”和安全文明现场“楚天杯”奖，多项荣获黄冈市建委评定的质量“大别山杯”、安全文明现场“大别山杯”奖……

干今天，想明天。本公司将继续发扬企业的优良传统，贯彻执行先进科学的管理办法，始终坚持“以质求生，以信为本”的服务宗旨，坚持“建一项工程，亮一块地方，交一方朋友”的经营理念，坚持“优质、安全、高速、低耗”的企业八字方针。与时俱进，开拓进取，为社会建设更多更好的精品工程，共创和谐社会的美好明天。

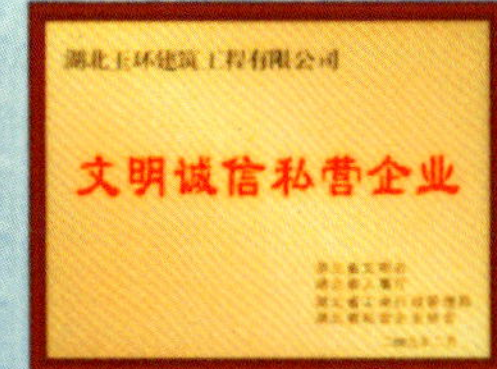

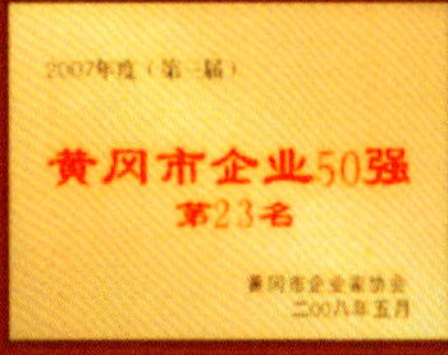

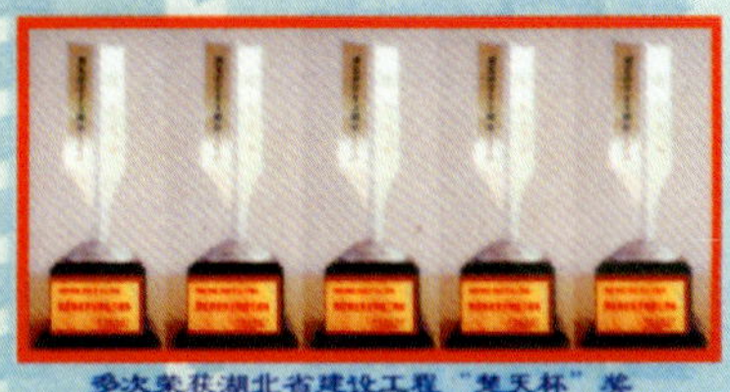
多次荣获湖北省建设工程“楚天杯”奖

YU HUAN ARCHITECTURE FIXING LIMITED CORPORATION

科技为本，创玉环一流品牌，质量为重，建玉环精品工程。

湖北恒信房地产估价咨询有限公司

我公司是经湖北省建设厅批准的三级房地产估价机构。公司现有专、兼职人员18人，专业技术人员12人。其中：注册房地产估价师5人，注册二级建造师1人；房地产经纪人3人，高级工程师1人，高级会计师2人，高级经济师1人，会计师1人；具有研究生学历1人，本科毕业生6人，中专毕业生4人。

公司的主要业务范围是：土地、建筑物、构筑物、在建工程、以及房地产为主的企业整体资产、企业整体资产中的房地产等各类房地产评估，以及因转让、抵押、城镇房屋拆迁、司法鉴定、课税、公司上市、企业改制、企业清算、资产重组资产处置等需要进行的房地产评估。

公司成立以来，完成较大的房地产估价项目有：黄冈市闽鑫房地产开发有限公司锦秀星城在建工程抵押估价项目、黄冈市成祥奶牛养殖有限公司在建工程估价项目、温州商贸城抵押估价项目、湖滨酒店抵押估价项目、黄州商城、黄冈市机关事业单位社会保险局综合楼、黄冈德尔福商贸有限责任公司综合楼等估价项目。受到了社会各界的好评。

公司总经理江平系硕士研究生学历，具有高级工程师、经济师职称，已取得国家注册房地产估价师和国家注册二级建造师执业资格。从事房地产估价行业及房地产管理行业十五年，有丰富的房地产估价经验。

我公司有一套严格、成熟的房地产估价管理制度，对估价结果实行“三审制”，保证估价质量。公司的经营宗旨是：“诚信经营、客户至上、公平公正、服务社会”。我们按照“独立、客观、公正”的估价原则，热情、快捷地为客户服务。

总经理语录

- 永远记住别人的好，永远怀着感恩的心。让我们从现在开始，对人感恩，对己克制，对事尽力，对物珍惜。
- 我们原谅失败，但我们拒绝平庸。成功是每个人的终身追求。能出色完成职责任务的员工就是人才。
- 赢得客户的信赖是企业最大的资产。
- 只有员工绽放光芒，企业才能走向辉煌。

荣誉证书

湖北恒信房地产估价咨询有限公司：

荣获2007-2008年度湖北省消费者委员会消费者满意单位称号

湖北省第十一届 消费者满意单位 2007-2008年度

地　址：黄冈市西湖一路17号
手　机：13636090868　办公传真：0713-8359333
邮　箱：jiangping6688@163.com

德信 黄冈市德信房地产经纪有限公司

黄冈德信房地产经纪有限公司，成立于2007年，是黄冈市较早从事房地产经纪业务的房地产经纪公司。公司秉承“诚信快捷、客户为本”的服务宗旨，赢得了众多新老客户的满意与信任，本公司主要经营房屋买卖、房屋租赁、房屋置换；代理商品房策划、销售，代办权证、抵押贷款等相关手续。

服务领域

二手房中介、商品房销售代理、房屋租赁中介、房地产抵押代办、权证代办、协办公正、房地产估价、房地产投资策划、房地产投资及价格咨询

买房卖房我帮忙

地址：黄冈市西湖二路42号　电话：0713-8613999
手机：18972751333　13636090868

关爱生命、促进身心健康

市优抚医院书记、院长欧阳东先

黄冈市精神病医院，黄冈市优抚医院，始建于1963年，是鄂东地区唯一的一所国有地市级精神病专科医院，集医疗、预防、科研、教学、康复于一体的社会福利医疗机构。是省人民政府指定的法医精神病司法鉴定医院，省劳动厅批准的医疗保险定点医院。市卫生局批准的非营利性医院。市劳动局、市残联、市民政局指定劳动能力鉴定、精神残疾鉴定、军人评残指定医院。是我市最早成立的精神病专科医院。

医院自建院起名为“黄冈专员公署精神病医院”，1970年更名为“黄冈地区精神病医院”，1984年更名为“黄冈地区复员退伍军人精神病医院”，1995年更名为“黄冈市精神病医院”，2001年加挂“黄冈市优抚医院”。

医院编制病床200张，现有干部职工167人，技术力量雄厚，专科设施齐全，有高级职称专家9人，中级职称68人，初级职称27人。我院有300毫安X光机，日本东芝B超机，脑电地形图机，全自动血液分析仪，完备的心理检测系统，先进的心理治疗及精神康复环境。

医院服务范围包括：各类精神病、神经症（失眠、头痛焦虑、抑郁、惊恐、强迫、神经衰弱等），心身疾病，酒毒品、药物依赖的戒断治疗，儿童、青少年、成年人心理问题纠治，各种心理测验（智能、记忆、人格、儿童品行，职业选择），各种司法、劳务、残疾鉴定等。2004年新建宾馆式康复科，接受革命军人疗养，收治各种心理障碍患者。2007年起，免费救助全市低保群众中重度精神病患者。

医院自上世纪60年代建院时起，始终坚持“救死扶伤、发扬人道主义精神，患者至上，全心全意为人民服务”的办院宗旨，担负全市及周边地区人民身心健康防治任务，为全市精神文明作出了较大的贡献。

救死扶伤 发扬人道主义精神
患者至上 全心全意为人民服务

地 址：黄州开发区新港路65号（市卫生局斜对面）
邮 编：438000
电 话：0713-8813580 8814308 8813858

田镇办事处

▲ 党委书记 高维鹏

▶ 办事处主任 文辉

武穴市田镇办事处背依绵绵关山、南临浩浩长江，呈带状落布于鄂、赣、皖三省结合部，版图面积45.3平方公里，常住人口2.47万人，下辖8个行政村、1个居委会。

解放初期三十年，由于实行计划经济，这一阶段的经济成份及发展方式以农业、渔业、手工业为主。

改革开放以来，历届党委坚持“改革增活力、开放促发展”的思路，解放思想、创新思维，全处经济社会发展从形式到内容发生了深刻而巨大的变化。

尤其是近几年来，田镇办事处紧紧抓住发展机遇，紧扣“项目建设”这一重点，大力开展招商引资工作，成功引进了华新水泥、亚东水泥、国裕造船、九洲矿业、伟业药化、北京奥得赛等境内外知名企业，迎来了经济社会发展新的春天。近三年，签约项目建设资金50.6亿元，创办工业项目23个，其中投资过10亿元的项目3个，投资过亿元的项目4个，已完成固定资产投入27.8亿元，使全处工业企业发展到78家。其中，规模以上工业企业发展到27家，初步形成了建材、医药、化工、船舶制造四大产业龙头，并带动了物流业的迅猛发展，呈现出了经济规模、综合效益、增长速度、发展后劲齐头并进的良好势头。2008年，全处实现工业总产值38.1亿元，规模以上工业增加值13.3亿元，国地两税收入1.075亿元，综合发展实力跃居黄冈市“二十强乡镇”之首。田镇办事处的发展受到了湖北省、黄冈市两级政府的高度关注和充分肯定，省委书记罗清泉在武穴考察时明确指出把田镇办事处建设成为两型社会的“桥头堡”。

经济建设的迅猛发展推动了工业反哺农业、企业支持农村战略的全面实施，为社会主义新农村建设注入了强大动力。三年来，全处累计投入资金4800万元，从事基础设施建设、村庄环境改造，全面提升了社会主义新农村建设的综合水平，其中盘塘村被确定为湖北省新农村建设的示范村，田镇村、上郭村、山上村被确定武穴市新农村建设示范村。

华新水泥（武穴）有限公司一

华新水泥（武穴）有限公司二

湖北祥云集团公司

红色旅游名镇 七里坪镇

镇委书记 李长余

镇长 刘小军

七里坪镇位于大别山南麓，地处红安县北、鄂豫两省之交，是鄂东北的重要门户,全镇辖域面积328平方公里，镇区占地5.8平方公里，辖69个行政村、501个村民小组，2.4万户9.8万人，镇区人口2.6万人。近年来，七里坪镇先后被评为全国爱国主义教育基地，全国红色旅游121工程精品线路之一，全省百镇千村重点镇红色旅游名镇，中国历史文化名镇，大别山红色旅游的经典名城，黄冈市综合实力十强乡镇。

一、抓基地、建市场，加快农业产业化进程。着眼于12万亩耕地、32万亩林地、4万亩水面，大作产业结构调整的文章。建成地膜花生基地6万亩，板栗基地10万亩、速生丰产林基地18万亩、茶果特和中药材基地4万亩，对4万亩水面，实施农、林、牧、渔综合配套工程，投入2000多万，建成红安县百家宝和山西冲两个奶牛场。千只鸭场和百头以上养猪场遍及全镇100多座小型水库周边。成立了红星养殖、九龙山、紫心茗等五个专业合作社，野山茶、珍珠花在试点示范的基础上，不断加快农业产业化进程。

二、抓产品，兴龙头，掀起全民创业高潮。依托山区林特资源优势,办起了鑫森木业有限公司；创办精美花生制品有限公司；利用倒水河沙资源办起了11家采沙场、17家水泥砖厂和2家规模以上的灰沙砖厂；利用大别山地矿资源，办起了21家碎石厂、1家石英砂厂、1家大理石厂、4家萤石矿采矿企业；办起了必利达服饰和泰富织造两个有限公司，产品打入国际市场；创办了红平旅游公司，办起了天台旅游客运公司。2008年底，该镇个体工商户达4658户，产业单位达651家，外出务工经商人员3.6万人。

三、抓城建，上项目，创建全国旅游重点镇。按照“山边有路、路边有城、城边有河、河上有桥、桥边有景、景中有村”的建设思路，使“山在城区、水在城里、景在路边、乐在教中”。经过建设和治理，现已形成 “一河两岸、三水四桥、五横六纵、七址八景”的新型旅游名镇格局。

赤壁放歌谱新曲

党工委书记　孙楚汉　　办事处主任　杜俊冰

赤壁街道办事处以驰名中外的东坡赤壁冠名，是黄冈市、区政治经济文化中心，辖区面积17.8平方公里，辖区人口23.2万人，辖20家社区、6个办直单位、7所中小学校。在改革开放的大潮中，赤壁人励精图治，扬帆破浪，谱写了一曲和谐发展之歌。

1、经济总量位次前移，主要经济指标全面增长。1991年建办以来，全办经济社会实现了快速健康发展，2008年在全市乡镇经济社会发展综合实力考核中位居第三，在黄州区乡镇街道领导班子经济社会发展业绩考核中排名第一。全办实现企业总产值16.5亿元，是建办时的11.2倍，实现财政税收2853万元，是建办时的13.2倍，居民人均纯收入达到5560元，比建办时翻了10倍。

湖北省有关领导来办视察

2、招商引资彰显实效，项目建设硕果累累。先后引进了格林制衣、特安新材料黄冈生产基地、汽车车厢、创美环保塑料、福星铸钢、威斯机械、长润灰砂砖、兴隆灰砂砖、康尔达食品、中博窑炉等工业企业和七一商场、武商量贩店、幸福家俱城等商贸企业，全办规模以上工业达到10家，2008年，实现规模以上企业总产值1.6亿元，是建办时的10.6倍，实现第三产业销售收入8.15亿元，是建办时的15.6倍，2008年，全办在建、续建、新建项目10个，协议引进资金3.86亿元，到位资金达到9000万元，招商引资和到位资金总额在全区排名第一，形成了资源加工、食品加工、农产品加工、新型建材、机械加工、商贸营销、酒店餐馆、足疗保健、社区服务、房地产开发等十大产业群，成为经济发展新的增长点。

3、社区建设亮点纷呈，社区服务不断拓展。赤壁建办初只有5个老城中居委会，目前已发展到20个，新增社区居委会13个，其中，原行政村改居委会7个，破产企业改制组建社区8个，18个社区都新建或改建了社区办公场所。全办现有省级文明社区4个，市级文明社区4个，区级文明社区2个，青砖湖社区、建新社区被评为全国先进文化社区，桐梓岗社区被评为全省平安创建示范社区。

4、党的建设提档创新，党建成果不断扩大。辖区现有党组、党委178个，党总支206个，党支部907个，党员总数1.55万，街道党工委下设党委2个，25个党总支，103个党支部，2645余名党员。近年以来，共承办党建工作现场会10余场次，参加区级以上党建交流30余人次，接待外地党组织参观60多批次。街道党工委被评为全省六好乡镇党委和全省党建示范区，获省级表彰的先进基层党组织2个，获市级表彰的先进基层党组织4个，获区级表彰的先进基层党组织8个，党建工作成果已转化为经济社区发展成果。

5、社区事业协调发展，社会保持和谐稳定。全办7所中小学顺利通过普九复查，义务教育完成率达到100%，考棚街小学成为全省基础教育示范学校，确立了在市区基础教育中的龙头地位，赤壁街道多次被评为基层教育先进乡镇、科技工作先进乡镇。全办新建社区卫生服务站15个，农业型社区8118人参加了农村新型合作医疗。全办有7800户、15000人享受了城市低保政策，为1300余名下岗失业人员提供了就业岗位。

黄冈市格林制衣公司

·全国文明村镇

红安县城关镇

镇党委书记　刘小平（左一）

镇长　来小芳

城关镇位于红安县城，系红安县政治、经济和文化中心，版土面积118平方公里，辖40个村（社区）、329个村民小组，总人口137605人。其中农业人口49763人，耕地面积54333亩。曾先后被中央文明委评为“全国精神文明建设先进单位”、被中宣部授予“全国文明单位”、被省委、省政府授予“楚天明星镇”，被省委授予“五好乡镇党委”、“红旗乡镇党委”，并一直位居黄冈市综合经济实力十强乡镇前列。

近年来，镇党委、政府按照“坚持科学发展，构筑和谐城关，实现强镇富民”的发展思路，狠抓特色农业、规模企业、园区建设、招商引资、出口创汇、民营经济，实现了镇域经济跨越式发展目标。

特色农业增规模。城关镇突出蔬菜、花生、林特、养殖等四大产业的主导地位，提出了“城郊蔬菜、远郊花生、岗地林特、特色养殖”的发展目标，先后建成了园艺、胡家河、长渠等千亩蔬菜基地3个，蔬菜面积突破7000余亩（其中大棚蔬菜2500亩）；推广了地膜花生连片种植经验，发展花生3.8万亩（其中地膜花生2.5万亩）；建成丰山、陈升、李忠恕、张家畈等大型林特基地4个，全镇林特面积突破10000亩，其中板栗基地达3000余亩，退耕还林验收面积5000亩；全镇建成金沙、倪赵家、张家畈等大型养殖场3个，新增养殖大户500余户，红华养殖小区年实现销售收入500万元，在全市较好地树立了农民联合发展小区养殖致富的典型。

规模企业增质效。铁路配件厂依托磨耗板项目，加班加点，先后完成了铁道部下属企业60批次订单，创产值1500万元。红福食品公司生产的咸干花生、红泥花生等系列产品深受省内外祆尔玛、麦德隆、中百、武商等大型连锁商场喜好，产品供不应求。此外，丰山灰砂砖厂、远发配件、寰宇喷咀、红冠食品、安达新材、生伦矿产、湖北汉科、湖北宏盛等企业千方百计增质增效、做大做强。

园区建设增块头。金沙工业集中区通过强化项目服务、优化园区环境，6家进园投资企业有3家追加了投资，追加投资额达2000余万元。同时，积极开展招商引资工作，先后达成进园投资意向项目6个，签订投资15000万元的包装纸箱项目一个。长渠村积极响应市县“大干项目年”号召，启动了500亩工业集中区建设，已签订投资5000万元生伦科技、3000万元制药项目和1000万元的环保涂料项目。目前，该镇工业集中区进驻企业已达15家，其中投资过千万企业12家，年产值达到2.5亿元。

招商引资增后劲。城关镇小丰山、联河、竹林、红华、四马山、长渠、园艺等村（社区）都有招商引资项目。截至目前，全镇先后洽谈项目20余个，签约项目12个，落户项目5个，协议资金1.48亿元，到位资金6900万元。引进投资过1000万项目4个，分别是投资2000万元的武钢冶金材料、投资1500万元的环保涂料、投资3000万元的同德堂药业和投资1500万的湖北宏盛不锈钢制品项目。

民营经济增亮点。城关镇注重抓大户、抓骨干、抓示范，千年钻机队异军突起，镇远郊有近2000人从事钻机行业，年收入达6000多万元，个人资产过百万的钻机老板14人。新增五小企业180多家，云台村创办的小砖厂占地十余亩，月产值30万元，红华村文昆彩瓦厂生产的建筑用彩瓦广销县内各乡镇，月产值达40万元。城区新登记从事餐饮、娱乐、宾馆、商贸、物流、日杂等大户150余户，解决就业1800余人。中小户型、中低价位的商品房开发也如火如荼，吸纳农民工就业达5000多人。

红福食品工贸公司

红安远发配件公司

金沙工业集中区

高扬科学发展旗帜　奋力打造经济强处

武穴办事处

党委书记　兰智超

武穴办事处是武穴政治、经济、文化中心，具有明显的区位优势，便捷的交通网络和雄厚的工业基础。全处版图面积43.18平方公里，辖5个行政村，7个实业总公司，14个社区居委会，总人口15.2万人，湖北省首家县市高新技术产业园设在该处，享有省级高新技术产业开发区的优惠政策。近年来，办事处始终坚持以科学发展观统领工作全局，按照“工业强处、农业稳处、人文兴处、社区靓处、创新活处”的发展思路，以奋力打造湖北综合实力强处为目标，以高新技术产业园为强大引擎，以“三民经济”（建设村级民营工业小区、发展民营企业、培植民营大户）为重点，以招商引资和改革创新为动力，以新农村建设为主线，切实加强社区建设，着力改善民生，不断夯实党的基础，促进了全处经济社会又好又快发展。

2008年全处共实现工业总产值20.5亿元，完成财政收入5200万元，固定资产投资4.3亿元，农民人均纯收入5300元。办事处曾连续八年获得“湖北省乡镇企业十强乡镇”殊荣，是“全国东西部合作乡镇企业示范区”，被黄冈市授予“二十强乡镇”称号，在武穴市综合实力考核评比中，位居前列。

突出经济中心狠抓民营园区建设，全处按照“高起点、高规格、高标准”要求兴建村级民营工业小区10个，标准化厂房面积近20余万平方米，园区内全部实现了“五通一平”目标，实行一套专班服务机制。以园区为载体，先后吸引了福凯木业、新矾棉业、昌明桥业、东阳磁材、嘉发食品、正升科技、长春博凯等一批知名企业落户，已形成了以医药化工、机械加工、建筑建材、食品加工、纺织服装等为主的产业格局。仅小区就安置就业劳动力3000多人，年实现生产总值7.5亿元，龙潭、大桥、下关、二里半、江家林5个村集体收入突破100万元，原省委书记俞正声同志对我处这种发展模式及做法给予了高度肯定和赞扬。与此同时，武月国际大酒店、鑫百川精密电子、向阳商夏，广药生物园等一批投资过千万的项目正在如火如荼建设之中。突出现代农业方向加大产业结构调整力度，全处已形成了牲猪、黄鳝、蔬菜、食用菌四大产业，成立各类合作经济组织20多个，建设标准化、规模化基地8个，发展民营大户200余户，其中郭应龙村网箱黄鳝养殖扩建项目已成功申报了省科技示范助力新农村行动计划项目。突出和谐社区主题推进了文明特色创建，全处共创建有省级文明示范社区4个，黄冈市级文明示范社区8个，获省级以上表彰10多次，“五个基本”建设得到了中组部领导的高度肯定，办事处被评为“全省十佳街道党建示范区”。突出新农村建设主线狠抓了村镇规划、生态环境、村庄卫生整治管理以及公共配套设施完善等工作，全处新建文体活动中心13个，成立农家书屋8家，每年定期组织开展一次农民运动会，组织一次文艺大汇演。各村都建起了垃圾池，各垸添置了垃圾箱，实行垃圾定点存放、专人负责、定时清运。围绕打造绿色办事处目标，全处累计植树10万多株，绿化面积10亩，建设生态林60余亩，初步形成了“有路就有树、有村就有林、庭园有鸟语花香”的格局。突出民生热点做到让群众得到更多实惠、享受到更多发展成果，全处已全面实现了组组通水泥路，家家通自来水，户户通闭路，主干道亮路灯的目标，农村合作医疗参合率100%，五保户实行集体供养，龙潭、下关、二里半等村对男满60岁，女满55岁以上的村民全部实行统一发放养老金，确保了困难家庭、失地农民、下岗职工实现应保尽保，社会稳定和谐。

党委书记兰智超企业调研

主任虞凤仪社区调研

六十年光辉历程促漕河经济飞腾

漕河镇党委书记 程向东

漕河镇镇长 陈菊珍

漕河镇是蕲春县政治、经济、文化活动中心。全镇版图面积163.8平方公里，其中城区面积22.6平方公里，辖村（居）委会54个，总人口16.3万。交通便利，区位优势得天独厚，城市基础设施日益完善，境内矿产资源丰富，投资创业政策优惠。近年来，镇党委、镇政府围绕建设经济强镇、工业重镇、商贸大镇、文明新镇的目标，狠抓招商引资项目建设，实现了经济社会大发展，工业大迈进。连年被市评为经济发展优胜乡镇，2009年被省委授予“先进基层党组织”称号。

一、全镇经济快速增长，综合实力显著增强。

到2008年，全镇实现工业总产值37.53亿元，增长33.5%，农业总产值3.63亿元，增长44.53%。农村经济总收入达42亿元，同比增长38.3%；固定资产投入7.2亿元，财政收入1.17亿元，增长4.3%。农民人均纯收入4368元，同比增长16.5%，净增620元。全镇经济综合实力明显增强，2008年进入全市综合实力二十强乡镇。

二、工业发展稳步加快，园区建设成效显著。

近几年，全镇大力招商引资，兴工强镇，使规模以上工业企业发展迅速，全镇规模企业达23家。2008年实现工业总产值37.5亿元，增长33.5%。全镇上下，凝心聚力，按照“世界眼光，一流水平，产业集群，生态园区”的发展思路，大力建设节能灯具工业园，取得了明显成效。整个园区规划面积7.29平方公里，现已累计投资8亿多元，完成“七通一平”建成区1.5平方公里；已建厂房、生活楼和办公楼面积达15万平方米。目前，已投产企业17家，形成了日产灯管40万只，日产整灯10万只，预计可实现总产值近8亿元，利税过8千万元。

三、社会事业全面发展，人民生活显著改善。

镇委、镇政府进一步加大了社区、城区建设力度，积极开展争创食品安全示范镇活动、“三城联创”活动和“四个月月乐”活动，投入大量人力物力财力对城区道路和基础设施进行全面改造，拉通了京九大道，连村公路全部硬化。新农村建设扎实推进，农业各项惠农政策全面落实。大力发展数字电视，推进了“农村文化信息资源共享工程”建设。认真开展平安漕河创建活动，高度重视信访和安全工作，重视弱势群体的生产生活；投入80余万元以配套改善乡村医疗卫生条件，农民参合率100%。全镇社会和谐稳定，人民安居乐业。

省委有关领导来节能灯工业园考察

蕲春县节能灯工业园

医圣故里 蕲州镇

蕲州地处长江中游北岸，大别山地麓，是明代伟大医药学家李时珍和现代文艺理论家胡风的故乡。全镇版图面积150.45平方公里，总人口10.2万人，其中镇区面积9.8平方公里，镇区人口4.5万人，辖管48个村（居委会）。蕲州地理位置优越，面临长江，背靠大别山，物产富饶，民风淳厚，大京九擦东而过，沪蓉高速横穿境内，交通十分便利，素有"吴头楚尾、荆杨交会"之称，历史交通要塞，商贾云集之地。

改革开放以来，蕲州镇委、镇政府胸怀全局，依托自身优越，带领全镇人民解放思想，开拓进取，与时俱进，开创了蕲州改革开放和现代化建设新局面，使千年古城焕发出勃勃生机，先后被省委、省政府、国家民政部授予"楚天明星乡镇"、"省级文明乡镇"、"中国乡镇之星"、"全国村镇建设先进单位"、"创建全国文明村镇工作先进单位"。2008年全镇实现工农业生产总值25.6亿元，工业总产值16.7亿元，财政收入4500万元，农民人均纯收入4314元。工业初步形成纺织服装、医药化工、建筑建材、交通运输、旅游文化五大产业。2008年全镇共有规模以上工业23家，规模工业总产值10亿元，销售收入过亿元企业2家，工业用电量突破1.3亿度。农业初步形成药材、水产、蔬菜、畜牧、苎麻、优质稻六大产业布局。

2008年，在县委、县政府的正确领导下，蕲州镇成功引进北京信中利投资公司投资35亿元，整体开发李时珍人文资源和旅游资源，明清影视基地已初步建成，46集大型历史题材电视剧《大明医圣李时珍》已拍摄完成，国际乡村俱乐部、户外拓展野战岛正在建设之中。投资18.5亿的湖北利洲船业公司，已完成6个船台建设；投资18亿日产万吨的海螺水泥项目已正式签约。

全国创建文明村镇工作

先进村镇

中央精神文明建设指导委员会

二〇〇五年十月

镇委书记　汪才伦

镇长　郑维全

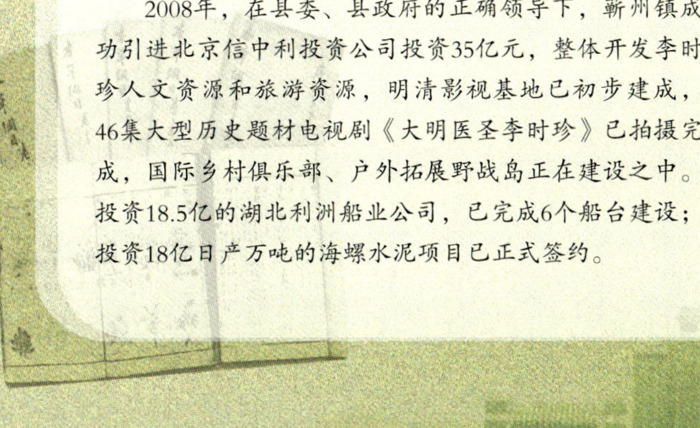

镇政府办公大楼

千年古镇谱华章 鄂东明珠耀异彩

——黄梅县小池镇

镇委书记 吴光雄

镇长 查俊

小池镇地处鄂、赣、皖三省交界，位于九江长江大桥北岸桥头，水路临江达海，105国道、沪溶高速公路穿境而过，京九、合九铁路在此交汇，空运毗邻九江机场，素有“九省通衢”、商贸旅游“金三角”之称。全镇版图面积153.8平方公里，辖59个村（居）委会，总人口12万。先后被列为黄冈地区五小经济特区、省级开发区、全国小城镇综合改革试点镇、全省重点口子镇、全省“百镇千村”示范镇。先后被评为“全国文明村镇”、全省“五好乡镇党委”、“楚天明星乡镇”、全市“先进基层党组织”等荣誉称号。2008年，荣获“全国创建工作先进镇”、“全省文明乡镇”、全市经济社会发展20强乡镇（位居第九位）等荣誉称号。连续四届夺得全省城镇建设规划管理“楚天杯”奖和全市“大别山杯”奖。

2008年，小池镇实现财政收入2182万元，规模以上工业企业增加值1.13亿元，全社会固定资产投资3.8亿元，农业总产值4.5亿元、农民人均纯收入4636元。改革开放以来，小池经济和社会建设步入了全面发展的快车道。

城镇面貌焕然一新。先后累计投资4.8亿元，加强城镇水、电、路、讯等基础设施建设，城区面积由0.9平方公里发展到7平方公里，新建精品街、交通街、夜市街、白云街、清江大道、湖北大道，形成了四纵五横的城建格局。

新农村建设稳步推进。先后筹资1600多万元，兴修美华大道、大龙公路、小徐公路等通村、通组公路110公里，实施内湖水利、水系治理工程。

农村基础设施建设进一步加强。以“2+1”基地、鲫鱼湖立体养殖基地、新元粮油、金泉米业、兴欣油脂、天棚种猪为龙头的农业结构调整步伐加快。

工业发展特色明显。现有各类工业企业236家，规模以上工业企业17家，新引进项目4个，实施技改项目2个。

物流、旅游、服务业成长迅速。现有餐饮服务业260家，大型加油站6家，从业人员2300余人。货运车辆850辆，年运输量300万吨。货运码头8个，年吞吐量100多万吨。投资1000多万元的心连心购物广场小池店和投资1300万元的新蓝天大酒店已于2008年9月投入运营。投资3000万元新建的鄂东一流的小池口中心农贸市场和投入800万元的农贸市场二期工程建设已投入运营。

五瑞生物工程有限公司

小池口中心农贸大市场

新天地商业广场

鼓楼办事处

鼓楼办事处地处麻城市城乡结合部，辖区版土面积43.8平方公里，辖十二个行政村、四个社区，总人口7.1万。

2008年，全处共实现社会总产值29.2亿元，创造财税收入1.38亿元，完成固定资产投资5.48亿元，农民人均纯收入达到3985元。2005年-2008年连续四年被麻城市委、市政府表彰为“综合经济实力第一名”、“财政增收第一名”和“招商引资第一名”，并在2008年首届黄冈市乡镇综合经济实力评比中荣居黄冈市前十强。

依托交通优势，创优发展环境，做强工业经济。鼓楼位于麻城心脏，不仅毗邻沪蓉快速铁路和沪蓉高速公路，境内建有沪蓉高速公路进城连接线，交通优势无与伦比。变交通优势为资源优势，整优势资源为发展资源，鼓楼办事处抢抓机遇，积极搭建产业发展平台，突出招商引资，强势推进经济腾飞。全处共实现招商引资总额12.5亿元，共拥有规模以上企业13家，产业涵盖汽车配件、电子、机械制造、物流、食品加工、石英石加工等八个类别。建成投产于2004年的湖北兴业钢铁炉料有限公司实现了规模和效益稳步扩张，收购网点现已遍及中西部9省21市，年分选、加工、配送钢铁炉料100万吨，年产值20亿元以上，已经发展成为华中第一大废钢铁炉料加工配送基地，是全市重要的纳税大户，2008年实现税收7800万。为搭建产业发展的新平台，培育工业经济新的增长极，鼓楼办事处搭乘沪蓉高速两翼因势而为，启动了小河头工业集中区和七里岗石英工业集中区建设。小河头工业集中区紧临沪蓉高速公路进城连接线，规划占地面积6000亩，一期用地1600亩已经全部征用到位并基本实现六通一平，现有20家企业签约入园，协议投资4.2亿元，园区建设热火朝天，一个充满生机活力的现代化工业园区将成为镶嵌在沪蓉交通带上的靓丽明珠。

在加快经济建设的同时，鼓楼办事处统筹经济社会发展，和谐社会建设取得辉煌成就。党的建设不断加强，处党委及其各基层党组织的战斗堡垒作用充分发挥，2009年6月被省委表彰为先进基层党组织；新农村建设扎实推进，现代化农业体系基本建立，“村村通”工程全面完成，农村面貌日新月异；教育事业蓬勃发展，两基成果不断巩固教育质量稳步提高；卫生事业不断加强，新型农村合作医疗合面覆盖，公共卫生服务保障机制日臻完善；社会保障体系不断健全，“老有所养，生有所靠”基本实现；社会秩序良好，政治大局稳定，人民安居乐业。

沐浴十七大春风，意气风发的鼓楼人民正欢欣鼓舞地建设更加美好的新生活。

中国花岗石之乡 麻城白果

白果镇地处大别山南麓，是麻城市重镇，距城区10公里，三级火车站离镇区仅五公里，版图面积168平方公里，辖53个村（居）委会，总人口12.6万人，其中农业人口9.2万人，镇区规划面积10平方公里，建成面积3.5平方公里。

白果是一块辉煌的土地。上世纪七、八十年代，在全国“农业学大寨，工业学大庆”时期，享有“全国财税学白果”的美誉，八、九十年代，白果乡镇企业蓬勃发展，有规模企业十多家，空压机、冷冻机畅销大江南北，麻袋、织布远销长城内外，工业企业税收创麻城乡镇之最。

书记 陈智化

白果是一块正在开发和腾飞的土地。工业企业是白果的经济支柱，现有工业企业67家，其中石材企业26家，机械制造企业5家，纺织企业3家，其它企业33家。拥有规模企业20家，2008年实现工业总产值6.5亿元，工业增加值1.95亿元，全年实现利税1.2亿元，安排从业人员12760人，其中转移农村劳动力1855人。

白果是一块协调可持续发展的土地。农村经济持续稳定发展，农业产业化进程加快，新农村建设日新月异，主要农产品有粮油、棉麻、果药、禽畜、水产、竹木等20多个门类，畜牧产业、棉麻产业、蔬菜产业、水果产业已成为农村经济四大支柱。矿产资源主要有金、铜、铁和稀有元素，品位可观。玄武岩、墨玉石储量极大，花岗石储量50亿立方米。石材开发已成支柱产业。总耕地70035亩，宜林面积45800亩，水域面积25118亩。农业综合开发连片农田1.5万亩，申报的高产农田建设3万亩。改造灌渠14.2公里。2008年，全镇农民人均纯收入3268元。社会事业全面发展，旧城改造引进资金5000万元，建成商贸步行街两条。投资4000万元建成11万伏变电站，修建村级公路156公里，实现村村通水泥路、通有线电视。教育事业长足发展，麻城三中、镇一中、镇二中、白果小学均被评为“黄冈示范学校”；计划生育服务站被评为省级优质服务站，卫生医疗条件进一步改善；社会保障体系进一步健全。

镇长 徐世前

省委有关领导视察白果镇工业园

黄冈市市委领导在白果石材工业集中区视察指导工作

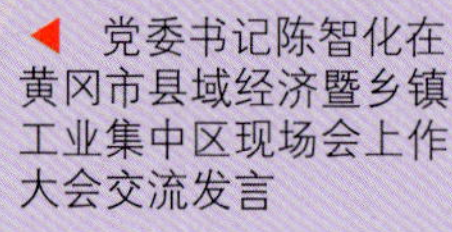

党委书记陈智化在黄冈市县域经济暨乡镇工业集中区现场会上作大会交流发言

国家石材工业协会会长邹传胜视察白果工业园并提字

罗田县凤山镇

党委书记 蔡寿益

镇长 晏哲峰

凤山镇位于县境南部，为县政府驻地，辖区版图面积256.54平方公里，东邻大河岸、匡河，南接骆驼坳、白莲，北抵白庙河、河铺，西连平湖，是全县政治、经济、文化中心。全镇辖5个居委会，47个行政村，510个村民小组，34923户，10.88万人，耕地面积54283亩，森林覆盖面积26万亩。

镇域经济发展快 2008年，全镇实现工业、农业总产值12.8和3.78亿元，同比增长44%和53%，规模以上工业产值3.4亿元，同比增长45 %，规模工业增加值1.3亿元，同比增长55%，新增规模企业10家。实现固定资产投资3.1亿元，同比增长59%，财政收入6537万元，同比增长57%，完成招商引资投资额3.25亿元，当年新增年销售收入50万元以上民营企业29家，年未实有个体工商户3151户，同比增加936户。

计划生育再上台阶。在扎实抓好农村计生工作的基础上，组建了城区计生办，强化了社区计划生育工作，各项计生指标全部达标，计划生育率达到96.03%，出生人口性别比112：100，顺利通过了市、县年度考核。

基础教育成效显著 2008年全镇适龄儿童入学率和巩固率均达到100%。

基础建设全面发展 全镇2008年新建设通村水泥路45公里，形成了比较完整的农村公路网络体系，全年累计投入资金400余万元，解决了4860人饮水困难，水库整险加固4座，整修塘堰1500余口（处），新建沼气池500余口，完成了牌形垸节水灌溉工程和北丰1000亩土地整理工程。

农业产业化示范园“再添新丁” 引进辽宁君澳食品有限公司，采取“公司+基地+农户”模式，投资兴建土门坳500亩黑莓示范基地，为全镇产业化示范园再添新成员。

招商引资筑巢工程“巢就凤还” 君辉服饰项目，一期工程投资150万元，二期项目总投资2100万元，建成后，公司产能可增长400%左右，预计可实现年产值3800万元，利税350万元，新增就业岗位200个。君辉是我镇利用自身资金和资源优势，实行“筑巢引凤、互利共赢”的一次成功尝试。

凤凰路片区开发“拉开大幕” 2008年8月动工建设的城北环线——凤凰路，全长约1600米，道路工程投资概算500万元，开发总面积达18万平方米，该工程预计2010年10月全面完工。

▼ 凤山镇招商引资企业君辉饰和产车间

▲ 凤山镇南新区建设中凤山大道

▼ 凤山镇丰衣坳村新农村一角

60年 黄冈辉煌

温泉镇新农村剪影

推进科学发展 加速温泉跨越

温泉镇是英山县的城关镇，是个典型的城乡二元结构的乡镇。全镇版图面积162.02平方公里，辖49个村、5个社区，总人口10.6万人。

近年来，温泉镇紧紧围绕“一心五带”的工作思路，抢抓机遇谋发展，克难奋进争进位，政治、经济、文化、社会各项事业取得了显著成绩。2008年，全镇工农业总产值13.3亿元，财政收入4069万元，农民人均纯收入4286元，城镇居民可支配收入9480元。综合经济实力一直居全县首位，2008年进入全市20强乡镇行列。

一、发展特色产业，增强发展后劲

近年来，镇党委、政府将发展特色产业，增加农民收入放在首要地位。大力加强产业结构调整，发展茶叶支柱产业，全镇三年来新发展连片茶叶基地4500亩，建成百丈河、柳林河、彭畈等三个茶叶示范带，使全镇茶叶面积达到18000亩，新发展茶叶专业村8个，新建名优茶厂12座。三年新发展以板栗为主的经济林果6000亩，总面积达到25000亩。村级经济实力大幅提升，农民收入大幅增长。

省、市领导视察温泉镇百丈河

二、发展朝阳产业，培植造血功能

2008年起步新建了梅岩镇级工业集中区，引进了怡莲纺织工业有限公司等新项目19个，引进资金3.3亿元，规模以上工业企业10家。为搭建好县域经济发展平台，承担了县办工程温泉工业园区建设、生物工程研究基地、莲花小区开发等16大工程项目，征地2483亩，房屋拆迁204户，门店拆迁21个，迁坟901座。全镇新增民营企业、个体工商户1530家，新发展各类农村合作经济组织18个，全镇个体工商户达到6350户。全镇上下形成了百姓创家业、干部创事业、能人创企业的良好氛围。

三、发展扶贫产业，加快新村进程

为加速推进新农村建设，建立了一整套新农村建设的利益导向机制、干部考评机制、业绩考核机制，创新了农村工作“十法”。大力实施扶贫搬迁、生态移民、村庄整治、渠系整治、环境保护、产业开发。对19个山头村、贫困村、库区村实行了新农村建设整村推进，建成了百丈河、梅岩等21个村新村建设示范群，建成了上马坳、龙潭畈万亩茶叶示范带，新建了百丈河万头养猪场等畜禽养殖基地29个，板栗基地15个。

温泉镇千头奶牛场

温泉镇无公害茶园喷灌现场

千年古镇——梅川

梅川镇地处武穴市北部，始建于北周大象元年（公元579年），立为永宁县，唐天宝元年（公元742年）改名广济县。因明朝万历年间蕲王朱仲良赠梅千株植于河旁而得名，至今已有1400余年的建置历史。1953年3月前，一直为县治所在地。是武穴市北部经济、文化、信息中心，是鄂东地区重要的商贸、物流中心之一。柳界线、武梅线、梅马线贯穿境内。东距九江35公里；南距京九铁路、沪蓉高速不到10公里，距长江黄金水道37公里；西距蕲春20公里；北靠大别山。全镇版图面积272平方公里，总人口14.2万人，辖77个村、4个社区。城区规划修编控制面积9平方公里，已建成中心城区5平方公里，常住人口5万人，城镇化率年均递增1.7个百分点。目前是武穴市建制首镇、版图首镇、人口首镇，是黄冈市建制大镇之一，是全省重点镇。在武穴市“十一五”规划中，被确定为“小城市”发展方向。

近年来，镇委、镇政府认真贯彻落实科学发展观，按照武穴市委、市政府提出的建设湖北综合实力强市的要求，结合梅川发展实际，调整发展思路，把发展作为第一要务，提出了“争创湖北明星大镇、黄冈综合实力强镇、武穴区域发展副中心”的奋斗目标，研究确立了“一业为主、两区带动、多点支撑”的发展思路。依托梅川食品加工企业众多的优势，以发展食品加工业为主，以城南新区和石牛工业集中区建设为动力，带动工业经济提速，积极支持并发展建材、机械、家俱、纺织、玻璃饰品制造等多个行业，实施“420”企业成长工程，选择在我镇已形成初步产能的食品加工、建筑建材、家俱制造、机械制造四大优势产业中的20家重点企业给予重点培植和支持，帮助企业打响品牌，开拓市场，提升企业核心竞争力。2009年上半年，全镇完成财政收入878.3万元（其中国税448.3万元、地税430万元）；社会固定资产投资2.2亿元，同比增长1000万元；工业总产值6.546亿元，同比增加10.18%；规模企业产值1.379亿元；社会用电量1939万千瓦时，同比增长549万千瓦时；个体工商户1733家，新增223家，私营企业63家，新增8家；金融机构社会存款余额7.5795亿元。

梅川镇先后获得全国重点镇、全国先进基层党组织、全国婚育新风进万家活动先进单位、第一次全国经济普查先进集体、第二次全国农业普查先进集体，全省文明镇（2005-2007年度）、全省重点镇、全省百镇千村示范镇、全省“五好”乡镇党委、全省城镇规划建设管理“楚天杯”，2008年度黄冈市经济社会发展综合实力二十强乡镇、黄冈市城镇规划建设管理“大别山杯”，2007年度和2008年度武穴市经济社会发展先进镇处等荣誉称号。

①

②

③

④

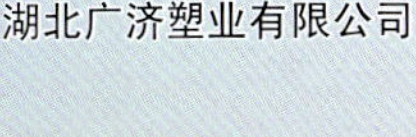
湖北广济塑业有限公司

① 梅川镇党委书记张曙红
② 梅川镇镇长徐平权
③ 群众在健身广场自编自演腰鼓节目
④ 梅川镇新农村建设——沿河小区

争强进位谱新篇 千年古镇展新颜
——团风镇

团风镇委书记 黄文浩

团风镇镇长 王萍

古镇团风成于唐兴于明繁于清，五百年前就称作“小汉口”，如今的团风镇正沐浴着改革的春风和谐前进，交通便捷、区位独特成为团风镇迅速崛起的新引擎，稻米、鸡蛋、鲜鱼销往全省，钢构、纺织、建筑产业迈向全国。团结睿智的镇委、镇政府一班人带领全镇人民，与时俱进不落窠臼，历经十三年的拼搏，为这块古老而贫瘠的土地插上了经济腾飞的翅膀。2008年，团风镇的社会总产值达到11.32亿元，工商税收858.14万元，农民人均纯收入达3340元，连续两年获得县争强进位考核第一名，2008年跨入全市进20强乡镇行列。

项目建设再创佳绩 经济发展是社会进步的重要支撑，镇委、镇政府将项目建设工作列入镇村两级的中心工作、头等大事紧紧抓在手中。去年镇村建设项目28个，合同投资额2.65亿元，实际到位资金1.5亿元；今年上半年招商引资新进项目16个，合同投资额2.544亿元，实际到位资金8768万元，全镇现有规模企业10家。全镇目前已形成了纺织、建筑建材、商贸服务、特色种养三大支柱产业。在钢结构的产业链条上，镇紧锣密鼓，两个招商引资专班已经与浙江永康、广东佛山的一些知名企业取得联系，将会为“中部钢结构基地”这个金字招牌上又添加了浓墨重彩的一笔。 **双强工程稳步推进** 团风镇将“双强工程”与全民创业紧密结合起来，实行抓政策机遇、抓资源优势、抓产业培植、抓机遇创新、抓奖惩兑现促发展，同时确立了铁铺等3个村为“双强工程”示范村，赤山桥等2个村为“双强工程”争创村，通过典型带动全镇“双强工程”全面铺开，有效地激发了全民创业，吸引了一批有经济头脑的能人创业办实体，进城开店经商，涌现了一大批创业能人，发展个体经商户3800户，发展品牌连锁店32家，各类创业达到7000多户，2.5万余人，打工回乡创业办企业达80多人，共举办培训班4期，培训人员200人，完成绿色证书培训120人次，培训新转移农村劳动力150人。全镇呈现了“个个搞创业，户户兴家业”的新高潮。

社会事业长足进步 团风镇坚持以民为本，切实维护好、实现好人民群众的切身利益，有序推进各类社会事业，最大限度地满足人民群众的物质文化生活需求。教育、医疗、卫生等事业在较高水平上得到巩固和发展，九年制义务教育入学率100%，农村贫困户、弱势群体和孤寡老人得到政府和全社会的关心和照顾，华光、冶炼厂等破产改制企业职工养老、医疗等保障工作不断完善。新农村建设稳步推进，投入大笔资金对通村通组公路和下水道进行了改造，切实改善了群众的生产、生活条件。充分发挥特色文化的载体作用，大力普及健康有益的群众文化活动，多次组织开展书法展览、戏剧说唱、广场演出等活动，极大地丰富了人民群众的精神生活。举办了“永远跟党走”大型文艺汇演和书画作品展，得到了广大群众的一致好评。扎实开展法制宣传教育，在全镇上下形成了党委领导，政府实施，社会各界参与的普法依法治镇工作格局，人民群众的法制意识进一步增强，未发生重大恶性刑事案件。人民来信来访、社会矛盾调处，以及平安创建等工作在维护社会稳定与和谐中发挥了重要的保障作用。

腾飞灰沙砖厂

城南水泥制品厂

金凯利服饰

城南水泥制品厂

龙池办事处

龙池桥街道办事处位于麻城市区，是麻城市政治、经济、文化、交通、商贸和工业生产中心。辖区内街道纵横交错，商贸云集，单位林立。龙池桥办事处历经三次撤并和改设，2000年搬迁至将军路102号，全处总人口8.2万人，辖10个村委会，4个社区居委会。

党委书记、主任　胡剑鸿

龙池办多年来位居麻城市综合经济实力前列。2008年全处规模以上工业企业总数在全市乡镇办中第一，达到19家，当年新增10家，完成产值4.77亿元，增长191%；完成固定资产投资10.97亿元,增长62.56%；完成本级财税收入1049万元，按可比口径增长47.95%；实现农民人均纯收入4725元，增长20.97%。综合经济实力进入黄冈乡镇办二十强。

龙池办有丰富的旅游资源。境内依山傍水，峰峦叠翠，碧波浩淼。“龙池夜月”、“麻姑仙洞”、“道观烟霞”位列麻城“八景”。万松古亭留下了苏东坡等名人的足迹。

近年来，龙池办积极解放思想，坚持因地制宜，合理调整工作思路，以实现在全市率先崛起为奋斗目标，坚持“工业立处，商贸活处，农业稳处，科教兴处”的发展战略，加大招商引资力度，发展民营经济，加快城镇建设，扎实推进新农村建设，狠抓人口与计划生育工作,积极实施社会治安综合治理工程，全面加强党的建设，促进了全处经济社会又好又快发展。全处基本形成了“城郊型农业、支柱型工业、都市型商业、开放型产业”的经济格局。

农业上，以服务城市居民为目的，形成了粮食、水产、水果、蔬菜、禽畜等五大产业。工业上,以发展乡镇企业为目标,形成汽配、建材、轻工、木业等支柱产业. 境内商埠林立，商贾云集，天吉大酒店、金城大酒店等餐饮服务企业发展到16家，国际家具城、黄商麻城购物中心等现代商贸物流企业和专业卖场发展到11家，已成为城市经济的亮点。社会事业稳步发展，在麻城第一个完成“村村通”，第一个启动“组组通”，第一个实施“安全饮水全覆盖”，启动了惠及城乡群众的“安全饮水工程”。新型农村合作医疗参合率麻城市第一，达到99.7%。处级财政在2006年实现“四个基本不欠”（基本不欠银行贷款、不欠财政资金、不欠社会债务、不欠干部工资）的基础上，2008年实现了“两个略有结余”（处财政决算和处机关财务都略有结余）。

以龙池工业集中区为龙头的招商引资工作取得显著成效。龙池工业集中区是省委、省政府批准的省管工业园区之一。园区总规划面积2000亩，一期开发面积500亩，到目前为止，已开发面积300亩，完成征地投入1000万，基建投资1000万，厂房投资3000万。2009年，计划将再新建车间20个，新引进企业10家、投资2亿元以上，使集中区车间总数达到50个，规模企业达到30家，年产值达到5亿元，实现集中区建设初具规模、成为龙池招商引资的新平台和龙池经济发展的增长点。

龙池工业园

龙池街道一角

三里畈镇

三里畈镇位于罗田县西部，与团风、浠水、麻城相邻，是进出罗田和大别山区重要门户；总面积203.5平方公里。辖43村，一个社区，464个村民小组，总人口65502人。全镇先后荣获国家“婚育新风进万家活动”先进单位，被司法部授予“全国模范人民调解委员会”先进集体，全国创建文明村镇工作先进镇，两次荣获全省“五好乡镇党委”、并获得“全市山区经济建设强镇”，2006年被国家发改委明确为全国农村经济发展综合改革试点镇。镇党委，镇政府一届接一届地紧紧抓住经济建设这个中心，积极推动镇域经济社会协调发展。生产总值达8亿元，财政收入1600万元，农民人均纯收入4608元。2008年度被评为全市“二十强乡镇”。

镇党委书记　胡朝晖

三里畈镇风景秀丽，人杰地灵，是一片创业的热土。六、七十年代掀起了第一轮建设热潮，省二机、省通用、地区卫校、汽车配件厂择地开发，产值近亿元。进入二十一世纪第二次创业高潮迭起；产业结构不断优化。高标准、高起点兴建了板栗，甜柿、中药材、大棚蔬菜等产业基地200多个，面积达成到1.3 万亩,建成了一批各具特色的专业村、专业组、专业户。全镇88%的农户建起了楼房，自来水入户率达90%，有线电视入户率、电话入户安装率均在85%以上。

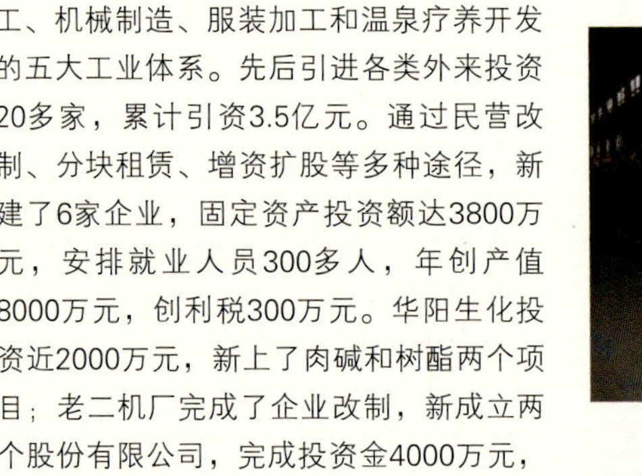

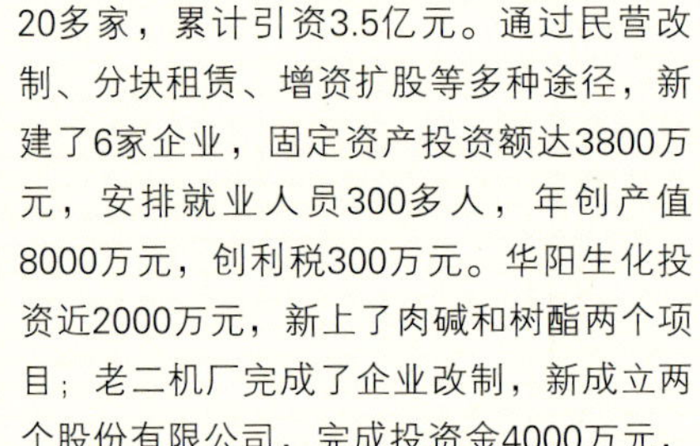

镇长　胡昊

镇区域工业快速发展。立足开发本地资源优势，已形成了以建材、医药、化工、机械制造、服装加工和温泉疗养开发的五大工业体系。先后引进各类外来投资20多家，累计引资3.5亿元。通过民营改制、分块租赁、增资扩股等多种途径，新建了6家企业，固定资产投资额达3800万元，安排就业人员300多人，年创产值8000万元，创利税300万元。华阳生化投资近2000万元，新上了肉碱和树酯两个项目；老二机厂完成了企业改制，新成立两个股份有限公司，完成投资金4000万元，总产值达6500万元；仙踢温泉度假村主体工程建设即将完工。占地1000亩三里畈河东工业园区建设已全面启动，三通一平正在热火朝天的建设中。

丰源机械有限公司下线产品

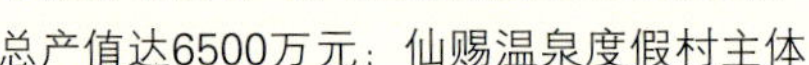

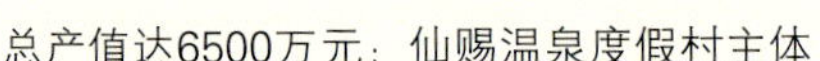

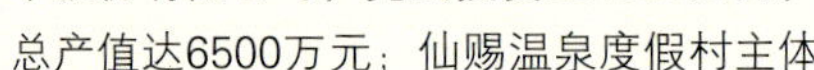

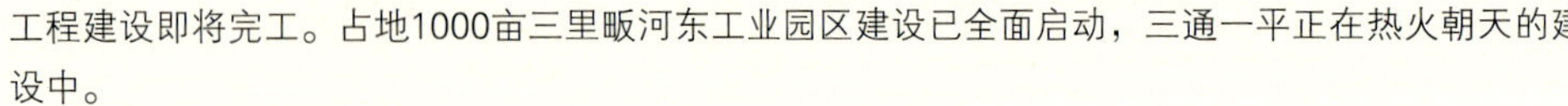

基础设施建设不断加快。狠抓村级办公活动场所、农田水利、“一改三建”等基础建设，通村水泥路全面完成，低丘岗开发改造2500多亩、改造低产田1600亩，整修水库4座，群众生产生活条件明显改善；先后投资2000多万元大搞镇区路网、管网建设和绿化、亮化建设，镇区面积增加到2.5平方公里。

黄冈市福兴机械制造有限公司生产车间一角

社会事业协调发展。基础教育进一步巩固，适龄儿童入学率100%。科技推广、科技应用蓬勃发展，科技对经济贡献率到60%以上。农村文化事业不断繁荣，农村卫生网络进一步健全，全民医保率达100%。计划生育率连年保持在98%以上。“平安村镇”、“平安家庭”创建活动成效显著，全镇政治稳定，社会安定，群众安居乐业。

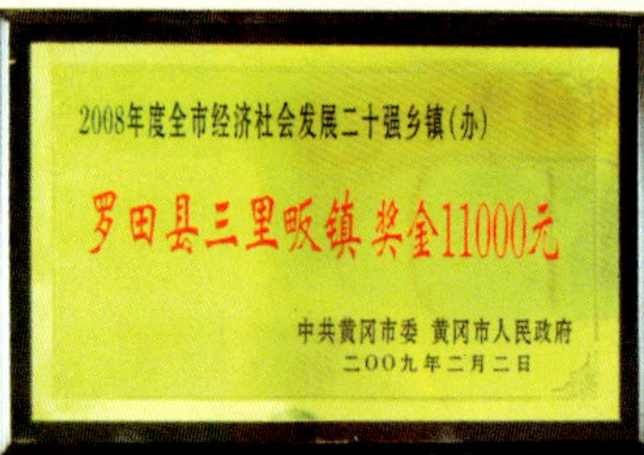

蕲春县刘河镇

蕲春县刘河镇，地处蕲春中部，版图面积228.9平方公里，下辖56个村（居）委会，总人口10.2万人。在历届党委、政府的正确领导下，紧密结合自身实际，不断探索适合刘河镇情的发展道路，创造了一个又一个奇迹，曾被省政府授予“楚天明星乡镇”，被黄冈市委、市政府授予“红旗乡镇党委”、“山区经济十强乡镇”等称号，2008年跃入全市乡镇二十强。

综合实力显著增强 全镇经济社会发展稳步进行，一年上一台阶，到2009年末，全镇国民生产总值可实现12亿，财政收入可突破2000万元，农民人均纯收入达4500元，全镇居民存款达到5.2亿元，到2009年底全镇规模以上企业可达到20家，全镇实现工业总产值6.5亿，销售收入5.9亿元，新增长就业岗位2600人。通过多年的培育，刘河镇工业上初步形成了以塑料为特色的产业集群，塑料产业进入全国500强，农业已形成了畜牧、药材、优质稻、林果多种经营等五大产业，奠定了富村富民强镇的基础。

对外开放不断加强 大力实施“招商兴镇”战略，坚定不移地走招商引资、对外开放之路，实施乡民情招商、以商招商、诚信留商、环境稳商，在全镇营造“全民招商、全创业氛围”。使一大批项目落户刘河，2009年全镇共引进项目28个，引进资金达3.2亿元。这些项目的建设，极大的促进了刘河经济的发展，为群众早日脱贫致富创造条件。

城乡面貌日新月异 1991年蕲太公路横贯刘河全镇，刘河抓住这千载难逢的大好机遇，按照“借助大京九，依托蕲太路、加速一体化、建设明星镇”的城镇建设发展思路和“科学绘城、农民造城、产业兴城、商贸活城、规范管城”的二十字发展方针，坚持科学编制发展规划、高标准建设基础设施、高水平抓好城镇管理，发挥集镇功能，目前城区面积已达4.8平方公里，四纵五横的格局基本形成。

基础设施不断完善 历届党委政府十分关注民生问题，从解决老百姓的问题入手，不断加大农田水利基础设施建设力度和道路建设力度。关西畈、仁政垸、荒马畈、红旗畈等大垅大畈通过高标准的农田水利基础设施改造，使其能排能灌，为农业增收打下了坚实的基础；全镇主干道均已硬化通车，村村实现乡村公路硬化，大大改善了刘河经济发展环境和交通条件。

社会事业发展更趋协调 科教兴镇战略已全面兴起，普九成果不断巩固，蕲春三中 、刘河中学教学质量属全市前列，每年都要向大学、重点高中输送大批人才；农村新型合作医疗在全镇推开，农民参合率达到97%；有线数字电视、电信、电力设施日臻完善，实现了村村通有线电视、组组通电话。计划生育工作稳定推进，稳定了低生育水平；社会治安综合治理工作良好，被省定为“平安乡镇”。信访、民政等部门及时为群众排忧解难，密切了党群关系，全镇上下政通人和、安定有序、繁荣和谐。

武穴市委主要领导来办调研

刊江办事处党委书记、主任 李汉平（右）党委付书记、人大主席陈建新（左）

刊江办事处

党委书记、主任 李汉平

党委副书记、人大主席 陈建新

刊江办事处地处武穴市城乡结合部，版图面积45平方公里，现辖12个行政村和1个社区居委会，67个村（居）民小组，共有7416户，总人口30376人。新中国成立六十年来，特别是近几年来，刊江办事处在市委、市政府的正确领导下，围绕建设小康刊江、和谐刊江的目标，始终坚持以科学发展观统领经济社会发展全局，大力推进“五区”建设，取得了综合实力快速增长、各项建设全面推进、社会局面安静和谐的显著成绩，先后被黄冈市委、市政府授予“经济社会发展综合实力20强乡镇”、“五个基本建设先进党委”、“发展乡镇企十强乡镇”、“平安乡镇”、“文明乡镇”、“明星乡镇”等荣誉称号。

综合实力显著增强。始终坚持以经济建设为中心，万众一心创伟业，聚精会神谋发展，既保持了较快的发展速度，又保持了良好的发展质量。2008年，全处实现税收收入1473万元，净增451万元，同比增长45.8%，增速位居武穴第一；完成外贸出口10080万元，同比增长20.9%；完成固定资产投资3.13亿元，同比增长186%；完成工业总产值23.98亿元，同比增长30%；实现规模以上工业新增3家，增加值达到5.98亿元，同比增长38%；农民人均纯收入5290元，同比增加1180元。

对外开放硕果累累。大力实施“依城兴处、内转外张”战略，坚持不移地走对外开放之路。香港富源表业、香港洋龙服装、香港东海珠宝、上海永安玻业、广济自祥纸业、武汉华夏造船、湖北金仁旺、浙江富鑫矿业等一批大企业先后落户，广东、福建、江苏、浙江等外地老板纷纷来刊江投资，新办企业，扩大规模，拓展市场。据统计，近五年，全处共引进项目98个，其中新引进项目78个，扩建和技改项目20个，协议投资额58600万元，实际到位资金39876万元，其中投资过1000万元项目18个，过500万元项目29个，过300万元项目51个。充分利用城郊优势，创办了团山工业集中区，园区内现拥有70家企业，其中规模以上企业15家，累计完成固定资产投资5.2亿元，实现税收收入5400万元，安置农民工就业6000余人。2008年，省委书记罗清泉亲临园区，对园区建设和发展给予了充分肯定和高度评价。

人民生活不断改善。践行执政为民的宗旨，坚持关心群众、善待群众、致富群众，努力让更多地群众共享新中国改革发展的成果。全处垸垸实现水泥路通、自来水通、闭路电视通，看病难、行路难、上学难的问题得到全面解决，展现了社会主义新农村的美好前景。到2009年8月底，全处农民人均住居面积达80平方米，家庭轿车、电脑、空调、太阳能等拥有量位居全市前列。

签约仪式

第一部分　特　载

资料整理人员：童卫红

中华人民共和国2008年国民经济和社会发展统计公报

2008年，全国各族人民在党中央、国务院的领导下，以邓小平理论和“三个代表”重要思想为指导，深入贯彻落实科学发展观，万众一心，顽强拼搏，努力克服历史罕见的特大自然灾害和国际金融危机冲击的不利影响，国民经济保持较快发展，各项社会事业取得新的进步。

一、综　合

初步核算，全年国内生产总值300670亿元，比上年增长9.0%。分产业看，第一产业增加值34000亿元，增长5.5%；第二产业增加值146183亿元，增长9.3%；第三产业增加值120487亿元，增长9.5%。第一产业增加值占国内生产总值的比重为11.3%，比上年上升0.2个百分点；第二产业增加值比重为48.6%，上升0.1个百分点；第三产业增加值比重为40.1%，下降0.3个百分点。

图1　2004-2008年国内生产总值及其增长速度

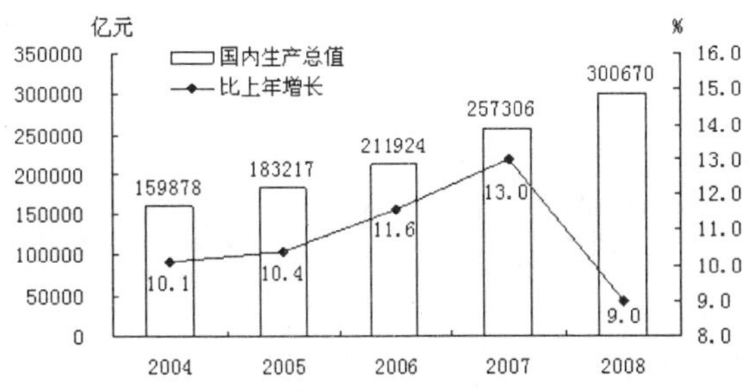

居民消费价格比上年上涨5.9%，其中食品价格上涨14.3%。固定资产投资价格上涨8.9%。工业品出厂价格上涨6.9%，其中生产资料价格上涨7.7%，生活资料价格上涨4.1%。原材料、燃料、动力购进价格上涨10.5%。农产品生产价格上涨14.1%。农业生产资料价格上涨20.3%。70个大中城市房屋销售价格上涨6.5%，其中新建住宅价格上涨7.1%，二手住宅价格上涨6.2%；房屋租赁价格上涨1.4%。

图2　2004-2008年居民消费价格涨跌幅度

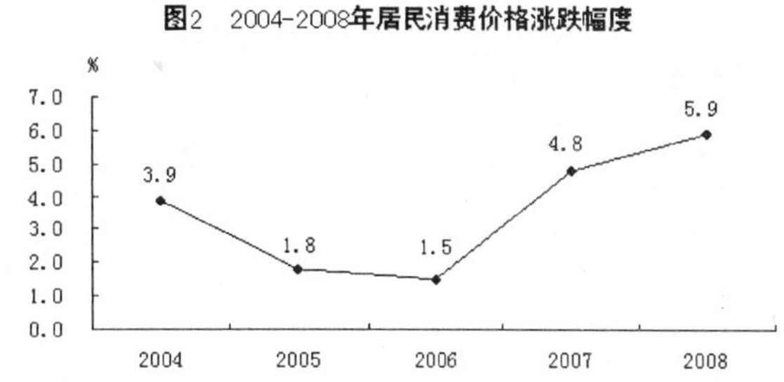

表1 2008年居民消费价格比上年涨跌幅度

单位:%

指　　标	全国	城　市	农　村
居民消费价格	5.9	5.6	6.5
食　品	14.3	14.5	14.0
其中：粮食	7.0	7.2	6.7
肉禽及其制品	21.7	22.6	20.0
油脂	25.4	24.9	25.9
鲜蛋	3.7	3.8	3.6
鲜菜	10.7	10.5	11.3
鲜果	9.0	8.9	9.3
烟酒及用品	2.9	3.1	2.6
衣　着	-1.5	-1.8	-0.6
家庭设备用品及服务	2.8	3.0	2.4
医疗保健及个人用品	2.9	2.8	3.2
交通和通信	-0.9	-1.6	0.7
娱乐教育文化用品及服务	-0.7	-0.9	-0.1
居　住	5.5	4.3	8.2

年末全国就业人员77480万人，比上年末增加490万人。其中城镇就业人员30210万人，净增加860万人，新增加1113万人。年末城镇登记失业率为4.2%，比上年末上升0.2个百分点。

年末国家外汇储备19460亿美元，比上年末增加4178亿美元。年末人民币汇率为1美元兑6.8346元人民币，比上年末升值6.9%。

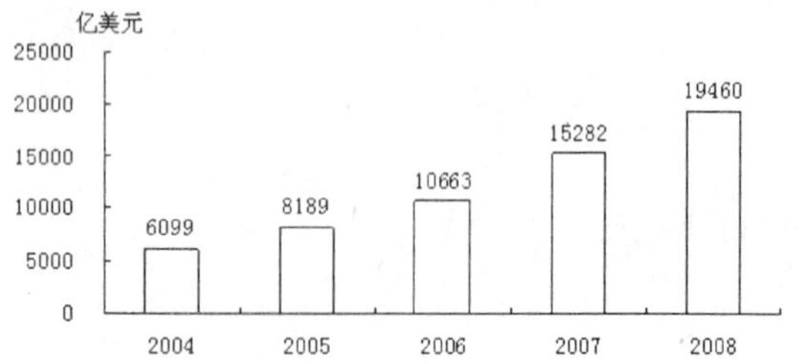

图3　2004-2008年年末国家外汇储备

全年税收收入57862亿元（不包括关税、耕地占用税和契税），比上年增加8413亿元，增长17.0%。

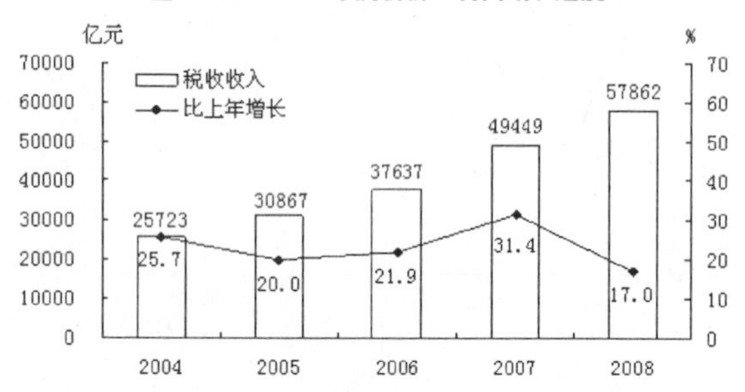

图4　2004-2008年税收收入及其增长速度

二、农　业

全年粮食种植面积10670万公顷，比上年增加106万公顷；棉花种植面积576万公顷，减少17万公顷；油料种植面积1271万公顷，增加139万公顷；糖料种植面积193万公顷，增加13万公顷。

全年粮食产量52850万吨，比上年增加2690万吨，增产5.4%。其中，夏粮产量12041万吨，增产2.6%；早稻产量3158万吨，与上年基本持平；秋粮产量37651万吨，增产6.7%。

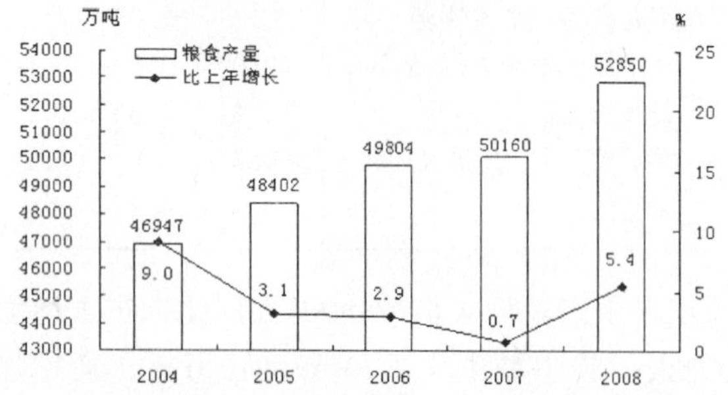

图5　2004-2008年粮食产量及其增长速度

全年棉花产量750万吨，比上年减产1.6%。油料产量2950万吨，增产14.8%。糖料产量13000万吨，增产6.7%。烤烟产量260万吨，增产19.6%。茶叶产量124万吨，增产6.4%。

全年肉类总产量7269万吨，比上年增长5.9%。其中，猪肉产量4615万吨，增长7.6%；牛肉产量610万吨，下降0.5%；羊肉产量376万吨，下降1.8%。生猪年末存栏46264万头，增长5.2%；生猪出栏60960万头，增长7.9%。牛奶产量3651万吨，增长3.6%；禽蛋产量2638万吨，增长4.3%。

全年水产品产量4895万吨，增长3.1%。其中，养殖水产品产量3426万吨，增长4.5%；捕捞水产品产量1469万吨，与上年持平。

全年木材产量7894万立方米，增长13.2%。

全年新增有效灌溉面积117.9万公顷，新增节水灌溉面积139.0万公顷。

三、工业和建筑业

全年全部工业增加值129112亿元，比上年增长9.5%。规模以上工业增加值增长12.9%，其中国有及国有控股企业增长9.1%；集体企业增长8.1%，股份制企业增长15.0%，外商及港澳台商投资企业增长9.9%；私营企业增长20.4%。分轻重工业看，轻工业增长12.3%，重工业增长13.2%。

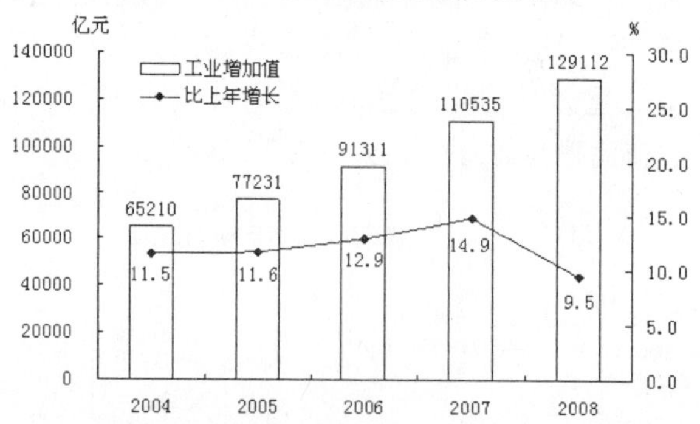

图6　2004-2008年工业增加值及其增长速度

全年规模以上工业中，煤炭开采和洗选业增加值比上年增长19.1%，石油和天然气开采业增长6.1%，文教体育用品制造业增长18.2%，燃气生产和供应业增长26.8%，农副食品加工业增长15.0%，通用设备制造业增长16.9%，交通运输设备制造业增长15.2%，通信设备、计算机及其他电子设备制造业增长12.0%，电气机械及器材制造业增长18.1%，化学纤维制造业增长2.2%。6大高耗能行业比上年增长10.0%，其中，非金属矿物制品业增长16.9%，黑色金属冶炼及压延加工业增长8.2%，化学原料及化学制品制造业增长10.0%，有色金属冶炼及压延加工业增长12.3%，电力热力的生产和供应业增长8.6%，石油加工炼焦及核燃料加工业增长4.3%。高技术制造业增加值比上年增长14.0%。

表2 2008年主要工业产品产量及其增长速度

产品名称	单位	产量	比上年增长%
纱	万吨	2148.9	3.9
布	亿米	710.0	5.1
化学纤维	万吨	2415.0	0.1
成品糖	万吨	1449.5	14.0
卷烟	亿支	22198.8	3.5
彩色电视机	万台	9033.1	6.5
家用电冰箱	万台	4756.9	8.2
房间空气调节器	万台	8230.9	2.7
一次能源生产总量	亿吨标准煤	26.0	5.2
原煤	亿吨	27.93	4.1
原油	亿吨	1.90	2.2
天然气	亿立方米	760.8	9.9
发电量	亿千瓦小时	34668.8	5.6
其中：火电	亿千瓦小时	27900.8	2.5
水电	亿千瓦小时	5851.9	20.6
粗钢	万吨	50091.5	2.4
钢材	万吨	58488.1	3.4
十种有色金属	万吨	2520.3	5.9
其中：精炼铜(铜)	万吨	378.9	10.1
电解铝	万吨	1317.6	6.8
氧化铝	万吨	2278.2	17.0
水泥	亿吨	14.0	2.9
硫酸	万吨	5132.7	-5.2
纯碱	万吨	1881.3	6.6
烧碱	万吨	1852.1	5.3
乙烯	万吨	998.3	-2.9
化肥（折100%）	万吨	6012.7	3.2
发电设备	万千瓦	13319.4	2.5
汽车	万辆	934.55	5.1
其中：轿车	万辆	503.7	5.0
大中型拖拉机	万台	21.7	6.9
集成电路	亿块	417.1	1.3
程控交换机	万线	4584.0	-14.9
移动通信手持机(手机)	万台	55964.0	2.0
微型电子计算机	万台	13666.6	13.2

1-11月全国规模以上工业企业累计实现利润24066亿元，比上年同期增长4.9%。

表3 2008年1-11月规模以上工业企业实现利润及其增长速度

单位：亿元

指标	利润总额	比上年同期增长%
规模以上工业	24066	4.9
其中：国有及国有控股企业	7985	-14.5
其中：集体企业	687	29.5
股份制企业	13467	11.4
外商及港澳台投资企业	6374	-3.1
其中：私营企业	5495	36.6

全年全社会建筑业实现增加值17071亿元，比上年增长7.1%。全国具有资质等级的总承包和专业承包建筑业企业实现利润1756亿元，增长12.5%，其中国有及国有控股企业509亿元，增长21.8%；上缴税金2058亿元，增长20.0%，其中国有及国有控股企业771亿元，增长24.7%。

图7 2004-2008年建筑业增加值及其增长速度

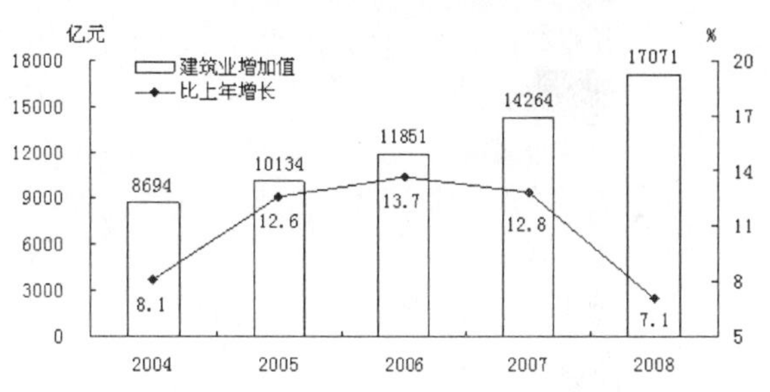

四、固定资产投资

全年全社会固定资产投资172291亿元，比上年增长25.5%。分城乡看，城镇投资148167亿元，增长26.1%；农村投资24124亿元，增长21.5%。分地区看，东部地区投资87412亿元，比上年增长20.9%；中部地区投资45384亿元，增长32.6%；西部地区投资35839亿元，增长26.9%。

图8 2004－2008年固定资产投资及其增长速度

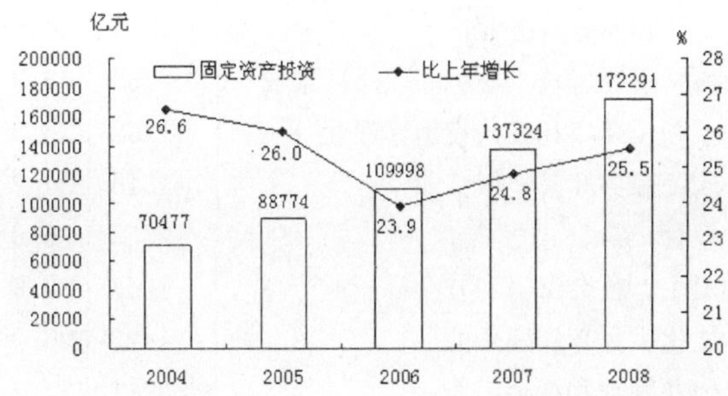

在城镇投资中，第一产业投资2256亿元，比上年增长54.5%；第二产业投资65036亿元，增长28.0%；第三产业投资80875亿元，增长24.1%。

表4 2008年分行业城镇固定资产投资及其增长速度

单位：亿元

行　业	投资额	比上年增长%
总　计	148167	26.1
农、林、牧、渔业	2256	54.5
采矿业	6913	31.5
其中：煤炭开采及洗选业	2411	33.6
石油和天然气开采业	2715	22.0
制造业	46345	30.6
其中：农副食品加工业	2058	25.7
食品制造业	1137	17.8
纺织业	1534	1.3
纺织服装、鞋、帽制造业	896	19.0
石油加工、炼焦及核燃料加工业	1832	29.4
化学原料及化学制品制造业	4787	35.5
非金属矿物制品业	4113	46.6
黑色金属冶炼及压延加工业	3240	23.8
有色金属冶炼及压延加工业	1854	43.1
金属制品业	2189	38.5
通用设备制造业	3224	38.3
专用设备制造业	2265	34.1
交通运输设备制造业	3787	39.1
电气机械及器材制造业	2334	45.1
通信设备、计算机及其他电子设备制造业	2463	17.6
电力、燃气及水的生产和供应业	10484	15.4
其中：电力、热力的生产与供应业	9045	14.4
建筑业	1294	30.4
交通运输、仓储和邮政业	15552	19.7
信息传输、计算机服务和软件业	2130	17.1
批发和零售业	3166	29.2
住宿和餐饮业	1735	30.5
金融业	247	62.6
房地产业	35215	23.0
租赁和商务服务业	1296	50.6
科学研究、技术服务和地质勘察业	708	35.9
水利、环境和公共设施管理业	12262	32.2
居民服务和其他服务业	316	34.2
教育	2355	6.0
卫生、社会保障和社会福利业	1057	30.6
文化、体育和娱乐业	1423	26.0
公共管理和社会组织	3411	23.2

表5　2008年固定资产投资新增主要生产能力

指　　标	单 位	绝对数
新增发电机组容量	万千瓦	9051
22万伏及以上变电设备	万千伏安	23222
新建铁路投产里程	公里	1719
增建铁路复线投产里程	公里	1935
电气化铁路投产里程	公里	1955
新建公路	公里	99851
其中：高速公路	公里	6433
港口万吨级码头泊位新增吞吐能力	万吨	33099
新增光缆线路长度	万公里	99
新增数字蜂窝移动电话交换机容量	万户	28855

全年房地产开发投资30580亿元，比上年增长20.9%。其中，东部地区18325亿元，增长17.1%；中部地区6287亿元，增长31.7%；西部地区5967亿元，增长22.7%。按工程用途分，商品住宅投资22081亿元，增长22.6%；办公楼投资1112亿元，增长7.4%；商业营业用房投资3200亿元，增长14.9%。

表6 2008年房地产开发和销售主要指标完成情况

指　　标	单　位	绝对数	比上年增长%
投资完成额	亿元	30580	20.9
其中：住宅	亿元	22081	22.6
其中：90平方米以下住宅	亿元	6416	50.7
其中：经济适用房	亿元	983	19.7
房屋施工面积	万平方米	274149	16.0
其中：住宅	万平方米	216671	16.0
房屋新开工面积	万平方米	97574	2.3
其中：住宅	万平方米	79889	1.4
房屋竣工面积	万平方米	58502	-3.5
其中：住宅	万平方米	47750	-4.2
商品房销售面积	万平方米	62089	-19.7
其中：住宅	万平方米	55886	-20.3
本年资金来源	亿元	38146	1.8
其中：国内贷款	亿元	7257	3.4
其中：个人按揭贷款	亿元	3573	-29.7
本年购置土地面积	万平方米	36785	-8.6
完成开发土地面积	万平方米	26033	-5.6
土地购置费	亿元	5795	10.9

五、国内贸易

全年社会消费品零售总额108488亿元，比上年增长21.6%。分地域看，城市消费品零售额

73735亿元，增长22.1%；县及县以下消费品零售额34753亿元，增长20.7%。分行业看，批发和零售业零售额91199亿元，增长21.5%；住宿和餐饮业零售额15404亿元，增长24.7%；其他行业零售额1885亿元，增长3.7%。

在限额以上批发和零售业零售额中，粮油类零售额比上年增长22.7%，肉禽蛋类增长22.3%，服装类增长25.9%，汽车类增长25.3%，石油及制品类增长39.9%，日用品类增长17.1%，文化办公用品类增长17.9%，通讯器材类增长1.4%，家用电器和音像器材类增长14.2%，建筑及装潢材料类下降12.0%，家具类增长22.6%，化妆品类增长22.1%，金银珠宝类增长38.6%，中西药品类增长14.8%。

图9　2004-2008年社会消费品零售总额及其增长速度

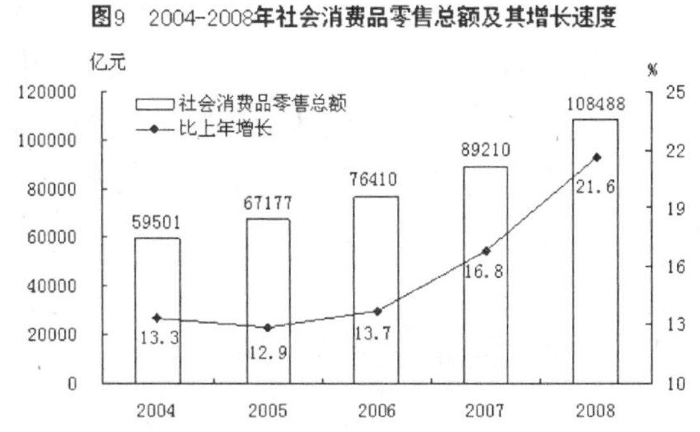

六、对外经济

全年货物进出口总额25616亿美元，比上年增长17.8%。其中，货物出口14285亿美元，增长17.2%；货物进口11331亿美元，增长18.5%。进出口差额（出口减进口）2955亿美元，比上年增加328亿美元。

表7　2008年货物进出口总额及其增长速度

单位：亿美元

指　　标	绝对数	比上年增长%
货物进出口总额	25616	17.8
货物出口额	14285	17.2
其中：一般贸易	6626	22.9
加工贸易	6752	9.3
其中：机电产品	8229	17.3
高新技术产品	4156	13.1
其中：国有企业	2572	14.4
外商投资企业	7906	13.6
其他企业	3807	27.9
货物进口额	11331	18.5
其中：一般贸易	5727	33.6
加工贸易	3784	2.7
其中：机电产品	5387	7.9
高新技术产品	3419	4.3
其中：国有企业	3538	31.1
外商投资企业	6200	10.8
其他企业	1593	25.7
进出口差额（出口减进口）	2955	-

表8　2008年主要商品出口数量、金额及其增长速度

商品名称	单位	数量	比上年增长%	金额（亿美元）	比上年增长%
煤	万吨	4543	-14.6	52	58.9
钢材	万吨	5923	-5.5	634	43.8
纺织纱线、织物及制品	—	-	-	654	16.6
服装及衣着附件	—	-	-	1198	4.1
鞋类	—	-	-	297	17.2
家具及其零件	—	-	-	269	21.5
自动数据处理设备及其部件	万台	143236	-1.2	1350	9.1
手持或车载无线电话	万台	53284	10.2	385	8.2
集装箱	万个	303	-3.3	91	3.6
集成电路	百万个	48477	19.1	243	3.3
液晶显示板	万个	202666	7.8	224	13.9
汽车（包括整套散件）	万辆	64	9.4	89	32.5

表9　2008年主要商品进口数量、金额及其增长速度

商品名称	数量（万吨）	比上年增长%	金额（亿美元）	比上年增长%
谷物及谷物粉	154	-1.0	7	37.0
大豆	3744	21.5	218	90.1
食用植物油	816	-2.6	90	44.0
天然橡胶（包括胶乳）	168	2.0	43	32.0
合成橡胶（包括胶乳）	120	-15.0	33	17.5
铁矿砂及其精矿	44356	15.9	605	79.1
氧化铝	459	-10.5	18	-9.7
原油	17888	9.6	1293	62.0
成品油	3885	15.0	300	82.7
初级形状的塑料	1771	-6.7	341	5.3
纸浆	952	12.4	67	20.9
钢材	1543	-8.6	234	14.0
未锻造的铜及铜材	264	-5.1	192	-2.3

表10 2008年对主要国家和地区货物进出口额及其增长速度

单位：亿美元

国家和地区	货物出口额	比上年增长%	货物进口额	比上年增长%
欧盟	2929	19.5	1327	19.6
美国	2523	8.4	814	17.4
中国香港	1907	3.4	129	0.9
日本	1161	13.8	1507	12.5
东盟	1141	20.7	1170	7.9
韩国	740	31.0	1122	8.1
俄罗斯	330	15.9	238	21.0
印度	315	31.2	203	38.7
中国台湾	259	10.3	1033	2.3

图10 2004-2008年货物进出口总额及其增长速度

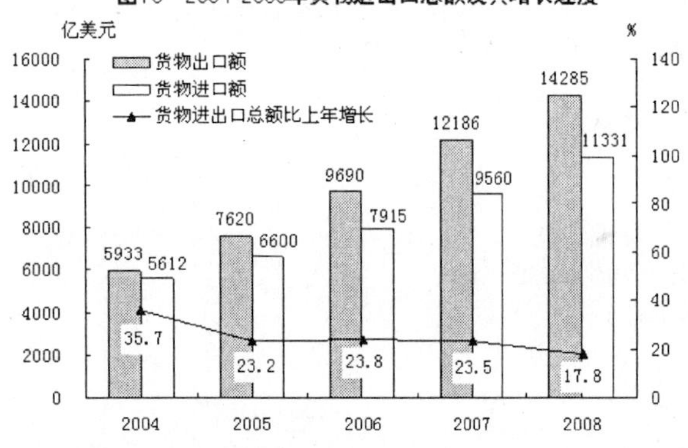

全年非金融领域新批外商直接投资企业27514家，比上年减少27.3%。实际使用外商直接投资金额924亿美元，增长23.6%。其中，制造业占54.0%；房地产业占20.1%；租赁和商务服务业占5.5%；批发和零售业占4.8%；交通运输、仓储和邮政业占3.1%。

表11 2008年分行业外商直接投资及其增长速度

行　业	企业数（家）	比上年增长%	实际使用金额（亿美元）	比上年增长%
总　计		-27.3	924.0	23.6
农、林、牧、渔业	917	-12.5	11.9	28.9
采 矿 业	149	-36.3	5.7	17.0
制 造 业	11568	-39.7	498.9	22.1
电力、燃气及水的生产和供应业	320	-9.1	17.0	58.1
建筑业	262	-14.9	10.9	151.6
交通运输、仓储和邮政业	523	-20.5	28.5	42.1
信息传输、计算机服务和软件业	1286	-7.6	27.7	86.8
批发和零售业	5854	-7.6	44.3	65.6
住宿和餐饮业	633	-32.5	9.4	-9.9
金 融 业	25	-51.0	5.7	122.5
房地产业	452	-68.7	185.9	8.8
租赁和商务服务业	3138	-11.3	50.6	25.9
科学研究、技术服务和地质勘查业	1839	7.2	15.1	64.2
水利、环境和公共设施管理业	138	-10.4	3.4	24.7
居民服务和其他服务业	205	-24.1	5.7	-21.1
教　育	24	60.0	0.4	12.2
卫生、社会保障和社会福利业	10	-23.1	0.2	63.1
文化、体育和娱乐业	170	-17.9	2.6	-42.8
公共管理和社会组织	1	-	0.0	-
国际组织	-	-	6.0	-

全年非金融领域对外直接投资额407亿美元，比上年增长63.6%。

全年对外承包工程完成营业额566亿美元，比上年增长39.4%；对外劳务合作完成营业额81亿美元，增长19.1%。

七、交通、邮电和旅游

全年交通运输、仓储和邮政业增加值16590亿元，比上年增长7.6%。

表12 2008年各种运输方式完成货物运输量及其增长速度

指　标	单　位	绝对数	比上年增长%
货物运输总量	亿　吨	249.0	9.4
铁路	亿　吨	33.1	4.7
公路	亿　吨	181.7	10.9
水运	亿　吨	29.7	5.7
民航	亿　吨	407.6	1.4
管道	亿　吨	4.5	15.4
货物运输周转量	亿吨公里	105512.9	3.8
铁路	亿吨公里	25111.8	3.7
公路	亿吨公里	12998.5	14.5
水运	亿吨公里	65218.2	1.5
民航	亿吨公里	119.6	2.8
管道	亿吨公里	2064.7	19.5

表13 2005年各种运输方式完成旅客运输量及其增长速度

指　标	单　位	绝对数	比上年增长%
旅客运输总量	亿　人	239.7	7.8
铁路	亿　人	14.6	11.0
公路	亿　人	220.7	7.6
水运	亿　人	2.4	6.0
民航	万　人	1.9	3.6
旅客运输周转量	亿人公里	23372.2	8.2
铁路	亿人公里	7778.6	7.8
公路	亿人公里	12636.0	9.8
水运	亿人公里	74.8	-3.8
民航	亿人公里	2882.8	3.3

全年规模以上港口完成货物吞吐量58.7亿吨，比上年增长11.5%，其中外贸货物吞吐量19.2亿吨，增长7.0%。港口集装箱吞吐量12835万标准箱，增长12.2%。

年末全国民用汽车保有量达到6467万辆（包括三轮汽车和低速货车1492万辆），比上年末增长13.5%，其中私人汽车保有量4173万辆，增长18.1%。民用轿车保有量2438万辆，增长24.5%，其中私人轿车1947万辆，增长28.0%。

全年完成邮电业务总量23841亿元，比上年增长20.7%。其中，邮政业务总量1402亿元，增长15.5%；电信业务总量22440亿元，增长21.0%。全年减少局用交换机156万门，总容量5.1亿门。固定电话年末用户34081万户。其中，城市电话用户23200万户，农村电话用户10881万户。新增移动电话用户9392万户，年末达到64123万户。年末全国固定及移动电话用户总数达到98204万户，比上年末增加6909万户。电话普及率达到74.3部/百人。互联网上网人数3.0亿人，其中宽带上网人数2.7亿人。

图11　2004－2008年年末电话用户数

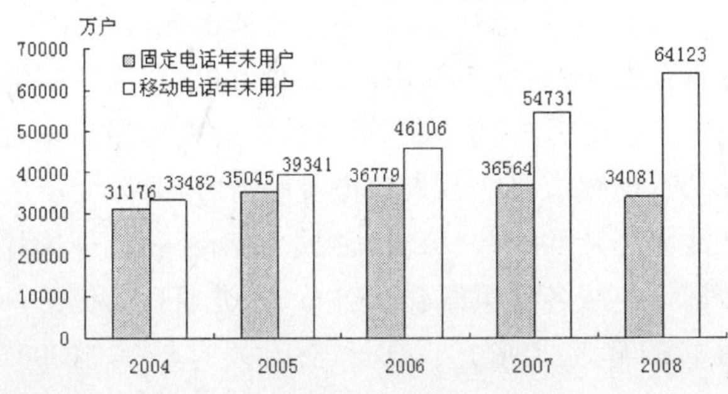

全年入境旅游人数13003万人次，比上年下降1.4%。其中，外国人2433万人次，下降6.8%；香港、澳门和台湾同胞10570万人次，下降0.1%。在入境旅游者中，过夜旅游者5305万人次，下降3.1%。国际旅游外汇收入408亿美元，下降2.6%。国内居民出境人数达4584万人次，增长11.9%。其中因私出境4013万人次，增长14.9%，占出境人数的87.5%。国内出游人数达17.1亿人次，增长6.3%；国内旅游收入8749亿元，增长12.6%。

八、金　融

年末广义货币供应量（M2）余额为47.5万亿元，比上年末增长17.8%；狭义货币供应量（M1）余额为16.6万亿元，增长9.1%；流通中现金（M0）余额为3.4万亿元，增长12.7%。年末全部金融机构本外币各项存款余额47.8万亿元，增长19.3%；全部金融机构本外币各项贷款余额32.0万亿元，增长17.9%。

表14 2008年全部金融机构本外币存贷款及其增长速度

单位：亿元

指　标	年末数	比上年末增长(%)
各项存款余额	478444	19.3
其中：企业存款	164386	13.5
城乡居民储蓄存款	221503	25.7
其中：人民币	217885	26.3
各项贷款余额	320049	17.9
其中：短期贷款	128571	12.3
中长期贷款	164160	20.2

图12　2004－2008年城乡居民人民币储蓄存款余额及其增长速度

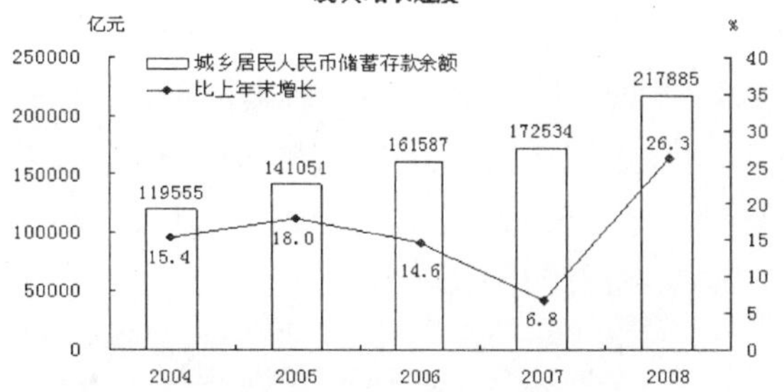

全年农村金融合作机构（农村信用社、农村合作银行、农村商业银行）人民币贷款余额3.7万亿元，比年初增加5908亿元。全部金融机构人民币消费贷款余额3.7万亿元，增加4609亿元。其中个人短期消费贷款余额0.4万亿元，增加1035亿元；个人中长期消费贷款余额3.3万亿元，增加3575亿元。

全年上市公司通过境内市场累计筹资3396亿元，比上年减少3947亿元。其中，首次公开发行A股75只，筹资1066亿元，减少3487亿元；A股再筹资（包括配股、公开增发、非公开增发、认股权证）筹资1332亿元，减少1046亿元；上市公司通过发行可转债、可分离债、公司债筹资998亿元，增加587亿元。

全年企业共发行债券20520亿元，比上年增加3437亿元。其中，金融债券11797亿元，减少116亿元；企业（公司）债券2655亿元，增加834亿元；短期融资券4332亿元，增加982亿元；中期票据1737亿元，增加1737亿元。

全年保险公司原保险保费收入9784亿元，比上年增长39.1%，其中寿险业务原保险保费收入6658亿元；健康险和意外伤害险业务原保险保费收入789亿元；财产险业务原保险保费收入2337亿元。支付各类赔款及给付2971亿元，其中寿险业务给付1315亿元；健康险和意外伤害险赔款及给付238亿元；财产险业务赔款1418亿元。

九、教育和科学技术

全年研究生教育招生44.6万人，在学研究生128.3万人，毕业生34.5万人。普通高等教育招生607.7万人，在校生2021.0万人，毕业生512.0万人。各类中等职业教育招生810.0万人，在校生2056.3万人，毕业生570.6万人。全国普通高中招生837.0万人，在校生2476.3万人，毕业生836.1万人。全国初中招生1856.2万人，在校生5574.2万人，毕业生1862.9万人。普通小学招生1695.7万人，在校生10331.5万人，毕业生1865.0万人。特殊教育招生6.2万人，在校生41.7万人。幼儿园在园幼儿2475.0万人。

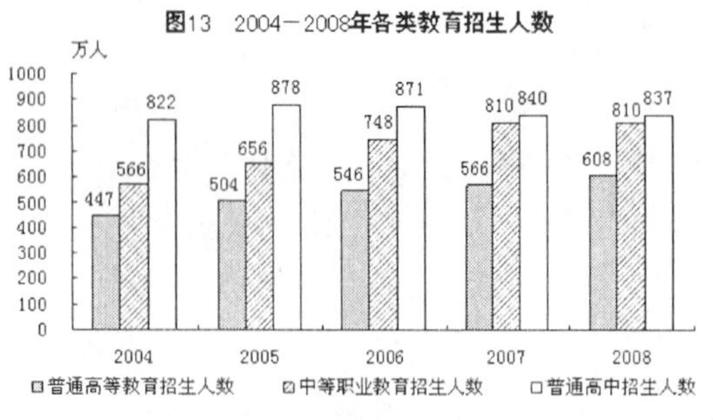

全年研究与试验发展（R&D）经费支出4570亿元，比上年增长23.2%，占国内生产总值的1.52%，其中基础研究经费200亿元。全年国家安排了922项科技支撑计划课题，1205项“863”计划课题。新建国家工程研究中心7个，国家工程实验室51个。国家认定企业技术中心达到575家。省级企业技术中心达到4886家。全年受理国内外专利申请82.8万件，其中国内申请71.7万件，占86.6%。受理国内外发明专利申请29.0万件，其中国内申请19.5万件，占67.1%。全年授予专利权41.2万件，其中国内授权35.2万件，占85.5%。授予发明专利权9.4万件，其中国内授权4.7万件，占49.7%。截至2008年底，有效专利119.5万件，其中国内有效专利92.5万件，占77.4%；有效发明专利33.7万件，其中国内有效发明专利12.8万件，占37.9%。全年共签订技术合同22.6万项，技术合同成交金额2665亿元，比上年增长19.7%。全年成功发射卫星11次，“神舟七号”载人航天飞行圆满成功。

年末全国共有产品检测实验室24300个，其中国家检测中心376个。全国现有产品质量、体系认证机构170个，已累计完成对3.8万个企业的产品认证。全国共有法定计量技术机构3701个，全年强制检定计量器具4190万台（件）。全年制定、修订国家标准6373项，其中新制定2714项。全国共有地震台站1314个，地震遥测台网31个。全国共有海洋观测站67个、海洋监测站位9200多个。测绘部门公开出版地图1834种，测绘图书309种。

十、文化、卫生和体育

年末全国共有艺术表演团体2575个，文化馆3171个，公共图书馆2825个，博物馆1798个。广播电台257座，电视台277座，广播电视台2069座，教育台45个。有线电视用户16342万户，有线数字电视用户4503万户。年末广播节目综合人口覆盖率为96.0%;电视节目综合人口覆盖率为97.0%。全年生产故事影片406部，科教、纪录、动画和特种影片73部。出版各类报纸445亿份，各类期刊30亿册，图书69亿册（张）。年末全国共有档案馆3987个，已开放各类档案7267万卷（件）。

年末全国共有卫生机构30.0万个，其中医院、卫生院6.0万个，社区卫生服务中心(站)2.8

万个，妇幼保健院（所、站）3020个，专科疾病防治院（所、站）1344个，疾病预防控制中心（防疫站）3560个，卫生监督所（中心）2591个。卫生技术人员492万人，其中执业医师和执业助理医师205万人，注册护士162万人。医院和卫生院床位369万张。乡镇卫生院3.9万个，床位82万张，卫生技术人员87.4万人。全年甲、乙类法定报告传染病发病人数354.1万例，报告死亡12433人；报告传染病发病率268.01/10万，死亡率0.94/10万。

全年运动健儿在24个项目中共获得了120个世界冠军，11人2队16次创16项世界纪录。在北京奥运会上，我国运动员共获得51枚金牌，21枚银牌，28枚铜牌，奖牌总数100枚，位列奥运会金牌榜第一，奖牌榜第二。在北京残奥会上，我国运动员共获得89枚金牌，70枚银牌，52枚铜牌，蝉联金牌榜和奖牌榜的第一位。群众体育运动蓬勃开展。

十一、人口、人民生活和社会保障

年末全国总人口为132802万人，比上年末增加673万人。全年出生人口1608万人，出生率为12.14‰；死亡人口935万人，死亡率为7.06‰；自然增长率为5.08‰。出生人口性别比为120.56。

表15 2008年人口数及其构成

单位：万人

指　　标	年末数	比重%
全国总人口	132802	100.0
其中:城镇	60667	45.7
乡村	72135	54.3
其中:男性	68357	51.5
女性	64445	48.5
其中:0-14岁	25166	19.0
15-64岁	91647	69.0
60岁及以上	15989	12.0
其中:65岁及以上	10956	8.3

全年农村居民人均纯收入4761元，扣除价格上涨因素，比上年实际增长8.0%；城镇居民人均可支配收入15781元，实际增长8.4%。农村居民家庭食品消费支出占家庭消费总支出的比重为43.7%，城镇居民家庭为37.9%。按2008年农村贫困标准1196元测算，年末农村贫困人口为4007万人。

图14 2004－2008年农村居民人均纯收入及其增长速度

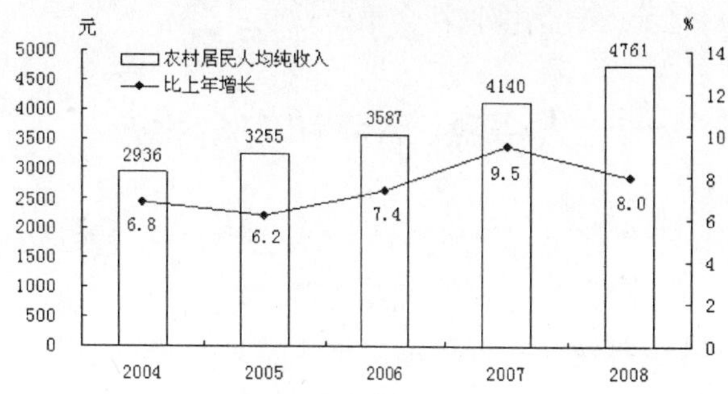

图15 2004－2008年城镇居民人均可支配收入及其增长速度

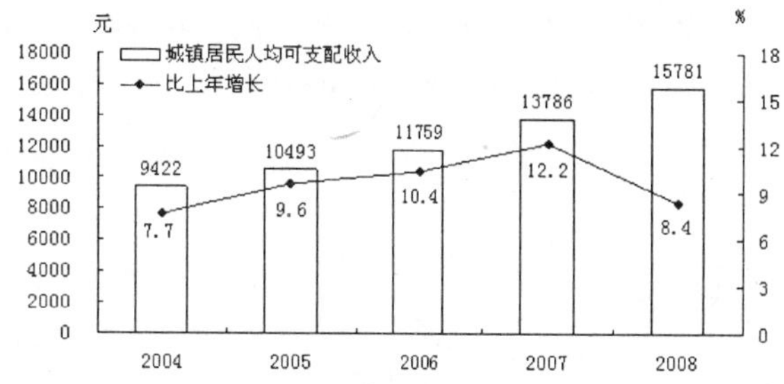

年末全国参加城镇基本养老保险人数为21890万人，比上年末增加1753万人。其中参保职工16597万人，参保离退休人员5293万人。参加城镇基本医疗保险的人数31698万人，增加9387万人。其中，参加城镇职工基本医疗保险人数20048万人，参加城镇居民基本医疗保险人数11650万人。参加城镇医疗保险的农民工4249万人，增加1118万人。参加失业保险的人数12400万人，增加755万人。参加工伤保险的人数13810万人，增加1637万人。其中参加工伤保险农民工4976万人，增加996万人。参加生育保险的人数9181万人，增加1406万人。2729个县（市、区）开展了新型农村合作医疗工作，新型农村合作医疗参合率91.5%。新型农村合作医疗基金累计支出总额为429亿元，累积受益3.7亿人次。全年城市医疗救助513万人次，比上年增长16.0%。农村医疗救助936万人次，增长148.0%。民政部门资助农村合作医疗的人数达2780万人次。

年末全国领取失业保险金人数为261万人。全年2334万城市居民得到政府最低生活保障，比上年增加62万人；4291万农村居民得到政府最低生活保障，增加725万人。

年末全国各类收养性社会福利单位床位235万张，收养各类人员189万人。城镇建立各种社区服务设施10.9万个，社区服务中心9871个。全年销售社会福利彩票604亿元，筹集福利彩票公益金211亿元，直接接收社会捐赠款482亿元。

十二、资源、环境和安全生产

全年建设占用耕地19.16万公顷。灾毁耕地2.48万公顷。生态退耕0.76万公顷。因农业结构调整减少耕地2.49万公顷。土地整理复垦开发补充耕地22.96万公顷。当年净减少耕地1.93万公顷。

全年水资源总量27127亿立方米，比上年增加7.4%；人均水资源2048立方米，增加6.9%。全年平均降水量659毫米，增加8.0%。年末全国大型水库蓄水总量1962亿立方米，比上年末多蓄水93亿立方米。全年总用水量5840亿立方米，比上年增长0.4%。其中，生活用水增长0.6%，工业用水增长1.8%，农业用水减少0.2%，生态补水减少0.7%。万元国内生产总值用水量231.8立方米，比上年下降7.9%。万元工业增加值用水量130.3立方米，下降7.0%。人均用水量440.9立方米，下降0.1%。

国土资源调查及地质勘查新发现大中型矿产地209处，其中，能源矿产地38处，金属矿产地90处，非金属矿产地79处，水气矿产地2处。有57种矿产新增查明资源储量，其中，石油13.4亿吨，天然气6472亿立方米，原煤231.1亿吨。

全年完成造林面积477万公顷，其中人工造林329万公顷。林业重点工程完成造林面积312万公顷，占全部造林面积的65.4%。全民义务植树23.1亿株。截至2008年底，自然保护区达到2538个，其中国家级自然保护区303个。新增综合治理水土流失面积4.7万平方公里，新增实施水土流失地区封育保护面积2.6万平方公里。

初步测算，全年能源消费总量28.5亿吨标准煤，比上年增长4.0%。煤炭消费量27.4亿吨，增长3.0%；原油消费量3.6亿吨，增长5.1%；天然气消费量807亿立方米，增长10.1%；电力消费量34502亿千瓦小时，增长5.6%。全国万元国内生产总值能耗下降4.59%。主要原材料消费中，钢材消费量5.4亿吨，增长4.2%；精炼铜消费量538万吨，增长6.9%；电解铝消费量1260万吨，增长4.3%；乙烯消费量998万吨，下降2.9%；水泥消费量13.7亿吨，增长3.5%。

七大水系的409个水质监测断面中，Ⅰ～Ⅲ类水质断面比例占55.0%，比上年提高5.1个百分点；劣Ⅴ类水质断面比例占20.8%，比上年下降2.8个百分点。七大水系水质总体上持续好转，部分流域污染仍然严重。

近岸海域301个海水水质监测点中，达到国家一、二类海水水质标准的监测点占70.4%，比上年上升7.6个百分点；三类海水占11.3%，下降0.5个百分点；四类、劣四类海水占18.3%，下降7.0个百分点。全国海域未达到清洁海域水质标准的海域面积13.7万平方公里，比上年减少0.8万平方公里，其中，严重污染海域面积为2.5万平方公里。渤海严重污染海域面积0.3万平方公里。

在监测的519个城市中，有399个城市空气质量达到二级以上（含二级）标准，占监测城市数的76.9%；有113个城市为三级，占21.8%；有7个城市为劣三级，占1.3%。在监测的392个城市中，城市区域声环境质量好的城市占7.9%，较好的占63.8%，轻度污染的占27.0%，中度污染的占1.3%。

全年平均气温为9.6℃，比上年低0.5℃。全年共有10个台风在我国登陆，增加2个。

年末城市污水处理厂日处理能力达8295万立方米，比上年末增长16.1%；城市污水处理率达到65.3%，提高2.4个百分点；集中供热面积32.1亿平方米，增长6.6%；建成区绿地率达到31.6%，提高0.3个百分点。

全年各类自然灾害造成直接经济损失11752亿元，比上年增加4.0倍。全年农作物受灾面积3999万公顷，下降18.4%。其中，绝收403万公顷，下降29.8%。全年共发生森林火灾1.3万起，上升45.2%。全年因洪涝灾害造成直接经济损失635亿元，下降23.1%；死亡686人，下降41.3%。全年因旱灾造成直接经济损失307亿元，下降60.9%。全年因海洋灾害造成直接经济损失206亿元，增加1.3倍。全年累计发生赤潮面积13738平方公里，增加18.3%。全年低温冷冻和雪灾造成直接经济损失1595亿元，死亡162人。全年实际发生各类地质灾害2.7万起，直接经济损失183.7亿元，死亡656人。全年大陆地区共发生5级以上地震87次，成灾17次，造成直接经济损失8523亿元，死亡近7万人。其中，四川汶川地震震级达8.0级，造成直接经济损失8451亿元。

全年生产安全事故死亡91172人，比上年下降10.2%。亿元国内生产总值生产安全事故死亡人数为0.312人，下降24.5%；工矿商贸企业就业人员10万人生产安全事故死亡人数为2.82人，下降7.5%；煤矿百万吨死亡人数为1.182人，下降20.4%。全年共发生道路交通事故26.5万起，造成7.3万人死亡，30.5万人受伤，直接财产损失10.1亿元；道路交通万车死亡人数为4.3人，减少0.8人。

注：

1.本公报中数据均为初步统计数。

2.各项统计数据均未包括香港特别行政区、澳门特别行政区和台湾省。

3.部分数据因四舍五入的原因，存在着与分项合计不等的情况。

4.国内生产总值、各产业增加值绝对数按现价计算，增长速度按不变价格计算。

5.6大高耗能行业分别为：化学原料及化学制品制造业、非金属矿物制品业、黑色金属冶炼及压延加工业、有色金属冶炼及压延加工业、石油加工炼焦及核燃料加工业、电力热力的生产和供应业。

6.钢材产量及消费量数据中均含部分使用钢材加工成其他钢材的重复计算因素。

7.固定资产投资按东部、中部、西部地区计算的合计数据小于全国数据，是因为有部分跨地区的投资未计算在地区数据中。

8.房地产业投资除房地产开发投资外，还包括建设单位自建房屋以及物业管理、中介服务和其他房地产投资。

9.原保险保费收入是指保险企业确认的原保险合同保费收入。

10.城镇职工基本医疗保险人数包括参保职工和参保退休人员。城镇居民基本医疗保险的参保对象是不属于城镇职工基本医疗保险覆盖范围的城镇非从业人员。

11.农村贫困人口是根据新修订的农村贫困标准统计的，与历史数据不完全可比。

12.万元国内生产总值用水量按2005年不变价格计算，邮电业务总量按2000年不变价格计算。

湖北省2008年经济和社会发展统计公报

2008年是极不平凡的一年。面对历史罕见的雨雪低温冰冻等严重自然灾害和严峻复杂的国际国内经济形势，全省上下深入贯彻落实科学发展观，按照党中央、国务院和省委省政府的决策部署，同心同德，顽强拼搏，克难奋进，沉着应对各种不利因素的影响和冲击，全省经济呈现增长较快、物价回稳、结构优化、民生改善的良好格局，各项社会事业全面进步。

一、综　合

2008年，全省完成生产总值11330.38亿元，按可比价格计算，比上年增长13.4%，连续5年保持两位数增长。其中：第一产业完成增加值1780.00亿元，增长6.0%；第二产业完成增加值4963.61亿元，增长16.6%；第三产业完成增加值4586.77亿元，增长12.4%。三次产业结构由2007年的14.9∶43.0∶42.1调整为15.7∶43.8∶40.5。在第三产业中，金融保险业增长8.2%，批发和零售业增长12.8%，住宿和餐饮业增长12.0%，房地产业增长0.9%，其他服务业增长15.8%。

居民消费价格总指数为6.3%，涨幅比上年提高1.5个百分点，其中：城市上涨5.5%，农村上涨7.4%。分类别看，食品类价格上涨15.1%，衣着类价格下降2.1%，医疗保健及个人用品类价格上涨3.5%，娱乐教育文化用品及服务类价格下降0.9%，居住类价格上涨6.9%。工业品出厂价格上涨6.1%，原材料、燃料、动力购进价格上涨10.9%，农业生产资料价格上涨27.2%。

年末全省从业人员3607万人，比上年末增加23万人，其中城镇就业人员1337万人，比上年末增加15万人。据省劳动和社会保障部门统计，年末城镇登记失业率为4.2%，比上年末下降0.01个百分点。

经济和社会发展中存在的主要困难和问题有：农民工返乡增多，农民增收压力加大；工业增幅回落，亏损额上升；房地产开发走低，销售面积下降；节能减排、资源环境与就业的压力仍然较大。

二、农　业

全年农林牧渔业增加值达到1780.00亿元，按可比价计算比上年增长6.0%。粮食种植面积390.67万公顷，比上年减少7.47万公顷；棉花种植面积54.30万公顷，增加2.88万公顷；油料种植面积133.96万公顷，增加16.79万公顷。粮食总产量2227.23万吨，比上年增产41.79万吨，增长1.9%；棉花总产量51.30万吨，减产4.43万吨，减7.9%；油料产量283.56万吨，增产28.81万吨，增长11.3%（主要农产品产量见表1）。

表1　2008年全省主要农产品产量

产品名称	产量	比上年增长%	产品名称	产量	比上年增长%
粮食	2227.23	1.9	麻类	4.76	-10.5
棉花	51.30	-7.9	烟叶	11.80	22.2
油料	283.56	11.3	茶叶	13.03	24.1
花生	57.49	18.3	水果（不含果用瓜）	377.66	13.3
油菜籽	214.89	11.2	蔬菜	2890.67	8.9

全省当年造林面积14.51万公顷，比上年增长2.4%，零星植树达到1.80亿株，木材采伐量174.10万立方米，增长8.5%。

畜牧、水产业稳步增长。生猪出栏3498.3万头，比上年增长11.7%；水产品产量达到313.39万吨，增长5.2%。

农村用电量97.94亿千瓦时，比上年增长11.6%；化肥施用量326.91万吨，增长9.0%。

三、工业和建筑业

工业生产保持较快增长。全省规模以上工业

完成增加值3842.33亿元，按可比价格计算，比上年增长21.6%。其中：国有及国有控股企业完成增加值1721.46亿元，增长14.0%；国有企业增加值779.05亿元，增长15.9%；集体企业增加值47.49亿元，增长14.0%；股份合作企业增加值24.52亿元，增长15.6%；股份制企业增加值1969.52亿元，增长24.6%；外商及港澳台投资企业增加值812.16亿元，增长16.7%；其他经济类型企业增加值209.58亿元，增长32.8%。轻工业增加值1112.93亿元，增长23.0%；重工业增加值2729.40亿元，增长20.5%。轻重工业结构由2007年的28.0∶72.0变为29.0∶71.0。

工业产品结构改善，高新技术产业增长较快。全省高新技术产业增加值1104.94亿元，比上年增长24.2%，占规模以上工业增加值的比重达28.8%（主要工业产品产量见表2）。

表2 2008年主要工业产品产量

产品名称	单位	产量	比上年增长%
纱	万吨	126.11	6.6
布	亿米	36.37	18.2
化纤	万吨	11.92	-15.4
卷烟	亿支	1245.66	8.2
家用电冰箱	万台	29.03	-41.0
房间空调器	万台	493.74	12.2
原煤	万吨	727.10	18.9
原油	万吨	83.92	-1.9
发电量	亿千瓦小时	1743.20	13.4
#水电	亿千瓦小时	1192.75	28.4
钢	万吨	1991.47	9.6
钢材	万吨	2150.84	15.4
十种有色金属	万吨	76.87	7.7
#铜	万吨	27.10	6.2
水泥	亿吨	6211.95	16.7
硫酸	万吨	527.00	13.0
纯碱	万吨	90.27	3.6
烧碱	万吨	47.57	7.5
化肥（折100%）	万吨	589.85	6.5
发电设备	万千瓦	181.14	-30.1
汽车	万辆	84.93	10.0
#轿车	万辆	31.71	-4.9
移动电话机	万部	367.53	4.4

工业产销衔接较好，经济效益继续提高。全省工业完成销售产值12108.59亿元，比上年增长29.3%，其中：钢铁、汽车、石化、电子信息、食品五个重点行业实现销售收入超千亿元，工业产品销售率为97.9%。1—11月全省工业经济效益综合指数为208.08，比上年提高18.79个百分点，经济效益综合指数及增幅均为近几年来最好水平。1—11月全省工业企业实现利润632.69亿元，比上年增长8.8%；其中国有及国有控股企业实现利润385.82元，下降2.0%。

建筑业发展步伐加快，全年资质以内建筑企业完成施工产值2597.65亿元，比上年增长23.1%；实现利润93.57亿元，增长74.6%；税金62.82亿元，增长28.9%。建筑单位房屋建筑施工面积16251.1万平方米，其中招投标承包面积12215.8万平方米，招投标面为75.0%。建筑企业劳动生产率为19万元/人，增长13.8%；新开工房屋建筑施工面积9460.1万平方米，比上年减少688.9万平方米。

四、固定资产投资

全社会完成固定资产投资5798.56亿元，比上年增长27.9%，其中城镇以上项目投资5332.67亿元，增长29.1%；房地产开发投资892.67亿元，增长23.7%。按经济类型划分，国有经济投资2237.52亿元，增长23.7%；集体经济投资261.45亿元，增长68.0%；城乡私营个体投资1242.19亿元，增长37.9%；其他经济投资2057.40亿元，增长23.2%。按产业划分，全省三次产业投资分别为231.25亿元、2344.36亿元和3222.95亿元，分别增长54.8%、37.0%和20.5%。

全省89个重点建设项目完成投资851.87亿元，占城镇以上项目投资的16.0%。新增的主要生产能力有：原煤开采79.9万吨/年、发电机组容量650万千瓦、新建高速公路76公里、电气化铁路主线正线交付运营里程186公里。

五、国内贸易

全年实现社会消费品零售总额4965.82亿元，比上年增长23.3%。分城乡看，城市实现零售额3486.46亿元，比上年增长23.3%；县及县以下实现零售额1479.37亿元，增长23.2%。分行业看，批发业实现零售额637.82亿元，增长25.3%；零售业3437.46亿元，增长22.6%；住宿和餐饮业661.90亿元，增长25.0%；其他行业228.64亿元，增长22.8%。

六、对外经济

全年实现外贸进出口总额205.67亿美元，比上年增长38.4%，其中：出口115.92亿美元，增长41.8%;进口89.75亿美元，增长34.3%。新批外商直接投资项目343个，总投资在1000万美元以上的外商投资企业103家。全年外商直接投资及其他投资41.14亿美元，比上年增长17.5%;其中，外商直接投资32.45亿美元，增长17.3%;外商其他投资8.70亿美元，增长18.1%。国外经济合作业务完成营业额15.20亿美元，新签合同额33.10亿美元，分别增长1.45倍和69.4%。

七、交通、邮电和旅游

全年完成货物周转量1938.01亿吨公里，比上年增长4.8%；旅客周转量1053.7亿人公里，增长11.6%。

邮电通信业完成邮电业务总量712.1亿元，比上年增长22.5%。长途光缆线路总长度2.76万公里；局用交换机达到1795万门，当年新增47万门；固定电话用户1178.7万户，减少100万户；移动电话用户达到2528.7万户，新增588.1万户。全省电话普及率为65.1部／百人。计算机宽带互联网用户286.4万户。

全年国内旅游人数11678.26万人次，比上年增长15.2%;国内旅游收入713.43亿元，增长17.1%。入境旅游人数118.75万人次，比上年下降9.9%。国际旅游外汇收入4.42亿美元，增长7.3%。

八、财政、金融和保险

全年完成财政总收入1338.04亿元，比上年增长20.0%，其中地方一般预算收入710.24亿元，增长20.3%，其中，税收收入537.14亿元，增长23.8%。全年财政支出1638.03亿元，比上年增长28.2%。

年末全省金融机构各项存款余额13574.95亿元，比年初增加2363.36亿元。其中：城乡居民储蓄存款余额6800.41亿元，增加1309.87亿元。金融机构各项贷款余额8752.01亿元，比年初增加1305.19亿元。其中：短期贷款余额3401.57亿元，增加339.80亿元；中长期贷款5001.78亿元，增加834.03亿元。

全年保费收入317.15亿元，增长63.7%。其中，财产险公司实现保费收入58.32亿元，增长22.5%；人生险公司保费收入258.83亿元，增长77.2%。支付各类赔款及给付85.89亿元，同比增长23.5%，其中，财产险公司赔款41.55亿元，同比增长42.6%；人生险公司赔付44.35元，同比增长9.7%。

九、教育和科学技术

年末全省普通高等教育招生37.6万人，在校生118.5万人，毕业生35.2万人；研究生招生3万人，在校研究生8.3万人，毕业生2.4万人；普通高等学校毛入学率达到27.8%；各类中等职业教育招生36.4万人，在校生101万人，毕业生26.5万人;普通高中招生43.9万人，在校生132.2万人，毕业生45万人；普通初中在校生261.2万人，小学在校生360.8万人，幼儿园在园幼儿74.3万人。

科学研究和技术开发取得新的成果，全年共取得省部级以上科技成果800项。其中，基础理论成果19项，应用技术成果750项，软科学成果31项。全年共签订技术合同6684项，技术合同成交金额60.8亿元，比上年增长15.8%。

全省科学研究与实验发展(R&D)经费支出138亿元，比上年增长16.5%，占生产总值的1.22%。全年安排“863”计划331项（课题），经费2.07亿元，“973”计划92项，经费8493万元。争取国家高技术产业发展项目23个，项目总投资12亿元，安排国家资金1.64亿元，银行贷款3亿元。

全省具备向社会出具检测报告的产品质量监督检验机构有139个，其中国家产品质量监督检验中心7个。全省通过CNAL认可的检测/校准实验室66家。累计有5226家企业通过ISO9000体系认证；企业获得强制性认证证书4002张。法定计量技术机构有106个，强制检定计量器具127.5万台件。

全省天气雷达观测站点有10个，卫星云图接受站点17个。地震前兆台站网1个，前兆台站20个；数字测震台网1个，测震台站30个。

十、文化、卫生和体育

全省共有艺术表演团体90个，群艺馆、文化馆113个，公共图书馆104个，博物馆107个，电影放映管理机构105个，放映单位1536个。广播电台11座，电视台12座，有线电视用户712.25万户。全年出版全国性和省级报纸18.8亿份，各类期刊2.29亿册，图书1.39亿册(张)。

全省共有卫生机构11151个，卫生技术人员23.6万人，病床床位16.7万张；卫生防疫、防治机构222个，卫生防疫技术人员9439人。

全省运动健儿在国际比赛中共获得9枚金牌、3枚银牌和8枚铜牌。在全国比赛中，15人获第一名，15人获第二名，24人获第三名。全年销售体育彩票16.20亿元，居全国第10位。

十一、人口、人民生活和社会保障

年末全省常住人口为5711万人。全年出生人口55.98万人，出生率为9.21‰；死亡人口39.51万人，死亡率为6.5‰，人口自然增长率为2.71‰。

城乡居民收入继续增加，城镇居民人均可支配收入13152.86元，比上年增长14.5%；农民人均纯收入4656.38元，增长16.5%。

社会保障进一步加强，年末全省参加基本养老保险人数932.1万人，比上年增加45万人，其中：在职职工680.4万人，离退休人员251.7万人；参加失业保险人数422.92万人；参加医疗保险人数714.8万人，增加70.3万人。年末全省企业参加基本养老保险离退休人员195.1万人，100%实现了养老金按时足额发放；全年累计领取失业保险金人数15万人。全省城镇居民最低生活保障对象143.8万人，农村居民最低生活保障人数146万人，城乡大病医疗救助7.6万人次，国家抚恤、补助各类优抚对象38.8万人。

社会福利事业不断发展，年末全省各类社会福利收养床位20.2万张，收养18.1万人，城镇社区服务设施7328个。全年销售社会福利彩票28.1亿元。

十二、资源和环境

年末全省耕地面积3274.30千公顷，比上年增加47.68千公顷，增长1.5%。单位生产总值能耗超额完成目标，化学需氧量和二氧化硫排放量分别下降2.5%和3.0%，均完成了减排目标。

长江干流水质总体较好，15个监测断面的水质Ⅰ～Ⅲ类的占100%。与上年相比，长江水质总体无明显变化。

全省17个市、州、直管市、神农架林区中，按二氧化硫、二氧化氮、总悬浮颗粒物或可吸入颗粒物年均浓度综合评价，神农架林区空气质量符合国家一级标准，占重点城市的5.9%；10个城市符合国家二级标准，占重点城市的58.8%；6个城市符合国家三级标准，占重点城市的35.3%。

全省累计已发现矿种146种，累计已查明资源储量的矿种92种。2008年国土资源调查及地质勘查新发现中、小型矿产地3处。

全省各级环境监测机构100个，环境监测人员1904人。全省自然保护区达到63个，其中国家级生态示范区9个；省级自然保护区15个，自然保护区总面积109.53万公顷。

注：本公报所列数据为初步统计数。

2008年黄冈国民经济和社会发展情况统计公报

2008年，全市上下坚持以邓小平理论和”三个代表”重要思想为指导,以科学发展观统领经济社会发展全局,积极贯彻国家宏观调控政策，努力克服各种自然灾害和世界经济危机等不确定因素的影响,继续坚持“全党抓经济，重点抓工业，突出抓招商，着力抓环境”的工作方略，着力转变经济发展方式，着力提高经济运行质量，着力加快和谐黄冈建设步伐，国民经济保持平稳较快运行态势，社会事业全面进步，民生状况进一步改善。

一、综　合

经济平稳较快增长。初步核算，全市地区生产总值600.8亿元，按可比价格计算，比上年增长15%，增幅比上年提高0.6个百分点。GDP增长速度首次同时超过全国和全省平均水平，比全国和全省分别高6个和1.6个百分点。其中，第一产业增加值192.58亿元，增长7.1%；第二产业增加值204.23亿元，增长20%;第三产业增加值203.94亿元，增长16.8%。三次产业结构比为32.05:33.99:33.96。人均地区生产总值9001元，按可比价计算，增长14.8%。

就业保持总体稳定。当年新增城镇就业6.2万人，下岗失业人员再就业2.5万人，帮助“4050”人员再就业1.3万人，组织农村劳动力转移就业18万人。全市城镇登记失业率为4.07%，低于年度控制目标0.43个百分点。

价格上涨得到有效控制。全市居民消费价格比上年上涨6.42%，涨幅比上年提高1.96个百分点。其中，城市上涨8.02%、农村上涨5.12%;食品类价格上涨13.89%、居住类上涨7.97%、医疗保健和个人用品类上涨2.84%、烟酒及用品类上涨2.02%、家庭设备用品及维修服务类上涨2.01%、娱乐教育文化用品及服务类上涨0.46%、交通和通讯类上涨0.21%，衣着服装类价格下降1.92%。

二、农林牧渔业

农林牧渔业加快发展。农业增加值100.15亿元，比上年增长15.9%(按第二次农业普查公布数据口径计算,现价比较,下同)；林业增加值4.88亿元，增长46.9%；牧业增加值57.07亿元，增长44.3%；渔业增加值27亿元，增长36.1%；农林牧渔服务业增加值3.47亿元，增长1.9%。

主要农作物产量稳定增长。粮食产量再创历史新高,总产量达到304万吨,比上年增长8.79%。其中，小麦20.37万吨，增长2.3%；稻谷263.16万吨，增长6.9%。棉花7.18万吨，增长12.3%；油料43.4万吨,增长10.8%;蚕茧0.7万吨,增长15.8%;茶叶2.73万吨，增长22.7%；板栗6.37万吨，增长18.3%；水果7.5万吨，增长19.7%；蔬菜218.47万吨，增长10.1%。

畜牧业生产强势增长。全市畜牧业总产值96.9亿元,增长41.5%;牲猪出栏344.3万头,增47.58万头,增长16.0%;猪肉产量26.22万吨,增长16.1%。家禽出笼3121.99万只,增817.53万只,增长35.5%;禽肉产量7.93万吨,增长76.9%。牛23.39万头,增3.36万头,增长16.8%;牛肉产量3.48万吨,增长18.0%。全市各类畜禽养殖小区247个。

水产品产量大幅增加。渔业总产值42.91亿元,增长29.9%。水产品产量35.3万吨,增长25.2%。特色水产品小龙虾养殖势头强劲，全市小龙虾养殖面积30.67万亩，总产量3万吨,增长79.6%。

三、工业和建筑业

工业生产速度明显加快。全市工业增加值

163.8亿元，增长26.2%，比上年提高8.6个百分点，工业对全市经济总量的贡献率达到38.8%。全市规模以上工业企业1003家，比上年净增203家，实现增加值141.3亿元，增长30.6%。其中，国有经济完成增加值10.9亿元，增长14.01%；集体经济2.6亿元，增长65.3%；股份制经济95.8亿元，增长50.39%；外商及港澳台投资经济完成增加值12.8亿元，增长43.5%。重工业增长快于轻工业。轻工业完成增加值57.97亿元，增长18.96%；重工业83.33亿元，增长40.97%。高新技术产业规模不断扩大，对工业经济的贡献率不断增强。全市高新技术企业达到47家，其中，国家级高新技术企业5家，省级高新技术企业42家。高新技术企业完成增加值30亿元，高新技术增加值占规模以上工业增加值的比重为21.2%，拉动规模以上工业增长8.2个百分点。

*工业企业效益显著提高。*全市规模以上工业企业销售收入321.52亿元，增长62.5%；实现利润和利税12.04亿元和22.22亿元，分别增长20%和29.6%。

*建筑业稳步发展。*全市建筑业实现增加值40.5亿元，增长26.1%。全年资质以内建筑企业完成施工产值196亿元，增长26.5%。建筑单位新开工房屋建筑施工面积127.97万平方米，比上年减少3.2%。

四、固定资产投资

*固定资产投资持续高速增长。*全社会固定资产投资累计完成370.85亿元，增长43.5%，比上年提高9.5个百分点，增幅继续保持全省第一。其中，城镇以上项目完成投资315.81亿元，增长51.4%；农村50万元以上项目完成投资30.86亿元，增长23.7%；私人投资完成24.18亿元，比上年下降3.3个百分点。

*投资结构不断优化。*全市计划投资额50万元以上的项目中，一产业累计完成投资额16.03亿元，增长69.6%，增幅加快36.3个百分点。其中，畜牧业完成投资6.48亿元，增长1.55倍，渔业投资增长3.1倍，林业投资增长46%，农林牧渔服务业投资增长30.7%。二产业投资额145.37亿元，增长40.2%；三产业投资额185.27亿元，增长53.9%。从项目分类情况看，生态环境建设、农业水利设施、社会发展、先进制造业、基础设施建设和现代服务业等六大类项目投资均保持快速增长，增速分别为85%、81.9%、67.9%、50.4%、40.4%和36.6%。

*新开工项目继续增加。*全市50万元以上的在建项目和新开工项目分别为2168个和1860个，分别增加732个和689个，增速分别为51%和58%，其中投资规模在500万元以上的在建施工项目共1415个，比上年增加533个，增长60.4%。

*重点项目进展顺利。*全市计划总投资额过亿元的大型骨干项目共84个，比上年净增加11个，亿元项目完成投资136.2亿元，增长46.1%，亿元项目对全年全社会总投资的贡献率高达38.3%。

*房地产投资增速回落。*受国际金融危机和全国房地产市场低迷的影响，房地产开发增长势头明显减弱。全市房地产开发投资完成27.4亿元，增长17.3%，增幅比上年回落了74.4个百分点。全市商品房屋施工面积277.67万平方米，增长1.8%。商品房竣工面积和销售面积分别为118.32万平方米和127.58万平方米，比上年分别下降15.4%和17.6%。商品房销售额17.9亿元，增长4.3%。商品房平均销售价格为1404元/平方米，比上年末上升295元/平方米，上涨幅度为26.6%。商品房屋空置面积14万平方米，比上年末增加8万平方米。

五、国内贸易和旅游

*消费市场增长势头强劲。*实现社会消费品零售总额282.3亿元，增长26.21%。增幅位居全省第一。其中，批发业实现社会消费品零售额51.49亿元，增长18.07%，拉动零售总额增长3.5个百分点；零售业实现192.65亿元，增长28.71%，拉动零售额增长19.2个百分点；住宿餐饮业实现零售额31.25亿元，增长25.75%，拉动零售总额增长2.9个百分点。

*城乡市场全面繁荣。*城市市场实现社会消费品零售额155.22亿元，增长27.2%，增幅提高4.3个百分点；农村市场实现零售额127.05亿元，增长25.1%，提高1.01个百分点。

*旅游业继续升温。*全市星级宾馆饭店33个，比上年增加5个。其中，东源大酒店荣膺四星级酒店，填补了我市高等级酒店空白。全市全年共接

待国内外游客585万人次，创旅游综合收入25.5亿元，分别增长15.8%和15.9%；接待入境游客1.2万人次，创汇200万美元，增长7%和10%。

六、对外经济

对外贸易逆势增长。受国际金融危机影响，全年对外贸易增势呈高开低走态势。全年进出口总额5.53亿美元，增长34.36%。其中，进口0.59亿美元，增长17.2%；出口4.95亿美元，增长36.7%，增幅比上年回落38.5个百分点。

利用外资平稳增长。当年新批外资企业15家，比上年减少34.8%。合同外资金额1.43亿美元，增长83.6%。实际利用外资1.34亿美元，增长13.6%。

七、交通和邮电

交通运输业稳定发展。全年交通运输邮电业完成增加值26.4亿元，增长17.8%。年末公路通车里程1.84万公里，比上年增加1277公里。年末民用汽车拥有量达到7.3万辆。货物量6730吨，货物周转量40.23万吨公里，客运量2797万人，旅客周转量43.78万人公里。全市邮电业务总量17.4亿元，其中邮政2.92亿元，电信14.48亿元。邮政营业网点169个，邮路总长度2034公里。年末固定电话用户101.72万户，移动电话用户187.6万户。

八、财政、金融和保险业

财政收入较快增长。全市实现财政收入59.6亿元，增长31.7%。增幅提高个百分点。其中地方一般预算收入26.2亿元，比上年增长31.5%。税收占财政收入的比重达到52.4%。，比上年提高0.6个百分点。税收占GDP比重5.7%，比上年提高0.4个百分点。地方工商税收11.3亿元，增长34%，拉动一般预算收入增长14.3个百分点。财政支出达到121.7亿元，比上年增长36.7%。其中一般预算支出102.3亿元，比上年增长37.3%。教育支出24.7亿元，增长47.5%；社会保障和就业支出14.8亿元，增长37.6%；医疗卫生支出7.1亿元，增长56.1%；环保支出2亿元，增长207.6%；农林水事务支出13.2亿元，增长35.8%。

金融保持平稳增长。年末金融机构存款余额635.13亿元，比年初增加136.8亿元，同比多增78亿元，增长26.9%，增幅提高14.21个百分点；年末城乡居民储蓄存款余额464.22亿元，比年初增加86.91亿元，增长23%。金融机构贷款余额252.5亿元，比年初增加34.4亿元，同比少增3.12亿元。

保险业快速发展。全市商业保险机构实现保费收入22.2亿元，比上年增长77.9%；各项赔付和给付支出13.4亿元，增长186.3%。

九、教育、卫生和科技事业

教育事业健康发展。素质教育扎实推进，基础教育、职业教育、高等教育均衡发展。全市幼儿园294所，入园幼儿5.69万人，在园幼儿7.64万人；全市小学1496所，在校小学生53.81万人，小学生入学率99.98%；初中294所，在校学生40.06万人；高中80所，在校学生18.31万人；中等专业学校48所，在校学生11.68万人；大学4所，在校大学生3.1万人。

各类文化事业协调发展。全市建有文化馆11个，群艺馆1个，总建筑面积3.08万平方米；公共图书馆12个，总建筑面积2.83万平方米，藏书总数为131万册；专业艺术表演团体11个，文博单位17个，总建筑面积11。5万平方米，文物藏品总计11。7万件；有电影发行放映公司11个，城关电影院18个；县级以上新华书店11个。广播电视、电话“村村通工程”和“农村信息化示范工程”进展顺利，数字电视实现整体转换。全市广播覆盖率96.68%，电视覆盖率96.42%。首次投资拍摄的电影《黎明行动》在全国公开上映。文化惠民工程进展顺利，建成标准农家书屋628个，新建和扩建乡镇文化站33个。

卫生服务能力继续提高。全省拥有卫生机构930个，其中，医院47所，卫生院158所，卫生防疫机构178所，妇幼保健机构11所。各类卫生机构拥有床位13089张，卫生技术人员2.18万人，其中执业医师及执业助理医师0.91万人。卫生体系建设卓有成效。新型农村合作医疗实现全覆盖，平均参合率达到90.9%，比2006年有显著提高。积极开展“问题奶粉”患儿救治工作，手足口病、艾滋病、血吸虫病、结核病防控能力显著提高。

体育事业加快发展。全民健身活动红红火火，“全民健身与奥运同行”系列活动贯穿全年。10万人参加了“阳光行动与奥运同行*庆祝奥运倒计时100天”活动，黄州城区就有11000多名青少年学生和市民参加了万人健身跑，有5万名大中小学生参与“祝福北京”万人签名活动。竞技体育成绩斐然。全市共参加田径、篮球、乒乓球等11个项目的省级年度比赛以及2次省乒乓球“苗子杯”比赛。共获10枚金牌，16枚银牌、14枚铜牌，总分552.5分，比上年增加133.5分，增长32%。

科技事业取得新进展。全市通过国家级高新技术企业复审2家，新认定省级高新技术企业7家。全市共有72家企业生产257项高新技术产品，建立了1家省级工程技术中心、19家市级工程技术研发中心,4家省级制造业信息化示范企业,5家省百家高新技术改造传统产业示范企业。全市科技特派员总数达到400人，新建科技特派员示范基地436个，结成各类形式利益共同体142个。引进、示范、推广农业新技术和新品种146项。全市各类专业技术协会137个，市级农业产业研究开发中心5个、星火富民工程示范基地5个。有5家企业被列入全省100家农业及农产品加工科技重点服务企业。全市已建成各类农民科技培训星火学校11所，共兴办各类星火技术培训班共250多期，培训农民技术骨干10万人次，印发科技资料近10万份。

十、节能减排和环境保护

环境保护和节能减排取得显著成效。全市单位生产总值能耗同比下降4.6%，分别比2007年和2006年多降1.14个和0.78个百分点；全市实施COD减排项目39个，减排2269吨，扣除增量，净削减683吨；实施SO2减排项目58个，减排895吨，扣除增量，净削减395吨。化学需氧量和二氧化硫排放量净削减率达到1.72%和1.84%，均完成了省政府下达的年度控制目标。全市城镇集中式饮用水水源地水质达标率100%；市区环境空气质量优良天数312天，优良率达85.2，均高于前两年水平。

十一、市区城市建设

市区城建水平不断提高。全年完成市区道路建设工程11个，总长35527米，总投资4.3亿元。其中2007年续建道路工程4个，长17368米，投资0.8亿元。2008年新建道路工程5个，长11679米，投资1.36亿元。近两年市区道路改造配套刷黑投入资金4.8亿元，改造配套刷黑道路16条，长49公里、110万平方米，使黄州大道、赤壁大道、新港大道、中环路、东门路、东坡大道北段、西湖一路、西湖五路、宝塔路、明珠大道等16条城市主干道由灰色的水泥路面改造提升为黑色的沥青路面，人行道实现了硬化和彩色化，城市道路由单一行车功能改造提升为环卫、绿化、亮化、候车亭、管线配套的风景路和休闲路，基本上做到了一路一景，城市面貌全面提升。

十二、人口、人民生活、社会保障

人口增长速度保持平稳。年末全市总人口735.13万人，比上年末净增4.15万人，常住人口667.5万人，比上年净增0.8万人。人口出生率8.06‰，人口死亡率4.38‰，人口自然增长率3.68‰。

城乡居民收入稳定增长，生活质量不断提高。全年城镇居民人均可支配收入9952元，增长19.7%；农民人均纯收入3744元，增长13.6%。城镇居民恩格尔系数36.2%，农村居民恩格尔系数44.5%。

年末城镇居民人均住房建筑面积41平方米，比上年增加3平方米。农民人均住房面积达到37.84平方米，比上年增加1.63平方米。

社会保障体系不断完善。社会保险参保总人数144.5万人，征收保险费12.34亿元。城镇居民基本医疗保险全面启动，参保人数达82.9万人，参保率达57.1%。为14.2万城市低保对象发放低保金2.2亿元，为22.3万农村低保对象发放低保金1.2亿元，城乡低保人均月补差分别提高44元和14元。

民政福利事业稳步发展。全市累计支出救助资金4562.75万元。其中大病救助10262人，支出资金3612.2万元，人均3520元；门诊救助19027

人,支出资金310.4万元；资助新农合25.12万人,支出资金478.8万元；帮助困难群众参加城镇基本医保16.07万人,支出资金161.35万元。福利彩票销售继续保持平稳较快发展。全年福利彩票总销量达到1.2亿元，其中电脑票10648万元，“中福在线”330万元，网点即开票1171万元，无纸化投注16万元，积累公益金1186万元。

注:

1.本公报所列各项数字均为初步统计或核算数字。

2.全市生产总值、各产业增加值绝对数按当年价格计算，增长速度按可比价格计算。

坚持科学发展　推进老区新跨越

中共黄冈市委书记　刘善桥

编者按：2009年8月4日的《人民日报》第八版在头条显著位置，刊发了中共黄冈市委书记刘善桥的题为“坚持科学发展，推进老区新跨越”署名文章。刘善桥同志在文中立足黄冈实际，分析老区市情，从六个方面全面深入阐述黄冈近几年来，如何贯彻落实科学发展观，坚持“四抓”战略，推进经济社会又好又快发展。本报今日将该文予以全文转发，供各级各地学习。

黄冈的底色是三个字，一个是“农”字，传统农业大市，工业基础十分薄弱；一个是“红”字，全国著名的革命老区，在缔造共和国的峥嵘岁月中，黄冈儿女紧跟党走，用生命和鲜血谱写了“男将打仗、女将送饭”的革命史诗，走出了230多位彪炳史册的将军；一个是“贫”字，全国著名的贫困地区，十个县市区有五个被定为国家级贫困县、一个被定为省级贫困县。

近几年来，我们全面贯彻落实科学发展观，按照“两型社会”建设要求，坚持“全党抓经济，重点抓工业，突出抓招商，着力抓环境”的工作方略，变资源优势为经济优势，变后发优势为竞争优势，在黄冈这块红色的土地上书写奋发有为的新篇章。2008年，全市地区生产总值达到600亿元，比上年增长15%，首次实现了赶超全省平均发展水平的目标。

一、坚持工业强市，推进跨越发展

要迎头赶上，奋力崛起，关键在工业。这几年我们从解放思想入手，牢牢抓住经济工作的“牛鼻子”，大力推进新型工业化，大胆探索加快工业发展的新路子。

一是大力推进工业经济总量扩张。全面实施“六个一百”工程，即培育四个100亿元产业，壮大100家重点企业，每年抓好100个重点项目建设，每年新增100家规模以上企业，领导挂点服务100家民营企业，着力抓好100亿元工业园区。去年我市规模以上工业实现增加值141.3亿元，增长30.6%。从2006年到2008年，我市规模以上工业户数和厂房面积每年分别以100多户、100多万平方米的速度递增，到去年底，全市规模以上工业企业户数突破1000家，其中产值过亿元的企业达到70家。

二是大力加强园区建设。按照“工业园区化、园区工业化”的思路，大力加强园区建设。从金融机构融入资金20多亿元，投入园区基础设施建设，全面提升园区功能。大力推进优势企业向园区集中、优势资源向园区集中、要素保障向园区集中。目前，全市拥有各类开发区和工业园区30个，入园规模企业497家，去年实现工业增加值83亿元。

三是大力加强产业集群建设。全市已形成了29个各具特色的产业集群，有5个集群进入了全省重点行列。在培植新兴产业集群上，巧做“无中生有”文章。我市不生产钢材，但建起了中部最大的钢构产业基地；没有草原、没有相关产业基础，但建起了全省最大的奶牛养殖基地，崛起了一座新型饮料城，培植了新兴造船业。在培植特色产业集群上，充分发挥比较优势，打造各具特色的产业集群。

四是大力实施精品名牌战略。近几年引进了汇源、太子奶、伊利、娃哈哈、南街村、上好佳、稻花香、宜化、永信、绿润、雨润、杜邦、稳健、亚东、华新等一大批战略品牌企业，并在本地企业中创建了中国名牌产品2个、中国驰名商标2个、国家特级建筑资质企业1个、湖北名牌产品10个、湖北出口名牌产品4个、国家地理标志保护产品4个。

二、坚持开放带动，推进创新发展

牢固树立大开放的理念，大力推进创新发展，以对接产业大转移、对接大武汉为重点，强力推进招商引资和项目建设。

在创新招商引资方式上，坚持节会招商、产业招商、亲情招商、以商引商、网上招商，积极探索规划招商、园区招商、委托招商，实现了招商引资的新突破，形成了“引进一个人、搞活一个城，引进一个企业、带动一个产业集群”的倍增效应。近三年全市共引进项目2670个，引资规模达到1318亿元，其中过亿元项目208个。

近几年来，投资对我市GDP增长的贡献率一路攀高，从2006年的37.8%到2008年51.3%，三年提高了13.5个百分点，已成为拉动我市快速发展的强劲动力。

在创新投资环境上，着力打造“低成本、快回报、高诚信、优服务、零障碍”服务品牌，大力打造诚信黄冈。

三、坚持协调联动，推进特色发展

按照“公司化、集约化、规模化、标准化”的要求，重点建好茶叶、板栗、中药材、蔬菜、水产、蚕桑、奶牛、速生丰产林等八大特色板块基地，基地面积已达到700万亩，罗田成为全国板栗第一县，英山成为全国名茶基地县，蕲春成为全国药材之乡。培植了一大批龙头加工企业，形成了一个特色产业、一批龙头加工企业带动的格局。

围绕省委、省政府“一带两圈”发展战略，突出抓好港口建设、岸线开发、功能配套和造船产业，全力打造湖北第二大造船产业基地。以铁路、高速公路和省级公路为依托，充分发挥综合交通运力强的优势，建设了一批示范基地、一批专业市场、一批龙头加工企业，沿路地区已日益成为特色产业发展的集中区、城镇建设和新农村建设的示范带。

四、坚持共建共享，推进和谐发展

充分尊重人民群众的首创精神，大力推进全民创业，在民投民有民办民营中，实现民富民强民乐民享，以创业增就业、促和谐。

一是全方位培植创业主体。大力营造“一人创业兴家、全民创业兴市”的创业氛围。全方位培植创业主体，宜工则工、宜农则农、宜副则副、宜商则商，把人民群众思富盼富的强烈愿望变成创新创业的激情、创造财富的动力、加快发展的活力。

二是大力实施回归工程。近三年，全市有4000多名黄冈籍人士和外出务工人员回乡创业，新上项目1655个，其中，兴办投资过50万元的企业有600多家，过千万元的企业近100家，吸纳农村劳动力8万多人。

三是突出企业家的引领地位。在全社会着力营造尊崇企业家、关爱企业家、争做企业家的良好氛围。如今，老区黄冈已成为播种企业家、引领全民创业的热土。

五、坚持绿色崛起，推进转型发展

牢固树立绿色崛起的理念，做到“五要五不要”，即要清洁发展，不要牺牲环境的增长；要节约发展，不要浪费资源的增长；要协调发展，不要扩大城乡差距的增长；要安全发展，不要危及生命的增长；要关注民生的发展，不要人民群众得不到实惠的增长。牢牢把握科学发展观的精神实质，不走依靠大量消耗资源、能源换取经济增长的“老路”，不走“粗放发展、低质增长”的“旧路”，不走以浪费资源和牺牲环境为代价的“弯路”，致力于走可持续发展之路。大力实施“碧水蓝天”工程，投入治污资金3.4亿元，大力发展循环经济，不断探索低投入高产出、低消耗少排放、能循环可持续的发展模式。

六、坚持真抓实干，推进竞相发展

发展措施千万条，真抓实干第一条。在实践

中我们体会到，加快发展，关键在干部真抓实干，抓而不紧等于不抓，抓而不实等于没抓，抓抓停停等于白抓。把正确的思路、科学的决策变成现实生产力，关键在责任到位、落实到位。

特别是在应对国际金融危机这场世纪大考面前，确立了保发展、保投入、保生产、保稳定，不裁员、不减薪、不欠薪等“四保”、“三不”的应对目标，部署了保增长的十大应对措施。今年一月至五月，我市主要经济指标全面增长，财政收入增长22.9%，一般预算收入增长29%，城镇以上固定资产投资增长69.8%，规模以上工业增加值增长25.5%。

2008年黄冈市人民政府工作报告

——2009年2月23日在黄冈市第三届人民代表大会第四次会议上

市 长　刘雪荣

各位代表：

现在，我代表市人民政府向大会报告工作，请予审议，并请市政协各位委员和其他列席人员提出意见。

一、2008年工作回顾

2008年是极不平凡的一年。面对历史罕见的雨雪冰冻灾害和严峻复杂的国际国内经济形势，在市委正确领导下，市人民政府团结带领全市人民，深入贯彻落实科学发展观，抢抓机遇，加快发展，全市经济呈现增长加快、结构趋优、动力增强、民生改善的良好格局，各项社会事业全面进步。除居民消费价格指数外，本届人大三次会议确定的主要预期目标全面超额完成。

*市域经济全面增长。*全市地区生产总值600.8亿元，比上年增长15%。财政收入59.6亿元，增长31.7%。其中地方一般预算收入26.2亿元，增长31.5%。全口径财政收入、地方一般预算收入、全社会固定资产投资、规模以上工业增加值、外贸出口实现三年翻番。固定资产投资、社会消费品零售总额、工业增加值、地方一般预算收入的增幅位居全省前列。主要经济指标首次实现了赶超全省平均发展水平的目标。农业增产增效。主要农产品全面增产，优质稻、桑茶药、油菜、花生、生猪、蛋鸡、小龙虾、速生丰产林等特色板块和畜牧水产大县建设加速推进。新认定国家地理标志保护产品4个、无公害农产品27个。工业加速成长。规模以上工业企业达到1003家，当年新增208家，提前两年实现“十一五”目标；规模以上工业增加值141.3亿元，增长30.6%。当年获得中国驰名商标2个，湖北名牌产品10个。现代服务业加快发展。社会消费品零售总额282.3亿元，增长26.2%。金融机构各项存款余额635.1亿元，增加134.4亿元；各项贷款余额252.4亿元，增加34.3亿元。房地产投资27.4亿元，增长17.3%。接待游客585万人次，创旅游收入25.5亿元，增长15.8%和15.9%。

*发展方式加快转变。*三次产业协同带动。第一产业增加值192.6亿元，增长7.1%；第二产业增加值204.2亿元，增长20%；第三产业增加值203.9亿元，增长17.4%。投资拉动作用明显增强。全社会固定资产投资370.9亿元，增长43.5%。其中城镇以上投资315.8亿元，增长51.4%。城镇以上新开工项目1335个，比上年增加664个。交通建设，完成通村油路2583公里，武英、武麻、大广北高速公路、鄂东长江大桥建设快速推进。武汉新港唐家渡作业区建设正式启动。武合快速铁路投入试运营，京九铁路和汉麻铁路电气化改造工程全线开工。能源建设，大别山电厂一期工程顺利投产，白莲河抽水蓄能电站即将并网发电，供变电能力进一步提升。农田水利建设，长江回水

堤防整险加固工程基本完工，病险水库除险加固工程完成20座，解决了55.6万人饮水安全问题，高产农田建设和低丘岗地改造工程、水库移民后扶工程等有序进行。城乡建设，市区以遗爱湖治理保护工程和道路改造刷黑工程为重点，深入推进“四城联创”；县市城区、小城镇和新农村建设以争创“楚天杯”和“十镇百村”示范工程为载体，规划、建设与管理全面加强。科技对经济的贡献率进一步提高。加强市校合作，实施各类科技计划项目60项，新增技术改造资金1.3亿元。全市高新技术产业实现增加值29.8亿元，增长31.3%。节能减排和安全生产深入推进。市区和武穴污水处理厂建成投产，“九小”企业关停任务提前超额完成，重点耗能和排污大户整治措施基本落实。土地、水、森林、矿产等资源保护力度加大。全市单位生产总值能耗同比下降4.6%，化学需氧量和二氧化硫排放量净削减1.72%和1.84%。落实安全生产责任制，加强隐患排查整治，安全生产各项指数都控制在省政府下达的责任目标范围内。产品质量和食品药品安全监管等工作取得明显成效。

改革开放不断深化。扎实推进“两型”社会综合配套改革，制定了总体方案和配套规划体系，争取了一批重点启动项目。在国家扩大内需首批1000亿元投资中，我市已争取项目资金5.2亿元，居全省市州首位。农村公益性服务“以钱养事”新机制不断完善，集体林权制度改革、国有农场管理体制改革以及粮食流通、农资购销等体制改革全面展开，水管体制改革如期完成。政策性“三农”保险试点、集体资产产权制度创新试点、农村土地管理制度创新、现代农村金融制度创新等有序进行。邮政储蓄银行组建完成。金融对经济的支持作用进一步增强。农民专业合作组织蓬勃兴起。城镇居民基本医疗保险和黄冈城区被征地农民基本养老保险改革全面启动。部门预算制度渐趋规范。取消和调整了一批审批项目，行政服务中心效能进一步提高。土地收购储备和“招拍挂”出让制度全面建立，城投公司和金融合作机构的职能作用有效发挥。商贸企业和部门企业改革扎实推进，国有资产管理进一步加强。大力推进全民创业，当年新增个体经营户2.73万户、私营企业1464家，新增注册资金20.3亿元。对外开放取得积极成果。当年引进1000万元以上项目679个，亿元以上项目103个，过10亿元项目7个，新开工外来投资项目453个，完成投资54.4亿元。实际利用外资1.34亿美元，增长13.6%。外贸出口4.95亿美元，增长36.7%。各类开发区和工业园区在改革开放、招商引资等方面发挥了示范效应。

民生问题逐步改善。实施积极的就业政策，当年新增城镇就业6.2万人，下岗失业人员再就业2.5万人，帮助“4050”人员再就业1.3万人，组织农村劳动力转移就业18万人。全市城镇登记失业率为4.07%，低于年度控制目标0.43个百分点。社会保险参保总人数144.5万人，征收保险费12.34亿元。城镇居民基本医疗保险全面启动，参保人数达82.9万人，参保率达57.1%。11189户因灾倒房全部恢复重建。为14.2万城市低保对象发放低保金2.2亿元，为22.3万农村低保对象发放低保金1.2亿元，城乡低保人均月补差分别提高44元和14元。加强价格管理，市场物价逐月回落，年末全市居民消费价格指数涨幅为6.42%。加强流浪乞讨人员救助管理，扩大医疗救助受惠面，多途径组织残疾人就业，加快农村福利院升级改造。加强经济适用房和廉租住房建设，开工建设经济适用房26.5万平方米，筹集廉租住房5.4万平方米。加大扶贫开发力度，解决5万农村特困人口的温饱问题，帮助8万低收入贫困人口摆脱贫困。积极募集款物并参与四川地震救灾，对口支援汉源县重建项目进展顺利。切实加强农民负担管理，维护劳动者的合法权益，城乡居民收入再创历史新高。全市城镇居民人均可支配收入9952元，人均增加1637元，增长19.7%；农民人均纯收入3744元，人均增加449元，增长13.6%。

社会事业协调发展。完善义务教育经费保障机制，落实义务教育阶段“两免一补”资金4.7亿元。落实中职生生活补助资金7343万元，办理大学生生源地信用助学贷款5387万元。素质教育扎实推进，基础教育、职业教育、高等教育均衡发展。加强公共卫生体系建设，新型农村合作医疗实现全覆盖，平均参合率达到90.9%，城镇社区卫生服务得到加强。积极开展“问题奶粉”患儿救治工作，手足口病、艾滋病、血吸虫病、结核病防控能力提高。落实“两控五规范”措施，加强

人口与计划生育工作。全市人口出生率为8.06‰，符合政策生育率达到95.09%。继续实施广播电视、电话“村村通工程”和“农村信息化示范工程”，积极推进数字电视整体转换。首次投资拍摄的电影《黎明行动》在全国公开上映。实施文化惠民工程，建成标准农家书屋628个，新建和扩建乡镇文化站33个。以“迎奥运”为主题的群众性体育活动和送体育下乡活动蓬勃开展。民族、宗教、外事、侨务、对台、人防、保密、档案、气象、地震、方志、经研、妇女、儿童、老龄等各项工作都取得了新的成绩。

民主法制和政府执行力建设得到加强。认真落实国务院、省政府关于加强市县政府依法行政的决定，大力提高行政机关工作人员依法行政的意识和能力，完善政府行政决策机制，建立健全规范性文件监督管理制度，深入开展基层执法单位文明执法教育活动，法治政府建设迈出新步伐。加强社会治安综合治理和“平安黄冈”建设，依法严厉打击各类犯罪，保持了社会稳定。深入开展群众性精神文明创建活动和文明城市创建活动，公民思想道德素质和城乡文明程度进一步提高。大力开展国防动员和双拥工作。加强应急管理和群众来信来访工作，加强政府信息公开和电子政务建设，加强行政监察和审计监督，加强源头治腐和勤政廉政建设，深入开展政府执行力大讨论，倡导“八简”新风，学习企业文化，完善工作机制，政府效能不断提升，机关作风有了明显变化。

各位代表！在本届人大三次会议上，市政府承诺办好涉及城乡居民就业、就学、就医、出行、住房等8个方面的实事，经过一年来的努力，均已圆满完成或超额完成。其中，就业再就业和劳动力转移培训、农村公路和客运市场体系建设、农村合格学校建设、困难群众法律援助、城市社区卫生服务体系建设、经济适用房和廉租住房建设等项目超额完成；《黄冈城区被征地农民基本养老保险试行办法》开始实施；灵活就业人员养老保险补贴和基本医疗保险优惠政策得到落实；市区重点建设工程按既定计划推进。

过去的一年，我市经济社会发展取得的成绩来之不易。这是党中央、国务院、省委、省政府和市委正确领导、科学决策的结果，是全市人民不畏艰难、团结奋斗的结果，是市人大、市政协监督支持，各民主党派、工商联、无党派人士，各人民团体，中国人民解放军驻黄部队、武警部队、海内外黄冈同乡、各界朋友和投资客商鼎力相助的结果。在此，我代表市人民政府，向全市广大干部群众、向所有关心支持黄冈建设发展的海内外人士，表示衷心的感谢！

在充分肯定成绩的同时，我们也清醒地认识到面临的困难和问题。主要是：国际金融危机对实体经济的影响不断加深，部分行业企业生产经营困难，利用外资和出口难度加大；经济总量偏小与产业层次不高的问题并存，面临着加快发展与转变发展方式、增加就业岗位等多重压力；农产品价格下行压力较大，农民务工出现新的困难，农民持续增收困难增大；财政政策性减收因素增多、刚性支出增大，社会事业发展欠账较多，一些关系群众切身利益的问题需要继续下大力解决；政府职能需要加快转变，行政效能有待提高。对这些问题，我们将进一步增强忧患意识和责任意识，采取积极有效的措施，努力加以解决。

二、2009年政府工作的指导思想和奋斗目标

2009年是新中国成立六十周年，是推动经济平稳较快增长和社会和谐稳定的关键年。今年政府工作的指导思想是：认真贯彻党的十七大和十七届三中全会精神，深入贯彻落实科学发展观，抢抓国家实施扩大内需政策措施、武汉城市圈“两型社会”综合配套改革试验和沿海产业转移等重大机遇，以保增长为首要任务，以改善民生为根本目的，进一步解放思想、坚定信心，加大项目建设和招商引资力度，加快转变发展方式和调整经济结构，加速推进体制机制改革和扩大对内对外开放，加强城乡建设和社会建设，努力实现经济社会又好又快发展。

主要预期目标是：地区生产总值增长12%以上，规模以上工业增加值增长20%以上，全社会固定资产投资增长25%以上，社会消费品零售总额增长18%以上，吸收外商直接投资增长15%，外贸出口增长15%，地方一般预算收入增长15%；单位生产总值能耗下降4.8%，化学需氧量和二氧化硫排放量分别下降2.5%和0.8%；城镇居民人均可支配收入增长10%，农民人均纯收入增长8%；城镇登记

失业率控制在4.5%以内，居民消费价格涨幅控制在4%左右，人口自然增长率控制在6‰以内。

上述经济社会发展目标，是辩证分析当前经济形势、综合考虑各方面因素提出来的。当前，我们面对的挑战前所未有，机遇也前所未有。国际金融危机仍在扩散和蔓延，对我市经济发展的影响将更加明显，我们面临的形势比以往更加复杂，更加严峻。我们一定要把困难估计得更充分一些，把应对措施考虑得更周全一些，把各项工作做得更扎实一些，防止由于估计不足和准备不够而陷入被动。同时，我们更要看到，黄冈可持续发展具备许多有利条件和积极因素。面对挑战，应对危机，措施千万条，信心最重要。我们的信心来自于党中央、国务院出台的扩大内需、促进经济增长的一系列政策措施，来自于党的十七届三中全会推进农村改革发展的重大部署，来自于省委、省政府为推进武汉城市圈“两型社会”综合配套改革而谋划、实施的工作方略和重点项目，来自于国外和沿海产业加速向内地转移的重要契机，来自于黄冈改革开放30年特别是近几年夯实的发展基础，来自于通过激励竞争形成的县域经济竞相发展的良好态势，更来自于黄冈老区干部群众思进取、谋发展、图赶超的决心和干劲。只要我们坚定信心、埋头苦干，审时度势、趋利避害，就能够战胜一切艰难险阻，牢牢把握科学发展的主动权，努力开创黄冈改革发展的新局面。

三、努力推动经济平稳较快发展

坚持保增长、扩内需、调结构、促就业、重民生、强基础，抢抓发展机遇，拓展发展空间，破解发展难题，增强发展后劲，奋力实现更长时间、更高水平、更好质量地发展。

（一）千方百计扩大投资促进消费

狠抓项目建设，扩大投资规模。深入开展“大干项目年”活动，抓紧策划、争取和实施一批影响全局、支撑长远发展的重大项目。重点抓好武麻高速、武英高速、大广高速、京九铁路和汉麻铁路电气化改造、白莲河抽水蓄能电站、雨润食品、李时珍国际健康旅游、祥云化工等重大续建项目，抓紧启动武汉至黄冈城际铁路及黄冈长江（公铁）大桥、武汉新港罗霍洲作业区、麻竹高速、黄州火车站升级改造、华海造船、贝因美食品、亚东水泥、鸿路钢构、济氏药业和九江长江大桥连接内线等新开工项目，强力推进林纸一体化、浠水核电、黄冈电厂、大别山电厂二期、西隔堤加固、大别山红色旅游公路、麻阳高速等项目前期工作。与此同时，深化投资体制改革，完善重大项目推进工作机制和协调服务机制，鼓励和带动民间投资持续增长，确保项目早竣工、早投产、早见效。

扩大消费需求，活跃城乡市场。增强城乡居民消费能力。认真落实国家增加城乡居民收入的有关政策，提高企业离退休人员养老金标准和城乡低保保障水平，提高群众特别是困难群众的收入，扩大即期消费。改善消费环境。加强价格调控和监管，加强以食品药品为主的产品质量监管，健全产品质量安全检测体系，严厉打击损害消费者权益的行为。加大廉租房、经济适用房等保障性住房的开发建设，鼓励居民购房，促进房地产业稳定健康发展。积极发展服务业。围绕建设大别山旅游经济带，改善设施条件，加大市场促销，培育旅游精品，创建旅游名镇，提升黄冈旅游竞争力。大力实施“万村千乡市场工程”和“新农村现代流通服务网络工程”，加强邮政服务“三农”站点建设，深化“农超对接”，推进“家电下乡”。提升传统服务业，拓展现代物流业，积极发展新型服务业。

多方融通资金，支持经济增长。发挥财政资金的政策引导作用，做好增值税转型改革以及其他税收政策调整的组织实施工作，减轻企业税负，增强企业投资意愿和能力。做实做强信用担保平台，支持金融机构调整优化信贷结构，加快金融产品和服务创新，增加有效信贷投放。优化金融生态环境，加强银企合作，着力解决重大项目和中小企业贷款难问题。拓宽直接融资渠道，大力推进企业上市。

（二）突出重点发展工业经济

加大规模产业和企业培育力度。继续实施100亿产业、100亿工业园区、100家重点企业、100个重点项目、新增100家规模以上工业企业、市县领导联系100家民营企业等“六个一百”工程，着力打造纺织服装、医药化工、食品饮料、新型建材、钢构、造船、能源等百亿产业，以重点产业的突破带动工业规模的快速扩张。通过资产重组、资源整合，培育发展一批核心竞争力较强的集团，打造代表黄冈形象的领军企业。着力实施“中小企业成长工程”，千方百计为企业排忧解难，提供政策扶持和优质服务。放宽市场准入，优化投资环境，毫不动摇地鼓励、支持、引导非公有制经济发展，深入推进全民创业。

加大产业集群和工业园区培育力度。重点推进武穴医化、蕲春药材、麻城汽配、团风钢构、市直食品饮料等全省重点产业集群的链条延伸，带动上下游产业发展。将产业集群建设、工业园区建设和园区招商工作有机结合起来，科学定位园区、规划园区、建设园区，推进园区产业联合、利益连接和税收共享，提高园区建设水平。把工业园区作为城镇建设的拓展点和全民创业的新空间，着力推进乡镇工业集中区建设，实现园区建设与城镇建设良性互动。

加大精品名牌培育力度。大力开展“质量兴市”活动，认真落实市政府出台的奖励政策，以企业为主体，发挥相关部门的支持、引导和保障作用，着力打造一批在国内外有影响、市场占有率高的工业品牌。加强企业素质样板工程建设，引导企业加强管理、苦练内功，增强抗御市场风险能力。

加大企业创新能力培育力度。深入开展市校合作，扶持一批经济实力雄厚、科研开发能力强的企业创办技术中心，与高等院校、科研院所开展产学研合作。以推进企业信息化为突破口，加快高新技术和先进制造技术在纺织、机械、化工等传统产业的应用，加快传统产业改造升级。充分发挥政府科技投入的引导作用，加强高新技术产业化示范基地、成果中试基地、科技企业孵化器建设。

（三）保障农产品有效供给和促进农民增收

加快发展现代农业。按照“标准化生产、连片集中、统一品种”的要求，对优势农产品板块基地进行提档升级。加快高产农田建设、低丘岗地和低效林改造、现代农业示范区建设步伐，加快以奶牛牧场为重点的畜牧养殖小区和水产片带建设。加强品种改良和疫病防控。创新农业产业化经营模式，推动金融资本、产业资本和技术要素以股权形式进入农业。在税收、用地、用电、信贷、上市等方面，支持龙头企业加快发展。

稳定完善农村基本经营制度。赋予农民更加充分而有保障的土地承包经营权，现有农村土地承包关系保持稳定并长久不变。建立土地承包经营权流转市场和农村集体建设用地流转市场，按照依法、自愿、有偿原则，允许农民以转包、出租、互换、转让、股份合作等形式流转土地承包经营权，发展多种方式的土地适度规模经营。大力发展农民专业合作组织。

加强农业基础设施建设。重点推进长河流域水生态系统修复保护工程、华阳河流域综合治理工程、中小河流治理工程、大别山南麓革命老区水土保持工程、病险水库除险加固工程、灌区节水改造与续建配套工程、泵站更新改造工程，大力实施农村饮水安全工程、移民工程、农村沼气工程和气象现代化建设。加快推进农业机械化。

多途径促进农民增收。认真执行国家较大幅度增加农业补贴、扩大补贴范围、较大幅度提高粮食最低收购价、解决农民工就业等一系列强农惠农政策。落实促进务工农民市民化的各项措施，推进城乡劳动就业一体化，最大限度安置好农民工，努力增加农民的务工收入。落实农民工返乡创业扶持政策，抓好“回归创业工程”和返乡农民创业服务促进工作，促进“打工潮”向“创业潮”转变。

继续推进扶贫开发。抓紧实施448个村的整村推进，加强产业化扶贫，以支柱产业和龙头企业带动贫困地区和贫困农户发展生产。大力扶持贫困村的村组道路、农田水利、医疗卫生、危房改造等基础设施建设，改善贫困地区群众的生产生活条件，解决5万特困人口和15万低收入贫困人口的温饱和脱贫问题。

（四）统筹区域经济发展

加快壮大市区龙头经济。坚持市区一体，理顺和创新体制机制，完善利益分配关系，加快南湖工业园、火车站化工园、禹王工业区等园区建设步伐，增强市区的集聚、辐射功能和综合承载能力。做实做强以饮品、造船、窑炉、造纸、机械电子等为重点的产业集群，以房地产业、物流业、旅游业为主体的现代服务业，以蔬菜、奶牛、水产为重点的高效农业，确保主要经济指标高于全市平均发展水平。加强城市规划、建设与管理，深入开展“四城联创”，努力实现省级卫

生城市创建达标；推进城市管理综合执法，相对集中行政处罚权，依法治理违章建设；搞好城市经营，多方筹措资金，挖掘自然人文资源，提升城市品位。

*加速发展县域经济。*立足县域优势资源和产业基础，着力提升县域工业园区，千方百计抓项目、增投资，抓主体、上水平，抓集群、强实力，抓结构、促升级，着力培育一批销售收入过亿元的中小企业和销售收入过50亿元、过100亿元的县域工业园区。加强县市城区建设，努力改善城市面貌和人居环境，增强统筹城乡发展的能力。落实发展县域经济的政策措施，完善考评指标体系，健全激励竞争机制，力争有1-2个县市区进入全省县域经济20强。

*加强小城镇和村庄建设。*完善乡镇土地利用总体规划和村镇规划，抓好城镇和乡村道路、绿化、污水处理和垃圾处理等基础设施建设。坚持产业兴镇，强化项目带动，加快长江沿岸、京九沿线和大别山腹地城镇带的兴起。引导农民住宅建设按规划、有计划地逐步向中心村集中，并与村庄改造、土地整理相结合，鼓励集中建设农民新村。防治农业面源污染，大力推进“清洁家园”建设。

四、坚定不移地推进改革开放

*加快“两型社会”综合配套改革试验。*全面启动重点改革试验三年行动计划，围绕土地、金融、环保等方面的体制机制创新，推动改革试验具体化、项目化。围绕建设沿江经济开发带和大别山旅游经济带，重点抓好产业园区互动发展试点、产业集群发展新机制试点、循环农业和生态农业示范园区试点，抓紧黄冈临港经济先导区和市区水生态保护治理试点的规划编制与论证等前期工作。强化节能减排工作责任制，全面推行排污许可证制度，严格执行项目开工建设环评审批和节能评估审查，继续开展“九小”专项治理，坚决遏制高耗能、高排放行业过快增长。开展全民节能行动，加强冶金、建材、化工、电力等重点行业的节能改造。着力抓好绿色无公害农产品基地、湿地保护、森林保护、长江防护林、退耕还林、地质环境保护、清洁节能等生态项目，大力发展循环经济，办好一批“两型社会”示范园区、企业和村镇。

*深化国有企业改革和事业单位改革。*围绕建立现代企业制度，妥善解决改制企业的历史遗留问题，在债务处置、职工安置、完善社保等方面加大工作力度，巩固改制成果。进一步推进商贸企业和部门企业改革。加快政企、政资、政事、政府与中介组织职能分开步伐，完善国有资产监管体系，提高国有资本经营绩效。分类实施事业单位改革。

*推进农村改革。*积极创造条件，探索建立大别山新农村建设试验区，带动全市农村改革发展。深化农村配套改革，巩固和完善农村公益性服务“以钱养事”新机制。放宽农村金融准入政策，加快建立商业性金融、合作性金融、政策性金融相结合的农村金融体系。大力发展村镇银行，开展小额贷款公司试点，允许有条件的农民专业合作社开展信用合作。全面推进集体林权制度改革，基本完成集体林权确权到户任务。继续推进城中村、城郊村、园中村集体资产产权制度创新工作。

*深化财政改革。*围绕推进基本公共服务均等化，完善公共财政体系。深化预算管理体制改革，强化预算管理和监督，增强预算管理的刚性和透明度。优化财政收支结构，提高财政收入质量。坚持依法治税，强化收入征管，确保圆满完成财税任务。继续清理行政事业性收费和政府性基金，加强规范管理。完善国库集中收付运行机制。扩大政府采购的范围和规模。

*坚定不移地实施开放先导战略。*创新招商引资方式方法，大力推进产业招商、园区招商、节会招商、委托招商，用市场的办法支持企业招商，用激励的办法引导全员招商，用开放的办法推动全方位招商，广泛宣传黄冈，诚招天下客商，积极承接沿海产业转移，努力提升招商引资质效。优化出口结构，培育出口品牌，抓好一批出口基地建设，促进出口稳定增长。加快实施“走出去”战略，扩大境外工程承包、经济技术合作和劳务输出。

五、加强以改善民生为重点的社会建设

*多渠道扩大就业。*实施积极的就业政策，大力推进创业带动就业，开发更多的公益性就业岗位。完善公共就业服务体系，加强职业技能培训，加强就业援助，重点帮扶就业困难人群和零

就业家庭。充分发挥失业保险调控和促进就业的功能，积极开展援企稳岗工作，引导企业不裁员或少裁员，保持就业局势基本稳定。

加快完善城乡社会保障体系。继续加大社会保险扩面征缴力度，做好城镇职工基本养老保险省级统筹相关工作，实施农业“小三场”、国有林场职工参加基本养老保险工作，开展新型农村社会养老保险试点。完善覆盖城乡的基本医疗保障体系，城镇居民医疗保险参保率达到80%，新型农村合作医疗参合率稳定在90%以上。完善住房公积金制度，全市住房公积金覆盖率达到68%。完善城乡低保制度，做好社会救助工作，保障和改善困难群众基本生活。

努力提高教育和医疗服务水平。完善和巩固九年制义务教育，重视学前教育和特殊教育，加大对高中阶段教育支持力度，大力发展职业教育，努力提升高等教育质量和服务社会能力。继续化解农村“普九”债务。实施人才强市战略，加强技能型和创新型人才的培养、引进和使用工作。积极推进医药卫生体制改革，加强农村医疗卫生服务体系建设，发展社区卫生服务。加强艾滋病、血吸虫病等重大传染病防治工作，提高人民群众健康水平。

大力发展文化事业和文化产业。加强社会主义核心价值体系建设，大力弘扬民族精神和时代精神，深入开展群众性精神文明创建活动。大力发展公益性文化事业和经营性文化产业，加强广播电视“村村通”、文化信息资源共享工程农村基层服务点、农村电影放映工程等重点文化惠民工程建设。发展社区文化和群众体育，丰富群众文化生活，推出一批文艺精品。办好湖北省第七届黄梅戏艺术节。重视支持新闻出版工作。做好文物普查工作。积极筹建市级文化体育设施。

切实加强社会管理。加强人口与计划生育管理，稳定低生育水平，深入开展关爱女孩行动，综合治理出生人口性别比。高度重视农产品、食品药品质量安全。推进农业标准化生产，加强农产品安全监管。开展食品药品专项整治，杜绝重大食品药品安全事故。严厉打击假冒伪劣行为，规范市场秩序。严格统计监测评价考核，做好第二次经济普查登记工作。继续做好二轮志书编修工作。认真做好民族、宗教、外事、侨务、对台、保密等工作，重视支持老龄和残疾人事业。

坚决维护社会和谐稳定。健全信访工作责任制，妥善处理人民内部矛盾，坚持大接访，开展大调解，及时发现和解决各类矛盾纠纷。完善应急管理体制机制，加强预警预测，妥善处理群体性事件，全力做好抗灾救灾避灾工作。落实安全生产责任制，完善规章制度，加强科学管理和严格监督，加大消防安全工作力度，彻底排查治理各类隐患，坚决遏制重特大事故发生。加强国家安全工作。加强社会治安综合治理，加大警务信息化建设力度，健全社会治安“大防控”体系，积极预防青少年犯罪，深入开展“平安黄冈”创建活动，依法打击违法犯罪行为，增强人民群众的安全感。深入开展国防教育，支持驻黄解放军和武警部队建设，不断提高预备役部队、民兵和人民防空建设水平。积极开展双拥共建活动，巩固军政军民团结。

努力为人民群众办实事。进一步加大投入、提高标准、落实措施，着力解决好人民群众普遍关心的实际问题：（1）城镇新增就业4万人，培训劳动力30万人次。（2）新增廉租房10万平方米。（3）新建通村水泥（沥青）公路2000公里。（4）再解决农村50万人饮水安全问题。（5）实施农村特困户和贫困残疾人家庭危房改造2000户；为1000名贫困白内障患者实施复明手术。（6）新建农村户用沼气6万户，联户和养殖小区沼气工程200处，乡村沼气服务网点460个。（7）再建成标准农家书屋400个，配套建设乡镇综合文化站19个；新建“农民体育健身工程”100个；新建或改造乡镇和村级农家店500个。（8）继续改造农村薄弱学校，建成合格学校210所；实施市区中小学危房改造改建。（9）为困难群众和农民工办理法律援助案件1000件、法律援助事项10000件以上。（10）县市城区全面建成污水处理厂及配套管网；市区争取开工建设垃圾无害化处理厂、新建4座小型垃圾中转站和10座公厕。

六、加强政府自身建设

深入学习实践科学发展观，加快黄冈老区经济社会发展，必须全面加强政府自身改革与建设，努力建设人民满意的政府。

推进依法行政。自觉接受市人大及其常委会的法律监督、工作监督和市政协的民主监督，高度重视人大代表建议和政协委员提案的办理工作。认真听取各民主党派、工商联、无党派人士的意见，支持工会、共青团、妇联等群团组织开展工作。深入开展“法治黄冈”建设，扎实推进“五五”普法。扩大基层民主，完善政务、厂务、村务公开。加大政府信息公开力度，抓紧建成电子政务专网。健全政府重大决策的规则和程序，认真落实调查研究、专家论证、公众参与、合法性审查和集体决策制度。加强和改进行政执法、层级监督、行政复议、规范性文件管理等政府法制工作。完善行政监督机制，健全社会监督和舆论监督。

提高服务质量。进一步转变政府职能。减少行政审批事项，规范行政审批行为，切实加强和改善市场监管，维护社会公正和秩序，把重点放到为市场主体服务、营造发展环境上，把着力点更多地放到解决民生问题上。进一步提高政府效能。倡导“马上就办、有请必复”的办事理念和机关文化，定下来的事雷厉风行，看准了的事一抓到底。学习优秀企业的文化理念、科学管理和工作效率，节约行政成本，千方百计减费用、减时间、减程序，大力压缩各种会议、文件，精简各类检查、评比表彰，建设运转高效、办事干练、充满活力、富有成效的政府机关。进一步增强行政能力。领会和把握科学发展观的深刻内涵，学习新知识，研究新情况，解决新问题，用市场的办法、开放的办法、改革的办法破解发展难题，打破常规、超常工作，提高抓落实、办成事的能力。

保持清正廉洁。坚持为民、务实、清廉，弘扬黄冈老区精神，增强公仆意识和宗旨观念，带头过紧日子，严格控制一般性支出。着力推进政府系统惩治和预防腐败体系建设，健全行政服务网络，建立完善电子监察系统和综合招投标中心，加大对重点领域、重点部门、重点项目、重点资金的检查监督力度。加强领导干部经济责任审计，全面实行行政领导人员问责制度，坚决纠正有令不行、有禁不止现象，严肃查处各种腐败行为，始终保持昂扬向上、奋发有为、清正廉洁的政治本色。

各位代表！新的一年，我们的任务繁重而艰巨，我们的责任重大而光荣，我们的前景光明而美好。让我们更加紧密地团结在以胡锦涛同志为总书记的党中央周围，在市委正确领导下，认真贯彻落实科学发展观，坚定信心，克难奋进，全面完成今年的各项任务，以优异成绩向新中国成立六十周年献礼！

第二部分　六十年发展综述

资料整理人员：童卫红　赵金华　方学兵
吴祖焱　肖　锋　童金舟
陈　华　张建平　舒东访
吴世宏　纪德文

光辉的历程　宏伟的篇章

——黄冈市六十年经济社会发展综述

建国以来，特别是改革开放和党的十三届四中全会以来，英雄的黄冈人民在历届地委、行署和市委、市政府的坚强领导下，高举马列主义、毛泽东思想、邓小平理论和“三个代表”重要思想的伟大旗帜，认真贯彻党中央、国务院的各项方针政策，大力开展经济建设，积极促进社会进步，使昔日贫穷落后的山川大地发生了翻天覆地的变化，经济社会发展成就斐然。

一、黄冈市情

黄冈地处湖北省东部、大别山南麓、长江中游北岸，京九铁路中段。现辖一区（黄州）、二市（武穴、麻城）、七县（红安、罗田、英山、浠水、蕲春、黄梅、团风）和一个县级龙感湖农场，版图面积1.74万平方公里，总人口730万。

历史文化源远流长。黄冈有2000多年的建置历史，孕育了中国佛教禅宗四祖道信、五祖弘忍、六祖慧能，宋代活字印刷术发明人毕升，明代医圣李时珍，现代地质科学巨人李四光，爱国诗人学者闻一多，国学大师黄侃，哲学家熊十力，文学评论家胡风，《资本论》中译者王亚南，等等一大批科学文化巨匠，为中华民族乃至世界历史发展作出了重要贡献。

革命传统光辉灿烂。黄冈是中共早期建党活动的重要驻地和鄂豫皖革命根据地的中心，组建了红十五军、红四方面军、红二十五军、红二十八军等革命武装力量，发生了“黄麻起义”、新四军中原突围、刘邓大军千里跃进大别山等重大革命史事件。为缔造共和国，先后有44万黄冈儿女英勇捐躯，其中5.3万人被追认为革命烈士。在这片英雄的土地上，诞生了董必武、陈潭秋、包惠僧三名中共一大代表，董必武、李先念两位国家主席，林彪、王树声、韩先楚、陈再道、陈锡联、秦基伟等200多名开国将帅，铸就了“紧跟党走、不屈不挠、艰苦奋斗、无私奉献”的老区精神。

区位交通得天独厚。黄冈位于楚头吴尾和鄂豫皖赣四省交界，与省会武汉山水相连，是武汉城市圈的重要组成部分。境内依傍一条黄金水道（长江），紧邻两座机场（武汉天河机场、九江机场），贯通四条铁路（京九铁路、合九铁路、京广联接线、沪汉蓉快速铁路），飞架四座长江大桥（鄂黄大桥、黄石大桥、九江大桥、鄂东大桥），纵横五条高速公路（沪蓉高速、黄小高速、江北高等级公路、武英高速、大广高速），具有“承东启西、纵贯南北、得中独厚、通江达海”的区位优势。

自然人文交相辉映。黄冈依山带水，风光秀丽。大别山巍峨磅礴、天工巧夺，连绵境内数百里，其主峰天堂寨海拔1729米，集雄、奇、险、幽于一体，堪与泰山、庐山媲美。龙感湖古称雷池，曾与鄱阳湖相连，现有水域面积2500平方公里，是全国重要的湿地保护区。长江流经本市189公里，境内倒、举、巴、浠、蕲、华阳河六水并流，百湖千库星罗棋布。黄冈名贤咸至，胜迹如云。李白、杜牧、王禹偁等历代骚人为此吟咏千古名篇，苏轼因此成就其文学巅峰，黄梅戏在此发源。以黄冈为中心的大别山革命老区，更是全国12条红色旅游精品线路之一，是湖北红色旅游的主体。

二、黄冈经济社会发展的历史轨迹

（一）前三十年（1949～1978年）的发展轨迹

1.经济恢复时期（1949～1952年）

黄冈各级政府按照党中央的要求在积极抓民主改革的同时，大力贯彻中央关于“发展生产，繁荣经济，公私兼顾，劳资两利”的方针，黄冈工农业经济有了较快的恢复和发展。1949年黄冈境内由国民党遗留下来的地方国营工业企业仅15个，私营及个体手工业8769户，工业总产值1761万元，到1952年，地方国营工业企业发展到83各，比1949年增长4.5倍，组织手工业合作社、组33个，私营及个体手工业发展到33769户，比1949年增长2.9倍，工业总产值2876万元，比1949年增长63.3%。为第一个五年计划的顺利实施奠定了一定的物质基础。

2.第一和第二个五年计划和三年调整时期（1953～1962年）

“一五”时期（1953～1957年），在党的总路线的指引下，全市完成了资本主义工商业和个体农业、手工业的社会主义改造，开展了有计划的经济建设，注重了国民经济的综合平衡，生产得到发展，人民生活得到改善。这一时期全市经济处于上升时期。“二五”时期（1958～1962年）。1958年开始的“大跃进”给全市工农业生产和人民生活带来了沉重的灾难。由于违背客观经济规律，高指标、瞎指挥、浮夸风、“共产风”等“左”倾错误思想盛行，全市国民经济遭受严重挫折。在三年调整时期（1963～1965年），全市人民认真贯彻“调整、巩固、充实、提高”的方针，同心同德，艰苦奋斗，艰难地渡过了困难时期，全市经济得到迅速恢复和发展。

3、文化大革命动乱时期（1966～1976年）

1966年开始的“文化大革命”，致使全市政治上陷入混乱，经济再一次遭受严重破坏。十年间（1966～1976年），全市经济基本处于停滞状态，国民经济重大比例关系严重失调，人民生活又一次受到影响。1976年粉碎“四人帮”以后，特别是党的十一届三中全会的召开，通过拨乱反正，摆脱“左”的思想束缚，全市工作的重点逐步转移到社会主义建设上来，黄冈终于迎来改革开放的春天。

（二）改革开放三十年的发展历程

1、第一阶段（1978～1992年），改革的初始、试点和探索阶段。在这一阶段，经过“计划经济为主，市场调节为辅”（1978～1984年）、“社会主义有计划的商品经济”（1984～1989年）、“计划经济与市场调节相结合”（1989～1991年）三个不同时期的渐进式前行，黄冈农村改革获得突破与完善，以扩大企业经营自主权为主要形式的工业改革逐步走向深入，商品流通领域多种经济成份得到迅猛发展。

2、第二阶段（1992～1998年），计划经济向市场经济过渡，非国有经济迅速发展。在1992年邓小平通知南巡讲话和党的十四大、十五大的精神指导下，黄冈经济以产权制度改革委标志，全面调整结构，普片推行资本营运，通过“改、转、租”形式，盘活了大量闲置的国有资产，遏制了国有企业亏损势头，国有企业开始有计划经济向市场经济过渡。

3、第三阶段（1998～至今），以完善为主题的改革开放新阶段。以2002年11月召开的党的“十六大”和2003年10月召开的十六届三中全会《关于完善社会主义市场经济体制若干问题的决定》为标志，全市经济社会运行机制加速转轨定位，市场对资源配置作用全面发挥。黄冈已基本形成以公有制为主体，多种经济成分共同发展的所有制格局。社会主义市场经济体制已初步建立，市场机制在资源配置中发挥着基础性作用。

三、六十年黄冈经济和社会发展特点

（一）国民经济持续快速增长、经济总量实现大跨越

建国60年来，特别是改革开放30年，黄冈市国民经济持续快速增长、经济总量实现大跨越。全市生产总值完成了六个翻番，1974年完成了第一个翻番，1981年完成了第二个翻番，1987年实现了第三个翻番，1992年实现了第四个翻番，1995年实现了第五个翻番，2005年实现了第六个翻番。2008年，黄冈市地区生产总值600.75亿元，按可比价计算，比1952年增长39.7倍，年均增长6.8%。分产业看，第一产业年均增长3.64%，第二产业，年均增长10.3%，第三产业年均增长9.39%。在经济又好又快发展的同时，宏观经济效益稳步提升，财政收入1949年仅2087万元；1978年达到1.06亿元；1990年达3.60亿元；2005年达29.16亿元；2008年达到59.62亿元，年均增长10.06%。金融机构由1951年520万元，2008年增加到635.13亿元，年均增长17.95%；金融贷款1951年只有227万元，2008年增加到252.44亿元，年均增长17.76%。

随着经济发展步入快车道，综合经济实力增

强。1952年全市人均生产总值仅为95.27元，1978年达到了240.09元；1985年达到465.11元；1990年达到999.36元；2000年达到3549.08元；2008年全市人均生产总值9000元，超过1000美元，年均增长8.31%。

结构调整进程加快，经济结构不断优化。黄冈是农业大市，农业在国民经济中占较大份额，建国初期，农业增加值占全市生产总值的85%以上，改革开放初期占60.4%。经过20多年的发展，经济结构不断优化。GDP中三次产业构成由1952年的85：8.2：7.4调整为2008年的32.06：34：33.94，一产业比重下降52.94个百分点，二、三产业比重分别上升25.8个和26.54个百分点。

（二）农业经济稳步发展，农业基础进一步稳定

经过60年的发展，黄冈的农业和农村经济发生了深刻的变化。一是农村经济全面快速发展。建国60年来，全市农业经济总量不断提升，农产品不断丰富，产量大幅增加。从1949年到2008年，农业总产值由5.05亿元发展到253.1亿元，年均增长6.86%。粮食总产量由93.38万吨发展到304万吨，年均增长2.02%；油料总产由49年2.46万吨发展到43.4万吨，年均增长3.39%；棉花总产量由49年0.47万吨发展到7.18万吨，年均增长4.73%；出栏肉猪由49年24.66万头发展到344.33万头，年均增长4.57%；水产品产量由49年0.83万吨发展到35.3万吨，年均增长6.56%。黄冈各县市区在稳定粮食生产的同时逐步上形成了特色鲜名的支柱产业。罗田县是全国板栗之乡，英山县是全国名茶基地县，蕲春县是全国著名的药市和中药材之乡，麻城市是全国秸秆养牛示范县，黄梅是全国青虾繁育基地，红安花生居全省之冠。全市特色经营基地达600万亩以上，特色专业村发展到3000余个，占总村数的47%;特色专业乡镇95个，占乡镇总数的75%。二是农民市场意识不断增强。家庭联产责任制的建立，从根本上构筑了发展农村市场经济的微观基础，农产品收购制度的改革，开创了市场化改革的先河，农民由计划经济体制下单纯的生产者变成了相对独立的经营者。随着市场经济的逐步发展，农民的思想观念发生了根本变化，市场意识、开放意识、竞争意识和效率意识明显增强，劳动积极性得到充分发挥，一大批农民专业合作组织应运而生，一大批农民走出农村进城务工。据统计，到2008年末，全市农民专业合作组织发展到495个，农村外出务工人员接近130万人。三是农村基础设施不断改善。近几年来，全市农村基础设施投入不断加大，共完成通村油路3600多公里，实现了100%乡镇通沥青（水泥）路，99%的行政村通公路和49%的行政村通沥青（水泥）路；农户通电率、农村固定电话自然村通村率均达到100%；农村宽带上网行政村通村率76%，有线电视行政村通村率、自然村通村率分别达到67.2%和42.8%；解决了14.1万人饮水不安全问题。

（三）工业经济成分趋于多元发展，经济发展活力持续增强

建国60年来，特别是改革开放30年来，随着一轮又一轮的思想大解放，黄冈发展工业经济的思路不断明晰和强化，工业发展成为全市经济的重要支撑。2002年底，黄冈市委、市政府提出了“全党抓经济、重点抓工业、突出抓招商，着力抓环境”的战略，着力加快新型工业化进程，实现经济社会发展全面提速、增量、高效。工业立市，开放活市，实干兴市，成为黄冈经济快速发展的现实选择和最强音。60年，全市工业生产发展年均递增速度达到12.1%。2008年，全市规模以上工业完成总产值436.52亿元，完成增加值141.3亿元；实现销售收入321.52亿元，实现利税22.22亿元，实现利润12.04亿元。目前，黄冈已有14个开发区、26个工业园区，规范化工业园区已聚集企业870多家，年总产值近120亿元。依托工业园区，武穴医药、蕲春药材、麻城汽配、团风钢构、黄州饮品等五大产业已进入全省重点产业集群行列。全市100家重点企业产值均突破5000万元，共完成产值172.86亿元，占全市工业比重达68%。随着市场机制在资源配置中的基础作用不断加强，全市工业经济开始步入良性运行轨道，出现良好发展态势。一是通过大力实施“五个一百”工程,全市工业增加值、总产值、新增进规企业户数、销售收入、利税、利润等6个主要经济指标增幅在全省市州中名列第一，工业综合实力在全省市州中排名第十，由过去的后几名上升到现在的中游位置。二是产业结构不断优化，重点企业发展迅速。改革开放以前，黄冈仅有全民所有

制企业100多户工业企业，基本停留在手工作坊阶段,企业发展缓慢。“十五”以来，全市工业按照“改造提升传统产业、做大做强支柱产业、培育发展高新产业”的要求，大力发展我市轻工食品行业、做强医药化工行业、改造汽车零部件行业、提升纺织服装行业、壮大建筑建材行业，在此基础上，发展电子信息、生物医药、新兴材料等现代产业，促进了产业结构优化升级，使得一批重点企业脱颖而出，迅速发展壮大。广药核黄素和梦丝家蚕丝被双双荣获中国名牌，实现了黄冈工业企业产品中国名牌零的突破。三是招商引资成效显著，发展后劲明显加强。2003年以来，全市11个县市区引资各类项目4000多个，引进到位资金190亿元，其中亿元以上项目80多个。2008年新引进项目及签约项目1107个，总投资747.58亿元，完成投资106.35亿元；亿元以上项目达到103个；续建项目314个，当年新增投入43.64亿元。2008年全市共完成招商引资投入149.98亿元。北京汇源、湖南太子奶、杭州娃哈哈、香港稳健、伊利、华新水泥等一批知名企业和公司相继在黄冈落户，成为加快我市新型工业化进程的重要支撑。伊利、太子奶二期、华新水泥二期、林纸一体化、大别山电厂等一批重点项目进度加快，增强了我市工业经济发展的动力和后劲。

（四）投资规模迅速扩大、基础设施日臻完善

建国60年，黄冈市全社会固定资产投资从11万元上升至370.85亿元，年均增长23.6%。特别是改革开放30年来，黄冈市投资建设发展之快、领域之广、规模之大令人瞩目。大批重点建设项目相继建成，为壮大黄冈经济实力，增强经济发展后劲，推进各项事业的稳步发展，奠定了坚实的基础。投资产业结构不断升级，经济生产能力大大增强，基础设施明显改善。

高等级公路建设突飞猛进，交通运输高速发展。1949年，全市仅有公路254公里，旧货车4辆，总载重12吨位；机动船舶2艘；木帆船2631公里。全年客运量2万人次，周转量10万人次；货运量7万吨，周转量411万吨公里。里程212公里，内河航运里程1765公里，其中通航里程1537公里。1979年，境内有3条国道，共计338.56公里。县道总长1986.7公里。全地区汽车保有量3754辆，客运量和周转量分别为1214万人次和36888万人公里，比1949年增长607倍和3688.8倍。货运量为114万吨，周转量为8091万吨公里，分别为1949年的16.3倍和19.7倍。内湖航运通航里程864.5公里，有货轮64吨，客轮3252客位。十一届三中全会以后，交通事业快速发展，交通基础设施取得重大进展。尤其是随着“八五”、“九五”、“十五”、“十一五”这些年国家、省加大对交通建设的投入，黄冈交通事业更是突飞猛进。2008年底，全市公路通车里程18409公里，桥梁3457座。其中高速公路263.5公里（截至2009年4月），一级公路201公里，二级公路1409公里。累计建设农村公路逾10000公里，通村率达83.2%。

信息高速公路网构架初见雏形，邮电通信业快速增长。2008年，全市邮电通信业完成业务收入17.4亿元，固定电话用户101.72万户，移动电话用户达到187.6万户，邮政营业网点169各。

（五）国内外贸易高速发展、对经济增长推动明显

1、国内贸易蓬勃发展，流通方式不断创新

建国60年来，黄冈市社会消费品零售总额从8441万元上升至282.27亿元，年均增长10.35%，黄冈市社会消费品流通领域发生了历史性的巨变，个体、私营经济快速发展，经营业态不断创新。与此同时，营销方式也发生了根本性的变革，流通方式不断创新，一大批百货商店、购物中心、仓储式商店、平价商场、专卖店、便利店、快餐店、超级市场应时而生，多种现代气息的经营形式不断涌现，从而改变了单一百货商店柜台式销售的落后局面，营销水平空前提高。

2、对外经济喜结硕果，外向程度日益提高

60年来，特别是改革开放30年来，黄冈市对外贸易持续高速发展，不断跨越新的台阶。1993年，黄冈进出口公司开口自营，当年实现出口787万美元。到2008年末，全市开口自营的企业已达77家，形成开口自营、三资企业，外贸进出口公司的出口创汇格局。2008年引进1000万元以上项目679个，亿元以上项目103个，过10亿元项目7个，新开工外来投资项目453个，完成投资54.4亿元。实际利用外资1.34亿美元，增长13.6%。外贸出口4.95亿美元，增长36.7%。

3、外商投资从无到有，外资对经济推动力增

强

2008年黄冈市利用外资保持较快增长，外商投资企业对经济发展的推动力进一步增强。2008年实际利用外资13366万美元，外商投资企业已成为推动经济发展的中坚力量。

（六）城乡居民安居乐业、生活水平不断提高

1、城镇居民收入大幅度提高、消费水平提升

建国60年来，随着国家经济体制改革，黄冈市改变了公有制经济体制和单一的社会收入分配形式，实行了以公有制为主体的多种经济成分共同发展的经济体制和以按劳分配为主体的多种分配形式，由此使得城市居民家庭收入来源日趋多元化，收入结构与建国初期相比发生了显著变化。2008年全市城镇居民人均可支配收入达到9952元，比1978年相比，年均增长13%。

随着居民收入的持续增长，社会保障体系的不断健全和完善，居民消费信心得到加强，黄冈市城镇居民的消费能力和消费水平也在不断提高，传统的温饱型消费模式逐步升级为生活质量型消费模式，食品、衣着等基本生活消费在居民家庭消费总支出中所占比重逐渐下降，居住、文教娱乐、交通通讯等发展型、享受型消费比重逐渐上升。2008年全市城镇居民人均消费性支出6117元，其中:食品支出2243元、衣着1058元、家庭设备用品及服务消费758元、医疗保健454元、交通和通信701元、教育文化娱乐服务1642元、居住967元。

80年代前，自行车、缝纫机、手表和收音机，是许多城市居民家庭梦寐以求的大宗耐用消费品。80年代后，随着居民居住条件的改善，带动了家庭耐用消费品的普及，2008年全市每百户城镇家庭拥有汽车3辆，家用电脑50台。

2、农民人均纯收入增加、生活质量提高

建国60年以来，在党的一系列富民惠农政策和社会主义新农村建设决策指导下，黄冈市积极推进农业经济结构的战略性调整，着力加大农村劳动力转移力度，充分调动与发挥农民的生产积极性，全市农村经济改革取得突破性进展，农村生产力得到极大解放，农村产业结构和农民就业结构日益改善，农民收入水平和生活质量不断迈上新的台阶。2008年黄冈市农民人均纯收入3744元，比1978年年均增长12.8%。

建国60年来，黄冈市农民的物质消费和精神消费得到迅速提升，居住环境和生活质量明显改善，消费结构逐步由温饱型向享乐型和发展型转变，吃穿住用行得到全面而又明显的改观。2008年，黄冈市农民人均生活消费为2760.6元，呈现出农民消费水平稳步提高，消费结构和消费质量进一步改善的良好态势。国家对农村义务教育实行“两免一补”和推行新型农村合作医疗，使农民用于教育和医疗的支出明显减轻。从消费分类情况来看看：2008年，食品消费支出与上年同比增长10.01%，衣着消费增长14.4%，居住消费增长39.7%，家庭用品消费增长11.45%，交通通讯消费增长13.97%，文化教育方面的消费增长13.5%，医疗保健消费增长7.83%，其他服务消费下降4.76%。

随着社会主义新农村建设的扎实推进，农村实行“三改一建”和村村通公路，农民的居住条件得到进一步改善。农村住户调查资料显示：2008年，农村楼房面积比上年增长14.6%。农村住户主要耐用消费品拥有量明显增加,农民生活质量稳步提高。

（七）社会事业欣欣向荣，健康水平不断上升

1、科学技术不断进步。建国60年来，全市大力实施“科技兴市”发展战略，强化科技试验、示范、培训、推广、普及，开展科技兴农、科技兴工活动，科技成果不断涌现，科技开发和科技成果转化能力明显提高。2008年，全市通过国家级高新技术企业复审2家，新认定省级高新技术企业7家。全市共有72家企业生产257项高新技术产品,建立了1家省级工程技术中心、19家市级工程技术研发中心,4家省级制造业信息化示范企业,5家省百家高新技术改造传统产业示范企业。全市科技特派员总数达到400人，新建科技特派员示范基地436个，结成各类形式利益共同体142个。引进、示范、推广农业新技术和新品种146项。全市各类专业技术协会137个，市级农业产业研究开发中心5个、星火富民工程示范基地5个。有5家企业被列入全省100家农业及农产品加工科技重点服务企业。全市已建成各类农民科技培训星火学校11所，共兴办各类星火技术培训班共250多期，培训

农民技术骨干10万人次，印发科技资料近10万份。

2、教育事业蓬勃发展。建国初期，为适应广大劳动人民子女接受教育的需要，各地积极兴办小学、中学，基础教育迅速得到恢复发展。全地区高中、初中、小学校数分别由1949年1所、15所、471所发展到1978年236所、866所、3766所；每万人口中的学生数分别由1949年1.6人、7.2人、105.5人增加到1978年110.9人、417.5人、1718.5人，截止2008年秋，全市小学、初中入学率分别达到99.96%和99.88%；15周岁人口中初等教育完成率为%，17周岁人口中初级中等教育完成率为%。全市小学1496所，在校生53.8万人；初中所294所，在校生40.1万人；普通高中所80所，在校生18.3万人；幼儿园294所，在园幼儿7.6万人；特殊教育学校9所，在校生1377人。职业教育和成人教育在调整中发展壮大。1949年，全地区无一所职业教育和成人教育学校；到1978年，全地区有中等专业学校14所（其中中等师范学校9所），在校生3931人（其中中师学生1750人）；成人中等专业学校179所，在校生2.64万人；工农业余教育学校19317所，在校生6.63万人。中等专业学校48所，在校学生11.68万人；大学4所，在校大学生3.1万人。

3、基层文化建设取得新发展。黄冈市大力扶持基层文化建设，文化事业和文化产业获得稳步发展。2008年末全市建有文化馆11个，群艺馆1个，总建筑面积3.08万平方米；公共图书馆12个，总建筑面积2.83万平方米，藏书总数为131万册；专业艺术表演团体11个，文博单位17个，总建筑面积11。5万平方米，文物藏品总计11。7万件；有电影发行放映公司11个，城关电影院18个；县级以上新华书店11个。广播电视、电话“村村通工程”和“农村信息化示范工程”进展顺利，数字电视实现整体转换。全市广播覆盖率96.68%，电视覆盖率96.42%。首次投资拍摄的电影《黎明行动》在全国公开上映。文化惠民工程进展顺利，建成标准农家书屋628个，新建和扩建乡镇文化站33个。

4、卫生体育事业不断进步。1949年解放时，全市卫生事业可以说是一穷二白，鄂东只有一所外国教会办的鄂东医院，病床仅16张，人民群众的健康缺乏有效的保障。各种传染病、地方病、寄生虫病严重威胁着人民群众的健康与生命。经过近30年的努力，1979年，全市已先后消灭了天花、黑热病，达到基本消灭头癣的标准，基本消灭了血吸虫病，取得了防治工作的胜利。改革开放至20世纪末，黄冈市卫生事业的改革和发展取得了长足发展。全市卫生单位基础建设进一步加强，共有各类卫生机构1095个，各个乡镇都成立了卫生院，各村都设立了卫生所。全市法定传染病总发病率下降至182.04/10万；计划免疫工作有了突破性的进展，四苗平均接种率达94.28%；孕产妇住院分娩率为64.09%，婴儿死亡率下降至20.38‰。2008年，全市现有卫生机构总数930个，医疗机构床位数13039张，卫生人员26160人，房屋建筑总面积达201.92万平方米。医院房屋建筑面积78.66万平方米，卫生院房屋建筑面积85.58万平方米。全市卫生机构共有万元以上设备总价值37199万元、4539台，其中100万元以上设备61台。孕产妇死亡率降至25.43/10万，婴儿死亡率降至7.37‰，住院分娩率上升到99.1%，人均期望寿命达到71.2岁。

5、旅游业方兴未艾。建国60年来，黄冈市不断加大对旅游产业的投入，加快旅游资源开发，推进重点旅游项目和景区景点建设，完善旅游配套功能，改善旅游发展环境，大力塑造旅游城市品牌，以品牌优势带动旅游业向纵深发展。2008年全市接待国内旅游585万人次，国内旅游收入25.5亿元。入境旅游者1.2万人次，旅游外汇收入200万美元。

（撰稿人：童卫红）

克难奋进60年　强区巨变铸辉煌

——黄州六十年经济社会发展综述

黄州，黄冈市唯一的市辖区。位于湖北省东部，长江中游北岸，大别山南麓，东连浠水，北接团风，西南与鄂州隔江相望，是黄冈市政治、经济、文化中心，融入“1+8”武汉城市经济圈，为全国资源节约型和环境友好型社会建设综合配套改革试验区。黄州自隋唐以来，为历代州、府、县驻地。隋开皇十八年（公元598年）始为黄冈县。自新中国成立后，区划建制几经变更，1991年撤县建黄州市，1996年黄冈撤地建市，黄州市撤销，分设黄州区和团风县。黄州是中国共产党创始人之一陈潭秋的故乡。全区现辖3镇1乡4街道办事处和1个省级经济开发区，版图面积353平方公里，辖区人口38.5万，人口密度1091人/平方公里。

一、经济社会综合实力不断增强

60年来，黄州区虽然几度变迁。但经济建设和社会发展仍取得了辉煌的成就。特别是改革开放30年来，黄州由2007年全省县域经济综合实力第30位到2008年进入全省县域经济综合实力居第八位，在黄冈市综合实力考核中位居全市第二位。

（一）经济总量显著增强

2008年辖区实现地区生产总值72.77亿元，按可比价格计算，是1949年的366.5倍，比1978年增长19.2倍；其中：第一产业6.99亿元，是1949年的59.8倍，比1978年增长10.9倍；第二产业是37.36亿元，是1949年的1555.8倍，比1978年增长21.8倍，第三产业28.42亿元，是1949年的480.6倍，比1978年增长20.2倍。全口径财政收入35088万元，是1949年的225.3倍，比1979年增长36.6倍。地方一般预算收入16070万元，是1949年的102.7倍，比1978年增长21.7倍；社会消费品零售总额40.77亿元，是1949年的839.6倍，比1978年增长79.9倍；外贸出口10144万美元，比1978年增长506.2倍。

（二）工业经济由弱变强，六大产业集群初具规模

新中国诞生后，黄州工业基础薄弱，除为数不多的轻纺及手工作坊外，工业发展十分缓慢，1949年黄州工业产值只有105万元，至1977年黄州工业发展只有工业产值4012万元。随着1978年改革开放春风，黄州工业发展发生了翻天覆地的巨大变化。特别是近几年来，全区工业形成了以园区为主线，骨干企业为依托，50个城中村、城郊村、集镇村为载体，大力发展规模工业，使全区规模工业发展空前扩张。2008年，全区工业总产值达到38.41亿元，是1949年的3657.1倍，比1978年增长90.9倍。其中规模工业由1997年25家发展2008年100家。实现规模工业总产值34.96亿元，比1997年增长10.13倍。全区工业初步形成六大产业集群（纺织服装、医药化工、农产品加工、机电汽配、新型建材、塑料包装）的工业生产体系。

（三）城郊农业生产规模逐步形成

黄州，作为黄冈中等城市的市郊农业，重点就是抓好城市居民的“菜篮子”，以满足城市居民日常生活必需作为第一要务。近几年来，黄州农业生产狠抓产业结构调整，不断推进农业产业化经营，全区农业基本形成了以沿江线、黄上线、团黄线蔬菜、水产、畜牧基地，基本实现了由传统“粮棉油”农业向服务城市的城郊农业转变。2008年，全区蔬菜产量达到19.32万吨，水产品产量3.95万吨，生猪出栏6.8万头，家禽出笼78.6万只，人均占有量分别达到502公斤、102.7公斤、0.18头猪、2.04只家禽，依次是1955年的6.3倍、34.9倍、7.29倍和8.2倍。牧渔业生产的

发展，使其产值占农业总产值的比重由1949年的11.2%，提高到46.95%，建国后30年和改革后30年分别提高5个百分点和33.5个百分点；在其比重提高的同时，全区农业总产值在改革30年以7.2%的增速递增。比建国后30年平均增长速度快4.3个百分点。

（四）三产业发展异军突起

60年来，黄州第三产业得到长足发展。第三产业增加值从1970年开始超过第一产业；占地区生产总值的比重由1970年的35.6%提高到39.0%。2008年末，辖区内第三产业从业人员达到9.61万人，占年末从业人员总数的47.1%。第三产业门类齐全，特别是运输、邮电和商贸服务业发展迅速。客运量和货运量分别比1949年增长4979倍和2209倍，比1978年增长79.3倍和50.4倍；民用车辆拥有量达到9695辆。邮电业务总量是1949年的1549倍和1978年的85.1倍，辖区年末固定电话机拥有量达9.21万部，其中，农村每百户居民拥有55部，城镇每百户居民拥有56部；移动电话从无到有，2008年末辖区拥有23.7万部，其中，农村每百户居民拥有138部，城镇每百户居民拥有254部。社会消费品零售总额40.2亿元，是1949年的839.6倍和1978年的79.9倍，形成了以黄商集团、七一商场、武商量贩、黄州商城等一批大中型商贸龙头企业。作为第三产业重要组成部分的科教文卫等各项社会事业也得到较快发展。2008年末，辖区内学校总数72所，专任教师总数5771人，在校学生总数14.49万人，各类专业技术人员1.2万人，企业从事科技活动人员0.95万人，公共图书馆藏书量42.6万册，广播电视人口覆盖率达到100%；卫生机构99个，其中医院、卫生院22个，病床数2427张，医生数775人；城镇企业职工基本养老保险参保人数达3.56万人，城镇职工基本医疗保险参保人数达5.94万人，参加农村合作医疗人数达14.98万人。第三产业的蓬勃发展，为城乡居民生活提供了极大方便，大大提高了人们的生活质量。

（五）城市面貌焕然一新

黄州，是一座历史悠久的文明古城。1949年城区面积仅1.4平方公里。建国后30年，城区面积虽逐步扩大，也不过由一街数巷组成，建成区面积不足6平方公里。改革开放加速了城区建设的进程，尤其是经过1990年撤县建市和1995年地改市设区两次重大变动，以及9.1平方公里的省级黄冈高新技术经济开发区的建设，使黄州建成区面积达到28平方公里。形成了建成区中心东移、新老城区连为一体、各街区功能齐全、老城改造与新城扩建相结合的城区建设新格局。2008年末，建成区实有铺装道路面积686平方米，排水管道总长度188公里；实有公共营运车辆数340辆，出租车593辆；建成区绿化面积931公顷；城区供水总量3880万吨。随着创建文明卫生城市的深入开展，不仅为古城黄州披上了新装，而且使市民的城市意识增强，文明程度也大大提高。

（六）城乡居民生活水平快速提高

60年来，黄州城乡居民生活水平发生了翻天覆地的巨大变化，基本实现了从贫困、温饱到小康的历史性跨越。2008年城镇居民可支配收入、农村居民人均纯收入由1978年的403元和169元提高到11860元和4896元，增长28.4倍和27.9倍。城乡居民人均生活消费支出由1978年的384元和156元提高到2008年的8705元和3941元，增长21.7倍和24.3倍；城乡居民人均住房面积由不足5平方米和18平方米提高到2008年的46.47平方米和55.05平方米，增长8.3倍和2.1倍；到2008年，城乡居民每百户人均拥有固定电话54部和55部，移动电话254部和138部，洗衣机98台和11台，彩色电视机158台和109台，空调器126台和15台，电冰箱104台和33台，家用电脑48台和4台，城乡居民消费结构趋向合理，到2008年城乡居民家庭恩格尔系数降至33.2%和42.5%。

二、展望未来，黄州经济社会发展前景必定美好

建国60年，古城黄州虽然经济建设和社会发展取得了辉煌成就，城市面貌和人们生活发生了深刻变化，但存在的问题也不可忽视。一是经济总量小，质量和效益均不高；二是发展环境有待解决，市直与区职能分割；三是工业基层不够强，大型企业空白；四是下岗职工再就业工程难度大。所有这些问题，只有在改革和发展的实践中逐步予以解决。改革是发展的动力，发展了才能解决存在的各种问题。展望未来，黄州这颗鄂东明珠具有更加广阔的发展前景——

一是四通八达的交通网络，为黄州实现新的

经济腾飞注入了强大的活力。北依京九铁路，南临长江黄金水道，境内106国道，江北一级公路，大广北高速公路，鄂黄长江大桥横跨南北，上可入川，下通宁沪，西距武汉天河机场78公里，武汉至黄州城际公铁即将动工，构筑了黄州便捷的交通网络。

二是黄冈化工产业园、禹王工业园建设如火如荼，为黄州经济增长提供了坚强后盾。

三是沿江经济带开发整体推进，东部投资热点由南向北转移，黄州成为这一双向辐射的“交汇点”，因而必将成为东部企业向中部投资的重点和热点。

（撰稿人：赵金华）

发展提升实力　跨越铸就辉煌

——团风建县13年经济社会发展回眸

团风是一座年轻的县城，同时又是一座有着深厚历史底蕴的地方。团风历史悠久，人杰地灵。始于唐代，至宋代形成集市。历史上古镇团风历来是兵家必争之地，曹操曾屯兵乌林，朱元璋曾在这里战败陈友谅；素来商业繁盛，明、清年间商贾云集，集市繁荣，是长江沿岸的商业重埠之一。团风是红色土地、名人故里，“五区同在”、“八家齐名”。是一个集革命老区、贫困地区、山区、库区、处于“两型社会”试验区“五区一体”的新县、小县；近现代史上孕育了一大批仁人志士，革命家包惠僧、林育英、林育南，地质学家李四光，经济学家王亚南，哲学家熊十力，文学家秦兆阳，思想家殷海光，书法家张荆野，军事家林彪等“八大家”均诞生于此，老一辈无产阶级革命家邓小平、刘伯承、李先念、方毅、刘西尧、张体学都曾在这里留下战斗的足迹。

团风建县后，依托独特的区位优势，丰富的矿产资源，在历届县“四大家”的领导和全县人民的共同努力下，从建县安民、二次创业，到强县富民，团风经济社会取得了快速发展，初步形成了以建筑建材、纺织服装、食品加工、电子电器、医药化工为主的五大支柱产业，以优质稻、蛋鸡、水产品、蔬菜、林果特为主的五大农业主导产业，县域经济得到了较快的发展，综合实力不断增强。

建县十三年来，面对建设县城和发展经济的双重任务，团风人民在县委、县政府的正确领导下，变压力为动力，化劣势为优势，在困难中发展，始终咬定发展不放松，努力克服洪涝灾害、“非典”、禽流感疫情、罕见雪灾及其他多种自然灾害对经济运行和社会发展带来的不利影响，坚持“大开放、大招商、大发展”的工作思路，团结拼搏，克难奋进，抢抓机遇，加快发展，保持了经济社会持续协调健康发展，使团风这块孕育着无穷生机的土地焕发出了勃勃生机。

一、经济总量快速增长，经济实力显著增强

建县以来，团风上下深入贯彻党的一系列方针政策，坚持改革开放，坚持加快发展不动摇，注重发展和经济效益相统一，注重经济总量增长与经济结构优化相适应，使国民经济步入持续快速发展的良性发展轨道。2008年，全县现价生产总值达到29.58亿元，是建县初期的2.86倍，年均增长10.9%。特别是自2002年以来，可比价社会生产总值增长更为迅速，年递增速度均保持在10%以上，分别超过同期全国、全省、全市平均增速，成为团风建县以来经济发展最快的时期。

宏观经济持续快速增长的同时，综合经济实力也得到了显著增强，实现了由“建县安民”向“强县富民”的可喜跨越。2008年全县人均生产总值8840元，首次突破1000美元大关，是建县初期的2117元的3.17倍，平均每年递增11.6%，人均增速比总量增速快了0.7个百分点。财政收入由建县初期的3217万元跃至2008年末的23622万元，是建县初期的6.34倍，人均财政收入由建县初期的88元增长到2008年末的642元，人均净增554元，产值过亿元和税收过千万元的企业均实现了零的突破，分别达到3家和2家，规模以上的企业由建县初期的6家发展到75家。

二、招商引资成效显著，工业生产日新月异

在县委、县政府提出“二次创业”后的几年时间里，全县上下通过高举招商引资大旗，共引进项目392个，合同投资总额57.3亿元，实际到位资金39.5亿元。其中投资过亿元项目19个。比利时阿玛公司、浙江潮流钢结构有限公司、武汉华立染织有限公司、江苏亚星电子材料有限公司、永安药业有限公司、美国高宝投资集团、安徽鸿路钢构集团、上海攀锦集团等国内外知名企业纷纷落户团风。

团风工业的发展，走过了一段艰难的历程。建县初期，曾经“异军突起”“红红火火”的乡镇企业逐渐衰落，部门办实体的美好初衷很快破灭，国有工业企业举步维艰，直到县委、县政府提出在高举招商引资的大旗后，以成功引进高格棉织为代表的外来企业为团风工业注入新鲜的血液，带动了团风工业突飞猛进向前发展。团风建成了黄冈市内一流的城南工业园，以其宽敞明亮的厂房、合理布局的结构，成为劳动者的家园，投资人的乐土。2008年，全县规模以上工业企业实现总产值16.89亿元，是建县初期7691万元的20.9倍，工业增加值56259万元，是建县初期2307万元的23.4倍。招商引资企业在规模以上工业企业中，无论是企业个数，还是实现的工业产值均占全县规模以上工业的“半壁江山”还强，特别是近三年，随着“中国中部钢结构生产基地”花落团风，钢结构产业已成为团风工业的助推器，钢构产业呈集群发展之势，现已投产、在建和签约的钢结构项目有27个，总投资49亿元，已初步形成以钢结构设计、钢结构生产及安装、防腐涂料、金属制品等相配套的产业链，正在着手建立以钢材大市场、钢结构检测检验中心和市场监管的质量保证体系，2008年，省政府确定团风钢结构产业为全省52个重点成长型产业集群之一。

三、农业基础地位加强，农村经济全面发展

建县13年，是团风农村经济改革与发展充满生机，全面走向繁荣的十二年。特别是在农村税费改革后的几年，团风人民解放思想，大胆探索，抢抓机遇，艰苦奋斗，创造了一个又一个的骄人业绩。2008年，全县实现农村经济总收入437849万元(现价)，比建县初期增长64.6%，其中农业总收入125472万元，比建县初期增31.8%；乡镇工业总收入178929万元，比建县初期增52.8%；商业总收入17533万元，比建县初期增35.3%；建筑业总收入749812万元，比建县初期增98.3%；运输业总收入11917万元，比建县初期增61.2%；服务业总收入4602万元，比建县初期增36.9%。农村产业结构调整力度进一步加大，形成了粮食稳步增长，畜牧、渔业快速健康协调发展的格局。2008年全县蛋鸡总量突破600万只，水产品产量达到18790吨，畜牧、渔业产值占农业总产值的比重不断上升，分别由建县初期的20.1%和7.7%上升到2008年的32.9%和17.8%。

农业基础地位进一步稳固的同时，农村经济和社会也得到了全面发展。2008年，全县自来水受益村占总村数的比重由建县初期的19.8%提升到65.4%，通汽车村的比重由建县初期的81.2%提升到100%，通电话村的比重由建县初期的85.4%提升到100%。整村推进扶贫开发力度不断加大，新农村建设取得阶段性成绩。

四、固定资产投资加大，基础设施日臻完善

投入是发展的根本，项目是投入的载体。团风县始终坚持项目工程惟一载体地位不动摇，建县13年来，全县固定资产投资保持快速增长，城建、交通、能源、电信、电力、水利等基础设施建设步伐加快。12年间，累计固定资产投资76.08亿元，2008年固定资产投资额206842万元是建县初期7657万元的26.1倍，年均递增28.9%。相继完成了牛车河水库、106、318国道改造、回龙一库、长江干堤除险加固、平垸行洪、移民建镇、退耕还林等一批国家重点建设项目。农电网改造、人畜饮水、中小学危房改造、疾控中心、福星工程等公益性项目建设已发挥效益。鸿路钢构等一批重点钢构企业相继建成投产，成为团风工业投资的一大亮点，并为团风经济发展提供了强劲的动力。

城镇和交通等基础设施建设更是突飞猛进。县城建设从零起步，城区面积由建县初期的2.8平方公里扩大到7.6平方公里，城区人口由不足2万人发展到5万多人，城区功能显著增强。随着106、318国道改造和江北一级公路团风段建设全面完成，村通公路建设如火如荼，全县通车里程由建县初期的581公里增加到2008年的1261公里，新增通车里程680公里，其中等级公路达到1140公里。

五、城乡市场活跃繁荣，内外贸易成绩喜人

生产的发展，物质的丰富使商品流通领域呈现蓬勃生机，城乡贸易空前活跃。2008年，全县社会消费品零售额达到93925万元，是建县初期20381万元的3.61倍，年均递增12.5%。近几年来，县委、县政府更是把搞活商品流通作为大事来抓，在城区先后引进百里超市、利万家购物广场和黄商团风购物中心，结束了城区无综合性购物场所的历史。乡镇在搞好总路咀鲜鱼批发市场、淋山河山河小商品批发市场等专业市场的同时，黄商便民超市、利万家便民超市等商业网点纷纷落户乡村集镇。

利用外资从无到有，外贸出口从少到多。13年来，累计利用外资额达到1125万美元，外贸出口累计10582万美元，2008年外贸出口2867万美元，是建县初期113万美元的24.4倍，年均递增28.2%，在全市外贸出口中占有一定的份额。

六、人民生活逐步提高，社会事业方兴未艾

经济的快速发展，使老百姓的“钱袋子”也逐渐鼓了起来。13年来，全县城乡居民生活逐步提高，农村居民人均纯收入由建县初期的786元增加到2994元，年均递增10.8%；城镇居民人均可支配收入由建县初期的2678元提高到8618元，年均递增9.4%；城乡居民人均储蓄由建县初期的704元增加到4897元，年均递增16.1%。在岗职工年平均工资由建县初期的3535元增加到14065元，年均递增11.2%。每百户城镇、农村居民拥有电视机分别由建县初期的82台和66台增加到138台和109台，摩托车分别由建县初期的8辆和3辆增加到33辆和46辆，电话机(包括移动电话)分别由建县初期的66部和15部增加到257部和181部，冰箱、空调、电脑等高档家用电器也进入了寻常百姓人家。城乡居民人均住房面积分别由建县初期的29.8平方米和24.8平方米增加到54.97平方米和47.63平方米。十三年之变，用百姓自己的话说：变小的是饭量，变大的是住房，变低的是恩格尔系数，变高的是文化程度，变靓的是城市面貌，变快的是交通通讯。

全县经济的繁荣有力的促进了社会事业的发展。13年间，科技对经济增长的贡献率逐年提高。小学适龄儿童入学率由建县初期的92.5%提高100%，累计向高等院校输送学子18300余人。广播、电视人口覆盖率分别由建县初期的76%和85%提高到96%和99%。城镇居民社会保险意识进一步增强，农村合作医疗全面开展。每百人拥有卫技人员、病床数分别由建县初期的0.35人和0.22张提高到0.43人和0.32张。

发展提升实力，跨越铸就辉煌。团风建县十三年，只不过是历史的长河的一瞬，但十三年来团风人民所取得的成绩是巨大的。“跨越成就梦想”，这不仅仅是团风发展速度的跨越，更是团风发展理念的跨越、发展质量的跨越。随着经济总量和规模的进一步扩大，使团风在全省县域经济发展综合评价考核、县市区党政领导班子经济社会发展业绩考核中的位次不断提升，全省县域经济综合评价考核从2006年的第71位，到2007年的第52位，到2008年的第47位；全市党政领导班子业绩考核从2006年的第10位，到2007年的第4位，到2008年的第4位。三年时间经济社会发展的大跨越，见证了团风从农业小县、贫困小县向经济强县迈进的历程。

十三年的发展，今朝更看好。在全球经济发展受金融危机影响的环境下，2009年上半年全县地区生产总值预计可以达到12亿元，同比增长15.3%，超目标0.3个百分点；财政总收入提前一个月实现“过半”目标。县域经济呈现速度较快、活力增强、效益彰显的良好态势。但经济社会中仍然存在发展不足，发展不平衡的矛盾，一些领域与经济强县的差距有加大之势，社会富裕程度相对偏低，“强县”与“富民”不统一的问题也比较突出。

站在新的起点，谋划团风新发展，县委、县政府已经响亮提出了“壮大双百亿（建筑业、钢构产业），依托大交通，实现大跨越，挺进二十强”的宏伟目标。面对国际竞争国内化的新趋势和国内竞争区域化的新情况，前面标兵强，后面追兵紧，团风人民必将集全民之智，举全县之力，以非常之策行跨越之举，以非常之为强跨越之势，以非常之力求跨越之效，在科学发展观的指引下，铸就更加灿烂的辉煌。

（撰稿人：方学兵）

辉煌60载　经济社会齐跨越

——红安建国60周年成就回顾

一、基本概况

红安，原名黄安。明嘉靖四十二年（1563年）由麻城、黄冈、黄陂三县析轩黄安县，以“地方安，生民安妥”之义得名，属黄州府。1949年属孝感专区。1952年因纪念鄂豫皖革命根据地和中国工农红军第四方面军于此创建，改名红安县，素有“将军县”之称，属黄冈专区。1970年属黄冈地区。1995年属黄冈市。全县地势北高南低，最高处老君山海拔840.5米，最低处太平桥镇杜家湾海拔26米。东邻麻城，西接黄陂、大悟，南接新洲，北靠新县。南北长约73公里，东西宽38公里，版图总面积1796平方公里，辖12个乡镇（场），396个行政村。2008年底，全县总人口65.91万人。省道阳福线贯穿南北，宋大公路横穿东西。京九铁路麻汉联络线途径红安14.7公里，并在八里镇建有一个三级火车站。随着沪汉蓉快速铁路通道武汉—合肥（红安段）工程、武麻高速公路红安连接线的相继开工建设，将进一步拉近红安与武汉、合肥等大中城市的距离。

二、六十年成就

解放前的红安，百业萧条，满目疮痍。连绵不断的战火，更是给落后的经济雪上加霜，人民生活在水深火热之中。新中国成立以后，新的社会制度把生产力从旧制度的桎梏中解放出来，人民生产的积极性和创造性得到空前发挥，全县人民在共产党的领导下，坚持不懈的搞经济建设，国民经济迅速发展。尤其是1978年实行改革开放以来，全县工作重点转向了以经济建设为中心，改革开放不断深化，全县人民在县委县政府的带领下，积极探索符合红安实际的切实可行的县域经济发展战略，解放思想、知难而进，继续发扬老区精神，大力弘扬新时期精神，不断开创经济社会发展新局面。这60年，红安的变化翻天覆地、人民生活更加富足、城乡建设日新月异、对外开放成就显著，红安形象和影响力不断提升，城乡社会更加和谐。

(一)经济建设成就辉煌　综合实力不断提升

60年的历程，60年的发展，红安经济实现了由量的飞跃向质的飞跃的转变，经济结构日趋合理，经济运行质量显著提高，块状经济初具规模，工业体系初步形成，民营经济如火如荼，在县域经济发展中发挥着越来越重要的作用。

综合经济实力迅速提高。60年的风雨历程，30年的快速发展，使红安的经济实力跃上了一个个新台阶。建国初期的1952年，红安地区生产总值仅为0.3亿元，到1994年、2000年、2006年和2008年首次分别突破了10亿元、20亿元、30亿元和40亿元，2008年达到了48.9亿元，是1952年的157.7倍，年均增长10.4%，人均GDP按同期汇率计算达到1195美元。九十年代在湖北省山区县（市）综合经济实力排序中进入了10强，其中1994年为第5位、1995年为第4位，在黄冈市的综合实力考核中，多次进入前三强。工业经济的快速发展和第三产业的繁荣昌盛，带来了财政收入的高速增长。1949年，红安财政收入仅为102万元，到了1991年首次突破亿元大关，紧接着在1998年、2002年、2005年、2007年分别突破了2亿元、3亿元、4亿元、5亿元，2008年达到了61242万元，在全省79个县级单位中排第15位，在36个山区县（市）中名列第四，是1949年的600.4倍，年均增长速度高达11.5%，比同期GDP的增长速度快1.1个百分点。

经济结构日趋合理。建国60年，是红安产业结构实现升级飞跃的60年，是由工业化初期向工业化中期迈进的60年，也是真正实现由传统农业经济向现代工业经济转型的60年。1952年红安

一、二、三产的构成为75.8:4.3:19.9。经过56年再建设，红安三次产业结构已演变成29.6:41.4:29.0。第一产业占GDP比重下降了46.2个百分点，二、三产业比重则分别提高了37.1和9.1个百分点。在保持第一产业持续稳定发展的基础上，更多、更好地创造财富的第二产业和为群众生产、生活提供服务的第三产业得到长足发展。二、三产业从业人员所占的比重也明显增加，由1952年的5.0%上升到2008年的53.2%。这表明红安滞留于第一产业劳动力已初步完成了向二、三产业的分流，得到有效利用，劳动就业结构趋于合理。产业结构的提升促进了红安经济的协调、健康、快速发展。

农村发展变化巨大，农业生产全面发展。解放前，红安农民受帝国主义、封建主义和官僚资本主义三座大山的压迫，农村贫困落后，农业生产条件和抗御自然灾害能力极差，农民处于饥寒交迫之中。建国以后，党领导人民进行了大规模的农田水利建设。仅1958～1978年的20年间，红安投工2亿个，建成各类水利工程2.9万余处，基本形成了以金沙河、烟宝地、檀树岗、八角庙、火连畈和尾斗山6座大中小型水库为骨干的三大灌区，大、中、小相结合，蓄、引、提相配套的灌溉体系，初步形成了以金沙河水库为骨干的倒西灌溉系统和以檀树岗水库为龙头的倒东灌溉系统，有效灌溉面积占耕地总面积的46%。在新世纪，又对病险水库进行了整险加固。改革开放以后，红安农村和全国一样，以社会主义市场经济取代了计划经济，以家庭承包经营为基础、统分结合的双层经营制度取代了人民公社制度，建立了适应发展社会主义市场经济要求的农村新经济体制框架。这个根本性的改革，解放和发展了红安农村生产力，使得红安农业发展越过了长期短缺阶段，呈现出总量大体平衡、丰年有余的新格局。60年来，红安农村产业结构、就业结构日趋合理，农村小城镇建设较快发展，农民收入持续增长，生活水平不断迈上新台阶，农村消费结构和消费环境发生了显著变化，农村居民生活总体上实现了由贫困到温饱再到小康的历史性跨越。60年来，农业结构调整进一步深化，农业经营模式进一步改善，农业增长方式进一步转变，生态农业建设进一步加强。2008年，全县农业生产总值达到20.4亿元，是1949年的49.3倍，年均增长6.8%；粮食总产2.9亿公斤，人均440公斤；油料总产1亿公斤。

红安土地类型多样，自然条件优越，有着发展粮、棉、油、菜等多种作物的有利环境。1978年前，由于长期受到“左”倾思想的束缚，片面强调“以粮为纲”，忽视广大群众的生产积极性，农业生产经历了十分曲折的过程。十一届三中全会后，红安农村实行了以家庭联产承包责任制为核心内容的第一步改革，建立统分结合的双层经营新体制，克服了分配上的“大锅饭”和平均主义弊端，农民群众获得了生产经营自主权，极大地调动了农民的生产积极性。之后，红安农村进行了以改革农产品统派购制度为内容的第二步改革，放开了部分农产品的价格，从而使农业产业结构得到调整，克服了只重视粮食，忽视经济作物以及林业、牧业、副业、渔业的倾向。按照“稳粮扩油，发展多经”的生产方针，县乡政府运用农业区划成果，大兴山水之利，大力发展商品生产。到80年代末，红安农业和农村经济有了很大发展，主要农产品产量大幅度增加，农民收入水平不断提高。进入90年代以来，农业生产由注重数量的增长向高产、优质、高效并重转化；农业从主要提供初级产品向种养加、农工商结合转化；农业生产技术从传统的耕作技术向现代科学技术转化；促进了农业生产的专业化、商品化和社会化。随着改革开放的不断深入和农村发展新政策的实施，县委、县政府进一步加对农业和农村工作的领导，制订了一系列扶持农业和农村经济发展的政策措施，增加了对农业的投入，继续大力实施“种子工程”、“丰收工程”、“阳光工程”，研究科学新型种植模式，探索农业适度规模经营新路子。红安农业和农村经济呈现一派欣欣向荣景象，进入了一个全面发展的新时期。

工业经济突飞猛进。红安工业起步晚，起点低。上世纪六七十年代，红安工业的发展重点是在以生产资料为主的重工业上。1978年改革开放后，乡镇企业异军突起，由于其市场供应面广、企业运行机制灵活，其经济总量很快占据了红安工业经济的半壁江山。九十年代后，在“全党抓经济，突出抓工业”思想的指导下，在培植、壮大原有工业企业的同时，先后引进了一批重点工业，红安工业迅速壮大。以民营企业为主体、骨干企业为支撑、小微型企业为基础的工业经济格局初步形成。以娃哈哈红安有限公司为代表的饮料工业，以武烟集团红安卷烟厂为代表的的烟草工业，以红安上好佳食品有限公司为代表的农产品加工业，以龙乡公司为代表的印刷包装工业，以上新集兰建水泥为代表的建材工业，以三友集团为代表的高新技术机械制造工业等产业不断壮大，以嘉威制衣、太平船舶、欧美丽厨具、七里隆鑫砖厂等为代表的制造业正在兴起，全县工业体系更加完善。坚持走新型工业化道路,着力抓好企业的自主创新能力建设，推进企业技术改造和进步，加快循环经济发展步伐，培植工业经济新的增长点；加大对高能耗重点行业、企业的治理。深入开展节能减排全民行动，淘汰落后生产工艺，为实施可持续发展战略打下了良好的基础。充分发挥园区的集聚带动作用，先后建成了城南和城东两个工业园区，八里新型产业园区也正在加紧规划和建设之中。以两个园区为载体，积极实施大项目带动战略，引进了饮料、食品、机械制造等16户、多行业企业入园发展，园区聚集效应日益明显。

2008年，红安完成全口径工业总产值达51.2亿元，是1949年332万元的1542.2倍，年均增长速度达到13.2%;工业经济占地区生产总值的36.5%，工业对全县经济增长的份额达到63.1%，工业提供的财政收入约占80%，是红安经济社会发展的重要支柱。

在工业经济总量迅速扩张的同时，工业经济运行质量不断提高。党的十一届三中全会以来，红安在“企业要以提高经济效益为中心”精神的指导下，过去那种单纯追求数量扩张的浮夸作风迅速得到了根本性遏制和纠正，逐步走上了量质并举，以质为重的健康发展道路，从而使红安工业在实现总量迅速扩张的同时，运行质量也得到了不断提高。60年来，特别是改革开放30年的红安工业发展进程中，经历了以数量扩张为主兼顾增长质量到量质并重，再质量为主兼顾数量扩张的三个历程。在改革开放最初几年里，红安的工业经济工作在兼顾质量和效益的同时，更多地是把重心放在以兴建企业为主的处延式的数量扩张上，在短短的数年间，以乡镇企业为主的成百上千家工业企业，如雨后春笋破土而出。到九十年代初期，随着工业经济总量明显提高，红安工业经济工作重点也随之走上了外延式量的扩张与内涵式质的提高并重的发展之路。在此后的十余年里，工业战线广大干部职工围绕“提高经济增长质量和效益”这一主题，抓住改革、调整、运行三大环节，通过技术改造、科技创新等有效途径，着力于培植能适应市需求，具有较高效益和发展后劲的优势产业、骨干企业和名优产品，同时努力提高企业经营管理水平和市场拓展能力，从而在实现工业经济总量扩张的同时，也实现了工业经济运行质量的不断提高。2008年，规模以上工业企业实现销售收入15.3亿元，实现产销率92.3%，利税3.46亿元，其中利润2.32亿元；实现全员劳动生产率为102391元/人，工业经济综合效益指数为296.5%。工业经济呈现出持续、快速、稳定、健康发展的良好态势。在全省的经济效益目标考核中，连续三年进入十佳。

(二)城市建设日新月异　城乡面貌深刻变化。

建国初期的红安县城，满目疮痍，街道破旧，房舍低矮，道路泥泞，交通阻塞。建国60年，红安城从一个不足2平方公里2万人口的边陲小镇发展到现在12平方公里13万人口的鄂东南中心城市。60年来，历届县委、县政府以战略思维、超前思维、科学思维、创新思维做好城市规划工作，重视区域统筹，合理布局规划，拓展发展空间，强化规划审批和管理，围绕“扩大城市外延，提升城市内涵，完善城市功能，改善城市环境”的发展思路，本着高起点、高标准的要求，不断提升城市规划工作水平，红安城市建设迈入突飞猛进的重要时期。累计投入资金20亿元，拉动城市建设投资120亿元，60年来城市建设面积、城市人口分别是1949年的7倍和7.5倍；加强城市路网建设和绿化亮化工作，新建了将军大道、龙乡大道、城南大道、红坪大道、杏花大道等20余条30余公里城区主干道及一批小区道路，新建了红安三桥、五桥等近十座桥梁，城市道路达80余条，总长接近70公里；新建了城南广场、街心花园等市民休闲娱乐场所，完成金沙河水库城区段坝堤建设及改造包装；实施了将军大道、龙乡大道、城南大道、红坪大道等多条道路的绿化亮化和刷黑工程，路灯达6000余盏，城区居民人均拥有公共绿化面积12.5万平方米，城市景观日趋靓丽。城市综合承载能力得到进一步提高。投资7000万元正在建设日处理污水3万吨的污水处理厂，投资3370万元扩建日处理垃圾190吨的城市垃圾处理场。投资2600万元新建了日供水能力5万吨的城南二水厂，城市供水管网达40余公里，日供水能力达6万吨。房地产开发方兴未艾。建成一批标志性建筑及同泰花园、花盛达小区、孔雀苑、成龙小区、平安小区、将军小区等一批精品住宅小区。全县城镇化水平接近30%。城市功能不断完善，承载和辐射能力明显增强。供水普及率达99%以上，城市生活垃圾处理率达50%，城镇生活污水处理率达到38%。红安被评为全国文明县城，一座崭新的鄂东南中心城市展现在人们面前。

基础设施建设日臻完善，发展后劲日益强劲。交通路网不断完善。1949年，红安全县公路里程只有55公里，年货运量仅0.22万吨，几乎所有的乡镇和村寨都靠肩驮背扛。60年来，红安在公路建设方面投入了大量的资金，新建公路近1500公里，改造和提高了公路技术或路面等级。2008年公路通车里程达到1577公里，其中省道149.8公里，县道163.9公里，乡道410.3公里，村道852.9公里。在公路里程中，等级公路1103.4公里，绿化里程475.5公里。全县396个村中，有378个村完成了通村硬化公路，硬化公路通村比重达到了95.5%。进入“九五”以来，红安县公路交通更是以突飞猛进之势迅速发展。武麻高速公路红安连接线主体工程基本完工，完成了59公里省际出口路、310公里通村公路、杏花大道、东风路和胜利大桥重建、阳福、宋大公路等重点项目。全县以省道为骨架，以县乡公路为支撑，以乡村公路为延伸的辐射全县的公路运输网络基本形成。

水利建设成效显著。以金沙河水库、金檀灌区东干渠为代表的一批现代中小型水利工程和大批沟渠工程的建设，使全县的引水量、水库库容量和有效灌溉面积迅速增加。特别是经过30年的改革和发展，水利建设取得重大进展，在保障城乡居民生产生活用水，促进工农业生产持续稳定发展，提高人民生活水平以及保护水土资源和改善生态环境等方面发挥了重要作用。

电力通讯取得新飞跃。1949年，红安供电量只有1158万度，其中，城乡居民生活用电只有1018万度，当时不仅通电范围窄小，而且公用电力设施少，高压输变电线路覆盖率低。到了2008年，红安供电量25935万度，是1949年的22.4倍，年均增长5.4%。其中城乡居民生活用电8727万度，是1949年的8.6倍，年均增长3.7%，基本实现了“户户通”。电力设施方面，有3座110千伏输变电站、8座35千伏和2座10千伏输变电站。实施了农村电网改造一二期工程，全面启动了城网改造工程。220千伏变电站正在计划之中。邮电通信建设方面，1949年，全县电话机部数只有5部，通讯设施简单，容量小。改革开放之后，红安重点建设了本地传输网、接入网、智能网、数据网、多媒体通信网、邮政绿卡网等网络。2008年末固定电话总数达到89577户，是1949年的17915.4倍。其中，城市电话用户29497户，乡村电话用户60080户。小灵通用户8000多户。年末移动通讯用户达到17万户，通信信号覆盖全县98%以上的行政村。全县固定电话用户和移动用户总数达到30万余户。电话普及率达到39.3部/百人。计算机互联网用户继续发展，年末达到近8000户。

（三）社会事业蓬勃发展　精神文明建设成就喜人。

教育事业全面发展。1949年，红安县教学点分布不广，在校学生人数不多，师资力量薄弱，校舍简陋，办学条件差；全县青壮年文盲率占94.5%左右。十一届三中全会以来，是红安教育发展的黄金时期，全县坚持教育优先战略，培养全面发展人才，以普及九年义务教育为重点促进各类教育事业全面发展，同时积极推进素质教育，努力培育“四有”新人，依法保障教师地位和待遇，努力提高教师队伍素质，积极提高教育质量和效益，努力推进教育现代化建设。全县已初步创立起了基础教育、职业教育、成人教育等比较完整的教育体系。到2008年末，全县共有各类学校328所，中小学在校学生97144人，专任教师5724人，全县适龄儿童入学率100%，初中毛入学率99.89%，九年义务教育完成率99.89%。全县人均受教育年限从1949年的1年提高到7年左右，基本消除了文盲。教育基础设施不断完善，加强了红一中、红二中、实验中学、中小学危房改造、农村寄宿制项目建设，红一中被评为省级示范中学。光明、育才私立学校应运而生。实施农村中小学现代远程教育工程135个，每百名学生拥有计算机台数达到5台，办学条件得到极大改善，教育教学质量明显提高。

卫生保健得到明显加强。建国之初，红安县医疗卫生资源匮乏。60年来，全县不断加强卫生基础设施和卫生队伍建设，医术水平迅速提高，卫生服务体系基本形成，医疗机构健康发展，医疗保障能力明显增强，农村卫生工作不断加强，初级卫生保健全面推进，卫生事业蓬勃发展。到2008年，全县拥有县医院、疾病控制中心、妇幼保健院等17个卫生机构，各类卫生技术人员1632人，病床数1000张，新建了近100个村卫生室，基本形成了县、乡、村三级医疗预防保健网，城乡医疗条件不断得到改善，农村初级卫生保健水平普遍提高。突发公共卫生事件明显下降，消除和控制了一些严重危害人民群众身体健康的传染性疾病，彻底根治了地方病。全面推进新型农村合作医疗，农村看病难看病贵的问题得到逐步解决。全县人口预期寿命达到72岁。文化事业欣欣向荣。2008年末全县拥有专业技术表演团体1个，纪念馆（站）13个，博物馆1个，文化馆4个，电影放影单位13个，公共图书馆1个，公共图书馆藏书册数达到123万册，每万人拥有公共文化机构1个。广播人口覆盖率99.5%，电视人口覆盖率90%。有线通村继续发展，农村地区有线入户率达到30%以上。计划生育工作成绩显著，人口素质普遍提高，2008年末，全县人口自然增长率由1957年的17.8‰降低到3.86‰。体育事业稳步推进，全民健身运动进一步开展，民间体育、学校体育、传统体育事业蓬勃发展。精神文明、民主法制建设不断加强。认真实施《公民道德建设实施纲要》，依法治县步伐加快，人民代表大会制度和政协民主协商制度进一步完善。大力弘扬以爱国主义为核心的民族精神和以改革创新为核心的时代精神，加强社会主义核心价值体系建设。广泛开展精神文明创建活动，形成了积极健康向上的社会道德风尚，为红安县的改革开放、经济发展和社会稳定创造了良好的社会环境，提供了强有力的精神动力、智力支持和思想保证。

（四）社会和谐稳定　人民安居乐业

60年前，红安县物质财富贫乏，生产生活条件非常简陋。60年后的今天，全县人民生活正向小康迈进。2008年，全县城镇居民人均可支配收入9663元，农民人均纯收入3096元，而1956年农民人均纯收入只有38元，年均增长速度达到8.8%。收入的增加，带来了消费结构的改善。一是食品消费结构优化，生存质量明显提高。随着收入的不断增长，城乡居民生活质量明显改善，饮食结构由“量”的满足转向“质”的提高，由吃饱向吃好转变。2008年城市居民和农村居民恩格尔系数分别为41.9%和48.4%；二是衣着消费趋向时尚，穿着更加舒适高档。建国60年来，随着农村居民温饱问题的解决，衣着消费观念逐步更新，其突出的变化是，对原布的购买量逐步下降，对成衣的购买量逐步增加，并越来越讲究穿着的质量、款式、花样，且趋于高档化；三是住房日趋宽敞舒适，居住环境持续改善。改革开放后，特别是近几年来，随着社会主义新农村建设步伐的加快，各地加大了旧村改造、村庄整治建设力度，排排砖瓦房、幢幢新楼群拔地而起，成为新农村建设最鲜明的写照。2008年，农村居民农村人均住房面积达28.8平方米，城镇居民人均住房面积34平方米，居住环境日益改善；四是高档用品从无到有，普及程度迅速提高。耐用消费品先后经历了“手表、自行车、收音机”——“洗衣机、缝纫机、照相机”——“冰箱、彩电、录像机”——“手提电话、空调、音响”——“楼房、电脑、私家车”几个历史性的变迁；五是社会事业蓬勃发展，交通、通讯、文教、医疗成消费亮点。

踏着前进的步伐，我们迎来了共和国60华诞，聆听历史的回音，我们取得了一个又一个辉煌成就，如今，站在新的历史起点，回眸沧桑巨变的红安大地，这刚刚走过的60年，是红安发展史上流光溢彩、铸造辉煌的60年，是红安人民生活发生巨大变化的60年，是生活消费由“生存型消费”到“食品集约型消费”到“享乐发展型消费”不断演变的60年，是社会和谐发展、人民安居乐业的60年。60年的巨大成就，再一次充分揭示了只有中国共产党才能救中国，只有社会主义才能发展中国这一真理！

（撰稿人：吴祖焱）

创辉煌业绩　展光明前景

——麻城六十年经济社会发展综述

麻城，位于大别山中段南麓的一座新兴城市，历经六十年的沧桑变化，走过了无数次振兴的里程，取得了一个又一个辉煌的业绩，如今，麻城大别山中心枢纽城市已初步形成，麻城未来发展的光明前景已显露无遗。总结过去，一串串统计数据带给我们美好的回忆，展望未来，一条条振奋人心的消息给了我们创造光明前景的动力，本文希望借麻城六十年资料编辑的机会，力图展现麻城六十年发展的轨迹、成果、变化与潜力，为麻城未来发展决策提供一些资料和素材。

一、麻城六十年辉煌之绩

（一）综合实力逐步提升，地区生产总值飞跃五大台阶。

六十年间，麻城综合实力在黄冈市的地位明显提升，1952年，麻城GDP 占黄冈的8.68%，到2008年，GDP占黄冈的比例达到13.92%，上升了5.24个百分点，1993年，麻城进入全省山区综合实力十强县（市），1994年位居全省山区综合实力前五强，2008年在全省县域经济排名中位居第39位，较2005年上升18位，在黄冈综合实力考核中，2006年至2008年都位居前三名。

麻城经济突飞猛进，六十年间GDP增长了55倍，2008年GDP比1978年增长8.3倍；比1990年增长3.7倍；比2000年增长1.2倍；财政收入是1953年的109倍，比1978年增长20.5倍，社会消费品零售额是1949年的257.4倍，比1978年增长44.2倍。

从地区生产总值数据分阶段看，跃进了五大台阶：

第一台阶——2000万到2亿。从1949年至1976年，历经28年，各年度间增幅波动较大。麻城经济处于波幅爬升期；1949年，麻城GDP为2046万元；1976年，首次突破2亿元，达到20571万元，28年间共创造GDP25.35亿元，年均创造GDP0.9亿元。1976年GDP较1949年增长6.51倍，平均增长8.62%，

第二台阶——2亿到5亿。从1977年至1987年，历经11年，麻城经济进入平稳增长期，1977年GDP为21307万元，1987年GDP突破5亿元，达到51603万元，11年共创造了GDP38.16亿元，年均创造3.47亿元，1987年GDP较1977年增长1倍，年均增长6.34%。

第三台阶——5亿到10亿。从1988年至1991年，历经4年，麻城经济进入转折突破期，1991年GDP首次突破10亿元，达到106192万元，4年共创造GDP32.15亿元，年均创造GDP8.04亿元，GDP年均增长4.5%。

第四台阶——10亿到30亿。从1992年至1999年，历经8年，麻城经济处于较快发展期。1999年GDP首次突破30亿元，达到301805万元，8年共创造GDP164.17亿元，年均创造GDP20.5亿元；GDP年均增长8.5%。

第五台阶——30亿到80亿。从2000年至2008年，历经9年，麻城经济进入高速增长期。2008年GDP首次突破80亿元，达到836320万元，9年共创造GDP351.87亿元，年均创造GDP39.1亿元，GDP年均增长9.7 %，

图1　麻城六十年GDP柱型图和GDP速度折线图

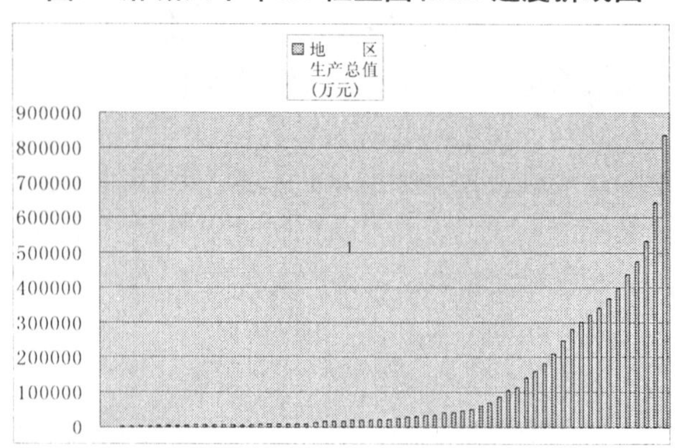

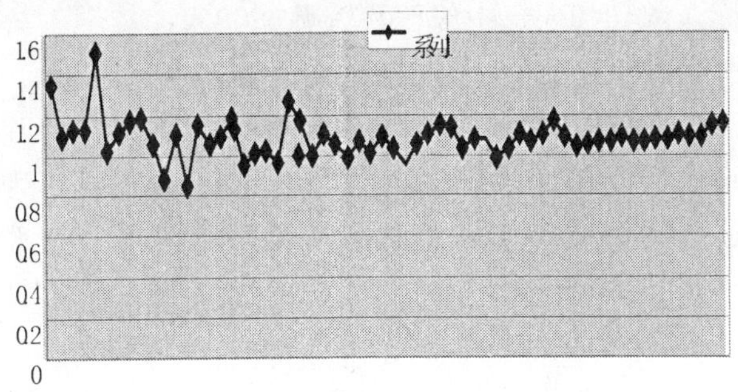

（二）农业经济稳步发展，农产品成长六朵“金花”

麻城是农业生产大市，农业以种植业为主，六十年来，麻城农业战胜了各种天灾人祸，克服了农产品价格的大起大落，攻克了一个又一个农业科技难题，农业基础条件明显改善，农产品产量稳步增长，农业特色产业快速崛起。

1949年，麻城粮食产量为14.4万吨，人均拥有粮食494斤，油料产量3405吨，人均拥有油料11.6斤；20年后的1978年，粮食产量达到35.65万吨，翻了一翻多，人均粮食产量745.4斤，增长50.9%，油料产量达到9049吨，比1949年增长1.66倍，人均拥有油料18.9斤，增长63.04%；60年后的2008年，粮食总产量达50.85万吨，相当于1949年的3.5倍，人均粮食产量870斤，相当于1949年的1.8倍，油料产量达到6.92万吨，比1949年增长19.4倍，人均拥有油料118.4斤，增长9.2倍。

1949年，麻城农业基础薄弱，农业技术落后，农业机械工具基本没有，粮棉油单产较低，分别为2300公斤、210公斤和580公斤，六十年来，农业技术飞速进步，2008年，粮棉油单产达到3671公斤、1112公斤、1703公斤，分别增长了59.6%、4.3倍、1.9倍。农业机械总动力达到23.22万千瓦，拥有大中型拖拉机1388台。

1949年，麻城特色产业较少，特色产品种植分散，如今，全年已形成菊花、茶叶、板栗、蚕桑、蔬菜、畜禽六大特色农产品，2008年，其产量达到1907吨、1064吨、16080吨、3922吨、56.8万吨、5.16万吨，分别较1949年增长41.25倍、38.1倍、20.1倍、15.1倍、18.2倍、14.5倍，牲猪出栏达到46万头，比1949年多出栏41万头。

图2　菊花、茶叶、板栗、蚕桑、蔬菜、畜禽六大特色农产品产量2008年与1949年比较图

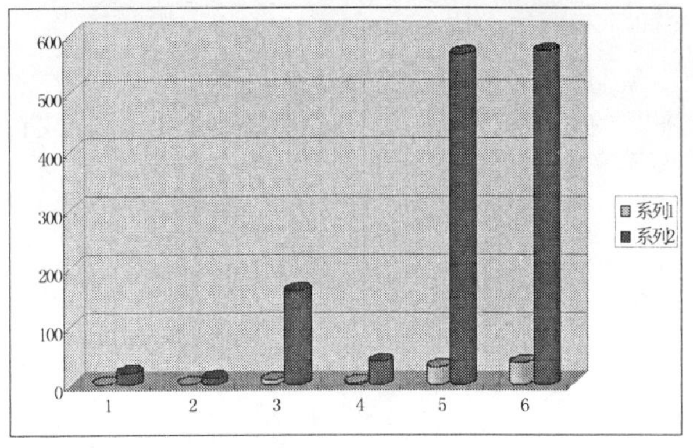

（三）工业发展突飞猛进，产业逐步形成七大支柱

六十年前，麻城工业几乎是一片空白，20世纪90年代以前国有企业占绝对优势，90年代后期，麻城工业发展才形成气候，进入21世纪，麻城工业出了突飞猛进式发展。

一是企业个数从无到有。1952年全年独立核算工业企业只有10家企业，1978年发展到156家，1987年增加到191家，2008年达到674家。

二是企业规模从小到大。1952年的企业平均规模不足10万元，1978年工业企业平均规模达到38万元，到2008年工业企业平均规模为886.1万元，出现了一些产值过亿元大企业，如产值过10亿元的湖北兴业钢铁炉料公司、年生产能力达40亿度电的黄冈大别山发电有限公司，产值过亿元的马勒三环气门驱动有限公司。

三是工业生产场地从分散化到园区化。90年代以前，我市工业企业生产场地比较分散，厂区与市区居民区混杂，企业无法扩大规模，90年代以后特别是21世纪，我市工业企业逐步园区化，最早成立的黄金桥开发区2008年入园工业企业达50家，园区规模以上工业产值达20.8亿元，占全市规模的39.6%，龙池的汽配工业园、白果的石材工业园、中一的医药化工工业园迅速成长并初具规模。

四是工业产业从单一化向集群化发展。目前已形成了冶金机械、汽车配件、建材（石材）、纺织服装、食品饮料、医药化工、能源（电力）等七大支柱产业集群，汽车配件已列入湖北省重点产业集群，支柱产业占工业比重分别为31.05%、14.9%、23.4%、5.33%、6.51%、3.2%和8.

9%，特别是近几年的冶金机械、建材（石材）、能源（电力）、医药化工产业迅速崛起，使麻城经经济发展步入快车道。

图3　2008年7大支柱产业占规模工业比重饼形图

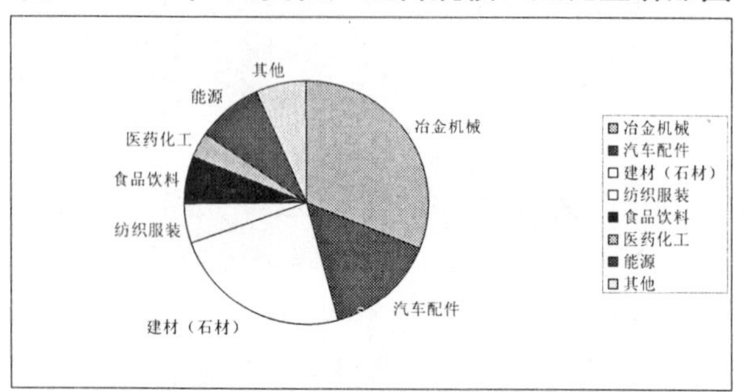

（四）交通邮电飞速成长，枢纽连接形成八大线路

我市地处大别山，与武汉相距不足100公里，是湖北的东北出口，交通位置极为重要。90年代以前，麻城交通不发达，基础建设投入较少，90年代以后随着麻城一条条铁路和高速公路的建成通车，麻城交通发生了翻天覆地的变化，交通枢纽地位逐步显现，目前已形成京九铁路、武麻铁路连络线、沪汉蓉高速铁路、麻武高速公路、大广高速公路、106国道、市内乡村公路、光纤通信网络等八大交通通信线路，交通通信网络横连东西，纵贯南北，立体交错，交通枢纽中心已具雏形。

麻城现有公路营运里程2951.1公里，比解放初增加2821.1公里，六十年来共运输旅客2.5亿人，货物运输1.2亿吨，累计邮电业务总量12.5亿元，2008年固定电话用户达到15.5万户，移动电话达到25.4万户。

（五）社会发展全面进步，各项事业独具九大特色

1、教育事业。麻城教育的显著特色是：

一是教育发展快。1949年，麻城学校只有26所，其中，小学24所，初中2所，2008年共有学校517所，其中小学360所，初中43所，高中18所，学校拥有在校学生18.96万人，是1950年的7.1倍。民办学校从无到有，现有民办中小学校11所，民办幼儿园98个。

二是师资力量强。全市1万多名教职工中，大学本科以上学历3796人，比1999年多3040人，专科学历5503人，比1999年多2918人，具有高级职称人数1040人，中级职称人数6868人，教学人员占全市专业技术人员中的比重达64.7%。

三是教学条件好。全市现有校舍面积170.3万平方米，麻城一中、华英学校、师范学校、博达公学等学校环境和教学条件位居黄冈市一流水平，2008年教育经费投入达2.8亿元，是2000年的3.1倍。

四是输送人才多。1977年恢复高考后，麻城向全国共输送大中专人才61330人，其中，输送大专以上人才45879人，输送人才中：2000年以前为26899人，占43.86%，2000年以后为34431人，占56.14%。

2、文化事业。改革开放以后，麻城文化事业进步显著，全市从事文化活动的单位和个体户42个，从业人员259人，文化团体协会发展到8家，已有157个村建有村级文化室，图书馆藏书量近10万册，是改革初期的267倍，麻城东路花鼓戏已形成拳头文化产业，被列入国家级非物质文化遗产，其创作的《麻城凤儿》获省“六艺节”金奖，市艺术团每年演出场次在200次以上，2008年成功举办了全市首届杜鹃文化旅游节。

3、广电事业。广电事业发展具有成效快、履盖面广、宣传质量高的特点。1984年我市建成全省第一座县级电视台，1990年，建成市区有线电视网，1997年成为全国广播电视先进县（市）；麻城广播电视覆盖率达到98.5%，现有有线电视用户9万户，有线数字电视已开始进入千家万户；现有电台、电视台、楚天视讯、报纸等宣传媒体，近几年每年撰写发表新闻稿件1000余条。

4、卫生事业。全市共有卫生机构424个，是1978年的8倍，麻城市人民医院、骨髓炎专科医院等医院声誉遍及周边县市，麻城市华山医院等医院成为新兴的民办医疗机构；麻城医疗设备和技术力量雄厚，全市卫生技术人员从解放初的5人扩大到2822人，病床床位数现有1258张，医院病床使用率到达76.2%。

5、科技事业。科技是第一生产力，几十年来，麻城大力推广科技应用，加大科技投入，创新科技体制，科技成果显著。全市拥有各类专业技术人员13865人，其中科研活动人员占5%，农业技术人员占2.9%，工程技术人员占9.8%，全市历年共申报科研项目800余项，研究开发和引进了黑

山羊优种技术、澳洲矮牛移植技术、大棚蔬菜、蚕桑、茶油等产品推广技术，新型气门、飞碟离合器、传动轴爪极、高温域阻尼材料等高新产品。新建各种科技示范基地，如西畈生态农庄、浮桥河鳜鱼养殖基地、“奥林”果树试验场等。全市科技进步贡献率达45%以上，科技在企业中的应用愈来愈广泛。

6、体育事业。麻城体育发展具有体育场地新、全民活动广、输送体育人才突出的特点。近几年新建了一些大型体育馆、体育活动中心，各类体育场馆832个，全民健身活动蓬勃发展，铁路社区、陵园社区、龙池社区和会展中心等全民健身网点初具规模，每天锻炼人数2000人以上；竞技体育水平不断提高，每年都有黄冈市级以上体育活动在麻城举行，改举开放以来麻城向国家输送体育人才近300人，体育健儿获得地区以上奖牌800多块。

7、计划生育事业。麻城是人口大市，计划生育工作历来为各级政府重视，全市共有计划生育专门机构40余个，现有计生服务中心21个，计划生育政策已深入人心，计生基础设施不断完善，计生事业投入比例逐年加大，由人平0.6元增加到现在的9.33元，2008年符合政策生育率达到95.46%，比1988年上升50.61个百分点，人口出生率呈逐年下降趋势，60年来人口出生率下降了36.1个百分点。在实行“独生子女关爱行动”后，全市近2万独生子女在教育、就业、就医等方面得到充分关爱。

8、社会保障事业。随着经济的高速发展，麻城社会保障体系日益完善，在就业方面，千方百计扩大就业，60年共新增就业人数35.27万人，1990年以来转移农村劳动力人数达14.4万人，城镇登记失业率基本控制在4%以内，特别是近几年，麻城通过“阳光工程”、“雨露计划”，实施岗前、在岗和创业培训，仅2008年就培训农村劳动力近万人，实施在岗培训3000余人，劳务输出培训2000余人；在劳动社会保险方面，各项保障参保人数逐年增长，2008年参加城镇基本养老保险人数4.69万人，比2000年翻了一倍多，参加城镇失业和医疗保险人数近8万人，参加农村合作医疗保险人数80.12万人，农村合作医疗参合率达到90.14%。

9、民政福利事业。麻城民政事业始终坚持以保障民生为基本，以完善城乡低保为基础，加强民政队伍建设，不断完善城乡社会救助体系。全市共有27个社会福利收养性单位，收养单位床位数2865张，是2000年的2.6倍，是1990年的5倍；全年优抚对象12万余人，2008年发放抚恤金1900余万元；全市710个村都成立了民主理财小组，设立财务公开栏，村务公开不断深化。

（六）投资与招商齐头并进，城市建设趋向“十全十美”

麻城经济出现高速发展，得益于投资的高增长和招商引资的大发展。麻城投资建设经历了三个阶段：

第一阶段。从1949年至1985年，为投资的平稳发展阶段，37年间共形成固定资产投资1.5亿元，年平均完成投资411万元，期间投资方向主要农业基础设施投资和企业改造投资，城市建设投资较少。

第二阶段。从1986年至1998年，为投资的快速启动阶段，期间总投资额为37.78亿元，是第一阶段投资额的25.2倍，平均每年完成投资2.9亿元，投资年增长27%，在麻城撤县设市的政策利好下，投资项目明显增多，主要重点项目包括三环气门、传动轴、力美等企业的扩建和改造，城市基础设施建设，明山水库等水利设施建设，京九铁路及配套设施建设。

第三阶段。从1999年至2008年，为投资的高速增长阶段，期间总投资234.8亿元，是第二阶段的6.2倍，平均每年完成投资额23.5亿元，投资年均增长速度达到18.1%，投资在“一厂三路”的带动下，市内重点投资包括老城区改造投资，城市道路建设、开发区投资、招商引资项目投资，大型项目有火电厂一期工程、沪汉蓉高速铁路、大广高速路公路、武麻高速公路等。

招商引资是我市经济建设的一大亮点，我市从2002年开始招商引资工作以来，6年内共引进1078个项目，每年引进项目都在100个以上，6年共到位资金47.7亿元，通过招商，黄金桥开发区入园企业达到78家，全市通过招商形成规模以上工业企业82家。

撤县设市二十三年来，麻城市城市建设出现超常发展，已建成城区面积23.95公里，比1986年增加18.45公里，城市供水管道由1986年的77.6公里扩大到2008年的278.61公里，城市道路总长比1986年增加了3.7倍，麻城市区已形成以将军路——金桥大道为主轴，老城区、新城区、新老城区结合部三大发展圈，形成商贸、工业、文化、教育、物流、管理服务和居民服务等多种功能区。

二、麻城六十年振兴之路

麻城六十年来的辉煌成就，是在市委、市政府的英明决策下取得的，是麻城百万人民拼搏奋斗、艰苦努力得来的，他们的振兴之举和拼搏之魂造就了麻城今日之辉煌。

振兴路线图一：红色年代，创红色之举措。解放之初，麻城经济一穷二白，为了改变麻城落后的经济，麻城各级干群发扬了革命年代“一不怕苦、二不怕死”的精神，大兴农业水利建设，先后建成大中小型水库262座，修筑渠道1000多公里，麻城的农业经受了各种水旱灾害。

振兴路线图二：改革开放，解思想之束缚。1978年，全国改革开放序幕缓缓拉开，麻城各级干部迅速开展了思想大解放的讨论。在农村，家庭联产承包制取代了“三级所有，队为基础”的集中管理模式，农民生产积极性空前高涨，农业从此保持了稳定增长。在城市，商品经济理论打破了计划经济的束缚，市民的市场意识逐步形成，麻城城区、白果、夫子河一带最先出现了小商小贩大发展的市场经济模式。

振兴路线图三：向乡镇倾斜，乡镇企业遍地开花。1986年，麻城撤县设市，麻城乡镇体制发生较大变化，麻城20个乡镇一下子变成21个乡、12个镇和3个办事处，各乡镇制定了刺激经济发展的各项措施，尤其是大办乡镇企业，乡镇企业到处开花，1998年，全市乡镇企业发展到8000余个。

振兴路线图四：工业立市，工业脊梁挺直腰杆。进入21世纪，麻城市委、市政府深刻认识到工业立市是麻城振兴的基本策略，必须加快工业发展步伐，先后制定了工业支柱产业振兴规划，重点龙头企业发展政策、中小企业成长规划等，目前，麻城工业已挺直了脊梁，火电厂、兴业公司、三环气门等重点企业龙头作用明显，工业占GDP比重逐年上升，2008年工业化率达到22.9%，比2000年上升4.21个百分点，比改革开放初期的1978年上升11.7个百分点。

振兴路线图五：抢抓机遇，各项事业全面振兴。近几年，麻城提出了“抢抓三大机遇，突出招商引资，推进一举三化，实现三增目标，力争在全省率先崛起”的战略思路。在城市建设方面，制定了麻城城市发展框架，改造老城区的同时，着力打造麻城新区；在工业发展上，提出继续抓好开发区工业发展和招商引资，重点抓实乡镇工业集中区建设；在农业发展上，坚持稳定“三农”政策，加快农业结构调整，大力发展特色农业；在第三产业发展上，把扩大内需放在第一位，重点抓好物流业、旅游业、房地产业发展，打造中部物流中心，利用杜鹃文化旅游节掀起旅游新高潮。这一系列政策使麻城近几年经济社会出现大发展和大繁荣的新气象。

三、麻城六十年发展之变

六十年来，麻城在经济、社会、生活等方面发生了了较大的变化，具体表现在：

居民收入——大变。解放初，在很长一段时间内，麻城人民生活一直处于低收入、低消费的水平，1957年全市农民人均纯收入只有44元。改革开放以后，农民逐步走出贫困，迈向小康，居民收入出现了大的变化，六十年间全市农民人均纯收入迈过了四道坎。1979年，农民人均纯收入首次突破100元，1994年突破1000元，1999年突破2000元，2007年突破3000元；城镇居民收入变化更大，2008年全市城镇居民人均可支配收入达到9910元，是1985年的14.9倍，高于GDP平均增长速度；过去，城乡居民瘪着肚子干活，现在人们鼓着腰包挣钱，1978年城乡居民一年下来人均储畜余额只有5.3元，2008年，人均储畜余额达到4808元，30年净增906倍。

消费结构——裂变。改革开放前，麻城居民消费结构单一，每天吃穿“粮、棉、油”，看场电影发大愁。改革开放以后，消费结构发生裂变，由单一产品消费向吃、穿、住、用、行裂变，由大众消费向精品消费裂变，现在的小洋房过去想都不敢想，如今的小汽车过去想座无处座，现在，人们可以结伴休闲游，过去农民只能出门到田头。

表1　城乡居民消费结构变化表

消费类别	城镇居民			农村居民		
	1985年	1998年	2008年	1985年	1998年	2008年
人均消费支出	100.00	100.00	100.00	100.00	100.00	100.00
其中：食品	44.85	45.33	43.84	68.59	55.33	43.25
衣着	12.37	12.63	11.01	12.32	6.36	3.49
居住	11.28	8.72	10.25	3.09	3.89	21.92
家庭设备用品及服务	9.81	7.68	5.13	7.55	8.96	3.99
医疗保健	1.96	4.48	6.42	1.05	5.20	3.57
文教娱乐	3.63	12.59	12.09	1.21	14.52	11.27
交通通迅	1.19	5.66	8.63	0.52	3.98	3.42

产业结构——聚变。1952年，我市一、二、三产业结构为92.03:4.53:3.44。形成第一产业独大，二、三产业奇弱的局面，到1978年，二、三产业比例大幅上升，三次产业结构调整为66.2:16.2:17.5，到2008年，第一产业相对于1952年下降了52.73个百分点，三次产业结构由过去向单一产业聚集变为向二、三产业聚集，三次产业结构改变为39.3:25.8:35，第一产业中，由种植业为主向牧业和渔业调整，2008年牧业和渔业的比例比1952年分别上升19.5和5.1个百分点，第二产业中，重工业比例逐步上升，轻工业比例趋于下降，第三产业由过去的批零业独大向新型的房地产业、交通运输业、居民服务业等行业转变，产业结构在调整中变得日趋合理。

表2　地区生产总值三次产业结构表

指标	1952	1978	1990	1995	2000	2005	2008
第一产业	90.7	66.2	58.1	50.3	45.9	40.2	39.3
第二产业	3.8	16.2	18.4	21.6	20.4	19.2	25.8
第三产业	3.8	17.5	23.4	28.1	33.8	40.6	35.0

图4　三次产业结构变化折线图

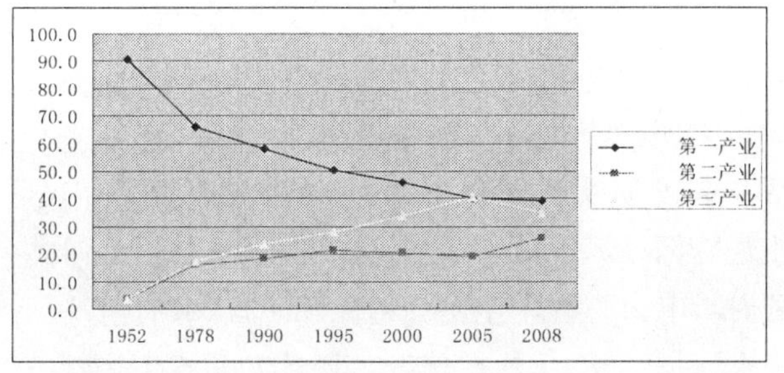

就业流动——质变。解放初期，麻城农业劳动力占绝对优势，农业从业人员占99.3%，其他从业人员仅占0.7%，随着改革开放的步伐加快，麻城就业流动发生了质的变化，几十万农业大军潮水般流向沿海发达地区，2000年从事农业的人口比1952年锐减了一半，2008年第一产业从业人员比例降为39.8%，第二、三产业从业比例上升到16.9%和43.3%，外出打工人员超过22万人，占全部从业人员的38%，就业的合理流动为打工者带来了思想的解放和收入的快速增长，极大地促进了麻城经济的腾飞。

城乡面貌——巨变。过去，麻城城乡面貌是农村羊场小道，城市窄街小巷，经过60年的沧桑后，麻城的市区道路变宽了，条理有序，农村水泥路进村了；城市楼房变高了，住的舒坦，农村小洋房增多了；城市变靓了，街心花园更美，休闲广场更绚丽，农村山水更绿了。

四、麻城未来光明之途

麻城是一块神奇的土地，麻秋筑城赢得了“麻城”的美名，“三名八景”增添了麻城的秀色，“孝感乡”移民扩散了麻城的乡情，黄麻起义叫响了麻城革命热情，21世纪的大机遇点燃了麻城发展的激情，麻城的未来充满光明，因为：麻城未来的潜力巨大。麻城有120万人口，人才潜能较大，目前正在兴起的全民创业热潮将最大限度地激起人才潜能。麻城在全省的综合实力还不强，2008年位居全省39位，未来上升的空间大。

麻城未来的优势明显。随着麻城“三公三铁”的建成通车，麻城中部交通枢纽中心将基本形成，四通八达的交通网络为麻城经济“东西对接，南北吸收”提供了良好的平台优势；麻城石材资源、铁矿资源、生物资源、旅游资源具备较强优势，将为麻城经济发展添加丰富的原料；麻城百万人民勤劳勇敢、拼搏奋劲的精神资源为未来发展提供了强大的非物质优势。

麻城未来发展思路明确。近几年，麻城市委、市政府始终坚持：“抢抓机遇、改革开放、团结一心、争强进位”的发展思想，坚持“工业立市、民营强市、农业稳市、流通活市、科教兴市、人才富市、依法治市”的发展理念。我们相信，麻城在不久的将来一定会成为大别山中心城市、中部交通枢纽城市、新兴旅游城市、湖北乃至全国的明星城市。

（撰稿人：肖锋）

为有牺牲多壮志 敢教日月换新颜

——罗田建国以来经济社会发展综述

伴随着新中国成立60周年的脚步，罗田县经济社会也经历了半个多世纪不平凡的发展历程。60年来，罗田人民在党的领导下，自力更生，艰苦奋斗，把一个昔日一穷二白的落后的贫困山区县改造成闻名全国的“板栗之乡”、“蚕桑之乡”、“茯苓之乡”和“甜柿之乡”，一跃成为“全国小水电百强县市”、“全国绿色小康模范县”和鄂东地区的生态旅游大县，谱写了一部辉煌的篇章。

——综合实力显著增强。旧中国时的罗田，由于三座大山的压迫和系列战乱的破坏，加之交通闭塞和自然灾害频繁，到处是穷山恶水，生产力极其低下。新中国的诞生推动了生产力的解放，使罗田经济发生了质的飞跃。1949年到2008年，全县国内生产总值由892万元增加到39.97亿元，增长453倍，年均递增10.9%；人均GDP由30.2元上升到6406元，增长了212倍；全社会固定资产投资由2万元增加到45亿元，增长22.5万倍，年均递增23.2%；社会消费品零售总额由555万元增加到18.25亿元，增长329倍，年均递增10.1%；财政收入由73.25万元增加到3.85亿元，增长524倍，年均递增11%。特别是改革开放30年来，罗田县的发展进入了快车道，全县GDP年均增长12.5%，固定资产投资年均增长23.6%，财政收入年均增长14.5%。

——经济结构日趋优化。建国初，罗田经济基本是单一落后的农业经济，现代意义上的工商业几近空白。经过半个多世纪的努力，尤其是80年代后期以来，在强化农业基础地位的同时，全县突出重点抓工业，放手发展第三产业，逐步形成了具有罗田特色的产业体系。1949年全县工业总产值占工农业总产值的2.4%，1988年工业总产值首次超过农业总产值。1978年三次产业比为58.6：20.6:20.8，到2008年全县三次产业比重进一步调整为29:40:31，各个产业内部结构也在不断发展和完善。农业由靠天吃饭的单一种植业向科学种田、精耕细作和多种经营、规模化经营、产业化经营转变。1949年－2008年，粮食、油料等主要农产品产量均增长了10倍以上，板栗、蚕桑、畜禽、水产、中药材等特色农产品产量都以数十倍的幅度增长，各地以优势产业为主导，形成了“一乡一业、一村一品”的产业化经营模式。工业从小到大，从弱到强。工业企业由建国初的少数手工作坊发展到现在拥有规模以上企业118家，其中税收过百万元的企业30家，过五百万元的6家，过千万元的3家。全县已初步形成了以纺织、化工、建筑建材、食品、水电、机械为主的工业体系。第三产业由传统化、单一化走向多样化、社会化，商业、餐饮、服务业活跃，旅游业迅速崛起，2008年第三产业实现增加值12.77亿元，比1978年增长了64倍。

——基础设施得到了根本改善。60年来，罗田累计投入上百亿元资金，建设了大量交通、电力、通讯、农田水利等基础设施项目，行路难、用电难、通讯难和旱来干、水来淹的状况大为改观。交通方面，解放初期全县仅有140公里的土邮路，而今，全县通车总里程已达到2510公里，其中国道1条，省道4条，县道11条，途经境内的武英高速公路也即将通车，县内主干线和出口公路基本实现二级化，乡乡镇镇通沥青路，村村通公路，形成了以“三纵三横十连接”为主架、内畅外联、四通八达、站场配套、快捷便利的交通新格局。电力方面，全县先后建起小水电站127处，装机容量38380千瓦，年发电量达9000万千瓦时，尤其是天堂河上先后建起五级电站，装机总容量达到26650千瓦。1998年后，又相继开工兴建了天堂、白莲河等两座在全省规模较大的抽水蓄能电站。电信方面，1959年实现乡乡安总机，村村安手摇电话，1978年开通程控电话，2008年全县电话交换总容量12万多门，城市、农村电话入户率分别达到85%和48%。农田水利建设方面，先后建起了大中小型水库132座，兴修渠道1690公里，兴建机、泵站65处，治理河堤1560公里，全县旱涝保收面积达14.5万亩，治理水土流失面积560平方公里，农业防灾抗灾能力大为提高。

——城乡面貌大为改观。解放前，罗田只有县城等几处破旧的小集镇，城镇多为一字形临街瓦房，街道为石板路或土路。改革开放以后，全县城镇建设发展迅猛。到2008年，全县已发展到7个建制镇，全县城镇总面积达51.1平方公里，城镇常住人口13.8万人，城镇化率达到31.5%。特别是近几年来，全县围绕扩城区、拉新区、建园区、兴小区、改旧区的总体思路，以“双十工程”（标志性建筑和基础设施建设）建设为推动力，开展大规模的城区建设，拉开了总长度为15公里的四条循环路网，城区面积从15平方公里扩大到35平方公里，新开发了1平方公里的城南新区和5000亩的工业园区，商品小区和别墅小区以每年50万平方米以上的速度递增，同时，配套建设了老城区基础设施，一个独具特色的山水园林城市形象初具雏形。广大农村也通过开展生态文明垸落创建和新农村建设等途径，从根本上改变了贫困落后的面貌，全县已有75.6%的农户建起了楼房，80%的农户用上了清洁的饮水，36%的农户用上了沼气，所有的行政村都实现了通公路、通广播电视、通电话和通邮。

——对外开放不断扩大。从建国初期至改革开放前，罗田经济长期处于封闭半封闭状态。十一届三中全会以来，通过敞开山门，大力实施以外向带动型经济发展战略，大搞招商引资和外贸出口，促进了外向型经济的发展。到2008年底，全县拥有“三资”企业7家，实际利用外资额840万美元，自营出口企业达16家，当年实现外贸出口创汇1125万美元。招商引资从本世纪初开始，到2008年底，共引进项目300多个，总投资额近35亿元。山东绿润、武汉惠涛、湖北佳佳、浙江金富春等一大批国内知名企业相继落户罗田。先后与深圳宝安区、武汉硚口区等发达地区结为友好城市，与10多个国家和地区建立了经贸、科技和友好往来，初步形成了全方位、多层次、宽领域的对外开放格局。

——人民生活水平显著提高。2008年，农民人均纯收入和城镇居民人均可支配收入分别达到3524元和9657元，自有统计监测以来，年均保持了2位数的增长速度，城乡居民人均储蓄存款由1949年的0.05元上升到2008年的6593元，增长了13万倍。居民消费结构逐步改善，住房、教育、旅游、文化等开始成为消费热点。社会保障体系不断巩固完善，到2008年底，全县参加城镇社会养老保险人数31664人；城乡居民最低生活保障人数31921人；农村新型合作医疗参合率92.61%。“八七”扶贫攻坚计划于1996年提前完成，率先在全市摘掉了贫困县帽子，顺利实现了由全国重点贫困县到脱贫先进县的历史性跨越。

——社会事业全面进步。解放前县内只有小学111所，中学1所，中小学生仅占全县人口的6%，文盲占全县总人数的64%。2008年全县发展到小学160所，初中30所，普通高中8所，特校1所，农职中两所，在校学生达到10.8万人，全县义务教育入学率达99%以上。先后荣获“全国特殊教育先进县”、“全国基础教育先进县”、“全国教育工作先进县”、“全国‘两基’工作先进县”等荣誉称号。科技研究和科技推广成效显著，科技对经济增长的贡献率达到57%。人口与计划生育、土地管理、环境保护等基本国策得到有效实施，文化艺术、新闻出版、广播电视、卫生、体育、社会保障等各项社会事业得到长足发展，民主法制建设、社会治安综合治理取得明显成效，先后获得了“全国计划生育先进县”、“全国体育先进县”、“全国平安县”等荣誉。

从罗田县60年的经济社会发展历程，可以总结出以下几点经验：一是始终坚持了党的绝对领导。没有中国共产党，就没有新中国，更谈不上罗田经济和社会事业的蓬勃发展。60年来，罗田的每一项工作成绩，每一项重大变革和发展，都离不开党的正确领导。始终与中央和省市委保持高度一致，是罗田各项事业取得胜利的政治保证。二是坚持了解放思想、实事求是的思想路线。罗田每前进一步，尤其是改革开放以来的突飞猛进，都是坚持解放思想、实事求是的结果。

要把罗田的事情办好，就必须把解放思想作为一大法宝，贯穿于经济社会发展的始终。尤其要立足罗田实际，充分发挥自身优势，创造性地落实上级精神，不断探索符合上情、顺应民情、体现县情、独具特色的发展之路。三是正确处理好了改革、发展和稳定的关系。改革开放是振兴罗田的根本动力，不改革、不开放只有死路一条。发展是硬道理，发展不够仍是罗田的最大实际。稳定是改革和发展的前提条件，不稳定什么事都办不成。通过根据不同时期的具体情况，把改革的力度、发展的速度和社会可承受程度协调统一起来，以改革促发展，靠发展促稳定，以稳定来保障改革和发展顺利推进。四是必须尊重群众、依靠群众。群众是真正的英雄，是我们党和政府的力量源泉和胜利之本。必须始终坚持执政为民理念不动摇，把维护好、实现好群众的根本利益作为一切工作的出发点和落脚点，多做对群众有益的事，多做打基础的事，多做管长远的事。五是坚持自力更生，艰苦奋斗。大力弘扬老区精神，克难奋进，埋头苦干，从一抓起，实干兴县，以实实在在的业绩取信于民。

站在新的历史起点上，罗田人民在党的坚强领导下，将以邓小平理论和“三个代表”重要思想为指导，全面贯彻落实科学发展观，紧紧围绕建设全省山区经济强县的总体目标，大力实施“工业强县、旅游兴县、开放活县、特色立县”战略，全面加强经济、政治、文化和社会建设，促进经济社会追赶型、跨越式发展，建设富裕民主文明和谐的新罗田。

（撰稿人：童金舟　侯国栋）

艰苦奋斗六十年 山乡巨变展新颜

——英山县建国六十年经济社会发展综述

英山位于湖北省东北部，地处大别山南麓。东北与安徽省的岳西、太湖、霍山、金寨四县毗邻，西南与我省的罗田、浠水、蕲春三县接壤。宋为毕升故里，今为丝茶之乡。全县版图面积1449平方公里，辖3乡8镇、309个行政村，总人口39.63万人。建国60年来，历届县委、政府组织和带领全县人民开拓进取、艰苦创业，不断探索适合英山县情的发展道路，努力克服前进中的艰难险阻，取得了国民经济和社会发展的巨大成就。全县经济快速发展、县域实力明显增强、基础设施日益改善、人民生活水平显著提高、各项社会事业全面发展，山区面貌发生了巨大变化。先后被授予全国计划生育“优质服务”先进县、全国土地复垦先进县、全国社会治安综合治理先进县、全国劳务输出示范县、全国科技进步先进县、全国绿化模范县、全国发展茶叶产业政府贡献奖、全省最佳金融信用县市、全省农村税费改革（综合配套改革）优秀县市等荣誉称号。

一、基本县情

英山是革命老区。大革命时期，英山是鄂皖革命根据地的重要组成部分。邓小平、刘伯承、徐向前、徐海东等老一辈无产阶级革命家都曾转战于此。中国工农红军第四方面军从这里开始西征，红二十七军在这里诞生，红二十五军从这里北上长征，刘邓大军千里挺进大别山，在这里谱写了光辉壮丽的篇章。在熊熊的革命烈火中，3万余名英山儿女参军参战，7400多人壮烈牺牲，为中国革命作出了贡献。

英山是贫困山区。全县辖南河、温泉、红山、金家铺、石头咀、草盘地、雷家店、杨柳湾8个镇和方家咀、孔家坊、陶家河3个乡，共有309个村，2471个村民小组。全县总人口396262人，其中农业人口326615人，占82.4%。全县耕地面积26.11万亩，林地面积143.69万亩，水域面积11.83万亩，人均耕地0.66亩。全境以中低山为主，素有“八山一水一分田”之称。1986年被国家确定为全国重点贫困县，2001年被国家确定为扶贫开发工作重点县。

英山是库区。境内东河、西河两大水系纵贯南北，至县城南部南冲畈会合，汇入白莲河，共纳大小支河192条。东河流程71.4公里，发源于仰天锅，流域面积668平方公里，以桃花冲，从横河注入红花水库，经两河口与西河会合。西河流程60公里，发源于西界岭的蜜蜂尖，注入张咀水库，尾水流至两河口，与东河相会，注入白莲河水库，流域面积525平方公里。南河、东西河合流，旧称南河，今属白莲河库区，流域面积204平方公里。此外，源于紫山垴、流程6.8公里的陈家河独向西流，注入罗田凤凰关水库。全县现有大中小型水库71座，其中，大型水库1座，中型水库2座，小（一）型水库17座，小（二）型水库51座，总库容2.2亿立方米。现有中型水库以上移民3.3万人，小型水库移民3.2万人。

英山历史悠久。英山古为皋陶部落，汉为英布封疆，宋为毕升故里，今为中国茶乡。这里人杰地灵，文化底蕴丰厚，中国古代四大发明之一、北宋活字印刷术的发明者毕升就诞生在这里。南宋度宗赵基咸淳六年（公元1270年）设置英山县，以段朝立知英山县事。至元十五年（公元1278年）英山属六安州，隶河南江北行中书省淮西江北道肃政廉访使庐州路。太祖朱元璋洪武元年（公元1368年），南京所属各地划归六部直辖，包括庐州府所属的英山，十四年（公元1381年）英山属庐州府六安州。顺治初年（公元1644年），英山隶江南布政使司庐州府。康熙元年（公元1662年）江南布政使司公设安徽布政使司，英山属凤颖六泗道。雍正二年(公元1724年)升六安为直隶州，英山属六安直隶州。民国时期(公元1911年)英山直隶安徽省，不久改归淮泗道；1914年11月改属安庆道；1930年中共英山县委组织“三·二”暴动成功，1931年召开工农兵代表大会，英山县改称为红山县，成立红山县苏维埃政府，并建立中心县委。1932年红军主力转移，国民政府复称英山县，11月划归湖北省第三行政督察区（专署设黄州），英山属第二行政督察区。中华人民共和国成立后，英山属湖北省黄冈专员公署（后改为“黄冈地区行政公署”，1996年改为“黄冈市”）管辖。

英山旅游资源丰富。境内奇峰峻秀，沟谷幽深，森林茂密，植被丰富，全县森林覆盖率68%。拥有名山(大别山主峰)、名泉(地热温泉)、名产(茶叶、丝绸、山野菜)、名人(毕升)，是华中地区旅游资源富集地区之一。2000年，被湖北省旅游局确定为大别山生态旅游县。已建成大别山主峰风景区、桃花冲生态旅游区两个“AAA”级主要景区。

英山物产丰饶。农业上，茶、桑、栗、药四大支柱产业已初具规模。茶叶生产历史悠久，早在唐代，英山生产的“团黄”，被誉为“淮南三茗”之一，并作为贡品送往长安。全县茶园面积18.6万亩，茶叶产量2.28万吨，系列产值8.27亿元，已成为湖北省第一产茶大县。工业上，已形成了中成药加工、机械制造、建筑建材、真丝床上制品、绿茶加工等重点产业和骨干企业。花岗岩、大理石等石材以及地热、水电资源丰富，开发潜力巨大，发展前景看好。英山温泉是中国第二大名泉，具有水质好（碳酸钠矿泉水，含有17种对人体有益的元素和气体，是康复保健疗养护肤的最佳矿泉水，可广泛用于工农业生产、居民生活、医疗、科研等领域），埋藏浅（100-200米之间），储量大（日可开发量6万吨，已开采量14720吨/日），温度高（水温46-73℃），区位优（全县7处温泉有5处在县城及城郊）等特点。

二、建国六十年来全县经济社会发展情况

（一）县域实力显著增强，经济结构趋于优化

2008年可比价国内生产总值274890万元，改革开放30年来年均增长11.99%（1978年不变价国内生产总值9200万元），在2008年全省县域经济考核中居56位。财政收入2008年达到26669万元，比1977年的452.17万元增长57.98倍，比1949年的51.41万元增长517.75倍；农民人均纯收入3356元，比1977年的68元增长48.35倍，是1957年的33元的102倍；社会消费品零售总额108794万元，比1977年的2941万元增长35.99倍，比1951年495万元增长218.80倍；全社会固定资产投资完成252975万元，比1977年的884.26万元增长285.09倍，接近于1949至2001年52年的总和（255861.3万元）。经济结构得到进一步调整和优化。2008年，全县第一产业增加值达到109458万元，比1977年的4349万元增长24.17倍，按可比价计算，年均增长10.97%；第二产业增加值由1977年的1445万元，增加到2008年的83295万元，增长56.64倍，年均增长13.97%；第三产业增加值由1977年的1825万元，增加到2008年的81637万元，增长43.73倍，年均增长13.04%；二、三产业对经济发展的贡献率分别达到27.67%和32.55%。第一、二、三产业比例由1977年的57.1:19.0:23.9调整为2008年的39.9：30.4：29.7，与1977年相比，第一产业比重下降17.2个百分点，第二产业比重提高11.4个百分点，第三产业比重提高5.8个百分点。

（二）农业农村经济全面发展，山区特色产业日益壮大

1949年农业总产值2822万元，1977年是7276万元，2008年可比价农业总产值210980万元（现价246860万元），扣除价格因素，比1949年增长73.76倍，年均增长7.59%；比1977年增长28.00倍，年均增长11.47%。主要农产品产量稳步增加。2008年，粮食产量达178481吨，比1977年的120180吨增长48.51%，比1949年的48705吨增长2.66倍；油料产量达16677吨，比1977年的1309吨增长11.74倍，是1949年791吨的21.08倍；水产品产量达6800吨，比1977年的905吨增长6.51倍，是1949年55吨的123.64倍；牲猪出栏19.34万头，比1977年的6.37万头增长2.04倍，是1949年1.07万头的18.07倍。农业结构调整步伐加快。茶、桑、药、栗四大特色产业不断壮大，基本形成了“县有支柱产业、乡有特色产业，村有增收产业、户有致富产业”的产业发展格局。全县茶叶18.6万

亩，桑园2.9万亩，板栗9.8万亩，药材11.1万亩，农村实现了“人平一亩经济林、户均两亩经济园，全县农民人均纯收入过3000元”的目标。茶叶产业得到突出发展，茶叶生产规模居全省第一，进入全国四强，成为“中国茶叶之乡”和“全国无公害茶叶生产基地示范县”。

（三）工业经济快速发展，新的工业体系初步形成

大力实施“工业强县”战略，坚持走新型工业化之路，以工业化带动农业产业化和城乡一体化。1949年全县全部工业总产值285万元，1977年增加到2504万元，2008年发展到268215万元，是1949年的941.1倍；与1977年相比增长106.11倍，年均增长16.27%。工业企业个数快速扩张，全县工业企业从少变多，发展到现在的828家。2008年，全县规模以上工业企业达到67个，产值268215万元，实现销售收入275456万元，利税38486万元，利润17174万元，年末从业人员12798人。工业企业改革改制取得较好成效。原有国有、集体工业企业全部进行了民营化改制。工业产业和产品结构得到调整，已初步建成中医药化工体系、农产品加工体系、无公害茶叶加工体系、真丝保健品加工体系、绿色食品加工体系等五大工业体系和茶叶加工、中医药加工、真丝制品加工、建筑建材四大产业集群，传统的“工业原材料在外、工业品销售在外”的工业体系得以改变。开发了一批具有较强竞争实力的特色精品名牌产品。2007年，“梦丝家”牌蚕丝被被评为“中国名牌产品”、“中国免检商品”、“耀明”牌玻纤布、“诚信阳光”丝棉被、“雍华牌”丝棉被、“雪屏牌”英山云雾茶等产品被评为“湖北省名牌产品”。全县已创建中国名牌产品1个，湖北名牌、湖北省著名商标共6个，省级以上品牌绝对数量居黄冈10个县市（区）之首。

（四）旅游开发有序推进，旅游经济蓬勃发展

坚持把旅游作为新兴产业来抓，大力开发生态旅游、红色旅游、大别山民俗风情游和农业观光游，旅游经济从无到有，蓬勃发展。2008年，全县共接待国内外游客61.73万人次，旅游收入达到16973万元。坚持先规划、后开发的原则，高标准、高起点地编制了全县旅游开发总体规划和景区景点详规。突出“一泉二山”开发，加快景区景点建设，已建成温泉地热休闲度假区、大别山主峰风景区、桃花冲生态旅游区三个主要生态景区景点。抓好红色旅游开发，修缮和兴建了县烈士陵园、段氏府、红二十五军纪念碑、红二十七军纪念碑等红色旅游景点，挖掘人文旅游资源，完善了毕升墓建设，新建了毕升纪念馆。加快了农业观光旅游开发，新建了乌云山茶叶公园、东冲河生态农庄等农业观光旅游景点，乌云山茶叶公园被列入“国家农业观光旅游示范点”。推出了避暑游、休闲度假游、漂流游、民俗风情游等旅游项目，开发了茶叶、真丝被、山野菜、食用菌等系列产品，初步形成了“登主峰、游河谷、漂涧溪、浴温泉、品茶茗”的旅游格局，英山旅游的对外影响不断扩大，已成为“鄂东旅游的支撑点，大武汉的后花园”。

（五）基础设施建设成效明显，发展条件日益改善

1949年以来的60年，全县累计完成投资99.09亿元，极大地促进水利网、通信网、电力网、交通网等基础设施建设。在农田水利建设上，大力实施水库整险、土地治理、农业综合开发、水土保持等重点工程，整修大中小型水库71座，整治河堤120多公里，兴修塘堰5000多处，改造中低产田6.8万亩，开挖渠道402公里，有效灌溉面积12.39万亩。在交通运输建设上，全县公路通车总里程达1941公里，等级公路里程达1408公里。309个行政村全部通水泥路和柏油路，11个乡镇全部通油路，相继修通8条省际和县际经济断头路，武英高速公路即将竣工通车，初步建成了北达江淮，南连京九，主干畅通，边际沟通的公路交通网络。在邮电通讯建设上，已建成包括光纤、数字微波、程控交换、移动通信等覆盖全县、通达世界的公用电信网，并实现了程控化、数字化、自动化、宽带化。全县电话交换机总容量达65218门，固定电话用户达7580户，光纤线路达到380皮长公里。移动电话用户达129760户，小灵通用户达9896户。全县电话村数达到303个，占全县总村数的98.7%。在城镇建设上，温泉城区已初步形成“一坝（拦河大坝）、两岸（沿河两岸休闲带）、三区（温泉经济开发区、城西新区、莲花小区）、四园（烈士陵园、乌云山茶叶公园、毕

升森林公园、不上乐园）”为标志的锦绣山城格局。南河、金铺、草盘等一批建制镇初具规模，杨柳、石镇两个省级口子镇建设日益完善。社会主义新农村建设扎实推进，已建成龙潭河、百丈河等22个新农村建设示范村，龙潭河、河南畈进入“全省新农村建设示范村”行列。

（六）城乡居民收入水平不断提高，生活质量显著改善

60年来，山区群众的生活状况发生了根本性的变化。1949年全县贫困人口达20.3万人，1977年下降到14.6万人，2008年为3.38万人，农村大部分农户开始由温饱向小康迈进。2008年，全县农民人均纯收入达到3356元，城镇居民可支配收入达到9480元，全县居民储蓄存款金额253005万元，人均储蓄存款6384.79元。城镇居民人均住房面积38.74平方米，农村人均住房面积42.15平方米。全县53%的农户建起了楼房，电视机、影碟机、摩托车、电冰箱等高档耐用消费品纷纷进入农民家庭，普及程度迅速提高。社会保障体系进一步完善。基本建立了以城乡最低生活保障、养老保险、医疗保险、五保老人集中供养和教育救助、残疾人救助、困难群众就业救助、灾害救助为主要内容的“四保四救”制度。离退休人员做到了应保尽保，困难群众的基本生活、就医就学、住房保障得到了及时救助，促进了社会和谐稳定。

（七）改革开放步伐加快，市场经济体制初步建立

立足山区实际，大力破除“求稳怕乱、封闭保守、等靠要”等传统思想的束缚，不断扩大山区对外开放的范围、层次和深度，以开放促开发，以开发促发展。大力开展招商引资。广泛引进县外资金、技术、管理和人才，着力培植新的经济增长点。2008年累计引进100万元以上的招商项目103个，累计实际投入资金6.47亿元，北京怡莲礼品、北京金新龙药业、浙江华发茶业一批国内外知名企业落户英山。围绕承接东部产业转移和武汉“1+8”城市圈产业转移，着力加强对外开放平台建设，累计投入资金2.8亿元，建成占地3平方公里的温泉经济开发区，已引进上海立乐、北京怡莲等20个项目落户园区，14个建成投产。对外贸易规模不断扩大。2008年，全县出口总额1226万美元，实际利用外资4万美元，茶叶、石材、板栗、薇菜、山野菜、实木家俱、五金工具、链条、服装、中药材等工农业产品走出山门，打入国际市场。围绕建立社会主义市场经济体制，全面深化各项改革。在农村改革上，相继实施了家庭联产承包经营改革、农村税费改革、乡镇综合配套改革、乡镇机构改革、农村义务教育体制改革、乡镇财政管理体制改革等，取消了农业税费、规范了农民负担管理，建立了“以钱养事”新机制，促进了农村生产力的发展。在工商企业改革中，大力实施民营化改制，县乡工业企业全部转制为民营企业，工商企业的发展活力进一步增强。在政府机构改革上，相继实施了公务员制度改革、行政审批制度改革、事业单位改革等改革，建立了行政服务中心、招投标中心等四个中心，政府职能进一步转变。通过深化各项改革，基本建立起了与社会主义市场经济体制相适应的体制机制。

（八）社会事业全面发展，争先创优硕果累累

60年来，教育、科技、文化、卫生、体育事业得到全面发展。到2008年，全县拥有各类专业技术人才7038人，中级以上技术职称人才3066人。取得县级以上科研成果420多项，获省、市科技进步奖项106项，累计科技投入资金5.3亿元，科技进步贡献率达到42%。专利申请、专利授权总数逐步增长，共申请专利69项，已授15项，获专利成果奖3项。教育事业快速发展。全县拥有各类学校156所，在校学生69956人，专任教师3479人，学龄儿童入学率达到100%，九年义务教育完成率达到99.5%，累计向大中专院校输送人才3.6万多人。办学条件进一步改善，基本消灭了中小学危房，99%的中小学都建起了宽敞明亮的教学楼。农村义务教育“两免一补”政策得到全面落实，“上学难”的问题得到较好解决。医疗卫生明显改善。全县拥有卫生机构16个，卫生技术人员1240人，医疗仪器、医疗设备得到不断更新完善，技术水平不断提高，消灭了地方病，建起了农村三级卫生网络，实施了新型农村医疗合作制度，农民参合率达到91.2%。广播电视、文化事业蓬勃发展。广播人口综合覆盖率达到92%，电视人口综合覆盖率达到93.8%，地方黄梅戏《拆不散的

冤家》、《银锁怨》等走进了中南海，获多项演出大奖。《天堂梦》、《春到江南》、《百丈崖的女儿》等现代黄梅戏获“五个一”工程奖等多种奖项。“全民健身计划”全面实施，群众性体育活动广泛开展。计划生育成效显著。计划生育率达到95.37%，人口自然增长率下降到3.90‰，出生婴儿性别比控制在109以内。实施计划生育以来，全县共少生近20万人，被评为“全国计划生育优质服务先进县”。社会治安综合治理取得成效。各种案件发生率普遍下降，被评为“全国社会治安综合治理先进县”。全县形成了“安定团结、文明向上、和谐共进”的新风尚。

（九）精神文明建设扎实推进，党的建设得到全面加强

坚持“两手抓”，一手抓物质文明建设，一手抓精神文明建设。深入开展文明城镇、文明行业、文明单位、文明窗口、文明社区、文明村庄、“十星级”文明农户等群众性精神文明创建活动，城乡居民的文化思想道德素质进一步提高。英山县首创的农村思想道德社会建设经验得到中央文明委的充分肯定，并在2007年全国精神文明建设会议上作了经验交流发言。围绕推进党的建设新的伟大工程，坚持以党的执政能力建设和先进性建设为主线，全面加强党的思想、组织、作风、制度和先进性教育，全面加强党员干部政治理论学习，广大党员干部的思想政治素质有了较大提高。进一步丰富和完善“三级联创”、“五个基本建设”等活动载体，基层组织建设、村级组织活动场所建设、干部队伍建设、党风廉政建设和干部作风建设得到进一步加强，为促进全县经济社会又好又快发展提供了强有力的组织保障。英山县首创的“设岗创星”活动，为发挥基层无职党员先锋模范作用找到了有效载体，这一经验被中组部总结推广，新华社、人民日报、中央电视台、中央广播电台、光明日报、农民日报等中央六大媒体相继报道，在全省乃至全国产生良好反响。

（撰稿人：陈建新　陈华）

巨大的变化　有益的启示

——浠水县60年来经济社会发展成就回顾

一、基本概况

浠水县位于大别山南麓，长江中游北岸，地理坐标为东经115度至115度38分，北纬30度12分至北纬30度49分。地理位置优越，交通便利，数有“水陆要冲、鄂东门户”之称，自古以来就是九省通衢之要道。浠水县地处大中城市群之中，武汉经济圈之内，距省会城市武汉仅100公里，距临近省会城市合肥、南昌、长沙均在300公里左右。长江水道过境41公里，内有深水良港3处。沿江有巴河、兰溪两处吞吐港口，上可入川，下可通沪，境内浠河、巴河、蕲河三大水系直注长江，大小湖泊33处；京九铁路贯穿全境，北上北京，南抵香港，沪蓉高速、大广北高速、武合高速纵横过境。全县版图面积1949平方公里，下辖13乡镇、3个场、区，行政村（社区）649个，总户数33.3万户，总人口103.08万人，常用耕地面积65.37万亩,其中水田面积49.53万亩。

浠水县地势自东北向西南倾斜，最高点为县境东部的三角山，海拔1055米；最低处为西南的梅子湖深处，海拔14.5米。地理概貌大致分为北部山区、中部丘陵、西南沿江平原区，素有“三山六丘一平原、田园水面在其间”之说。

浠水山清水秀，历史悠久，名胜古迹甚多。自南北朝刘宋元嘉二十五年（448）建县，迄今已有1560多年的历史。兰溪镇溪潭坳有被唐代茶圣陆羽称誉的“天下第三泉”；闻名鄂东的清泉寺有王羲之的汰笔池和苏轼题的“凤栖石”；鄂东五大名胜之一的佛教圣地——“斗方山禅寺”，环境幽中显美，游人流连忘返；三角山古树参天，风景优美，气候宜人，是避暑疗养、观光旅游的理想之所。历代文人名士多来浠水游历题咏，留下了许多传世佳作。

浠水物产资源丰富，名优特产较多，素有“鄂东粮仓”之美誉。现已建成商品粮、棉花、油料、牲猪、水产、速生丰产林六大生产基地，名优特产主要有茅山螃蟹、芝麻湖藕，巴河鱼面、朱店粉丝、汉武帝药枕、绿杨桥牌糯米封缸酒、万重山牌双低油菜籽色拉油、洗马豆油、神之乡大米、系列绿茶等多项品种。全县地下矿藏资源丰富，达到国标标准的有18类25种72处，其中，磁铁矿、硫铁矿、黄砂、花岗岩、大理岩、水晶、石英等矿产资源储量较大，潜在价值及开发前景可观，黄砂已成为长江中下游地区最大的黄砂生产基地。

建国60年来，全县人民在各级党委和政府的领导下，不断开拓进取，全县经济发展得到全面推进，社会环境建设得到全面改善,特别是改革三十年来,全县上下立足强县富民观念,抢抓机遇,克难奋进,全县经济得到快速发展,社会事业得到全面提升,人民生活得到大幅改善。2008年,全县实现国内生产总值78.06亿元,是1952年的113倍,是1978年41.1倍。三次产业结构比不断改善,1952年,三次产业结构比为89.0∶5.8∶5.2;1978年为55.7∶25.1∶19.2;2008年为37.1∶30.6∶32.3。

二、六十年成就

（一）农业生产稳步推进。浠水是全省的粮食、油料、牲猪、水产的主产区之一。六十年来，全县农民发扬艰苦创业精神，大搞农田水利设施建设，积极实施农业科技增产增收方案，农业生产从低产低效逐步走向高产高效，农业发展走向了持续、健康的发展之路。特别在党的十一届三中全会之后，农村体制改革充满生机活力，家庭联产承包责任制、科技兴农、结构调整、农业产业化等系列措施不断提升农业生产水平，农村面貌发生了翻天覆地的变化。2008年，全县实现农业总产值47.4亿元，是1949年的49.4倍，是1978年的23.5倍。主要农副产品产量成倍增长，

2008年，全县粮食总产达到43.5万吨，是1949年的2.75倍，是1978年的1.16倍；油料总产6.56万吨，是1949年12倍，是1978年的11.5倍；棉花总产1.23万吨，是1949年的10.5倍，是1978年的3倍；牲猪出栏65.1万头，是1949年的9.5倍，是1978年的4.3倍；水产品产量8.51万吨，是1949年的53.1倍，是1978年的23倍。农林牧渔业的比重由1949年的77.3：8.5：12.2：2.0；1978年为83.5：2.7：11.0：2.8；2008年调整为40.6：2.2：37.6：18.4，农村经济发展从主体单一型逐步走向生产复合型。

（二）工业生产快速发展。建国初期，全县工业生产极其落后，只有少量传统手工业和农产品加工业，工业总产值只有278万元。为摆脱工业腿短、门类残缺的现实弱势，全县人民艰苦奋斗、大胆开拓，经过60年的不懈努力，工业经济得到迅速发展，现已形成了化工、建材、运输设备制造、窑炉机械、纺织服装、食品加工、矿产开发等行业为主体的工业生产体系，一批支柱企业和高新技术企业逐步发展壮大，福瑞德化工公司在原县氮肥厂的基础上实施改制，现已成为鄂东最大的化肥生产企业，年产值超过5亿元；天雄汽配、威风凸轮轴已发展成浠水汽配行业的龙头；华益油料、中汇米业等农副产品加工龙头企业也在不断发展壮大。2008年，全县规模以上工业总产值达到46.12亿元，是1952年全县工业总产值的823.6倍，是1978年全县工业总产值的46.1倍，全县规模以上工业增加值15.42亿元，是1978年全县工业增加值的48.6倍，规模以上工业增加值占当年全县地区生产总值的19.8%。2008年，全县规模以上工业企业达到127家，资产总计22.1亿元，主营业务收入40亿元，营业利润2.84亿元。

（三）建筑行业实力壮大。建国60年来，全县建筑业呈现出前缓后快的发展态势，从局部发展逐步走向全面振兴，特别在1990年以后，“城乡一体化”的发展理念逐步带来认识与行动上的大飞跃，全县建筑业得到快速发展。2008年，建筑业实现总产值达到17.2亿元，是1978年的45.1倍，是1990年的25.5倍，建筑业当年实现增加值6.1亿元，占地区生产总值的7.8%，占第二产业的25.3%，分别比1990年提升4.2个百分点、4个百分点，其中资质以上建筑企业达到17家，实现产值16.6亿元，年末从业人员1.25万人，从业人员比2000年增长92.3%。

（四）基础设施明显改善。建国初期，全县基础设施条件相当简陋，全县通车公路只有98公里，载货汽车仅有2辆，邮电机构仅2个，电力照明用户只有城区少数用户。经过60年的发展，全县基础设施建设突飞猛进，特别是近30年来，城乡基础设施建设力度更加得到大力推进。2008年，全县固定资产投资额达到28.9亿元，是1978年的4.7倍，公路营运里程达到3551公里，是1949年的36.2倍，其中等级公路达到1200公里。1996年，京九铁路贯穿全县，改变了浠水境内无铁路的历史。目前，全县形成了公路、水路、铁路的交通运输网络，给人们的出行创造了十分便利的条件。全县邮电通讯事业飞速发展，2008年，全县电话使用量达到10.1万门，手机用户达到21.8万部，人们信息交流日益方便、快捷。

电力基础设施建设全面推进，城乡村村户户使用电灯照明。城乡建设环境得到快速推进，城乡一体化建设进程大幅提升，目前，全县城镇人口由1949年的1.25万人增至到19.8万人，分别占同期总人口的2.2%、19.2%，城镇化建设进程大幅提速，生活环境大幅改善。

（五）内外贸易繁荣活跃。建国60年来，全县城乡市场从解放初期的平淡逐步走向繁荣，特别在改革开放后，城乡个体商业得到大力发展，商业网点从城镇到农村得到迅速蔓延，市场商品充足，价格平稳，货畅其流。2008年，批零贸易及住宿餐饮业的各类户数达到1.48万户，从业人员达到3.2万人，全年实现社会商品零售额40.98亿元，是1950年的331倍，是1978年59.8倍。对外贸易从无到有，发展迅速，2008年，全县外贸出口额达到4502万美元，是1998年的13.7倍。

（六）社会事业全面进步。建国以来，在全县经济建设繁荣发展的大力推动下，全县社会事业也得到快速发展。

教育事业繁荣发展。1949年，全县只有一所中学，29所小学，在校学生只有8736人。经过60年的发展，全县基本形成了较为健全的教育体系。2008年，全县各类学校达到243家，在校学生人数达到16.93万人，学生数是1949年的19.4倍。学校布局合理，教学设施日趋完善，师资水平大幅提高，教学质量明显改善，每年都要为国家输送大批优秀大学生。

文化艺术日益繁荣。2008年，全县拥有艺术表演团体2个，图书馆1座，文化馆1个，博物馆1个、纪念馆1个，艺术表演场馆1个，各类藏书近9万余册，广播电台1座，有线广播站13个，广播覆盖率达到98%，电视覆盖率达到97.9%。

卫生事业稳步发展。2008年，全县卫生机构数38家，卫生机构床位数1494张，是1949年的186.8倍，卫生技术人员2656人，是1949年的4.55倍。卫生事业稳步发展，全县城乡居民就医环境得到大幅改善。

（七）财政金融迅速发展。建国以来，全县经济环境建设得到大幅改善，财政事业得到快速发展，国民经济与社会各项事业得到正常运行。2008年，全县财政一般预算收入达到2.42亿元，是1949年114倍，年均增长8.3%，是1978年的14倍，年均增长9.5%。

金融事业发展迅速，业务水平直线上升，为全县经济建设提供了积极性的支持作用。2008年，全县城乡居民存款余额达到60.62亿元，是1978年的1237倍，年均增长27.8%。

（八）居民生活大幅改善。2008年，全县城镇单位在岗职工工资总额达到5.93亿元，在岗职工年平均工资达到15088元，是1949年的58倍，是1978年的25.6倍。城镇居民人均可支配收入9738元，是1988年的10.4倍，年均增长11.9%，农民人均纯收入达到4083元，是1978年的38.5倍，年均增长12.8%。城乡居民收入大幅提高，居民生活质量逐年改善，耐用消费品拥有量从无到有，从有到优。2008年，全县城镇居民人均住房面积达到34.57平方米，比1988年增加19.92平方米，每百户拥有家用电脑35台，空调器82台；农村居民人均生活用房面积43.14平方米，比1988年增加21.15平方米，每百户拥有洗衣机9台，电冰箱14台，空调器10台。

三、经验与启示

经过全县上下60年来的探索与实践，特别是改革开放以来的大胆探索与追求，全县人民积累了许多有利于经济社会和谐发展的宝贵经验，为全县经济发展和社会进步指明了前进的方向。

（一）解放思想、更新观念是全县经济社会健全发展的主要动力。60年来的实践经验证明，破旧立新、解放思想，是浠水全县经济社会全面发展的前提条件。建国初至1978年，浠水经济只处在初步发展阶段，全县人民战天斗地，艰苦奋斗，人民生活得到初步改善。1979年至1990年，在改革开放观念的引领下，全县经济得到较快发展。1991年至2000年，随着全县改革开放进程加快，经济发展进程大步迈进，进入二十一世纪，全县经济发展逐步走向全面建设小康阶段，社会和谐发展得到全面巩固与完善。

（二）依托市场、改善发展环境是全县经济持续发展的重要平台。浠水交通便利，物产丰富，县委、县政府从浠水实际出发，积极创造条件，不断搭建市场平台，把市场发展作为全县新的经济增长点，确立了“立足优势、沿线开发、城乡联动、整体推进”的市场建设思路。通过加大投入，实施基础环境设施改造，形成了城乡经济互动、内外经济联动的发展网络，全县经济发展在环境变优、市场渐好的基础上，逐步从资源依赖型向市场开发型转变，经济建设水平得到全面提高。

（三）创新思路、强化项目建设是全县经济社会建设的重要推力。发展重思路，发展靠环境，发展抓项目，这是浠水经济社会全面发展的主体导向，为此，全县上下一是确立了稳农强县、兴工富县、贸易活县、民营壮县、科技兴县的发展思路，全县经济发展水平逐年提高，社会建设全面推进；二是筑巢引凤，创优环境抓招商，目前已在全县建立了洪山、散花两个工业园区，在清泉、巴河、兰溪、团陂等乡镇建立了工业集中区，全县各类工业建设项目不断增多；三是强化项目推进意识保发展，近几年，全县城镇以上投资项目迅速增加，2008年，投资额达到23.6亿元，占全社会固定资产投资完成额的81.6%，是1998年的4.6倍。

（四）统揽全局、团结奋进是全县经济快速发展的可靠保证。建国以来，全县以物质文明建设为基石，以精神文明建设为导向，坚持“两个文明”一起建，“两个文明”一起抓的发展理念，以物质文明建设促进精神文明建设，以精神文明建设带动物质文明建设，全县上下齐心协力、团结奋进，物质文明建设能力大幅提高，精神文明建设硕果累累，全县经济发展水平不断迈向新台阶，社会事业建设不断得到新发展。

（撰稿人：张道平　程文申）

辉煌六十年　强县谱新篇

——蕲春县六十年经济社会发展综述

蕲春县位于湖北省东部，大别山南麓，长江中游下段北岸。全县版图面积2398平方公里，总人口98.27万人，辖15个乡镇办和两个省管开发区，577个行政村。蕲春历史悠久，人杰地灵，明代医药学家李时珍、辛亥革命先躯詹大悲、国学大师黄侃、文艺评论家胡风等著名历史文化名人就诞生在这块土地上，是闻名全国的“教授县”和医药名县。

解放前的蕲春，社会腐败，金融混乱，政局动荡，经济崩溃，社会产品贫乏，人民穷困潦倒，1949年全县工农业总产值只有6814万元，工业十分落后，交通闭塞，市场萧条，文化教育卫生等社会事业几乎是一片空白。建国60年来，蕲春经济社会得到了飞速发展，尤其是近二十年呈现跳跃式发展态势，地区生产总值呈几何级数增长：1949—1992年的43年间一直处于10亿元以下，1992—1997年5年达到20亿元，1997—1999年3年达到30亿元，1999—2004年6年达到40亿元，2004—2007年3年达到50亿元，2008年达到75亿元。目前，全县人民在县委、县政府的领导下，全面贯彻落实科学发展观，乘改革开放东风，艰苦奋斗，团结拼搏，抢抓机遇，抢快发展，全力向“建设经济强县、医药名县、文化大县、打造健康之乡”的目标挺进。

一、经济总量

2008年全县生产总值74.77亿元，是1952年的165倍，1978年的20倍，从1952年以来平均每年递增9.9%。其中，第一产业增加值20.7亿元，第二产业增加值25.6亿元，第三产业增加值28.4亿元，分别是1952年的51倍、463倍和411倍，一、二、三产业的比重由1952年的70：13：17调整为28：34：38，第一产业比重不断下降，第二、三产业比重大幅上升，产业结构更趋合理；全县金融机构2008年年底存款余额76.55亿元，是1952年的14444倍，年均增长19%；全口径财政收入6.01亿元，是1952年23万元的2613倍，年均增长15.4%，其中，地方一般预算收入2.93亿元，是1952年的1272倍；全县社会消费品零售总额完成32.56亿元，是1952年的232倍，年均增长10.2%。县域经济综合实力显著增强，在全省79个县域经济单位综合排名中，2008年蕲春排名第30位。

二、工业、建筑业

建国前，蕲春工业基础非常薄弱，除了有一家年产值3万元的“美华肥皂厂”和为数不多的小铁匠铺及手工作坊外，几乎是一片空白，1949年全县工业总产值只有12万元，1978年前蕲春工业仍以“五小工业”为主，1978年工业产值只有6448万元。随着改革开放的深入，市场经济的发展，原有的工业逐渐被陶汰，尤其是近几年全县通过大力招商引资，狠抓园区建设工程、产业集群工程、产业兴镇工程、中小企业成长工程、回归创业工程和品牌带动工程，兴工强县，规模以上工业企业得到迅速发展。2008年，全县规模以上工业企业达到109家，实现总产值54.15亿元，比2000年增长2.5倍，实现增加值16.97亿元，比2000年增长2倍。全县初步形成了以蕲春经济开发区、李时珍医药工业园区、陶瓷产业园、节能灯具产业园、九棵松工业园区为依托，以医药、陶瓷、节能灯具、电子、森工、塑料、纺织等产业为主导产业工业体系。其中，医药、节能灯具和陶瓷三个产业集群成为省里扶持的重点。

全县建筑业在解放前基本上是一片空白，解放后得到快速发展。2008年全县建筑业实现增加值6.03亿元，占全县地区生产总值8.1%；全年资质以内建筑企业完成施工产值9.28亿元，是1991年的64倍；房屋建筑施工面积105万平方米，比

1995年增长3倍。

三、农业、农村

六十年来，全县始终坚持农业产业结构调整，不断推进产业化经营，优质稻、优质油、中药材、畜禽养殖、无公害水产品、林果“六大板块”迅速成长，中药材、速生林、高产农田建设取得较快发展，跻身全省水产大县行列。2008年实现农业总产值36.95亿元，是1952年的104倍。全县粮食总产实现41.27万吨，比1952年增长144.5%；油料产量3万吨，比1952年增长8.4倍；肉产量达5.2万吨，比1990年增长213%；水产品产量达5.6万吨，比1952年增长32倍；中药材种植面积达58065亩，奶牛存栏3000头，年出栏牲猪35.79万头。从2006年起，高起点、高标准地编制和完善了157个行政村的新农村建设规划，并对58个试点村开始建设和村庄整治，社会主义新农村建设正在全县稳步推进。

四、交通、通讯

全县建国前交通极为闭塞，1949年后，尤其是近二十年交通运输业得到了飞速发展，京九铁路横穿县城，黄黄高速经境而过，柳界公路横贯县境，境内长江岸线长达32.5公里，拥有深水良港13.8公里，形成了发达的出县交通体系，境内蕲太公路、蕲漕公路、西岚公路、西冼公路让15个乡镇办连接畅通，实现了村村通公路，2008年通车里程2399公里，比1952年增长59倍。

通讯业高速发展，2008年邮电业务量达1.98亿元，是1952年的4943倍；电话用户13.45万户，是1952年的1920倍；移动电话从1995年开始投入使用，到2008年达到26.36万户，比1995年增长414倍。实现了通信无盲点。

五、固定资产投资

六十年来，全县不断加强基础设施建设，加快城镇化的进程，近年来又加大招商引资的力度，固定资产投资持续高速增长。1990年前每年固定资产投资在亿元以下，2001年前不超过10亿元，2002—2006年达到了20亿元规模，2007年、2008年固定资产投资实现飞速增长，比上年分别增长50.1%、71.9%，增幅居全省全市前列。2008年，全社会固定资产投资49.11亿元，是1950年的12922倍。

投资结构不断优化。2008年全县计划投资额50万元以上的项目中，二、三产业成为投资的重点和热点。一产业累计完成投资额1.99亿元，占4.5%；二产业投资额24.01亿元，占53.7%；三产业投资额18.73亿元，占41.9%。从投资的所有制性质看，民营经济是投资的主力军，国有投资只占9.3%，民营经济成份投资占90.7%。

六、城乡市场繁荣

商业网点遍布全县，集贸市场繁荣，城乡居民购物极为方便。2008年，全县实现社会商品零售总额32.56亿元，是1952年的232倍，个体工商户达17858户。万村千乡市场工程进程加快，建立了500多家村级连锁店，新建一农贸市场，改造二农贸市场，机械化屠宰场已经竣工。

七、社会事业全面进步

解放前蕲春教育事业非常落后，六十年来教育事业得到了快速发展，素质教育扎实推进，基础教育和职业教育得到均衡发展。2008年底，全县拥有幼儿园80所，在园幼儿958人；小学408所，在校小学生78449人，适龄儿童入学率100%；普通中学46所，在校学生81596人；九年义务教育完成率98.5%；初中毕业生升入高一级学校比例达到90.5%。

各类文化事业协调发展。全县有公共图书馆2个，藏书总数为22.3万册；广播电视、电话“村村通工程”和“农村信息化示范工程”进展顺利，在全市率先开通数字电视并在逐步实施整体平移。全县广播覆盖率94.16%，电视覆盖率94.19%。有线电视11.45万户，其中数字电视2万户。

卫生事业发生了翻天覆地的变化，旧社会缺医少药的现象得到了根本扭转。全县拥有卫生机构99个，其中，医院5所，卫生院22所，卫生防疫机构1所，妇幼保健机构1所。各类卫生机构拥有床位1810张，卫生技术人员2437人。其中执业医师及执业助理医师831人。产妇住院分娩率达到98%。卫生体系建设卓有成效，2008年，城镇居民医保、城镇职工医保、新型农村合作医疗参保率分别为53%、97%、91.8%，基本上使全县人民群众人人享有基本医疗保障。

社会保障体系不断完善。城镇职工基本养老保险参保5.5万人，基本实现了城镇职工老有所养，城镇居民基本医疗保险全面启动，参保人数达16.38万人，城镇失业保险参保4.22万人，居民最低生活保障已保人数4.65万人。

八、人民生活

近年来，县委、县政府坚持以人为本，着力解决民生问题，全县人民生活发生了翻天覆地的变化。广大农村基本实现路通、电通、水通、邮通、电信通、电视通，看病难、行路难、上学难的问题得到很好解决，农村生活环境从根本上得到改善。2008年，农村人均住房面积42平方米，是1983年的1.4倍，基本消除了土砖房；农民人均纯收入3578元，是1983年的13倍；各种家用电器都进入了农家，每百户拥有彩色电视105台、影碟机44台、移动电话79部、固定电话82部、摩托车44台、热水器20台、电冰箱14台。城镇在岗职工年平均工资达14950元，是1952年的52倍。城镇居民人均可支配收入9685元，比1996年增长9倍；城镇居民人均住房面积44平方米。

（撰稿人：舒东访）

光辉的历程　不朽的丰碑

——建国六十周年武穴市经济社会发展综述

2009年是新中国成立60周年，60年，在人类奔腾不息的历史长河中，只是短短的一瞬，然而正是在这60年里，全市广大干部群众同心同德、艰苦奋斗，发扬武穴人敢为人先、自强不息、坚韧不拔、勇于创新，求真务实的精神，为武穴插上了腾飞的翅膀，取得了令人瞩目的成就，创造了历史上从未有的繁荣和富足，一个充满生机的新兴城市正在蓬勃崛起，富裕、文明、和谐的新武穴，在全面推进小康建设的大道上阔步前进。

一、经济总量迅速扩大，综合实力显著增强

建国初期，武穴经济一穷二白，百废待兴。1952年全市生产总值仅有4085万元，1976年首次突破亿元大关，达到1.07亿元，1978年召开的十一届三中全会，开启了改革开放历史新时期，从此，全市经济发展速度加快，特别是1987年武穴撤县建市后，更是掀开了跨越式发展的新篇章，到2008年，全市经济总量达到了87.79亿元，按可比价格计算，是1952年的100倍，是1978年的42.7倍，是1987年的12.1倍。1952年—2008年，全市GDP年均增长8.6%，1979年—2008年，年均增长13.33%，大大快于改革开放前年均增长3.32%的速度。伴随着经济总量的不断扩张，武穴财力不断增强。2008年，全市财政收入8.2亿元，是建国初期的368倍，年均增长11.8%，是1978年的62.5倍，年均增长14.8%，是1987年的30.6倍，年均增长17.7%；一般预算收入3.6亿元，比1994年增加了3亿元，年均增长14.3%。

产业结构日趋合理，建国初期的武穴，与较弱的经济基础相对应，产业结构层次很低，农业在国民经济中占有相当高的份额。伴随着经济的高速增长，经济结构发生了深刻变化。在GDP中，第一、二、三产业比例，由建国初期的95.1：4.1：0.8转变为1978年的71.4：15.5：13.1，到了2008年，三次产业的结构已调整为30.5：41.3：28.2。第二产业已经占据主导地位，与建国初期和改革开放初期相比，二产业占国民经济的比重分别提高了37.2和25.8个百分点，第三产业也已经成为国民经济的重要组成部分，分别比建国初期和改革开放初期提高了27.4和15.1个百分点。产业结构的根本性变化，标志着武穴实现了由落后的农业社会向先进的现代工业化社会的历史性跃进。

总量不断扩大，地方经济实力显著提高，使武穴在全省的地位和影响力迅速上升。近年来，武穴在湖北省县域经济考核评价中的位次不断向前，2005年为34位，2006年进至28位，2007年跃居第24位，到了2008年，实现了历史性突破，在全省79个县市区中列第20位，首次跻身第一方阵。

二、农业生产稳步发展，农村经济全面振兴

伴随着新中国的成立，土地改革彻底废除了两千多年来的封建剥削制度，消灭了地主阶级，农民成为土地的主人，在政治、经济上翻了身，解放了农业生产力，农业生产迅速发展，并为社会主义改造和社会主义建设创造了有利条件。随后进行的农业合作化完成了由农民个体所有制到社会主义集体所有制的转变，进一步提高了农业生产力，为初步奠定国家工业化基础创造了重要条件，这段时期，武穴农业呈恢复性快速发展，农业总产值年均增速达到6.8%。1958年开始的农村人民公社化运动中，全国刮起一股“共产”风。在许多方面混淆了全民所有制和集体所有制、社会主义和共产主义的界限。公社随便调用社员、生产队的劳力、资金、土地和财产，取消了农民的自留地，按劳分配的原则遭到破坏，发生了严重的平均主义，挫伤了农民的生产积极性，武穴的农业经济在这段时间内徘徊发展，年均增速仅有1.6%。十一届三中全会以后，党中央逐步确立了在坚持土地公有制的前提下，改变经营管理方式，实行分户经营、自负盈亏的家庭联产承包责任制，极大调动了广大农民的生产积极性，从此，农村经济发展进入了一个崭新时期，1978-2008这三十年内，武穴农业总产值以年均5.1%的速度快速发展，特别是自2004年以来，中央连续六个1号文件的出台，再次刺激和推动了农村经济的快速发展，近三年农业总产值的发展速度高达7.52%，到2008年，全市农林牧渔业总产值已达到39.31亿元，是建国初期的8.4倍。

农业结构发生重大变化。在改革开放之前"以粮为纲"的年代，片面强调粮食生产，其他种植业和林牧渔业严重"短腿"。改革开放前，在农、林、牧、渔业总产值中，农业（种植业）所占比重基本保持在85%左右。改革开放后，农业结构向多元化方向发展。农、林、牧、渔业总产值的比例，由1952年的86.7：0.7：10.2：2.4调整到2008年的40.7：0.6：42.9：15.2。种植业比重下降，畜牧业和渔业成为农村经济发展、农民增收的重要支撑点。

主要农产品产量成倍增长。粮食产量从1949年的9.29万吨增加到2008年32.77万吨，增长2.5倍，单产达到434公斤/亩，较1949年的154公斤/亩提高1.8倍，其中1997年总产达到37.99万吨，创历史最高。油料产量由1949年的0.2万吨增加到5.86万吨，增长28.3倍，单产达到151公斤/亩，较1949年的53公斤/亩提高1.85倍，其中2000年达到6.07万吨，创历史最高。棉花产量从1949年的533吨增加到1.4万吨，增长25.3倍，创历史最高，单产达到94公斤/亩，较1949年的11公斤/亩提高7.5倍。2008年肉类总产达6.65万吨，水产品4.03万吨，水果3.44万吨，与1949年相比，均呈几倍甚至数十倍增长。

三、工业总量迅速扩张，工业化进程快速推进

新中国成立初，国家实行和强化计划经济，废除生产资料私有制，建立社会主义公有制，到1956年后，从建立公有制为主体的多种经济成分并存的经济，向高度集中统一管理的计划经济体制转变，在1949-1978年这29年中，武穴工业得到了一定的发展，工业总产值以年均12.1%的速度稳步增长。中共十一届三中全会以后，党中央正确地总结了建国以来工业建设正反两方面的经验，决定实行工业经济体制改革，从单一的公有制经济转变为以公有制为主体的多种经济成分并存的经济，从计划经济转变为以计划经济为主、市场调节为辅的经济。采取了调整产业结构，改变企业管理方式，实行政企分开等一系列措施，增强了企业的活力，解放了生产力，1978到1990年中，武穴工业迈入了快车道，总产值以年均19.1%的增长速度快速发展，从20世纪90年代以来，党中央在认识国情和总结社会主义建设经验教训的基础上确定加快改革开放步伐，深化经济体制改革，把企业推向市场。极大地解放和发展了生产力，武穴工业逐步向社会主义市场经济体制转变，由粗放式经营向集约化经营转变，在经过阵痛之后飞跃发展，取得了令人瞩目的成就，全市国有经济逐步退出竞争领域，集体经济比重也明显下降，股份制经济则从无到有、迅速扩张，私营经济蓬勃发展。经营体制的不断创新、所有制经构的不断优化，为工业经济发展注入活力，推动全市工业工业总量持续壮大，工业结构逐步优化，经济效益不断提升。1990-2008这18年中，工业增加值年均增长19.3%，到2008年，全市共完成工业增加值34.5亿元，工业占国民经济比重达到39.3%，较建国初期的3.5%提高了35.8个百分点，较1978年的14.5%提高24.8个百分点，工业化水平明显提高。

企业规模不断扩大，2008年全市规模以上工业企业发展至137家，比1998年83家增加54家。年销售收入亿元以上企业有4户，分别是广济药业、祥云集团、华新水泥和江隆棉业，亿元以下5千万以上的企业有11户。规模以上工业企业资产总额达到51.98亿元，户均固定资产原值达到2183万元，是1978年的57倍，户均从业人员121.5人，与1978年的99人相比，户均增加了22.5人。规模以上工业总产值达到68.95亿元，增加值达到25.05亿元。

主要工业产品产量大幅度增长。2008年全市主要工业产品中。核黄素产量2799吨，是1979年的541倍；磷肥21.7万吨（折纯），是1976年的130倍，氮肥（折纯）32.51万吨，是1973年的154

倍，水泥236.78万吨，是1958年的6万多倍；啤酒产量127.16万吨，是1982年的1718倍、合金钎头65万支，是1981年的24倍。

企业经济效益不断提升。综合经济效益指数屡创新高，2008年，我市工业经济效益综合指数达238.24%，创造武穴有史以来的最好水平。利润大幅增长，2008年全市规模以上工业企业盈亏相抵后实现利润总额为4亿元，是1978年的129倍；实现利税大幅提高，2008年全市规模以上工业企业实现利税总额6.8亿元，是1978年的124倍。

所有制结构不断优化。从建国初期到改革开放之前，我市工业主要依靠国有和集体经济支撑，1978年，全市共有乡及乡以上工业企业152家，所有制均为国有集体经济，其中国有企业占21.7%，集体企业占78.3%，随着改革的不断深入，市域经济民营化的步伐不断加快，到2008年，全市137家规模以上工业企业中，国有企业占6.6%，集体企业比重明显下降，仅占2.9%。非公有制经济则从无到有，迅速扩张，呈现出蓬勃发展的势头，2008年全市规模以上非公有制企业达到124家，占规模以上工业的90.5%，总产值达58.55亿元，占规模以上企业产值比重达到85%，成为全市工业经济的主要支柱。

四、第三产业长足进步，各大行业竞相发展

从建国以后到改革开放前之间的很长一段时间，武穴的第三产业发展缓慢。1952—1978年的26年间，第三产业以年均4.84%的速度低速增长，1978年，第三产业占GDP的比重由1949年的16.1%提高到了22.3%。改革开放以来，随着第一、第二产业的快速发展，产业结构的升级、消费形式的变化和城市化的推进，第三产业也进入了一个全面快速增长时期。1979年—2008年，第三产业增加值年均增长17.44%，第三产业占GDP的比重由1978年的22.3%提高到2008年的28.3%。到2008年，已初步形成了门类比较齐全、整体效益较好的第三产业体系。第三产业增加值由1952年的660万元增至24.82亿元，按照可比价格计算，年均增长11.4%。

国内市场日益繁荣。从建国初期到改革开放以前，我国商品生产短缺，消费品实行中央和地方的不同层次调拨分配。国家对消费者实行凭证定量供应。市场处于全面短缺的紧张状况。经过多年的改革开放，这些都已经成为历史，工农业产品全部自由流通，90%以上的商品供求平衡或供过于求，价格由市场供求和企业自主决定，市场机制已经在商品流通领域中起着决定性作用。从1985年起逐渐取消凭证定量供应，到1991年结束了长达38年凭粮票购粮的历史。1949年，武穴全市社会消费品零售总额只有660万元，到2008年，社会消费品零售总额已达38.75亿元，是1949年的587倍，建国以来年均增长11.4%，是1978年的78倍，年均增长15.6%。经营主体也打破了国营和供销社一统天下的局面，形成了经营主体多元化，多种所有制并存，并以私营、个体为主的格局。流通方式的现代化水平得到了迅速提高，新型业态不断涌现，中百仓储、黄商等知名贸易企业纷纷落户我市，各类世界名牌、中国名牌产品在武穴市区的专卖店、连锁店、直销店比比皆是，在全市社会消费品零售总额中比重不断上升。人民的消费层次逐步升级，书报杂志类、医药类、家用电器类、交通工具类、石油类等销售额均有较快增长。

旅游业长足进步。2008年，我市名胜风景区和文物保护区达21处，横岗山森林公园、仙姑山风景区、双善洞等旅游景点得到长足开发，基础设施不断完善，全年共接待国内外游客31.6万人次，旅游总收入达到0.5亿元，其中旅游外汇收入6万美元，星级饭店发展到5家，客房数达485间。

金融业快速发展。建国初期，武穴金融机构仅有1家，各项存款余额为0.1万元，各项贷款余额为1.6万元，到2008年末，全市金融机构人民币各项存款余额70.74亿元，各项贷款余额为26.72亿元，银行、保险等各类金融机构达18家，全年共完成增加值0.37亿元。

五、对外开放步伐加快，经济外向度明显提升

改革开放以来，我市在经济体制改革的同时，加快了对外开放的步伐，对外贸易快速发展。2008年，全市自营出口企业达8家，其中出口额过100万美元的有5家，过1000万美元的1家，与世界25个国家和地区建立了直接的经济贸易关系，出口产品达到5个大类，出口额从1995年的493.5万美元增加到2008年的8767万美元，年均递增24.8%。利用外资规模不断扩大。2008年，实际利用外资达到2941万美元，与1992年的92万美元相比，增长了31倍，年均增长24.2%。与此同时，外向型经济在全市经济中逐渐占有一定比重。2008年，规模以上外商及港澳台投资企业共8个，实现工业总产值2亿元，占规模以上工业比重达2.9%。

六、固定资产投资规模不断扩大，基础设施日趋完善

从建国以后到改革开放前的很长一段时间里，我国基本是采用以政府为单一的投资主体，以指令性投资计划和行政性立项审批为基础的，以高度集中的政府投资决策和单一财政资金渠道为特征的直接管理型投资体制。1976年，武穴固定资产投资额首次突破千万元，1950-1978年的28年中，投资额以年均15%的速度稳步增长。改革开放以来，国家对原有的投资体制进行了一系列改革，打破了传统计划经济体制下高度集中的投资管理模式，初步形成了投资主体多元化、资金来源多渠道、投资方式多样化、项目建设市场化的新格局。投资体制的突破，推动全市固定资产投资规模不断扩大，1979-2008年全市固定资产投资累计完成195亿元，年均增长22.3%。到2008年，全市固定资产投资达到42.6亿元，是1950年的5.3万倍，是1978年的339倍。投资的快速增长，使全市基础设施建设突飞猛进，各种瓶颈制约大大得到缓解，经济持续发展的后劲迅速增强。

交通建设成绩斐然。2008年末，全市公路通车里程为1391公里，比建国初期增加1353公里，比1978年增加948公里。公路密度为1.12公里/平方公里，是建国初期的36.6倍，是1978年的3.1倍。农村通公路（硬化）行政村比重达到98.8%。铁路从无到有，京九铁路境内总长36.53公里。公路运输工具拥有量继续增多，公共交通运营能力不断提高。2008年末全市民用汽车拥有量达到2643辆，比1978年净增2368辆。货运量由1952年的2万吨增加到2008年的1305万吨，增长651.5倍；客运量由1952年的2.7万人增加到2008年的1195万人，增长441.6倍。

通讯设施显著增强，电信事业飞速发展。到2008年，全市电话机交换机容量达到12.73万门，是1949年的2829倍，是1978年的55.9倍；固定电话用户（含小灵通）年末达到10.14万户，是1949年的3621倍，是1978年的63倍，其中城市电话用户4.39万户，是1949年的6271倍，是1978年的133倍，乡村电话用户5.75万户，是1949年的2738倍，是1978年的45倍。移动通讯从无到有，发展迅猛，2008年末达到18.7万户。全市固定及移动电话用户总数达到28.84万户。电话普及率达38.1部/百人，其中固定电话和移动电话普及率分别达到13.4部/百人和24.7部/百人。互联网用户达1.88万户。2008年，全市完成邮电业务总量1.86亿元，是1949年的2094倍，年均增长13.8%，是1978年的317倍，年均增长21.2%。光纤通信、数字微波、程控交换、卫星通信、移动通信等先进技术装备得到广泛运用。邮电通信业的大力发展，使人们一般交流和贸易交流的方式已由改革之初的信件、电话、电报为主要方式发展为还包括移动电话、传真、电子邮件（e-mail）、数据传输等多种先进快捷的交流方式。

城市功能不断完善，城市品位得到提升，建国以来，特别是改革开放、撤县建市之后，武穴不断加强城市建设，城市基础设施不断完善，城市整体功能日益增强，城乡居民生存环境继续改善。2008年末，建城区面积达到25.36平方公里；城区道路总长达257公里，道路面积达463万平方米；自来水日综合生产能力达10.2万立方米，自来水供水管道总长205.71公里，年供水量2988万立方米；液化气储气能力达550万吨，供气总量6980万吨，天然气供气总量62.21万立方米；城区现有公共汽车139辆，有10条运营线路，运营线路总长达170公里；城区园林绿地面积483公顷，绿化覆盖面积637公顷；道路清扫保洁面积达160万平方米，生活垃圾无害化处理率达96%。

七、人口、就业健康发展，社会事业全面进步

改革开放以来，随着全市国民经济的快速发展，我市各项社会事业都有了长足发展。

人口低速增长，城镇化水平明显提高。2008年末，全市总人口为75.62万人，比1949年的32.53万人增加43.09万人。在总人口中，城镇人口26.13万人，城镇化率达到34.55%，比1949年的12%提高了22.55个百分点；乡村人口为49.49万人，占全市人口的比重为65.45%，较1949年明显下降。

就业规模有所扩大，从业结构明显优化。2008年，全市从业人员为42.9万人，比1949年的11.3万人增加31.6万人，增长279.6%。从就业的产业结构看，从事一产人数比重下降，从事二、三产人数比重明显提升。2008年，全市从业人员一、二、三产业构成为30.5:41.3:28.2，与建国初期相比，第一产业从业人员比重下降64.6个百分点；第二产业从业人员比重提高37.2个百分点；第三产业从业人员所占比重提高27.4个百分点。

社会保障日益健全。城镇职工养老保险制度、基本医疗保险制度、失业保险制度和城市居民最低生活保障制度逐步建立完善。各类保险参保人数明显增加，2008年末，城镇职工参加基本养老保险人数达到4.6万人；参加城镇失业保险人数达到2.5万人；参加基本医疗保险的人数达到4.6万人；社会保险参保率达96.1%。

社会福利事业加快发展。全市共有各类福利院85个，拥有床位2894张。城镇建立各种社区服务设施62个。临时救济困难户人数达320人次，五保人员集中供养率达100%，年末城镇居民享受最低生活保障人数达1.47万人，农村低保正式运行，农村居民享受最低生活保障人数达1.7万人，基本实现动态管理中应保尽保的目标。

教育事业长足长展。1949年，全市只有小学7所，在校生1344人，初中2所，在校生263人，经过60年的发展，2008年末全市共有各级各类学校266所，2489个教学班，在校学生12.82万人，在职教职工达7745人，其中，电大分校1所，函授学生743人，普通中专2所，在校生2165人，职业高中2所，在校生5296人，职业初中2所，在校生110人，普通高中5所，在校生1.82万人，是1956年的119倍，普通初中39所，在校生3.9万人，是1949年的149倍，小学160所，在校生5.37万人，是1949年的40倍，特殊教育学校1所，在校学生109人，全市拥有独立设置的幼儿园52所，在园幼儿0.7万人。九年义务教育完成率达99.8%。师资力量明显加强。全市各类学校教职工人数达7745人，是1949年的58倍。教学条件明显改善。全市各级各类学校校舍建筑面积达101.81万平方米，拥有固定资产4.4亿元，与建国初期相比均有了大幅提高。

文化广播电视和体育事业繁荣发展。2008年末，全市拥有影剧院1个，全年演（映）出211次；艺术表演团体1个，全年演出286场，上演剧目21个；公共图书馆1个，馆藏图书12.8万册，全年总流通量达12.5万人次；博物馆1个，馆藏品1.49万件（套），其中一级馆藏品3件（套），二级馆藏品39件（套），三级馆藏品147件（套），年参观人次达8万人次；随着人民物质生活的不断改善和文化需求的不断提高，各类民间文化艺术团体如雨后春笋，竞相发展。广播电视基础设施更加完善，信息化程度不断提高。到2008年末，全市拥有调频广播电台、电视台和发射台各一座，可同时转播45套电视节目和4套广播节目。城乡一体的广电光纤网络已基本建成，现有有线电视用户9.5万户，其中城区用户2.7万户，农村用户6.8万户。全市电视人口综合覆盖率为94.3%，广播人口综合覆盖率达到94.7%。体育事业和全民健身运动蓬勃发展。城区居民的健身环境不断改善，健身项目不断增加，全民健身运动普及程度和体育竞技水平不断提高。

卫生事业稳步加强。公共卫生服务体系不断完善，到2008年末全市拥有卫生机构66个，其中市级综合医院3个，中医院1个，卫生院16个，卫生所42个，专科疾病预防控制中心1个，采血站1个；医疗卫生机构现有技术人员2171人，其中执业医师（含助理医师）975人，注册护士553人，卫生防疫人员89人。新型农村合作医疗运转日趋规范，全市有49.3万名农民参加了新型农村合作医疗，参合率为91.4%。

八、居民收入显著提高，生活质量得到改善

随着经济的快速发展，各项事业的全面进步，全市城乡居民生活水平与建国初期相比，发生了翻天覆地的变化。

城乡居民收入显著提高，储蓄存款不断增长。2008年，全市农民人均纯收入由1957年的53元增加到4621元，增长86.2倍，年均增长9.2%。城镇居民家庭人均可支配收入增加到10526元。2008年，城乡居民人均储蓄存款达到6865元。

居民消费水平不断提高，生活质量明显改善。2008年，农民人均生活消费支出3592元，比1983年的247元增长13.5倍，年均递增11.3%；在消费支出大幅度增加的同时，消费结构也发生了明显变化。逐步由满足温饱需求的“吃、穿”阶段，向满足小康需求的“用、住、行”阶段升级。食品消费已从吃饱、吃好逐步向高层次、高品位、营养化发展；穿着消费已从颜色单调、款式单一、一衣多季向多元化、个性化、品牌化发展；居民耐用消费品由百元级的小型耐用消费品（如手表、自行车、缝纫机），向千元级的中型耐用消费品（如彩电、电冰箱、洗衣机等家用电器）升级之后，又向着万元级的大型耐用消费品（如住房、轿车）升级。从居民每百户拥有的耐用消费品看，2008年，每百户农村居民家庭中，拥有摩托车41辆、家用电脑8台，空调21台，电冰箱41台，移动电话109部，固定电话89部、洗衣机38台，彩电124台。每百户城镇居民家庭中，拥有摩托车57辆，空调97台，家用电脑40台，电冰箱103台，移动电话173部，洗衣机93台，而在建国初期甚至到了1978年这些全是空白。

居民的居住和生存条件进一步改善。城镇居民人均住房使用面积由1986年末的14.5平方米扩大到2008年末的33平方米。2008年，13%的城镇居民家庭居住单栋住宅，79%的家庭居住三、四居室，住宅的配套设施得到明显改善。农村居民人均住房使用面积由1985年末的18.2平方米扩大到2008年末的37.95平方米。

纵观建国以来六十年的发展史，可以看出武穴经济和社会的发展取得了令人瞩目的辉煌成就，建国六十年是全市人民奋斗的六十年、发展的六十年、硕果累累的六十年。同时，也存在着许多深层次的问题，诸如发展的协调性和可持续性仍然不够，经济总量相对偏小，资源的可持续开发利用以及环境污染和生态破坏的问题仍然突出；支柱产业单一、新兴产业和高新技术产业发展不快，制约经济发展的体制性、机制性问题依然存在，经济外向度不高，企业自主创新能力不强；城乡二元结构矛盾还没有得到实质性的破解，不同行业、不同阶层收入差距明显等等。因此，全市上下都要认真六十年来的经验教训，牢固树立科学发展观，抢抓机遇，应对挑战，大力推动我市现代化建设进程，力争使建设湖北综合实力强市的奋斗目标早日实现。

（撰稿人：吴世宏）

改革潮涌扬帆竞 “鄂东门户”谱新篇

——建国六十年黄梅县经济社会发展综述

黄梅县位于湖北省最东端，地处鄂赣皖三省交界，东邻安徽宿松县，西接武穴，北连蕲春，南与江西九江市隔江相望，素有“鄂东门户”之称。千百年来，黄梅人在这块热土上辛勤劳作，发奋图强。虽然历尽艰苦，无奈战乱不断，灾害频繁，鄂东门户饱经了历史沉重的创伤。新中国成立后，黄梅人民才最终摆脱困苦，走上了安定富强文明的和谐之路。

新中国成立60年来，特别是改革开放30多年来，“鄂东门户”发生了翻天覆地的变化。勤劳智慧的黄梅人民在历届县委、县政府的正确领导下，以强县富民、振兴黄梅为目标，借物华天宝之势，乘改革开放之风，艰苦奋斗，团结拼搏，抢抓机遇，加快发展，全县经济和社会事业取得丰硕成果，一个繁荣、富强、稳定、文明的新黄梅已成为鄂东一颗闪耀的明珠。2008年，全县实现国内生产总值67.72亿元，是1949年的78.8倍，是1978年的52.2倍；财政收入从1949年41万元增长到2008年54719万元；城镇居民可支配收入和农民人均纯收入分别达到8935元、4088元，比1978年分别增长34.7倍和37.8倍。

农村经济稳步壮大。黄梅是湖北省粮、棉、油主产区之一，也是自然灾害频发地区。建国前，全县境内有四十八圩、四大河坝、一道江堤，由于基础不牢，年久失修，致使黄梅人民长期处于“三夜明星就叫旱，一声雷响便登舟”的自然灾害之中。建国60年来，全县人民在中国共产党的领导下，发扬“愚公移山”精神，坚持不懈地进行农田水利基本建设，改善了农业生产条件。目前全县79万亩耕地中，有效灌溉面积占73%，旱涝保收面积占60%。农业生产条件的改善有力促进了农业生产的发展。特别是党的十一届三中全会以来，全县农村普遍实行了以家庭经营为主的联产承包责任制，极大地调动了广大农民的生产积极性和创造性。通过大力推广农业新技术，调整产业结构，发展特色农业，农业生产力和农村经济得到迅速发展，农民的生活水平得到极大改善。昔日贫穷落后的农村逐步走上了繁荣富庶的小康之路。2008年全县农业总产值36.87亿元，比1949年、1978年分别增长74.5倍和49.2倍；粮、棉、油产量分别达到40.71万吨．2.13万吨、5.85万吨，粮食、油料（1949年无棉花产量资料记载）分别是1949年的5.3倍、4.9倍，是1978年的2.1倍、1.9倍和2.7倍，被列为全国粮食主产县，全省粮食生产大县和优质稻板块建设强县，全国优质棉生产基地县；水产品产量达到7.06万吨，比1949年、1978年分别增长7.1倍和3.3倍，水产生产进入全省十强；生猪出栏35.7万头，比1949年、1978年分别增长2.6倍和1.7倍；水果产量3044吨，比1978年增长27.6倍。近几年来，我县大力发展产业化经营和特色农业，以青虾、优质稻、棉花等为代表的农产品具有很强的市场竞争力，成为我县农业由传统农业向现代化农业转变的重要标志。

工业经济迅猛崛起。解放前，黄梅县工业几乎是空白，全县仅有一座砖瓦厂和几个手工作坊，设备非常简陋，1949年工业总产值仅有171万元。解放后，在“以农业为基础，工业为主导”的方针指引下，地方工业发展较快，产业结构和布局得到较大改善，经济效益不断提高，但到1978年前，全县工业仍规模较小，而且门类残缺，传统的纺织、食品等轻工业占全部工业的80%以上。改革开放后，全县工业经济进入了快速发展时期，并逐步建立起门类齐全的工业体系，全县工业产品现有轻纺、建材、食品、机械、电子等七大类200多个品种，初步形成纺织服装、新型建材、农产品深加工、医药化工、机械电子、商贸物流六大主导产业。康宏粮油、联兴化工、通威饲料、德赛木业、稻花香酒业向亿元产值企业迈进，“兴成”墙地砖、“飞剑”冷却水泵、“仙品皇”米排粉、“三梅”复混肥等产品荣获湖北省名牌产品称号，株华国威、民生塑业等5家企业通过ISO9000质量管理认证。党的十一届三中全会以来，黄梅工业先后走过了放权让利、责任承包、转机建制、民营改制等四阶段。特别是近几年国有企业民营化改革取得突破性进展，到2008年底，全县国有企业产权退出面达到80%以上，国有经营退出面达95%以上，1.7万余名职工依法与原企业解除了劳动关系，使一大批企业走出困境，增强了新的活力。2008年，全县规模以上工业企业达129家，提前两年实现了“十一五”规划，规模企业突破100家的目标。规模以上工业实现增加值15.1亿元，增幅高于全市平均水平15个百分点；全年工业用电量2.76亿千瓦时，居全市首位。大胜关山工业园、小池工业园、砖都工业园、杉木陶瓷工业园初具规模，纺织服装、新型建材和农副产品加工三大产业集群实现产值29.3亿元，占全县工业总量的63.1%。工业经济已经成为县域经济的支柱。

第三产业空前活跃。解放前，私营商业网点稀少，货源奇缺，市场萧条，社会消费品零售额仅有745万元。解放后，农业、工业的迅猛发展带来了第三产业的空前繁荣，以私营经济为主要力量，商业、饮食服务业、交通运输业、服务业得到长足发展。2008年全县社会消费品零售额35.36亿元，分别是1949年、1978年的477.2倍和54.2倍。近几年来，为进一步搞活商品流通，全县新发展商业网点2300个，先后兴建了小池自由贸易区、银海商业城、鄂东大市场、鄂东建材城、鄂东家装城等大中型市场20个，年新增营业额2.7亿元。旅游业、金融业、信息业、文化娱乐业等一大批现代产业不断发展壮大，成为带动经济发展的重要增长点。以旅游业为例，先后投入巨资修复了名扬海内外的佛教圣地五祖寺、四祖寺和老祖寺等庙宇，重修了宋代古塔，兴建了皇家大酒店等一批星级宾馆，建成了挪步园度假风景区，为打造鄂东禅宗文化旅游区创造了条件。全县旅游业每年共接待国内外游客120万人次，实现旅游收入1.2亿元。

基础设施日臻完善。建国前，全县基础设施十分落后，可谓百废待兴，全县公路通车里程仅20公里，县城仅有一家私营“惠通汽车公司”，拥有烧木炭汽车一辆，因车陈旧，故障甚多，当时流行一首歌谣：“一去二三里，停车四五回，修理六七次，八九十人推”。邮件靠步班投递，货运靠肩挑背驮和人力、畜力车，电灯、电话、自来水更是一片空白。经过60年的建设，如今发生了翻天覆地的变化。在水利设施方面，新建水库23处，排灌闸31处，电排站43处，电灌站60处，修建了八一大堤，加固了长江干堤和三大民圩，形成了防洪、排涝、灌溉三大水利体系，基本上根治了水、旱灾害。近年来，新建、改造自来水厂3座，日供水能力达5万吨以上。仅2008年，城镇基础设施建设投入达9478万元，比上年翻了一番，是建国以来投入最多的一年，城镇功能不断增强，城镇化水平大为提高。交通方面，新建了“京九”、“合九”铁路，改写了黄梅无铁路的历史，长江大桥飞架南北，已将黄梅和九江连为一体；公路着重加强了黄小线、柳界线、城五线、城下线、城挪线和横山公路等建设，完成水泥路面145公里，柏油路面40公里，全县已通水泥路的村达483个，沪蓉、京福高速公路在境内纵横交错。2008年全县共有公路通车里程1789公里，内河航道里程34.4公里；通信方便，先后建成了DDN数字交换网，电视电话和移动通信系统，完成农话交换扩容改制工程，架设了80公里通信光缆，程控电话到2008年发展到1.78万部、移动电话16部，实现了村村通电话，邮电业务量由1949年的2万元增加到2008年的18000万元。电力建设先后投资亿元，建成了3个11万伏输变电站，8个3.5万伏变电站，8个水力发电站，架设高压输电线路227公里，全县用电水平比1978年翻了三番。

社会事业方兴未艾。全县经济的发展有力地促进了社会事业的进步，各项社会事业百花齐放，一派繁荣。教育事业成就显著，建国前，全县只有1所中学、12所小学，在校学生1707人。新中国诞生后，黄梅教育事业得到迅速发展，目前形成了比较完整的基础教育网络，普及九年义务教育通过了省级验收达标。2008年全县中、小学

261所，在校学生161394人，少年儿童入学率达到99.9%，高考上线人数和上线率连续8年位居全市首位，县一中实现整体搬迁重建。教育水平和全民文化素质显著提高，自恢复高考制度以来，累计考入各类大中专生约30万人，为国家培育和输送了大批人才。科技力量日益壮大。全民科学素质不断提高，全县现有专业技术人员1.65万人，从事科技活动的人员1562人，科技事业为经济建设服务取得了丰硕成果。文化艺术欣欣向荣，全县先后新建和扩建书店26个、文化站24个、博物馆1个、图书馆2个、“农家书屋”74个，建成了黄梅文化广场和黄梅戏剧院，群众性文化活动丰富多彩，艺苑奇葩“黄梅戏”香飘万里，楹联创造享誉九州，产生了一批在全省、全国有影响的艺术作品，被命名为全国“戏剧之乡”、“楹联之乡”、“诗词之乡”。广播电视事业发展迅速，全县建成电视台一座，100%的乡镇已开通有线电视，广播电视混合覆盖率达到95%。体育卫生事业生机勃勃，到2008年，全县已建成体育馆1个、田径场10个、足球场4个，标准游泳池1座，灯光球场1个和大批群众性体育活动设施，体育活动蓬勃开展，成为湖北省体育先进县；全县医院发展到24家，病床1200余张，分别是1949年和1978年的1倍和28倍，全县人民健康水平不断提高。社会保障不断健全，全县参加社会保险企业达382家、50245人，城镇居民医疗保险参保率达62%，城乡居民最低生活保障实现应保尽保，新型农村合作医疗参合率达97.67%；保险事业纵深发展，已经开展了人寿保、财产保、就业保、卫生保等多种险种，保障了全县经济社会稳定发展。

人民生活节节攀升。经济的快速发展给人民群众带来巨大的实惠，人民生活水平蒸蒸日上，不断向小康迈进。一是城镇居民收稳定增长。2008年城镇职工人均可支配收入8935元，比2007年增加1579元，增长21.5%；农民人平纯收入4088元，是1978年的37.8倍；二是城乡居民储蓄存款余额大幅度增加。到2008年底城乡居民储蓄存款达到59.5亿元，而1949年和1978年分别只有23万元和485万元。三是城乡居民住房条件日益改善。昔日低矮的茅草屋销声匿迹，代之而起的是一栋栋宽敞明亮的楼宇。2008年城镇人均住房面积达到42.6平方米，农村人均住房面积达到40.8平方米。四是居民消费水平明显提高。2008年全县人均消费支出3928元，人均生活用电155千瓦小时；人们的消费观念发生了深刻变化，“吃讲营养、穿讲漂亮，住讲宽敞，用讲高档”已成为人们的生活时尚，高清晰彩电、冰箱、小汽车等高档商品已进入许多普通家庭。全县人民正朝着“饮食营养化，穿着品牌化，居住楼房化，行走机械化，用具电气化”的“五化”方向迈进。五是农村扶贫攻坚和小康建设进程加快。到2008年，全县基本实现整体脱贫，100%村实现通电通路通邮。

回首过去，60年的奋斗历程成就辉煌；展望未来，黄梅科学发展前景更加广阔。继续把改革开放伟大事业推向前进，是对建国60周年的最好纪念。有中国特色社会主义理论的正确指引，有中国共产党的坚强领导，有改革开放积累的雄厚物质基础和丰富经验，有全县人民的团结奋斗，我们一定能够夺取全面建设小康社会新胜利，谱写黄梅更加辉煌灿烂的新篇章！

（撰稿人：纪德文）

第三部分　建国六十年统计资料

资料整理人员：童卫红　顾援越　李　瑛　刘　煜
童　泉　张丽娟　戢志扬　赵金华
方学兵　吴祖焱　肖　锋　侯国栋
陈　华　程文申　舒东访　吴世宏
杨仕和　夏　焱　蒋　庆　黄河清
倪继福　高小妹

1949-2008年黄冈市国民经济

年份	年末总人口（万人）	年末常住人口（万人）	人口自然增长率（‰）	年末从业人员数（万人）	地区生产总值（亿元）				
						第一产业	第二产业	#工业	第三产业
1949	368.9								
1950	373.8								
1951	378.6								
1952	383.0				3.65	2.07	0.57		1.01
1955	399.6				4.48	2.39	0.98		1.11
1957	410.5		17.8		5.44	2.71	1.29		1.44
1962	423.4		29.6		4.83	2.71	0.99		1.13
1965	453.3		24.8		6.42	3.35	1.88		1.20
1970	518.4		21.5		5.92	2.81	2.05		1.06
1975	557.85		11.7		6.64	3.22	2.17		1.25
1976	563.43		10.26		8.04	3.78	2.81		1.45
1977	568.19		8.88		8.34	3.50	3.36		1.48
1978	573.14		10.7		13.89	8.40	2.70		2.80
1979	578.08		10.68		15.96	9.88	2.93		3.15
1980	581.28		6.00		15.77	9.39	3.09		3.29
1981	585.42		6.38		17.17	10.39	3.36		3.42
1982	590.54		6.60		20.50	12.81	4.06		3.63
1983	593.87		5.47		21.12	12.42	4.64		4.06
1984	596.69		4.98		24.37	13.64	5.79		4.93
1985	600.98		5.01		28.35	15.74	6.44		6.17
1986	609.44		8.83		32.42	18.56	7.44		6.42
1987	619.63		11.52		36.29	20.14	8.75		7.40
1988	632.26		12.69		42.36	23.40	10.88		8.08
1989	643.08		11.91		49.29	27.28	11.95		10.06
1990	657.75		16.67		60.73	35.04	12.79	11.18	12.89
1991	666.18		11.35		66.09	33.13	17.34	15.16	15.62
1992	673.36		10.11		76.28	35.41	21.64	18.92	19.22
1993	682.36		9.84		98.39	44.63	30.68	26.82	23.08
1994	689.88		9.86		128.70	54.31	45.75	40.00	28.64
1995	698.69		6.24		167.47	68.04	60.76	53.39	38.67
1996	704.88		6.26		206.52	80.33	77.17	67.44	49.02
1997	713.90		6.04		236.06	87.07	85.61	74.39	63.38
1998	722.26		5.20		249.63	86.81	89.64	77.44	73.18
1999	730.06		4.9	332.9	256.67	84.06	92.13	75.06	80.48
2000	722.74	663.15	2.89	334.93	236.96	100.34	61.86	47.23	74.76
2001	722.73	665.28	2.38	336	250.95	98.80	68.04	48.03	84.11
2002	723.95	667.15	2.78	338.9	266.06	100.15	72.59	52.19	93.31
2003	724.70	668.93	2.76	343.22	284.76	104.41	79.19	57.99	101.16
2004	726.34	671.13	2.81	347.5	322.83	110.46	95.89	73.54	116.48
2005	726.30	673.40	3.5	350	348.56	115.53	107.86	83.47	125.17
2006	728.94	668.70	3.33	352	391.19	121.14	126.21	100.21	143.84
2007	730.98	666.70	3.68	353	473.74	150.35	157.38	121.05	166.01
2008	735.14	667.50	3.68	344	600.75	192.58	204.23	163.78	203.94

注：

农林牧渔总产值：1.1949～1989年使用的是1980年不变价，1990～1999年使用的是1990年不变价。2000年后使用的是各年份当年价格。

和社会发展主要指标（一）

人均地区生产总值(元)	农林牧渔业总产值（万元）	粮食产量（万吨）	油料产量（万吨）	猪牛羊肉产量（万吨）	水产品产量（万吨）	规模以上工业总产值（万元）	规模以上工业增加值（万元）
	50462	933780	24640		8300	344	
	87204	1023280	28655		8730	175	
	60617	1070960	34095		8605	435	
95.27	63621	1027650	37830		8990	1067	
112.29	71651	1231160	44955		15540	5144	
132.84	85008	1451230	56240		17415	13774	
114.02	81419	1489050	31960		13610	13559	
141.69	110321	1768380	50635		18520	16823	
119.30	106359	1880170	31215		18225	25560	
114.42	122335	2145680	45705		18130	54102	
150.11	133518	2402530	44297		17425	56001	
149.98	122646	2202485	43344		18855	72231	
240.09	128177	2372755	45930		17722	72632	25421
274.53	147742	2671485	74945		18009	77595	27158
269.38	129093	2108435	72065		21526	85274	30140
290.81	138665	2266525	94729		22885	96539	33788
344.17	168356	2795120	138189		28000	113280	38515
354.03	153894	2559195	104181		33197	131544	43409
405.49	179074	2923755	113345		37469	152451	51833
465.11	183642	2689380	121154		46008	187514	63879
524.18	190133	2888504	130532		52586	221511	73098
574.02	191870	2852833	137209		57045	262184	86521
730.39	186766	2792837	130809		63388	329999	108899
829.74	198286	2963041	160423		75348	363810	120057
999.36	451812	3024550	172998		77505	377763	128439
1073.99	438047	2686751	175775		81356	440260	145286
1440.10	492662	2792875	194307		94812	516466	170434
1560.86	529047	2719624	204393		123846	651834	215105
2019.40	590937	2867879	213678		170677	967251	309520
2594.53	667280	2917734	280195		216343	1232419	382050
3171.43	726872	2970605	285056		250472	1664761	516076
3579.32	793427	3108071	309543		274235	2070031	621009
3741.37	737186	2780593	290584	307472	279480	1330369	466541
3805.69	714059	2894276	329511	244831	283959	1456658	530457
3549.08	757136	2591476	401582	248350	275816	1608087	640908
3758.62	725515	2438524	379949	278309	276958	1569911	591638
3978.18	777528	2465556	361823	283700	291801	1711682	618241
4253.40	783637	2313947	368302	296043	300098	1777085	640329
4811.18	825726	2782578	411635	312971	307842	1751303	414543
5179.20	1767152	2827169	407599	330174	322306	1491865	507831
5850.00	1848636	2843893	406347	292321	338820	1863080	586847
7095.00	2200999	2943999	420953	369725	415317	2764043	849101
9001.00	2531028	3042137	434013	355012	353003	4416349	1412986

2. 1949～1992年农业总产值中包括农牧副业的产值，1992～1997年副业产值合并到种植业中，1998年总产值中不再统计副业这一项。

3. 2003年之后的农业总产值指标中新增了农林牧渔服务业产值。

1949-2008年黄冈市国民经济

年 份	全社会固定资产投资额（万元）	#基本建设投资	#更新改造投资	建筑业总产值（万元）	地方财政一般预算收入（亿元）	财政支出（亿元）	居民消费价格指数（上年=100）	公路营业里程（公里）
1949	11					0.05		254
1950	236					0.05		254
1951	245					0.06		254
1952	583					0.11		427
1955	1084					0.16		590
1957	1010					0.22		1037
1962	1983					0.29		2114
1965	1949					0.35		2116
1970	4269					0.50		2729
1975	4989					0.90		3824
1976	6910	6167	743			0.87		4502
1977	7984	6753	1231			1.03		4747
1978	7779	6208	1297	23055		1.50		5476
1979	9044	7787	1026	28035		1.43		4975
1980	12012	9753	1514	32016		1.58		4737
1981	7496	5249	1180	35122		1.58		4737
1982	22416	7038	1804	37861		1.68		4736
1983	24246	5232	3216	41572		1.88		4736
1984	42524	6500	3469	45355		1.92		4737
1985	59413	9284	5135	47668		2.17		4715
1986	62512	13544	5209	49575		3.03		4727
1987	72652	16803	6300	53739		3.22		7637
1988	73430	17762	6909	60726		3.81		7637
1989	55435	10746	5297	62547		4.45		7637
1990	61563	14473	5354	63798		4.75		7637
1991	90538	26000	11341	68264		5.36		7648
1992	131618	45645	20857	73725		6.52		7703
1993	169828	56691	22459	81098		7.45		7798
1994	256757	89039	29756	90181		8.82		7839
1995	384265	103094	50339	100552		11.18		8001
1996	446046	113094	78461	109802		13.92		8030
1997	500633	111996	83287	133959		16.46		8580
1998	635785	133233	83580	162090		18.86		8823
1999	782809	192453	100364	184783		21.30		8970
2000	870996	226852	125769	206957		24.38	99.7	9045
2001	923372	220637	143339	246401	12.48	28.30	98.7	22015
2002	953492	257269	168650	395382	12.60	31.38	99.6	22022
2003	1066633	330504	209346	581003	12.37	34.18	101.2	22061
2004	1301237	584659	248563	646650	13.19	40.70	106.3	22088
2005	1585620	792155	291116	785506	13.14	51.08	103.4	22152
2006	1928906	1042214	375143	1090911	15.35	66.84	102.2	17780
2007	2584957	1415020	886516	1558741	19.93	89.08	104.3	18015
2008	3708521	2267581	1164948	1887284	26.21	121.72	106.4	18409

和社会发展主要指标（二）

全社会旅客运输量(万人)	全社会货物运输量(万吨)	邮电业务总量（亿元）	本地电话用户总量（万户）	移动电话用户（万户）	社会消费品零售总额（亿元）	进出口总额（亿美元）	出口总额	进口总额	实际外商直接投资（亿美元）
2	7	0.01	0.01		0.84				
3	8	0.01	0.02		0.90				
3	10	0.01	0.05		0.96				
6	14	0.01	0.06		1.09				
10	23	0.02	0.14		1.34				
28	70	0.02	0.3		1.64				
156	139	0.04	0.92		2.06				
374	191	0.06	0.97		2.42				
558	317	0.05	1.07		2.77				
709	200	0.09	1.23		3.92				
747	220	0.09	1.14		3.86				
817	264	0.1	1.31		4.59				
968	314	0.1	1.33		4.78				
1214	281	0.11	1.38		5.63				
1644	308	0.12	1.41		6.74				
1801	331	0.12	1.4		7.26				
2112	420	0.12	1.44		8.83				
2399	427	0.13	1.51		8.54				
2669	418	0.14	1.54		11.05				
2705	395	0.16	1.7		13.73				
3063	408	0.17	1.8		14.35				
3348	460	0.19	1.92		15.59				
3544	486	0.23	2.11		17.84				
4955	2115	0.27	2.22		18.80				
5550	1680	0.32	2.43		18.97				
4038	1730	0.38	2.63		20.67				
4382	1007	0.51	3.17		23.88				
5745	3109	0.73	4.21		29.12	0.13	0.08	0.05	
5736	1670	1.15	6.82		38.30	0.18	0.15	0.03	
5847	2256	1.95	12.39		50.81	0.46	0.32	0.14	
6098	2030	3.22	19.92		64.41	0.59	0.42	0.17	
7339	891	4.24	29.08		78.84	0.80	0.68	0.12	
7289	879	5.65	32.58		88.10	0.84	0.77	0.07	
7497	1004	6.25	36.89	5.31	95.85	0.59	0.48	0.11	0.06
7492	1816	4.88	46.63	7.22	105.98	1.24	1.04	0.20	0.11
5239	1215	8.75	54.2	15.44	116.93	1.19	0.97	0.22	0.26
3501	1262	12.42	61.87	34.31	127.88	1.31	1.05	0.26	0.08
3650	1200	6.18	61.1	77	136.53	1.24	1.03	0.21	0.49
4245	1986	11.32	64.46	84.5	151.16	1.81	1.30	0.51	0.57
4588	1860	12.97	78.47	107.9	160.97	1.84	1.58	0.26	0.70
5063	1936	13.76	81.31	138	184.47	2.34	2.07	0.27	0.94
5727	2279	15.28	108.9	170	223.66	3.53	3.06	0.47	1.18
6730	2797	17.38	101.72	187.6	282.27	4.12	3.62	0.5	1.34

1949-2008年黄冈市国民经济

年 份	国际旅游外汇收入（万美元）	金融机构存款余额（亿元）	金融机构贷款余额（亿元）	普通高等学校在校生人数（万人）	中等职业学校在校生人数（万人）	普通中学在校生人数（万人）	小学在校生人数（万人）
1949							
1950							
1951		0.05	0.02				
1952		0.12	0.06				
1955		0.15	0.75				
1957		0.22	0.93				
1962		0.70	1.82				
1965		0.93	2.34				
1970		1.16	2.76				
1975		1.57	4.05				
1976		1.51	4.34				
1977		1.52	4.69				
1978		1.40	4.96				
1979		2.35	6.52				
1980		2.62	7.05	0.15	0.58	33.1	97.2
1981		2.98	7.52	0.09	0.35	29.79	94.55
1982		3.99	9.36	0.1	0.28	26.5	93.2
1983		4.13	10.66	0.1	0.33	25.56	90.09
1984		4.96	15.31	0.3	0.46	27.02	90.71
1985		6.12	17.45	0.52	0.59	27.68	85.59
1986		7.96	19.81	0.57	0.61	27.96	83.16
1987		10.86	23.72	0.37	0.72	28.34	80.51
1988		12.53	27.02	0.9	0.85	26.08	77.06
1989		15.07	29.92	1.17	0.91	23.27	72.62
1990		18.18	36.75	1.14	1.05	23.44	72.4
1991		21.97	43.89	0.77	1	24.01	72.49
1992		27.81	51.90	0.8	1.19	24.35	72.99
1993		34.60	63.48	0.79	1.29	24.24	75.01
1994		43.44	76.13	0.9	2	24.7	79.23
1995		64.53	95.90	1.39	2.8	26.7	85.2
1996	61.30	82.14	113.71	0.61	3.26	28.94	90.54
1997	54.00	122.69	171.59	0.56	3.78	32.49	95.01
1998	33.51	125.57	194.35	0.59	3.59	35.17	95.52
1999	104.51	135.11	200.48	0.4	3.28	38.15	94.13
2000	31.31	149.40	177.69	1.13	2.12	43.23	89.44
2001	26.06	175.20	183.56	0.63	2.7	49.05	83.31
2002	16.77	212.53	185.62	2.44	3.1	55.71	79.69
2003	19.57	256.78	202.70	2.61	3.25	61.31	73.84
2004	33.19	310.75	205.52	2.83	4.07	62.86	65.44
2005	94.19	368.45	204.45	2.45	6.12	63.61	61.72
2006	148.41	444.51	224.87	2.65	8.92	61.98	57.24
2007	224.59	500.71	262.4	2.87	9.1	60.61	54.31
2008	269.74	635.13	252.44	3.1	11.67	58.37	53.8

和社会发展主要指标（三）

科技活动机构数（个）	从事科技活动人员（万人）	科技活动经费使用总额(亿元)	医院及卫生院床位数(万张)	卫生技术人员数（万人）	城镇单位在岗职工工资总额（亿元）	城镇单位在岗职工年平均工资(元)	城镇居民人均可支配收入（元）	农村居民人均纯收入(元)
				0.19				
				0.2				
				0.24				
				0.31				
				0.42				
				0.55	0.26	397		
				0.74	0.39	424		
				0.69	0.46	456		
				0.8	0.53	423		
				1.1	0.83	487		
				1.14	0.86	492		
				1.18	0.91	501		
				1.24	1.4	510		102
				1.28	1.48	546		150
			0.15	1.36	1.77	620		159
			0.15	1.47	1.85	612		189
			0.15	1.52	2.06	644		296
			0.16	1.54	2.26	675		266
			0.16	1.55	2.51	750		347
			0.16	1.53	3.11	878		364
			0.16	1.53	3.68	982		367
			0.17	1.56	4.24	1073		388
			0.17	1.59	5.17	1265		432
			0.17	1.63	5.83	1382		495
			0.17	1.68	6.73	1559		581
			0.17	1.73	7.38	1636		526
			0.17	1.78	8.46	1838		624
			0.17	1.82	10.11	2121		704
			0.16	1.89	14.84	3086		1095
			0.16	1.92	17.44	3546		1329
			0.14	1.78	18.5	3772		1668
			0.14	1.42	19.36	3997		1944
			0.15	1.44	21.14	4280		2005
40	0.06	1.15	1.42	2.56	22.08	5758	4300	2039
45	0.07	2.5	1.42	2.6	22.32	6217	4441	2079
45	0.07	7.32	1.37	2.63	22.4	6814	4600	2083
45	0.07	7.37	1.38	2.63	22.91	7554	4800	2131
45	0.07	7.27	1.21	2.63	24.24	7952	5501	2204
45	0.07	4.19	1.11	1.65	26.55	8348	5864	2500
31	0.24	0.93	1.07	1.79	29.35	9266	6358	2657
37	0.21	1.49	1.1	1.81	31.61	10296	6981	2883
34	0.17	1.69	1.19	2.13	40.29	12163	8314	3295
48	0.22	2.65	1.3	2.18	50.73	15351	9952	3744

1949-2008年黄州区国民经济

年 份	年末总人口（万人）	年末总户数（万户）	年末常住人口（万人）	人口自然增长率（‰）	年末从业人员数（万人）	地区生产总值（万元）			
							第一产业	第二产业	
									#工业
1949	11.46	2.62				1980	1150	240	130
1950	11.61	2.64				2980	1470	350	135
1951	11.81	2.65				3650	1670	580	160
1952	11.99	2.67				3800	1810	640	180
1955	12.52	2.79				4200	2100	680	320
1957	12.86	3.00				5950	2620	740	430
1962	12.74	3.38				9860	4100	840	570
1965	14.37	2.94				11200	5040	1210	690
1970	18.16	3.22				30800	7170	6210	4950
1975	19.96	3.77				32030	7510	14240	10210
1976	20.08	4.00				33000	7580	14670	11600
1977	20.23	4.24				34150	7680	15120	12100
1978	20.98	4.57	20.65	9.80		35690	7870	16410	12307
1979	21.38	4.63	21.41	9.27		39770	7750	17800	13350
1980	21.63	4.93	21.53	4.85		39840	7370	16710	12532
1981	21.80	5.16	21.70	7.39		43780	7520	17810	13357
1982	22.08	5.19	21.93	6.74		49325	9805	20110	15082
1983	22.47	5.38	22.24	5.73		53682	9502	21820	16365
1984	22.71	5.37	22.55	4.84		59960	10320	25020	18765
1985	22.86	5.98	22.74	6.40		67560	11310	29150	21863
1986	23.55	6.14	23.20	9.05		75990	13120	33080	24810
1987	24.00	6.73	23.91	10.18		86850	14850	39200	29400
1988	25.12	7.24	24.71	10.89		97850	16120	45670	34252
1989	25.84	7.70	25.47	12.53		100710	19510	41500	31140
1990	26.57	7.79	26.21	13.49		107550	22180	41670	31230
1991	27.23	8.27	26.94	12.48		114620	20120	46380	34950
1992	28.00	8.72	27.62	7.27		127510	24590	51140	38730
1993	29.30	9.21	28.65	8.73		138540	25430	56220	42600
1994	32.02	10.06	30.66	8.83		152710	27850	62230	46430
1995	32.02	10.73	32.00	5.96		169038	31608	68480	50380
1996	34.03	10.74	33.64	4.23		188839	34389	75960	54660
1997	35.20	10.99	34.82	4.45		210306	36411	86850	60400
1998	36.60	11.27	35.90	2.69		228108	32373	96235	65225
1999	36.78	11.30	34.21	3.65		247650	31370	108760	75270
2000	35.64	11.40	33.48	5.40	18.10	273390	30910	121867	86870
2001	37.39	11.55	33.82	3.60	18.30	298540	32127	132320	95560
2002	37.51	11.60	33.84	3.20	19.50	325405	33305	143600	104990
2003	37.62	12.71	33.87	3.10	18.10	354430	37591	154140	114440
2004	37.75	13.01	33.94	3.50	18.42	386685	42054	166475	124585
2005	37.96	13.56	33.99	5.40	19.12	419891	44090	175385	132098
2006	38.13	14.96	34.00	4.60	19.78	484283	46098	214183	167805
2007	38.32	14.87	34.10	5.08	20.11	564845	57359	265737	190117
2008	38.52	14.99	34.11	4.96	20.42	727709	69928	373648	284719

和社会发展主要指标（一）

第三产业	耕地面积（万亩）	农业产值（万元）	农作物播种面积（万亩）	粮食面积（万亩）	粮食产量（吨）	棉花面积（万亩）	棉花产量（吨）	油料面积（万亩）
590	18.9	1917	28.93	16.82	28773	1.57	244	4.49
1160	19.19	1985	29.3	17.21	29537	1.68	273	4.37
1400	19.45	2072	29.59	17.22	30220	1.71	286	4.45
1350	21.31	2221	32.51	18.7	33174	2.55	342	4.88
1420	21.90	2100	36.35	22.18	38386	4.16	583	5.8
2090	22.09	2584	35.49	21.57	37650	3.84	792	5.7
4920	21.79	2548	35.39	27.95	39796	3.21	699	3.99
4950	21.21	4961	41.66	31.23	62835	5.07	4435	3.82
7420	20.88	4577	41.32	32.13	63205	5.25	2577	2.46
10280	20.33	5273	42.1	33.77	71620	5.35	4385	2.16
10750	20.21	5508	43.7	30.69	85165	5.37	4370	2.16
11350	20.17	5056	43.47	30.43	73330	5.36	4915	2.07
11410	19.44	5729	42.62	30.43	79510	5.33	4514	2.23
14220	19.19	6689	40.3	28.65	87780	4.83	5945	2.63
15760	19.04	5376	42.01	29.65	69819	6.08	4084	3.03
18450	19.07	5638	41.08	29.27	66018	5.94	3994	3.5
20310	19.97	7124	43.25	29.45	91244	6.19	4698	3.76
22360	18.4	5943	41.7	29.49	71794	5.79	3725	3.57
34620	17.66	7646	39.5	28.54	94065	6.07	5719	3.44
27100	17.21	7724	39.06	27.21	88706	5.66	5675	3.6
29790	16.67	8001	37.3	26.89	92944	4.8	4812	3.94
32800	16.4	8141	38.05	26.88	92081	4.76	5034	3.97
36060	16.15	7562	36.32	18.93	88724	4.81	3286	3.88
39700	15.85	8080	36.45	26.59	90828	4.44	4245	4.28
43700	15.71	18880	36.25	26.46	93849	4.39	4731	4.45
48120	15.27	16751	35.27	26.33	69364	3.81	3731	4.61
51780	14.6	18403	33.08	23.78	68817	5.19	5024	4.51
56890	14.02	19356	30.1	22.18	66485	4.96	4173	4.13
62630	13.96	21273	31.6	22.52	69027	4.99	4236	4.26
68950	13.82	25947	33.51	22.41	69950	6.32	4964	4.89
78490	13.65	27380	31.47	17.6	65488	4.7	3170	4.97
87045	13.52	30117	32.1	17.31	69551	4.47	4223	5.12
99500	13.03	26752	31.79	16.01	58066	4.2	1581	4.74
107520	12.84	26643	31.89	15.78	54002	3.41	2550	4.89
120613	12.5	27903	30.35	13.83	50665	3.05	2310	5.12
134093	12.27	29170	29.87	12.24	42963	2.64	2583	4.98
148500	11.81	29263	29.28	12.14	39183	1.86	1758	5.73
162699	10.14	30866	30.39	12.11	40813	2.6	1963	5.22
178156	11.82	31359	31.65	13.65	53668	2.85	2771	5.36
200416	12.21	65742	32.48	14.28	56077	3.11	2956	5.67
224002	12.26	72013	33.41	14.91	53174	3.29	3908	4.58
241749	14.27	84498	37.83	18.15	63875	4.31	6611	4.47
284133	15.33	98804	43.91	19.74	65563	6.86	6705	5.93

1949-2008年黄州区国民经济

年 份	油料产量（吨）	蔬菜面积（万亩）	茶叶产量（吨）	生猪存栏（万头）	牛存栏（万头）	能繁母猪（万头）	肉类总产量（吨）	水产品产量（吨）
1949	1287	1.95		1.18	0.6	0.1		310
1950	1309	2.06	1	1.19	0.6	0.1		325
1951	1350	2.09	1	1.24	0.62	0.11		345
1952	1426	2.23	4	1.25	0.63	0.15		375
1955	987	2.23	5	0.81	0.65	0.2		1115
1957	1011	1.76	5	3.6	0.66	0.32		1070
1962	954	1.48	3	2.7	0.72	0.32		771
1965	1200	0.79	4	3.4	0.8	0.44		1165
1970	522	0.68	3	4.8	0.84	0.5		865
1975	1011	0.52	4	6.45	0.87	0.52		895
1976	853	0.49	4	6.61	0.86	0.51		675
1977	774	0.73	6	6.5	0.85	0.44		740
1978	1013	0.77	6	6.5	0.71	0.43		705
1979	1391	0.28	6	6.15	0.7	0.42		879
1980	1381	0.37	4	5.65	0.7	0.4		1013
1981	1942	0.39	3	5.75	0.68	0.41		1078
1982	3136	3.1	3	5.85	0.67	0.44		1270
1983	2329	2.31	2	5.5	0.67	0.45		16014
1984	2553	1.79	2	5.7	0.68	0.47		1946
1985	2623	2.67	2	6.15	0.69	0.46		2083
1986	2703	2.27	2	6.42	0.7	0.5		2633
1987	3233	2.4	2	6.01	0.71	0.41		3074
1988	3269	2.19	2	5.79	0.71	0.42		3419
1989	3623	2.45	3	6.05	0.72	0.38		3860
1990	3990	2.29	3	6.04	0.73	0.35		4023
1991	4192	2.3	5	5.45	0.72	0.36		6050
1992	4226	3.79	5	5.46	0.71	0.33		6771
1993	4479	2.81	2	5.6	0.7	0.33		7427
1994	4810	3.09	1	5.5	0.71	0.34		9662
1995	6096	3.17	1	5.56	0.59	0.33		11991
1996	6173	3.69	1	3.61	0.72	0.2		15541
1997	6828	4.49	2	4.81	0.66	0.27		17709
1998	5709	4.65	1	4.65	0.63	0.34	8521	18496
1999	5829	5.27		5.4	0.62	0.3	7267	19001
2000	6555	5.78		5.83	0.61	0.29	7607	21160
2001	6299	6.96		5.32	0.58	0.27	7850	22059
2002	5871	7.04		5.46	0.59	0.73	7908	23866
2003	6306	7.37		5.19	0.59	0.68	8339	24350
2004	7335	7.34		5.11	0.6	0.65	8411	25456
2005	7069	7.32		4.89	0.6	0.61	8185	26474
2006	6054	8.36	2	4.69	0.62	0.52	6576	29041
2007	6486	7.49	4	5.36	0.66	0.85	5131	37745
2008	7233	8.52	5	6.15	0.97	0.86	6499	39466

和社会发展主要指标（二）

农民人均纯收入（元）	农林牧渔业劳动力（万人）	人均地区生产总值（元）	全部工业总产值（万元）	#规模以上工业总产值	规模以上工业增加值（万元）	全社会固定资产投资额（万元）	#房地产开发投资	建筑业总产值（万元）
	3.74	172	105					
	3.74	256	54			7		
	3.81	309	131			20		
	4.1	350	269			35		
	4.16	335	487			95		
	4.32	423	738			127		
	4.8	774	651			130		
	5.64	779	644			132		
	6.3	1145	1469			229		
	6.48	1604	4132			237		
	6.48	1640	3033			315		
	6.28	1688	4012			715		
169	6.37	1728	4177			942	275	1090
227	6.4	1857	4963			1676	280	1850
210	6.52	1850	4879			3369	301	4310
218	6.61	2017	5782			1432	280	2960
332	6.73	2249	7442			2655	310	3640
305	6.65	2413	9454			2544	305	3310
417	6.97	2658	10274			2796	310	4320
435	6.78	2970	12500			5374	460	6120
488	7.02	3275	14648			7054	490	8450
513	6.41	3632	17139			5603	570	7210
545	5.88	3959	21525			8041	620	7450
612	4.27	3954	24275			4424	480	6120
705	4.43	4103	22794			4174	540	6720
627	4.8	4254	24649			5421	710	9810
740	4.68	4616	33148			11731	820	16230
783	4.78	4835	51414			15548	980	18670
1191	4.24	4980	60900			21212	1150	20160
1435	4.07	5282	64800			27334	1035	22212
1850	4.05	5613	73800			25987	1827	23766
2110	3.9	6039	80400	31420	9583	28903	1640	25668
2328	4.16	6353	88300	33840	10338	37930	1420	27850
2320	4.3	6891	98120	35110	11586	45963	1274	29130
2426	4.03	7481	107515	37730	11945	49694	850	32110
2525	3.98	8234	117400	38840	13813	52261	1120	33120
2575	3.91	8834	129140	48930	17855	52998	1406	34161
2674	3.96	10455	142145	55640	19866	56813	8055	40550
2986	3.81	11406	157340	70213	23395	70984	2279	37934
3191	4	12349	176186	90832	31539	86088	3798	42805
3513	3.97	14243	196541	120127	37902	102944	12264	61846
4119	3.94	16564	227320	188320	57247	180377	14285	116457
4896	3.95	21334	384100	345628	121053	253527	28658	138001

1949-2008年黄州区国民经济

年 份	财政总收入（万元）	地方财政一般预算收入（万元）	财政支出（万元）	居民消费价格指数（上年=100）	公路营业里程（公里）	全社会旅客运输量（万人）	全社会货物运输量（万吨）
1949	155	155	39		22.4	0.5	1
1950	181	181	45		22.4	1	1
1951	226	226	56		22.4	1	2
1952	216	216	62		22.4	1	2
1955	227	227	84		22.4	1	5
1957	301	301	93		22.4	2	6
1962	322	322	156		22.4	6	8
1965	419	341	149		22.4	8	13
1970	473	360	217		30.3	12	20
1975	819	622	402		39.5	14	32
1976	836	623	437		69.7	17	34
1977	908	676	514		72.4	19	37
1978	934	707	768		72.4	21	43
1979	1048	794	726		72.4	31	41
1980	1143	866	764		72.4	59	41
1981	1253	949	693		72.4	66	41
1982	1310	992	738		79.8	97	48
1983	1187	899	869		79.8	117	51
1984	1235	935	942		79.8	137	60
1985	1090	1147	1003		79.8	158	53
1986	1238	1358	1479		84.5	171	42
1987	1425	1411	1751		89.5	176	43
1988	1641	1625	2038	123.0	94.5	373	59
1989	2088	2029	2419	119.7	94.5	356	109
1990	1989	1970	2744	105.6	94.5	243	201
1991	2288	2265	2712	109.6	94.5	235	211
1992	2697	2671	3328	117.0	94.5	205	206
1993	3720	3684	4182	125.4	94.5	274	209
1994	4757	3905	4691	121.8	94.5	368	232
1995	6196	5215	5772	120.4	98.5	476	272
1996	6510	5006	6449	109.7	98.5	616	319
1997	7617	6009	6978	103.9	98.5	710	366
1998	9180	7399	9970	101.8	98.5	820	423
1999	10278	7560	9874	98.0	98.5	918	465
2000	11002	7670	11210	98.4	108.61	998	470
2001	11431	7610	12339	98.8	108.61	1055	475
2002	12112	7540	13672	100.6	108.61	1160	520
2003	12268	7362	13622	101.3	108.61	1584	1205
2004	14011	8226	16421	106.1	108.61	1740	1332
2005	17014	8521	19187	101.8	108.61	1920	1665
2006	20656	9718	26511	102.1	108.61	2090	1804
2007	26008	11905	34214	105.1	108.61	2290	2020
2008	35088	16070	46066	106.5	108.61	2490	2210

和社会发展主要指标（三）

邮电业务总量（万元）	本地电话用户总量（户）	社会消费品零售总额（万元）	进出口总额（万美元）	出口总额	旅游总收入（万元）	中等职业学校在校生人数（人）
2		485				
3		575				
4		673				
5		702				
6		1018				
6		1482				
8		1609				
10		1889				
18		2275	27	27		
26		3409	30	30		
28		3754	31	31		
30		4384	29	29		
36	256	5041	20	20		
39	256	5908	52	52		
41	283	6807	87	87		
48	286	7421	101	101		
49	288	8843	145	145		
52	275	10185	177	177		
33	257	10045	139	139		
39	287	15799	289	289		
34	295	17156	446	446		
43	319	17209	563	563		
50	353	18584	699	699		
54	356	19584	704	704		
82	376	18742	769	769	138	
171	352	21345	730	730	256	
250	420	27312	648	648	464	
343	464	26891	196	196	782	
418	740	38607	30	30	912	
522	1700	60633	28	28	1102	
705	3058	63693	69	69	1214	3217
894	3810	76717	1083	1083	1515	1360
1190	5115	88018	1306	1306	1718	1780
1010	6140	95508	1202	1202	1814	2632
688	7482	110091	802	802	2024	1683
1130	9120	122022	1870	1870	2540	1520
1431	12028	135600	1503	1503	2980	1220
1600	13729	151200	1800	1800	3110	1430
1860	13970	170100	2555	2555	3330	1460
2100	14100	190042	3000	3000	3840	1520
2380	18720	218700	4498	4498	4670	1810
2750	14478	280600	7436	7436	5120	1340
3100	23343	407710	10144	10144	7120	1320

1949-2008年黄州区国民经济

年 份	普通中学在校生人数（人）	小学在校生人数（人）	从事科技活动人员（人）	医院及卫生院床位数(张）	卫生技术人员数（人）	城镇居民人均住房使用面积（平方米）
1949	98	5210	42	10	109	
1950	180	5060	50	10	115	
1951	184	5120	98	20	136	
1952	290	6230	121	20	168	
1955	380	11800	136	33	208	
1957	420	12350	132	35	278	
1962	960	19230	421	115	343	
1965	1760	21200	421	267	360	
1970	3350	21200	322	216	380	
1975	9780	38700	322	601	571	
1976	10100	33120	3200	620	576	
1977	12120	31980	3300	640	608	
1978	17760	32510	3300	680	606	
1979	15430	30460	3300	695	641	
1980	16810	30260	3400	758	670	
1981	14860	29260	3450	777	733	
1982	14210	28270	3650	793	780	
1983	13210	27430	3800	881	797	
1984	13830	26510	5200	894	797	
1985	13230	25640	5600	896	736	
1986	11540	23740	5600	898	764	
1987	13650	20430	7600	951	813	
1988	10140	19230	7800	957	802	
1989	8740	19101	7800	961	829	
1990	9740	19730	7800	977	878	6.9
1991	8830	20940	7900	1011	958	8.7
1992	8130	21200	7900	1021	1028	9.4
1993	8130	22640	8000	890	1023	12.3
1994	7640	24300	8000	846	1017	12.6
1995	8320	25740	8100	884	1073	12.7
1996	8350	28130	8100	697	1120	14.0
1997	8640	28640	8100	738	1082	14.0
1998	9360	31840	8300	748	1082	19.5
1999	10570	31336	8300	758	1120	25.8
2000	12835	31886	8300	758	1380	28.6
2001	13105	31612	8400	780	1305	32.3
2002	17984	29419	8600	790	1231	34.5
2003	19560	28066	8600	801	1230	39.4
2004	19712	25388	8700	794	1310	40.1
2005	17940	32540	8900	794	1545	41.2
2006	17920	31219	9000	801	1700	44.26
2007	19640	30320	9300	805	1701	41.2
2008	17840	29230	9500	793	1578	46.47

和社会发展主要指标（四）

农村人均生活用房使用面积（平方米）	城镇单位在岗职工工资总额(万元)	城镇单位在岗职工年平均工资（元）	城镇居民人均可支配收入(元)	城镇居民人均消费性支出（元）	农村居民人均纯收入（元）	农村居民人均消费性支出(元)
	164	230				
	272	410				
	336	485				
	388	491				
	854	497				
	860	501				
	920	542				
	977	574	403	384	169	156
	1084	571	447	426	227	209
	1259	642	503	479	210	193
	1339	626	492	468	218	201
	1558	646	502	482	332	306
	1646	649	509	485	305	281
	2000	766	601	572	417	384
18.0	2351	894	702	668	486	447
19.5	2828	1055	828	788	545	502
19.9	3307	1173	905	862	573	527
20.0	3697	1279	1003	955	609	561
20.9	4295	1486	1255	1195	684	630
22.3	4662	1591	1247	1187	678	624
23.0	5286	1768	1408	1341	753	693
24.4	5725	1883	1513	1441	831	765
26.7	7413	2297	2103	2002	880	810
27.0	9771	3231	2534	2413	1337	1249
28.0	11498	3739	2988	2845	1573	1685
28.0	11061	3762	3228	3035	1850	1982
29.0	11866	4033	3460	3385	2110	2142
29.0	11106	5148	3880	4002	2225	2210
32.0	11286	5947	4004	4081	2320	2280
38.4	11342	5908	4610	4208	2426	2612
40.0	11432	6565	5110	4312	2524	2103
40.0	11627	7544	5350	4523	2575	2020
40.1	12791	8083	6203	5250	2674	2112
40.4	14494	8997	6620	5630	2986	2126
48.1	16229	9567	7238	6150	3191	2628
51.3	18707	10310	7838	6667	3514	2612
52.3	24367	12114	9872	7826	4119	3271
55.1	28264	16096	11860	8705	4896	3941

1996-2008年团风县国民经济

年 份	年末总人口（万人）	年末总户数（万户）	年末常住人口（万人）	人口自然增长率（‰）	年末从业人员数（万人）	地区生产总值（万元）	第一产业	第二产业	#工业
1996	36.45	10.32	35.89	2.63	16.51	79913	38230	14028	4562
1997	36.91	10.22	35.41	3.25	16.58	83750	38370	15726	5866
1998	36.60	10.05	35.41	2.2	16.54	88365	37348	19094	5234
1999	38.01	10.15	35.39	4.71	16.78	93582	37898	21504	6486
2000	37.77	10.24	35.38	1.44	16.77	99956	38518	24865	7147
2001	37.47	10.22	34.21	1.06	16.74	108036	40137	28839	8045
2002	37.31	10.11	33.85	1.29	16.71	117523	41947	33586	9040
2003	36.75	10.01	33.75	-2.42	16.71	129308	44527	39851	10244
2004	36.57	9.98	33.75	0.90	16.72	143700	45600	49800	11700
2005	36.49	9.91	33.68	1.70	16.73	156920	47063	57991	14328
2006	36.69	11.57	33.5	3.36	16.75	177218	48257	71372	17821
2007	36.84	11.84	33.35	5.50	16.75	211921	57654	91056	29472
2008	36.82	11.98	33.46	4.82	16.75	295772	74770	144484	60949

和社会发展主要指标（一）

第三产业	耕地面积（万亩）	农业产值（万元）	农作物播种面积（万亩）	粮食面积（万亩）	粮食产量（吨）	棉花面积（万亩）	棉花产量（吨）	油料面积（万亩）
27655	26	34897	70.22	48.93	180606	3.15	2240	12.69
29654	25.99	36756	72.57	48.8	199805	2.88	2728	12.79
31923	25.58	34299	72.84	46.5	180009	2.61	1675	12.74
34180	25.07	36563	75.27	48.33	175588	1.62	1022	14.03
36573	25.29	36371	70.68	43.4	164138	1.26	971	15.63
39060	24.87	34001	67.52	43.02	128342	1.11	1008	14.72
41990	22.96	34276	60.9	37.37	131034	0.78	721	14.81
44930	22.17	35174	53.61	34.64	132934	0.78	1058	12.35
48300	23.42	35740	60.92	40.22	156189	0.8	814	13.2
51866	24	69059	64.26	42.23	156733	0.93	1023	14.37
57589	24.3	72681	64.73	42.74	157517	1.85	1954	13.41
63211	25.73	80628	64.44	40.82	163632	2.51	2656	13.52
76518	25.91	96213	67.22	41.91	169270	3.21	3024	16.14

1996-2008年团风县国民经济

年份	油料产量（吨）	蔬菜面积（万亩）	茶叶产量（吨）	生猪存栏（万头）	牛存栏（万头）	能繁母猪（万头）	肉类总产量（吨）	水产品产量（吨）
1996	13665	3.81	53	7.08	2.28	0.72		8539
1997	15736	4.3	51	7.49	2.3	0.49		10022
1998	14516	4.11	46	7.59	2.25	0.48	12068	10522
1999	15606	4.2	42	9.98	2.26	0.42	11908	11320
2000	17680	4.725	43	10.08	2.65	0.3	12286	11728
2001	16271	5.355	37	8.78	2.12	0.3	12070	10243
2002	13312	4.86	24	8.27	1.94	0.27	12274	11556
2003	12096	3.89	26	7.57	1.97	0.24	12879	11702
2004	14522	4.85	25	8.1	1.86	0.26	11940	12057
2005	14292	4.8	32	8.3	2.3	0.34	12955	12959
2006	14309	5.57	33	8.09	2.33	0.31	10517	14464
2007	18101	5.57	51	7.66	1.9	0.95	12953	17719
2008	18729	3.9	53	12.18	3.72	1	14045	18790

和社会发展主要指标（二）

农民人均纯收入（元）	农林牧渔业劳动力（万人）	人均地区生产总值（元）	全部工业总产值（万元）	#规模以上工业总产值	规模以上工业增加值（万元）	全社会固定资产投资额（万元）	#房地产开发投资	建筑业总产值（万元）
1351	9.91	2226	15208	7691	2307	7657		16622
1657	9.64	2365	17447	8894	2757	18495		25572
1789	9.35	2413	18553	9806	3040	27626		25188
1089	8.82	2572	21620	11284	3499	33557	100	28307
1198	8.31	2778	23823	13396	4155	35259	60	12646
1243	8.21	3018	26817	16626	4988	36804		37237
1316	7.45	3408	30133	18188	5457	39665	80	73904
1396	7.63	3915	34156	22999	6989	43721		98105
1687	7.86	3929	36662	26559	8874	51073		133795
1877	8.12	4299	47760	33531	10236	63331		170603
2086	8.39	5235	50917	43301	13446	73690		280158
2489	7.76	6326	84205	96647	27285	123169	10400	366598
2995	7.12	8840	179200	176521	56259	206842	11112	487743

1996-2008年团风县国民经济

年份	财政总收入（万元）	地方财政一般预算收入（万元）	财政支出（万元）	居民消费价格指数（上年=100）	公路营业里程（公里）	全社会旅客运输量（万人）	全社会货物运输量（万吨）	邮电业务总量（万元）
1996	4008	3033	5177	110.9	214.79	161	25	1251.59
1997	4870	3795	7061	103.9	229.79	272	30	1678.21
1998	5797	4722	9366	98.6	256.79	199	59	2421.90
1999	6420	4716	6968	98.1	256.79	115	60	1294.96
2000	6947	5185	7221	98.5	256.79	128	72	1640.70
2001	7272	5478	12710	99.4	523.42	125	85	2782.00
2002	7200	4650	13084	99.1	523.42	168	267	3461.00
2003	7241	4461	15817	104.5	523.42	179	245	2849.78
2004	7598	4368	17403	103.1	523.42	205	295	2336.92
2005	8962	4486	22277	100.5	548.02	226	306	2721.18
2006	10388	5185	29718	102.38	1102.00	227	354	5569.00
2007	15692	7369	40326	106.17	1178.00	230	399	6776.00
2008	23622	11387	57196	100.92	1261.00	245	487	7821.00

和社会发展主要指标（三）

本地电话用户总量（户）	移动电话用户（户）	社会消费品零售总额（万元）	进出口总额（万美元）	出口总额	实际外商直接投资（万美元）	旅游总收入（万元）	金融机构存款余额（万元）	城乡居民储蓄存款余额（万元）
8501	108	22912	113	113		200	34739	30988
12312	623	25428	473	473		400	42644	37659
15364	1424	29778	149	149		500	39966	36407
17016	3100	32255	291	291		600	43954	39881
19676	6000	34869	675	675		800	48908	44119
26440	6606	37009	400	400	33	1000	56869	52104
30380	8327	40335	750	750	166	1200	72161	64283
34493	28600	43400	503	503	304	1500	89253	77237
35128	35100	47066	760	760	408	1600	109991	95965
39660	38200	51243	912	912	92	1800	123160	109362
43000	65276	57316	1227	1227	34	2000	152919	130093
44000	85614	72361	1462	1462	40	2000	191656	153210
36044	96335	93925	2867	2867	48	2500	237627	180272

1996-2008年团风县国民经济

年 份	金融机构贷款余额（万元）	中等职业学校在校生人数（人）	普通中学在校生人数(人)	小学在校生人数（人）	从事科技活动人员(人)	医院及卫生院床位数(张)
1996	46294	446	14955	47353	256	803
1997	66983	553	17061	50012	296	803
1998	66904	747	18316	49114	365	893
1999	73290	194	20227	46994	761	704
2000	68981	331	21997	43398	781	706
2001	69772	348	23948	43398	825	790
2002	72774	343	26691	42176	886	715
2003	85601	305	29695	39937	956	786
2004	92453	350	32738	36784	1056	804
2005	78017	595	32380	34543	1721	982
2006	74892	1325	31642	30585	1788	820
2007	96674	1577	31059	29588	1896	820
2008	103499	1266	30005	28124	2020	820

和社会发展主要指标（四）

卫生技术人员数（人）	城镇居民人均住房使用面积（平方米）	农村人均生活用房使用面积（平方米）	城镇单位在岗职工工资总额（万元）	城镇单位在岗职工年平均工资（元）	城镇居民人均可支配收入（元）	城镇居民人均消费性支出（元）	农村居民人均纯收入（元）	农村居民人均消费性支出（元）
1551	29.8	24.80	4778	3535	2798	1886	876	655
1590	30.1	24.80	5459	4279	3120	2074	901	688
1740	32.5	24.80	5973	4976	3380	2311	975	707
1882	36.41	24.80	7226	5851	3420	2407	1089	752
1948	38.77	25.10	7562	5889	3690	2482	1198	807
1819	39.65	25.20	7351	6160	3800	2611	1243	885
1723	40.11	26.30	7454	6452	3980	2703	1316	906
1524	42.62	29.80	6198	6900	4200	2865	1396	1377
1585	43.77	32.70	10954	7437	4472	2987	1665	1442
1579	45.82	38.30	12842	8261	5141	3365	1877	1482
1306	47.9	40.80	16585	9819	5507	4319	2086	1567
1358	48.6	44.30	22403	10686	7002	5244	2489	2281
1363	54.97	47.63	49544	14065	9618	5815	2994	2505

1949-2008年红安县国民经济

年 份	年末总人口（万人）	年末总户数（万户）	年末常住人口（万人）	人口自然增长率（‰）	年末从业人员数（万人）	地区生产总值（万元）			
							第一产业	第二产业	#工业
1949	34.88	8.69							
1950	35.37	8.7							
1951	35.68	8.70							
1952	36.06	8.86			14.19	3072	2329	131	127
1955	37.40	8.95			14.81	4339	3377	294	279
1957	38.25	8.92		17.8	14.81	5039	3961	372	348
1962	42.85	9.59		29.6	15.54	4852	3600	361	342
1965	44.55	9.65		24.8	16.71	6046	4558	485	468
1970	49.69	10.54		21.5	19.06	6692	4877	565	544
1975	52.77	11.39		11.7	22.19	8447	6098	881	865
1976	53.33	11.68		10.26	22.44	8653	6214	929	920
1977	53.82	11.88		8.88	22.65	8921	6320	1059	973
1978	54.37	12.07		10.7	22.64	8709	6131	1005	915
1979	54.65	12.05		10.68	22.43	10165	7383	1065	968
1980	54.78	12.10		6.00	22.43	11702	7733	1698	1549
1981	54.92	12.49		6.38	22.88	14165	9060	2184	1983
1982	55.38	12.39		6.60	23.87	17778	11164	3327	2974
1983	55.61	12.43		5.47	24.15	18442	11421	3368	3010
1984	55.76	12.34		4.98	25.13	21479	12650	4796	4275
1985	55.07	12.77		5.01	25.64	24580	13884	5119	4532
1986	56.37	12.88		8.83	25.52	28944	16851	5924	5212
1987	57.12	13.19		11.52	25.47	33401	20751	6197	5473
1988	57.89	13.77		12.69	26.29	36340	22038	7176	6294
1989	58.62	14.15		11.91	26.28	46620	28112	9324	8119
1990	59.66	14.42		16.67	26.92	55525	33426	11272	9824
1991	60.69	14.71		11.35	27.05	63901	40676	12010	10502
1992	61.68	14.81		10.11	27.23	70714	42547	16376	13653
1993	62.47	14.82		9.87	27.86	84362	50758	18464	15292
1994	63.53	15.15		9.86	28.90	102674	58828	26238	21256
1995	64.21	15.11		6.24	29.12	128322	64652	37258	29758
1996	64.77	15.24		6.26	29.40	150503	73315	45045	35710
1997	65.38	15.37		6.04	29.75	168864	78227	50908	39995
1998	66.07	15.20		5.20	29.69	181272	76428	58292	47594
1999	66.83	15.49		6.71	32.44	194313	72454	65578	53305
2000	64.55	15.07	59.2	2.92	34.46	202425	67900	72288	60874
2001	64.79	15.72	59.4	3.92	34.92	213984	67133	79902	66901
2002	64.79	15.72	59.4	3.92	35.83	228338	73108	82858	68640
2003	65.34	16.30	59.6	3.10	35.20	243687	80492	85178	70356
2004	65.41	16.89	59.8	3.38	35.33	258300	84100	90800	75000
2005	65.47	17.62	59.9	3.30	35.48	289265	94600	99865	81458
2006	65.46	18.53	60.1	2.49	35.51	317200	97600	113200	92500
2007	65.67	20.22	60.3	4.00	35.62	376700	113900	142900	121500
2008	65.91	20.59	60.2	3.86	35.74	488900	144600	202800	178565

和社会发展主要指标（一）

第三产业	耕地面积（万亩）	农业产值（万元）	农作物播种面积（万亩）	粮食面积（万亩）	粮食产量（吨）	棉花面积（万亩）	棉花产量（吨）	油料面积（万亩）
	40.2	4481	58.36	51.34	68690	1.54	95	4.55
	40.4	5012	64.87	57.34	79915	1.73	110	4.78
	41.8	5695	69.43	60.79	94160	1.28	115	6.18
612	43.2	5094	70.67	61.21	69280	1.39	150	6.83
668	43.9	7388	75.79	64.12	112225	1.42	115	8.87
706	44.2	9026	72.2	62.48	142335	0.47	135	8.6
891	39.6	8305	71.06	64.31	138090	0.61	165	5.31
1003	39.3	10537	82.93	68.06	157875	0.98	530	8.1
1250	52.94	11304	112.81	87.77	190530	2.53	630	7.88
1468	52.25	12783	127.53	92.52	224945	1.5	825	10.49
1510	52.27	13019	126.84	92.42	231310	1.87	557	10.75
1542	52.22	13042	127	91.77	227315	1.74	794	10.49
1573	52.16	12758	122.9	91.77	224985	1.73	470	10.31
1717	52.02	13915	123.57	91.04	246980	1.73	682	12.19
2271	51.89	12279	118.98	89.85	204170	2.2	670	12.03
2921	51.49	13017	115.52	87.28	218980	1.75	514	13.91
3287	51.9	15067	115.42	85.04	268005	1.69	769	16.99
3653	51.84	14527	113.85	85.01	259175	1.63	647	16.76
4033	51.65	16352	111.72	84.64	280985	1.57	861	15.45
5574	51.3	16356	108.61	81.63	266960	1.41	645	16.69
6169	51.16	17525	111	82.31	275836	1.16	522	17.93
6453	50.94	16436	110.28	83.12	250179	1.11	555	17.98
7126	50.89	16134	105.51	80.13	244491	1.21	581	15.43
9184	50.91	19208	111.64	83	290602	1.21	505	16.82
10827	50.84	42691	114.65	84.45	285607	1.24	573	18.24
11215	50.75	41950	115.28	82.46	252546	3.13	1077	21.06
11791	50.68	49128	105.65	70.95	256953	4.54	1875	21.44
15140	50.11	50426	107.33	67.55	247694	3.25	1808	23.63
17608	50.15	53410	105.69	68.87	257702	4.03	2273	26.43
26412	50.15	61135	114.53	69.2	267299	4.69	2668	31.73
32143	50.14	63928	118.22	73.13	277363	3.01	2335	31.38
39729	50.13	67655	115.7	72.35	276529	3.12	2286	28.29
46552	50.04	65838	117.2	67.7	272339	2.61	1743	34.54
56281	50.07	62887	118.83	66.18	276002	2.42	1647	36.69
62237	50.05	60014	119.54	53.36	214465	2.16	1008	49.11
66949	50.06	46487	115.01	52.04	144820	1.71	948	46.91
72372	44	51020	115.4	52.08	202309	1.49	942	49.53
78017	41.1	54743	113.18	50.27	198160	1.55	1081	47.79
83400	51.36	62153	122.48	63.18	257970	1.26	907	44.91
94800	51.81	153536	127.11	37.55	266337	1.53	1338	45.45
106400	51.92	143230	129.83	69.66	252035	1.7	1550	45.71
119900	51.74	146015	132.83	72.89	271941	2.3	2270	44.84
141500	57.08	171751	143.49	77.22	294837	2.43	2541	50.01

1949-2008年红安县国民经济

年 份	油料产量（吨）	蔬菜面积（万亩）	茶叶产量（吨）	生猪存栏（万头）	牛存栏（万头）	能繁母猪（万头）	肉类总产量（吨）	水产品产量（吨）
1949	3115	0.91		3.9	3.2	0.14		
1950	3610	0.97		4	3.2	0.14		
1951	4630	0.97		4.1	3.3	0.15		
1952	5675	1.17		3.1	3.3	0.15		
1955	10210	1.27	13	4.2	3.8	0.27		
1957	14960	0.41	15	13.7	4	0.45		600
1962	6490	0.49	4	8.4	3.8	0.87		655
1965	11390	1.17	8	10.2	4.6	1.05		900
1970	8220	1.51	92	14.86	5.24	1.58		855
1975	11005	0.67	351	20.06	4.89	2.09		1250
1976	10970	0.74	389	21.2	4.67	2.13		1155
1977	11940	0.85	424	21.14	4.5	2.05		1580
1978	8277	0.74	436	21.32	4.34	1.99		1030
1979	11869	0.41	565	21.57	4.1	1.63		933
1980	10956	0.3	549	19.16	3.77	1.31		1023
1981	13803	0.2	521	19.53	3.35	1.1		1294
1982	20355	1.32	576	19.58	3.26	1.18		2030
1983	18204	1.43	550	20.82	3.24	1.28		2160
1984	19329	1.66	550	22.44	4.08	1.58		2506
1985	21227	2.06	538	23.52	4.32	1.55		3040
1986	24340	2.24	514	24.72	4.51	1.53		3250
1987	24454	2.23	484	22.91	4.69	1.26		1945
1988	19520	2.68	563	22.9	4.77	1.77		1920
1989	25165	2.54	682	24.75	4.93	1.54		2797
1990	23689	2.38	677	25	5.04	1		2312
1991	24300	2.59	756	25	5.04	1.23		2479
1992	35115	3.44	565	24.71	5.07	1.37		3250
1993	39772	4.92	723	23.38	5.1	1.41		5028
1994	44722	4.2	871	21.66	5.17	1.24		6504
1995	54018	5.04	1028	22.39	5.54	1.33		8276
1996	50187	6.5	1179	15.32	6.47	1.15		8239
1997	54621	7.23	1239	18.22	6.45	1.12		7333
1998	60669	7.89	1295	14.63	7.02	1.16	26747	7492
1999	63036	7.91	1228	16.09	6.81	0.9	18662	7547
2000	86154	9.81	1206	16.09	7.59	0.83	19247	6182
2001	69272	11.15	926	15.61	7.5	0.95	18827	4034
2002	89903	8.97	844	14.83	7.49	0.9	21137	4724
2003	92473	9.71	1059	15.25	8.06	0.92	21789	5139
2004	92877	10.4	1191	15.68	8.99	0.92	20692	5112
2005	92460	10.13	1183	15.48	7.86	1.44	20821	6112
2006	86747	9.98	1193	13.86	8.33	0.98	16570	5314
2007	90596	10.37	1331	12.23	7	1.81	21215	6368
2008	91603	11.0	1266	19	10.03	2	16660	3509

和社会发展主要指标（二）

农民人均纯收入（元）	农林牧渔业劳动力（万人）	人均地区生产总值（元）	全部工业总产值（万元）	#规模以上工业总产值	规模以上工业增加值（万元）	全社会固定资产投资额（万元）	#房地产开发投资	建筑业总产值（万元）
	12.85		535			6		4
	13.04		603			20		6
	13.15		747			9		5
	13.13	85	648			46		9
	13.66	116	1279			24		7
	14.24	132	1617			48		10
	14.63	113	2300			185		20
	15.95	136	3093			531		80
	18.22	135	3900			541		82
	20.58	160	6704			501		81
	20.36	162	7067			368		152
	20.62	166	8074			332		266
107	20.44	160	7660			610		568
136	20.78	186	7655			583		903
135	20.55	214	7500			605		1526
161	21.06	258	8482			705		1751
253	21.84	321	11146			1024		1932
233	22.03	332	12411			967		1900
317	22.88	385	15742			903		2131
317	23.14	446	19526			2176		3505
328	22.79	513	24433			1334		3036
329	22.44	585	29836			1226		2830
346	22.95	628	43048			2026		4466
464	18.59	795	47821			2064		3403
543	18.77	931	53626			3556		3215
489	19.05	1053	64604			4476		4060
577	18.08	1146	70150			8594		11502
674	16.84	1351	94281			11857		12869
1028	16.24	1616	179735			19317		14998
1210	15.87	1998	198787			31525		16861
1494	15.59	2324	220532			44903		22596
1795	15.15	2583	244206			46231		19560
1910	15.45	2744	268971	118022	41551	34068		27417
1915	15.44	2908	291630	127728	46122	62763	188	29519
1921	14.21	3419	322593	132518	50042	72867	360	28366
1662	13.74	3602	342869	132933	53194	80595	305	33438
1789	12.36	3844	368710	143760	54949	85317	926	37027
1906	11.62	4089	378024	139820	57036	82465	1138	43152
2165	10.4	4487	397220	152045	29198	86638	1435	50492
2214	10.14	4829	416104	84485	30950	103269	4242	59852
2328	9.9	5278	447715	96004	35197	138868	8314	66115
2736	9.94	6250	476110	136372	46633	168715	6885	77665
3099	11.05	8129	512230	185215	68100	245800	14675	96002

1949-2008年红安县国民经济

年 份	财政总收入（万元）	地方财政一般预算收入（万元）	财政支出（万元）	居民消费价格指数（上年＝100）	公路营业里程（公里）	全社会旅客运输量（万人）	全社会货物运输量（万吨）	邮电业务总量（万元）
1949	102		102		55	0.11	0.22	0.81
1950	126		126		55	0.11	0.22	1.17
1951	183		183		55	0.11	0.22	4.28
1952	87		87		78.00	0.64	0.51	7.15
1955	278		142		78.00	0.64	0.64	16.90
1957	295		235		92.00	3.91	2.47	24.60
1962	234		249			0.41	0.86	49.80
1965	554		404		227.10	14.43	1.28	54.50
1970	469		451					44.80
1975	738		775		354.50	27.70	2.05	77.50
1976	755		757		399.70	37.30	1.70	86.30
1977	877		1021		414.70	45.00	2.10	84.70
1978	784		1580		435.00	59.50	2.50	92.80
1979	786		1454		497.30	62.60	5.40	101.80
1980	746		1743		475.00	100.00	18.50	107.70
1981	917		1560		475.00	108.00	22.30	109.50
1982	1384		2112		475.00	124.00	18.90	110.40
1983	1239		2201		475.00	141.00	20.00	113.90
1984	1391		2043		475.00	165.00	17.00	112.90
1985	1763		2567		475.10	182.00	32.00	126.70
1986	2693		4140		575.20	211.00	49.00	134.70
1987	4502		4950		483.00	244.00	62.00	144.70
1988	5675		5684		493.00	245.00	81.00	171.40
1989	6080		5923	114.9	483.00	222.00	104.00	196.40
1990	6379		6984	106.6	484.30	249.00	118.00	276.50
1991	10091		9088	106.1	484.30	258.00	133.00	318.60
1992	10421		11175	112.6	487.30	235.00	187.00	376.80
1993	10947		12144	114.2	484.70	267.00	164.00	531.50
1994	11768		12446	120	484.70	256.00	129.00	829.90
1995	13741		14323	119.4	484.70	460.00	115.00	1345.00
1996	15332		15412	107.5	488.50	466.00	143.00	2328.00
1997	18372		17705	102.5	504.50	461.00	134.00	3298.00
1998	22096		20344	98	531.40	453.00	131.00	4430.00
1999	25007	12911	20624	95.8	531.40	448.00	143.00	5233.00
2000	27267	13052	21567	99.6	564.00	458.00	158.00	6081.00
2001	29916	13730	23941	100.8	564.20	459.00	143.00	6373.00
2002	32996	10675	32654	99.8	745.00	461.00	146.00	7163.00
2003	37506	11764	36584	100.7	745.00	465.00	144.00	7936.00
2004	39118	11561	39927	106.5	751.00	473.00	136.00	8193.00
2005	41368	10888	43500	102.4	751.00	474.00	143.00	8571.00
2006	43788	13842	51305	102.5	1421.80	500.00	40.00	9891.00
2007	51318	17381	64097	105.2	1544.30	470.00	50.00	11133.00
2008	61242	20931	99272	107.2	1577.00	459.00	55.00	12469.00

和社会发展主要指标（三）

本地电话用户总量（户）	移动电话用户（户）	社会消费品零售总额（万元）	进出口总额（万美元）	出口总额	实际外商直接投资（万美元）	金融机构存款余额（万元）	城乡居民储蓄存款余额（万元）
5							
10						1	
27						23	9
54						192	8
106		1184				125	13
194		1423				117	20
940		1857	5	5		380	37
1053		1994	22	22		567	49
1084		2312	18	18		698	45
1201		3193	20	20		1114	104
1319		3486	17	17		1213	121
1339		3748	17	17		1167	199
1373		3922	23	23		1093	170
1475		4443	37	37		1700	360
1505		5488	31	31		2119	648
1495		6661	66	66		2329	774
1465		6626	67	67		3361	1161
1491		7249	57	57		3521	1409
1436		8167	61	61		4580	2032
1528		11073	72	72		5889	3102
1663		12222	185	185		7974	3935
1760		14061	185	185		10593	5545
1839		16477	188	188		13487	7735
1789		16075	143	143		15687	9167
2110		20328	157	157		13789	8690
2095		21460	230	230		17272	10783
2578		23276	199	199		28927	13576
3646		21122	379	379		40204	27247
7056		27158	651	651		55182	40597
10816		32980	623	623		69029	52550
18300	300	43885	307	307	60	83817	28329
25100	1100	60552	439	439	30	86021	31516
30600	2000	66291	256	256	50	93342	76076
32400	4002	71840	253	253	30	104994	80150
41413	5628	79162	303	303		120938	91098
40454	9865	84860	173	173	204	142125	110876
47445	33200	87311	240	240	447	167000	132300
50838	41500	95031	335	335	350	199900	160300
56112	75500	103002	260	260	150	228900	193400
71000	93760	114538	112	112	548.70	283700	222400
94686	110960	127216	413	413		318600	245600
97389	112399	151448	520	514	172	344900	262600
89577	170000	189441	720	705	285	449300	331600

1949-2008年红安县国民经济

年 份	金融机构贷款余额（万元）	中等职业学校在校生人数（人）	普通中学在校生人数（人）	小学在校生人数（人）	从事科技活动人员（人）	医院及卫生院床位数（张）
1949	0		168	8642		
1950	1		236	14570		15
1951	20		273	20127		20
1952	95		749	31808		20
1955	586		891	29784		45
1957	915		2010	36325		67
1962	1733		3430	40410		128
1965	2027		3324	47092		94
1970	2337		13137	59704		65
1975	3083		25951	84429		39
1976	3326		35260	85687		41
1977	3690		37998	81908		40
1978	4233		38140	83722		40
1979	5071		33617	80684		41
1980	5788		33445	80679		43
1981	6137		30192	79819		44
1982	7845		25372	79255		56
1983	9347		28242	77600		56
1984	14599		25520	75691		140
1985	17191		27435	75684		104
1986	20339		29216	74390		104
1987	24415		33657	72314		104
1988	27804		27473	75371		96
1989	32319		26797	74794		96
1990	35070		26906	73146		1251
1991	39566		28509	73682		1271
1992	51501		29317	73207		1271
1993	62090		29301	72841		1240
1994	50562		29561	73410		1146
1995	95986	1000	29396	76467	181	1187
1996	110095	1000	29101	75699	182	1157
1997	137180	1000	29711	77288	105	1148
1998	157949	1000	30267	78733	125	958
1999	157290	6000	31100	80900	188	1326
2000	142792	6000	37013	82385	192	1303
2001	146435	2000	45036	84856	190	989
2002	146700	1600	50871	79060	185	905
2003	140800	1800	57129	71047	170	731
2004	160100	2000	57343	62458	164	762
2005	118500	700	56135	53154	162	941
2006	119500	900	56170	47204	159	953
2007	118000	978	56312	41406	161	983
2008	130700	4410	55854	40240	165	1000

和社会发展主要指标（四）

卫生技术人员数（人）	城镇居民人均住房使用面积（平方米）	农村人均生活用房使用面积（平方米）	城镇单位在岗职工工资总额（万元）	城镇单位在岗职工年平均工资(元)	城镇居民人均可支配收入（元）	城镇居民人均消费性支出（元）	农村居民人均纯收入（元）	农村居民人均消费性支出（元）
6								
18								
135								
195								
375			205	419			37	
596			335	446			54	
552			361	477			61	
602			414	492			68	
920			807	468			78	
943			893	401			81	
979			1069	478			81	
1063			1117	484			78	
1150			1094	597			88	
1282			1113	562			78	
1306	6.1		1350	656	373	450	85	
1371	6.4	13.55	1512	668	449	411	253	196
1301	9.1	14.30	1578	682	476	485	233	184
1273	9.8	17.29	1781	727	523	492	317	285
1195	10.8	17.11	2350	863	570	534	317	308
1243	11.8	17.50	2733	950	630	597	328	298
1349	12.5	16.92	3203	1039	780	693	329	295
1399	12.9	17.88	4271	1250	934	927	346	353
1387	13.7	10.40	4591	1363	1062	1126	464	434
1424	15.4	17.87	5633	1649	1257	1176	543	526
1454	15.1	18.97	6051	1670	1321	1296	507	405
1482	13.1	17.56	7168	1981	1466	1312	577	431
1476	13.6	17.56	7491	2025	1707	1582	674	606
1561	13.6	17.12	11292	2950	2016	2433	1028	956
1597	10.2	17.12	13458	3318	2543	2308	1211	1091
1589	12.4	20.35	15257	3694	2902	2800	1494	1274
1592	12.4	19.58	16474	3953	3600	2888	1796	1646
1603	12.9	20.60	16907	4284	3800	3178	1910	1552
1308	16.3	20.94	18117	6283	4360	3624	1951	1625
1302	16.5	20.94	19114	6388	4510	3825	1921	1616
1603	16.6	20.94	19478	6864	4852	3926	1662	1393
1603	17.2	25.62	22064	7271	5095	3943	1788	1611
1568	23	25.62	19280	7366	5200	4196	1906	1656
1672	23.3	25.62	19757	7627	5480	4500	2156	1727
1427	25	25.62	20727	8068	6721	4964	2214	1992
1435	34	26.79	20822	7852	7080	4977	2328	2063
1522	34	26.79	23279	9827	8390	5583	2736	2744
1632	34	28.81	30659	12871	9663	6357	3096	2818

1949-2008年麻城市国民经济

年 份	年末总人口（万人）	年末总户数（万户）	年末常住人口（万人）	人口自然增长率（‰）	年末从业人员数（万人）	地区生产总值（万元）	第一产业	第二产业	#工业
1949	58.46	15.79	57.01	11.66	23.68	2046	2010	20	
1950	61.56	16.63	60	13.5	27.09	2240	2200	22	
1951	62.69	16.79	62.13	13.47	27.84	2351	2299	27	
1952	63.52	16.68	63.1	13.16	25.52	2647	2436	120	
1955	66.94	16.99	66.5	17.94	30.67	4456	3958	297	
1957	67.98	17.27	67.96	17.54	28.04	7088	6070	616	
1962	69.33	17.57	69.23	22.93	27.85	6940	5795	641	
1965	74.39	17.33	73.39	20.93	29.76	9449	8159	683	
1970	84.81	18.57	84.1	19.54	33.23	12600	10008	1489	
1975	92.41	19.28	91.79	12.53	37.69	19267	12672	3019	
1976	93.64	19.84	93.03	12.01	37.17	20571	13840	2982	
1977	94.70	20.00	94.17	10.67	37.83	21307	13814	3663	
1978	95.69	20.13	95.19	11.38	38.66	23339	15464	3814	2613
1979	96.60	20.13	96.14	10.14	39.77	24038	16010	3849	2302
1980	97.36	20.20	96.98	7.49	40.4	29136	20416	4445	3143
1981	97.96	20.68	97.66	6.4	41.3	30449	21332	4060	3558
1982	98.66	21.14	98.31	5.9	42.4	34139	24396	4380	3730
1983	99.18	21.37	98.92	4.5	43.7	35799	25578	4701	3935
1984	99.46	21.57	99.32	3.8	43.73	42072	26613	7540	6989
1985	99.93	22.00	99.69	3.1	44.03	43260	27414	7610	6326
1986	100.98	22.91	100.45	5.9	45.25	46456	27428	8930	7781
1987	102.17	23.53	101.57	7.1	46.32	51603	28911	11421	9766
1988	103.71	24.98	102.94	8.6	47.44	59612	32807	13662	10835
1989	104.66	25.75	104.19	12.1	48.17	68566	39897	14122	11008
1990	107.07	26.23	105.86	18.1	49.43	87134	50645	16001	13969
1991	107.95	26.72	107.51	11	49.97	106192	55203	25353	21974
1992	109.25	26.76	108.6	12.01	48.24	114578	56827	27673	22176
1993	110.45	27.58	109.85	9.45	51.7	142734	67445	36009	28066
1994	111.36	27.91	110.91	8	48.22	161262	79538	38007	33105
1995	112.68	28.83	112.02	6.31	54.1	183856	92486	39812	34493
1996	113.71	28.99	113.19	8.67	54.1	209024	109983	43100	37276
1997	115.15	29.11	114.4	5.16	53.4	246979	125980	51073	44520
1998	116.40	30.07	115.77	6.62	53.8	281511	138822	58734	51395
1999	117.62	31.64	117.01	4.63	53.6	301805	134669	62207	57930
2000	116.28	30.90	116.95	2.85	52.28	321682	147454	65541	60116
2001	113.50	31.77	112.8	1.85	51.88	341891	130088	70986	61972
2002	116.28	32.39	114.4	2.46	51.92	368558	134782	74316	63411
2003	116.28	32.92	114.5	2.91	52.42	398043	158175	77878	65380
2004	116.28	33.43	114.6	2.57	56.5	436842	187763	82597	69180
2005	116.28	34.88	114.9	1.85	57.14	475483	191220	91089	76236
2006	116.28	35.59	115.3	1.79	57.45	533105	205177	108959	91418
2007	115.91	36.73	89.04	1.48	58.48	643133	250835	140046	121628
2008	116.85	37.40	106.96	2.24	58.95	836320	328287	215640	191604

和社会发展主要指标（一）

第三产业	耕地面积（万亩）	农业产值（万元）	农作物播种面积（万亩）	粮食面积（万亩）	粮食产量（吨）	棉花面积（万亩）	棉花产量（吨）	油料面积（万亩）
16	86.7	7885	142.97	114.7	174560	11.2	1960	8.61
18	87.8	9504	144.69	114.96	185185	10.85	2025	9.08
25	89.2	9776	148.56	116.91	187685	11.46	2290	9.47
91	89.8	9507	158.78	124.05	105750	12.37	2595	9.99
201	98.9	13143	168.98	133.67	242170	13.11	4935	12.9
402	95.2	12489	173.22	141.81	234850	12.46	3595	11.17
504	94.1	13656	171.39	136.18	240745	13.68	4685	11.58
607	93.4	14498	175.73	137.38	248350	14.25	5620	13.05
1103	90.6	17337	178.67	135.81	271640	14.75	9245	12.6
3576	86.7	16054	186.97	140.45	290000	16.11	6920	9.52
3749	86.26	18197	210.11	145.65	330090	15.87	8050	11.27
3830	86.29	18973	200.22	144.25	359235	15.95	7059	11.06
4061	86.28	18913	200.95	143.43	334980	15.76	7741	11.1
4179	86.26	19793	201.21	143.43	355865	15.78	6799	12.26
4275	86.24	22017	195.23	141.61	388870	15.75	8501	13.27
5057	86.22	20457	191.19	139.49	303770	16.22	4988	15.66
5363	85.98	23367	186.38	135.95	351570	15.86	7341	17.11
5520	85.98	26757	187.02	135.72	395650	15.92	8909	19.73
7919	85.98	24873	187.88	134.11	381715	15.92	8638	19.63
8236	85.94	29854	187.32	134.12	438345	16.09	12854	19.62
10098	85.93	29139	185.02	131.94	405815	15	10675	20.31
11271	85.24	29292	184.24	132.38	420255	14.21	8645	20.91
13143	85.17	30036	186.27	133.36	418252	14.27	9049	21.78
14547	84.8	27972	181.99	132.03	391270	14.16	7156	20.07
20488	84.26	30767	186.09	134.36	440625	13.51	7336	22.4
25636	84.21	67884	189.27	135.87	445558	13.71	9947	23.9
30078	83.92	62215	185.91	133.16	375336	13.57	7617	25.19
39280	83.29	71072	179.21	126.48	400025	14.36	9138	24.38
43717	82.77	76243	176.85	121.34	401472	12.44	9405	24.18
51558	82.75	84623	174.42	120.78	412528	13.85	10017	24.4
55941	82.76	97264	177.27	121.49	421172	13.74	10679	26.77
69926	82.65	103704	176.81	122.96	426204	12.62	7287	27.28
83955	82.65	110955	186.72	124.95	465214	12.59	9473	28.29
104929	82.71	111280	190.59	126.11	472218	12.44	9523	30.05
108687	83.01	114244	188.90	123.57	476545	10.05	7780	32.25
140817	83.16	128200	191.03	116.18	446522	10.08	8100	39.6
159460	83.4	117155	199.56	106.98	336765	10.25	5877	46.85
161990	83.42	127333	199.77	107.81	419251	10.25	7901	44.72
166482	80.19	133432	199.1	106.88	408673	10.16	7850	45.23
193174	80	140012	204.14	111.14	484665	10.2	8088	46.29
218969	79.91	304022	212.37	113.93	495812	9.45	7943	46.97
252252	79.32	310946	214.07	112.64	486580	10.2	9419	46.85
292393	79.34	360204	217.38	113.15	495821	12.15	10212	50.18
	79.40	419804	223.79	113.12	508458	11.7	9226	60.95

1949-2008年麻城市国民经济

年 份	油料产量（吨）	蔬菜面积（万亩）	茶叶产量（吨）	生猪存栏（万头）	牛存栏（万头）	能繁母猪（万头）	肉类总产量（吨）	水产品产量（吨）
1949	3650	3.95	4	4.9	4.9	0.82		575
1950	3985	3.61	26	7.4	5	1.34		640
1951	4250	3.86	27	8.4	5.1	1.53		720
1952	4230	4.86	29	12.2	5.5	1.45		625
1955	9560	5.27	88	20.7	7.1	3.27		1565
1957	5940	0.55	56	13.1	6.7	1.34		1090
1962	5590	0.55	81	18.1	7	1.4		1945
1965	5835	0.39	97	15.8	7.1	1.31		1865
1970	10545	0.79	99	15.7	8.1	1.26		1770
1975	8040	0.96	133	22.14	9.74	2.33		1400
1976	9905	0.79	260	36.12	9.66	3.17		1505
1977	10081	1.2	293	35.47	9.37	3.33		1525
1978	11171	1.5	304	35.26	9.14	2.98		1910
1979	9049	1.34	340	36.31	8.9	3.08		1690
1980	13585	0.74	297	39.33	8.48	2.7		1582
1981	12034	0.7	324	38.01	8.1	2.21		2023
1982	16746	0.47	346	36.5	7.64	1.88		2336
1983	20465	0.75	395	36.86	7.68	2.35		2965
1984	17719	4.14	398	34.63	7.66	2.39		3005
1985	21819	3.97	481	35.49	8.1	2.27		3508
1986	21620	4.41	389	35.12	8.58	2.25		4115
1987	22509	4.25	391	37.46	9.16	2.31		4253
1988	2396	4.6	437	38.09	9.73	1.96		5046
1989	19076	5.29	455	39.21	9.74	2.3		3987
1990	25772	5.3	468	39.88	10.05	2.31		5033
1991	26179	5.15	490	39.52	9.85	1.82		5071
1992	22890	5.27	509	38.35	9.52	1.62		4901
1993	26218	6.21	485	38.85	9.25	1.71		5100
1994	28675	8.1	554	34.94	9	1.76		7800
1995	29414	5.18	583	34.1	8.69	1.74		10315
1996	35508	10.55	600	36.9	10.02	1.69		11705
1997	33496	9.09	628	25.83	10.36	1.73		14046
1998	38547	10.91	681	27.27	14.46	1.81		15170
1999	39004	16.62	722	27.87	19.2	1.71	59942	18061
2000	44589	16.92	812	29.26	21.1	1.87	55081	21080
2001	50205	23.03	797	38.6	22.1	2.57	61261	19394
2002	54385	33.15	728	37.24	21.28	1.86	73844	16524
2003	55173	33.69	802	37.1	20.03	1.88	73875	20105
2004	52643	33.8	803	34.94	20.46	1.67	71849	22016
2005	59772	31.65	811	37.18	21.7	1.65	75929	23777
2006	57208	31.94	813	35.24	19.32	1.68	79215	26202
2007	54685	31.82	814	34.13	19.09	1.58	61124	25447
2008	62578	32.31	816	34.57	18.88	5.26	63994	29313
	69194	32.43	1064	36	20.59	4	57406	20416

和社会发展主要指标（二）

农民人均纯收入（元）	农林牧渔业劳动力（万人）	人均地区生产总值（元）	全部工业总产值（万元）	#规模以上工业总产值	规模以上工业增加值（万元）	全社会固定资产投资额（万元）	#房地产开发投资	建筑业总产值（万元）
	26.54	36	29			3		
	27.09	37	34			8		
	27.84	38	48			22		
	28.46	42	344			243		
	31.45	67	849			58		
	26.15	104	1813			68		
	27.9	100	1924			348		
	28.94	129	2033			492		
	28.36	150	4253			405		
	31.34	210	9435			336		
	34.25	221	9037			361		
	34.26	226	11447			311		
	34.62	245	12519	5963		783		4155
122	35.05	250	13098	6615		747		4317
142	35.91	300	14035	6764		963		4034
128	37.1	312	17197	8444		386		1709
187	38	347	20124	10698		2118		2138
277	38.87	362	22597	12578		2464		2091
191	39.35	424	30322	15232		2448		2430
247	40.97	434	31726	17487		2663		4998
290	40.78	462	37385	19692		4331		5171
301	41.03	508	42774	23625		5054		8606
320	41.81	579	51942	29523		5679		9388
353	42.73							
426	36.94	658	62571	34812		5532		6632
526	37.91	823	62294	61994		4770	166	7384
456	38.08	988	78646	74226		8242	133	9146
574	36.18	1055	95514	92167	12938	12207	125	14160
689	34.64	1299	97408	88270	17646	22264	153	17544
1024	33.4	1454	109925	108125	39854	36192	143	18596
1242	31.48	1641	119713	113548	50370	45770	250	19665
1523	30.88	1847	126233	115726	51317	58442	168	20552
1818	29.93	2159	127942	116967	53528	72934	268	21695
1964	28.29	2432	133185	127045	34874	96364	545	22356
1631	27.64	2579	138194	130932	51958	109811	355	22930
2047	24.1	2751	148399	139878	52875	125290	216	29562
1942	22.9	3031	151078	141979	53887	128137	126	31819
1992	22.84	3222	161019	154856	54685	136779	3013	33886
2088	22.58	3476	168972	15789	55496	153210	5015	36976
2397	25.32	3812	168526	116407	39690	189219	12848	29937
2531	27.55	4138	171879	146656	49136	260700	17755	35981
2618	27.62	4624	219621	176882	59171	325691	19823	48380
3062	27.27	6295	315806	301046	90528	409028	37390	50511
3460	23.72	7791	592536	526913	176553	510058	40010	51216

1949-2008年麻城市国民经济

年 份	财政总收入（万元）	地方财政一般预算收入（万元）	财政支出（万元）	居民消费价格指数（上年＝100）	公路营业里程（公里）	全社会旅客运输量（万人）	全社会货物运输量（万吨）	邮电业务总量（万元）
1949					130	2.04	2.86	0.30
1950					130	2.33	3.15	0.90
1951					130	2.67	3.45	3.00
1952					130	3.05	4.46	6.00
1955	605		609		130	4.56	8.14	11.00
1957	317		301		194	5.95	8.64	15.00
1962	617		581		319	11.61	22.02	37.00
1965	1256		1208		304	17.34	10.64	42.00
1970	1394		1306		416	40.53	8.72	31.00
1975	2349		2236		630	80.98	27.42	52.00
1976	2181		2037		815	76.90	20.96	61.00
1977	2597		2507		861	89.30	13.36	61.00
1978	3271		3159		1093	173.00	55.00	67.00
1979	3094		2959		911	196.00	55.00	70.00
1980	2487		2273		882	209.00	55.00	77.00
1981	2712		2624		883	199.00	66.00	95.00
1982	2862		2867		883	206.00	68.00	92.00
1983	3054		2889		883	230.00	73.00	100.00
1984	2980		2928	100.7	1117	291.00	82.00	98.00
1985	3250		3057	106	1217	332.00	98.00	111.00
1986	4573		4528	104.5	882	384.00	112.00	124.00
1987	4672		4651	111.4	882	466.00	154.00	140.00
1988	4844		5080	120.2	882	521.00	132.00	169.00
1989	5965		6316	115.8	882	292.00	66.00	206.00
1990	5803		6402	102.8	882	357.00	67.00	243.00
1991	6877		7345	110.7	884	707.00	187.00	494.00
1992	7542		8100	108.5	885	763.00	206.00	622.00
1993	8931		8931	118	885	806.00	213.00	901.00
1994	10843		10822	128.3	885	1158.00	487.00	1371.00
1995	12146		14246	119.5	885	1982.00	315.00	2700.00
1996	14900		19017	107.2	885	2652.00	287.00	4215.00
1997	20928		21229	104.6	904	423.00	512.00	5005.00
1998	27621		27621	98.6	934	455.00	615.00	6545.00
1999	24601	18698	30373	98.0	976	773.00	670.00	6785.00
2000	25451	20047	35225	98.1	1320.09	878.00	708.00	7218.00
2001	27001	23309	43645	98.8	1386.10	874.00	712.00	7536.00
2002	28975	27068	41410	100.1	2004.10	1373.00	727.00	7800.00
2003	31006	29038	46017	103.3	2044.10	1253.00	763.00	8100.00
2004	32815	28595	60471	103.7	2044.10	1261.00	778.00	8900.00
2005	34143	28139	70960	107	2044.10	1391.00	830.00	9200.00
2006	40518	18411	72537	104.2	2494.30	1413.00	856.00	11500.00
2007	53368	25241	94442	106.6	2937.91	1485.00	885.00	16169.00
2008	70296	34117	140458	109	2951.10	1553.00	898.00	18212.00

和社会发展主要指标（三）

本地电话用户总量（户）	移动电话用户（户）	社会消费品零售总额（万元）	进出口总额（万美元）	出口总额	实际外商直接投资（万美元）	旅游总收入（万元）	金融机构存款余额（万元）	城乡居民储蓄存款余额（万元）
47		1599						
62		1748					17	2
79		1671					100	9
111		1618					100	6
233		2164					147	11
510		2807					341	37
1554		4326					737	50
1921		5313					1430	91
1842		5480					1572	86
1908		7964					2098	181
1807		8219					2014	183
1837		8445					2160	198
1848		9108					2603	506
1873		10424					3841	1011
1886		12684					4048	989
1817		12587					5282	1595
1978		14244					7525	2361
2065		17702					7250	2665
2224		20188					8665	3963
2466		22406					10744	5654
2735		22723					12512	6935
2751		26773					18338	9341
2873		28018					22344	12825
2538		29785					26575	16848
2672		29927					32457	21440
3114		32554					39517	25586
4185		35933					46201	31133
4606		47893					64615	38945
8060	182	58652					90949	61623
15073	664	71941			130		112728	49388
25457	1431	94093			160		116711	59859
32929	2357	112020			180		165399	114145
39392	3826	124660			260		145154	128329
38683	3829	135004	402.20	402.20	40		142290	121776
50280	10006	150418	340.00	340.00	159	3000	161304	132859
43295	15827	162466	540.00	540.00	154	3320	194416	163348
61229	32421	173989	1350.00	1350.00	314	3450	228950	191874
70189	54200	182570	311.00	311.00	503	3500	284400	232848
104961	121426	187183	669.00	669.00	427	3700	332898	232848
131749	160214	206880	410.00	410.00	931	4000	406102	327616
120801	222563	233775	630.00	630.00	2630	5000	503380	395206
134767	243216	330818	900.00	900.00	4093	16000	579329	450834
155436	254172	411610	1221.00	1221.00	473	20000	762705	561791

1949-2008年麻城市国民经济

年 份	金融机构贷款余额（万元）	中等职业学校在校生人数（人）	普通中学在校生人数（人）	小学在校生人数（人）	从事科技活动人员（人）	医院及卫生院床位数(张）
1949			135	4142		
1950	14		276	26379		5
1951	37		327	29327		8
1952	74		985	48282		30
1955	1087		1177	42830		95
1957	1381		2455	52349		183
1962	2804		4946	68696		466
1965	3351		7114	74675		772
1970	4190		20395	91190		1150
1975	7189		39983	154140		2008
1976	5674		55363	160671		2036
1977	6006	252	66292	152745		2036
1978	6652	241	61818	142748		2071
1979	8198	338	56594	145203		2071
1980	9048	799	53181	146739		2068
1981	10035	832	49241	155888		1879
1982	12087	578	45972	155968		1843
1983	14776	1139	44500	155800		1941
1984	19029	1027	45793	161676		1987
1985	22096	1419	47772	157585		1975
1986	25685	1485	46643	149450		1929
1987	31039	1616	46706	135987		1931
1988	36156	1779	43805	124737		1908
1989	41235	2035	38747	114792		1809
1990	50797	2398	36858	113407		1796
1991	61461	2532	36048	112442		1788
1992	70597	2816	34297	112062		1819
1993	88056	3488	35489	112522		1830
1994	107863	5099	39150	117521		1819
1995	123233	5700	43862	127191		1541
1996	144342	5850	45644	136452		1565
1997	219083	5063	46945	143355		1485
1998	244782	5083	51068	147699		1168
1999	234516	5521	55426	141225	608	1486
2000	217440	6121	56452	142916	621	1297
2001	212927	4125	58942	135122	630	1308
2002	218649	4104	84421	128211	641	1278
2003	230334	4100	101349	105000	20318	1589
2004	234121	2400	101351	106000	20271	1208
2005	186617	2500	101300	95800	20421	1208
2006	252640	3097	97624	85154	20594	1119
2007	358866	2328	91822	81653	20621	1230
2008	496083	1684	85136	79413	20702	1258

和社会发展主要指标（四）

卫生技术人员数（人）	城镇居民人均住房使用面积（平方米）	农村人均生活用房使用面积（平方米）	城镇单位在岗职工工资总额（万元）	城镇单位在岗职工年平均工资（元）	城镇居民人均可支配收入（元）	城镇居民人均消费性支出（元）	农村居民人均纯收入（元）	农村居民人均消费性支出（元）
5								
18								
112								
541								
878			361.50	397			44	
1011			551.10	392			58	
1024			576.60	478			72	
1015			758.00	412			66	
1517			1424.90	413			72	
1586			1317.90	421			74	
1371			1370.40	419			74	
1775			1581.00	436			77	
1745			1883.60	493			101	
1768			2153.00	553			81	
1879			2274.60	567			147	
1939			2566.30	606			177	
1966			2783.70	640			191	
1914			3234.90	804			247	
1951			3648.60	862	665.30	628.80	253	190.67
1930			4229.40	945	770.00	841.90	301	252.60
1972			5002.80	1059	859.10	939.80	320	317.81
1983			6003.80	1223	849.50	787.90	353	369.55
2047			7078.30	1374	1067.90	1066.20	426	359.56
2192			8269.90	1558	1087.80	936.10	526	484.34
2292			8931.30	1661	1280.50	1128.40	502	543.00
2229			10422.20	1852	1489.04	1356.16	574	560.45
2448			12736.00	2172	1728.45	1388.32	689	605.01
2582			20570.70	3500	2538.64	2161.77	1024	933.90
2543			22322.30	3782	3150.15	2708.91	1243	1261.53
2631			22590.70	3755	3378.06	2978.60	1523	1291.36
2711			23430.60	3938	3574.47	2887.55	1818	1708.50
2907			27217.50	5557	4013.28	3391.44	1964	1309.58
1485			27572.00	6191	4440.55	3490.24	2016	1886.00
1496			26752.00	6505	4256.70	3581.44	2046	1898.00
1517			27051.00	6842	4506.60	3905.70	1850	2010.00
1343			27010.00	7205	4831.10	3637.70	1992	1094.00
1886	38.21	33.90	29621.70	7560	5003.30	4091.40	2088	1895.00
1762	38.21	34.10	29185.30	7732	5440.00	4778.00	2396	2048.00
2598	43.95	34.20	32989.90	8794	6003.00	5408.00	2531	1653.00
2634	45.17	27.00	41799.50	10629	6950.00	6018.00	2681	2419.80
2822	46.2	27.50	51115.20	12547	8765.00	6950.00	3062	3162.83
2645	49.7	30.80	57656.00	13452	9910.00	6819.25	3460	4049.73

1949-2008年罗田县国民经济

年份	年末总人口（万人）	年末总户数（万户）	年末常住人口（万人）	人口自然增长率（‰）	年末从业人员数（万人）	地区生产总值（万元）			
							第一产业	第二产业	
									#工业
1949	29.5	7.6				892	627	71	52
1950	30.0	7.7				984	698	75	57
1951	30.4	7.7				1083	756	100	79
1952	30.9	7.8				1172	807	127	105
1955	33.1	8.0				2183	1537	242	209
1957	34.8	8.4		25.2		3387	5415	368	318
1962	37.0	8.7		29.7		3926	2769	355	254
1965	39.2	8.8		20.1		4708	3509	307	220
1970	44	9.2		16.6		5910	4409	395	283
1975	47	9.4		7.2		8580	5614	1308	766
1976	47.2	9.5		5.4		8816	5700	1342	787
1977	47.4	9.6		5.2		9154	5537	1713	1004
1978	47.7	9.8		8.4		9376	5490	1932	1211
1979	48.1	9.8		9.5		10905	6364	2280	1294
1980	48.3	10.0		4.8		11874	6730	2466	1667
1981	48.5	10.2		6.0		12813	7967	1930	1330
1982	48.7	10.5		5.2		15080	9608	2004	1451
1983	49	10.7		3.8		14954	8784	2979	2477
1984	49.1	11.0		3.9		17769	10542	3656	2860
1985	49.3	11.4		4.7		21861	13289	4152	3331
1986	50.9	11.8		9.1		21987	12681	4478	3695
1987	51.8	12.4		12.3		29663	15745	8071	6593
1988	52.9	13.0		12.5		32683	18533	5644	4749
1989	53.7	13.4		12.6		37828	20611	8461	7655
1990	54.4	14.1		11.9		46879	29143	8902	7986
1991	54.8	14.3		7.6		48962	27422	10209	9105
1992	55.2	14.6		6.4		54304	27803	10953	9908
1993	55.8	15.1		4.4		64271	34578	12152	10956
1994	56.4	15.2		3.8		81286	48377	16404	14664
1995	57.1	15.7		3.6	27.86	103057	58982	22301	19683
1996	57.6	15.8		2.8	27.39	119702	58428	27852	24902
1997	58.3	15.9		3.8	27.89	132030	61938	30260	26964
1998	58.9	16.1		3.2	27.42	141974	64629	32080	27956
1999	59.5	16.3		3.3	27.33	150009	65848	34182	29655
2000	59.7	15.2	56.57	2.1	27.47	156343	65621	35739	30949
2001	59.7	16.3	56.65	6.7	27.17	159989	62074	36978	32036
2002	59.67	16.3	56.78	2.4	28.75	169165	52633	38873	33681
2003	59.7	16.2	56.68	1.3	31.06	181828	68411	41181	35699
2004	59.5	16.0	55.98	0.4	32.01	198481	77585	43801	37932
2005	59.8	17.4	55.45	2.6	32.65	219452	76393	61348	54763
2006	61.0	19.0	55.61	3.8	32.96	244965	80270	72463	64884
2007	62.3	20.1	54.88	10.5	33.65	283282	87495	90995	81841
2008	62.4	20.2	54.91	6.8	35.39	399708	115575	158129	146314

和社会发展主要指标（一）

第三产业	耕地面积（万亩）	农业产值（万元）	农作物播种面积（万亩）	粮食面积（万亩）	粮食产量（吨）	棉花面积（万亩）	棉花产量（吨）	油料面积（万亩）
194	43.3	3977	62.75	55.93	64630	1.1	100	3.2
211	43.3	4422	64.04	56.7	67825	1.1	110	3.61
227	43.3	4792	65.85	57.25	71325	1.2	120	4.11
238	43.4	5116	66.27	57.88	74455	1.37	160	4.3
404	46.8	7863	79.71	69.51	115755	1.18	315	4.68
604	47.2	7015	77.6	70.93	114980	1.13	200	4.84
802	46.5	7649	81.58	72.17	124605	1.96	450	5.12
892	41.55	7478	84.05	72.37	116515	1.85	260	3.58
1106	39.3	10204	88.8	71.97	153825	1.17	410	5.51
1658	39.48	10267	89.38	72.3	160390	1.19	350	5.48
1774	39.43	9927	92.03	74.52	166840	1	522	5.82
1904	39.43	9697	92.16	74.52	166495	1.35	347	6.04
1954	38.81	11342	92.16	74.87	191910	1.16	478	7.9
2261	38.66	9975	88.56	74.29	140975	1	353	9.29
2678	38.62	11083	86.32	72.54	170185	1.29	292	9.67
2916	38.61	12720	88.26	73.54	197640	1.23	262	10.78
3468	38.37	12453	86.23	72.21	184250	0.83	190	9.92
3191	38.3	14220	85.5	71.57	207235	0.75	237	9.38
3571	38.06	14091	82.8	69.69	192895	0.44	138	9.27
4420	37.91	14366	82.32	58.88	191067	0.24	132	9.26
4828								
5847	37.82	15019	84.07	68.87	193571	0.53	223	9.42
8506	37.78	14577	84.19	68.78	185328	0.35	87	9.34
8756	37.79	15655	86.07	69.27	200477	0.2	77	10.32
8834	37.68	37480	87.51	69.44	208422	0.22	58	11.58
11331	37.51	38521	86.88	67.81	172878	0.25	88	12.49
15548	37.16	40367	81.45	62.61	184571	0.15	65	12.27
17541	37.09	42214	75.41	57.11	181810	0.18	39	9.84
16505	36.78	46937	81.32	65.9	194114	0.08	47	12.24
21774	36.69	52134	82.59	63.18	200848	0.09	68	13.04
33422	36.66	59837	84.26	63.72	208348	0.58	224	13.91
39832	36.41	63202	89.07	64.01	215050	0.51	188	14.28
45265	36.32	59448	88.02	63.47	211500	0.28	407	13.85
49979	36.2	60053	90.6	65.33	217711	0.2	108	14.69
54983	36.11	61520	92.72	62.46	201375	0.17	112	15.9
60937	35.97	58140	93.69	62.22	181608	0.15	102	16.85
67759	35.12	59499	91.59	58.92	179927	0.12	81	17.39
72236	35.03	62337	89.66	56.36	172930	0.12	78	17.72
77095	36.12	64854	91.08	57.39	190527	0.14	88	18.44
81711	36.63	122909	87.59	56.21	192806	0.11	75	17.21
92232	36.99	124430	85.91	55.49	200221	0.14	93	16.32
104792	37.19	130454	84.69	54.92	207207	0.14	97	15.75
126004	37.64	158235	96.99	60.02	213552	0.26	185	18.78

1949-2008年罗田县国民经济

年 份	油料产量（吨）	蔬菜面积（万亩）	茶叶产量（吨）	生猪存栏（万头）	牛存栏（万头）	能繁母猪（万头）	肉类总产量（吨）	水产品产量（吨）
1949	880	2.45	13	4.8	3.4	0.56		160
1950	1105	2.55	36	4.9	3.5	0.56		175
1951	1350	3.2	40	5	3.5	0.58		175
1952	1590	2.63	43	5.2	3.5	0.59		175
1955	2420	3.84	149	11.6	4	1.34		810
1957	1645	0.5	81	11.1	3.3	1.14		800
1962	2590	1.84	102	12.6	4.2	1.17		595
1965	1495	1.4	101	14.08	5.23	1.17		740
1970	3250	0.85	135	20.15	4.94	1.84		1185
1975	2571	1.23	157	19.01	4.53	1.61		1120
1976	3028	1.03	148	20.05	4.48	1.53		965
1977	2901	0.97	153	20.05	4.36	1.53		1060
1978	4913	0.66	141	21.01	4.23	1.31		1041
1979	4446	0.67	151	19.23	4.16	1.14		1367
1980	5756	0.65	161	18.7	4.06	0.98		1454
1981	8838	1.2	185	19.93	4.09	1.07		1800
1982	6920	2.24	185	19.77	4.32	1.05		1915
1983	7088	2.82	167	21.01	4.54	1.2		2233
1984	6539	2.44	175	22.75	4.87	1.35		2595
1985	6425	2.9	176	23.52	5.25	1.12		2590
1986	6909	3.82	132	23.05	5.79	1.02		3476
1987	5745	4.28	142	23.53	6.18	1.32		3000
1988	7682	4.17	291	23.38	6.48	1.15		3550
1989	9205	4.91	325	23.93	6.57	1.07		3213
1990	9563	5.39	325	23.44	6.35	0.98		2750
1991	10462	4.71	245	23.08	6.25	1.09		3275
1992	10647	4.38	116	22.36	6.04	1.03		4010
1993	11481	2.32	111	22.73	5.93	1.01		5090
1994	13606	5.29	134	22.96	6.13	1.05		6368
1995	14820	5.64	139	15.7	6.23	1		7504
1996	16970	8.67	140	15.1	6.26	1.1		7808
1997	15050	9	180	15.1	6.17	1.12	18977	8100
1998	16565	8.76	312	16.62	6.36	2.51	15049	8215
1999	18363	11.67	441	18.07	6.52	1.31	15187	7495
2000	17658	11.81	394	18.25	6.1	1.3	15614	5263
2001	17930	11.85	398	18.4	6.43	1.24	15447	5368
2002	18772	11.99	381	17.19	6.15	1.21	16710	5475
2003	20946	12.12	237	15.83	5.8	1.22	16388	5710
2004	20177	11.18	249	16.07	5.79	1.26	16761	5475
2005	19891	10.92	237	15.68	5.73	1.24	16960	5749
2006	20289	11.13	245	12.56	5.19	1.42	18020	6021
2007	22637	11.55	359	16.39	6.27	1.53	17476	5877

和社会发展主要指标（二）

农民人均纯收入（元）	农林牧渔业劳动力（万人）	人均地区生产总值（元）	全部工业总产值（万元）	#规模以上工业总产值	规模以上工业增加值（万元）	全社会固定资产投资额（万元）	#房地产开发投资	建筑业总产值（万元）
	9.6	30.2	120			2		
	11.3	24.6	130			11		
	12.3	35.6	180			30		
	13.5	37.9	240			103		
	15.3	65.8	480			27		
	13.4	97.3	697			51		
	14.8	106.2	557			75		
	14.3	120.0	483			59		
	15.06	134.3	621			391		
	15.38	182.7	1641			568		
	15.5	186.9	1685			517		
106	15.76	193.0	2150			854		
134	16.15	196.5	2424			969		
158	16.59	226.8	2860			1022		
201	17.14	245.9	3569			1019		
292	17.65	264.4	3892			602		
242	17.93	309.2	4247			1941		
327	18.68	305.5	5145			1815		507
324	19.15	361.7	7848			1522		555
352	19.35	442.7	9507			4520		641
388	19.9	432.2	11268			4288		708
433	20	572.2	13582			4824		718
479	17.33	617.8	17347			4790		927
594	17.7	704.7	19827			4324		1043
533	18.65	862.3	30681			3872		1174
630	18.68	893.6	32627			5331		1205
677	17.72	983.5	40152			8425		1655
1058	17.1	1151.7	60667			8670	40	1600
1255	16.94	1439.8	126936			15017	20	2202
1565	16.7	1804.6	205169			28500		4067
1819	16.09	2076.5	301768			29483		4270
1952	14.91	2263.6	452851			36797	225	5152
2005	14.25	2409.4	329725	89140	26652	48883	290	8776
2050	12.54	2518.7	234294	110231	39400	70588	365	8962
2025	11.85	2618.8	266970	118127	43632	78436	1265	12742
2038	11.81	2679.9	313287	129230	46472	82094	1510	12525
2076	11.32	2835.2	339009	1050137	54009	67317	1650	12854
2338	11.38	3047.7	382402	163043	57409	80367	1600	16857
2495	11.34	3335.9	412710	190685	69873	103265	2348	18054
2668	11.54	3669.4	203860	104040	35860	131537	4030	21977
3050	11.64	4014.9	241528	122566	42076	155858	4596	21969
3524	11.13	4546.8	304649	171844	52715	262085	10572	36205
		6406.5	376966	318966	131800	450045	16615	43537

1949-2008年罗田县国民经济

年份	财政总收入（万元）	地方财政一般预算收入（万元）	财政支出（万元）	居民消费价格指数（上年=100）	公路营业里程（公里）	全社会旅客运输量（万人）	全社会货物运输量（万吨）	邮电业务总量（万元）
1949	73	73	18		18		0.14	1.00
1950	89	89	27		46	0.28	0.26	1.50
1951	133	133	60		46	0.54	0.33	2.00
1952	143	143	173		46	0.47	0.71	2.20
1955	278	278	122		99	0.78	1.30	3.90
1957	333	333	157		157	4.40	3.08	9.30
1962	248	248	231		206	2.64	10.46	21.24
1965	382	382	283		257	7.53	10.00	21.82
1970	301	301	431		348	16.00	11.19	21.20
1975	563	562	846		574	46.08	19.79	40.10
1976	555	555	870		628	44.09	24.36	45.00
1977	607	607	1115		619	63.46	18.05	48.77
1978	580	580	1315		735	72.75	21.47	49.08
1979	646	646	1147		715	83.66	24.90	51.50
1980	739	739	1382		726	96.20	28.88	57.03
1981	789	789	1405		625	110.63	33.50	63.10
1982	806	806	1460		626	132.14	38.52	64.72
1983	936	936	1766		626	158.56	44.30	67.92
1984	1010	1010	1543		652	172.31	50.83	72.81
1985	1257	1257	1663		732	189.70	59.80	80.64
1986	1362	1362	1794		626	194.04	48.49	89.09
1987	1600	1600	1876		626	207.40	55.00	96.79
1988	1935	1935	2296		626	233.80	60.50	117.17
1989	2190	2190	3385		626	190.00	41.52	137.51
1990	3618	2618	2985		625	192.00	42.00	273.00
1991	2857	2857	4204		625	230.00	71.00	337.00
1992	2774	2774	4619		625	239.00	84.00	431.00
1993	3365	3365	4590		625	241.00	96.00	613.00
1994	4626	4626	4803		637	303.00	97.00	824.00
1995	4493	4493	5989		637	386.00	104.00	1123.00
1996	8283	6232	10309		637	390.00	110.00	2337.00
1997	10025	6715	12076	100.4	645	429.00	115.00	2906.00
1998	11541	7850	11789	98.2	674	473.00	138.00	3783.00
1999	12500	9196	14775	97.2	690	428.00	149.00	2870.00
2000	12700	9764	15341	98.9	690	462.00	147.00	2902.00
2001	13000	9528	17937	99.4	691	457.00	145.00	2912.00
2002	12082	6404	18919	99.2	811	480.00	130.00	3075.00
2003	12524	6051	20752	100.7	811	361.00	150.00	3391.00
2004	15182	7213	26797	103.4	811	408.00	198.00	2599.00
2005	18602	7287	33027	102.8	811	419.00	205.00	7488.00
2006	22208	8841	41691	102.3	2230	428.00	198.00	8445.00
2007	29498	11154	53904	103.83	2080	437.00	201.00	9457.00
2008	38547	14700	89025	103.38	2146	498.00	284.00	11800.00

和社会发展主要指标（三）

本地电话用户总量（户）	移动电话用户（户）	社会消费品零售总额（万元）	进出口总额（万美元）	出口总额	实际外商直接投资（万美元）	旅游总收入（万元）
5		555				
14		600				
26		640				
31		654				
113		1059				
198		1429				
906		1798				
906		1959				
997		2511				
1201		4005	138.20	138.20		
1211		4337	140.80	140.80		
1208		4434	148.40	148.40		
1216		4941	169.20	169.20		
1263		5360	328.00	328.00		
1181		6000	415.00	415.00		
1190		6876	438.50	438.50		
1168		7333	471.80	471.80		
1169		8278	448.00	448.00		
1284		9629	486.30	486.30		
1325		10918	404.10	404.10		
1365		11585	554.40	554.40		
1441		12487	822.50	822.50		
1549		15197	1460.10	1460.10		
1897		15570	1460.60	1460.60		
2049		15619	1572.10	1572.10		
2377		16597	1664.20	1664.20		
3100		18502	1938.40	1938.40		
6915	15	18545	2066.20	2066.20		
7724	15	24412	2181.80	2181.80		
11242	385	29380	135.00	135.00		
19190	827	33409	214.00	214.00		
25305	1328	40186	304.00	304.00	32.00	
30555	2229	43775	503.00	503.00	73.00	
32717	3155	47587	465.00	465.00	35.00	
42190	6655	52560	461.00	461.00	315.00	
48650	13450	58166	315.00	315.00	90.00	4000
59122	15900	62616	365.00	365.00	190.00	4500
73793	30700	69098	191.00	191.00	227.00	5000
97994	40600	76951	187.00	187.00	310.00	7500
150200	91700	86258	305.00	305.00	45.00	13000
182462	101032	97531	515.00	515.00	15.20	13000
197213	118947	122151	968.00	968.00	280.00	18000
223200	164400	182463	1125.00	1125.00		21000

1949-2008年罗田县国民经济

年 份	金融机构存款余额（万元）	城乡居民储蓄存款余额（万元）	金融机构贷款余额（万元）	中等职业学校在校生人数（人）	普通中学在校生人数（人）
1949					164
1950					152
1951	13.8	2	15		237
1952	32.80	4	37		354
1955	77.70	8	400		1029
1957	78.30	16	642		1505
1962	435.90	24	1129		2490
1965	407.10	45	1104		3034
1970	675.00	59	15334		9072
1975	967.50	121	2732		22457
1976	900.40	134	3228		30723
1977	952.60	154	3579		33808
1978	937.50	170	3755		29063
1979	1490.90	214	4822		28754
1980	1926.20	294	5180		24686
1981	1807.40	293	5684		20265
1982	2369.00	483	5799		18405
1983	2883.00	661	6438		17144
1984	3796.00	1068	11389		20254
1985	3867.00	859	12002		20073
1986	6071.50	2187	15847		19828
1987	17791.00	3315	17791		20604
1988	8231.00	4381	21201		18570
1989	10794.00	5398	23469		18808
1990	36876.00	7384	36876	719	20338
1991	16572.00	9666	33757	831	20990
1992	20132.00	12671	37654	873	22494
1993	25410.00	16496	45563	1071	24433
1994	32678.00	27204	57332	1311	28219
1995	42922.00	35080	67755	1471	30465
1996	53443.00	43148	77154	1548	30772
1997	54549.00	43855	88397	1630	31758
1998	86455.00	73434	123747	1683	33735
1999	96069.00	77058	135280	1995	36302
2000	107517.00	89205	130307	2331	42225
2001	122606.00	104746	137750	1833	49872
2002	147262.00	126743	137309	1748	55773
2003	185517.00	156494	139056	2293	59678
2004	223385.00	194184	144333	3521	59508
2005	269750.00	217949	101221	5060	56487
2006	349441.00	262769	108560	7215	50811
2007	410531.00	298217	143631	7967	47429
2008	502543.00	362011	173887	7814	43997

和社会发展主要指标（四）

小学 在校生人数 （人）	医院及 卫生院 床位数 （张）	卫生技术 人员数 （人）	城镇单位 在岗职工 工资总额 （万元）	城镇单位在岗职 工年平均工资 （元）	城镇居民人 均可支配 收入 （元）	城镇居民 人均消费性 支出 （元）
2382	4	11	5	70.64		
7524	8	15	30	222.97		
15958	15	47	36	191.4		
18139	21	91	64	286.7		
18957	64	148	127	341.33		
24712	64	176	193	397.16		
32046	204	541	248	463.95		
63977	354	554	321	516.74		
49794	566	788	383	460.90		
86325	858	1016	613	527.20		
89298	905	1044	635	533.73		
86551	925	1076	684	524.08		
80476	925	1124	824	489.98		
79762	925	1173	965	548.88		
78451	1000	1188	1226	678.96		
76103	1164	1249	1264	679.24		
70855	1188	1287	1351	710.91		
69522	1198	1374	1499	763.17		
75294	1198	1382	1597	842.90		
71028	1235	1399	2047	993.35		
69869	1130	1390	2351	1084.27		
68387	1095	1367	2750	1188.90		
68379	1097	1391	3275	1420.29		
73728	1097	1345	3631	1500.14		
75000	1139	1400	5139	1664.67		
76340	1154	1425	5323	1745.49		
76554	1142	1445	6060	1959.60		
73001	1135	1420	7414	2422.96		
73235	858	1430	10619	3226.89		
73411	917	1395	12741	3522.59		
77783	865	1313	13329	3756.21		
84648	896	1455	12311	3879.75		
86278	866	1509	15178	4776.81		
84035	858	1534	15866	5584.60		
78520	867	1609	16453	6530.78		
70172	855	1665	17811	7410.51		
62842	783	1484	18241	8147.63		
60852	804	1515	18519	8240.95		
56762	814	1625	19066	8292.60	5508	4025
52252	827	1607	21085	9017.16	6021	4629
49166	812	1694	23202	9889.74	6681	4776
46117	812	1671	22691	10460.85	7981	5959
44072	915	1492	30987	14212.25	9657	9772

1949-2008年英山县国民经济

年份	年末总人口（万人）	年末总户数（万户）	年末常住人口（万人）	人口自然增长率（‰）	年末从业人员数（万人）	地区生产总值（万元）			
							第一产业	第二产业	#工业
1949	24.58	4.94			9.07				
1950	24.76	5.22			9.08				
1951	25.04	5.44			9.16				
1952	25.14	5.56			9.24				
1955	27.18	6.03			9.80				
1957	28.11	6.20		30.80	10.04				
1962	28.84	6.38		30.90	10.93				
1965	30.89	6.56		20.60	10.51				
1970	34.35	6.95		13.00	10.90				
1975	35.16	7.09		5.00	12.18				
1976	35.34	7.18		4.80	12.56				
1977	35.40	7.25		4.30	12.62				
1978	35.46	7.31		6.38	14.03	9200	5992	1392	901
1979	35.54	7.41		8.50	14.19	10200	6789	1547	1027
1980	35.62	7.45		5.30	14.30	9384	6094	1631	1101
1981	35.76	7.64		6.00	14.10	9748	6377	1544	1179
1982	35.99	7.83		6.25	14.13	10237	6534	1727	1292
1983	36.15	8.03		5.63	14.28	9949	6357	1703	1446
1984	36.31	8.30		4.20	15.01	11698	7384	2121	1721
1985	36.44	8.72		4.72	14.90	12802	7882	2761	1962
1986	36.87	8.92		8.77	15.62	14031	7516	3549	2846
1987	37.42	9.24		12.14	15.53	15269	7777	3957	3238
1988	37.77	9.68		8.65	16.15	17088	8670	3985	3406
1989	38.37	10.16		10.70	18.23	16738	8434	4002	3557
1990	38.66	10.42		7.63	19.21	31859	18737	8484	7469
1991	38.85	10.63		6.38	19.46	33344	16406	10030	8144
1992	39.13	10.67		1.7	19.79	41426	22264	10500	8555
1993	39.44	10.68		0.89	15.95	47261	22874	13968	12502
1994	39.35	10.68		-0.21	20.09	57978	27978	19957	18237
1995	39.47	10.75		0.71	21.04	73879	30986	27946	25968
1996	39.58	10.77		3.6	25.13	92000	33297	40508	38194
1997	40.02	9.68		6.11	26.42	105000	34294	48800	46284
1998	40.45	9.62		2.3	26.10	117530	41544	52410	49782
1999	40.96	9.63		3.6	26.46	98631	42561	42260	40209
2000	40.47	9.62	40.72	-0.88	23.11	104553	44598	44568	41788
2001	40.46	9.69	40.46	-0.14	23.58	145757	61057	49500	41405
2002	40.63	9.81	40.54	1.95	24.04	154553	67597	54744	49345
2003	40.75	9.80	37.4	2.45	24.36	176068	72970	64266	56750
2004	40.86	9.82	34.48	3.33	24.5	192360	75232	72635	64300
2005	39.15	10.37	35.84	-14.01	24.8	185657	87765	38361	24152
2006	39.12	10.80	35.89	7.25	26.9	206529	93069	44398	28242
2007	39.12	13.52	36.28	7.45	27.85	238480	103617	61905	39950
2008	39.63	13.69	35.95	7.45	26.52	274390	109458	83295	57181

和社会发展主要指标（一）

第三产业	耕地面积（万亩）	农业产值（万元）	农作物播种面积（万亩）	粮食面积（万亩）	粮食产量（吨）	棉花面积（万亩）	棉花产量（吨）	油料面积（万亩）
	30.3	2926	44.68	38.42	48705	1.63	215	2.35
	27.6	3202	46.17	39.62	51215	1.85	205	2.14
	28.6	3370	50.62	43.25	52815	1.8	210	2.25
	31.6	3365	44.16	37.08	54730	2.04	225	2.31
	34.7	4533	66.47	55.41	71330	2.99	240	4.83
	31.9	5025	58.25	49.75	83325	1.48	365	3.98
	30.3	5102	66.11	58.91	91360	1.24	310	4.86
	27.2	6114	53.99	47.27	91950	1.49	450	3.28
	27.62	5838	59.16	49.21	92465	1.25	260	2.02
	26.81	7188	59.82	51.32	117795	1.07	535	2.92
	26.87	7246	61.41	53.73	125000	1.02	514	3.09
	26.74	7276	64.6	55.03	120180	1	507	3.41
1816	26.71	7670	65.41	55.17	130400	1.07	339	3.9
1864	26.5	8716	65.02	54.81	145835	1.02	431	4.76
1659	26.06	7903	61.55	51.58	100900	1.25	294	5.22
1827	25.92	8276	56.31	48.33	117355	1.05	283	5.19
1976	25.79	8895	55.79	47.25	121550	1.11	308	5.6
1889	24.78	8380	53.88	45.85	119345	1.02	370	4.63
2193	24.78	9750	52.79	44.67	140550	0.95	420	3.86
2159	24.31	10167	51.84	43.22	132390	0.5	220	3.93
2966	24.07	9729	52.73	42.91	130281	0.36	170	3.88
3535	23.77	9664	53.13	42.93	125755	0.31	117	4.02
4433	23.54	10453	51.32	42.49	133081	0.25	112	3.37
4302	23.02	10792	54.12	43.5	137376	0.15	67	5.22
4638	22.2	24598	54.25	43.38	140032	0.15	73	5.56
6908	19.13	28775	55.29	42.33	122358	0.1	69	5.95
8662	17.98	31957	51.32	38.48	136994	0.08	35	5.8
10419	17.57	33180	49.31	34.56	132481	0.04	37	5.08
10043	17.44	40312	47.6	37.23	146796	0.04	54	5.46
14947	17.52	47823	52.92	38.31	149494	0.06	52	6.3
18195	18.83	50127	59.15	42.18	159673	0.34	219	6.96
21906	18.8	56714	64.85	45.09	175185	0.36	342	7.76
23576	18.74	60492	70.67	46.47	183605	0.35	345	8.34
13810	18.18	61939	74.58	48.33	190669	0.29	299	8.88
15387	16.37	58917	77.19	46.37	164835	0.32	295	12.89
35200	15.78	60664	74.63	42.81	164602	0.3	267	11.55
32212	16.07	58169	72.03	41.49	163694	0.26	320	11.01
38832	15.15	58272	74.94	40.94	145687	0.27	205	11.72
44493	20.84	60771	68.58	36.2	151286	0.08	79	8.49
59531	25.71	134930	68.07	41.01	164327	0.14	99	10.26
69062	25.91	139496	68.21	41.1	167307	0.15	154	9.39
72958	25.67	179534	68.73	40.97	173089	0.12	110	9.41
81637	25.8	210980	72.99	43.76	178481	0.26	255	10.13

1949-2008年英山县国民经济

年 份	油料产量（吨）	蔬菜面积（万亩）	茶叶产量（吨）	生猪存栏（万头）	牛存栏（万头）	能繁母猪（万头）	肉类总产量（吨）	水产品产量（吨）
1949	790	2.16	93	2.7	2.1	0.08		55
1950	785	2.44	114	2.8	2.1	0.1		60
1951	895	3.15	130	2.7	2.1	0.1		60
1952	785	2.7	142	4.8	2.2	0.14		75
1955	970	3.09	301	4.1	2.5	0.23		85
1957	1570	2.95	25	9.5	2.4	1.36		270
1962	1130	0.66	145	8.6	2.4	1.14		525
1965	1530	1.2	204	10.2	3	0.94		630
1970	815	3.05	408	10.64	3.58	0.97		475
1975	1502	0.52	725	14.48	3.41	1.43		755
1976	1343	0.65	850	19.01	3.21	1.48		870
1977	1309	0.99	850	16.01	3.21	1.26		900
1978	1508	1.31	900	15.41	3.22	1.19		950
1979	2604	1.25	549	15.55	3.12	1.01		750
1980	2100	1.25	606	14.14	2.99	0.94		984
1981	2761	0.51	673	12.86	2.9	0.8		1050
1982	4504	1.35	747	13.51	2.92	0.92		1300
1983	2860	1.99	746	14.27	3.07	0.94		1505
1984	2754	2.75	746	15.35	3.07	0.95		1750
1985	2597	3.4	746	17.66	3.22	1.18		2600
1986	2566	4.5	866	19.14	3.37	0.97		2146
1987	2588	4.33	1017	17.96	3.49	0.75		2343
1988	2274	3.99	1205	18.9	3.53	0.94		2250
1989	3478	4.39	1307	19.7	3.68	0.99		2664
1990	4587	4.19	1403	19.69	3.56	0.72		2613
1991	5228	5.87	1533	17.82	3.26	0.68		2322
1992	5960	5.7	1718	18.07	3.01	0.79		2665
1993	6559	5.49	1951	19.47	2.82	0.81		2692
1994	7288	3.32	2182	20.07	2.78	1.12		2628
1995	8354	5.43	2518	21.74	2.83	1.1		3206
1996	9689	5.49	3249	16.51	2.92	1.09		3756
1997	11170	5.52	5001	16.43	3.14	1.18		4637
1998	11005	5.52	7090	15.98	3.17	1.34	26192	5508
1999	13559	5.55	9467	15.87	3.18	1.18	18398	6279
2000	16695	5.61	10783	18.63	3.11	1.36	18870	6480
2001	16024	7.16	11500	14.15	3.04	1.06	16855	5500
2002	14095	6.65	11834	14.69	2.86	0.87	16950	5654
2003	14184	7.59	13030	15.35	3.03	0.88	18502	5762
2004	13154	4.32	13798	14.79	2.76	0.98	21450	5861
2005	13761	5.43	14756	21.04	2.73	1.04	21938	5963
2006	14322	5.42	15810	18.69	2.69	1.04	20441	6224
2007	14936	5.81	18631	14.59	2.53	1.69	25813	7994
2008	16677	5.73	22844	20.4	2.87	2	19258	6800

和社会发展主要指标（二）

农民人均纯收入（元）	农林牧渔业劳动力（万人）	人均地区生产总值（元）	全部工业总产值（万元）	#规模以上工业总产值	规模以上工业增加值（万元）	全社会固定资产投资额（万元）	#房地产开发投资	建筑业总产值（万元）
	9.07		285	241		0.09		
	9.08		240	194		4.27		
	9.16		258	210		8.71		
	9.24	86	288	236		9.14		
	9.79	116	395	380		18.48		9.00
	10.04	126	519	451		25.42		13.00
	10.93	141	542	420		24.00		8.00
	10.51	155	516	381		49.91		25.00
	10.9	147	864	625		157.98		45.00
	12.28	228	1710	1381		539.70		65.00
	12.67	226	2027	1630		946.31		84.00
	12.63	248	2504	1913		884.26		92.00
76	12.54	224	2525	1919	581	656.00		121.00
95	12.76	252	2906	2099	462	1056.00		137.50
79	12.76	263	3114	2227	556	1121.00		146.60
82	12.64	256	3198	2298	597	566.00		127.80
93	12.62	286	3311	2351	650	1483.00		150.60
156	12.63	295	3637	2637	713	1338.00		250.00
182	13.04	344	4492	3211	893	2345.00		285.00
351	13.15	399	5789	4234	1286	3800.00		325.00
303	13.1	439	8012	5925	1686	3894.00		356.00
328	13.58	484	9400	7320	2181	3378.00		560.00
430	13.84	674	12154	9317	3082	3624.00		717.00
461	13.67	728	18493	12995	3686	3239.00		748.00
541	13.94	824	23701	15920	5057	3756.00	50.00	889.00
462	14.34	861	26618	17819	5277	6557.00	30.00	1391.00
549	14.21	1098	35435	21983	5307	10648.00	70.00	2156.00
604	13.31	1308	50655	32867	13160	8690.00	351.00	5791.00
1008	12.45	2115	115115	56531	157912	11106.00	392.00	7708.00
1210	11.59	2492	175576	64142	20890	14739.00	196.00	8332.00
1461	10.96	2934	302784	1061673	39832	15237.00	236.00	7156.00
1742	10.67	3187	371442	140463	31000	19544.00	360.00	8207.00
1838	11.16	3464	137978	114662	8246	25137.00	310.00	12422.00
1876	10.88	3891	132896	108944	53280	37465.00	245.00	14202.00
1901	10.06	2849	249908	108747	47957	37604.00	478.00	16013.00
1948	10.79	3409	156896	46399	14788	36210.00	100.00	16622.00
1956	10.64	3472	224215	48144	12588	39102.00	180.00	11512.00
2036	10.31	3952	202526	51331	14918	45830.00	560.00	32959.00
2239	10.68	4305	295686	40704.2	13804	57619.00	2863.00	43283.00
2369	10.06	4742	99644	56091.2	15721	69522.00	3622.00	49975.80
2531	9.66	5494	125059	61105.6	18225	102295.00	5179.00	64853.60
2957	9.3	6938	176904	141236.0	43642	167679.00	7453.00	91242.60
3356	8.31	8872	268215	268215	84781	262975.00	13168.00	123377.20

1949-2008年英山县国民经济

年 份	财政总收入（万元）	地方财政一般预算收入（万元）	财政支出（万元）	居民消费价格指数（上年=100）	公路营业里程（公里）	全社会旅客运输量（万人）	全社会货物运输量（万吨）	邮电业务总量（万元）
1949	51	51	39		8.00			0.47
1950	87	87	39		8.00		0.02	0.87
1951	137	137	63		8.00		0.05	2.13
1952	173	173	115		8.00	0.17	0.05	2.45
1955	206	206	94		100.62	0.65	0.26	4.65
1957	227	227	130		100.62	1.70	0.92	6.43
1962	279	279	202		119.47	2.87	1.27	13.59
1965	278	278	250		135.97	2.06	1.01	15.09
1970	233	233	424		167.47	14.91	3.69	16.96
1975	410	410	886		364.00	28.10	15.00	28.92
1976	438	438	689		452.60	34.41	16.40	31.66
1977	452	452	845		473.60	35.94	17.45	33.38
1978	445	445	1131		479.10	37.55	19.00	34.26
1979	505	505	1047		511.23	45.84	18.00	35.39
1980	537	537	958		510.82	54.61	18.60	36.53
1981	571	571	1040		510.82	48.75	17.00	44.23
1982	588	588	984		510.82	56.40	16.00	45.61
1983	457	457	1098		510.82	67.50	12.80	47.77
1984	477	477	1370	99.97	510.82	90.90	16.59	50.09
1985	6700	670	1552	105.14	510.82	127.20	25.80	56.79
1986	824	824	2102	102.6	650.00	135.00	22.60	58.90
1987	10182	1018	2258	101.4	645.13	158.00	23.40	66.10
1988	1277	1277	2535	115.6	751.00	221.00	32.00	82.87
1989	1709	1709	2422	116.2	751.00	287.00	77.66	88.00
1990	1911	1911	3043	103.9	787.55	187.00	85.00	101.00
1991	2106	2106	3339	104.5	787.55	222.00	79.50	149.00
1992	2379	2379	4064	107.7	475.33	279.00	59.00	245.58
1993	2917	2917	4601	117.5	475.33	306.00	30.00	376.69
1994	4008	2646	5095	124.8	475.33	316.00	78.00	434.00
1995	5013	3525	6632	118.6	475.33	423.00	95.00	798.10
1996	6314	4514	7973	108.2	474.83	240.00	100.00	1262.00
1997	7913	5209	9372	102.7	474.83	290.00	105.00	1760.00
1998	9193	6312	9905	99.9	474.83	305.00	115.00	1909.00
1999	10368	7639	10790	95.7	535.23	366.00	138.00	1526.00
2000	10376	8301	10306	98.8	1120.00	377.00	142.00	1815.00
2001	9001	7037	14921	99.4	1120.00	388.00	146.00	2049.00
2002	9358	5561	12900	100.7	1590.00	407.00	155.00	3920.00
2003	10200	5675	14600	104.0	1725.00	428.00	162.00	4310.00
2004	10386	5519	22566	107.7	1725.00	699.00	324.00	5172.00
2005	11365	5541	23680	102.7	1838.00	669.00	1810.00	6523.00
2006	13272	6214	26946	103.2	1837.00	280.00	1923.00	7570.00
2007	19746	7962	37446	106.24	1837.00	291.00	2019.00	8170.00
2008	26669	10874	79424	101.9	1941.00	581.70	2230.00	9407.00

和社会发展主要指标（三）

本地电话用户总量(户)	移动电话用户（户）	社会消费品零售总额（万元）	进出口总额（万美元）	出口总额	旅游总收入（万元）	金融机构存款余额(万元)	城乡居民储蓄存款余额（万元）
15		442					
30		506				0.14	
49		495				2.09	2
82		652				40.37	4
160		839				63.30	8
207		945				73.54	21
776		1410				326.30	29
669		1450				309.06	114
834		1881				428.21	124
831		2821	17	17		745.50	268
903		2815	19	19		806.60	277
887		2941	21	21		875.00	341
907		3136	28	28		874.00	353
910		3886	52	52		1220.9	364
930		4384	50	50		1524.60	527
924		5040	93	93		1873.70	681
935		5244	107	107		2176.60	934
949		5795	102	102		2222.10	1073
972		6249	105	105		2955.00	1546
1043		8035	83	83		3430.40	2288
1003		7420	164	164		4631.30	3197
1089		8387	200	200		5717.70	4815
1164		10824	260	260		7139.30	6268
1369		12490	662	662		8379	7735
1492		14348	801	801		11300	9530
1413		16339	829	829		17720	12374
1653		17728	971	971		20926	14806
1861		19441				21041	13881
2090		25209	1143	1143		39365	30154
3150	246	30867	102	102		49287	39360
4785	506	35775	106	106		62338	52258
12300	986	39916	272	272		72120	61853
15100	1741	45489	278	278		68961	61348
18080	1248	48718	317	317		81532	69922
22086	4906	51712	243	243	1839	84709	73467
		55115	202	202	1500	97394	85571
34160	20537	58477	140	140	2680	115874	98296
42449	21600	61136	212	212	3126	139834	118492
48397	45000	54727	153	153	3608	167340	143189
49828	58500	60559	308	308	3973.4	201940	162358
52345	96229	68920	450	450	4163	242364	187057
62331	116567	86073	912	912	9100	274862	208767
65279	129760	108794	1226	1226	16973	336636	253005

1949-2008年英山县国民经济

年 份	金融机构贷款余额（万元）	中等职业学校在校生人数（人）	普通中学在校生人数(人)	小学在校生人数（人）	从事科技活动人员(人)	医院及卫生院床位数(张)
1949			128	6242		8
1950			104	6745		8
1951	8		190	18897		15
1952	38		434	21037		20
1955	206		539	16783		42
1957	551		1040	21470		101
1962	913		2001	30144		117
1965	1006		1928	32662		150
1970	1524		6386	41073		284
1975	2040	50	15564	62180		540
1976	2292	100	22565	61726		624
1977	2764	49	25750	60013		603
1978	2828	140	19840	58955		583
1979	3134	131	20600	57937		603
1980	3498	155	16742	57178		763
1981	3829	89	17709	56273		783
1982	4135	89	13674	55304		780
1983	4757	90	15354	54835		770
1984	7320		15745	54625		822
1985	9220	136	18321	52810		849
1986	11272	113	17013	53523		832
1987	13376	51	17241	50267		870
1988	15406	120	16543	50079		909
1989	17505	584	17943	49214		939
1990	20985	614	16436	44851		939
1991	27771	654	15965	41587		1003
1992	32847	67	15831	38042		984
1993	34429	870	14776	39045		1019
1994	48750	1148	16009	42355		978
1995	58960	1443	16498	44353		1056
1996	69225		18000	47000	510	715
1997	90826		19000	49000	423	715
1998	100425		22000	47000	211	756
1999	97143		21000	46000	233	732
2000	83955	1702	24418	41145	279	695
2001	83245		29031	37132		892
2002	84722	2123	27841	34845	265	892
2003	90533	2216	27841	34845	265	930
2004	94802		36037	30227	290	1024
2005	56385		35221	29893	305	1024
2006	61541	4776	33373	29104	647	1024
2007	73386	6315	31539	30435	1352	1024
2008	100147	6355	27401	30988	1513	1024

和社会发展主要指标（四）

卫生技术人员数（人）	城镇居民人均住房使用面积（平方米）	农村人均生活用房使用面积（平方米）	城镇单位在岗职工工资总额(万元)	城镇单位在岗职工年平均工资(元)	城镇居民人均可支配收入(元)	城镇居民人均消费性支出（元）	农村居民人均纯收入（元）	农村居民人均消费性支出（元）
168								
178								
220								
216								
271								
341							33.00	33.00
474							58.00	58.00
526							59.00	59.00
592							49.00	49.00
680							64.00	64.00
698							67.00	67.00
731							68.00	68.00
768			718	482			76.00	76.00
791			773	542			95.00	84.00
804			897	595			79.00	67.00
832			873	612			82.00	65.00
847			1064	704			93.00	76.00
818		17.30	1054	690			156.00	105.00
876		19.09	1214	764			182.00	109.40
833		20.93	1496	868			286.27	257.61
843		21.54	1761	952			307.06	284.92
849		21.78	2187	1087			328.16	326.07
914		22.75	2775	1308			430.00	402.92
977		23.64	3377	1487			385.00	441.71
1027		25.57	3750	1591			426.00	537.69
1030		25.01	4214	1661			519.36	505.78
1080		25.48	4979	1825			549.07	549.38
1121		23.00	6241	2134			604.00	612.05
1067		18.00	9266	3180			1008.45	1043.16
1077		20.00	10214	3414			1210.00	1254.98
400	16	20.80	10875	3613	2593.95	2971.04	1461.01	1362.62
447	17.1	26.50	12302	4202	2837.95	2360.42	1742.27	1698.41
440	18.3	27.60	13685	4821	3443.00	3514.23	1838.24	1903.44
475		32.00	15040	6036	4171.00	4054.00	1876.28	2104.92
1034	21.6	29.60	13774	5991	4350.00	3739.32	1901.00	1866.00
1043		29.60	12083	5961	4613.00	4457.40	1905.00	1952.00
1063	26.3	33.00	11498	6037	4829.00	4407.96	1956.00	2038.00
1085	26.9	36.60	10195	6096	5212.00	4660.52	2036.00	2248.00
1103	27.5	36.60	10132	6178	5478.00	4815.82	2239.00	2215.00
1132	30.62	32.30	11744	7275	5838.00	5837.64	2369.00	2121.00
1479	41.2	36.20	12962	8006	6445.00	5829.00	2531.00	2490.26
1186	42.2	39.80	15573	9538	7861.00	6152.97	2957.00	3648.48
1240	38.74	42.15	19772	12516	9480.00	6932.71	3356.00	4161.63

1949-2008年浠水县国民经济

年 份	年末总人口（万人）	年末总户数（万户）	年末常住人口（万人）	人口自然增长率（‰）	年末从业人员数（万人）	地区生产总值（万元）	第一产业	第二产业	#工业
1949	57.42	13.76			21.65				
1950	57.81	13.79		6.8	22.18				
1951	58.20	13.80		6.8	22.66				
1952	58.26	13.98		7	22.57	6887	6129	402	
1955	59.04	14.22		1.7	23.44	7406	6244	508	
1957	60.01	14.36		14.7	23.57	8800	7108	798	
1962	62.69	15.16		33.8	23.65	8100	6390	897	
1965	66.20	14.96		19.3	25.82	10402	8522	968	
1970	75.92	16.10		16.6	30.69	12119	9127	1569	
1975	81.28	16.70		11	35.17	16954	9931	3935	
1976	81.99	17.15		8.7	35.71	17719	10755	3675	
1977	82.67	17.35		8.3	35.63	18468	10078	4903	
1978	83.50	17.38		11.30	36.4	19041	10593	4786	3171
1979	84.13	17.57		11.00	37.05	22355	14213	4463	3061
1980	84.53	17.81		5.30	37.86	20665	11491	5192	3337
1981	85.12	18.45		5.00	38.77	24785	15213	5362	4068
1982	85.67	18.57		4.80	39.66	30966	20210	5289	4335
1983	85.89	18.59		5.40	40.32	32523	20684	5615	4823
1984	86.54	18.81		5.90	40.95	35569	21325	7424	6442
1985	87.61	19.66		4.00	41.43	38267	23039	8013	6644
1986	87.96	20.33		7.00	42.34	46000	27247	11046	7064
1987	88.92	20.70		9.40	42.98	51802	32326	9617	7859
1988	90.07	21.62		12.5	44.99	61025	37124	12539	10628
1989	91.95	21.96		10.96	44.01	70560	42400	15889	14017
1990	94.12	22.56		16.93	45.11	75339	51782	12646	9953
1991	95.36	22.85		11.07	44.29	73837	47636	14375	11987
1992	96.67	22.98		10.80	44.99	89394	50590	20662	17727
1993	97.61	23.00		8.88	45.46	130161	65716	36081	31241
1994	98.22	23.10		6.10	46.32	182564	93250	36279	
1995	99.63	23.00		9.02	47.23	206327	110615	39017	
1996	100.44	23.08		8.42	47.71	230882	128773	41318	
1997	101.62	23.88		8.69	48.57	244493	129584	46665	
1998	102.61	24.09		6.85	47.91	257343	126457	53946	
1999	103.53	24.80		5.90	46.47	266673	116303	62680	
2000	102.75	24.86	92.53	1.75	44.55	281236	110424	72586	49253
2001	102.85	25.93	92.62	1.54	44.55	305704	114379	81296	55557
2002	102.86	27.02	92.73	2.29	44.21	327409	113488	89995	61724
2003	103.04	27.25	92.75	3.15	45.10	349018	123672	95755	64933
2004	103.21	28.83	92.65	3.41	45.49	397183	152950	101883	68310
2005	102.76	30.06	94.79	1.89	45.85	444537	161550	121221	80605
2006	102.87	31.38	95.12	4.30	47.91	489497	168887	135175	92300
2007	102.24	32.61	95.87	3.50	48.61	593370	225796	163150	116649
2008	103.08	33.35	94.54	3.10	49.45	780646	289804	239088	178646

和社会发展主要指标（一）

第三产业	耕地面积（万亩）	农业产值（万元）	农作物播种面积（万亩）	粮食面积（万亩）	粮食产量（吨）	棉花面积（万亩）	棉花产量（吨）	油料面积（万亩）
	77.1	9932	117.58	90.72	158235	10.93	1170	9.85
	76.5	10250	119.74	92.46	160800	11.46	1420	9.33
	77.5	11024	126.84	96.75	164960	11.79	1840	11.88
356	80.7	12049	127.1	94.76	183325	11.72	1990	13.49
654	81	12112	144.13	111.78	203540	9.18	1560	16.03
894	79.5	13858	144.12	118.26	223650	9.18	2530	10.78
813	74.9	12534	153.87	133.28	236345	7.97	1650	9.83
912	72.5	17109	71.32	136.56	294525	10.08	4050	12.06
1423	70.94	18171	175.77	125.5	335740	10.86	3555	8.58
3088	71.15	18962	178.14	125.05	336580	9.91	5130	9.67
3289	71.15	20538	177.49	124.26	392645	9.81	4801	10.17
3487	71.15	19263	177.34	122.81	354790	9.76	4987	9.92
3662	71.15	19803	176.23	122.36	373830	9.78	1090	12.12
3679	71.15	22726	176.94	123.4	424320	9.75	5535	15.15
3972	71.15	18734	174.07	122.27	333815	10.29	4279	15.43
4210	71.15	20801	172.9	121.36	362110	10.09	4131	17.68
5467	71.08	25609	172.46	121.83	457330	9.97	5403	17.68
6224	71.08	23719	175.65	121.32	445285	9.93	5064	17.7
6820	71.08	26201	177.82	127.27	476690	9.6	611	16.92
7215	69.52	26684	167.17	122.51	358670	8.41	4921	17.34
7707	69.12	28555	165.75	121.21	483341	7.09	3949	19.1
9859	69	29318	164.3	122.29	479518	6.42	4050	19.4
11362	68.9	29527	159.19	120.35	488076	6.66	2844	19.91
12271	68.84	30283	162.59	121.74	485424	6.05	2675	23.26
10911	68.65	68227	163.63	121.8	503062	6.5	3868	25.4
11826	67.66	60323	161.02	114.3	403177	7.2	3282	26.41
18142	67.11	72503	158.12	114.75	462640	9	4250	24.88
28364	66.56	76235	156.08	111.81	445509	7.25	3588	23.46
53035	66.21	86306	152.69	113.43	472440	5.72	3893	23.51
56695	66.05	96147	169.04	111.51	479797	6.2	4090	31.12
60791	65.85	107480	175.1	108	481236	6.36	3430	29.95
68244	65.78	117310	179.33	114.59	491847	5.95	3808	27.96
76940	65.67	107396	178.4	102.2	457528	4.69	2284	28.32
87690	65.69	105884	185.67	106.1	459215	4.01	2017	30.21
98226	65.67	105365	181.41	94.76	403175	3.32	2219	38.85
110029	65.66	109620	192.35	93.39	416591	3.23	2260	44.78
123926	65.7	108444	190.1	92.6	389045	3	2210	46.34
129591	65.69	111287	189.66	91.94	386838	3.15	2476	46.17
142350	65.66	117541	194.6	96.92	425307	3.26	3255	46.89
161766	65.66	250898	193.89	96.72	437955	3.39	3510	47.03
185435	65.42	264518	191.25	94.11	413702	6.66	7016	44.81
204424	65.42	345139	188.69	92.13	417910	9.96	9550	43.88
251754	65.37	395217	193.59	90.86	432590	13.67	9800	46.76

1949-2008年浠水县国民经济

年 份	油料产量（吨）	蔬菜面积（万亩）	茶叶产量（吨）	生猪存栏（万头）	牛存栏（万头）	能繁母猪（万头）	肉类总产量（吨）	水产品产量（吨）
1949	5475	4.4	205	7.9	3.6	1.63		1555
1950	4905	4.8	212	7.9	3.6	1.64		1615
1951	7225	4.68	213	7.5	4	1.61		1660
1952	8365	4.74	218	5.8	4.2	1.51		1690
1955	6010	4.7	245	7.6	4.3	1.28		2890
1957	7895	4.38	209	23.8	4.6	3.14		3865
1962	3780	1.35	108	10.3	4.7	1.27		3450
1965	6925	1.57	140	15.7	6.2	1.79		4330
1970	3735	2.89	75	28.19	7.54	2.91		4125
1975	5920	1.54	528	32.23	6.91	3.54		4300
1976	5168	1.76	718	16.09	6.53	3.09		3530
1977	4120	2.12	811	30.29	6.34	2.97		4160
1978	6688	1.99	596	33.06	6.22	3.02		3725
1979	10980	1.65	405	31.28	5.82	2.2		4200
1980	9650	1.06	544	26.14	5.58	2.02		5276
1981	12578	0.6	614	25.83	5.4	1.66		5582
1982	17189	0.83	739	26.94	5.36	1.9		6260
1983	12570	8.56	759	26.92	5.53	2.02		6860
1984	13788	4.05	676	29.53	5.53	2.13		7025
1985	14561	3.8	676	31.83	5.71	2.27		8565
1986	15923	4.33	699	33.58	5.92	2.01		10289
1987	19074	4.58	820	29.33	5.95	1.75		10500
1988	19946	4.73	850	32.23	5.9	2.22		13368
1989	25955	4.39	900	31.12	6.05	2.12		15513
1990	26525	3.72	695	31.13	6.08	1.64		16140
1991	25308	4.02	670	30.32	5.94	1.79		16725
1992	24579	4.9	606	30.5	5.94	1.8		18365
1993	26395	6.82	653	32.53	5.78	2.27		25500
1994	26883	7.51	614	33.87	6.03	2.07		40500
1995	41276	18.15	620	33.1	6.05	2.18		50150
1996	42465	29.01	444	22.38	6.7	2.18		51300
1997	43385	28.86	573	23.78	6.55	2.29		56010
1998	39655	38.66	585	23.86	6.59	2.9	38557	57210
1999	45173	38.7	572	24.52	6.5	2.2	29450	58050
2000	60544	39.47	615	28.9	6.05	2.4	27944	55500
2001	63075	43.46	664	27.8	5.9	2.4	29642	56610
2002	55306	43.89	740	26.1	4.8	1.8	29917	58000
2003	56639	43.2	777	25.9	4.6	2	31089	59160
2004	64956	43.61	816	26.3	4.2	1.8	31808	60717
2005	62280	43.94	842	29.65	4.2	1.85	36130	62528
2006	63565	42.8	950	27.9	4.5	2	37804	67732
2007	65022	40.25	954	36.19	4.63	3.7	71465	76110
2008	65618	39.84	1050	38.3	8.15	4.8	62520	83145

和社会发展主要指标（二）

农民人均纯收入（元）	农林牧渔业劳动力（万人）	人均地区生产总值（元）	全部工业总产值（万元）	#规模以上工业总产值	规模以上工业增加值（万元）	全社会固定资产投资额（万元）	#房地产开发投资	建筑业总产值（万元）
	21.55		278	278				
	22.03		329	329		57		
	22.28		421	421		15		
	22.45		560	560		20		
	22.83		854	854		117		
	22.78		1161	1161		69		
	23.56		1215	1215		504		
	24.78		1256	1256		247		
	29.61		3006	3006		254		
	33.07		5937	5937		537		
	33.21		5288	5288		526		
	33.22		7803	7803		665		
108	33.8	230	10009	10009		758		3805
119	34.21	267	6821	6821		1241		3911
153	34.98	245	7506	7506		1445		4177
213	35.8	292	9000	9000		902		3391
242	36.44	363	10373	10373		1221		2948
261	37.3	379	10034	10034		1236		2985
358	39.21	409	15414	15399		1635		3860
354	38.67	440	20211	16202		1237		6536
392	38.56	524	24246	18748		1312		13748
400	38.66	586	32426	25062		1801		7253
456	40.09	682	41110	30706		3046		6551
510	31.5	775	52391	37435		1762		6788
591	32.8	860	51155	40534		9316		6734
535	32.6	780	54017	42936		8385		6116
632	34.7	931	69181	44031		9763	45	7228
711	31.5	1340	117717	61239		15447	265	11646
1135	30	2262	212336	79277		22833	150	21541
1357	28.8	2622	151898	97141		31085	515	29396
1683	28.4	3398	443744	134167		38120	583	37252
1915	28	3717	587350	158742		48211	672	41463
1993	27.77	4090	732653	205143	25160	63493	691	52704
2040	27.41	3377	678387	108135	31223	80096	716	77131
2050	23.89	3578	721809	117336	35790	87497	450	83676
2138	21.44	3902	675531	130529	48036	94639	480	90610
2196	20.63	4177	694089	145722	48992	97085	230	97662
2286	19.76	4450	747533	153422	53974	114754	470	44667
2577	19.77	4190	290687	157557	48715	140007	2865	103131
2748	19.63	4673	340976	162252	48424	158903	4242	114062
3053	17.87	5122	399515	182837	61486	178678	3659	129916
3530	17.52	6189	507588	250754	90390	200497	17926	138594
4083	17.48	8226		461169	154166	289356	22436	171503

1949-2008年浠水县国民经济

年 份	财政总收入（万元）	地方财政一般预算收入（万元）	财政支出（万元）	居民消费价格指数（上年＝100）	公路营业里程（公里）	全社会旅客运输量（万人）	全社会货物运输量（万吨）	邮电业务总量（万元）
1949	212	212	46		98		17.8	2.9
1950	248	248	66		98			5.8
1951	426	426	96		98			7.3
1952	496	496	119		98		20.10	9.60
1955	530	530	193		98			12.80
1957	580	580	221		98	0.40	28.06	17.80
1962	634	634	340		249	11.27	55.97	23.90
1965	834	834	353		251	73.61	62.74	33.00
1970	844	844	401		387	70.92	84.78	31.70
1975	1591	1591	787		484	128.23	138.88	56.40
1976	1554	1554	886		607	130.29	180.19	62.10
1977	1823	1823	914		624	22.68	155.44	62.40
1978	1732	1732	1524		931	167.33	159.72	67.40
1979	1724	1724	1253		532	174.78	108.49	72.60
1980	1729	1729	1500		620	208.91	105.85	74.30
1981	1991	1991	1522		534	232.00	123.00	82.60
1982	2062	2062	1557		534	260.00	134.00	90.70
1983	1806	1806	1880		534	165.00	135.00	93.50
1984	1811	1811	1841	102.7	673	323.00	266.00	97.10
1985	1977	1977	2006	107.3	719	430.00	455.00	109.70
1986	2445	2445	2922	105.0	719	619.00	404.00	112.00
1987	2645	2645	2707	108.8	841	659.00	451.00	116.40
1988	2675	2675	3143	116.3	760	625.00	624.00	141.90
1989	3287	3287	4074	116.8	1130	1035.00	686.00	166.40
1990	3568	3568	4122	103.0	1137	1055.00	645.00	331.10
1991	3907	3907	4716	106.0	1142	1078.00	632.00	398.40
1992	4549	4549	5967	111.6	1148	1259.00	747.00	509.20
1993	5394	5394	6341	117.8	1124	1537.00	786.00	692.60
1994	7824	5998	8238	123.3	1124	1541.00	734.00	1149.50
1995	10510	8192	9994	121.2	1263	1026.00	692.00	2162.00
1996	13525	10684	15691	105.5	1239	955.00	788.00	3760.00
1997	15378	12630	17898	101.3	1252	979.00	895.00	4969.00
1998	17336	14522	18639	99.3	1332	1296.00	791.00	6907.00
1999	20376	17058	20155	97.8	1444	1369.00	840.00	7395.00
2000	22266	18736	22752	98.0	1521	1443.00	887.00	8762.00
2001	22788	16841	26453	98.2	1521	1518.00	905.00	7488.00
2002	23608	15295	30550	99.7	1634	1586.00	938.00	7921.00
2003	22548	13118	30485	98.2	1634	1618.00	957.00	21477.00
2004	24549	13489	37442	104.7	1634	1926.00	1628.00	12050.00
2005	24986	11881	51414	101.8	2190	1963.00	1661.00	14448.00
2006	29056	13802	64792	102.0	2190			15834.00
2007	37310	17957	85092	104.9	2898			15501.00
2008	49286	24245	125109	105.9	3551			16981.00

和社会发展主要指标（三）

本地电话用户总量(户)	移动电话用户（户）	社会消费品零售总额（万元）	进出口总额（万美元）	出口总额	实际外商直接投资（万美元）	金融机构存款余额（万元）	城乡居民储蓄存款余额（万元）
20							
24		1237				12	
28		1351				41	
51		1906				86	
111		1869				148	
479		2290				657	
1290		2842				768	
1205		3191				1537	
1566		3665				1354	
1554		5486				2319	
1829		5676				2695	
1873		6824				2328	
1971		6857				1905	490
1991		7532				4090	898
1980		8810				3397	1121
2191		8683				5409	2157
1499		10121				6683	2389
1193		11508				8714	4248
1779		14304				11656	6493
1823		15906				9655	5295
1791		18839				12790	7813
1972		19152				16841	10478
2127		21725				19272	12563
2177		22237				22522	15685
2525		23521			37.00	28351	19636
2428		26946				34609	23964
3041		30655			575.00	41180	29620
4134		39608			865.00	54077	40062
6647	201	56021			895.00	70265	60853
12693	661	72247	23.00	23.00	1280.00	107079	88816
21175	1361	102241	57.00	57.00	1292.00	119454	99775
29448	2581	128609	103.00	103.00	1292.00	128406	107109
37018	4526	139033	328.00	328.00	1347.00	135870	120356
44533	6536	150082	178.00	178.00	55.00	141623	123008
54531	13780	165394	76.00	76.00		157098	136521
64675	18100	178638	20.20	20.20		198305	168107
81062	18560	194716	60.50	60.50		243810	209077
92615	74319	210001	70.60	70.60	287.00	293645	251884
116855	94817	236467	307.00	307.00	657.00	360088	309165
105002	125297	254825	416.00	416.00	700.00	423931	357991
100220	128288	285678	615.00	615.00		518700	424676
129209	131243	326388	1715.00	1715.00	50.00	598560	486135
101249	217691	409818	4502.00	4502.00	55.00	781712	606243

1949-2008年浠水县国民经济

年 份	金融机构贷款余额（万元）	中等职业学校在校生人数（人）	普通中学在校生人数（人）	小学在校生人数（人）	医院及卫生院床位数（张）	卫生技术人员数（人）
1949			521	8215	8	584
1950	3		640	13150	20	591
1951	13		737	31350	15	626
1952	60		1679	44686	30	631
1955	736		1549	39421	78	705
1957	1526	478	2710	59680	154	914
1962	2741		3880	57358	472	1031
1965	3561	975	3883	108523	491	99
1970	4146		14767	79549	1035	1160
1975	4261		33549	139330	1486	1457
1976	5590	192	45525	135052	1508	1311
1977	6761	195	52143	131465	1702	1344
1978	6951	240	49596	136026	1788	1605
1979	9052	418	43372	144072	1818	1619
1980	10403	424	42007	145023	1918	1648
1981	10120	424	37912	146949	1918	1769
1982	12709	446	34827	137377	1951	1783
1983	15225	443	33051	420935	2033	1784
1984	28648	725	34359	145558	2023	1844
1985	27875	710	31081	120359	2023	1761
1986	30125	650	35189	118875	2083	1742
1987	35875	635	38139	120258	2083	1747
1988	38712	480	37241	106101	2083	1741
1989	41985	508	35056	98688	2083	1822
1990	53248	1997	36357	100070	2073	1853
1991	63512	1588	38470	99754	2141	1923
1992	74145	2152	37674	97822	2113	1994
1993	84502	2268	34750	101692	2138	2990
1994	102741	2375	29567	113947	2026	2592
1995	126402	3066	30678	122466	1631	2638
1996	153596	3742	33507	131341	1713	2684
1997	198449	3250	45591	135814	1659	2755
1998	218243	3218	47111	139255	1661	2928
1999	135870	732	50352	133460	1488	3027
2000	197892	674	57915	125623	1583	3018
2001	200047	774	65736	110715	1581	3045
2002	198307	814	74647	105498	1506	3083
2003	201938	597	81722	93875	1391	3281
2004	199080	2365	89600	90800	1336	3533
2005	171941	4661	86775	74742	1294	3538
2006	187724	6769	88452	70958	1316	2942
2007	219053	6167	87744	67819	1411	2949
2008	598561	7675	86152	67478	1494	2656

和社会发展主要指标（四）

城镇居民人均住房使用面积（平方米）	农村人均生活用房使用面积（平方米）	城镇单位在岗职工工资总额（万元）	城镇单位在岗职工年平均工资（元）	城镇居民人均可支配收入（元）	城镇居民人均消费性支出（元）	农村居民人均纯收入（元）	农村居民人均消费性支出（元）
		25.25	262				
		57.47	376				
		107.96	366				
		140.50	323				
		227.00	369				
		347.16	420				
		461.90	426				
		516.79	496				
		586.83	497				
		1260.22	534				
		1271.23	537				
		1853.52	521				
		1562.84	589			106	
		1587.30	568			169	
		1967.00	676			160	
		2043.30	670			194	187
		2201.80	699			326	241
		2333.70	707			387	274
	18.88	2598.20	748			434	312
12.54	18.47	2302.60	761	578	566	346	311
13.72	20.12	3788.80	960	670	688	390	330
14.23	21.32	4446.60	1056	742	723	400	389
14.65	21.99	5829.70	1309	933	980	456	489
14.92	22.03	6236.50	1393	1099	1038	509	483
15.73	22.77	7142.00	1549	1191	1096	590	517
16.44	25.28	7400.20	1608	1039	1060	556	560
16.94	25.89	8362.50	1775	1230	1312	632	576
17.51	23.63	9619.00	1998	1606	1691	711	694
17.90	24.10	15583.40	3151	2263	2369	1135	1133
20.70	27.10	17259.80	3338	3020	2937	1357	1056
21.10	27.41	19066.60	3827	3017	3057	1683	1340
24.27	25.10	20287.20	3913	4070	3313	1915	1261
23.69	23.74	23282.20	5402	4160	3380	1993	1478
23.56	22.75	24641.00	6005	4329	3165	2040	1395
22.42	32.53	24936.00	7147	4710	3447	2050	1473
24.57	33.05	35347.00	6499	4852	3422	2138	1734
23.59	33.89	24445.00	6762	5326	3857	2195	1654
24.9	34.07	25829.00	7231	5561	4389	2286	1781
25.60	34.36	30859.00	8028	5933	4447	2577	1968
26.20	39.29	31928.00	7543	6445	4955	2748	2423
32.30	40.00	36824.00	9216	7025	5521	3053	2697
33.70	41.60	44998.00	11428	8120	6536	3530	3220
34.57	43.14	59300.00	15088	9738	7400	4083	3922

1949-2008年蕲春县国民经济

年份	年末总人口（万人）	年末总户数（万户）	年末常住人口（万人）	人口自然增长率（‰）	年末从业人员数（万人）	地区生产总值（万元）	第一产业	第二产业	#工业
1949	49.12	12.72	49.12						
1950	49.56	12.82	49.56						
1951	50.17	12.94	50.17						
1952	50.75	13.06	50.75			3775	2650	493	
1955	52.15	13.39	52.15			7181	5077	841	
1957	53.37	13.6	53.37			10059	6700	1492	
1962	51	13.69	51			14544	9421	2488	
1965	55.47	13.5	55.47			19048	13144	2639	
1970	65.06	14.63	65.06			20937	13589	3716	
1975	71.5	15.38	71.5			27180	17231	5113	
1976	72.28	15.77	72.28			30035	19351	5461	
1977	72.92	16.02	72.92			30217	18719	5912	
1978	73.61	16.27	73.61			31339	19092	6158	
1979	74.3	16.41	74.3			34273	21284	6349	
1980	74.62	16.51	74.62			37496	23728	6527	
1981	75.2	16.91	75.2			41456	26725	6906	
1982	75.93	17.2	75.93			45793	30200	7137	
1983	76.51	17.2	76.51			45876	26718	8482	
1984	76.98	17.37	76.98			48566	26922	9962	
1985	77.68	18.24	77.68			60355	31539	12545	
1986	79.09	18.86	79.09			65743	35086	13857	
1987	80.97	20.01	80.97			69688	36409	15935	
1988	83.45	20.84	88.45			74908	36635	20262	
1989	85.02	21.53	85.02			81575	39108	23888	
1990	86.37	21.95	86.37	21.44	30.8	83973	40043	24892	
1991	87.51	22.04	87.51	13.2	36.1	89263	38919	25138	
1992	88.54	22.25	88.54	7.47	33.4	103634	45868	26183	
1993	89.88	21.67	89.88	7.49	36	118661	52213	32075	
1994	90.23	21.57	90.23	8.21	35.51	147371	64907	36084	
1995	91.63	21.2	91.63	9.3	35.5	166312	89285	40053	
1996	92.3	22.05	92.3	5.59	35	198909	102635	50627	
1997	93.5	22.47	93.5	6.19	35.7	237497	105023	62838	
1998	94.44	22.67	94.44	6.15	32.13	280484	98236	75280	
1999	95.43	22.79	95.43	5.67	33.93	309374	100321	83252	
2000	95.4	22.9	95.4	3.53	31.12	319041	99721	92826	
2001	95.83	23.25	95.83	4.7	31.68	342314	100702	102851	
2002	96.1	23.95	96.1	4.4	32.42	354014	100191	102851	
2003	96.4	24.49	96.4	3.11	32.95	359930	92602	110544	
2004	96.73	25.05	96.73	3.22	37.4	398800	105800	121400	87800
2005	97.12	27.4	76.2	3.98	42.55	433371	111024	132786	95053
2006	97.59	28.2	76.57	4.02	44.85	479711	128265	148175	105613
2007	98.09	28.9	89	3.83	48.32	578966	160038	187429	139694
2008	98.27	29.46	89.13	3.47	48.4	747733	207179	256306	195996

和社会发展主要指标（一）

第三产业	耕地面积（万亩）	农业产值（万元）	农作物播种面积（万亩）	粮食面积（万亩）	粮食产量（吨）	棉花面积（万亩）	棉花产量（吨）	油料面积（万亩）
	77.4	6311	113.25	95.83	142225	1.9	115	6.45
	78	6671	117.15	98.61	151750	2	140	7.79
	78.8	6823	117.74	100.01	157380	1.9	145	8.05
632	79.4	7414	118.69	99.95	168760	2.5	195	8.5
1263	77.1	7738	132.19	110.22	181420	2.51	305	8.71
1867	76.3	9419	149.71	123.25	201515	1.78	385	9.96
2635	86.4	10226	173.42	148.27	213820	3.41	405	9.83
3265	81.1	12207	178.9	147.6	242175	5.38	1605	10.25
3632	76.39	12464	176.94	134.47	253300	5.15	1110	7.4
4836	73.61	14195	187.95	137.6	282795	5.34	2340	9.32
5223	73.07	15956	185.59	135.71	315730	5.5	2393	10.1
5586	72.66	15449	190.33	135.91	297245	5.57	2720	10.64
6089	72.59	15958	187.55	133.71	309870	5.68	2109	10.98
6640	72.04	18049	184.78	132.48	362360	5.07	2478	14.38
7241	71.84	15949	180.49	131.37	291935	5.14	2077	16.25
7825	71.47	16145	176.28	127.3	294635	5.09	1777	20.7
8456	71.13	19598	177.92	129.99	360045	4.96	2252	20.7
10676	68.97	17323	171.81	126.68	318095	4.93	2031	19.81
11681	68.97	20222	169.73	127.12	360430	4.53	2260	17.54
16271	67.35	20213	165.5	121.49	346275	3.61	1598	16.98
16800	66.73	21235	170.93	120.69	368725	2.47	957	18.94
17344	66.47	21945	167.25	119.19	371405	1.82	710	18.59
18011	66.21	22053	162.52	119.47	379200	2.11	698	18.64
18579	66.03	22668	165.14	120.91	391274	2.06	766	20.77
19038	65.64	51483	167.94	121.48	398449	2.97	1057	23.08
25206	64.33	50275	165.42	120.79	371355	2.82	1165	22.8
31583	62.52	54825	160.17	114.3	361723	2.85	1427	21.8
34373	61.28	61475	155.07	102.96	356139	2.58	1650	19.5
46380	60.27	67515	159.78	112.17	383854	2.77	1916	18.85
36974	59.55	74264	174.77	113.45	389066	3.48	2567	25.38
45647	59.44	87135	173.15	116.09	389861	3.41	2652	26.24
69636	58.51	94557	185.6	113.7	404861	3.44	2550	30.78
106968	58.08	90778	158.28	104.6	351598	2.51	1548	24.38
125801	57.72	94881	162.27	106.8	364554	1.94	1457	25.8
126494	57.53	97958	154.85	99.78	332557	1.47	1107	26.46
138761	56.78	100295	163.19	98.99	348739	0.93	954	24.26
150972	55.01	94873	152.97	94.71	310935	0.45	448	24.87
156784	53.33	96231	145.29	86.52	294379	0.59	537	22.11
171600	57.75	98603	158.64	97.26	360077	0.66	537	25.28
189561	57.77	197206	140.39	89.22	359116	0.99	895	25.98
203271	57.05	224180	142.25	89.13	380148	1.65	1635	26.27
231499	55.35	247882	142.71	91.02	393120	2.6	2747	25.67
284248	58.34	307166	167.52	95.79	412687	4.73	3394	30.71

1949-2008年蕲春县国民经济

年 份	油料产量（吨）	蔬菜面积（万亩）	茶叶产量（吨）	生猪存栏（万头）	牛存栏（万头）	能繁母猪（万头）	肉类总产量（吨）	水产品产量（吨）
1949	1860	4.5	4	8.4	3.8	0.24		1460
1950	2515	4.1	9	8.9	3.9	1.23		1535
1951	2975	3.2	13	9.2	3.9	1.25		1615
1952	3185	3.04	19	8.4	4	1.23		1700
1955	2345	6.13	57	5.3	4	0.62		2690
1957	3130	6.9	80	21.3	4.2	3.71		2500
1962	2320	3.02	41	12.2	3.9	1.33		2015
1965	3065	1.61	77	15.5	5.2	1.06		2580
1970	1945	2.12	76	21.15	6.41	2.46		3225
1975	3360	0.57	194	27.34	6.45	2.62		2695
1976	3720	0.76	259	31.2	6.28	2.58		2510
1977	3279	1.15	284	29.69	6.22	2.32		2500
1978	4431	1.1	268	30.19	6.2	2.29		2345
1979	8106	0.83	222	29.93	6.01	1.89		2341
1980	8347	0.54	219	27.9	5.84	2.03		2913
1981	11680	0.36	240	26.73	5.61	1.71		3061
1982	18184	2.35	250	26.79	5.46	1.75		3790
1983	11230	3.1	227	25.24	5.32	2.03		4630
1984	11230	3.8	202	25.19	5.32	2.17		5030
1985	11608	4.83	202	28.6	5.31	2.15		5905
1986	11897	4.92	149	30.13	5.38	1.77		6991
1987	12475	4.62	154	28.34	5.24	1.48		7250
1988	12968	4.46	150	23.98	4.64	2.01		7750
1989	13870	4.72	164	29.51	5.22	1.86		8650
1990	15756	4.71	136	30.23	5.3	1.78		8750
1991	16585	4.6	123	30.31	5.27	1.77		10750
1992	16352	8.12	145	32.03	5.15	2.17		13185
1993	16843	7.22	175	31.38	5.14	2.85		20144
1994	16277	5.27	180	31.53	5.14	2.84		27500
1995	22478	8.92	188	33.63	5.33	4.59		34960
1996	25145	15.18	180	16.6	5.4	3.53		47500
1997	27484	16.28	180	23.26	6.45	3.38		52500
1998	24313	10.75	181	23.51	5.29	3.16	42150	50500
1999	32036	11.63	180	24.5	7.96	2.31	32808	51500
2000	33737	10.76	180	27.5	12.5	3.02	35800	51500
2001	28886	21.48	178	28.5	14.6	4.36	38289	53000
2002	22863	9.02	178	27.2	14.75	4.1	38785	54590
2003	24500	12.44	56	26.5	10.83	3.98	39026	56356
2004	28264	23.3	58	27.1	8.8	4.21	40367	58042
2005	28544	9.5	73	27.4	6.9	4.25	42044	58056
2006	31955	10.73	147	26.5	6.51	3.4	39526	59771
2007	30449	10.83	152	23.57	6.14	3.8	45897	72325
2008	29985	13.14	582	44	10.75	4	51744	55800

和社会发展主要指标（二）

农民人均纯收入（元）	农林牧渔业劳动力（万人）	人均地区生产总值（元）	全部工业总产值（万元）	#规模以上工业总产值	规模以上工业增加值（万元）	全社会固定资产投资额（万元）	#房地产开发投资	建筑业总产值（万元）
	18.12		12					
	18.28		43			38		
	18.53		86			11		
	18.84	74.4	120			23		
	19.85	137.7	405			124		
	21.84	188.5	793			98		
	19.44	285.2	1016			196		
	20.27	343.4	921			223		
	23.49	321.8	2108			696		
	26.53	380.1	4379			569		
	26.48	415.5	4704			862		
	26.38	414.4	6279			1311		
89	26.48	425.7	6448			1079		
114	27.38	461.3	6513			812		
103	27.89	502.5	7285			809		
106	28.14	551.3	7601			643		
139	28.65	603.1	8919			2461		
253	29.26	599.6	10282			2832		
275	29.98	630.9	11766			4507		
321	30.05	777	13567			7293		
351	30.25	831.2	16995			9233		
371	30.34	860.7	19673			9074		
414	31.21	846.9	25216			6498		
458	23.37	959.5	27296			5362		
529	23.18	972.2	29443			9431		
473	23.32	1020	62311			11641		1421
580	21.01	1170.5	81950			15516		2364
685	19.98	1320.2	126525			15682		8809
1075	18.45	1633.3	242713			25603		10243
1393	17.18	1815	461985			45443		15120
1795	16.76	2155	923439			51541		13692
2006	16.68	2540	962600			55816		18333
2085	16.19	2970	845215			70407		21161
2165	15.93	3241.9	866001			88474		17664
2197	15.23	3344.3	680439	154618	57154	98382	750	16099
2264	16.27	3272.1	730442	166427	47494	99492	165	10810
2264	16.18	3683.8	7194641	166323	468221	106665	380	56913
2264	16.43	3572.1	676111	176827	50821	120578	190	75702
2218	16.71	4123	765531	152935	43780	148718	2100	65981
2654	16.96	5687	403589	151877	48100	169045	3128	61030
2756	17.96	6265	344464	171251	57295	190922	4297	56199
3055	18.34	6506	594484	298095	97854	285686	4932	788460
3578	16.7	8389		542069	169720	491079	14952	92785

1949-2008年蕲春县国民经济

年份	财政总收入（万元）	地方财政一般预算收入（万元）	财政支出（万元）	居民消费价格指数（上年＝100）	公路营业里程（公里）	全社会旅客运输量（万人）	全社会货物运输量（万吨）	邮电业务总量（万元）
1949								
1950								
1951								
1952	24	24	56		40		5	4
1955	121	86	196		88		8	11
1957	224	192	229		155		14	15
1962	427	400	316		288	26	21	34
1965	714	689	356		313		16	32
1970	827	801	458		384		48	30
1975	1146	1027	1028		394	94	32	52
1976	1283	1161	1005		497	84	37	54
1977	1444	1292	1184		507	87	45	57
1978	1494	1320	1643		511	33	48	64
1979	1542	1351	1598		624	110	44	68
1980	1588	1408	1668		621	118	56	71
1981	1702	1526	1709		621	211	38	76
1982	1688	1551	1711		621	169	108	75
1983	2228	1437	2679		626	200	152	82
1984	2310	1431	2641		626	247	118	98
1985	2634	1840	2938		691	353	141	120
1986	3721	2168	4484		751	369	63	124
1987	4708	2376	5415		781	449	66	148
1988	5182	2700	6049		880	528	257	192
1989	5077	3318	5980		626	494	181	240
1990	5424	3243	6553		623	353	42	332
1991	5709	3450	7316		628	494	164	434
1992	6268	4125	8164		626	393	178	345
1993	8342	5556	10150		628	452	231	721
1994	9496	5960	13269		628	586	322	1072
1995	16030	8449	14151	113.5	628	595	326	1987
1996	16038	11294	15288	104.4	632	572	244	3380
1997	18649	12536	19949	99.5	641	850	434	5874
1998	22773	15260	26324	97.1	663	734	390	6268
1999	23641	15639	25542	96.2	678	658	88	5713
2000	25082	18316	26807	98.2	679	498	105	6566
2001	28792	18997	31672	100.1	710	454	107	6580
2002	29023	13970	34877	99.5	991	415	99	6229
2003	23508	12061	31127	102.4	991	325	99	10525
2004	23262	12373	37835	104.8	995	333	109	11077
2005	25398	12262	47298	102.4	995	349	117	14078
2006	33298	15159	54764	103.9	995	487	153	16195
2007	45721	21224	70396	106.3	992	156	156	19022
2008	60126	29271	81024	105.4	2399			19779

和社会发展主要指标（三）

本地电话用户总量（户）	移动电话用户（户）	社会消费品零售总额（万元）	进出口总额（万美元）	出口总额	实际外商直接投资（万美元）	金融机构存款余额（万元）	城乡居民储蓄存款余额（万元）
70		1402				53	5
175		1616				201	30
465		2238				230	128
1840		3021				747	402
2313		3742				772	337
2790		4572				1352	618
2100		6643				1847	977
1970		7176				2007	1048
2190		7675				2043	980
2170		8369				1640	826
2140		9415				2840	1494
2130		10368				2926	1493
2120		11240				3669	2089
2210		12177				4855	2667
1700		14474				4987	2806
3825		15698				5867	3109
4885		20397				7052	3667
5565		21276				8992	4881
5385		23901				10923	6518
4320		29348				18261	9128
3270		31364				21385	10463
2323		28934				27040	17727
2306		32728				23138	16018
3393		35749				35489	27200
4073		33723				48141	34815
6432		44549				68088	51308
13491	635	56298				88306	72033
23505	1310	70045				134190	105778
32012	2527	85299				141400	115926
40217	4593	92672				148400	117775
47127	6232	100553				160590	130547
61143	7168	109611			820	183257	150736
74746	19642	119946			833	183263	186994
80402	22973	129218			916	230056	199316
103801	64477	138375	2700	2700	1464	325560	287776
107000	101941	118059	3861	3861	1532	393346	353699
131560	128644	166002	3930	3930	994	471236	414291
145589	200370	186387	4039	4039	181	570308	482787
143452	250856	234804	4265	4565	338	605697	521019
134450	263560	315600	5278	5278	1593	765535	645888

1949-2008年蕲春县国民经济

年 份	金融机构贷款余额（万元）	中等职业学校在校生人数（人）	普通中学在校生人数（人）	小学在校生人数（人）	医院及卫生院床位数（张）
1949			679	1965	10
1950			511	10882	15
1951			857	37340	15
1952	31		1043	37440	30
1955	650		1019	27760	80
1957	1037		2053	35856	215
1962	2306		3559	50267	275
1965	2627		3505	52541	393
1970	3340		12031	70733	577
1975	5054		26805	131635	1523
1976	5396		38457	132391	1523
1977	5914		50163	125031	2364
1978	6175		43942	127126	2364
1979	7454		35544	121455	2364
1980	6934		32897	123610	2516
1981	7469		28276	128679	2521
1982	8581		29458	127213	2676
1983	9747		28828	121018	2676
1984	17520		32880	120616	2774
1985	22439		33258	117286	2889
1986	26877		32646	110516	2889
1987	30512		33389	102871	2889
1988	34923		32680	96590	2891
1989	39484		26897	90840	2891
1990	47128		27051	94698	2891
1991	50341		28148	96775	2923
1992	62583		30075	99854	2323
1993	75258		30391	101426	3059
1994	89448		26343	103640	3059
1995	117185		30132	120816	2458
1996	145023		33794	127282	2445
1997	172537		40967	137312	1837
1998	196108		47204	140325	1777
1999	192106		52605	135299	1917
2000	219546	5272	58021	127809	1937
2001	233829	985	65493	117527	1977
2002	235209	965	80162	111722	1962
2003	246985	1325	88484	107110	1378
2004	249920	1861	88230	101710	1496
2005	206330	3200	90077	97370	1496
2006	230865	3420	88385	96945	1658
2007	218499	8810	84942	79472	1769
2008	241365	110216	81596	78449	1810

和社会发展主要指标（四）

卫生技术人员数（人）	城镇居民人均住房使用面积（平方米）	城镇单位在岗职工工资总额（万元）	城镇单位在岗职工年平均工资（元）	城镇居民人均可支配收入（元）	城镇居民人均消费性支出（元）	农村居民人均纯收入（元）	农村居民人均消费性支出（元）
10							
17							
16							
89		134	287				
162		179	290				
274		325	416				
244		465	401				
318		697	413				
378		860	386				
1323		1462	507				
1337		1380	488				
1298		1424	493				
1350		1749	512				
1342		1998	536				
1505		2435	631				
1794		2514	610				
1883		2670	623				
1883		2799	653			253	91
1890		3089	720			275	123
1894		3760	822			310	131
1882		4608	942			351	177
1887		5179	1018			371	207
1748		6160	1161			411	213
1947		7161	1321			458	248
1933		7850	1430			529	477
1925		8428	1515			503	463
1965		9568	1644			579	492
2072		11259	1969			685	533
2053		14009	2495			1075	1025
2023		17135	3079			1393	1194
2063	19.1	18878	3404			1795	1569
1958	19.5	19060	3432	3899	3374	2006	1819
2018	20.0	19495	4686	4100	3403	2085	1764
2155	20.1	21263	5354	4332	3062	2165	1762
2155	20.8	21048	5755	4375	3726	2196	1669
2645	21.0	22836	6477	4433	3743	2208	1729
2715	32.8	23702	7866	4601	3753	2202	1797
2786	34.7	29370	7901	4630	3707	2218	1641
2806	38.1	31781	8445	5289	4680	2502	1802
1985	31.1	32794	9721	5729	4678	2654	1982
2213	38.1	28470	10980	5947	4903	2756	2384
2186	38.2	46261	12840	7501	6418	3055	2794
2437	44.0	48842	14950	9685	8648	3578	3356

1949-2008年武穴市国民经济

年 份	年末总人口（万人）	年末总户数（万户）	年末常住人口（万人）	人口自然增长率（‰）	年末从业人员数（万人）	地区生产总值（万元）	第一产业	第二产业	#工业
1949	325337	90329			11.3				
1950	330963	90436			11.5				
1951	337031	90510			11.9				
1952	342394	90541			12.2	4085	3149	276	251
1955	362995	92259			13.5	4853	3682	385	350
1957	376071	93123		26.01	13.4	5672	4132	608	547
1962	382053	96706		31.75	15.6	5240	3587	710	645
1965	415900	96649		28.41	16.7	6797	4811	814	741
1970	482320	105579		25.33	21.3	6579	4248	1055	950
1975	524874	111705		14.53	24.6	9211	5037	2198	2000
1976	530405	114538		11.84	24.7	10718	6654	1718	1553
1977	535264	115793		9.3	24.4	10056	6235	1579	1427
1978	539407	117522		11.68	24.5	10750	6644	1708	1558
1979	544400	117420		12.99	24.7	13842	7772	3004	2734
1980	548597	120283		7.49	26.1	17470	8562	3670	3405
1981	555327	123736		9.26	26.7	18349	8524	4301	3659
1982	562992	125869		8.61	27.1	26095	13829	6025	4699
1983	569128	127946		8.88	29.4	26194	12841	7223	5461
1984	573819	129403		7.81	27.6	32040	15899	9324	7048
1985	584368	141569		7.1	25	36733	18560	9869	7861
1986	595243	151320		8.84	24.6	45342	26473	10719	8575
1987	609495	156066		17.34	26.4	46134	25756	11617	9479
1988	626780	162058		16.66	26.7	51709	26386	15531	13442
1989	643886	168241		14.36	27.3	59400	30336	16955	15741
1990	659486	169323		18.16	27.4	67426	36447	19020	17924
1991	667747	167910		12.16	27.6	76646	39155	25198	21979
1992	669267	168401		7.71	28.8	84405	38409	30288	26343
1993	683352	174917		8.58	27.4	115125	49065	44050	39576
1994	692292	179977		6.71	28.5	169836	69379	64425	59220
1995	703878	181933		6.39	26.9	217876	83995	83362	73529
1996	709584	186485		4.43	27.3	270156	99721	108437	98026
1997	718960	189542		3.91	26.5	318850	102538	130296	112809
1998	726262	191460		3.36	26.6	312433	94402	127707	109176
1999	733930	193558		3.43	27.4	320493	91319	136321	117939
2000	730251	197957	67.8	3.37	31.4	334195	86592	144786	123956
2001	729501	203869	67.0	3.01	31.1	345416	85215	145317	124241
2002	730061	218229	66.95	3.02	32.9	353366	84452	147389	125253
2003	730451	227415	67.06	3.92	34.3	376591	96520	152302	126597
2004	731181	229433	57.0	4.03	39.6	426100	134700	153100	127000
2005	733614	223078	57.03	2.82	40.9	466141	149411	168470	147356
2006	742699	225524	57.4	2.43	40.9	532513	151301	204578	174584
2007	747258	230606	57.5	3.18	42.9	650014	197084	250458	216865
2008	756177	235414	62.5	4.8	42.9	877868	257553	372097	345353

和社会发展主要指标（一）

第三产业	耕地面积（万亩）	农业产值（万元）	农作物播种面积（万亩）	粮食面积（万亩）	粮食产量（吨）	棉花面积（万亩）	棉花产量（吨）	油料面积（万亩）
	60.8	5441	78.16	60.28	92900	5.03	555	3.67
	63.9	5878	81.46	61.56	99780	5.12	795	4.21
	65.35	6395	85.44	64.09	109345	5.31	955	4.75
660	66.7	6875	88.67	68.31	120820	8.82	1240	4.92
786	67.2	8044	113.33	85.63	83410	6.87	1810	7.57
932	66.6	9185	118.88	89.71	145130	7.09	2625	6.28
943	65.9	8166	133.82	100.96	147105	6.75	2330	5.91
1172	64.1	10941	149.19	102.29	171630	9.1	5455	6.54
1276	62	10523	151.76	103.35	184265	8.88	2960	4.85
1976	59.96	11739	161.52	106.82	217375	9.3	4805	7.38
2346	59.62	13661	159.83	106.24	248320	9.3	5266	7.69
2242	59.41	11219	161.19	105.38	207170	9.3	4173	8.8
2398	59.5	12730	161.66	106.05	253630	9.3	4106	10.11
3066	59.32	14345	161.79	107.49	280800	9.16	4250	12.45
5238	59.13	13656	157.5	106.6	240245	9.3	4373	14.11
5623	58.95	13602	153.55	105.91	230120	9.27	4482	13.49
6241	58.98	20257	156.53	107.75	322170	9.47	8082	13.49
6130	58	18396	150.74	107.47	305075	9.3	8430	13.37
6817	58	19708	146.57	104.84	320760	9.31	8752	14.54
8304	56.41	20984	146.92	99.04	295005	8.86	6754	19.59
8150	55.7	22520	145.73	97.01	312576	6.54	5926	21.63
8761	55.35	22579	143.67	95.91	314545	5.47	5503	21
9792	55.14	22029	142.88	97.82	319363	6.56	3980	21.03
12109	54.99	22579	137.68	97.11	325250	5.86	5476	21.44
11959	54.7	48882	133.3	93.58	335846	7.22	6184	21.05
12293	54.41	52089	129.59	85.61	335934	6.8	6903	21.41
15708	53.5	54219	127.53	86.45	339898	6.98	7541	22.36
22011	52.8	58820	129.65	83.16	337359	8.13	8656	21.77
36032	51.95	66528	125.15	83.57	346461	10.02	11633	21.51
50519	51.42	73225	131.27	83.3	349335	9.67	11340	26.01
61997	51.05	80269	135.23	82.97	367459	9.81	10029	26.64
86016	50.78	89355	135.32	85.52	379881	10.44	10604	29.31
90324	50.34	80201	129.36	78.74	326125	8.34	8998	30.52
92854	50.15	79388	132.27	81.41	332782	5.69	7507	29.64
102817	49.77	81077	135.33	74.88	312267	7.61	9437	32.76
114884	49.94	82727	121.91	71.6	308850	6.12	8578	32.13
121526	48.53	81509	119.7	67.16	298408	5.12	5325	34.38
127769	47.1	85300	116.09	65.66	266607	7.46	6159	32.25
138300	49.16	95448	128.78	76.91	325413	7.11	6939	35.06
148260	51.81	212610	133.32	77.51	316729	8.78	8113	37.26
176634	51.63	233243	135.24	75.9	315278	11.69	11937	37.74
202472	52.08	253604	134.61	73.46	321068	13.47	13986	37.46
248218	52.28	319373	139.14	75.75	327724	14.85	14000	38.7

1949-2008年武穴市国民经济

年 份	油料产量（吨）	蔬菜面积（万亩）	茶叶产量（吨）	生猪存栏（万头）	牛存栏（万头）	能繁母猪（万头）	肉类总产量（吨）	水产品产量（吨）
1949	1955	3		1.7	2.1	0.25		875
1950	2660	3.5		2.1	2.4	0.36		640
1951	3305	3.6		2.5	2.5	0.33		790
1952	3685	2.07		2.7	2.5	0.35		875
1955	5715	3.83		2.8	2.3	0.32		1960
1957	5105	4.08	3	9.9	2.8	1.02		2250
1962	3060	2.47	21	7.8	2.8	0.78		1405
1965	4065	1.25	2	11.2	3.6	0.63		1710
1970	2345	2.03	4	12.75	4.07	1.22		2135
1975	3665	0.74	41	17.81	3.89	1.89		1715
1976	3947	0.73	41	29.95	3.76	1.94		1765
1977	3058	0.84	53	20.77	3.66	1.97		2070
1978	5542	0.83	46	20.77	3.57	1.73		1955
1979	9882	0.64	44	21.18	3.47	1.36		1899
1980	13434	0.6	45	19.14	3.35	1.13		1917
1981	15194	0.52	43	18.24	3.18	1.1		1891
1982	23190	2.49	50	17.89	3.13	1.06		2425
1983	17046	2.61	44	17.61	3	1.13		3155
1984	17046	2.09	36	18.88	3	1.19		3801
1985	18879	2.28	36	21.14	3.01	1.26		5025
1986	21006	2.54	35	21.49	3.04	1.18		6017
1987	20822	2.85	19	21.09	3.05	1		6525
1988	34317	3.94	39	22.16	2.98	1.05		6750
1989	29510	3.8	32	22.78	3.05	1.01		8097
1990	31794	4.86	24	22.25	3.02	0.91		8807
1991	34380	6.53	26	22.32	2.96	0.81		10001
1992	35024	6.7	27	23.21	3	0.96		11122
1993	35910	6.62	32	23.92	3.02	1.02		13346
1994	38263	3.73	37	24.11	3.01	1.03		17565
1995	49526	6.55	40	27.04	3.22	0.96		24189
1996	49835	10.26	41	19.17	3.76	0.96		29028
1997	53003	6.87	49	16.62	3.27	0.82		31274
1998	44669	6.41	51	18.48	3.32	1.08	30989	32002
1999	52784	6.9	63	19.92	3.27	0.67	27102	34701
2000	56039	7.28	78	20.51	3.32	0.67	27453	32096
2001	48778	6.69	61	17.78	3.3	0.75	37245	32565
2002	40991	6.63	36	16.9	2.8	0.99	35788	33938
2003	40879	6.8	36	21.09	2.62	1.52	38881	34698
2004	57298	5.8	37	32.73	2.51	1.55	50306	36610
2005	56270	6.38	50	34.41	2.76	1.98	61658	38799
2006	60687	6.21	49	31.4	1.63	1.83	52190	41164
2007	59920	6.68	49	48.11	1.26	3.39	64296	50041
2008	58575	6.92	45	52.0	2.69	5.0	66493	40300

和社会发展主要指标（二）

农民人均纯收入（元）	农林牧渔业劳动力（万人）	人均地区生产总值（元）	全部工业总产值（万元）	#规模以上工业总产值	规模以上工业增加值（万元）	全社会固定资产投资额（万元）	#房地产开发投资	建筑业总产值（万元）
	10.76		264	15	5			
	10.95		377	35	11	8		
	11.4		479	83	27	25		
	11.54	119	602	148	47	21		
	12.59	134	840	634	203	97		
	13.51	151	1332	1143	366	86		
	14.3	137	1584	1427	457	224		
	15.23	163	1640	1501	480	88		
	18.42	136	2418	1408	451	512		
	19.31	175	5303	4067	1301	517		
	19.15	202	6174	4730	1514	1078		
	19.23	188	7431	5924	1896	1189		
92	19.5	199	7261	5633	1803	1257		
113	19.37	254	9155	6675	2136	992		
108	19.63	318	10328	7034	2251	1169		
108	19.36	330	11024	9176	2936	1032		
294	19.63	464	12850	10378	3321	1720		
302	19.94	460	15195	12296	3935	813		
322	20.04	558	21865	14393	4606	1911		
507	20	629	29173	17166	5493	1979		
403	19.33	762	31052	20778	6649	2255		
430	20.18	757	36173	26807	8578	3496		
471	20.08	825	48534	33534	10731	4130		
529	15.31	923	54116	39041	12493	1778		
619	15.29	1022	78832	49757	15922	6093	60	
592	15.71	1148	96258	58745	18798	18344	72	
658	15.42	1261	126759	77460	24787	24135	248	
751	13.55	1685	175131	91800	29376	26401	834	
1160	13.54	2453	200653	148479	47513	37919	984	
1403	12.51	3095	392935	205688	65820	59332	1279	14277
1826	11.78	3807	553785	243390	77885	77973	1407	6326
2258	10.26	4435	677692	270927	86697	80116	1361	14030
2321	11.06	4302	719543	199424	63816	92526	3351	17948
2349	12.14	4367	904837	179509	57443	86519	2491	21371
2391	11.12	4576	930216	152732	48874	88565	1878	32935
2436	10.29	4735	889803	158527	50729	91500	5640	19836
2464	10.69	7534	980104	152989	48956	93537	4200	21621
2533	10.7	8055	679518	143951	46064	100154	6564	40731
2844	13.92	7475		186356	63327	120234	7180	41925
3067	13.66	8178		255000	80516	138585	11945	61534
3402	13.52	9277		308696	101158	146655	15832	115820
4013	13.64	11305		447583	175743	220034	30686	129854
4621	13.31	14046		689533	247108	373600	34922	145266

1949-2008年武穴市国民经济

年份	财政总收入（万元）	地方财政一般预算收入（万元）	财政支出（万元）	居民消费价格指数（上年＝100）	公路营业里程（公里）	全社会旅客运输量（万人）	全社会货物运输量（万吨）	邮电业务总量（万元）
1949								8.9
1950								9.5
1951								9.5
1952					38	2.70	2.12	9.90
1955	223		109		38	1.83	5.74	23.80
1957	520		189		38	5.99	11.96	25.10
1962	581		299		38	13.09	16.72	29.00
1965	669		303		98		21.20	35.30
1970	636		472		184		29.70	40.50
1975	1066		787		367	35.19	49.30	49.50
1976	1170		818		370	43.10	36.60	69.70
1977	1330		932		401	43.31	39.42	58.40
1978	1311		1453		443	111.50	131.80	58.70
1979	1500		1229		443	114.60	129.00	63.70
1980	1662		1253		443	121.50	139.54	66.80
1981	1777		1350		444	157.20	142.82	70.80
1982	1967		1671		444	171.05	147.55	73.00
1983	1819		1782		499	191.26	150.89	80.10
1984	1883		1790		521	251.01	178.04	85.40
1985	2172		1960		527	303.60	229.91	97.80
1986	2477		2500		527	317.73	311.07	99.90
1987	2683		2523		578	404.95	322.78	113.40
1988	3042		3074		640	418.66	363.76	136.80
1989	3789		3861		640	420.20	352.12	162.80
1990	3894		4277		640	396.90	356.80	323.00
1991	4707		4543		640	412.70	368.70	396.00
1992	5687		6079		640	466.20	387.20	536.00
1993	7246		7643		640	546.20	452.00	732.00
1994	8527	5540	8701		640	578.00	505.00	1165.00
1995	12895	8631	12550		640	583.00	512.00	2098.00
1996	16888	11868	15074	105.1	640	647.00	533.00	3634.00
1997	19977	14096	17759	104.6	640	659.00	520.00	4951.00
1998	23195	17239	22450	100.5	671	708.00	560.00	6534.00
1999	25518	19666	24348	97.9	702	875.00	683.00	7376.00
2000	27516	20932	26237	96.9	710	928.00	722.00	7333.00
2001	28494	21133	29437	99.3	838	978.00	734.00	8819.00
2002	30549	17065	32748	100	838	964.00	733.00	9790.00
2003	31156	16761	36977	102.6	838	981.00	703.00	10650.00
2004	34078	17280	39082	104.6	838	987.00	785.00	9726.00
2005	39188	17872	45949	102.5	857	998.00	824.00	12710.00
2006	47776	20276	57615	102.4	1357	1008.00	972.00	14422.00
2007	62857	27028	81073	105	1368	1023.00	984.00	16636.00
2008	81996	36021	109554	104.2	1391	1195.00	1305.00	18639.00

和社会发展主要指标（三）

本地电话用户总量（户）	移动电话用户（户）	社会消费品零售总额（万元）	进出口总额（万美元）	出口总额	实际外商直接投资（万美元）	旅游总收入（万元）	金融机构存款余额（万元）	城乡居民储蓄存款余额（万元）
28		660					0.1	0.1
28		776					6.8	0.3
47		863					57.3	10.2
52		970					68.4	9.1
122		863					123	11
650		1991					127	28
748		2336					704	27
754		2735					1387	59
838		2914					1310	81
1958		4468					1975	196
1401		5134					2183	216
1690		5416					1697	243
1608		4943					1760	270
1385		5694					2794	342
1426		7361					3734	513
1498		8679					4080	647
1462		10207					5201	870
1516		11102					5613	1154
1506		14361					6223	1681
1592		14103					7602	2654
1655		14917					10361	4119
1836		15458					13467	5918
2068		18995					16125	8287
2359		20550					20109	10768
2362		19888					22587	14265
2498		21810					29210	17507
2877		26714			92.00		34304	21897
3865		34596			101.00		43128	28563
6322	150	46218			75.00		70157	37575
12687	603	52089	493.50	493.50	5.00		96755	51486
19810	1260	74105	957.50	957.50	145.00		117883	60415
28848	2573	97643	1342.90	1342.90	94.00		122684	63464
41414	4936	111953	1202.40	1202.40	69.00		125866	103247
46910	6606	121023	638.00	638.00	66.00		142099	113654
58544	11987	133372	669.00	669.00	6.00		159761	127986
93400	28000	147252	1307.40	1307.40	61.00		190493	156681
109797	35500	162836	1512.00	1512.00	320.00	4000	236928	194467
130050	47497	178168	1744.00	1744.00	575.00	4000	287994	236023
207406	115200	196926	2177.00	2177.00	617.00	4000	343783	288211
233894	130000	217937	3332.00	3332.00	75.00	4500	401572	327672
256442	152000	247056	3824.00	3824.00	455.00	6260	479472	377057
265200	158000	300083	7547.00	7547.00	1747.00	6995	566427	420031
288365	187000	387473	8767.00	8767.00	2941.00	5029	707419	519153

1949-2008年武穴市国民经济

年 份	金融机构贷款余额（万元）	中等职业学校在校生人数（人）	普通中学在校生人数（人）	小学在校生人数（人）	医院及卫生院床位数（张）	卫生技术人员数（人）
1949	1.6		263	1344	8	5
1950	17.7		262	3390	8	11
1951	35.1		420	6515	20	265
1952	44.6		598	24802	42	326
1955	803		985	23991	50	327
1957	624		1980	31938	168	485
1962	1776		3582	38021	348	734
1965	2417		3556	41577	362	596
1970	2645		10208	55045	907	738
1975	4459		23780	90177	1058	966
1976	3771		31473	94638	975	992
1977	3995		35167	94528	1164	1062
1978	5217		31457	93906	1303	1131
1979	5903		27336	91103	1375	1136
1980	8090		28192	94804	1429	1331
1981	9094		26053	91351	1484	1607
1982	11201		23818	88776	1606	1423
1983	13559		23900	85400	1706	1506
1984	18354		27217	83522	1731	1591
1985	19971		28144	82349	1745	1656
1986	22767		28564	83088	1779	1700
1987	25554		28587	82676	1858	1742
1988	27275		25728	82402	1947	1730
1989	31319		24702	83755	1973	1711
1990	39771	519	22799	79540	1981	1883
1991	48579	493	19674	75917	1993	1822
1992	60228	779	20800	80600	2013	1868
1993	73473	555	21167	88256	2278	1907
1994	99667	1312	23882	95479	1832	1769
1995	131243	1727	27075	103160	1818	1878
1996	154490	1433	34806	106090	2510	1984
1997	186830	2060	35873	109092	2510	2048
1998	211429	2068	36738	108408	2510	2063
1999	214993	976	39651	103152	2510	2118
2000	185087	1347	43996	99074	2510	2095
2001	190109	3223	48741	94200	2510	2048
2002	197895	1428	55599	91739	1231	1988
2003	205745	3345	60490	82128	166	1979
2004	229239	4746	62112	72351	1392	2145
2005	199485	3863	61726	63670	1266	2040
2006	205902	4785	60978	58121	1324	2006
2007	259269	5626	57992	53496	1324	2106
2008	267185	5406	57317	53724	1324	2171

和社会发展主要指标（四）

	城镇居民人均住房使用面积（平方米）	农村人均生活用房使用面积（平方米）	城镇单位在岗职工工资总额（万元）	城镇单位在岗职工年平均工资(元)	城镇居民人均可支配收入（元）	城镇居民人均消费性支出（元）	农村居民人均纯收入（元）	农村居民人均消费性支出（元）
			256	432				
			379	409				
			427	446				
			751	398				
			1123	482				
			1204	468				
			1244	475				
			1586	504				
			1733	540				
			2083	617				
			2058	585				
			2301	645				
		18.90	2432	678			348	247
		18.10	2630	704			404	348
		18.20	3430	864			332	303
		20.20	4020	965			403	375
		20.20	4624	1063			430	343
		20.20	5706	1250			471	425
		20.20	6513	1395			523	437
	14.5	21.60	7688	1705			619	512
	14.8	22.40	8634	1690			639	602
	15.1	22.60	10061	1895			658	514
	15.5	23.40	11533	2063			751	614
	15.6	24.00	17341	3233			1160	719
	15.6	24.80	20878	3913			1404	862
	17.7	26.10	23483	4313			1826	1271
	17.9	25.60	25629	4820			2257	1619
	19.3	24.40	25814	5195			2321	1705
	21.2	26.00	25056	5733			2343	1507
	22.0	26.90	24390	6484			2391	1638
	25.7	27.50	25590	6847			2436	1484
	25.9	30.90	28134	7212			2464	1736
	26.3	33.30	31210	8166			2533	1759
	23.3	30.80	31457	8337	5930	4570	2844	2201
	25.2	31.40	35217	8896	6530	5038	3067	2378
	26.0	31.50	37602	9311	7248	5232	3402	2593
	27.0	32.10	47839	11861	8907	5853	4013	3080
	35.0	37.95	68573	17953	10526	7330	4621	3592

1949-2008年黄梅县国民经济

年份	年末总人口（万人）	年末总户数（万户）	年末常住人口（万人）	人口自然增长率（‰）	年末从业人员数（万人）	地区生产总值（万元）			
							第一产业	第二产业	
									#工业
1949	43.68	11.26			18.57	8594	7721	71	
1950	44.28	11.38		13.6	18.84	13766	11496	170	
1951	44.89	11.49		13.7	19.16	14027	11791	96	
1952	45.51	11.61		13.7	19.64	7070	6035	479	
1955	47.26	10.97		14.1	20.02	7980	6480	650	
1957	48.64	11.22		26.6	18.45	8565	6735	862	
1962	50.89	12.43		25.4	23.16	10020	7300	1360	
1965	55.68	12.52		28.6	24.99	12970	8210	2630	
1970	65.08	13.70		26.1	29.69	17225	9822	3928	
1975	71.60	14.88		17.0	31.25	23680	12530	6020	
1976	72.56	15.58		14.0	31.63	26610	13200	7160	
1977	73.30	15.96		11.0	31.85	30870	14560	8950	
1978	73.87	16.19		12.0	32.40	35710	16800	10260	
1979	74.60	16.22		13.1	32.85	38380	17600	11250	
1980	75.12	16.50		7.8	33.51	42770	20115	12630	
1981	75.91	16.80		9.4	34.53	45320	20530	13560	
1982	76.83	16.80		8.6	35.95	50950	21850	15600	
1983	77.19	16.81		6.8	35.73	56960	23150	17850	
1984	77.26	16.72		6.2	36.48	59790	24360	18780	
1985	77.46	17.11		5.8	34.85	62490	25430	19530	
1986	78.77	17.57		9.6	35.33	66160	26950	20850	
1987	80.24	18.12		13.2	35.86	67820	27500	21300	
1988	82.47	19.09		16.5	36.90	82155	39500	22650	
1989	83.98	18.95		13.7	37.55	98500	51429	25621	
1990	87.74	19.62		23.0	39.43	111699	60448	28728	
1991	89.56	20.22		12.0	40.23	127780	66500	34500	
1992	90.75	20.25		12.3	40.48	135295	68900	37500	
1993	92.09	20.19		12.7	40.99	147500	72350	39870	
1994	93.19	20.32		6.8	41.31	150035	74618	42396	
1995	94.31	20.71		9.9	41.62	156350	76345	42685	
1996	94.96	20.80		8.8	41.26	172284	80705	49563	
1997	95.89	20.88		7.4	41.31	188250	87387	54356	
1998	96.84	21.10		7.6	41.32	198870	87929	59787	
1999	94.33	20.43		4.4	40.61	221154	99150	65707	56787
2000	93.43	21.14	87.40	2.5	41.90	243500	108348	73405	63680
2001	93.76	22.00	87.50	4.27	42.30	280629	128915	83025	72017
2002	94.07	21.50	87.80	3.6	42.80	299014	131604	89478	77538
2003	93.97	20.32	87.90	3.4	43.00	320143	139368	94442	81497
2004	94.39	21.74	88.10	4.33	43.13	360900	162500	104500	90425
2005	95.15	27.77	88.22	3.4	46.51	406794	165937	121686	106833
2006	95.35	28.4	88.52	3.64	47.27	456018	171763	140725	121775
2007	95.59	29.4	88.61	3.23	47.3	541705	204889	171566	148271
2008	96.16	29.97	89.38	5.53	47.5	677000	253000	229000	201000

和社会发展主要指标（一）

第三产业	耕地面积（万亩）	农业产值（万元）	农作物播种面积（万亩）	粮食面积（万亩）	粮食产量（吨）	棉花面积（万亩）	棉花产量（吨）	油料面积（万亩）
802	82.4	4848	135.27	96.15	90735	12.79		12.72
2100	82.5	7438	138.64	98.81	131530	13.18	2045	12.07
2140	82.7	7703	144.5	102.24	135805	13.88	2380	11.85
556	82.8	8801	153.08	105.33	146860	14.61	3835	12.69
760	85.8	8532	158.19	112.61	143915	17.78	3910	7.05
968	84.7	11206	166.31	122.04	171810	17.11	6065	8.67
1360	88.6	11087	183.43	125.79	177610	15.34	4725	8.67
2130	89.1	16362	194.89	126.27	221295	18.59	11875	10.43
3475	85.53	13396	185.71	125.65	220160	17.82	6750	4.86
5130	82.61	16245	201.95	128.52	252225	18.64	10480	7.97
6250	82.15	17764	205.08	131.31	305170	18.43	10205	6.97
7360	81.73	15262	204.28	130.48	251625	18.61	8225	6.36
8650	81.29	15836	205.84	131.05	300045	18.8	6456	7.83
9530	80.92	20366	206.23	131.5	355905	18.08	9899	11.25
10025	80.31	17070	199.15	129.25	281430	19.1	8279	12.7
11230	79.9	18762	194.61	125.74	309125	18.92	8897	14.5
13500	79.62	22129	199.58	125.99	376155	18.57	110805	14.5
15960	78.31	19772	194.49	123.17	312900	17.98	10206	14.79
16650	78.31	24173	188	126.3	400695	16.33	14591	13.65
17530	77.54	27224	188.97	122.77	403045	15.71	13342	16.25
18360	76.86	27455	187.45	119.29	404323	16.05	12229	18.65
19020	76.44	27076	191.08	121.14	402686	16.03	13156	19.14
20005	76	25632	180.78	119.41	363947	15.91	9855	18.77
21200	76.02	26685	180.68	119.51	396792	16.05	11206	19.35
22523	76.01	64654	180.77	117.88	402534	16.55	13550	22.72
26780	75.77	63164	176.17	117.78	410631	18.99	15572	21.79
28895	75.4	73837	181.04	114.48	405028	20.84	17506	24.39
35280	74.88	83383	175.94	107.57	380422	5	19515	20.92
33021	74.34	93498	170.43	110.6	408193	21.93	20198	21.11
37320	73.44	102187	171.57	110.91	408195	21.6	23028	24.51
42016	73.01	112115	173.1	109.35	414367	20.03	18918	30.31
45407	72.66	126606	172.16	108.44	434741	20.61	17282	27.84
51154	72.39	100702	169.1	104.73	267605	19.03	12695	27.38
56297	72.18	97587	166.16	106.95	347299	15.71	12868	22.16
61747	72.11	99811	158.64	87.3	301477	12.96	12000	37.25
68689	70.5	109920	167.84	90.51	355244	16.73	17195	38.39
77932	64.29	114242	158.31	82.85	331770	14.38	16860	41
86333	66.77	115995	158.57	76.11	267126	17.61	14859	40.25
93900	70.16	119245	169.19	86.57	377476	16.98	16351	40.7
119171	72.42	256240	172.73	92.46	381277	22.95	19748	46.79
143530	72.42	263899	181.37	105.29	417931	22.53	23459	43.76
164620	64.56	277732	169.79	100.31	403913	22.14	22863	39.35
195000	69.53	316709	176.21	100.2	404841	22.21	21270	45.14

1949-2008年黄梅县国民经济

年 份	油料产量（吨）	蔬菜面积（万亩）	茶叶产量（吨）	生猪存栏（万头）	牛存栏（万头）	能繁母猪（万头）	肉类总产量（吨）	水产品产量（吨）
1949	2625	6		2.5	2.8	0.35		2745
1950	4275	6	2	3	3	0.42		3155
1951	4940	6	2	5.6	3.5	0.79		2630
1952	5560	8.82	4	6.9	3.2	0.82		2790
1955	7065	7.75	25	3	2.4	0.41		3090
1957	8230	6.5	8	15.3	2.9	1.88		2575
1962	4415	3.89	22	14.9	3.2	2.07		1620
1965	6525	1.03	35	15.8	4.2	1.44		3095
1970	2880	1.01	39	19.07	4.38	1.79		2915
1975	3710	0.55	83	21.69	4.12	1.97		2265
1976	3655	0.86	100	23.98	4	2.15		2660
1977	2858	0.87	107	22.83	3.87	1.74		2805
1978	4158	1.3	63	22.83	3.8	1.65		2560
1979	8368	0.84	67	21.97	3.76	1.66		2559
1980	6496	0.77	64	22.84	3.61	1.71		2868
1981	9736	0.93	65	22.86	3.45	1.59		2898
1982	15009	3.64	67	22.67	3.35	1.57		3505
1983	11781	3.7	59	21.94	3.16	1.71		5050
1984	11781	4.01	47	22.56	3.16	1.65		5567
1985	15380	4.19	47	26.99	3.17	1.95		7890
1986	16857	5.7	44	28.37	3.21	1.92		9069
1987	16214	7.77	32	27.02	3.11	1.66		10737
1988	16065	4.46	29	26.14	2.74	1.69		14028
1989	16914	5.24	32	25.64	2.93	1.73		17059
1990	21962	5.41	29	25.41	2.83	1.75		18108
1991	23547	5.22	128	26.04	2.8	1.5		18909
1992	25610	6.05	40	28.75	2.79	2.2		23840
1993	24662	7.08	47	27.15	2.71	2.16		29959
1994	23315	8.49	59	27.45	2.76	3.14		40584
1995	35108	7.2	68	27.84	2.7	2.89		53989
1996	39582	8.52	130	20.2	2.59	2.01		64965
1997	41799	8.8	80	20.1	2.43	2.04		71780
1998	35994	10.98	77	14.67	2.28	1.67	43329	71589
1999	40334	11.15	72	23.9	2.18	1.73	29106	66266
2000	55610	15.75	67	18.82	2.52	1.53	22695	64281
2001	59301	17.49	79	20.02	2.04	1.92	28073	71160
2002	46379	15.66	84	23.63	2.46	2.17	31619	74000
2003	49810	17.21	86	26.07	1.84	2.18	36979	75440
2004	52511	16.70	87	28.59	1.75	2.35	35680	74500
2005	55538	9.21	12	29.66	1.69	2.36	30467	79738
2006	54132	8.52	41	30.03	1.67	2.22	30613	83914
2007	51239	6.87	52	25.77	1.38	1.82	28466	76500
2008	52097	5.43	64	31.16	2.53	2.69	40047	70500

和社会发展主要指标（二）

农民人均纯收入（元）	农林牧渔业劳动力（万人）	人均地区生产总值（元）	全部工业总产值（万元）	#规模以上工业总产值	规模以上工业增加值（万元）	全社会固定资产投资额（万元）	#房地产开发投资	建筑业总产值（万元）
	17.95	197	171	6				
	18.19	313	248	66		76		
	18.45	315	317	129		85		
	18.7	353	422	199		90		
	19.42	336	786	733		771		
	20.87	433	1054	1051		729		
	21.28	394	2410	1499		722		
	22.66	523	3298	2042		804		
	27.3	385	2790	1946		1581		
	28.8	444	6046	4513		2369		
	30.68	471	6982	4858		2600		
	29.48	413	7820	6218		2476		
108	29.83	410	7467	5801		2337		
153	30.27	607	9348	7035		2703		
124	30.65	500	11306	8117		3837		
170	31.34	586	16084	10127		2846		
249	32.47	734	17630	12386		3303		
261	32.16	612	20247	12800		3208		
302	32.73	769	22761	14903		8261		
364	30.68	784	28998	15100		6641		
388	30.88	832	35699	21748		5821		
421	31.35	857	39717	26865		8996		
453	32.45	826	50395	36746		7765		
527	22.59	744	51768	36389		5113		
591	25.04	829	53997	34454		8305		
569	25.92	889	64816	43322		10822		
687	24.93	942	80673	53206		13271		
775	23.51	1078	114088	55175		17126		
1123	21.75	1330	251388	114572		37229		
1408	20.46	1753	402089	134426		32306		
1829	19.85	2231	627603	203317		53507		
2067	19.92	2681	800411	225140		55521		68592
1818	19.73	2780	497613	107723	20061	68537		86710
1863	19.95	3690	694115	184666	58302	75378	230	76134
1948	17.71	4040	797471	211763	53600	87739	188	88315
2038	17.3	4616	786440	183060	63129	98808	978	99440
2120	17.76	4932	790614	222929	74910	102621	601	105506
2182	19.59	5234	832863	254449	77989	110821	200	113102
2490	18.41	4096	701700	166860	93100	118099	583	113600
2698	17.05	4611	296414	143165	45395	143945	928	32400
3026	18.48	5152	315876	174519	54245	188811	1360	28900
3552	16.91	6106	372470	259606	78344	231087	21187	29300
4088	14.75	7576	667302	465100	150800	324379	17900	47032

1949-2008年黄梅县国民经济

年 份	财政总收入（万元）	地方财政一般预算收入（万元）	财政支出（万元）	居民消费价格指数（上年＝100）	公路营业里程（公里）	全社会旅客运输量（万人）	全社会货物运输量（万吨）	邮电业务总量（万元）
1949	41		5		50	3.0	5.05	4
1950	204		26		50	3.1	5.41	5
1951	480		34		50	3.45	5.6	5
1952	515		50		50	3.60	6.51	6
1955	354		178		50	4.50	11.27	9
1957	489		192		68	11.53	18.69	12
1962	567		282		134	33.84	18.87	18
1965	827		319		215	52.77	30.12	21
1970	641		539		215	131.00	34.62	19
1975	922		882		291	142.76	42.40	42
1976	1072		845		390	154.27	80.36	45
1977	1132		844		478	151.15	46.75	48
1978	1018		1264		419	167.01	40.08	48
1979	1288		1121		419	178.07	37.34	54
1980	1437		1470		419	219.64	46.72	59
1981	1567		1427		387	343.34	57.84	74
1982	1557		1561		387	318.98	65.20	76
1983	1433		1945		387	376.98	70.18	82
1984	1517		1892		386	422.76	83.97	85
1985	1834		2260		386	529.41	99.80	105
1986	2211		2689		386	554.34	96.43	103
1987	2159		2932		384	842.00	164.00	126
1988	2561		3314		384	951.29	227.13	152
1989	3206		4197		386	1329.40	227.12	179
1990	3385		4487	106.9	384	1366.00	242.20	204
1991	3798	3718	4705	107.6	391	1432.50	284.70	453
1992	4136	4131	5830	109.7	321	1657.00	345.00	562
1993	6045	6060	7262	102.8	396	1645.00	372.00	793
1994	8602	6216	8855	126.3	398	1049.00	325.00	1301
1995	11684	8886	11119	118.0	402	1098.00	348.00	2276
1996	13894	11062	13557	108.1	408	1162.00	396.00	2878
1997	16504	12380	15121	103.	412	1692.00	591.00	5255
1998	18020	14018	19319	99.5	419	1766.54	626.84	6853
1999	19818	15778	21325	97.4	434	1800.00	658.00	7954
2000	22698	18033	22829	98.2	575	2798.00	697.00	5649
2001	24429	19359	27498	99.7	420	2832.00	733.00	6780
2002	25141	15450	30421	99.7	420	3065.00	791.00	7456
2003	24922	15394	34118	102	833	3110.00	832.00	7980
2004	26826	16577	41025	105.4	1113	3410.00	970.00	8620
2005	95150	27770	49080	102.9	1180	3500.00	1000.00	8269
2006	95350	28400	64391	102.6	1350	3600.00	1060.00	10352
2007	95590	29400	88610	106.9	1559	3700.00	1100.00	11111
2008	96160	29970	89380	5.53	6889	3800.00	1200.00	11511

和社会发展主要指标（三）

本地电话用户总量(户)	移动电话用户（户）	社会消费品零售总额（万元）	进出口总额（万美元）	出口总额	实际外商直接投资（万美元）	旅游总收入（万元）	金融机构存款余额（万元）
20		741					
28		977					26
38		1021					35
54		1202					58
116		1376					132
129		2202					385
759		2452					801
625		3253					1418
		3875					997
2960		5645					2160
2850		5958					2110
2980		6272					1755
3200		6524					1494
2820		7199					2921
2860		10258					3323
2090		10354					3489
2190		11506					4519
3150		12809					4630
3100		15662					5625
4540		19465					7225
3260		18536					10478
3370		21099					13967
3320		24534					15806
3710		25590					18488
4610		25385					23153
5310		26699					37088
5452		31681					45630
6766		35972					67233
11550		46020					88584
30330	100	57840					118420
31860	105	72565					131737
41856	210	89983					137047
49408	160	96265					140069
53240	5403	105200					148568
67242	12300	114660	850	850	20		163838
75748	50000	130196	729	729	129		191860
90555	80000	145502	450	450	205		236324
100484	100000	158671	950	950	306		282686
104700	130000	173143	1338	1338	136		358357
119436	170000	204155	1711	1711	50	8100	442718
121034	220000	233118	2385	2385	113	9000	545048
145045	250000	288300	4744	4744	75	8000	618514
145120	265000	353600	5804	5804	682	15000	735055

1949-2008年黄梅县国民经济

年 份	城乡居民储蓄存款余额（万元）	金融机构贷款余额（万元）	普通中学在校生人数(人)	小学在校生人数（人）	医院及卫生院床位数(张)	卫生技术人员数（人）
1949			225	1482	9	9
1950	23	11	225	1930	15	15
1951	24	33	784	4151	17	17
1952	26	26	666	41864	35	112
1955	23	923	729	30447	69	142
1957	57	1251	1676	33829	185	173
1962	184	1451	3411	49214	240	673
1965	426	2783	4745	58227	328	750
1970	103	3363	9860	72157	759	929
1975	273	4845	31477	113054	1441	1260
1976	250	5680	43025	118688	1453	1308
1977	530	5489	48529	117437	1538	1386
1978	485	5743	45138	119024	1641	1458
1979	1112	7965	37465	123015	1655	1502
1980	1610	8915	48573	131905	1842	1541
1981	1826	9128	46066	130105	1972	1728
1982	2624	12395	35877	124858	1924	1811
1983	2700	9196	33900	123800	1971	1863
1984	3819	20405	33611	120367	1880	1864
1985	5336	22603	38257	120164	1937	1940
1986	7155	24506	40365	117644	1921	1890
1987	10213	28671	40407	113063	1791	1912
1988	12855	30346	44205	112482	1816	1990
1989	16111	34580	21333	86445	1786	2181
1990	21243	44506	22978	87802	1881	2144
1991	27574	58886	36349	89559	2003	2197
1992	32687	66745	28679	92176	2063	2237
1993	50842	82271	27617	94975	1963	2317
1994	64728	104955	28835	101598	1530	2346
1995	99925	138995	32278	108957	1897	2426
1996	107963	157486	44526	116522	1850	2457
1997	116368	184796	39505	108089	1851	2412
1998	119613	20111	47571	120468	1572	2544
1999	127955	173213	53378	122550	1455	2544
2000	138687	156447	61104	113989	1580	2573
2001	163473	163157	60082	108791	1460	2238
2002	201755	169259	69871	104051	1480	2292
2003	253712	199011	75407	95609	1076	2362
2004	316742	198865	78829	85358	1080	2313
2005	374774	155931	81386	84056	1085	2382
2006	447419	142495	80682	79076	1091	2410
2007	505927	169352	81031	75167	1098	2482
2008	595160	185377	79192	75789	1102	2490

和社会发展主要指标（四）

城镇居民人均住房使用面积（平方米）	农村人均生活用房使用面积（平方米）	城镇单位在岗职工工资总额（万元）	城镇单位在岗职工年平均工资（元）	城镇居民人均可支配收入（元）	城镇居民人均消费性支出（元）	农村居民人均纯收入（元）	农村居民人均消费性支出（元）
10	12	9	226				
10	12	25	239				
11	13	36	244				
11	13	93	243				
10	14	147	376				
9	15	398	367				
9	14	723	378				
8	14	880	382				
8	13	973	382				
7	13	1714	468				
7	12	1704	453				
7	12	1770	467				
7	13	1937	472			108	123.00
9	14	2227	535			153	127.00
9	15	2556	594			124	140.00
9	16	2825	594			170	150.00
9	17	3153	623			249	210.00
10	20	3259	683			261	234.00
10	21	3739	679			302	252.00
10	21	4810	914			346	314.00
10	21	5440	1013			370	355.00
11	22	5935	1073			421	364.00
11	22	7066	1242			453	412.00
11	22	7500	1277			521	445.00
12	23	8771	1389			574	511.00
13	23	9719	1565			609	583.00
13	23	11103	1773			687	615.00
14	23	14469	2335			775	676.00
14	24	20590	3064			1123	1031.00
15	25	23756	3464			1408	1148.00
17	24	25266	3604			1829	1944.00
20	28	25005	3651			2067	1779.00
22	25	22768	4083			1818	1497.00
24	32	23000	5767	3767	2900	1863	1283.49
24	34	22099	6664	4018	2950	1948	1669.90
26	34	22523	7105	4259	3000	2038	2016.39
29	35	25087	8328	4348	3050	2122	2011.84
31	35	26455	8368	4540	3200	2204	1975.12
33	35	31069	8791	4812	3700	2491	2047.29
34	35	30421	10193	5419	4200	2698	2401.00
36	37	32815	11081	5978	4400	3026	2881.00
39	38	46242	15369	7356	5065	3552	1424.00
42.6	41	47997	15746	8935	6070	4088	1569.00

1980-2008年龙感湖国民经济

年份	年末总人口（万人）	年末总户数（万户）	年末常住人口（万人）	人口自然增长率（‰）	年末从业人员数（万人）	地区生产总值（万元）			
							第一产业	第二产业	
									#工业
1980	2.89	0.81	2.89	6.09	1.50				
1981	2.90	0.82	2.90	5.90	1.58				
1982	2.92	0.78	2.92	8.04	1.66				
1983	2.92	0.82	2.92	6.06	1.45				
1984	2.88	0.74	2.88	4.87	1.43				
1985	2.87	0.77	2.87	5.74	1.34				
1986	2.85	0.77	2.85	10.0	1.43				
1987	2.86	0.89	2.86	13.6	1.44	3000	1453	1289	1246
1988	2.92	0.85	2.92	17.4	1.46	3881	1815	1847	1767
1989	3.03	0.90	3.03	12.4	1.64	4746	2010	2293	2220
1990	3.09	0.78	3.09	12.7	1.67	4677	2479	1536	1465
1991	3.13	0.99	3.13	19.1	1.68	5270	2528	2336	2220
1992	3.14	1.01	3.14	18.0	1.71	6450	2776	2887	2691
1993	3.23	1.04	3.23	10.73	1.74	8599	3819	3420	3127
1994	3.31	1.08	3.31	9.87	1.95	9565	4274	3864	3629
1995	3.37	1.16		12.7	1.95	11377	4830	4560	4292
1996	3.40	1.17		7.94	1.96	13116	5185	4727	4318
1997	3.51	1.17		12.56	1.95	12651	5029	4610	4559
1998	3.57	1.28		9.18	2.02	12686	4159	5064	4849
1999	3.59	1.31		6.37	1.91	14841	5028	6226	6031
2000	3.64	1.21		7.44	1.55	16557	5253	7125	6980
2001	3.66	1.33		5.34	1.60	20114	5428	9083	8930
2002	3.68	1.31		5.47	1.56	23749	5710	11869	11760
2003	3.71	1.34		3.9	1.62	27186	6185	13901	13751
2004	3.73	1.28		6.53	1.65	31260	8260	15300	15120
2005	3.74	1.28		5.86	1.61	35056	8720	17943	17743
2006	3.75	1.37	3.45	5.68	1.63	40120	9505	21300	21120
2007	3.79	1.40	3.44	8.6	1.64	48504	12838	25326	25103
2008	3.84	1.42	3.45	8.02	1.67	86901	17635	55617	54117

和社会发展主要指标（一）

第三产业	人均地区生产总值（元）	全部工业总产值（万元）	#规模以上工业总产值	规模以上工业增加值（万元）	全社会固定资产投资额（万元）	#房地产开发投资	建筑业总产值（万元）	财政总收入	地方财政一般预算收入（万元）
		802			44				
		1020			89				
		919			142				
		1236			278				
		1758			284				
		1122			295		241		
258	1051	3868			1007		339		
219	1343	6318			906		653		
443	1594	6863			162		582		
662	1527	7244			1720		656		
406	1694	8782			642		495	280	
787	2059	10631			1721		605	320	
1360	2701	18019			4430		2062	398	
1427	2924	29722			5407		2376	495	
1987	3403	45408			4278		2913	816	
3204	3873	37487			6579		5505	951	
3012	3661	38191			6751		1911	882	
3463	3585	37290			4508		1279		
3587	4148	41179			5018		2270		
4509	4672	47937			9260		2473	1013	
5600	5510	52610	46190		9445		1820	1622	
6170	6466	53843	37453		10200		1291	1513	
6800	7359	68930	45198		11118		2176	1579	
7700	8406	84267	48054		18804		2052	1632	
8393	9379	102562	64245		20853		510	1836	
9315	10700	113853	77334	17952	25545	3080	4316	2267	753
10340	12850	133235	95572	24263	31060	2500	4800	2929	1341
13649	22771	174573	131493	37914	42207	4100	7500	3810	1748

1980-2008年龙感湖国民经济

年 份	财政支出（万元）	全社会旅客运输量（万人）	全社会货物运输量（万吨）	社会消费品零售总额（万元）	进出口总额（万美元）	出口总额	实际外商直接投资（万美元）	金融机构存款余额（万元）
1980								
1981					137	137		
1982					205	205		
1983					182	182		
1984					107	107		
1985					213	213		
1986			25		310	310		
1987			28		354	354		
1988			5		231	231		
1989		1	8		596	596		
1990		11	7		295	295		
1991		15	8		296	296		
1992		16	10		689	689		
1993		17	20		268	268		
1994		17	15		298	298		
1995		16	15	6994	1454	1454		
1996		15	16		1276	1276		
1997		15	18		1076	1076		
1998		16	17		643	643		
1999		17	15		400	400		
2000		16	17		721	721		
2001		16	18	13239	500	500	106	
2002		14	17	15180	350	350	153	15770
2003		13	15	16700	370	370	165	19410
2004		13	16	18400	350	350	202	20957
2005		14	16	19320	270	270	6	22082
2006	3077	17	23	20734	385	385	7	25093
2007	3377	17	23	23637	868	868	54	35436
2008	3725	19	25	30868	1801	1801	89	46665

和社会发展主要指标（二）

城乡居民储蓄存款余额（万元）	金融机构贷款余额（万元）	普通中学在校生人数(人)	小学在校生人数（人）	科技活动机构数（个）	从事科技活动人员（人）	医院及卫生院床位数（张）	卫生技术人员数（人）	城镇居民人均可支配收入（元）	农村居民人均纯收入（元）
		2287	5551			253	157		
		2298	5354	1	56	258	228		
		2212	4864	4	252	223	194		
		2312	4307	7	180	197	147		
		2226	3778	7	180	240	144		
		2470	4002	7	199	237	189	720	502
		2401	3518	4	142	214	194	865	652
		1455	2004	4	155	214	199	911	685
		1490	2110	4	160	214	213	875	669
		1527	2672	4	137	235	170	950	768
		1621	2654	3	129	235	171	1088	874
		1662	2737	3	131	209	175	1322	1180
		1507	2981	3	133	146	160	1890	1689
		3617	3364	3	137	255	189	2810	2103
		1276	3686	2	90	225	230	3281	2192
		1258	4067	2	92	207	231	3008	1815
		1280	4408	2	95	207	236	3210	1993
		1431	4360	1	95	207	231	3130	1796
		1617	4321	1	115	194	121	4516	2520
		1776	4017	1	117	196	124	4678	2600
		1803	4070	2	155	148	218	4840	2700
13984	22250	3121	4195	2	196	145	120	5010	2760
15950	23900	2180	4080	2	196	120	96	5187	2820
18161	22955	1756	3757	2	196	120	96	5370	2972
20627	23008	1661	3930	2	196	207	115	5559	3031
23410	24450	1918	3955	2	196	174	132	5755	3338
34134	20952	1586	3658	2	196	78	137	5956	3703
42205	36963	1940	3648	2	291	65	112	6164	4000

第四部分 2008年统计资料

一、综　合

资料整理人员：顾援越

版图面积

县市区	版图面积		平原（万亩）	山区（万亩）	丘陵（万亩）	岗地（万亩）
	平方公里	万　亩				
合　计	**17446**	**2612.24**	**316.18**	**894.69**	**1131.16**	**270.21**
黄州区	353	54.48	25.78		28.70	
团风县	833	125.43	10.56	27.35	38.23	49.29
红安县	1789	269.35		36.09	233.26	
麻城市	3599	540.97	32.46	250.47	199.62	58.42
罗田县	2129	321.61	1.29	187.82	132.50	
英山县	1449	215.70		170.83	44.87	
浠水县	1949	298.96	25.11	39.76	227.21	
蕲春县	2398	359.70	42.08	132.73	145.68	39.21
武穴市	1246	180.04	37.45	21.60	73.46	47.53
黄梅县	1701	246.00	141.45	28.04	7.63	68.88

2008年人口情况

县市区	年末总户数（户）	年末总人口（人）	常住人口（万人）	非农业人口（人）
合　计	**2366585**	**7351368**	**667.5**	**1672628**
黄州区	149920	365765	34.11	365765
团风县	119807	368150	33.46	44145
红安县	205885	659113	60.19	107099
麻城市	373976	1168516	106.96	295176
罗田县	202692	623895	54.91	78519
英山县	136919	396262	35.95	69647
浠水县	333464	1030773	94.54	149192
蕲春县	294556	982730	89.13	154557
武穴市	235414	756177	62.31	261298
黄梅县	313952	999987	90.94	147230

行政建制

县市区	乡政府（个）	镇政府（个）	办事处（个）	村民委员会（个）	村民小组（个）
合　计	22	93	15	4346	36068
黄州区	1	3	4	116	861
团风县	2	8		288	2326
红安县	1	10	2	397	3783
麻城市	2	14	3	715	5650
罗田县	5	7		411	4104
英山县	3	8		307	2461
浠水县	1	12		649	5669
蕲春县	1	13	1	578	4378
武穴市		8	4	317	2690
黄梅县	4	12		515	4093
龙感湖农场			1	53	53

二、国民经济核算

资料整理人员：童卫红

2008年全市地区生产总值

指　标	按当年价格计算（亿元）		按2005年不变价格计算（亿元）		比上年同期增长%
	2008年	2007年	2008年	2007年	
地区生产总值	600.75	473.74	505.15	439.35	15.0
第一产业	192.58	150.35	141.81	132.36	7.1
农林牧渔业	192.58	150.35	141.81	132.36	7.1
第二产业	204.23	157.38	178.76	148.99	20.0
工业	163.78	121.07	144.58	114.57	26.2
建筑业	40.45	36.31	34.18	34.42	-0.7
第三产业	203.94	166.01	184.58	158.00	16.8
交通运输、仓储及邮政业	26.40	20.59	22.08	18.75	17.8
批发和零售业	42.70	34.66	37.99	32.90	15.5
住宿和餐饮	14.43	11.71	12.41	11.08	12.0
住宿业	1.66	1.39	1.62	1.36	19.1
餐饮业	12.77	10.32	10.79	9.72	11.0
金融保险业	4.04	3.47	3.54	3.27	8.3
房地产业	21.73	19.19	18.43	18.13	1.7
K门类房地产业	2.31	2.53	2.09	2.40	-12.9
居民自有住房服务	19.42	16.66	16.34	15.73	3.9
其他服务业	94.64	76.39	90.13	73.87	22.0
营业性服务业	22.62	18.46	21.94	18.09	21.3
电信业	8.59	7.22	8.65	7.26	19.1
其他营利性服务	14.03	11.24	13.29	10.83	22.7
非营利性服务业	72.02	57.93	68.19	55.78	22.2
公共管理和其他组织	39.44	30.20	37.34	29.08	28.4
其他非营利性服务业	32.58	27.73	30.85	26.70	15.5

2008年分县(市、区)地区生产总值(一)

县市区	按当年价格计算（万元）			
	地区生产总值	第一产业	第二产业	第三产业
合计	600.75	192.58	204.23	203.94
黄州区	727709	69928	373648	284133
团风县	295773	74770	144484	76519
红安县	488920	144576	202799	141545
麻城市	836319	328287	215640	292392
罗田县	399708	115575	158129	126004
英山县	376569	152953	131610	92006
浠水县	780646	289804	239088	251754
蕲春县	747733	207179	256306	284248
武穴市	877867	257553	372096	248218
黄梅县	677187	253440	229424	194323

2008年分县(市、区)地区生产总值(二)

县市区	按可比价格计算（万元）				
	地区生产总值	第一产业	第二产业	第三产业	比上年同期增长%
合计	505.15	141.81	178.76	184.58	15.0
黄州区	647489	51478	329241	266770	21.9
团风县	236925	52703	112881	71341	18.1
红安县	405184	105726	171511	127947	16.1
麻城市	695642	236052	187242	272348	15.9
罗田县	322371	91795	116120	114456	18.0
英山县	274390	109457	83295	81638	15.1
浠水县	642276	209331	197887	235058	15.9
蕲春县	628124	138866	228593	260665	16.8
武穴市	732540	182309	331068	219163	20.9
黄梅县	582451	206699	200727	175025	15.7

主要统计指标解释

生产总值　根据国家统计局规定，从2003年起，将各地区原来所称的国内生产总值改称为地区生产总值。它是一个地区　所有常住单位在一定时期内生产活动的最终成果。生产总值有三种表现形态；，即价值形态、收入形态和产品形态。从价值形态　看，它是所有常住单位在一定时期内所生产的全部货物和服务价值超过同期投入的全部非固定资产货物和服务价值的差额，即所有常住单位的增加值之和；从收入形态看，它是所有常住单位在一定时期内所创造并分配给常住单位和非常住单位的初次分

配收入之和　从产品形态看，它是最终使用的货物和服务减去净出口货物和服务的差额。在实际核算中，三种表现形态表现为三种计算方法，即生产法、收入法和支出法。三种方法分别从不同的方面反映生产总值的形成过程。不变价格指用同类产品的年平均价格作为固定价格，来计算各年产品价值。按不变价格计算的产品价值消除了价格变动因素，不同时期对比可以反映生产的发展速度。新中国成立后，随着工农业产品价格水平的变化，国家统计局先后五次制定了全国统一的工业产品不变价格和农业产品不变价格，从1949年到1957年使用1952年工（农）业产品不变价格，从1957年到1971年使用1957年不变价格，从1971年到1981年使用1970年不变价格，从1981年到1990年使用1980年不变价格，从1990年开始使用1990年不变价格，从2001年开始使用2000年不变价格。从2006年起开始使用2005年不变价格。

平均每年增长速度　在我国计算平均增长速度有两种方法，一种是习惯上经常使用的“水平法”，又称几何平均法，是以间隔期最后一年的水平同基期水平对比来计算平均每年增长（或下降）速度。另一种是“累计法”，又称代数平均法或方程法广是以间隔期内各年水平的总和同基期水平对比来计算平均每年增长（或下降）速度。

在一般正常情况下，两种方法计算的平均每年增长速度比较接近，但在经济发展不平衡，出现大起大落时，两种方法计算的结果差别较大。

本书内所列的平均每年增长速度，除固定资产投资是用“累计法”计算以外，其余均用“水平法”计算。从某年到某年平均增长速度的年份，均不包括基期年在内。如建国四十三年的平均增长速度是以1949年为基期计算的，则写为1950—1992年平均增长速度，余类推。

各个计划时期　表内所用各个“时期”代表的年份如下：恢复时期为1950年到1952年；第一个五年计划时期（简称一五时期）为1953年到1957年；第二个五年计划时期（简称二五时期）为1958年到1962年；第三个五年计划时期（简称三五时期）为1966年到1970年；第四个五年计划期（简称四五时期）为1971年到1975年；第五个五年计划时期（简称五五时期）为1976年到1980年；第六个五年计划时期（简称六五时期）为1981年到1985年；第七个五年计划时期（简称七五时期）为1986年到1990年；第八个五年计划时期（简称八五时期）为1991年到1995年；第九个五年计划时期（简称九五时期）为1996年到2000年，第十个五年计划时期（简称十五时期）为2001年到2005年；第十一个五年规划时期（简称十一五时期）为2006年到2010年。

国有经济单位　指生产资料归国家所有的各种企业、事业单位，以及各级国家机关、人民团体等单位。

集体经济单位　指生产资料归公民集体所有的各种企业、事业单位。包括农村各种经济组织经营的农、林、牧、渔业，乡、村经营的企业、事业单位；城市、县、镇以及街道兴办的集体经济性质的企业、事业单位。

私营经济单位　指生产资料归公民私人所有的单位。包括私营独资企业、私营合伙企业和私营有限责任公司。

联营经济单位　指不同所有制性质的企业之

间或者企业、事业单位之间共同投资组成新的经济实体。包括紧密型联营企业，半紧密型联营企业和松散型联营企业。

股份制经济单位 指全部注册资本由全体股东共同出资，并以股份形式投资举办企业。主要包括股份有限公司和有限责任公司。

外商投资经济单位 指外国投资者根据中华人民共和国有关涉外经济的法律、法规，以合资、合作或独资的形式在中国大陆境内开办企业。包括中外合资经营企业、中外合作经营企业和外资企业。

港、澳、台投资经济单位 指港、澳、台地区投资者参照中华人民共和国有关涉外经济的法律、法规，以合资、合作或独资的形式在大陆兴办企业。包括合资经营企业、合作经营企业和独资企业。

三次产业 根据社会生产活动历史发展的顺序对产业结构的划分，产品直接取自自然界的部门称为第一产业，对初级产品进行再加工的部门称为第二产业。为生产和消费提供各种服务的部门称为第三产业。它是世界上较为通用的产业结构分类，但各国的划分不尽一致。我国的三次产业划分是：

第一产业：农业（包括种植业、林业、牧业和渔业）。

第二产业：工业（包括采掘工业、制造业、自来水、电力、蒸气、热水、煤气）和建筑业。

第三产业：除第一、第二产业以外的其他各业。

劳动者报酬 劳动者报酬是指劳动者因从事生产活动所获得的全部报酬。它包括劳动者获得的各种形式的工资、奖金和津贴，既包括货币形式的，也包括实物形式的，它还包括劳动者所享受的公费医疗和医药卫生费、上下班交通补贴和单位支付的社会保险费等。单位支付的社会保险费，就是单位直接支付给负责社会保险的政府单位（一般指劳动部门）的社会保险金或为本单位职工离退休、发生死亡、伤残、医疗保险等而支付的保险费。对于个体经济来说，其所有者所获得的劳动报酬和经营利润不易区分，这两部分统一作为劳动者报酬处理。

生产税净额 指生产税减生产补贴后的差额。生产税指政府对生产单位生产、销售和从事经营活动以及因从事生产活动使用某些生产要素，如固定资产、土地、劳动力所征收的各种税、附加费和规费。具体包括销售税金及附加、增值税、管理费中开支的各种税、应交纳的养路费、排污费和水电费附加、烟酒专卖上缴政府的专项收入等。生产补贴与生产税相反，是政府对生产单位的单方面收入转移，因此视为负生产税处理，包括政策亏损补贴、粮食系统价格补贴、外贸企业出口退税收入等。

固定资产折旧 指一定时期内为弥补固定资产损耗按照核定的固定资产折旧率提取的固定资产折旧，或按国民经济核算统一规定的折旧率虚拟计算的固定资产折旧。它反映了固定资产在当期生产中的转移价值。各种类型企业和企业化管理的事业单位的固定资产折旧指实际计提并计人成本费用中的折旧费；不计提折旧的单位，如政府机关、非企业化管理的事业单位和居民住房的固定资产折旧则是按照统一规定的折旧率和固定资产原值计算的虚拟折旧。原则上，固定资产折旧应按固定资产的重置价值来计算，但是我国目前尚不具备对全社会固定资产进行重估价的基础，所以暂时只能采用上述方法来计算。

营业盈余 指常住单位创造的增加值扣除劳动者报酬、生产税净额和固定资产折旧后的余额。它相当于企业的营业利润加上生产补贴，但要扣除从利润中开支的工资和福利以及从税后利润中提取的公益金等。

三、农业经济

资料整理人员：张丽娟

2008年农村基层组织及户数、

指　　标	计量单位	黄冈市	黄州区	团风县
一、农村基层组织情况				
（一）乡镇政府个数	个	115	4	10
乡政府	个	20	1	2
镇政府	个	95	3	8
（二）办事处	个	15	4	
（三）村民委员会	个	4316	116	288
（四）村民小组	个	36517	864	2322
二、农村社会基础设施				
自来水受益村数	个	1789	61	90
通汽车村数	个	4150	107	286
通电村数	个	4276	107	288
通电话村数	个	4248	116	288
三、乡村户数	万户	148.84	5.32	8.62
四、乡村人口数	万人	572.73	18.25	31.46
五、乡村劳动力资源合计	万人	313.96	8.80	16.99
#劳动年龄内	万人	289.35	8.11	16.31
六、乡村从业人员合计	万人	288.87	9.05	15.97
#劳动年龄内	万人	262.32	8.25	15.31
（一）乡村从业人员按性别分组				
男	万人	155.49	4.76	8.63
女	万人	133.38	4.29	7.34
（二）按行业分				
农村牧渔业劳动力	万人	127.02	3.78	6.98
工业劳动力	万人	32.86	1.10	0.63
建筑业劳动力	万人	31.88	1.00	1.63
交通运输业劳动力	万人	7.17	0.38	0.44
仓储及邮电业通讯业劳动力	万人	1.08	0.01	0.05
信息传输、计算机服务和软件业	万人	0.86	0.01	0.04
批发与零售贸易业	万人	14.14	0.50	0.48
住宿和餐饮业	万人	6.41	0.25	0.12
其他非农行业	万人	67.45	2.02	5.60
（三）国营农林牧渔场从业人员	万人	3.75	0.27	0.20
农业从业人员	万人	2.16	0.17	0.14
非农业从业人员	万人	1.59	0.10	0.06

人口、从业人员情况表

红安县	麻城市	罗田县	英山县	浠水县	蕲春县	武穴市	黄梅县	龙感湖
11	16	12	11	13	14	8	16	
1	2	5	3	1	1	0	4	
10	14	7	8	12	13	8	12	
2	3				1	4		1
396	715	412	307	649	578	315	485	55
3783	5783	4107	2471	5676	4650	2711	4095	55
159	322	127	259	117	260	79	260	55
396	678	337	306	649	536	315	485	55
396	715	412	307	649	547	315	485	55
396	690	405	303	649	546	315	485	55
13.52	25.67	13.30	9.38	21.30	19.47	13.52	18.03	0.71
52.25	93.23	49.21	32.16	83.28	79.79	55.34	75.18	2.58
24.11	55.56	29.40	21.31	46.18	42.77	31.53	36.30	1.01
23.50	54.96	26.24	18.81	42.04	37.82	26.89	33.70	0.97
23.99	54.03	27.16	18.20	41.95	38.15	27.60	31.79	0.98
19.13	43.21	25.98	16.87	40.07	34.96	25.79	31.79	0.96
13.17	29.15	14.84	9.71	22.35	20.54	14.89	16.92	0.53
10.82	24.88	12.32	8.49	19.60	17.61	12.71	14.87	0.45
10.94	23.48	11.10	8.21	17.39	16.45	13.11	14.75	0.83
1.27	2.00	6.91	1.74	7.50	4.18	4.19	3.28	0.06
1.73	3.31	4.07	1.73	7.06	2.47	3.02	5.83	0.03
0.47	0.78	1.14	0.61	1.11	0.85	0.68	0.69	0.02
0.04	0.05	0.02	0.12	0.24	0.45	0.02	0.08	
0.02		0.01	0.07	0.10	0.45	0.04	0.12	
0.40	1.94	1.38	1.45	4.45	2.02	0.67	0.84	0.01
0.27	0.25	1.01	0.63	2.03	1.07	0.30	0.47	0.01
8.85	22.22	1.52	3.64	2.07	10.21	5.57	5.73	0.02
0.20	0.31	0.07	0.17	0.29	0.26	0.35		1.63
0.11	0.24	0.03	0.10	0.09	0.25	0.20		0.83
0.09	0.07	0.04	0.07	0.20	0.01	0.15		0.80

2008 年 农 业 生

指　　标	计量单位	黄冈市	黄州区	团风县	红安县
一、耕地情况					
（一）年初耕地总资源	千公顷	344.15	10.12	17.57	36.66
（二）年内增加	千公顷	8.33	0.80	0.35	4.17
其中：新开荒地	千公顷	4.00	0.68	0.11	1.13
园地改耕地	千公顷	0.95	0.12	0.24	0.32
（三）年内减少	千公顷	1.56	0.04	0.05	0.83
其中：国家基建占地	千公顷	0.34	0.03	0.03	0.01
其他基建占地	千公顷	0.11	0.01		0.04
退耕还林还草	千公顷	0.65		0.02	0.54
退耕还渔	千公顷	0.05			0.04
退耕改园地	千公顷	0.40			0.2
（四）年末耕地总资源	千公顷	350.92	10.88	17.87	40
1、常用耕地面积	千公顷	328.34	10.22	17.27	38.05
（1）水田	千公顷	249.37	4.84	14.99	27.19
（2）旱地	千公顷	78.97	5.38	2.28	10.86
其中：水浇地	千公顷	5.11	1.40	0.20	1.93
2、临时性耕地	千公顷	22.58	0.66	0.60	1.95
其中：25度以上坡耕地	千公顷	11.02		0.46	0.94
二、农村主要能源及物资消耗					
（一）乡、村办水电站数	个	111		3	23
装机容量	万千瓦	25.04		1	0.14
发 电 量	万千瓦小时	3267		160	95
（二）农村用电量	万千瓦	222885	11847	11105	13004
（三）农用化肥施用量(按折纯法计算)	吨	432425	22227	26063	53071
1、氮　肥	吨	186825	10657	13683	22199
2、磷　肥	吨	66061	4553	5395	7795
3、钾　肥	吨	37855	2081	1949	7366
4、复合肥	吨	141684	4936	5036	15711
（四）农用塑料溥膜使用量	吨	7179	361	267	2206
其中：地腊使用量	吨	3392	206	193	920
地膜覆盖面积	千公顷	34.05	1.07	1.24	12.03
（五）农用柴油使用量	吨	56254	1491	2078	4351
（六）农药使用量	吨	16163	766	1059	1046
三、农用水利建设情况					
有效灌溉面积	千公顷	224.99	9.62	9.47	19.75
旱涝保收面积	千公顷	165.99	9.40	6.05	12.91
机电排灌面积	千公顷	122.33	8.50	6.73	13.85

产　　条　　件

麻城市	罗田县	英山县	浠水县	蕲春县	武穴市	黄梅县	龙感湖
53.99	26.67	17.37	45.79	38.53	35.22	57.98	4.25
0.08	0.21	0.3	0.40	1.26	0.76		
	0.05	0.24	0.06	0.99	0.74		
	0.11	0.06	0.04	0.04	0.02		
0.04	0.13	0.26	0.05	0.06	0.1		
	0.11	0.03	0.03	0.01	0.09		
		0.03	0.02		0.01		
0.04	0.02			0.03			
				0.01			
		0.2					
54.03	26.75	17.41	46.14	39.73	35.88	57.98	4.25
52.93	25.09	17.20	43.58	38.89	34.85	46.35	3.91
36.64	20.13	14.49	33.02	34.54	28.97	31.6	2.96
16.29	4.96	2.71	10.56	4.35	5.88	14.75	0.95
		0.01			1.57		
1.10	1.66	0.21	2.56	0.84	1.03	11.63	0.34
0.6	0.9	0.07	2	0.31	0.18	5.56	
5	36	16	13	3		12	
0.21	0.46	0.31	0.17	0.75		22	
	1243	588	329	552		300	
19198	81600	5388	13778	25751	14990	19594	6630
33158	12118	7343	35522	38267	75909	122540	6207
20099	6008	2477	18308	20707	37224	34080	1383
6484	930	1508	2100	4642	16744	15741	169
2782	1203	1068	730	2077	7631	10478	490
3793	3977	2290	14384	10841	14310	62241	4165
1156	137	536	1115	436	320	633	12
422	82	142	623	135	212	455	2
2	0.72	1.03	13.38	0.7	1.02	0.66	0.2
8034	2096	5106	11732	8156	3523	9570	117
2284	329	838	1092	2074	2381	4139	155
33.30	17.83	8.26	40	26.37	25.76	30.72	3.91
19.16	14.05	6.34	37	10.22	19.64	27.31	3.91
12.71	1.01	1.3	24.30	8.64	16.68	24.70	3.91

2008 年 主 要 农 产 品

指 标	计量单位	黄冈市	黄州区	团风县
农作物总播种面积	千公顷	891.58	29.27	44.81
一、粮食作物面积	千公顷	485.16	13.16	27.94
（包括谷物、大豆和薯类）总产量	吨	3042137	65563	169270
单产	公斤	418	332	404
（一）夏收粮食面积	千公顷	81.89	5.04	3.17
总产量	吨	254876	13039	11527
单产	公斤	207	172	242
其中：小麦面积	千公顷	65.75	4.67	2.78
总产量	吨	203735	11219	9452
单产	公斤	207	160	227
（二）秋收粮食面积	千公顷	403.27	8.12	24.77
总产量	吨	2787261	52524	157743
单产	公斤	461	431	425
早稻面积	千公顷	112.48	2.08	8.78
总产量	吨	711577	12531	52070
单产	公斤	422	402	395
中稻（含一季晚）面积	千公顷	119.95	2.42	5.10
总产量	吨	1005897	20269	37832
单产	公斤	559	558	495
双季晚稻面积	千公顷	133.30	2.73	10.20
总产量	吨	914098	17745	65409
单产	公斤	457	433	428
玉米面积	千公顷	3.24	0.45	0.01
总产量	吨	10479	971	38
单产	公斤	216	144	253
其中：杂交玉米面积	千公顷	2.64	0.03	0.01
总产量	吨	8242	158	27
单产	公斤	208	351	180
大豆面积	千公顷	11.31	0.20	0.24
总产量	吨	41319	427	601
单产	公斤	244	142	167
薯类面积	千公顷	17.93	0.20	0.25
总产量（五折一计算）	吨	90477	488	1473
单产	公斤	336	163	393

生 产 情 况（一）

单位：千公顷、吨、公斤/亩

红安县	麻城市	罗田县	英山县	浠水县	蕲春县	武穴市	黄梅县	龙感湖
95.66	149.19	64.68	48.66	129.06	111.68	92.76	117.47	8.34
51.48	75.41	40.01	29.17	60.57	63.86	50.50	66.80	6.26
294837	508458	213552	178481	432590	412687	327724	404841	34134
382	450	356	408	476	431	433	404	364
5.62	17.41	13.06	8.30	3.58	7.26	4.79	10.60	3.06
19727	63906	30261	26556	14240	18805	17528	28363	10924
234	245	154	213	265	173	244	178	238
5.10	16.21	12.36	6.35	2.80	0.83	3.28	8.31	3.06
17881	63093	28588	19079	9630	1734	11147	20988	10924
234	259	154	200	229	139	227	168	238
45.86	58.00	26.95	20.87	56.99	56.60	45.71	56.20	3.20
275110	444552	183291	151925	418350	393882	310196	376478	23210
400	511	453	485	489	464	452	447	484
14.18	15.04	0.87	0.75	21.01	17.58	15.80	16.39	
82122	123390	5696	5167	127000	108919	96262	98420	
386	547	436	459	403	413	406	400	
8.82	20.56	19.10	12.06	7.72	14.70	8.98	17.36	3.13
76755	189570	155868	106457	65000	125556	71057	134500	23033
580	615	544	588	561	569	528	517	491
19.42	17.07	0.90	2.27	24.40	19.34	18.79	18.18	
101728	113558	6356	13355	189700	140361	132664	133222	
349	443	471	392	518	484	471	489	
	0.04	0.15	0.52	0.61	0.09	0.07	1.30	
	103	957	2161	2950	235	1002	2062	
	172	425	277	322	174	954	106	
	0.04	0.08	0.52	0.61	0.03	0.02	1.30	
	103	471	2161	2950	218	92	2062	
	172	393	277	322	484	307	106	
1.22	1.37	2.56	1.46	1.12	1.43	0.94	0.70	0.07
3401	3279	5133	5000	14300	4112	2670	2219	177
186	160	134	228	851	192	189	211	169
1.51	3.44	2.43	3.17	1.10	2.88	0.98	1.97	
10007	13751	7307	18047	14700	13291	6112	5271	
442	266	200	380	891	308	416	178	

2008 年 主 要 农 产 品

指 标	计量单位	黄冈市	黄州区	团风县
红薯面积	千公顷	13.76	0.07	0.18
总产量	吨	74680	216	1020
单产	公斤	362	206	378
马铃薯面积	千公顷	4.17	0.13	0.07
总产量	吨	15767	272	453
单产	公斤	252	139	431
其它杂粮面积	千公顷	0.24		
总产量	吨	363		
单产	公斤	101		
二、棉花面积	千公顷	54.39	4.57	2.14
总产量（皮棉）	吨	71764	6705	3024
单产	公斤	88	98	94
三、油料作物面积	千公顷	216.53	3.95	10.76
总产量	吨	434013	7233	18729
单产	公斤	134	122	116
其中：油菜籽面积	千公顷	171.57	3.49	8.44
总产量	吨	294795	6309	14053
单产	公斤	115	121	111
四、麻类面积	千公顷	2.43	0.17	
总产量	吨	7250	1000	
单产	公斤	199	392	
五、糖料合计面积	千公顷	0.77	0.08	0.04
总产量	吨	28681	1471	1429
单产	公斤	2483	1226	2382
六、药材类播种面积	千公顷	24.05		0.30
七、蔬菜、瓜类面积	千公顷	96.33	6.35	2.97
蔬菜面积（含菜用瓜）	千公顷	92.30	5.68	2.60
总产量	吨	2184695	193208	42242
八、花奔园艺播种面积	千公顷	0.15		
九、其他作物播种面积	千公顷	11.77	0.99	0.66

生 产 情 况（二）

红安县	麻城市	罗田县	英山县	浠水县	蕲春县	武穴市	黄梅县	龙感湖
1.48	2.44	2.17	2.25	0.99	2.27	0.74	1.17	
9081	13496	6507	12311	12770	10032	4591	4656	
409	369	200	365	860	295	414	265	
0.03	1	0.26	0.92	0.11	0.61	0.24	0.80	
926	255	800	5736	1930	3259	1521	615	
2058	17	205	416	1170	356	423	51	
		0.15	0.04		0.05			
		287	48		28			
		128	80		37			
1.62	7.80	0.17	0.17	9.11	3.15	9.90	14.81	0.95
2541	9226	185	256	9800	3394	14000	21270	1363
105	79	73	100	72	72	94	96	96
33.343	40.63	12.52	6.75	31.17	20.47	25.80	30.09	1.05
91603	69194	22637	16677	65618	29985	58575	52097	1665
183	114	121	165	140	98	151	115	106
15.88	29.33	9.48	5.60	26.87	18.26	24.42	28.80	1.00
24530	40025	16518	12411	50008	25083	55222	49036	1600
103	91	116	148	124	92	151	114	107
	0.03	0.02	0.05	0.01	1.92	0.23		
	3	60	112	3	5345	727		
	7	200	149	20	186	211		
0.04	0.03	0.09	0.06	0.11	0.15	0.13	0.04	
1066	286	3052	1464	2665	7067	8864	1317	
1777	636	2261	1627	1615	3141	4546	2195	
0.18	3.00	3.61	7.34	0.02	9.03		0.57	
7.59	21.97	7.97	3.84	27.21	9.29	5.18	3.88	0.08
7.33	21.62	7.70	3.82	26.56	8.76	4.61	3.62	
152441	568298	149543	108391	301000	250829	233449	183794	1500
0.04	0.01	0.02		0.03	0.01		0.04	
1.37	0.31	0.27	1.28	0.83	3.80	1.02	1.24	

2008 年茶叶、水果

指　　标	计量单位	黄冈市	黄州区	团风县
一、茶叶产量	吨	27332	5	53
二、园林水果合计	吨	75035	1957	1483
苹　果	吨	709		
柑　桔	吨	43410	1467	867
梨　子	吨	5706	221	64
其它园林水果	吨	25210	269	552
其中：桃	吨	18048	218	300
三、年末实有茶园面积	公顷	17995	6	267
四、年末果园面积	公顷	12351	201	1886
（一）苹果园面积	公顷	927		
（二）柑桔园面积	公顷	3188	139	225
（三）梨　园面积	公顷	1614	24	55
（四）葡萄园面积	公顷	255		5
（五）桃　园面积	公顷	2654	36	180
（六）猕猴桃面积	公顷	61		3
（七）其他果园面积	公顷	3652	2	1418

生 产 情 况

红安县	麻城市	罗田县	英山县	浠水县	蕲春县	武穴市	黄梅县	龙感湖
1266	1064	359	22844	1050	582	45	64	
1371	3523	4157	2461	17100	19931	19850	2832	370
144	511	10	8	33	3			
66	169	352	456	11455	9595	17233	1655	95
551	1044	205	639	463	1482	226	601	210
610	1799	3590	1358	5149	8851	2391	576	65
556	862	720	966	4361	8192	1324	499	50
1349	1000	824	12386	1178	378	193	414	
914	2167	802	518	2010	1945	405	1475	28
7	866	2	40	11	1			
17	62	151	73	968	769	210	570	4
229	358	68	160	188	176	21	315	20
5	17	7	16	132	3	45	23	2
229	283	112	124	530	917	89	152	2
		2	52	1	3			
427	581	460	53	180	76	40	415	

2008 年 林 业

指 标	计量单位	黄冈市	黄州区	团风县
一、营林情况				
（一）当年造林面积合计	公顷	13210	1124	2066
用材林	公顷	6067	1124	796
经济林	公顷	1553		607
防护林	公顷	5408		655
薪炭林	公顷	8		8
特种用途林	公顷	174		
（二）迹地更新面积	公顷	2123	73	194
（三）零星（四旁）植树	万株	2118	64	179
（四）当年育苗面积	公顷	833	60	52
（五）幼林抚育作业面积	公顷	48275	1359	272
（六）成林抚育作业面积	公顷	29129	740	544
二、主要林产品产量				
（一）香菇产量	吨	91		
（二）黑木耳产量	吨	182		
（三）板栗	吨	63724	9	961
三、竹木采伐				
木材	立方米	200620	408	4360
竹材	万根	1971.30	230.00	157.00

生　产　情　况

红安县	麻城市	罗田县	英山县	浠水县	蕲春县	武穴市	黄梅县	龙感湖
1786	1467	1218	866	1880	1000	800	1003	
944	33	40		800	800	800	730	
668	60	18			200			
	1374	1160	866	1080			273	
174								
322		43		800			691	
136	400	252		380	200	125	371	
80	110	112	20	100	80	133	64	22
2202	2000	3251	9000	10000	10000	6803	3178	210
2104		5920		10000		997	8790	34
16	6	17	22	30				
	19	33	36	70	24			
2914	16080	30818	3350	6500	1844	46	1202	
44119	16500	45108	18000	10190	45000	9368	6307	1260
60.00	533.00	229.00	17.30	685.00	20.00	35.60	4.40	

2008 年畜牧、水

指　　标	计量单位	黄冈市	黄州区	团风县
一、畜禽当年出栏（笼）数				
牛	头	233907	1280	5208
猪出栏	万头	344.33	6.80	8.72
羊	只	453419	968	13042
家禽	万只	3121.99	78.60	240.96
二、畜禽期末存栏（笼）数				
牛	头	686461	9723	37230
猪存栏	万头	287.58	6.15	12.18
羊	只	350173	1083	18585
家禽	万只	4280.67	76.50	804.60
三、能繁殖的母畜				
牛（母畜）	头	249626	7851	11714
猪（母畜）	万头	28.88	0.86	1.00
四、当年生仔畜				
牛（仔畜）	头	170592	3767	6422
猪（仔畜）	万头	381.71	12.04	7.20
五、畜禽肉产量	吨	355012	6499	14045
六、禽蛋产量	吨	204014	3108	70404
七、其它动物及产品				
（一）蜂蜜产量	公斤	497175	19250	25200
（二）蚕茧产量	吨	6964		
（三）其他动物产品	吨	415		
（四）其他动物饲养	只	61185	4680	
八、其他动物饲养				
其中：野　兔	只	64079		5000
野　鸡	只	43286		
野　鸭	只	11127		4500
九、水产品产量	吨	353003	39466	18790
十、淡水养殖面积	公顷	73757	6675	4748
1、池塘养殖	公顷	38021	3885	3131
2、湖泊养殖	公顷	16396	1311	532
3、河沟养殖	公顷	3280	1338	52
4、水库养殖	公顷	15237	78	912
5、其他养殖	公顷	823	63	121
十一、稻田养殖面积	公顷	16385	604	633

产　业　生　产　情　况

红安县	麻城市	罗田县	英山县	浠水县	蕲春县	武穴市	黄梅县	龙感湖
13501	107620	11175	6074	13000	69049	3500	3500	
17.00	46.00	17.47	19.34	60.30	44.70	82.00	35.00	7.00
11691	113510	88918	149907	16700	46338	2865	7980	1500
160.35	387.00	88.06	172.28	794.90	312.57	357.91	500.36	29.00
100288	205895	62667	28736	81500	107516	26920	25256	730
19.00	36.00	16.39	20.40	38.30	44.00	52.00	31.16	12.00
11693	121400	92218	52448	18700	22498	3044	8004	500
299.00	741.17	132.30	120.63	910.00	550.00	187.07	454.40	5.00
214	91200	28418	11197	43765	35845	11758	7014	650
2.00	4.00	1.53	2.00	4.80	4.00	5.00	2.69	1.00
20950	61364	21785	5100	27865	16209	5261	1759	110
17.00	69.00	21.33	18.40	84.60	60.00	64.57	16.57	11.00
16660	57406	17476	19258	62520	51744	66493	40047	2864
5108	12530	3036	4022	71000	16987	8501	9088	230
50000	148000	16262	43504	119700	22538	30800	1921	20000
	3922	1598	1444					
200	210		5					
40000	15505		1000					
5000	11622	13534	8571	1300	1900	16500	652	
30000	3231	3725	2114	1600	575	2000	41	
1200	63		1712	206	46		3400	
3509	20416	58777	6800	83145	55800	40300	70500	8400
3457	8200	3378	2240	9900	11667	10082	12167	1243
1676	4333	1111	673	6889	6807	4006	4267	1243
		4		1820	2767	4529	5433	
130				208	333	119	1100	
1651	3867	2058	1567	983	1760	1428	933	
		205					434	
120		40	135	2653	3000	4000	5000	200

2008 年 农 业 可

	黄冈市	黄州区	团风县	红安县	麻城市
农林牧渔业可比价产值	**2531028**	**98804**	**96213**	**171751**	**419804**
农业可比价产值	1303225	52193	48734	118803	224826
林业可比价产值	71903	1157	2391	6811	14860
牧业可比价产值	735403	14095	29555	34537	142684
渔业可比价产值	360613	29405	13479	2987	27175
服务业可比价产值	59884	1954	2054	8613	10259

2008 年 农 业 现

	黄冈市	黄州区	团风县	红安县	麻城市
农林牧渔业总产值	**3026532**	**110986**	**114607**	**204064**	**509604**
农业总产值	1476988	55686	56551	137148	259931
林业总产值	81326	1272	2676	7692	16855
牧业总产值	968971	18271	36832	45951	184241
渔业总产值	429151	33873	15594	3514	36790
服务业总产值	70131	1920	2954	9759	11787

2008 年 农 业 现

	黄冈市	黄州区	团风县	红安县	麻城市
农林牧渔业增加值	**1925872**	**69928**	**74770**	**144576**	**328287**
农业增加值	1002596	42619	39051	101436	191087
林业增加值	49070	605	1059	5033	9273
牧业增加值	570720	14313	18853	34432	91927
渔业增加值	269032	12776	14250	308	31013
服务业增加值	34749	915	1557	3362	4987

比　价　产　值

单位：万元

罗田县	英山县	浠水县	蕲春县	武穴市	黄梅县	龙感湖
158235	**210980**	**395217**	**307166**	**319373**	**316709**	**36776**
93997	156396	169326	135899	142271	151588	9192
21391	3986	9339	6471	2093	3226	178
35572	41522	137955	96843	123245	64796	14599
4834	4460	74093	63252	49573	79374	11981
2441	4616	4504	4701	2191	17725	826

价　产　值

单位：万元

罗田县	英山县	浠水县	蕲春县	武穴市	黄梅县	龙感湖
190780	**246860**	**473817**	**369501**	**393090**	**368694**	**44529**
109500	177154	192356	155693	159812	163495	9662
24409	4509	10426	7344	2329	3615	199
47347	54745	178345	128500	168813	85876	20050
5553	5223	87060	72398	59945	95594	13607
3971	5228	5630	5566	2191	20114	1011

价　增　加　值

单位：万元

罗田县	英山县	浠水县	蕲春县	武穴市	黄梅县	龙感湖
115575	**152953**	**289804**	**207179**	**257553**	**253440**	**31807**
58509	128667	122421	97756	90719	125815	4516
17211	1504	8375	2869	1622	1371	148
35155	21864	102080	64547	126794	44481	16274
3729	187	54057	41441	37157	63634	10480
971	731	2871	566	261	18139	389

主要统计指标解释

农林牧渔业总产值 是以货币表现的农、林、牧、渔业全部产品的总量，它反映一定时期内农业生产总规模和总成果。

农、林、牧、渔业的统计范围包括国有经济的各种专业农（农、林、牧、渔）场的农业生产活动；国家各级机关、团体、学校、部队进行的农业生产活动；集体所有制的乡、镇，村办农场的农业生产活动；工矿企业经营的农、林、牧、渔业生产活动；以及农村各种经济组织和农产经营的农林牧渔业生产活动和农民家庭兼营的商品性工业生产活动等。

（1）农业包括种植业和其他农业。

种植业包括谷物、豆类、薯类、棉、油料、糖料、麻类、烟叶、蔬菜、药材、瓜类和其他农作物的种植，以及茶园、桑园、果园的生产经营。

其他农业包括采集野生植物的果实、纤维、树胶、树脂、油料以及柴草、野生药材、菌类等及农民家庭兼营的商品性工业。

（2）林业包括林木的栽培（不包括茶园、桑园和果园的栽培，管理和收获等活动），林产品的采集和村及村以下合作经济组织和农产的竹木采伐。

（3）牧业包括牲畜饲养和放牧、家禽饲养以及野生动物的捕猎和饲养。

（4）渔业包括水生动物和海藻类植物的养殖和捕捞。

农业总产值的计算方法通常是按农林牧渔业产品及其副产品的产量分别乘以各自单位产品价格求得，少数生产周期较长，当年没有产品或产品产量不易统计的，则采用间接方法匡算其产值，然后将四业产品产值相加即为农业总产值。

粮食产量 指全社会的产量。包括国有经济经营的、集体统一经营的和农民家庭经营的粮食产量，还包括工矿企业办的农场和其他生产单位的产量。粮食除包括稻谷、小麦、玉米、高粱、谷子及其他杂粮外，还包括薯类和豆类，其产量计算方法，豆类按去豆荚后的干豆计算；薯类（包括甘薯和马铃薯，不包括芋头和木薯）1963年以前按每4公斤鲜薯折1公斤粮食计算，从1964年开始及以后改为按5公斤鲜薯折1公斤粮食计算。

油料产量 指全部油料作物的生产量。包括花生、油菜籽、芝麻、向日葵籽、胡麻籽（亚麻籽）和其他油料。不包括大豆，也不包括木本油料和野生油料。花生以带壳干花生计算。

水产品产量 指人工养殖的水产品和天然生长的水产品的捕捞量。包括海水的鱼类、虾蟹类、贝类和藻类以及内陆水域的鱼类、虾蟹类和贝类，不包括淡水生植物。

猪、牛、羊肉产量 指当年出栏并已屠宰后除去头蹄下水后带骨肉（即胴体重）的重量。

耕地面积 指年初可以用来种植农作物、经常进行耕锄的田地，除包括熟地、当年新开荒地、连续撂荒未满三年的耕地和当年的休闲地（轮歇地）外，还包括以种植农作物为主并附带种植桑树、茶树、果树和其他林木的土地，以及沿海、沿湖地区已围垦利用的“海涂”、“湖田”等面积。但不包括属于专业性的桑园、茶园、果园、果木苗圃、林地、芦苇地、天然或人工草地面积。

农作物播种面积 指实际播种或移植有农作物的面积。凡是实际种植有农作物的面积，不论种植在耕地上还是种植在非耕地上，均包括在农作物播种面积中。在播种季节基本结束后，因遭灾而重新改种和补种的农作物面积，也包括在内。

有效灌溉面积 指具有一定的水源，地块比较平整，灌溉工程或设备已经配套，在一般年景下当年能够进行正常灌溉的耕地面积。

农用化肥施用量 指本年内实际用于农业生产的化肥数量，包括氮肥、磷肥、钾肥和复合肥。化肥施用量要求按折纯量计算数量，折纯法化肥施用量是把氮肥、磷肥和钾肥分别按含氮、含五氧化二磷、含氧化钾的百分之一百成份折算后的数量。复合肥按其所含主要成分折算。

农业机械总动力 指主要用于农、林，牧、渔业的各种动力机械的动力总和。包括耕作机械、排灌机械、收获机械、农用运输机械、植物保护机械、牧业机械、林业机械、渔业机械和其他农业机械（内燃机按引擎马力折成瓦（特）计算，电动机按功率折成瓦（特）计算）。不包括专门用于乡、镇、村、组办工业、基本建设。非农业运输、科学试验和教学等非农业生产方面用的动力机械与作业机械。

农林牧渔业从业人员 指直接参加农林牧渔业生产劳动的从业人员。

谷物 指籽实主要供作粮食的作物。这类作物包括稻谷、小麦、玉米、谷子、高粱和其他谷物，不包括豆类和薯类作物。

四、工　业

资料整理人员：杨仕和

2008年分县市区规模以上

县市区	企业单位数（个）	其中	工业总产值（当年价格）	工业销售产值（当年价格）	其中	产销率
		亏损企业			出口交货值	
总　计	**1163**	**110**	**438.44**	**424.32**	**17.08**	**96.78**
龙感湖	24		13.15	12.96	0.01	98.56
市　直	37	15	27.36	27.08	0.06	98.98
黄州区	100	15	34.56	33.89	1.91	98.06
团风县	75	5	17.65	17.00	0.37	96.32
红安县	56	11	18.52	17.02	0.07	91.90
麻城市	150	8	52.69	51.04	0.54	96.87
罗田县	120	14	31.90	31.11	0.74	97.52
英山县	67	5	26.82	26.48	0.01	98.73
浠水县	127	7	46.12	44.71	2.82	96.94
蕲春县	135	5	54.21	52.80	5.28	97.40
武穴市	137	24	68.95	64.62	4.96	93.72
黄梅县	135	1	46.51	45.61	0.31	98.06

工业经济主要指标（一）

单位：亿元

工业增加值	资产总计	流动资产合计	应收账款	存货	产成品	流动资产年平均余额
141.30	**336.80**	**122.72**	**24.58**	**43.33**	**18.89**	**110.85**
3.67	6.81	2.85	0.33	1.44	0.51	2.67
	48.32	19.46	2.94	5.06	1.90	19.93
	23.73	8.40	1.70	3.40	0.87	6.45
5.63	12.37	4.51	0.91	2.24	1.16	4.05
6.81	12.73	6.05	2.57	1.60	0.50	4.37
17.66	76.59	17.57	4.06	4.37	2.64	15.84
13.18	18.91	6.23	1.75	2.62	1.81	6.48
8.48	10.51	5.09	2.15	2.04	1.31	4.39
15.42	22.10	10.22	2.29	3.70	2.08	9.74
16.97	27.24	10.65	1.48	3.32	0.84	8.85
24.71	51.98	22.29	2.85	10.23	3.62	20.08
15.08	25.51	9.40	1.55	3.31	1.65	8.00

2008年分县市区规模以上

县市区	资产总计					负债合计
	固定资产合计	固定资产原价	累计折旧	固定资产净值	固定资产净值年平均余额	
总　计	**172.82**	**205.64**	**53.17**	**152.47**	**149.65**	**193.11**
龙感湖	3.03	3.87	0.85	3.02	3.02	2.77
市　直	16.27	17.19	4.38	12.81	13.17	33.10
黄州区	14.35	15.81	3.10	12.71	10.83	12.75
团风县	6.90	7.28	0.84	6.44	6.44	5.29
红安县	6.45	7.29	1.90	5.39	5.11	4.33
麻城市	53.54	56.17	8.97	47.19	45.79	55.87
罗田县	10.87	19.58	9.00	10.59	9.73	10.48
英山县	5.07	5.44	2.17	3.27	4.30	4.82
浠水县	9.12	12.65	4.36	8.29	8.36	12.25
蕲春县	14.10	19.84	8.03	11.82	12.10	10.47
武穴市	22.24	29.91	8.18	21.72	21.77	29.85
黄梅县	10.88	10.61	1.39	9.22	9.03	11.13

工业经济主要指标（二）

单位：亿元

流动负债合计	长期负债合计	所有者权益合计	实收资本	主营业务收入	主营业务成本	主营业务税金及附加
107.23	32.43	143.69	104.00	408.62	342.08	6.05
2.35	0.41	4.04	2.78	13.18	11.20	0.24
21.58	7.84	15.23	13.16	25.94	22.52	0.39
6.57	4.09	10.99	9.33	33.70	27.84	0.38
4.32	0.97	7.08	6.35	16.32	14.01	0.09
3.85	0.47	8.40	4.85	15.33	11.58	0.26
11.49	1.88	20.71	18.15	48.64	41.66	0.77
7.06	2.76	8.42	6.39	29.44	25.30	0.51
2.95	1.66	5.70	4.32	27.55	21.15	1.23
9.80	1.90	9.84	6.67	40.01	33.61	0.49
6.82	1.17	16.77	12.72	50.95	40.81	0.33
21.70	7.90	22.13	11.53	65.08	55.70	0.56
8.74	1.38	14.38	7.75	42.48	36.70	0.80

2008年分县市区规模以上

县市区	营业费用	管理费用	税　金	财务费用	利息支出	利润总额
总　计	**15.26**	**17.22**	**2.07**	**6.46**	**5.01**	**27.94**
龙感湖	0.15	0.16	0.01	0.09	0.09	0.95
市　直	1.38	1.30	0.09	0.53	0.39	0.52
黄州区	0.71	1.10	0.08	0.43	0.21	2.71
团风县	0.31	0.38	0.01	0.12	0.07	1.48
红安县	0.85	0.59	0.07	0.06	0.03	2.32
麻城市	2.29	3.40	0.35	1.50	1.26	4.35
罗田县	0.87	1.14	0.10	0.49	0.33	1.69
英山县	1.76	2.47	0.23	0.86	0.57	1.72
浠水县	0.89	1.51	0.70	0.47	0.45	2.94
蕲春县	2.66	1.30	0.06	0.35	0.27	3.54
武穴市	2.27	2.46	0.19	1.02	0.84	3.96
黄梅县	1.12	1.41	0.18	0.54	0.50	1.76

工业经济主要指标（三）

单位：亿元

应交所得税	亏损企业亏损总额	利税总额	本年应付工资总额	本年应付福利费总额	本年应交增值税	全部从业人员年平均人数（万人）
3.04	**1.47**	**55.24**	**24.98**	**3.08**	**21.25**	**13.84**
0.08		1.80	0.46	0.04	0.61	0.40
0.14	0.34	1.89	1.26	0.09	0.98	0.68
0.75	0.12	4.68	1.95	0.29	1.59	1.09
0.04	0.02	1.82	2.14	0.11	0.25	0.77
0.49	0.10	3.46	0.93	0.09	0.89	0.56
0.48	0.50	7.22	2.63	0.34	2.10	1.73
0.06	0.09	5.29	1.59	0.23	3.09	0.94
0.12	0.02	3.85	2.04	0.21	0.90	1.28
0.21	0.07	7.66	3.78	0.59	4.22	1.41
0.06	0.02	6.77	2.55	0.34	2.90	1.76
0.53	0.17	7.33	2.62	0.23	2.81	1.66
0.08	0.02	3.47	3.03	0.52	0.91	1.56

2008年规模以上工业企业

指　　标	企　业 单位数(个)	亏　损 企　业	工　业 总产值 (当年 价格)	工业销 售产值 (当年 价格)	出　口 交货值
总　　计	**1163**	**110**	**438.44**	**424.32**	**17.08**
一、按登记注册类型分组					
内资企业	1100	95	386.26	373.20	8.15
国有企业	33	9	9.50	9.38	
中央企业	1	1	0.19	0.19	
地方企业	32	8	9.31	9.19	
集体企业	45	1	14.73	14.42	0.10
股份合作企业	17	1	5.28	5.13	
联营企业	7	1	2.50	2.44	
国有联营企业	3	1	1.99	1.94	
集体联营企业	2		0.41	0.40	
国有与集体联营企业					
其他联营企业	2		0.10	0.10	
有限责任公司	185	30	98.47	95.58	1.95
国有独资公司					
其他有限责任公司	185	30	98.47	95.58	1.95
股份有限公司	88	11	33.23	31.52	3.50
私营企业	720	42	220.95	213.28	2.60
私营独资企业	188	5	36.40	35.49	0.08
私营合作企业	129	3	26.45	25.98	
私营有限责任公司	335	30	106.81	102.84	1.51
私营股份有限公司	68	4	51.28	48.97	1.00
其他企业	5		1.59	1.45	
港、澳、台商投资企业	37	6	24.95	24.26	2.14
合资经营企业(港或澳、台资)	9	2	9.33	9.17	1.56
合作经营企业(港或澳、台资)	1		0.95	0.96	
港澳台商独资经营企业	24	4	13.05	12.57	0.49
港澳台商投资股份有限公司	3		1.61	1.57	0.09
外商投资企业	26	9	27.24	26.86	6.80
中外合资经营企业	12	4	14.88	14.14	5.73
中外合作经营企业					
外资企业	9	4	9.80	10.18	
外商投资股份有限公司	5	1	2.56	2.53	1.07
二、按经济组织类型分组					
独资企业	299	23	83.48	82.04	0.67

主要经济指标（一）

单位：亿元

资产总计	流动资产合计	应收帐款	存货	产成品	流动资产年平均余额	固定资产合计	固定资产原价
336.80	**122.72**	**24.58**	**43.33**	**18.89**	**110.85**	**172.82**	**205.64**
239.83	95.60	20.71	36.63	16.42	85.81	118.03	149.65
10.17	3.45	0.66	0.46	0.21	2.83	5.16	7.13
0.41	0.11				0.13	0.30	0.67
9.76	3.34	0.66	0.46	0.21	2.70	4.86	6.46
6.15	2.19	0.46	0.29	0.14	2.02	3.42	5.14
3.43	1.32	0.48	0.28	0.18	1.33	1.61	1.76
1.02	0.20	0.05	0.08	0.02	0.21	0.80	1.14
0.85	0.11	0.03	0.06	0.02	0.13	0.71	1.00
0.09	0.03		0.01		0.03	0.06	0.08
0.08	0.05	0.01	0.01		0.05	0.03	0.06
75.42	27.71	5.15	12.01	4.09	25.63	39.21	48.33
75.42	27.71	5.15	12.01	4.09	25.63	39.21	48.33
29.46	12.08	2.82	4.04	2.47	10.64	12.70	17.55
112.23	47.70	10.94	18.95	8.80	42.82	54.14	67.55
16.15	6.38	1.74	2.05	1.03	5.86	8.27	9.65
15.12	5.64	1.59	2.13	1.20	5.41	8.50	10.10
54.91	22.58	5.39	8.25	4.17	20.53	27.66	34.84
26.06	13.10	2.22	6.51	2.40	11.01	9.71	12.95
1.96	0.96	0.16	0.52	0.51	0.33	0.98	1.05
56.18	8.62	1.26	2.44	0.98	7.77	43.77	44.31
47.85	4.34	0.56	0.69	0.37	4.04	40.91	40.07
0.87	0.62	0.01			0.62	0.21	0.25
6.90	3.31	0.66	1.61	0.52	2.83	2.45	3.58
0.57	0.35	0.04	0.14	0.10	0.29	0.20	0.41
40.78	18.49	2.61	4.26	1.49	17.26	11.02	11.69
13.01	6.02	1.71	2.15	0.83	5.60	3.87	5.10
25.98	11.83	0.79	1.76	0.62	11.05	6.01	5.35
1.79	0.64	0.11	0.34	0.05	0.61	1.15	1.24
65.35	27.17	4.31	6.17	2.51	24.60	25.31	30.85

2008年规模以上工业企业

指　　标	企　业 单位数(个)	亏　损 企　业	工　业 总产值 (当年 价格)	工业销 售产值 (当年 价格)	出　口 交货值
国有企业	33	9	9.50	9.38	
集体企业	45	1	14.73	14.42	0.10
私营独资企业	188	5	36.40	35.49	0.08
港澳台商独资经营企业	24	4	13.05	12.57	0.49
外资企业	9	4	9.80	10.18	
合作、合伙企业	159	5	36.78	35.96	
股份合作企业	17	1	5.28	5.13	
国有联营企业	3	1	1.99	1.94	
集体联营企业	2		0.41	0.40	
国有与集体联营企业					
其他联营企业	2		0.10	0.10	
私营合伙企业	129	3	26.45	25.98	
合作经营企业(港或澳、台资)	1		0.95	0.96	
中外合作经营企业					
其他企业(内资)	5		1.59	1.45	
股份有限公司	164	16	88.69	84.59	5.66
股份有限公司(内资)	88	11	33.23	31.52	3.50
私营股份有限公司	68	4	51.28	48.97	1.00
港澳台商投资股份有限公司	3		1.61	1.57	0.09
外商投资股份有限公司	5	1	2.56	2.53	1.07
有限责任公司	541	66	229.49	221.73	10.75
国有独资公司					
私营有限责任公司	335	30	106.81	102.84	1.51
合资经营企业(港或澳、台资)	9	2	9.33	9.17	1.56
中外合资经营企业	12	4	14.88	14.14	5.73
其他有限责任公司	185	30	98.47	95.58	1.95
三、在总计中：亏损企业	110	110	37.69	36.65	0.38
在总计中：国有控股企业	57	14	29.41	29.05	0.15
在总计中：农村工业	40	2	12.75	12.41	
在总计中：轻工业	65	16	34.35	34.11	1.74
重工业	76	15	31.75	31.08	0.23
在总计中：大型企业					
中型企业	8	1	20.12	20.11	1.31
小型企业	133	30	45.98	45.08	0.67
煤炭开采和洗选业					

主要经济指标（二）

单位：亿元

资产总计	流动资产合计	应收帐款	存货	产成品	流动资产年平均余额	固定资产合计	固定资产原价
10.17	3.45	0.66	0.46	0.21	2.83	5.16	7.13
6.15	2.19	0.46	0.29	0.14	2.02	3.42	5.14
16.15	6.38	1.74	2.05	1.03	5.86	8.27	9.65
6.90	3.31	0.66	1.61	0.52	2.83	2.45	3.58
25.98	11.83	0.79	1.76	0.62	11.05	6.01	5.35
22.38	8.72	2.28	3.02	1.91	7.90	12.11	14.31
3.43	1.32	0.48	0.28	0.18	1.33	1.61	1.76
0.85	0.11	0.03	0.06	0.02	0.13	0.71	1.00
0.09	0.03		0.01		0.03	0.06	0.08
0.08	0.05	0.01	0.01		0.05	0.03	0.06
15.12	5.64	1.59	2.13	1.20	5.41	8.50	10.10
0.87	0.62	0.01			0.62	0.21	0.25
1.96	0.96	0.16	0.52	0.51	0.33	0.98	1.05
57.89	26.17	5.18	11.03	5.02	22.55	23.75	32.15
29.46	12.08	2.82	4.04	2.47	10.64	12.70	17.55
26.06	13.10	2.22	6.51	2.40	11.01	9.71	12.95
0.57	0.35	0.04	0.14	0.10	0.29	0.20	0.41
1.79	0.64	0.11	0.34	0.05	0.61	1.15	1.24
191.18	60.66	12.81	23.11	9.45	55.80	111.65	128.33
54.91	22.58	5.39	8.25	4.17	20.53	27.66	34.84
47.85	4.34	0.56	0.69	0.37	4.04	40.91	40.07
13.01	6.02	1.71	2.15	0.83	5.60	3.87	5.10
75.42	27.71	5.15	12.01	4.09	25.63	39.21	48.33
82.56	15.73	2.33	6.75	2.42	16.71	58.92	62.24
33.88	9.35	1.97	3.30	0.77	9.88	20.03	27.17
6.09	2.14	0.35	0.47	0.24	2.09	3.57	5.28
49.21	18.75	2.39	4.40	1.13	16.97	20.79	21.14
26.73	9.72	2.31	4.21	1.73	10.04	12.82	15.23
26.71	12.23	1.34	1.80	0.62	10.51	8.95	8.20
49.23	16.23	3.36	6.81	2.24	16.50	24.67	28.17

2008年规模以上工业企业

指　　标	企　业 单位数(个)	亏　损 企　业	工　业 总产值 (当年 价格)	工业销 售产值 (当年 价格)	出　口 交货值
石油和天然气开采					
黑色金属矿采选业	63	4	24.26	23.85	0.31
有色金属矿采选业	1		0.24	0.20	
非金属矿采选业	77	2	19.37	19.08	
其他采矿业					
农副食品加工业	115	6	38.84	37.64	0.71
食品制造业	28	6	8.49	8.27	0.27
饮料制造业	26	1	21.93	21.30	
烟草制品业					
纺织业	126	16	55.11	53.68	1.54
纺织服装、鞋、帽制造业	45	3	13.26	13.03	5.80
皮革、毛皮、羽毛(绒)及其制品业	6		0.92	0.91	0.36
木材加工及木、竹、藤、棕、草制品业	28	2	11.33	10.17	
家具制造业	4		0.39	0.38	
造纸及纸制品业	9	1	1.69	1.63	
印刷业和记录媒介的复制	7	1	1.86	1.73	
石油加工、炼焦及核燃料加工业	2	1	1.18	1.17	
化学原料及化学制品制造业	72	6	49.48	46.94	0.92
医药制造业	43	8	34.31	32.75	6.08
化学纤维制造业					
橡胶制品业	6		0.92	0.88	
塑料制品业	24	2	7.96	7.36	
非金属矿物制品业	224	8	53.02	51.83	0.07
黑色金属冶炼及压延加工业	17	2	8.77	8.96	
有色金属冶炼及压延加工业	5	1	2.90	2.95	
金属制品业	31	4	11.66	11.30	0.26
通用设备制造业	57	8	10.85	10.23	0.18
专用设备制造业	27	4	4.30	4.02	
交通运输设备制造业	53	6	19.54	18.47	0.21
电气机械及器材制造业	22	5	5.90	5.75	0.13
通信设备、计算机及其他电子设备制造业	11	2	1.64	1.62	0.11
仪器仪表及文化、办公用机械制造业	2	1	0.35	0.33	0.15
工艺品及其他制造业	6	2	0.37	0.37	
废弃资源和废旧材料回收加工业	2		13.92	13.92	
电力、热力的生产和供应业	11	2	11.85	11.85	
燃气生产和供应业	1	1	0.14	0.14	
水的生产和供应业	12	5	1.69	1.61	

主要经济指标（三）

单位：亿元

资产总计	流动资产合计	应收帐款	存货	产成品	流动资产年平均余额	固定资产合计	固定资产原价
8.09	2.49	0.81	1.00	0.61	2.49	4.05	5.65
0.43	0.06		0.05	0.02	0.06	0.31	0.06
6.27	2.05	0.61	0.66	0.54	2.01	3.83	4.47
19.81	9.13	1.38	4.12	1.26	8.36	8.53	9.19
8.90	2.07	0.38	0.93	0.37	1.99	6.64	7.33
30.03	15.61	3.27	1.56	0.23	13.50	6.37	6.52
28.95	13.61	1.94	7.11	3.04	11.61	12.62	14.23
4.81	1.97	0.64	0.58	0.31	1.90	2.66	3.33
0.48	0.21	0.05	0.05	0.02	0.17	0.26	0.27
7.45	2.83	0.30	0.90	0.38	2.66	4.20	6.42
0.16	0.09	0.02	0.06	0.05	0.09	0.05	0.06
1.78	0.56	0.10	0.16	0.06	0.51	1.02	1.24
1.41	0.54	0.19	0.16	0.09	0.52	0.82	1.43
0.86	0.07	0.05	0.01	0.01	0.07	0.79	0.79
26.34	14.09	1.18	5.92	2.22	11.60	8.72	14.04
28.36	10.92	1.56	3.94	2.07	10.11	12.64	16.98
0.48	0.13	0.01	0.02	0.01	0.10	0.35	0.40
3.84	1.85	0.67	0.91	0.51	1.66	1.60	2.06
38.17	11.94	3.73	3.99	2.06	10.11	22.30	27.09
4.84	1.52	0.28	0.97	0.71	1.52	2.37	2.01
2.06	1.33	0.66	0.35	0.16	1.12	0.43	0.47
7.96	2.89	0.85	1.37	0.68	2.68	3.91	4.69
8.82	4.42	1.25	2.01	0.79	3.80	3.43	4.39
3.93	1.79	0.23	0.88	0.58	1.11	1.97	2.37
15.78	8.14	2.22	4.00	1.24	8.81	6.09	7.37
6.82	2.06	0.79	0.55	0.18	2.34	4.52	5.59
0.99	0.46	0.24	0.13	0.07	0.46	0.40	0.51
0.54	0.38	0.06	0.31	0.11	0.39	0.13	0.24
0.43	0.15	0.05	0.06	0.01	0.15	0.25	0.30
5.93	3.14	0.30	0.45	0.44	3.36	2.79	3.86
53.75	4.50	0.69	0.05		4.08	45.98	48.31
3.56	0.43		0.03	0.03	0.41	0.43	0.43
4.76	1.29	0.10	0.04		1.10	2.35	3.53

2008年规模以上工业企业

指　　标	资产总计			负债合计	
	累计折旧	固定资产净值	固定资产净值年平均余额		流动负债合计
总　　计	**53.17**	**152.47**	**149.65**	**193.11**	**107.23**
一、按登记注册类型分组					
内资企业	44.39	105.26	100.67	123.62	88.26
国有企业	2.76	4.37	4.61	5.42	3.10
中央企业	0.39	0.29	0.28	0.09	0.09
地方企业	2.38	4.08	4.32	5.32	3.01
集体企业	1.99	3.15	3.15	1.36	0.99
股份合作企业	0.40	1.36	1.26	1.33	1.02
联营企业	0.45	0.68	0.29	0.84	0.25
国有联营企业	0.41	0.59	0.20	0.78	0.23
集体联营企业	0.02	0.06	0.06	0.02	
国有与集体联营企业					
其他联营企业	0.03	0.03	0.03	0.03	0.02
有限责任公司	13.85	34.48	33.18	45.72	30.80
国有独资公司					
其他有限责任公司	13.85	34.48	33.18	45.72	30.80
股份有限公司	5.73	11.82	11.70	12.15	9.23
私营企业	18.98	48.56	45.73	55.40	41.69
私营独资企业	2.43	7.23	7.36	6.34	3.78
私营合作企业	2.87	7.23	6.94	5.93	4.55
私营有限责任公司	9.53	25.31	22.27	28.56	21.63
私营股份有限公司	4.15	8.80	9.17	14.57	11.73
其他企业	0.22	0.84	0.76	1.41	1.17
港、澳、台商投资企业	5.97	38.33	40.30	42.50	3.15
合资经营企业(港或澳、台资)	4.32	35.75	37.86	39.99	1.16
合作经营企业(港或澳、台资)	0.04	0.21	0.22	0.36	0.36
港澳台商独资经营企业	1.40	2.18	2.02	1.88	1.39
港澳台商投资股份有限公司	0.21	0.20	0.20	0.26	0.23
外商投资企业	2.81	8.88	8.68	26.99	15.83
中外合资经营企业	1.32	3.77	3.55	7.26	4.01
中外合作经营企业					
外资企业	1.18	4.17	4.25	18.60	10.87
外商投资股份有限公司	0.31	0.93	0.89	1.12	0.95
二、按经济组织类型分组					
独资企业	9.76	21.09	21.39	33.59	20.13

主要经济指标（四）

单位：亿元

应付账款	长期负债合计	所有者权益合计	实收资本	国家资本	集体资本	法人资本	个人资本
26.80	**32.43**	**143.69**	**104.00**	**5.28**	**2.91**	**33.31**	**45.60**
22.86	24.63	116.21	80.02	4.48	2.75	30.49	41.80
0.53	1.41	4.75	2.85	2.30	0.01	0.48	0.05
0.03		0.31	0.30			0.30	
0.49	1.41	4.44	2.55	2.30	0.01	0.18	0.05
0.26	0.21	4.79	2.13	0.02	1.47	0.45	0.18
0.18	0.23	2.10	0.81			0.35	0.46
0.11	0.02	0.18	0.23	0.11	0.07	0.02	0.03
0.10		0.06	0.12	0.11			0.01
	0.02	0.07	0.07		0.05	0.02	
0.01		0.05	0.04		0.02		0.02
6.52	11.65	29.69	21.49	0.65	0.64	11.87	7.95
6.52	11.65	29.69	21.49	0.65	0.64	11.87	7.95
1.51	1.71	17.31	10.71	1.19	0.10	3.61	5.70
13.73	9.29	56.83	41.27	0.21	0.46	13.23	27.36
1.44	1.31	9.81	7.30		0.04	1.46	5.80
1.26	1.00	9.18	8.00		0.32	1.76	5.92
8.06	4.55	26.35	20.11	0.14	0.02	7.88	12.06
2.97	2.42	11.49	5.86	0.07	0.08	2.13	3.58
0.03	0.10	0.55	0.54			0.47	0.07
1.32	0.11	13.68	12.69	0.34		1.10	2.39
0.53	0.01	7.85	7.95	0.34		0.20	0.13
0.01		0.50	0.18			0.18	
0.60	0.10	5.02	4.32			0.72	2.24
0.18	0.01	0.31	0.24				0.02
2.61	7.70	13.80	11.29	0.45	0.16	1.72	1.41
0.98	3.13	5.75	4.30	0.45	0.16	1.57	0.16
1.50	4.57	7.38	6.41			0.04	1.19
0.13		0.67	0.58			0.10	0.06
4.33	7.60	31.75	23.00	2.32	1.52	3.16	9.47

2008年规模以上工业企业

指　　标	资产总计			负债合计	
	累计折旧	固定资产净值	固定资产净值年平均余额		流动负债合计
国有企业	2.76	4.37	4.61	5.42	3.10
集体企业	1.99	3.15	3.15	1.36	0.99
私营独资企业	2.43	7.23	7.36	6.34	3.78
港澳台商独资经营企业	1.40	2.18	2.02	1.88	1.39
外资企业	1.18	4.17	4.25	18.60	10.87
合作、合伙企业	3.99	10.32	9.45	9.86	7.35
股份合作企业	0.40	1.36	1.26	1.33	1.02
国有联营企业	0.41	0.59	0.20	0.78	0.23
集体联营企业	0.02	0.06	0.06	0.02	
国有与集体联营企业					
其他联营企业	0.03	0.03	0.03	0.03	0.02
私营合伙企业	2.87	7.23	6.94	5.93	4.55
合作经营企业(港或澳、台资)	0.04	0.21	0.22	0.36	0.36
中外合作经营企业					
其他企业(内资)	0.22	0.84	0.76	1.41	1.17
股份有限公司	10.40	21.75	21.96	28.11	22.14
股份有限公司(内资)	5.73	11.82	11.70	12.15	9.23
私营股份有限公司	4.15	8.80	9.17	14.57	11.73
港澳台商投资股份有限公司	0.21	0.20	0.20	0.26	0.23
外商投资股份有限公司	0.31	0.93	0.89	1.12	0.95
有限责任公司	29.02	99.31	96.85	121.54	57.61
国有独资公司					
私营有限责任公司	9.53	25.31	22.27	28.56	21.63
合资经营企业(港或澳、台资)	4.32	35.75	37.86	39.99	1.16
中外合资经营企业	1.32	3.77	3.55	7.26	4.01
其他有限责任公司	13.85	34.48	33.18	45.72	30.80
三、在总计中：亏损企业	10.50	51.73	53.85	62.32	16.74
在总计中：国有控股企业	8.41	18.77	18.94	22.13	11.50
在总计中：农村工业	1.92	3.37	3.34	1.41	0.99
在总计中：轻工业	4.95	16.19	14.89	30.54	18.23
重工业	4.05	11.18	10.95	17.11	11.74
在总计中：大型企业					
中型企业	1.70	6.50	7.07	17.17	13.99
小型企业	7.30	20.87	18.77	3047	15.98
煤炭开采和洗选业					

主要经济指标（五）

单位：亿元

应付账款	长期负债合计	所有者权益合计	实收资本	国家资本	集体资本	法人资本	个人资本
0.53	1.41	4.75	2.85	2.30	0.01	0.48	0.05
0.26	0.21	4.79	2.13	0.02	1.47	0.45	0.18
1.44	1.31	9.81	7.30	0.11	0.04	1.46	5.80
0.60	0.10	5.02	4.32			0.72	2.24
1.50	4.57	7.38	6.41	0.11		0.04	1.19
1.59	1.35	12.52	9.77		0.39	2.78	6.48
0.18	0.23	2.10	0.81			0.35	0.46
0.10		0.06	0.12				0.01
	0.02	0.07	0.07		0.05	0.02	
0.01		0.05	0.04		0.02		0.02
1.26	1.00	9.18	8.00		0.32	1.76	5.92
0.01		0.50	0.18			0.18	
0.03	0.10	0.55	0.54			0.47	0.07
4.79	4.15	29.78	17.39	1.26	0.18	5.85	9.36
1.51	1.71	17.31	10.71	1.19	0.10	3.61	5.70
2.97	2.42	11.49	5.86	0.07	0.08	2.13	3.58
0.18	0.01	0.31	0.24				0.02
0.13		0.67	0.58			0.10	0.06
16.08	19.34	69.64	53.85	1.58	0.83	21.52	20.29
8.06	4.55	26.35	20.11	0.14	0.02	7.88	12.06
0.53	0.01	7.85	7.95	0.34		0.20	0.13
0.98	3.13	5.75	4.30	0.45	0.16	1.57	0.16
6.52	11.65	29.69	21.49	0.65	0.64	11.87	7.95
5.37	4.84	20.24	20.04	0.43	0.07	7.33	2.85
1.78	8.29	11.75	8.69	3.80	0.13	3.93	0.82
0.49	0.31	4.68	2.02		0.96	0.23	0.83
3.46	7.37	18.67	14.42	0.34	0.06	5.05	2.79
1.85	4.54	9.62	8.86	1.79	0.12	3.74	1.96
1.96	3.18	9.54	6.72	1.30		3.26	1.26
3.34	8.73	18.75	16.56	0.83	0.18	5.53	3.49

2008年规模以上工业企业

指标	资产总计			负债合计	
	累计折旧	固定资产净值	固定资产净值年平均余额		流动负债合计
石油和天然气开采					
黑色金属矿采选业	2.00	3.65	3.61	3.98	2.66
有色金属矿采选业	0.02	0.04	0.04	0.51	0.51
非金属矿采选业	1.36	3.11	3.37	1.96	1.15
其他采矿业					
农副食品加工业	2.16	7.03	6.66	9.54	7.73
食品制造业	1.52	5.80	6.26	5.14	4.53
饮料制造业	1.87	4.65	4.89	17.72	10.65
烟草制品业					
纺织业	3.22	11.02	10.11	15.51	11.06
纺织服装、鞋、帽制造业	0.94	2.39	2.32	2.16	1.51
皮革、毛皮、羽毛(绒)及其制品业	0.07	0.20	0.24	0.18	0.06
木材加工及木、竹、藤、棕、草制品业	2.64	3.78	4.00	1.85	1.41
家具制造业	0.02	0.04	0.04	0.03	0.02
造纸及纸制品业	0.31	0.93	0.96	0.78	0.48
印刷业和记录媒介的复制	0.69	0.74	0.74	0.85	0.48
石油加工、炼焦及核燃料加工业	0.08	0.72	0.79	0.80	0.15
化学原料及化学制品制造业	5.76	8.28	8.03	16.80	14.22
医药制造业	5.59	11.38	10.03	12.03	8.47
化学纤维制造业					0.00
橡胶制品业	0.06	0.33	0.33	0.17	0.04
塑料制品业	0.71	1.35	1.63	2.04	1.62
非金属矿物制品业	6.40	20.69	20.39	19.56	9.48
黑色金属冶炼及压延加工业	0.28	1.73	1.63	3.50	2.79
有色金属冶炼及压延加工业	0.08	0.39	0.55	0.75	0.72
金属制品业	1.00	3.69	3.51	3.43	2.56
通用设备制造业	1.41	2.99	2.40	5.18	3.87
专用设备制造业	0.68	1.69	1.70	2.31	1.97
交通运输设备制造业	1.84	5.54	5.06	8.75	7.23
电气机械及器材制造业	1.53	4.06	3.71	2.49	2.15
通信设备、计算机及其他电子设备制造业	0.17	0.35	0.35	0.49	0.33
仪器仪表及文化、办公用机械制造业	0.11	0.13	0.14	0.18	0.17
工艺品及其他制造业	0.09	0.21	0.23	0.23	0.11
废弃资源和废旧材料回收加工业	1.06	2.79	0.68	5.94	5.94
电力、热力的生产和供应业	7.87	40.44	42.63	43.41	2.29
燃气生产和供应业	0.04	0.39	0.42	2.49	0.18
水的生产和供应业	1.58	1.94	2.16	2.33	0.70

主要经济指标（六）

单位：亿元

应付账款	长期负债合计	所有者权益合计	实收资本	国家资本	集体资本	法人资本	个人资本
0.71	0.94	4.11	2.68	0.02	0.20	1.08	1.38
		-0.08					
0.28	0.65	4.31	3.49	0.11	0.27	0.47	2.62
1.38	1.47	10.26	6.39	0.63		2.50	3.05
1.94	0.58	3.76	3.96	0.02	0.08	2.65	0.68
1.39	4.69	12.31	6.55	0.01	0.03	1.08	1.92
2.26	1.53	13.44	10.17	0.02	0.14	3.40	5.08
0.51	0.28	2.64	2.24	0.01	0.17	0.78	1.14
0.02	0.01	0.30	0.25			0.07	0.17
0.36	0.06	5.61	3.00	0.02	0.72	0.71	1.54
0.01	0.01	0.13	0.10			0.03	0.06
0.05	0.25	1.00	0.89			0.34	0.55
0.12	0.27	0.56	0.50	0.01		0.32	0.17
0.10	0.65	0.07	0.25				0.25
3.36	1.98	9.54	5.49	0.08	0.40	1.33	3.26
1.54	2.26	16.32	10.52	0.98	0.18	1.10	6.21
0.01	0.04	0.31	0.25		0.01	0.20	0.04
0.43	0.36	1.80	1.10			0.40	0.64
2.86	7.52	18.61	14.91	0.08	0.16	6.62	7.99
0.55	0.50	1.35	0.98	0.02	0.01	0.37	0.58
0.15	0.02	1.31	0.65		0.05	0.54	0.06
1.02	0.79	4.53	3.85		0.01	2.68	1.05
1.28	0.97	3.64	3.18	0.47	0.08	0.69	1.43
0.48	0.19	1.62	1.25	0.01	0.14	0.41	0.36
1.55	0.92	7.03	4.77	0.48		2.04	1.57
0.58	0.32	4.34	4.23	0.03	0.18	1.00	3.02
0.10	0.07	0.50	0.40			0.20	0.17
0.02	0.01	0.36	0.15				0.06
0.04	0.13	0.19	0.17			0.07	0.10
3.40		-0.01	0.30				0.30
0.16	1.85	10.35	9.50	1.79	0.03	1.27	0.10
0.09	2.30	1.07	1.18			0.89	
0.05	0.82	2.43	0.68	0.48	0.06	0.07	0.06

2008年规模以上工业企业

指　　标	所有者权益合计		主营业务收入		
	港澳台资本	外商资本		主营业务成本	主营业务税金及附加
总　　计	**9.02**	**7.89**	**408.62**	**342.08**	**6.05**
一、按登记注册类型分组					
内资企业	0.02	0.48	360.08	301.27	5.56
国有企业			9.43	8.00	0.10
中央企业			0.19	0.03	
地方企业			9.23	7.97	0.10
集体企业			13.96	11.62	0.22
股份合作企业			5.36	4.32	0.18
联营企业			2.36	2.06	0.01
国有联营企业			1.85	1.65	0.01
集体联营企业			0.40	0.33	0.01
国有与集体联营企业					
其他联营企业			0.10	0.08	
有限责任公司		0.38	91.65	78.36	0.81
国有独资公司					
其他有限责任公司		0.38	91.65	78.36	0.81
股份有限公司		0.10	31.39	24.28	0.74
私营企业	0.02		204.51	171.38	3.48
私营独资企业			34.21	28.90	0.53
私营合作企业	0.01		24.27	19.63	0.63
私营有限责任公司	0.01		98.95	82.91	1.51
私营股份有限公司			47.08	39.93	0.80
其他企业			1.43	1.25	0.01
港、澳、台商投资企业	8.76	0.10	23.97	21.00	0.13
合资经营企业(港或澳、台资)	7.28		9.02	8.58	0.01
合作经营企业(港或澳、台资)			0.96	0.83	
港澳台商独资经营企业	1.26	0.10	12.45	10.42	0.07
港澳台商投资股份有限公司	0.22		1.54	1.16	0.04
外商投资企业	0.25	7.31	24.57	19.81	0.36
中外合资经营企业		1.96	13.18	9.68	0.05
中外合作经营企业					
外资企业	0.25	4.93	9.17	8.08	0.31
外商投资股份有限公司		0.42	2.23	2.04	
二、按经济组织类型分组					
独资企业	1.50	5.03	79.22	67.02	1.23

主要经济指标（七）

单位：亿元

其他业务收入	其他业务利润	营业费用	管理费用	税　金	财务费用	利息支出	营业利润
0.89	**0.33**	**15.26**	**17.22**	**2.07**	**6.46**	**5.01**	**35.80**
0.74	0.22	12.63	15.69	1.93	4.83	3.59	31.69
0.11	0.04	0.24	0.55	0.05	0.08	0.02	0.50
0.01							-0.03
0.10	0.03	0.24	0.55	0.05	0.08	0.02	0.52
		0.51	0.56	0.13	0.11	0.07	0.95
		0.43	0.46	0.04	0.11	0.06	0.41
		0.13	0.06		0.01	0.01	0.10
		0.08	0.04		0.01	0.01	0.06
		0.05	0.01				0.03
			0.01				0.01
0.35	0.10	3.32	3.57	0.60	1.40	1.16	5.68
0.35	0.10	3.32	3.57	0.60	1.40	1.16	5.68
0.04	0.03	1.01	1.95	0.24	0.42	0.31	2.78
0.24	0.06	6.98	8.50	0.86	2.68	1.98	21.22
0.01		0.78	0.97	0.20	0.27	0.23	2.29
0.01		0.93	1.03	0.13	0.35	0.20	1.96
0.06	0.04	3.65	4.70	0.36	1.23	0.89	7.35
0.16	0.01	1.62	1.80	0.17	0.83	0.65	9.63
		0.02	0.04	0.01	0.02		0.06
		1.63	0.59	0.06	1.02	0.97	1.63
		0.13	0.27	0.03	0.96	0.94	0.19
		0.09	0.02		0.01	0.01	0.01
		1.39	0.28	0.03	0.05	0.02	1.23
		0.03	0.02				0.20
0.14	0.10	1.00	0.94	0.08	0.61	0.45	2.48
0.01	0.01	0.55	0.44	0.03	0.20	0.14	1.42
0.13	0.09	0.42	0.42	0.02	0.40	0.30	0.98
0.01	0.01	0.03	0.08	0.03	0.01	0.01	0.07
0.24	0.13	3.34	2.78	0.43	0.91	0.63	5.95

2008年规模以上工业企业

指　　标	所有者权益合计		主营业务收入		
	港澳台资本	外商资本		主营业务成本	主营业务税金及附加
国有企业			9.43	8.00	0.10
集体企业			13.96	11.62	0.22
私营独资企业			34.21	28.90	0.53
港澳台商独资经营企业	1.26	0.10	12.45	10.42	0.07
外资企业	0.25	4.93	9.17	8.08	0.31
合作、合伙企业	0.01		34.37	28.10	0.84
股份合作企业			5.36	4.32	0.18
国有联营企业			1.85	1.65	0.01
集体联营企业			0.40	0.33	0.01
国有与集体联营企业					
其他联营企业			0.10	0.08	
私营合伙企业	0.01		24.27	19.63	0.63
合作经营企业(港或澳、台资)			0.96	0.83	
中外合作经营企业					
其他企业(内资)			1.43	1.25	0.01
股份有限公司	0.22	0.52	82.22	67.42	1.58
股份有限公司(内资)		0.10	31.39	24.28	0.74
私营股份有限公司			47.08	39.93	0.80
港澳台商投资股份有限公司	0.22		1.54	1.16	0.04
外商投资股份有限公司		0.42	2.23	2.04	
有限责任公司	7.29	2.34	212.81	179.54	2.39
国有独资公司					
私营有限责任公司	0.01		98.95	82.91	1.51
合资经营企业(港或澳、台资)	7.28		9.02	8.58	0.01
中外合资经营企业		1.96	13.18	9.68	0.05
其他有限责任公司		0.38	91.65	78.36	0.81
三、在总计中：亏损企业	7.01	2.36	35.42	33.05	0.25
在总计中：国有控股企业			29.24	25.60	0.30
在总计中：农村工业			12.16	9.93	0.12
在总计中：轻工业	1.19	4.99	33.57	28.50	0.49
重工业	0.86	0.40	29.76	24.73	0.32
在总计中：大型企业					
中型企业	0.91		19.92	18.07	0.06
小型企业	1.14	5.39	43.41	35.15	0.75
煤炭开采和洗选业					

主要经济指标（八）

单位：亿元

其他业务收入	其他业务利润	营业费用	管理费用	税　金	财务费用	利息支出	营业利润
0.11	0.04	0.24	0.55	0.05	0.08	0.02	0.50
		0.51	0.56	0.13	0.11	0.07	0.95
0.01		0.78	0.97	0.20	0.27	0.23	2.29
		1.39	0.28	0.03	0.05	0.02	1.23
0.13	0.09	0.42	0.42	0.02	0.40	0.30	0.98
0.01	0.01	1.60	1.61	0.17	0.50	0.27	2.53
		0.43	0.46	0.04	0.11	0.06	0.41
		0.08	0.04		0.01	0.01	0.06
		0.05	0.01				0.03
			0.01				0.01
0.01		0.93	1.03	0.13	0.35	0.20	1.96
		0.09	0.02		0.01	0.01	0.01
		0.02	0.04	0.01	0.02		0.06
0.21	0.05	2.68	3.84	0.45	1.26	0.97	12.68
0.04	0.03	1.01	1.95	0.24	0.42	0.31	2.78
0.16	0.01	1.62	1.80	0.17	0.83	0.65	9.63
		0.03	0.02				0.20
0.01	0.01	0.03	0.08	0.03	0.01	0.01	0.07
0.42	0.15	7.65	8.98	1.03	3.80	3.14	14.63
0.06	0.04	3.65	4.70	0.36	1.23	0.89	7.35
		0.13	0.27	0.03	0.96	0.94	0.19
0.01	0.01	0.55	0.44	0.03	0.20	0.14	1.42
0.35	0.10	3.32	3.57	0.60	1.40	1.16	5.68
0.15	0.07	1.19	1.80	0.15	1.26	1.05	-1.35
0.18	0.04	0.74	1.14	0.20	0.77	0.67	0.95
		0.56	0.54	0.14	0.09	0.07	0.84
0.17	0.10	1.48	1.36	0.09	0.63	0.41	3.12
0.05	0.01	0.83	1.09	0.07	0.37	0.20	2.32
0.10	0.05	0.85	0.59	0.03	0.18	0.04	1.09
0.12	0.06	1.47	1.86	0.13	0.81	0.56	4.35

2008年规模以上工业企业

指标	所有者权益合计		主营业务收入		
	港澳台资本	外商资本		主营业务成本	主营业务税金及附加
石油和天然气开采					
黑色金属矿采选业			23.27	18.37	0.47
有色金属矿采选业			0.18	0.10	
非金属矿采选业		0.02	18.49	15.00	0.36
其他采矿业					
农副食品加工业		0.21	36.64	31.66	0.40
食品制造业	0.25	0.27	8.99	7.90	0.11
饮料制造业		3.51	18.82	15.33	0.62
烟草制品业					
纺织业	1.26	0.27	51.79	44.45	0.66
纺织服装、鞋、帽制造业	0.09	0.05	12.32	8.78	0.26
皮革、毛皮、羽毛(绒)及其制品业	0.02		0.84	0.64	0.01
木材加工及木、竹、藤、棕、草制品业	0.01		10.62	8.77	0.12
家具制造业		0.02	0.38	0.32	0.01
造纸及纸制品业			1.50	1.25	0.02
印刷业和记录媒介的复制			1.60	1.38	0.02
石油加工、炼焦及核燃料加工业			1.17	0.98	
化学原料及化学制品制造业		0.42	43.78	37.74	0.22
医药制造业	0.03	2.02	32.27	26.13	0.18
化学纤维制造业					
橡胶制品业			0.83	0.68	0.02
塑料制品业	0.06		7.00	5.94	0.05
非金属矿物制品业	0.05	0.02	50.76	41.44	1.31
黑色金属冶炼及压延加工业			8.51	8.27	0.17
有色金属冶炼及压延加工业			2.86	2.08	0.02
金属制品业		0.10	10.93	9.31	0.17
通用设备制造业	0.51		9.58	7.58	0.21
专用设备制造业	0.33		3.84	3.09	0.11
交通运输设备制造业		0.68	16.68	14.00	0.18
电气机械及器材制造业			5.53	4.75	0.05
通信设备、计算机及其他电子设备制造业	0.03		1.50	1.30	0.02
仪器仪表及文化、办公用机械制造业	0.10		0.35	0.30	
工艺品及其他制造业			0.36	0.32	
废弃资源和废旧材料回收加工业			13.72	11.98	0.17
电力、热力的生产和供应业	6.30		12.00	10.93	0.07
燃气生产和供应业		0.29	0.14	0.14	
水的生产和供应业			1.42	1.15	0.02

主要经济指标（九）

单位：亿元

其他业务收入	其他业务利润	营业费用	管理费用	税　金	财务费用	利息支出	营业利润
		0.62	0.74	0.06	0.22	0.18	3.16
			0.02				
0.01		0.69	0.76	0.24	0.21	0.13	1.42
0.03	0.03	1.12	1.17	0.18	0.38	0.26	2.21
0.03	0.02	0.61	0.43	0.04	0.05	0.03	0.07
0.12	0.07	0.96	0.66	0.02	0.55	0.42	3.00
0.01		1.08	1.43	0.20	0.58	0.46	2.96
		0.38	0.56	0.08	0.08	0.04	1.20
		0.03	0.03	0.01	0.01		0.09
		0.54	0.52	0.03	0.15	0.10	0.73
		0.01	0.01				0.03
		0.06	0.07		0.03	0.01	0.09
		0.04	0.13	0.01	0.02	0.01	0.02
		0.04	0.07		0.03	0.01	-0.03
0.18	0.08	1.53	1.66	0.20	0.54	0.48	8.84
0.04	0.01	1.88	1.62	0.10	0.27	0.21	3.25
		0.01	0.01		0.01	0.01	0.08
		0.20	0.20	0.01	0.10	0.08	0.41
0.05	0.02	2.78	2.93	0.37	1.03	0.79	3.60
0.02		0.12	0.31	0.01	0.11	0.03	-0.04
		0.21	0.15	0.02	0.02	0.02	0.38
0.18	0.03	0.48	0.80	0.09	0.20	0.13	0.44
0.03	0.01	0.54	0.63	0.13	0.11	0.06	0.71
0.01	0.01	0.11	0.24	0.07	0.05	0.04	0.22
0.01	0.01	0.80	1.06	0.13	0.27	0.20	1.31
0.02		0.13	0.19	0.02	0.13	0.11	0.16
		0.03	0.03		0.01		0.08
		0.01	0.04		0.01		-0.01
		0.02	0.04				0.01
		0.07	0.10		0.10	0.10	1.50
0.05		0.05	0.34	0.02	1.13	1.07	-0.06
		0.04	0.02		0.03		-0.10
0.09	0.03	0.06	0.23	0.03	0.03	0.02	0.09

2008年规模以上工业企业

指　　标	投资收益	补贴收入	营业外收入	营业外支出	利润总额
总　　计	**0.37**	**1.06**	**1.23**	**10.27**	**27.94**
一、按登记注册类型分组					
内资企业	0.34	0.96	1.19	8.14	25.85
国有企业		0.01	0.02	0.05	0.47
中央企业					-0.02
地方企业		0.01	0.01	0.05	0.50
集体企业			0.01	0.04	0.92
股份合作企业			0.02	0.10	0.33
联营企业				0.03	0.07
国有联营企业				0.03	0.03
集体联营企业					0.03
国有与集体联营企业					
其他联营企业					0.01
有限责任公司	0.14	0.29	0.49	1.30	5.19
国有独资公司					
其他有限责任公司	0.14	0.29	0.49	1.30	5.19
股份有限公司	0.01	0.04	0.08	0.03	2.87
私营企业	0.18	0.61	0.58	6.59	15.94
私营独资企业	0.02	0.05	0.16	0.02	2.47
私营合作企业	0.01	0.01	0.08	0.10	1.96
私营有限责任公司	0.06	0.54	0.26	0.26	7.93
私营股份有限公司	0.10	0.01	0.08	6.21	3.57
其他企业					0.06
港、澳、台商投资企业	0.01	0.09	0.03	1.00	0.70
合资经营企业(港或澳、台资)	0.01	0.01	0.01	0.44	-0.22
合作经营企业(港或澳、台资)					0.01
港澳台商独资经营企业		0.08	0.01	0.57	0.70
港澳台商投资股份有限公司			0.01		0.21
外商投资企业	0.02	0.01	0.01	1.13	1.39
中外合资经营企业	0.02		0.01	0.31	1.14
中外合作经营企业					
外资企业		0.01		0.82	0.17
外商投资股份有限公司					0.08
二、按经济组织类型分组					
独资企业	0.02	0.15	0.21	1.51	4.74

主要经济指标（十）

单位：亿元

应交所得税	亏损企业亏损总额	利税总额	本年应付工资总额	本年应付福利费总额	本年应交增值税	本年进项税额	本年销项税额	全部从业人员年平均人数（万人）
3.04	**1.47**	**55.24**	**24.98**	**3.08**	**21.25**	**22.23**	**35.03**	**13.84**
2.89	0.82	50.97	21.88	2.81	19.56	20.04	31.99	12.30
0.10	0.09	1.04	0.78	0.06	0.47	0.53	0.82	0.43
	0.02	0.01	0.08		0.03		0.03	0.02
0.10	0.06	1.03	0.70	0.06	0.44	0.53	0.78	0.41
0.11		2.04	1.43	0.18	0.91	0.38	0.76	0.71
0.04	0.03	0.73	0.37	0.04	0.22	0.13	0.27	0.25
0.01	0.03	0.20	0.13	0.01	0.11	0.03	0.04	0.08
	0.03	0.13	0.07	0.01	0.10	0.03	0.03	0.04
0.01		0.05	0.05		0.01			0.03
		0.01	0.01		0.01		0.01	0.01
0.97	0.17	12.19	4.98	0.75	6.19	7.07	10.79	2.56
0.97	0.17	12.19	4.98	0.75	6.19	7.07	10.79	2.56
0.33	0.08	5.56	2.31	0.27	1.94	1.77	2.80	1.23
1.32	0.43	29.00	11.77	1.50	9.59	10.11	16.39	6.99
0.15	0.01	4.50	2.69	0.30	1.50	0.94	1.55	1.36
0.10	0.10	3.66	1.75	0.20	1.08	0.72	1.28	1.12
0.82	0.27	15.01	5.52	0.73	5.56	6.41	10.81	3.34
0.26	0.04	5.83	1.81	0.27	1.45	2.04	2.75	1.17
0.02		0.21	0.10	0.01	0.14	0.03	0.12	0.05
0.06	0.46	1.67	1.05	0.09	0.84	0.96	1.33	0.65
0.02	0.43	0.03	0.27	0.03	0.25	0.44	0.36	0.13
		0.01	0.04					0.02
0.04	0.03	1.32	0.65	0.05	0.54	0.48	0.88	0.45
		0.31	0.08	0.01	0.06	0.04	0.09	0.05
0.09	0.19	2.61	2.06	0.17	0.85	1.22	1.71	0.89
0.08	0.13	1.60	1.00	0.11	0.40	0.65	0.92	0.46
	0.05	0.63	0.82	0.03	0.14	0.50	0.71	0.29
0.01	0.02	0.38	0.24	0.03	0.31	0.07	0.08	0.14
0.39	0.18	9.52	6.38	0.62	3.55	2.82	4.72	3.23

2008年规模以上工业企业

指　　标	投资收益	补贴收入	营业外收入	营业外支出	利润总额
国有企业		0.01	0.02	0.05	0.47
集体企业			0.01	0.04	0.92
私营独资企业	0.02	0.05	0.16	0.02	2.47
港澳台商独资经营企业		0.08	0.01	0.57	0.70
外资企业		0.01		0.82	0.17
合作、合伙企业	0.01	0.01	0.10	0.22	2.43
股份合作企业			0.02	0.10	0.33
国有联营企业				0.03	0.03
集体联营企业					0.03
国有与集体联营企业					
其他联营企业					0.01
私营合伙企业	0.01	0.01	0.08	0.10	1.96
合作经营企业(港或澳、台资)					0.01
中外合作经营企业					
其他企业(内资)					0.06
股份有限公司	0.11	0.05	0.17	6.24	6.73
股份有限公司(内资)	0.01	0.04	0.08	0.03	2.87
私营股份有限公司	0.10	0.01	0.08	6.21	3.57
港澳台商投资股份有限公司			0.01		0.21
外商投资股份有限公司					0.08
有限责任公司	0.24	0.85	0.76	2.30	14.05
国有独资公司					
私营有限责任公司	0.06	0.54	0.26	0.26	7.93
合资经营企业(港或澳、台资)	0.01	0.01	0.01	0.44	-0.22
中外合资经营企业	0.02		0.01	0.31	1.14
其他有限责任公司	0.14	0.29	0.49	1.30	5.19
三、在总计中：亏损企业	0.03	0.03	0.07	0.24	-1.47
在总计中：国有控股企业	0.03	0.12	0.16	0.19	0.96
在总计中：农村工业			0.02	0.01	0.85
在总计中：轻工业	0.01	0.02	0.06	1.65	1.56
重工业	0.14	0.11	0.08	0.51	2.13
在总计中：大型企业					
中型企业	0.08	0.11	0.10	0.84	0.53
小型企业	0.07	0.02	0.04	1.32	3.16
煤炭开采和洗选业					

主要经济指标（十一）

单位：亿元

应交所得税	亏损企业亏损总额	利税总额	本年应付工资总额	本年应付福利费总额	本年应交增值税	本年进项税额	本年销项税额	全部从业人员年平均人数（万人）
0.10	0.09	1.04	0.78	0.06	0.47	0.53	0.82	0.43
0.11		2.04	1.43	0.18	0.91	0.38	0.76	0.71
0.15	0.01	4.50	2.69	0.30	1.50	0.94	1.55	1.36
0.04	0.03	1.32	0.65	0.05	0.54	0.48	0.88	0.45
	0.05	0.63	0.82	0.03	0.14	0.50	0.71	0.29
0.16	0.16	4.81	2.38	0.26	1.54	0.91	1.71	1.52
0.04	0.03	0.73	0.37	0.04	0.22	0.13	0.27	0.25
	0.03	0.13	0.07	0.01	0.10	0.03	0.03	0.04
0.01		0.05	0.05		0.01			0.03
		0.01	0.01		0.01		0.01	0.01
0.10	0.10	3.66	1.75	0.20	1.08	0.72	1.28	1.12
		0.01	0.04					0.02
0.02		0.21	0.10	0.01	0.14	0.03	0.12	0.05
0.60	0.14	12.07	4.45	0.57	3.76	3.93	5.73	2.58
0.33	0.08	5.56	2.31	0.27	1.94	1.77	2.80	1.23
0.26	0.04	5.83	1.81	0.27	1.45	2.04	2.75	1.17
		0.31	0.08	0.01	0.06	0.04	0.09	0.05
0.01	0.02	0.38	0.24	0.03	0.31	0.07	0.08	0.14
1.89	0.99	28.84	11.77	1.62	12.40	14.57	22.88	6.50
0.82	0.27	15.01	5.52	0.73	5.56	6.41	10.81	3.34
0.02	0.43	0.03	0.27	0.03	0.25	0.44	0.36	0.13
0.08	0.13	1.60	1.00	0.11	0.40	0.65	0.92	0.46
0.97	0.17	12.19	4.98	0.75	6.19	7.07	10.79	2.56
0.19	1.47	0.41	2.38	0.24	1.63	2.80	3.84	1.50
0.29	0.17	3.43	1.64	0.16	2.17	1.24	2.39	0.78
0.11		1.80	1.18	0.12	0.84	0.50	1.07	0.53
0.38	0.12	3.43	2.04	0.27	1.38	2.57	3.22	1.15
0.65	0.35	4.04	1.46	0.11	1.58	2.18	3.39	0.68
0.11	0.03	1.18	0.89	0.16	0.60	1.93	2.19	0.52
0.92	0.43	6.28	2.61	0.22	2.37	2.81	4.42	1.30

2008年规模以上工业企业

指　　标	投资收益	补贴收入	营业外收入	营业外支出	利润总额
石油和天然气开采					
黑色金属矿采选业	0.03	0.02	0.10	0.52	2.79
有色金属矿采选业					
非金属矿采选业			0.01	0.01	1.43
其他采矿业					
农副食品加工业		0.09	0.06	0.01	2.34
食品制造业			0.04		0.11
饮料制造业			0.02	0.92	2.10
烟草制品业					
纺织业		0.03	0.12	0.38	2.74
纺织服装、鞋、帽制造业		0.03	0.04	0.30	0.97
皮革、毛皮、羽毛(绒)及其制品业	0.01		0.01		0.11
木材加工及木、竹、藤、棕、草制品业	0.04	0.01	0.06	0.10	0.70
家具制造业					0.03
造纸及纸制品业			0.01		0.10
印刷业和记录媒介的复制					0.01
石油加工、炼焦及核燃料加工业					-0.03
化学原料及化学制品制造业	0.08	0.06	0.05	6.10	2.93
医药制造业	-0.01	0.07	0.13	1.05	2.39
化学纤维制造业					
橡胶制品业					0.08
塑料制品业			0.02	0.16	0.27
非金属矿物制品业	0.06	0.13	0.29	0.25	3.71
黑色金属冶炼及压延加工业	0.08	0.08	0.04		0.16
有色金属冶炼及压延加工业			0.01	0.04	0.35
金属制品业		0.02	0.01		0.47
通用设备制造业	0.02	0.04	0.02	0.03	0.76
专用设备制造业			0.01	0.01	0.22
交通运输设备制造业		0.06	0.06	0.32	1.04
电气机械及器材制造业		0.01	0.06		0.23
通信设备、计算机及其他电子设备制造业	0.01		0.01		0.10
仪器仪表及文化、办公用机械制造业					
工艺品及其他制造业					0.01
废弃资源和废旧材料回收加工业		0.40			1.90
电力、热力的生产和供应业	0.01		0.02		-0.03
燃气生产和供应业	0.02				-0.08
水的生产和供应业			0.01	0.05	0.05

主要经济指标（十二）

单位：亿元

应交所得税	亏损企业亏损总额	利税总额	本年应付工资总额	本年应付福利费总额	本年应交增值税	本年进项税额	本年销项税额	全部从业人员年平均人数（万人）
0.40	0.03	5.94	1.04	0.15	2.68	0.79	3.53	0.47
		0.01	0.01		0.01		0.01	0.01
0.13	0.01	2.76	1.46	0.15	0.97	0.27	0.76	0.65
0.27	0.02	4.39	1.83	0.21	1.65	1.00	1.77	0.86
0.05	0.09	0.65	0.63	0.07	0.44	1.05	1.33	0.35
0.26		3.46	0.74	0.04	0.74	1.30	1.89	0.48
0.28	0.20	5.87	3.44	0.50	2.47	4.11	5.66	2.25
0.05	0.01	1.61	1.48	0.16	0.39	0.46	0.61	0.92
0.01		0.17	0.12	0.01	0.05	0.04	0.07	0.07
0.02	0.01	1.39	0.62	0.12	0.56	0.75	1.03	0.42
		0.06	0.04		0.02	0.02	0.03	0.02
		0.19	0.18	0.02	0.07	0.13	0.24	0.11
0.04	0.02	0.13	0.14	0.02	0.09	0.09	0.15	0.10
	0.03	-0.02	0.03	0.01		0.01	0.01	0.02
0.22	0.08	4.26	1.70	0.33	1.12	1.72	2.09	0.92
0.34	0.03	4.44	1.80	0.16	1.88	2.44	2.79	0.66
0.02		0.17	0.03		0.06	0.01	0.03	0.02
0.03		0.68	0.49	0.05	0.36	0.46	0.57	0.34
0.35	0.07	7.95	3.28	0.43	2.93	0.97	2.06	2.02
0.10	0.02	0.58	0.42	0.06	0.25	0.90	0.97	0.21
0.04		0.51	0.09		0.15	0.34	0.45	0.05
0.04	0.02	1.00	0.78	0.10	0.37	1.00	1.28	0.41
0.09	0.03	1.55	0.69	1.07	0.58	0.80	1.24	0.45
0.03	0.01	0.61	0.41	0.04	0.28	0.15	0.32	0.20
0.12	0.07	2.31	1.67	0.19	1.08	0.64	1.40	0.87
0.02	0.14	0.70	0.48	0.06	0.41	0.38	0.73	0.31
	0.01	0.18	0.20	0.02	0.06	0.05	0.08	0.13
	0.01	0.01	0.09		0.01	0.03	0.03	0.08
		0.03	0.06	0.01	0.01	0.02	0.07	0.04
0.03		2.82	0.23	0.01	0.74	1.67	2.62	0.04
0.12	0.44	0.78	0.52	0.05	0.74	0.61	1.17	0.16
	0.08	-0.08	0.01			0.02	0.02	0.01
	0.03	0.14	0.27	0.04	0.07		0.02	0.20

2008年规模以上工业企业主要产品生产、销售与库存(一)

产品名称	计量单位	年初库存量	本年生产量	本年销售量	本年销售额(千元)	年末库存量
铁矿石原矿	吨	24501	560493	559188	565203	25806
天然大理石荒料	立方米	50000	1272045	1222045	40957	100000
天然花岗石荒料	立方米	21103	755810	765390	68909	16423
磷矿石(折含五氧化二磷30%)	吨	55849	51100	2483	2532	29573
石英砂	吨	300	452626	452626	26953	300
小麦粉	吨	877	32456	32710	61851	623
大米	吨	6567	239182	234481	748079	11244
饲料	吨	1908	143785	141679	332282	4014
其中:配合饲料	吨	1327	94569	94495	210885	1401
混合饮料	吨	326	35436	33170	102134	2592
毛油(初榨植物油)	吨		550	550	5610	
精制食用植物油	吨	1720	15705	12311	202100	5114
菜籽精制油	吨		690	90	990	600
鲜、冷藏肉	吨	10	9993	9989	150082	14
其中:鲜、冷藏猪肉	吨		3850	3850	76319	
冻肉	吨	31	3653	3653	15806	31
焙、炒加工的坚果及果仁	吨	15	46622	46622	63872	14
豆腐及豆制品	吨	10	1000	990	5300	20
糕点	吨		587	560	4886	27
饼干	吨	89	1204	1183	9428	110
膨化食品	吨	45	1620	1581	39246	84
糖果	吨		288	267	1130	21
面制半成品	吨		2022	1998	4995	24
方便面	吨	76	7023	6944	47962	155
乳制品	吨	220	123000	121220	486042	2000
液体乳	吨	220	123000	121220	486042	2000
罐头	吨	161	11002	10848	66990	315
蜂蜜营养制品	吨	485	5608	5608	22974	485
饮料酒	千升	206	1284168	1263951	55390	20418
其中:白酒(折65度,商品量)	千升	186	10098	9793	14689	486
啤酒	千升	20	1274070	1254158	40701	19932
软饮料	吨	4839	1257657	1254998	981607	7498
其中:碳酸饮料(汽水)	吨		1018930	1018930	103503	

2008年规模以上工业企业主要产品生产、销售与库存(二)

产品名称	计量单位	年初库存量	本年生产量	本年销售量	本年销售额(千元)	年末库存量
果汁和蔬菜汁饮料类	吨	3364	76844	74185	342263	6023
纱	吨	4156	103029	100991	1039005	5208
1、棉纱	吨	3858	77075	75191	654169	4756
2、棉混纺纱	吨	298	25954	25800	384836	452
布	万米	4134	26601	26419	546167	4316
其中:色织布(含牛仔布)	万米	2	69	69	5941	1
其中:1、棉布	万米	261	6370	6115	268053	516
2、棉混纺布	万米	3752	12066	12592	85673	3226
3、化学纤维布	万米	121	8165	7711	192441	574
苎麻纱(含苎麻≥55%)	吨	11	457	457	62798	11
生丝	吨	1	2200	2200	58000	1
绢纺丝	吨	2	411	374	50062	39
床褥单类	万条				1740	
床罩	万个				270	
毛巾	万条	91	12403	11839	37100	655
麻袋(混合数)	万条	7	937	935	18460	9
蚕丝被	万条		1	1	3850	
服装	万件	18	2796	2773	839326	41
1、针织服装	万件	6	2207	2200	273382	13
其中:针织内衣	万件		78	78	10000	
针织休闲衫类服装	万件		333	333	80083	
2、梭织服装	万件	12	589	574	565944	28
西服套装	万件	5	60	55	15810	10
皮革鞋靴	万双	2	40	40	26454	2
衣箱、提箱及类似容器	万个	23	293	266	68112	50
锯材	立方米		8500	8500	5880	
人造板	立方米	34582	658391	650714	324991	42259
其中:胶合板	立方米	115	2983	2537	5156	561
纤维板	立方米	4231	115989	110855	206193	9365
刨花板	立方米	25000	82619	82619	67997	25000
竹地板	立方米		2048	2048	5120	
柳(荆)条制品	件		2000	2000	9600	
家具	件	30	25300	24260	12980	1070

2008年规模以上工业企业主要产品生产、销售与库存(三)

产品名称	计量单位	年初库存量	本年生产量	本年销售量	本年销售额(千元)	年末库存量
其中:木质家具	件	30	25300	24260	12980	1070
机制纸及纸板(外购原纸加工除	吨	164	3975	4012	55565	127
纸制品	吨	30	7956	7726	26895	260
其中:瓦楞纸箱	吨		2250	2250	4765	
多色印刷品	对开色		27304	27304	103820	
焦炭	吨		45500	45500	111050	
合成氨(无水氨)	吨		28112	28112	52101	
农用氮、磷、钾化学肥料总计	吨	30703	891803	778122	2630316	74868
1、氮肥(折含N100%)	吨	5349	617727	536630	1417393	26447
其中:尿素(折含N100%)	吨	1079	140313	141077	243353	316
2、磷肥(折五氧化二磷100%)	吨	25354	274076	241492	1212923	48421
合成复合肥料(实物量)	吨	471	29550	29258	38551	763
其中:磷酸铵肥(实物量)	吨	26	1996	1949	5810	73
化学农药原药(折有效成分100%)	吨	945	7516	7991	57010	471
其中:杀虫剂原药	吨	909	7403	7856	55360	456
杀菌剂原药	吨	36	113	135	1650	14
涂料	吨	68	3401	3419	10907	50
其中:建筑涂料	吨		2308	2300	6173	8
合成橡胶	吨		279	277	11054	2
化学试剂	吨	92	1585	1604	19400	73
松节油	吨		700	700	19213	
松香	吨	1000	2075	2075	11622	1000
炸药	吨		12453	12453	10598	
化学药品原药	吨	437	9004	8579	942308	776
其中:抗菌素(抗感染药)	吨		1625	1625	97350	
口服液体制剂	万瓶	112	1578	1614	2679	76
中成药	吨	506	4899	5036	678762	369
卫生材料及敷料	筒(卷)	353	2478	2746	5460	85
塑料制品	吨	3428	44457	44450	360306	3434
1、塑料薄膜	吨	483	5149	4550	132770	1082
2、塑料丝、绳及编织品	吨	1633	8565	8853	96844	1345
塑料编织袋	吨	1554	7328	7599	84439	1283
3、塑料包装箱及容器	吨	268	19140	19408	39026	

2008年规模以上工业企业主要产品生产、销售与库存(四)

产品名称	计量单位	年初库存量	本年生产量	本年销售量	本年销售额(千元)	年末库存量
4、日用塑料制品	吨	1008	10773	10799	73831	982
5、其他塑料制品	吨	36	830	840	17835	26
水泥熟料	吨	900	3658865	1752989	415438	1212
其中:窑外分解窑水泥熟料	吨	900	3638194	1732318	361751	1212
水泥	吨	30027	2678706	2675538	654533	33195
其中:1、通用水泥	吨	28590	2486963	2483133	605938	32420
(1)硅酸盐水泥(P·	吨	1000	98420	98420	19275	1000
(2)普通硅酸盐水泥	吨	27590	2388543	2384713	586663	31420
2、专用水泥	吨	1437	191743	192405	48595	775
石灰	吨		64000	64000	15956	
商品混凝土	立方米		275647	273647	105530	2000
水泥混凝土排水管	千米		230	230	31150	
水泥混凝土电杆	根	2114	6914	6694	12734	2334
砖	万块	2021	341007	336262	622706	6534
蒸压砖	万块	916	149611	148222	306741	2268
其中:蒸压灰砂砖	万块	916	149611	148222	306741	2268
免烧砖	万块		2689	2689	9570	
瓷质砖	平方米	130892	4492806	4619859	40638	3839
天然大理石建筑板材	平方米	4000	3031194	2969194	138741	66000
天然花岗石建筑板材	平方米	264020	16322042	15843609	596156	742453
碑石及其他类似制品	平方米	25	37100	36500	6810	625
日用玻璃制品	吨	175	2108	2097	21900	186
耐火材料制品	吨		3314	2651	7305	663
生铁	吨	10758	107709	112718	352709	5749
炼钢生铁	吨	10758	107709	112718	352709	5749
钢材	吨	2338	124941	122561	314837	4718
钢筋	吨	2338	84870	84870	144958	3518
无缝钢管	吨		40071	38871	169879	1200
十种有色金属	吨		2692	2692	44626	
原铝(电解铝)	吨		2692	2692	44626	
铝合金	吨	245	62140	58330	217228	4055
铝材	吨	157	3164	3193	63748	126
钢结构及其产品	吨	1185	83770	80467	411556	4488

2008年规模以上工业企业主要产品生产、销售与库存(五)

产品名称	计量单位	年初库存量	本年生产量	本年销售量	本年销售额(千元)	年末库存量
金属丝	吨		1250	1200	6000	50
其中:钢丝	吨		1250	1200	6000	50
不锈钢日用制品	吨	53	8720	8716	58101	51
金属铸造制品	吨		747	747	3820	
金属切削机床	台	60	987	905	38866	142
钻床	台	42	299	227	5864	114
泵	台	131	12584	12338	8020	377
液压元件	件	4800	201988	201988	70696	4800
滚动轴承	万套	30	173	173	17730	29
轴承零配件	吨	1613	7986	7100	13046	2499
工业电炉	台	3	190	189	26374	4
风机	台		34	34	5200	
鼓风机	台		34	34	5200	
弹簧	吨		1338	1310	10932	28
铸钢件	吨	618	1875	2048	16577	445
铁芯制造专用设备	台		500	500	5500	
农林用自装或自卸式挂车	台		3000	3000	8300	
机动车(汽车)零配件	千元	4000	700224	699535	699535	4689
民用钢质船舶	载重吨		231249	219249	179095	12000
变压器	千伏安	14433	173902	171399	39463	16936
电力电容器	千伏安	251	60250	59083	6980	1418
铅酸蓄电池	千伏安	3170	24132	24132	11294	3170
家用电热烘烤器具	个	115557	1067599	1167785	74260	15371
电话单机	部		180448	180448	8502	
光电子器件	万只		68	60	5429	8
试验机	台		810	794	17830	16
花画工艺品	千元		6183	6183	6183	
牙刷	万把	240	1600	1450	8604	390
熔炼用废钢	吨	12636	438070	436453	1289440	14253
发电量	万千瓦		229167	177020	650517	
其中:火力发电量	万千瓦					
水力发电量	万千瓦		25132	24894	125717	
供电量	万千瓦		28205	28205	130290	
自来水生产量	万千瓦		4214	3681	44679	120

主要统计指标解释

工业 指从事自然资源的开采，对采掘品和农产品进行加工和再加工的物质生产部门。具体包括，(1)对自然资源的开采，如采矿、晒盐、森林采伐等(但不包括禽兽捕猎和水产捕捞)；(2)对农副产品的加工、再加工。如粮油加工、食品加工、轧花、缫丝、纺织、制革等；(3)对采掘品的加工、再加工，如炼铁、炼钢、化工生产、石油加工、机器制造、木材加工等，以及电力、自来水、煤气的生产和供应等；(4)对工业品的修理、翻新，如机器设备的修理、交通运输工具(包括小卧车)的修理等。1984年以前农村的村及村以下办工业归属农业，1984年以后划归工业。

工业统计调查单位 工业统计调查单位分为两类：独立核算法人工业企业和工业活动单位。

(1)独立核算法人工业企业指从事工业生产经营活动的单位。独立核算法人工业企业应同时具备以下条件：①依法成立，有自己的名称、组织机构和场所，能够承担民事责任；②独立拥有和使用资产，承担负债，有权与其他单位签订合同；③独立核算盈亏，并能够编制资产负债表。

(2)工业活动单位是指在一个场所从事一种或主要从事一种工业生产活动的经济单位。它包括独立核算工业企业按主营业务活动(即工业生产活动)划分的主营业务活动单位和非工业企业所属的工业生产活动单位(即原非独立核算工业生产单位)。工业活动单位，一般应同时具备以下三个条件：①具有一个场所，从事一种或主要从事一种工业活动；②单独组织工业生产经营或业务活动；③单独核算收入和支出。

国有经济工业 (即过去的全民所有制工业或国营工业)指生产资料归国家所有的一种经济类型。包括中央和地方各级国家机关、部队、科研机构、学校、人民团体和国有经济企事业单位等举办的国有经济工业。1957年以前的公私合营和私营工业，后均改造为国营工业，1992年改为国有工业，这部分工业的资料不单独分列时，均包括在国有工业内。

集体经济工业 指生产资料归公民集体所有的一种经济类型，是社会主义公有制经济的组成部分。包括城乡所有使用集体投资举办的企业，以及部分个人通过集资自愿放弃所有权并依法经工商行政管理机关认定为集体所有制的企业。

其他经济类型工业 指除国有经济、集体经济、城乡个体经济以外的其他经济类型工业企业(单位)。包括私营经济、联营经济、股份制经济(股份有限公司，有限责任公司)；外商投资经济(中外合资经营、中外合作经营、外资企业)；港、澳、台投资经济(与大陆合资经营、与大陆合作经营、港、澳、台独资企业)及其他经济类型的工业。

轻工业 指主要提供生活消费品和制作手工工具的工业。按其所使用的原料不同，可分为两大类：(1)以农产品为原料的轻工业，是指直接或间接以农产品为基本原料的轻工业。主要包括食品制造、饮料制造、烟草加工、纺织、缝纫、皮革和毛皮制作、造纸以及印刷等工业；(2)以非农产品为原料的轻工业，是指以工业品为原料的轻工业。主要包括文教体育用品、化学药品制造、合成纤维制造、日用化学制品、日用玻璃制品、日用金属制品、手工工具制造、医疗器械制造、文化和办公用机械制造等工业。

重工业 是指为国民经济各部门提供物质技术基础的主要生产资料的工业。按其生产性质和产品用途，可以分为下列三类：(1)采掘(伐)工业，是指对自然资源的开采，包括石油开采、煤炭开采、金属矿开采、非金属矿开采和木材采伐等工业；(2)原材料工业，指向国民经济各部门提供基本材料、动力和燃料的工业。包括金属冶炼及加工、炼焦及焦炭化学、化工原料、水泥、人造板以及电力、石油和煤炭加工等工业；(3)加工工业，是指对工业原材料进行再加工制造的工业。包括装备国民经济各部门的机械设备制造工业、金属结构、水泥制品等工业，以及为农业提供的生产资料如化肥、农药等工业。

根据上述划分原则，修理业中以重工业产品为修理作业对象的划为重工业，反之划为轻工业。工业总产值是以货币表现的工业企业在一定时期内生产的已出售或可供出售工业产品总量，它反映一定时间内工业生产的总规模和总水平。它包括：在本企业内不再进行加工，经检验、包装入库（规定不需包装的产品除外）的成品价值，工业性作业价值，自制半成品、在产品期末初差额价值。工业总产值采用"工厂法"计算，即以工业企业作为一个整体，按企业工业生产活动的最终成果来计算，企业内部不允许重复计算，不能把企业内部各个车间（分厂）生产的成果相加。但在企业之间、行业之间、地区之间存在着重复计算。

轻重工业总产值的划分也是按"工厂法"计算的，即一个工业企业在正常情况下生产的主要产品的性质属于轻工业，则该企业的全部总产值作为轻工业总产值；一个工业企业生产的主要产品的性质属于重工业，则该企业的全部总产值作为重工业总产值。

工业增加值 是指工业行业在报告期内以货币表现的工业生产活动的最终成果。

固定资产原价 指企业在建造、购置、安装、改建、扩建、技术改造某项固定资产时所支出的全部货币总额。它一般包括买价、包装费、运杂费和安装费等。

固定资产净值 是指固定资产原价减去历年已提折旧额后的净额。

流动资产 是指可以在一年或者超过一年的一个营业周期内变现或者耗用的资产，包括现金及各种存款、短期投资、应收及预付货款、存货等。

利税总额 指企业利润总额、产品销售税金及附加和应交增值税之和。

货（客）运量 指在一定时期内，各种运输工具实际运送的货物（旅客）数量。是反映运输业为国民经济和人民生活服务的数量指标，也是制定和检查运输生产计划，研究运输发展规模和速度的重要指标。货运按吨计算，客运按人计算。货物不论运输距离长短，货物类别，均按实际重量统计；旅客不论行程远近或票价多少，均按一人次作为客运量统计，半价票，小孩票也按一人统计。

货物（旅客）周转量 指在一定时期内，由各种运输工具运送的货物（旅客）数量与其相应运输距离的乘积之总和，是反映运输业生产总成果的重要指标，也是编制和检查运输生产计划，计算运输效率、劳动生产率以及核算运输单位成本的主要基础资料。通常以吨公里和人公里为计算单位，计算货物周转量通常按发出站与到达站之间的最短距离，也就是计费距离计算。

邮电业务总量 指以货币表现的邮电部门用于传递信息和提供其他邮电服务的总数量。它综合反映了一定时期邮电工作的总成果，是研究邮电业务量构成和发展趋势的重要指标。根据邮电管理体制不同，分为中央国有业务总量和地方国有业务总量。它分各种邮电分类业务量，如函件件数、电报份数、长话张数、市内电话和农村电话的年均户数、订销报刊累计份数等，分别乘以相应的平均单价（不变价），加总后再加上出租电路和设备的收入、代用户维护电话交换机和线路等设备的收入、其他业务收入求得。

固定电话用户 指在电信运营商业网点办理开户登记手续并接入固定电话网上，按固定电话业务进行经营管理的全部电话用户。包括普通生活用户、公共生活用户、窄带综合业务数字网用户、智能网专用接人终端用户等。

移动电话用户 指在邮电部门登记，通过移动电话交换机进入移动电话网、占有移动电话号码的电话用户。用户数以实际办理登记手续进入邮电部门移动电话网的产数进行计算，一部或一台移动电话统计为一户。

能源消费总量 指一定时期内全国（地区）物质生产部门、非物质生产部门和生活消费的各种能源的总和，是观察能源消费水平、构成和增长速度的总量指标，能源消费总量包括原煤和原油及其制品、天然气、电力。不包括低热值燃料、生物质能和太阳能等的利用。能源消费总量分为三部分，即终端能源消费量、能源加工转换损失量和损失量。

（1）终端能源消费量 指一定时期内全国（地区）物质生产部门，非物质生产部门和生活消费的各种能源在扣除了用于加工转换二次能源消费量和损失量以后的数量。

（2）能源加工转换损失量 指一定时期内全国（地区）投入加工转换的各种能源数量之和与产出各种能源产品之和的差额。它是观察能源在加工转换过程中损失量变化的指标。

（3）能源损失量 指一定时期内能源在输送、分配、储存过程中发生的损失和由客观原因造成的各种损失量。不包括各种气体能源放空、放散量。

五、能 源

资料整理人员：黄河清

规模以上工业企业能源消费量

单位:吨标准煤

指　　标	2005年	2006年	2007年	2008年
原煤	790423	899267	1064284	1383603
洗精煤		56601	43632	75294
其他洗煤		849	1649	3724
煤制品		3885	571	6020
型煤	7002	3500		
水煤浆				
煤粉		314		5853
焦炭	91316	118132	140012	124390
其他焦化产品	648		4147	12
焦炉煤气				
高炉煤气				
其他煤气				
天然气				67
液化天然气	5		130	37
原油	14	6	1602	1482
汽油	707	1778	2164	2015
煤油	20006	86	1353	1538
柴油	15398	36380	37473	38636
燃料油	4531	4768	6715	5324
液化石油气	344	41	1218	2266
炼厂干气	58			
其他石油制品	6535	2207	2416	5254
热力				2991
电力	215830	262610	296845	346739
其他燃料		1374	6786	11116
煤矸石				
生物质能				700
工业废料				
城市固体垃圾				

分县(市区)规模以上工业能源消费量

单位:吨标准煤

指　标	2005年	2006年	2007年	2008年
黄州区	150423	147377	157967	143971
团风县	22291	23711	25751	22276
红安县	71435	83488	73173	68184
麻城市	55216	68921	46269	247137
罗田县	92366	105822	159156	126146
英山县	11757	14622	21765	29925
浠水县	180051	244475	251710	268069
蕲春县	59614	69661	85003	86738
武穴市	348955	441084	507484	618725
黄梅县	146382	177465	264298	183740
龙感湖	12903	10293	9187	12571

规模以上工业企业原煤消费量(一)

单位:吨

指　　标	2005年	2006年	2007年	2008年
总　计	**1107509**	**1259348**	**1489968**	**1937006**
采矿业	12443	15745	3314	18877
煤炭开采和洗选业				
石油和天然气开采				
黑色金属矿采选业	2473	2895	2640	15195
有色金属矿采选业				
非金属矿采选业	9970	12850	674	3682
其他采矿业				
制造业	1094875	1243504	1486596	1467411
农副食品加工业	21219	24136	31007	25755
食品制造业	6672	5136	7115	4651
饮料制造业	97085	78841	72896	28858
烟草制品业				
纺织业	51983	54316	67833	53588
纺织服装、鞋、帽制造业	4729	6622	5846	5281
皮革、毛皮、羽毛(绒)及其制品业	85	70	45	322
木材加工及木、竹、藤、棕、草制品业	16485	9249	8265	6164
家具制造业	800	500	36	361
造纸及纸制品业	15989	8120	6989	6097
印刷业和记录媒介的复制	8			
文教体育用品制造业				
石油加工、炼焦及核燃料加工业		85	3200	

规模以上工业企业原煤消费量(二)

单位:吨

指　　标	2005年	2006年	2007年	2008年
化学原料及化学制品制造业	442034	532536	536139	520418
医药制造业	70353	79298	131161	116107
化学纤维制造业				
橡胶制品业	120	9	125	99
塑料制品业	5759	8109	6560	6106
非金属矿物制品业	352446	427271	600288	677630
黑色金属冶炼及压延加工业	450	1233	902	2238
有色金属冶炼及压延加工业	897	1279	2171	966
金属制品业	641	1480	1743	2906
通用设备制造业	1346	1820	1767	2125
专用设备制造业				1494
交通运输设备制造业	1992	1601	1961	5669
电气机械及器材制造业	800			
通信设备、计算机及其他电子设备制造业	1896	1762	506	460
仪器仪表及文化、办公用机械制造业				
工艺品及其他制造业	1086	9	18	66
废弃资源和废旧材料回收加工业		30	23	50
电力、煤气及水的生产等	191	99	58	450718
电力、热力的生产和供应业	191	99	58	450718
燃气生产和供应业				
水的生产和供应业				

规模以上工业企业电力消费量(一)

单位:万千瓦时

指　　标	2005年	2006年	2007年	2008年
总　计	176275.35	213678.00	241534.02	282131.36
采矿业	2446.34	14241.00	10354.23	12468.04
煤炭开采和洗选业				
石油和天然气开采				
黑色金属矿采选业	1607.77	3442.00	6959.11	7481.90
有色金属矿采选业				180.00
非金属矿采选业	836.57	10799.00	3384.12	4806.14
其他采矿业	2.00		11.00	
制造业	153979.22	177661.00	206714.73	243761.68
农副食品加工业	3459.93	13843.00	5868.13	7349.95
食品制造业	439.59	1672.00	2056.26	1650.40
饮料制造业	3575.75	5517.00	9547.12	7156.05
烟草制品业				
纺织业	32322.03	21791.00	31254.83	29259.38
纺织服装、鞋、帽制造业	838.06	2501.00	1186.13	1727.80
皮革、毛皮、羽毛(绒)及其制品业	17.00	35.00	96.24	113.60
木材加工及木、竹、藤、棕、草制品业	3974.50	2487.00	2721.35	6743.99
家具制造业	5.24	16.00	22.13	40.88
造纸及纸制品业	1132.03	1065.00	893.85	944.59
印刷业和记录媒介的复制	183.30	307.00	554.85	349.88
文教体育用品制造业				
石油加工、炼焦及核燃料加工业		175.00	1110.00	111.94

规模以上工业企业电力消费量(二)

单位:万千瓦时

指　　标	2005年	2006年	2007年	2008年
化学原料及化学制品制造业	48688.01	59706.00	62584.20	69563.49
医药制造业	15951.77	9774.00	14320.52	17703.35
化学纤维制造业				
橡胶制品业	114.81	100.00	292.10	514.39
塑料制品业	4687.48	4182.00	10674.27	9936.34
非金属矿物制品业	21263.39	35871.00	41418.48	63508.55
黑色金属冶炼及压延加工业	3418.20	4380.00	6392.30	94083.20
有色金属冶炼及压延加工业	662.00	475.00	897.31	488.83
金属制品业	3210.20	5539.00	4560.51	5139.80
通用设备制造业	1408.43	1696.00	2066.77	3035.34
专用设备制造业	76.80	376.00	323.39	839.04
交通运输设备制造业	3345.55	3668.00	4295.16	5680.56
电气机械及器材制造业	192.53	1437.00	679.31	1246.57
通信设备、计算机及其他电子设备制造业	4451.39	740.00	292.82	506.15
仪器仪表及文化、办公用机械制造业	272.80	237.00	193.00	198.00
工艺品及其他制造业	138.43	30.00	33.70	101.79
废弃资源和废旧材料回收加工业	150.00	42.00	2380.00	442.90
电力、煤气及水的生产等	19849.79	21776.00	24465.06	25901.64
电力、热力的生产和供应业	14803.60	19295.00	21689.73	23234.47
燃气生产和供应业				
水的生产和供应业	5046.19	2481.00	2775.33	2667.17

六、建筑业

资料整理人员：高小妹

2008年全市建筑业生产情况

指　　标	计量单位	数量	
		2008年	2007年
企业人数	个	223	174
其中：亏损	个	5	
建筑业总产值	万元	1887284	1558740.9
建筑工程	万元	1671372	1326823.7
安装工程	万元	117811	97469.7
其他产值	万元	98102	134447.5
竣工产值	万元	1511122	1300587.1
房屋建筑施工面积	万平方米	1843.8	1717
其中：本年新开工	万平方米	1367.8	1322
房屋建筑竣工面积	万平方米	1191.5	934
机构设备年末总台数	台	42555	48562
机构设备年末总功率	万千瓦	49.7	
其中：施工机构	万千瓦		
年末平均人数	人	130577	121286

2008年全市建筑业财务情况

指　　标	计量单位	数量	
		2008年	2007年
实收资本	万元	387296	20870005
其中：国家	万元	50182	53006
流动资产合计	万元	436085	317056
其中：存货	万元	140053	116777
固定资产原价	万元	327886	284903
折旧	万元	64638	59307
其中：本年折旧	万元	13229	10308
资产总计	万元	767668	583812
流动负债	万元	271299	204237
长期负债	万元	32484	14338
所有权益者权益	万元	463885	365235
工程结算收入	万元	1696150	1413633
工程结算成本	万元	1468226	1218816
工程结算税金及附加	万元	57956	55673
工程结算利润	万元	146636	120270
其它业务利润	万元	4992	1359
管理费用	万元	51001	43713
财务费用	万元	9054	8150
利润总额	万元	89745	64924
应交所得税	万元	8139	9672
应付利润	万元	25356	21734

2008年分县(市、区)建筑业

县市区	企业个数(个)	其中：有工作量的企业个数	一、建筑业合同情况（千元）签订的合同额	1、上年结转合同额	2、本年新签合同额	二、承包工程完成情况（千元）1、直接从建设单位承揽工程完成	（1）自行完成施工产值	（2）分包出去工程的产值	2、从建设单位以外承揽工程完成的产值
总　计	**227**	**223**	**23918629**	**4544880**	**19373749**	**18780653**	**18728143**	**52510**	**144699**
黄冈市	227	223	23918629	4544880	19373749	18780653	18728143	52510	144699
市辖区	1	1	29900	5300	24600	29900	29900		
黄州区	78	75	8106379	1167559	6938820	6178549	6162829	15720	
团风县	19	19	6420060	1601140	4818920	5014530	5013880	650	12450
红安县	23	23	1054110	138854	915256	922745	922745		
罗田县	13	13	472752	78307	394445	435365	435365		
英山县	9	9	1950713	573502	1377211	1176072	1176072		57700
浠水县	17	17	1925927	246127	1679800	1629649	1595129	34520	65929
蕲春县	16	16	994502	32177	962325	930446	930446		
黄梅县	13	13	710210	143972	566238	463321	461701	1620	8620
麻城市	17	17	559145	73185	485960	524878	524878		
武穴市	21	20	1694931	484757	1210174	1475198	1475198		

企业生产情况指标

三、建筑业总产值（千元）						四、竣工产值（千元）	五、房屋施工面积（平方米）		
	其中：装饰装修产值	其中：在外省完成的产值	按构成分					其中：本年新开工面积（平方米）	房屋竣工面积（平方米）
			1、建筑工程产值	2、安装工程产值	3、其他产值				
18872842	**699733**	**3355771**	**16713722**	**1178105**	**981015**	**15111219**	**18437822**	**13677883**	**11915274**
18872842	699733	3355771	16713722	1178105	981015	15111219	18437822	13677883	11915274
29900		18000	23800	4300	1800	26600	34000	24500	34000
6162829	175522	1774734	4992304	502223	668302	4924993	4549053	3847569	2994095
5026330	209775	859828	4844456	181194	680	3762929	4610532	3376114	2213808
922745	9485	50555	830058	92687		837360	1102312	914972	884730
435365	15717		398667	18761	17937	235201	457209	345213	287661
1233772	89832	160364	1198959	21681	13132	1055583	2055939	1052633	1036171
1661058	8410	277227	1337427	95234	228397	1466671	1781892	1277689	1508120
930446	125769	88500	861050	65433	3963	823853	1245008	885292	1050697
470321	6000		455749	14572		382235	530278	451467	350075
524878	20180		497866	21270	5742	395440	220089	157940	131199
1475198	39043	126560	1273386	160750	41062	1200354	1851510	1344494	1424718

主要统计指标解释

施工和竣工房屋建筑面积 房屋建筑面积是从房屋外墙线算起的各层平面面积的总和，包括房屋结构（如柱、墙）占用的面积和地下室面积。多层建筑按各自然层面积总和计算，包括房屋内的楼隔层，突出墙面的眺望间、门斗、有柱雨罩的面积。不包括突出墙面结构的构件、艺术装饰等所占的面积，如台阶等。凹阳台、挑阳台按其水平投影面积一半计算建筑面积。

住宅建筑面积 指施工和竣工房屋建筑面积中供居住用的施工和竣工房屋建筑面积。

竣工面积 指在报告期内房屋建筑按照设计要求已全部完工，达到住人和使用条件，经验收鉴定合格，正式移交使用单位的建筑面积。

建筑业总产值（即自行完成施工产值） 指建筑业企业或附营建筑施工单位自行完成的按工程进度计算的建筑安装生产总值。建筑业产值包括：①建筑工程产值：指列入建筑工程预算内的各种工程价值。②设备安装工程产值：指设备安装工程价值。③房屋、构筑物修理产值：指房屋、构筑物修理所完成的价值，但不包括被修理房屋、构筑物本身的价值和生产设备的修理价偷④非标准设备制造产值：指加工制造没有定型的，非标准的生产设备的加工费和原材料价值，不论是现场还是附属加工厂为本单位承建工程制造的非标准设备的价值，都应计算产值。

房屋建筑施工面积 指在报告期内施工的全部房屋建筑面积，包括本期内新开工的，上期施工跨人本期继续施工、上期停建本期复工的房屋建筑面积；不包括工期开工后又停工，本期未施工的房屋建筑面积。

房屋建筑峻工面积 指在报告期内，按照设计所规定的内容全部完成，达到了设计规定的交工条件，经有关部门检查验收鉴定合格的房屋建筑面积。

工程结算收入 指企业（或单位）按工程的分部分项自行完成的建筑产品价值并已与甲方在报告期内办理结算手续的工程价款收入，以及向甲方收取的除工程价款以外的按规定列作营业收入的各种款项，如临时设施曹、劳动保险费、施工机械调迁费等以及向甲方收取的各种索赔款。

工程结算利润 指结算工程实现的利润。如为亏损以“一”号表示。其计算公式为：

工程结算利润＝工程结算收入－工程结算成本－工程结算税金及附加

企业总收入 指与企业生产经营直接有关的各项收入，包括工程结算收入和其他业务收入，即：

企业总收入＝工程结算收入＋其他业务收人

七、固定资产投资

资料整理人员：杨仕和　李　瑛

2008年分县市区全社会

<table>
<tr><th rowspan="2">县市区</th><th colspan="3">全社会投资完成额</th><th colspan="3">50万元以上项目
投资完成额</th><th colspan="3">其中：城镇以上投资</th></tr>
<tr><th>本期</th><th>同期</th><th>±%</th><th>本期</th><th>同期</th><th>±</th><th>本期</th><th>同期</th><th>±</th></tr>
<tr><td>**黄冈市**</td><td>**3708521**</td><td>**2584957**</td><td>**43.5**</td><td>**3466744**</td><td>**2334843**</td><td>**48.5**</td><td>**3158102**</td><td>**2085405**</td><td>**51.4**</td></tr>
<tr><td>市 直</td><td>258653</td><td>305540</td><td>-15.3</td><td>258653</td><td>305540</td><td>-15.3</td><td>258653</td><td>305540</td><td>-15.3</td></tr>
<tr><td>黄州区</td><td>253527</td><td>180377</td><td>40.6</td><td>245847</td><td>173559</td><td>41.7</td><td>235302</td><td>168770</td><td>39.4</td></tr>
<tr><td>团风县</td><td>206842</td><td>123169</td><td>67.9</td><td>199596</td><td>116121</td><td>71.9</td><td>188674</td><td>92528</td><td>103.9</td></tr>
<tr><td>红安县</td><td>245800</td><td>168715</td><td>45.7</td><td>211108</td><td>133957</td><td>57.6</td><td>169919</td><td>101274</td><td>67.8</td></tr>
<tr><td>麻城市</td><td>510058</td><td>409028</td><td>24.7</td><td>482802</td><td>381312</td><td>26.6</td><td>479712</td><td>368433</td><td>30.2</td></tr>
<tr><td>罗田县</td><td>450045</td><td>262085</td><td>71.7</td><td>426134</td><td>233575</td><td>82.4</td><td>406077</td><td>202871</td><td>100.2</td></tr>
<tr><td>英山县</td><td>262975</td><td>167679</td><td>56.8</td><td>255283</td><td>160207</td><td>59.3</td><td>197929</td><td>121293</td><td>63.2</td></tr>
<tr><td>浠水县</td><td>289356</td><td>200497</td><td>44.3</td><td>237960</td><td>148525</td><td>60.2</td><td>235993</td><td>137869</td><td>71.2</td></tr>
<tr><td>蕲春县</td><td>491079</td><td>285686</td><td>71.9</td><td>446959</td><td>245768</td><td>81.9</td><td>406759</td><td>222413</td><td>82.9</td></tr>
<tr><td>武穴市</td><td>373600</td><td>220034</td><td>69.8</td><td>357399</td><td>202297</td><td>76.7</td><td>289434</td><td>173709</td><td>66.6</td></tr>
<tr><td>黄梅县</td><td>324379</td><td>231087</td><td>40.4</td><td>302796</td><td>202922</td><td>49.2</td><td>247443</td><td>159645</td><td>55.0</td></tr>
<tr><td>龙感湖</td><td>42207</td><td>31060</td><td>35.9</td><td>42207</td><td>31060</td><td>35.9</td><td>42207</td><td>31060</td><td>35.9</td></tr>
</table>

固定资产投资数据比较

单位：万元

房地产投资			农村50万元以上投资			私人投资			总投资中：工业投资		
本期	同期	±%	本期	同期	±%	本期	同期	±%	本期	同期	±%
273769	**233319**	**17.3**	**308642**	**249438**	**23.7**	**241777**	**250114**	**-3.3**	**1436510**	**1022823**	**40.4**
59321	71603	-17.2							52261	94917	-44.9
28658	14285	100.6	10545	4789	120.2	7680	6818	12.6	155948	129345	20.6
11112	10400	6.8	10922	23593	-53.7	7246	7048	2.8	125824	63339	98.7
14675	6885	113.1	41189	32683	26.0	34692	34758	-0.2	70507	19803	256.0
40010	37390	7.0	3090	12879	-76.0	27256	27716	-1.7	277544	192286	44.3
16615	10572	57.2	20057	30704	-34.7	23911	28510	-16.1	146603	101372	44.6
13168	7453	76.7	57354	38914	47.4	7692	7472	2.9	79654	41793	90.6
22436	17926	25.2	1967	10656	-81.5	51396	51972	-1.1	110329	58674	88.0
14952	4932	203.2	40200	23355	72.1	44120	39918	10.5	130128	120808	7.7
34922	30686	13.8	67965	28588	137.7	16201	17737	-8.7	120246	91959	30.8
17900	21187	-15.5	55353	43277	27.9	21583	28165	-23.4	137779	83027	65.9
									29687	25500	16.4

2008年全部50万元以上项目投资对比(一)

指标	总计(按隶属关系分)	上年同期	增幅(%)	地方	上年同期	增幅(%)
计划总投资	8016707	6152259	30.3	7632149	5710841	33.6
本年新开工项目计划总投资	3392296	1935374	75.3	3381038	1935234	74.7
自开始建设累计完成投资	5572740	3506904	58.9	5303066	3301386	60.6
本年完成投资	3466744	2334843	48.5	3382819	2236379	51.3
其中：本月完成投资	720932	375838	91.8	709292	366517	93.5
其中：500万元以下项目	153980	111975	37.5	153610	111835	37.4
其中：国有经济控股	1428921	1163241	22.8	1346096	1064777	26.4
住宅投资	365937	296094	23.6	365937	296028	23.6
内资	3174699	1997948	58.9	3091574	1899484	62.8
国有	1160509	780299	48.7	1151677	766995	50.2
集体	165839	72742	128.0	165839	72742	128.0
股份合作	33667	14976	124.8	33667	14976	124.8
联营	6240	2902	115.0	6240	2902	115.0
有限责任公司	493420	364102	35.5	420247	278942	50.7
股份有限公司	404181	289183	39.8	403061	289183	39.4
私营	770893	425993	81.0	770893	425993	81.0
其他内资	139950	47751	193.1	139950	47751	193.1
港澳台投资	160705	187464	-14.3	159905	187464	-14.7
外商投资	89521	66437	34.7	89521	66437	34.7
个体经营	41819	82994	49.6	41819	82994	49.6
新建	2267581	1415020	60.3	2193288	1821584	66.0
扩建	645369	402934	60.2	637012	397906	60.1
改建和技术改造	519579	483582	7.4	518304	483582	7.2
建筑工程	2227593	1364969	63.2	2213863	1335413	65.8
安装工程	245237	156533	56.7	240792	151992	58.4
设备工器具购置	618456	564624	9.5	570452	512167	11.4
其中：用于更新的设备	57776	24135	139.4	57776	24135	139.4
其他费用	375458	248717	51.0	357712	236807	51.1
（一）农、林、牧、渔业	160330	94523	69.6	160330	94523	69.6
农业	18067	16153	11.8	18067	16153	11.8
林业	14753	10107	46.0	14753	10107	46.0
畜牧业	64846	25454	154.8	64846	25454	154.8

2008年全部50万元以上项目投资对比(二)

指　　标	总　计（按隶属关系分）	上年同期	增幅(%)	地　方	上年同期	增幅(%)
渔业	9860	2417	307.9	9860	2417	307.9
农、林、牧、渔服务业	52804	40392	30.7	52804	40392	30.7
（二）采矿业	83780	45396	84.6	83780	45396	84.6
煤炭开采和洗选业	2650			2650		
黑色金属矿采选业	14168	6630	113.7	14168	6630	113.7
有色金属矿采选业	2300			2300		
非金属矿采选业	60902	38766	57.1	60902	38766	57.1
其他采矿业	3760			3760		
（三）制造业	1002937	681851	47.1	1002937	681851	47.1
农副食品加工业	58232	35642	63.4	58232	35642	63.4
食品制造业	27946	76345	-63.4	27946	76345	-63.4
饮料制造业	24717	11931	107.2	24717	11931	107.2
纺织业	110524	89856	23.0	110524	89856	23.0
纺织服装、鞋、帽制造业	55635	33655	65.3	55635	33655	65.3
皮革、毛皮、羽毛(绒)及其制品	3612	3250	11.1	3612	3250	11.1
木材加工及木、竹、藤、棕	16240	20351	-20.2	16240	20351	-20.2
家具制造业	9435	5110	84.6	9435	5110	84.6
造纸及纸制品业	8060	6425	25.4	8060	6425	25.4
印刷业和记录媒介的复制	170	3580	-95.3	170	3580	-95.3
石油加工、炼焦及核燃料加工	2000	3500	42.9	2000	3500	42.9
化学原料及化学制品制造业	46072	33202	38.8	46072	33202	38.8
医药制造业	81218	58040	39.9	81218	58040	39.9
橡胶制品业	600	800	25.0	600	800	25.0
塑料制品业	29570	21090	40.2	29570	21090	40.2
非金属矿物制品业	214274	107796	98.8	214274	107796	98.8
黑色金属冶炼及压延加工业	18376	1685	990.6	18376	1685	990.6
有色金属冶炼及压延加工业	6462	1570	311.6	6462	1570	311.6
金属制品业	97635	28370	244.1	97635	28370	244.1
通用设备制造业	45944	36220	26.8	45944	36220	26.8
专用设备制造业	37093	18368	101.9	37093	18368	101.9
交通运输设备制造业	69818	24605	183.8	69818	24605	183.8

2008年全部50万元以上项目投资对比(三)

指　　标	总　计（按隶属关系分）	上年同期	增幅(%)	地　方	上年同期	增幅(%)
电气机械及器材制造业	21222	36293	41.5	21222	36293	41.5
通信设备、计算机及其他电子	3560	6347	-43.9	3560	6347	-43.9
仪器仪表及文化、办公用机械	2770	410	575.6	2770	410	575.6
工艺品及其他制造业	4592	11410	-59.8	4592	11410	-59.8
废弃资源和废旧材料回收加工	7160	6000	19.3	7160	6000	19.3
（四）电力、燃气及水的生产	268527	306424	-12.4	193354	221264	-12.6
电力、热力的生产和供应业	217777	280600	-22.4	144604	195440	-26.0
燃气生产和供应业	29516	13607	116.9	27516	13607	102.2
水的生产和供应业	21234	12217	73.8	21234	12217	73.8
（五）建筑业	98487	3000	3182.9	98487	3000	3182.9
房屋和土木工程建筑业	94167	500	18733.4	94167	500	18733.4
建筑装饰业	320			320		
其他建筑业	4000	2500	60.0	4000	2500	60.0
（六）交通运输、仓储和邮政	586485	376836	55.6	586185	368650	59.0
铁路运输业		16300	100.0		16300	100.0
道路运输业	569390	353466	61.1	569390	345280	64.9
城市公共交通业	1000	1200	-16.7	1000	1200	-16.7
水上运输业	9910	2090	374.2	9910	2090	374.2
装卸搬运和其他运输服务业	4985	3780	31.9	4985	3780	31.9
仓储业	1200			900		
（七）信息传输、计算机服务	52695	27922	88.7	44613	27922	59.8
电信和其他信息传输服务业	52695	27922	88.7	44613	27922	59.8
计算机服务业						
（八）批发和零售业	87312	61737	41.4	86942	56759	53.2
批发业	24655	19460	26.7	24285	19460	24.8
零售业	62657	42277	48.2	62657	37299	68.0
（九）住宿和餐饮业	106078	64525	64.4	106078	64525	64.4
住宿业	97481	58449	66.8	97481	58449	66.8
餐饮业	8597	6076	41.5	8597	6076	41.5
（十）金融业	110	1288	-91.5	110	1238	-91.1
银行业		1050	-100.0		1000	-100.0
证券业		258	-100.0		238	-100.0

2008年全部50万元以上项目投资对比(四)

指　　标	总　计（按隶属关系分）	上年同期	增幅(%)	地　方	上年同期	增幅(%)
保险业	110			110		
（十一）房地产业	319728	257384	24.2	319728	257384	24.2
房地产业	319728	257386	24.2	319728	257384	24.2
（十二）租赁和商务服务业	13371	15645	-14.5	13371	15645	-14.5
商务服务业	13371	15645	-14.5	13371	15645	-14.5
（十三）科学研究、技术服务	38834	5252	639.4	38834	5252	639.4
研究与试验发展	36969	4100	801.7	36969	4100	801.7
专业技术服务业	1125	992	13.4	1125	992	13.4
科技交流和推广服务业	740	160	362.5	740	160	262.5
（十四）水利、环境和公共设施管理业	191597	100400	90.8	191597	100400	90.8
水利管理业	80820	40038	101.9	80820	40033	101.9
环境管理业	13331	7415	79.8	13331	7415	79.8
公共设施管理业	97446	52952	84.0	97446	52952	84.0
（十五）居民服务和其他服务	5538	25535	-78.3	5538	25535	-78.3
居民服务业	2038	20545	-90.1	2038	20545	-90.1
其他服务业	3500	4990	-29.9	3500	4990	-29.9
（十六）教育	30181	30449	-0.9	30181	30449	-0.9
（十七）卫生、社会保障和社会福利业	19845	15466	28.3	19845	15376	29.1
卫生	17694	15130	16.9	17694	15040	17.6
社会福利业	2151	336	540.2	2151	336	540.2
（十八）文化、体育和娱乐业	22193	19652	12.9	22193	19652	12.9
广播、电视、电影和音像业	2822	1370	106.0	2822	1370	106.0
文化艺术业	7423	12947	42.7	7423	12947	42.7
体育	2346	1190	97.1	2346	1190	97.1
娱乐业	9602	4145	131.7	9602	4145	131.7
（十九）公共管理和社会组织	378716	201558	87.9	378716	201558	87.9
中国共产党机关	375			375		
国家机构	213557	154982	37.8	213557	154982	37.8
群众团体、社会团体和宗教组织	13142	2030	547.4	13142	2030	547.4
基层群众自治组织	151642	44546	240.4	151642	44546	240.4

2008年全部50万元以上项目投资对比(五)

指　　标	总　计（按隶属关系分）	上年同期	增幅(%)	地　方	上年同期	增幅(%)
总计(项目分类)	3466744	2334843	48.5	3382819	2236379	51.3
1、先进制造业	1079387	717667	50.4	1079387	717667	50.4
2、现代服务业	642818	470676	36.6	642148	465648	37.9
3、基础设施	1030993	734407	40.4	947738	641061	47.8
4、生态环境建设	45916	24814	85.0	45916	24814	85.0
5、农业水利项目	226397	124449	81.9	226397	124449	81.9
6、社会发展	441233	262830	67.9	441233	262740	67.9
本年新增固定资产	2406148	1472863	63.4	2398066	1459559	64.3
施工项目个数(个)	2168	1436	51.0	2158	1431	50.8
其中:500万元以下项目(个)	753	554	35.9	752	552	36.2
其中:本年新开工(个)	1860	1171	58.8	1852	1169	58.4
本年投产项目个数(个)	1446	994	45.5	1440	991	45.3
本年施工房屋面积(平方米)	7071798	5262244	34.4	4295123	2533770	69.5
其中:住宅(平方米)	3906457	3409531	14.6	1423989	882915	61.3
本年竣工房屋面积(平方米)	4400365	3411279	29.0	3217153	2011581	59.9
其中:住宅(平方米)	2382086	2131041	11.8	1280969	808955	58.3
本年资金来源合计	3428320	2486821	37.9	3357863	2386090	40.7
上年末结余资金	29508	76044	-61.2	29508	76034	-61.2
本年资金来源小计	3398812	2410777	41.0	3328355	2310056	44.1
国家预算内资金	268552	216249	24.2	241256	214649	12.4
国内贷款	463908	485440	-4.4	448098	404742	10.7
利用外资	12705	40812	-68.9	11905	40812	-70.8
其中:外商直接投资	9016	37376	-75.9	8216	37376	-78.0
自筹资金	2455662	1507613	62.9	2429111	1489220	63.1
企事业单位自有资金	400591	752516	-38.8	453453	737582	38.5
其他资金来源	197985	160663	23.2	197985	160633	23.3
本年各项应付款合计	270752	160119	69.1	250906	152409	64.6
其中:工程款	210331	104453	101.4	206259	101140	103.9
规划用地面积(平方米)	36367149	27292503	33.2	34468473	23828232	44.7
本年实际征用和购置土地面积	19275782	13374516	44.1	19275782	13373921	44.1
本年实际征用和购置土地成交价款	148802	75887	96.1	148802	75881	96.1

2008年城镇以上固定资产投资完成情况对比(一)

指　　标	总　计（按隶属关系分）	上年同期	增幅(%)	地　方	上年同期	增幅(%)
计划总投资	7593951	5819675	30.5	7210685	5378347	34.1
本年新开工项目计划总投资	3042485	1671758	82.0	3032519	1671708	81.4
自开始建设累计完成投资	5236694	3242037	61.5	4968312	3036609	63.6
本年完成投资	3158102	2085405	51.4	3075469	1987031	54.8
其中：本月完成投资	639117	339994	88.0	627827	330673	89.9
其中：500万元以下项目	96810	51224	89.0	96440	51174	88.5
其中：国有经济控股	1364561	1105062	23.5	1283028	1006688	27.5
住宅投资	339481	271667	25.0	339481	271667	25.0
内资	2882404	1773259	62.5	2800571	1674885	67.2
国有	1096149	723506	51.5	1088609	710292	53.3
集体	124395	32941	277.6	124395	32941	277.6
股份合作	20667	13241	56.1	20667	13241	56.1
联营	4940	1100	349.1	4940	1100	349.1
有限责任公司	481117	354742	35.6	407944	269582	51.3
股份有限公司	377714	278603	35.6	376594	278603	35.2
私营	655112	343828	90.5	655112	343828	90.5
其他内资	122310	25298	383.5	122310	25298	383.5
港澳台投资	160555	186614	-14.0	159755	186614	-14.4
外商投资	88421	64867	36.3	88421	64867	36.3
个体经营	26722	60665	56.0	26722	60665	-56.0
新建	2083211	1302219	60.0	2008918	1208878	66.2
扩建	569559	345877	64.7	562494	340849	65.0
改建和技术改造	473012	409502	15.5	471737	409502	15.2
建筑工程	2025538	1210841	67.3	2013100	1181345	70.4
安装工程	227267	139821	62.5	222822	135304	64.7
设备工器具购置	559016	511627	9.3	511012	459170	11.3
其中：用于更新的设备	50878	18900	169.2	50878	18900	169.2
其他费用	346281	223116	55.2	328535	211212	55.5
（一）农、林、牧、渔业	87808	32102	173.5	87808	32102	173.5
农业	12806	12650	1.2	12806	12650	1.2
林业	9013	5427	66.1	9013	5427	66.1
畜牧业	35431	4863	628.6	35431	4863	628.6

2008年城镇以上固定资产投资完成情况对比（二）

指　　标	总　计（按隶属关系分）	上年同期	增幅(%)	地　方	上年同期	增幅(%)
渔业	4540	757	499.7	4540	757	449.7
农、林、牧、渔服务业	26018	8405	209.6	26018	8405	209.6
（二）采矿业	60809	28975	109.9	60809	28975	109.9
煤炭开采和洗选业	2500			2500		
黑色金属矿采选业	8000			8000		
有色金属矿采选业	2300			2300		
非金属矿采选业	44249	28975	52.7	44249	28975	52.7
其他采矿业	3760			3760		
（三）制造业	904328	616400	46.7	904328	616400	46.7
农副食品加工业	51957	28578	81.8	51957	28578	81.8
食品制造业	25646	75365	-66.0	25646	75365	-66.0
饮料制造业	18967	9015	110.4	18967	9015	110.4
纺织业	97083	78576	23.6	97083	78576	23.6
纺织服装、鞋、帽制造业	52610	32845	60.2	52610	32845	60.2
皮革、毛皮、羽毛(绒)及其制品	3100	3100		3100	3100	
木材加工及木、竹、藤、棕	14130	18560	-23.9	14130	18560	-23.9
家具制造业	7785	4150	87.6	7785	4150	87.6
造纸及纸制品业	5260	2975	76.8	5260	2975	76.8
印刷业和记录媒介的复制	170	3580	-95.3	170	3580	-95.3
石油加工、炼焦及核燃料加工	2000	3500	42.9	2000	3500	42.9
化学原料及化学制品制造业	41112	29954	37.3	41112	29954	37.3
医药制造业	76503	56740	34.8	76503	56740	34.8
化学纤维制造业						
橡胶制品业	600	700	14.3	600	700	14.3
塑料制品业	27020	18960	42.5	27020	18960	42.5
非金属矿物制品业	186985	83259	124.6	186985	83259	124.6
黑色金属冶炼及压延加工业	17676	1150	1437.0	17676	1150	1437.0
有色金属冶炼及压延加工业	6462	1570	311.6	6462	1570	311.6
金属制品业	96155	28310	239.7	96155	28310	239.7
通用设备制造业	45944	35120	30.8	45944	35120	30.8
专用设备制造业	33213	15378	116.0	33213	15378	116.0
交通运输设备制造业	67818	24605	175.6	67818	24605	175.0

2008年城镇以上固定资产投资完成情况对比（三）

指　　标	总　计（按隶属关系分）	上年同期	增幅(%)	地　方	上年同期	增幅(%)
电气机械及器材制造业	16110	36293	-55.6	16110	36293	-55.6
通信设备、计算机及其他电子	3560	6297	-43.5	3560	6297	-43.5
仪器仪表及文化、办公用机械	2770	410	575.6	2770	410	575.6
工艺品及其他制造业	3692	11410	-67.6	3692	11410	-67.6
废弃资源和废旧材料回收加工		6000	-100.0		6000	-100.0
（四）电力、燃气及水的生产	263447	304254	-13.4	188274	219094	-14.1
电力、热力的生产和供应业	213747	280100	-23.7	140574	194940	-27.9
燃气生产和供应业	29516	13607	116.9	27516	13607	102.2
水的生产和供应业	20184	10547	91.4	20184	10547	91.4
（五）建筑业	96457	3000	3115.2	96457	3000	3115.2
房屋和土木工程建筑业	92137	500	18327.4	92137	500	18327.4
建筑装饰业	320			320		
其他建筑业	4000	2500	60.0	4000	2500	60.0
（六）交通运输、仓储和邮政	574783	349064	64.7	574483	340878	68.5
铁路运输业		16300	100.0		16300	100.0
道路运输业	557793	326974	70.6	557793	318788	75.0
城市公共交通业	1000	1200	-16.7	1000	1200	-16.7
水上运输业	9910	890	1013.5	9910	890	1013.5
装卸搬运和其他运输服务业	4880	3700	31.9	4880	3700	31.9
仓储业	1200			900		
（七）信息传输、计算机服务	51403	27922	84.1	44613	27922	59.8
电信和其他信息传输服务业	51403	27922	84.1	44613	27922	59.8
计算机服务业						
（八）批发和零售业	82276	53209	54.6	81906	48231	69.8
批发业	21645	18110	19.5	21275	18110	17.5
零售业	60631	35099	72.7	60631	30121	101.3
（九）住宿和餐饮业	100881	61265	64.7	100881	61265	64.7
住宿业	95041	55189	72.2	95041	55189	72.2
餐饮业	5840	6076	-3.9	5840	6076	-3.9
（十）金融业	110	1050	-89.5	110	1000	-89.0
银行业		1050	-100.0		1000	-100.0
证券业						

2008年城镇以上固定资产投资完成情况对比（四）

指　　标	总　计（按隶属关系分）	上年同期	增幅(%)	地　方	上年同期	增幅(%)
（十一）房地产业	315148	256384	22.9	315148	256384	22.9
房地产业	315148	256384	22.9	315148	256384	22.9
（十二）租赁和商务服务业	12121	14845	-18.3	12121	14845	-18.3
商务服务业	12121	14845	-18.3	12121	14845	-18.3
（十三）科学研究、技术服务	38164	4260	795.9	38164	4260	795.9
研究与试验发展	36969	4100	801.7	36969	4100	801.7
专业技术服务业	455			455		
科技交流和推广服务业	740	160	362.5	740	160	362.5
（十四）水利、环境和公共设施管理业	173341	78482	120.9	173341	78482	120.9
水利管理业	71204	35612	99.9	71204	35612	99.9
环境管理业	10541	6333	66.4	10541	6333	66.4
公共设施管理业	91596	36537	150.7	91596	36537	150.7
（十五）居民服务和其他服务	5538	24048	-77.0	5538	24048	-77.0
居民服务业	2038	19658	-89.6	2038	19658	-89.6
其他服务业	3500	4390	-20.3	3500	4390	-20.3
（十六）教育	24661	28239	-12.7	24661	28239	-12.7
（十七）卫生、社会保障和社会福利业	16202	14626	10.8	16202	14626	10.8
卫生	15151	14290	6.0	15151	14290	6.0
社会福利业	1051	336	212.8	1051	336	212.8
（十八）文化、体育和娱乐业	21113	16447	28.4	21113	16447	28.4
广播、电视、电影和音像业	2762	955	189.2	2762	955	189.2
文化艺术业	6903	11427	39.6	6903	11427	39.6
体育	2346	1190	97.1	2346	1190	97.1
娱乐业	9102	2875	216.6	9102	2875	216.6
（十九）公共管理和社会组织	329512	170833	92.9	329512	170833	92.9
中国共产党机关						
国家机构	202424	143645	40.9	202424	143645	40.9
群众团体、社会团体和宗教组织	5472	490	1016.7	5472	490	1016.7
基层群众自治组织	121616	26698	355.5	121616	26698	355.5

2008年城镇以上固定资产投资完成情况对比(五)

指　标	总　计(按隶属关系分)	上年同期	增幅(%)	地　方	上年同期	增幅(%)
总计(项目分类)	3158102	2085405	51.4	3075469	1987031	54.8
1、先进制造业	964967	635795	51.8	964967	635795	51.8
2、现代服务业	622610	451576	37.9	621940	446548	39.3
3、基础设施	1009964	689425	46.5	928001	596079	55.7
4、生态环境建设	28276	19052	48.4	28276	19052	48.4
5、农业水利项目	149999	62287	140.8	149999	62287	140.8
6、社会发展	382286	227270	68.2	382286	227270	68.2
本年新增固定资产	2092090	1250272	67.3	2085300	1237058	68.6
施工项目个数(个)	1590	903	76.1	1581	899	75.9
其中:500万元以下项目(个)	441	229	92.6	440	228	93.0
其中:本年新开工(个)	1335	671	99.0	1328	670	98.2
本年投产项目个数(个)	991	533	85.9	986	531	85.7
本年施工房屋面积(平方米)	6277233	4716408	33.1	3500558	1988988	76.0
其中:住宅(平方米)	3467256	3104911	11.7	984788	579195	70.0
本年竣工房屋面积(平方米)	3685650	2965264	24.3	2502438	1566620	59.7
其中:住宅(平方米)	1957645	1868671	4.8	856528	547485	56.4
本年资金来源合计	3118780	2234795	39.6	3049615	2134154	42.9
上年末结余资金	28777	75854	-62.1	28777	75854	-62.1
本年资金来源小计	3090003	2158941	43.1	3020838	2058300	46.8
国家预算内资金	254053	195057	30.2	226757	193457	17.2
国内贷款	457338	481571	-5.0	441528	400873	10.1
利用外资	11405	38486	70.4	10605	38486	-72.4
其中:外商直接投资	8216	37376	-78.0	7416	37376	-80.2
自筹资金	2186956	1320996	65.6	2161697	1302653	65.9
企事业单位自有资金	437867	727644	-39.8	432021	712729	-39.4
其他资金来源	180251	122831	46.7	180251	122831	46.7
本年各项应付款合计	264637	155894	69.8	244791	148255	65.1
其中:工程款	207066	101340	104.3	202994	98098	106.9
规划用地面积(平方米)	33908072	23360297	45.2	32009396	19896621	60.9
本年实际征用和购置土地面积	18791217	12860213	46.1	18791217	12860213	46.1
本年实际征用和购置土地成交价款	144395	71263	102.6	144395	71263	102.6

2008年农村50万元以上项目投资对比(一)

指　　标	总　计（按隶属关系分）	上年同期	增幅(%)	地　方	上年同期	增幅(%)
计划总投资	422756	332584	27.1	421464	332494	26.8
本年新开工项目计划总投资	349811	263616	32.7	348519	263526	32.3
自开始建设累计完成投资	336046	264867	26.9	334754	264777	26.4
本年完成投资	308642	249438	23.7	307350	249348	23.3
其中：本月完成投资	81815	35844	128.3	81465	35844	127.3
其中：500万元以下项目	57170	60751	-5.9	57170	60661	-5.8
其中：国有经济控股	64360	58179	10.6	63068	58089	8.6
住宅投资	26456	24427	8.3	26456	24361	8.6
内资	292295	224689	30.1	291003	224599	29.6
国有	64360	56793	13.3	63068	56703	11.2
集体	41444	39801	4.1	41444	39801	4.1
股份合作	13000	1735	649.3	13000	1735	649.3
联营	1300	1802	-27.9	1300	1802	-27.9
有限责任公司	12303	9360	31.4	12303	9360	31.4
股份有限公司	26467	10580	150.2	26467	10580	150.2
私营	115781	82165	40.9	115781	82165	40.9
其他内资	17640	22453	-21.4	17640	22453	-21.4
港澳台投资	150	850	-82.4	150	850	-82.4
外商投资	1100	1570	-29.9	1100	1570	-29.9
个体经营	15097	22329	32.4	15097	22329	32.4
新建						
扩建	75810	57057	32.9	74518	57057	30.6
改建和技术改造	46567	74080	-37.1	46567	74080	-37.1
建筑工程	202055	154128	31.1	200763	154068	30.3
安装工程	17970	16712	7.5	17970	16688	7.7
设备工器具购置	59440	52997	12.2	59440	52997	12.2
其中：用于更新的设备	6898	5235	31.8	6898	5235	31.8
其他费用	29177	25601	14.0	29177	25595	14.0
（一）农、林、牧、渔业	72522	62421	16.2	72522	62421	16.2
农业	5261	3503	50.2	5261	3503	50.2
林业	5740	4680	22.6	5740	4680	22.6
畜牧业	29415	20591	42.9	29415	20591	42.9

2008年农村50万元以上项目投资对比（二）

指　　标	总　计（按隶属关系分）	上年同期	增幅(%)	地　方	上年同期	增幅(%)
渔业	5320	1660	220.5	5320	1660	220.5
农、林、牧、渔服务业	26786	31987	-16.3	26786	31987	-16.3
（二）采矿业	22971	16421	39.9	22971	16421	39.9
煤炭开采和洗选业	150			150		
黑色金属矿采选业	6168	6630	-7.0	6168	6630	-7.0
有色金属矿采选业						
非金属矿采选业	16653	9791	70.1	16653	9791	70.1
其他采矿业						
（三）制造业	98609	65451	50.7	98609	65451	50.7
农副食品加工业	6275	7064	-11.2	6275	7064	-11.2
食品制造业	2300	980	134.7	2300	980	134.7
饮料制造业	5750	2916	97.2	5750	2916	97.2
纺织业	13441	11280	19.2	13441	11280	19.2
纺织服装、鞋、帽制造业	3025	810	273.5	3025	810	273.5
皮革、毛皮、羽毛(绒)及其制品	512	150	241.3	512	150	241.3
木材加工及木、竹、藤、棕	2110	1791	17.8	2110	1791	17.8
家具制造业	1650	960	71.9	1650	960	71.9
造纸及纸制品业	2800	3450	-18.8	2800	3450	-18.8
印刷业和记录媒介的复制						
石油加工、炼焦及核燃料加工						
化学原料及化学制品制造业						
医药制造业						
化学纤维制造业						
橡胶制品业						
塑料制品业	2550	2130	19.7	2550	2130	19.7
非金属矿物制品业	27289	24537	11.2	27289	24537	11.2
黑色金属冶炼及压延加工业	700	535	30.8	700	535	30.8
有色金属冶炼及压延加工业						
金属制品业	1480	60	2366.7	1480	60	2366.7
通用设备制造业		1100	-100.0		1100	-100.0
专用设备制造业	3880	2990	29.8	3880	2990	29.8
交通运输设备制造业	2000			2000		

2008年农村50万元以上项目投资对比(三)

指　　标	总　计（按隶属关系分）	上年同期	增幅(%)	地　方	上年同期	增幅(%)
电气机械及器材制造业	5112			5112		
通信设备、计算机及其他电子		50	-100.0		50	-100.0
仪器仪表及文化、办公用机械						
工艺品及其他制造业	900			900		
废弃资源和废旧材料回收加工	7160			7160		
（四）电力、燃气及水的生产	5080	2170	134.1	5080	2170	134.1
电力、热力的生产和供应业	4030	500	706.0	4030	500	706.0
燃气生产和供应业						
水的生产和供应业	1050	1670	-37.1	1050	1670	-37.1
（五）建筑业	2030			2030		
房屋和土木工程建筑业	2030			2030		
建筑装饰业						
其他建筑业						
（六）交通运输、仓储和邮政	11702	27772	-57.9	11702	27772	-57.9
铁路运输业						
道路运输业	11597	26492	-56.2	11597	26492	-56.2
城市公共交通业		1200	-100.0		1200	-100.0
水上运输业						
装卸搬运和其他运输服务业	105	80	31.3	105	80	31.3
仓储业						
（七）信息传输、计算机服务	1292					
电信和其他信息传输服务业	1292					
计算机服务业						
（八）批发和零售业	5036	8528	40.9	5036	8528	40.9
批发业	3010	1350	123.0	3010	1350	123.0
零售业	2026	7178	-71.8	2026	7178	-71.8
（九）住宿和餐饮业	5197	3260	59.4	5197	3260	59.4
住宿业	2440	3260	-25.2	2440	3260	-25.2
餐饮业	2757			2757		
（十）金融业		238	-100.0		238	-100.0
银行业						
证券业		238	-100.0		238	-100.0

2008年农村50万元以上项目投资对比（四）

指　　标	总　计（按隶属关系分）	上年同期	增幅(%)	地　方	上年同期	增幅(%)
保险业						
（十一）房地产业	4580	1000	358.0	4580	1000	358.0
房地产业	4580	1000	358.0	4580	1000	358.0
（十二）租赁和商务服务业	1250	800	56.3	1250	800	56.3
商务服务业	1250	800	56.3	1250	800	56.3
（十三）科学研究、技术服务	670	992	-32.5	670	992	-32.5
研究与试验发展						
专业技术服务业	670	992	-32.5	670	992	-32.5
科技交流和推广服务业						
（十四）水利、环境和公共设施管理业	18256	21918	-16.7	18256	21918	-16.7
水利管理业	9616	4421	117.5	9616	4421	117.5
环境管理业	2790	1082	157.9	2790	1082	157.9
公共设施管理业	5850	16415	64.4	5850	16415	64.4
（十五）居民服务和其他服务		1487	-100.0		1487	-100.0
居民服务业		887	-100.0		887	-100.0
其他服务业		600	-100.0		600	-100.0
（十六）教育	5520	2210	149.8	5520	2210	149.8
（十七）卫生、社会保障和社会福利业	3643	840	333.7	3643	750	385.7
卫生	2543	840	202.7	2543	750	239.1
社会福利业	1100			1100		
（十八）文化、体育和娱乐业						
广播、电视、电影和音像业						
文化艺术业	520	1520	65.8	520	1520	65.8
体育						
娱乐业	500	1270	-60.6	500	1270	-60.6
（十九）公共管理和社会组织	49204	30725	60.1	49204	30725	60.1
中国共产党机关	375			375		
国家机构	11133	11337	-1.8	11133	11337	-1.8
群众团体、社会团体和宗教组织	7670	1540	398.1	7670	1540	398.1
基层群众自治组织	30026	17848	68.2	30026	17848	68.2

2008年农村50万元以上项目投资对比(五)

指　　标	总　计(按隶属关系分)	上年同期	增幅(%)	地　方	上年同期	增幅(%)
1、先进制造业	114420	81872	39.8	114420	81872	39.8
2、现代服务业	20208	19100	5.8	20208	19100	5.8
3、基础设施	21029	44982	-53.3	19737	44982	-56.1
4、生态环境建设	17640	5762	206.1	17640	5762	206.1
5、农业水利项目	76398	62162	22.9	76398	62162	22.9
6、社会发展	58947	35560	65.8	58947	35470	66.2
总计(项目分类)	308642	249438	23.7	307350	249348	23.3
本年新增固定资产	314058	222591	41.1	312766	222501	40.6
施工项目个数(个)	578	533	8.4	577	532	8.5
其中:500万元以下项目(个)	312	325	-4.0	312	324	-3.7
其中:本年新开工(个)	525	500	5.0	524	499	5.0
本年投产项目个数(个)	455	461	-1.3	454	460	-1.3
本年施工房屋面积(平方米)	794565	545836	45.6	794565	544782	45.9
其中:住宅(平方米)	439201	304620	44.2	439201	303720	44.6
本年竣工房屋面积(平方米)	714715	446015	60.2	714715	444961	60.6
其中:住宅(平方米)	424441	262370	61.8	424441	261470	62.3
本年资金来源合计	309540	252026	22.8	308248	251936	22.4
上年末结余资金	731	190	284.7	731	180	306.1
本年资金来源小计	308809	251836	22.6	307517	251756	22.1
国家预算内资金	14499	21192	-31.6	14499	21192	-31.6
国内贷款	6570	3869	69.8	6570	3869	69.8
利用外资	1300	2326	-44.1	1300	2326	-44.1
其中:外商直接投资						
自筹资金						
企事业单位自有资金						
其他资金来源	17734	37832	-53.1	17734	37802	-53.1
本年各项应付款合计	6115	4225	44.7	6115	4154	47.2
其中:工程款	3265	3113	4.9	3265	3042	7.3
规划用地面积(平方米)	2459077	3932206	-37.5	2459077	3931611	-37.5
本年实际征用和购置土地面积	484565	514303	-5.8	484565	513708	-5.7
本年实际征用和购置土地成交价款	4407	4624	-4.7	4407	4618	-4.6

2008年房地产投资对比情况（一）

指　　标	总　计（按隶属关系分）	上年同期	增幅(%)	地　方	上年同期	增幅(%)
计划总投资	668050	500143	33.6	668050	500143	33.6
自开始建设累计完成投资	452815	292613	54.7	452815	292613	54.7
本年完成投资	273769	233319	17.3	273769	233319	17.3
其中:本月完成投资	39053	37273	4.8	39053	37273	4.8
其中:土地开发投资额	35401	33972	4.2	35401	33972	4.2
其中:配套工程投资	22438	7152	213.7	22438	7152	213.7
其中:国有经济控股	38456	49796	-22.8	38456	49796	-22.8
内资	273769	233319	17.3	273769	233319	17.3
国有	25762	41476	-37.9	25762	41476	-37.9
集体	3597	3673	2.1	3597	3673	-2.1
股份合作	5212	1234	322.4	5212	1234	322.4
联营						
有限责任公司	86562	70539	22.7	86562	70539	22.7
股份有限公司	55352	56494	-2.0	55352	56496	-2.0
私营	97284	59901	62.4	97284	59901	62.4
其他内资						

2008年房地产投资对比情况（二）

指　　标	总　计（按隶属关系分）	上年同期	增幅(%)	地　方	上年同期	增幅(%)
港澳台投资						
外商投资						
安装工程	25006	15114	65.4	25006	15114	65.4
设备工器具购置	3791	1406	169.6	3791	1406	169.6
其他费用	43690	37452	16.7	43690	37452	16.7
其中:旧建筑物购置费	2232	2837	-21.3	2232	2837	-21.3
其中:土地购置费	23020	17021	35.2	23020	17021	35.2
住宅投资	215813	199084	8.4	215813	199084	8.4
其中:90平米以下住房	27997	29097	-3.8	27997	29097	-3.8
其中:140平米以上住房	33721	4967	578.9	33721	4967	578.9
其中:经济适用房	97771	117507	-16.8	97771	117507	-16.8
其中:别墅、高档公寓		4703	-100.0		4703	-100.0
办公楼	2315	1881	23.1	2315	1881	23.0
商业营业用房	29123	13062	123.0	29123	13062	123.0
其他	26518	19292	37.5	26518	19292	37.5
本年新增固定资产	176399	164871	7.0	176399	164871	7.0

2008年房地产投资对比情况（三）

指　　标	总　计（按隶属关系分）	上年同期	增幅(%)	地　方	上年同期	增幅(%)
本年完成开发土地面积(平方米)	410084	391480	4.8	410084	391480	4.8
待开发土地面积(平方米)	280712	349384	19.7	280712	349384	-19.7
本年购置土地面积(平方米)	418000	593715	-29.6	41800	593715	-29.6
本年土地成交价款	25330	24892	1.8	25330	24892	1.8
本年资金来源合计	280363	242033	15.8	280363	242033	15.8
上年末结余资金	18125	9717	86.5	18125	9717	86.5
本年资金来源小计	262238	232316	12.9	262238	232316	12.9
国内贷款	18536	29564	-37.3	18536	29564	-37.3
其中:银行贷款	17436	29464	-40.8	17436	29464	-40.8
非银行金融机构贷款	1100	100	1000.0	1100	100	1000.0
自筹资金	162599	161301	0.8	162599	161301	0.8
企事业单位自有资金	79169	113200	-30.1	79169	113200	-30.1
其他资金来源	81103	41451	95.7	81103	41451	95.7
其中:定金及预付款	53271	26528	100.8	53271	26528	100.8
个人按揭贷款	16030	9652	66.1	16030	9652	66.1
本年各项应付款合计	25514	22634	12.7	25514	22634	12.7
其中:工程款	14517	14912	-2.6	14517	14912	-2.6

2008年房地产

指　　标	合　计	去年同期	增幅（%）
房屋施工面积(平方米)	2776675	2727420	1.8
其中：本年新开工面积(平方米)	1604901	1917502	-16.3
房屋竣工面积(平方米)	1183212	1398644	-15.4
其中：不可销售面积(平方米)	10200	384	2556.3
商品住宅竣工套数（套）	9861	12202	-19.2
竣工房屋价值（万元）	130898	101076	29.5
出租房屋面积(平方米)	239817	102000	135.1
商品房销售面积(平方米)	1275807	1548749	-17.6
现房销售面积(平方米)	719408	917567	-21.6
期房销售面积(平方米)	556399	631182	-11.8
商品房销售额（万元）	179060	171741	4.3
现房销售额（万元）	93323	112119	-16.8
期房销售额（万元）	85737	59622	43.8
商品住宅销售套数（套）	10396	13055	-20.4
现房销售套数（套）	6093	8125	-25.0
期房销售套数（套）	4303	4930	-12.7
空置面积(平方米)	139907	60007	133.2
其中：空置1—3年面积（平方米）	57112	53313	7.1

面积对比表（一）

住宅	去年同期	增幅(%)	其中：90平米	去年同期	增幅(%)	其中：140平米	去年同期	增幅(%)
2482468	2525716	-1.7	346227	302255	14.5	561917	59526	844.0
1448774	1779323	-18.6	246175	229679	7.2	317243	25406	1148.7
1101117	1321186	-16.7	251428	224744	11.9	342119	27436	1147.0
1600								
9861	12202	-19.2	2915	2576	13.2	2097	154	1261.7
118907	93405	27.3	36384	13077	178.2	20803	2645	959.7
214523			36000			108696		
1193609	1466190	-18.6	252462	219200	15.2	315528	42885	635.8
685608	863801	-20.6	141263	161146	-12.3	184630	4516	3988.4
508001	602389	-15.7	111199	58054	91.5	130898	38369	241.2
159664	151107	5.7	31538	28955	8.9	40209	4366	821.0
88360	94917	-6.9	18175	21726	-16.3	22408	495	4426.9
71304	56190	26.9	13363	7229	84.9	17801	3871	359.9
10396	13055	-20.4	2913	2512	16.0	2080	294	607.5
6093	8125	-25.0	1657	1838	-9.8	1191	29	4006.9
4303	4930	-12.7	1256	674	86.4	889	265	235.5
121485	58191	108.8	10774	17230	-37.5	45536		
54612	53313	2.4	9780	17230	-43.2	36783		

2008年房地产

指　　标	其中：经济适用房	去年同期	增幅(%)	其中：别墅	去年同期	增幅(%)
房屋施工面积(平方米)	1005576	1306155	23.0		17120	100.0
其中：本年新开工面积(平方米)	466116	962235	-51.6		2000	-100.0
房屋竣工面积(平方米)	293551	649584	-54.8		17000	-100.0
其中：不可销售面积(平方米)						
商品住宅竣工套数（套）	2805	6271	-55.3		110	-100.0
竣工房屋价值（万元）	28930	45568	-36.5		1070	-100.0
出租房屋面积(平方米)						
商品房销售面积(平方米)	310109	737168	-57.9		13610	-100.0
现房销售面积(平方米)	18790	472048	-60.2		2000	-100.0
期房销售面积(平方米)	122139	265120	-53.9		11610	-100.0
商品房销售额（万元）	38017	74908	-49.2		1607	-100.0
现房销售额（万元）	21213	52586	-59.7		570	-100.0
期房销售额（万元）	16804	22322	-24.7		1037	-100.0
商品住宅销售套数（套）	2688	6608	-59.3		105	-100.0
现房销售套数（套）	1669	4457	-62.6		10	-100.0
期房销售套数（套）	1019	2151	-52.6		95	-100.0
空置面积（平方米）	31182	11992	160.0			
其中：空置1—3年面积(平方米)	3519	8631	-59.2			

面积对比表（二）

办公楼	去年同期	增幅(%)	商业营业用房	去年同期	增幅(%)	其他	去年同期	增幅(%)
16676	23443	28.9	242135	136467	77.4	35396	41794	-15.3
7600	23443	-67.6	123513	95039	30.0	25014	19697	27.0
5100	8000	-36.3	58501	59458	-1.6	18494	10000	84.9
			6500	384	1592.7	2100		
765	1290	-40.7	9094	5852	55.4	2132	529	303.0
			23194	102000	-77.3	2100		
9400	6500	44.6	69019	65834	4.8	3779	10225	-63.0
	6500	-100.0	32939	44137	-25.4	861	3129	-72.5
9400			36080	21697	66.3	2918	7096	-58.9
1533	880	74.2	16981	18866	-10.0	882	888	-0.7
	880	-100.0	4698	15859	-70.4	265	463	-42.8
1533			12283	3007	308.5	617	425	45.2
			15522	1816	754.7	2900		
			2500					

主要统计指标解释

全社会固定资产投资 固定资产投资是社会固定资产再生产的主要手段。通过建造和购置固定资产的活动，国民经济不断采用先进技术装备，建立新兴部门，进一步调整经济结构和生产力的地区分布，增强经济实力，为改善人民物质文化生活创造物质条件。这对我国的社会主义现代化建设具有重要意义。

固定资产投资额 是以货币表现的建造和购置固定资产活动的工作量，它是反映固定资产投资规模、速度、比例关系和使用方向的综合性指标。全社会固定资产投资包括城镇建设项目投资、房地产开发投资、农村非住户建设项目投资、农村私人（农户）固定资产投资。城镇和农村非农产建设项目投资统计范围包括：城乡各种登记注册类型的企业、事业、行政单位及个体户进行的计划总投资（或实际需要总投资）50万元及以上的建设项目。

固定资产投资按国民经济行业分 建设项目归哪个行业，按其建成投产后的主要产品或主要用途及社会经济活动性质来确定。基本建设按建设项目划分国民经济行业，更新改造、国有经济单位其他固定资产投资及城镇集体投资根据整个企业、事业单位所属的行业来划分。一般情况下，一个建设项目或一个企业、事业单位只能属于一种国民经济行业。为了更准确地反映国民经济各行业之间的比例关系，联合企业（总厂）所属分厂属于不同行业的，原则上按分厂划分行业。

八、商　贸

资料整理人员：蒋　庆　刘　煜

2008年县市区社会消费品零售总额

单位：万元

指 标 名 称	2008年	2007年	同比±%
合 计	2822716.00	2236588.00	26.21
黄州区	400440.00	314150.85	27.01
团风县	93925.00	73144.61	28.41
红安县	189441.00	150780.80	25.64
罗田县	182463.00	142426.82	28.11
英山县	108794.00	86241.78	26.15
浠水县	409818.00	324428.44	26.32
蕲春县	306603.00	239946.00	27.78
黄梅县	353626.00	280388.52	26.12
麻城市	411610.00	324664.77	26.78
武穴市	367433.00	289842.23	26.77

2008年社会消费品零售总额

单位：万元

指　标　名　称	2008年	2007年	同比±%
社会消费品零售总额	**2822716.0**	**2236588.0**	**26.2**
一、按销售单位所在分组			
市	695867.5	548260.0	26.9
县	856337.7	672521.0	27.3
县以下	1270510.8	1015807.0	25.1
二、按行业分组			
批发和零售业	514861.0	436046.0	18.1
限额以上企业	67860.4	59960.0	13.2
限额以下企业及个体户	447000.6	376086.0	18.9
零售业	1926509.9	1496738.0	28.7
限额以上企业	462171.9	339765.0	36.0
限额以下企业及个体户	1464338.0	1156973.0	26.6
住宿和餐饮业	312459.1	248469.0	25.8
星级(限额以上)企业	15070.7	12324.0	22.3
星级以外（限额以上）企业和个体户	297388.4	236145.0	25.9
其他	68886.0	55335.0	24.5

2008年限额以上批发和

指　　标	批发业法人			
	法人或产业单位数（个）	年末从业人员数（人）	商品销售额（营业额）	零售额
一、法人单位				
合计	28	3809	7598696	176637
1、单产法人单位	20	2793	6149476	149631
2、多产法人单位	8	1016	1449220	27006
二、多产法人单位所属产业活动单位的行业分布情况				
合计	62	1016	1449220	27006
1、农林牧渔业				
2、采矿业				
3、制造业				
4、电力、燃气及水的生产和工业				
5、建筑业				
6、交通运输、仓储和邮政业				
7、信息传输、计算机服务和软件业				
8、批发和零售业	58	989	1449220	27006
（1）批发业	43	929	1428873	7079
（2）零售业	15	60	20347	19927
9、住宿和餐饮业				
（1）住宿业				
（2）餐饮业				
10、金融业				
11、房地产业				
12、租赁和商务服务业	4	27		
（1）租赁业				
（2）商务服务业	4	27		
13、科学研究、技术服务和地质勘察业				
14、水利、环境和公共设施管理业				
15、居民服务业和其他服务业				
#居民服务业				
16、教育				
17、卫生、社会保障和社会福利业				
18、文化、教育和娱乐业				
19、其他行业				

零售业法人单位情况

单位：千元

批发业法人	零售业法人				
单位经营性收入	法人或产业单位数	年末从业人员数（人）	商品销售额（营业额）	零售额	单位经营性收入
	84	12131	6294495	6091831	
	54	5606	1600303	1456172	
	30	6525	4694192	4635659	
1664748	683	6525	4694635	4636100	12623939
	1	5			866
1664748	672	6469	4694192	4635659	12622529
1650450	46	247	70821	21460	350071
14298	626	6222	4323371	4614199	12272458
	6	31	443	441	443
	6	31	443	441	443
	1	5			
	1	5			
	3	15			101
	2	8			101

限额以上批发和零售业法人

指　　标	法人企业数（个）	年末从业人员数（个）	商品购进总额	
				进口额
总　　计	112	15940	12985595	
一、批发业	28	3809	6855819	
1、按批发行业分组				
农畜产品批发	1	38	24888	
食品、饮料及烟草制品批发	15	3148	3908601	
纺织、服装及日用品批发				
文化、体育用品及器材批发	1	70	18540	
医药及医疗器材批发	1	215	103820	
矿产品、建材及化工产品批发	5	153	1023879	
机械设备、五金交电及电子产品批发				
贸易经纪与代理				
其他批发	5	185	1776091	
2、按登记注册类型分组				
内资企业	28	3809	6855819	
国有企业	12	2309	3300690	
集体企业				
股份合作企业				
联营企业	2	97	64679	
有限责任公司	6	336	1292562	
股份有限公司	2	57	37598	
私营企业	6	1010	2160290	
其他企业				
港、澳、台商投资企业				
外商投资企业				
3、按控股情况分组				
国有控股	15	2417	3387255	
集体控股	4	929	642126	
私人控股	7	443	2638465	
港澳台商控股				
外商控股				
其他	2	20	187973	

企业商品购销存情况（一）

单位：千元

商品销售总额	批发额	出口额	零售额	年末商品库存总额	年末零售营业面积（平方米）
13893191	7624723		6268468	923054	310250
7598696	7422059		176637	311914	17188
17556	17556			206928	17188
4627778	4453663		174115		
20225	17703		2522	3886	
104777	104777			4430	
1008691	1008691			70597	
1819669	1819669			9490	
7598696	7422059		176637	311914	17188
4097579	4064134		33445	108561	888
58773	58773			16584	
1291474	1291474			54444	
43386	43386			4820	
2107484	1964292		143192	127505	
4178238	4144793		33445	125416	2188
575508	432316		143192	108790	15000
2656520	2656520			75394	
188430	188430			2584	

限额以上批发和零售业法人

指　　标	法人企业数（个）	年末从业人员数（个）	商品购进总额	进口额
4、按经营形式分组				
独立门店	14	1612	2891190	
连锁总店				
连锁门店	2	187	243322	
其他	12	2010	3721307	
二、零售业	84	12131	6129776	
1、按零售行业小类分组				
综合零售	31	7117	1774192	
食品、饮料及烟草制品专门零售	9	1771	380767	
纺织、服装及日用品专门零售	1	29	7480	
文化、体育用品及器材专门零售	9	306	142862	
医药及医疗器材专门零售	13	821	238336	
汽车、摩托车、燃料及零配件专门零售	8	1564	3339035	
家用电器及电子产品专门零售	1	36	18000	
五金、家具及室内装修材料专门零售	1	36	18000	
无店铺及其他零售	2	85	16651	
2、按登记注册类型分组				
内资企业	84	12131	6129776	
国有企业	17	2207	570795	
集体企业	12	1187	424001	
股份合作企业	3	276	100202	
联营企业				
有限责任公司	21	4463	1249249	
股份有限公司	12	2511	3438393	
私营企业	19	1487	347136	
其他企业				
港、澳、台商投资企业				
外商投资企业				
3、控股情况分组				
国有控股	22	4133	3954557	

企业商品购销存情况（二）

单位：千元

商品销售总额	批发额	出口额	零售额	年末商品库存总额	年末零售营业面积（平方米）
2979388	2819385		160003	148275	16640
243322	232928		10394	1551	310
4375986	4369746		6240	162088	238
6294495	202664		6091831	611140	293062
1889512	29315		1860197	335924	178200
416514	67149		349365	27151	14568
17639	7290		10349	1244	500
136198	7431		128767	16849	4109
238533	40352		198181	58026	14883
3331668			3331668	116501	50853
2000			2000	13000	5000
2000			2000	13000	5000
35007	12580		22427	1690	2759
6294495	202664		6091831	611140	293062
597726	74580		523146	47093	22323
452636	109751		342885	48056	60609
94189	840		93349	64271	6785
1289934	6511		1283423	199152	84323
3507925	180		3507745	195182	69899
352085	10802		341283	57386	49123
3983943	74580		3909363	181142	63198

限额以上批发和零售业法人

指　　标	法人企业数（个）	年末从业人员数（个）	商品购进总额	进口额
集体控股	17	1840	570785	
私人控股	33	4777	1365570	
港澳台商控股				
外商控股				
其他	12	1381	238864	
4、按经营形式分组				
独立门店	70	7455	1811531	
连锁总店	5	162	106322	
连锁门店	2	323	110362	
其他	7	4191	4101561	
5、按零售业				
有店铺零售	84	12131	6129776	
食杂店	2	245	52801	
便利店	4	102	9791	
折扣店				
超市	16	1937	404986	
大型超市	6	724	304761	
仓储会员店				
百货店	7	793	218619	
专业店	22	2276	499828	
专卖店	17	2066	3600267	
家居建材商店	10	3988	1038723	
购物中心				
厂家直销中心				
无店铺零售				
电视购物				
邮购				
网上商店				
自动售货亭				
电话购物				

企业商品购销存情况（三）

单位：千元

商品销售总额	批发额		零售额	年末商品库存总额	年末零售营业面积（平方米）
		出口额			
664466	109751		554715	91052	83467
1367096	15059		1352037	297850	92776
278990	3274		275716	41096	53621
1973140	200376		1772764	363881	237633
132610	2288		130322	5406	1753
107880			107880	15543	10000
4080865			4080865	226310	43676
6294495	202664		6091831	611140	293062
53612	12508		41032	19202	7200
12076	1798		10278	3054	1424
421446	5271		416175	67328	551736
330712	37987		292725	76977	12300
261000	13300		24700	48766	42587
504006	78050		425956	87002	51550
3628324	35747		3592577	136684	45188
1083319	17931		1065388	172127	77640

2008年限额以上住宿和

指　　标	批发业法人			
	法人或产业单位数（个）	年末从业人员数（人）	商品销售额（营业额）	
				零售额
一、法人单位				
合计	14	1365	94601	41051
1、单产法人单位	11	931	66158	26596
2、多产法人单位	3	434	28443	14455
二、多产法人单位所属产业活动单位的行业分布情况				
合计	14	434	29523	15535
1、农林牧渔业				
2、采矿业				
3、制造业				
4、电力、燃气及水的生产和工业				
5、建筑业				
6、交通运输、仓储和邮政业				
7、信息传输、计算机服务和软件业				
8、批发和零售业	1	6	1080	1080
（1）批发业				
（2）零售业	1	6	1080	1080
9、住宿和餐饮业	6	395	28443	14455
（1）住宿业	3	179	19565	5920
（2）餐饮业	3	216	8878	8535
10、金融业				
11、房地产业				
12、租赁和商务服务业				
（1）租赁业				
（2）商务服务业				
13、科学研究、技术服务和地质勘察业				
14、水利、环境和公共设施管理业				
15、居民服务业和其他服务业	7	33		
#居民服务业	6	28		
16、教育				
17、卫生、社会保障和社会福利业				
18、文化、教育和娱乐业				
19、其他行业				

餐饮业法人企业情况

单位：千元

批发业法人	零售业法人				
单位经营性收入	法人或产业单位数	年末从业人员数（人）	商品销售额（营业额）	零售额	单位经营性收入
	29	2770	202200	156570	
	28	2645	189885	149270	
	1	125	12315	7300	
30768	4	125	12315	7300	6000
1080					
1080					
28443	4	125	12315	7300	6000
19565					
8878	4	125	12315	7300	6000
1245					
1065					

限额以上住宿业和餐饮业

指　　标	法人企业数（个）	年末从业人员数（个）	营业额	
				客房收入
总　　计	43	4135	296801	91132
一、住宿业	14	1365	94601	47716
1、按住宿行业小类分组				
旅游饭店	8	743	54079	26013
一般旅馆	5	592	37242	18423
其他住宿服务	1	30	3280	3280
2、按登记注册类型分组				
内资企业	13	1220	85839	43082
国有企业	1	135	5200	2250
集体企业	1	153	9827	3854
股份合作企业	1	172	5311	1901
联营企业				
有限责任公司	3	397	29205	15192
股份有限公司	1	47	2980	2460
私营企业	6	316	33316	17425
其他企业				
港、澳、台商投资企业				
外商投资企业	1	145	8762	4634
3、按控股情况分组				
国有控股	1	135	5200	2250
集体控股	2	283	18767	9284
私人控股	7	488	38627	19326
港澳台商控股				
外商控股	1	145	8762	4634
其他	3	314	23245	12222
4、按经营形式分组				
独立门店	14	1365	94601	47716
连锁总店				
连锁门店				
其他				
5、按星级分组				
五星				
四星	1	130	8940	5430
三星	9	927	57147	28045

法人企业经营情况（一）

单位：千元

			客户间数（间）	床位数（个）	餐位数（位）	年末餐饮营业面积（平方米）
餐费收入	商品销售收入	其他收入				
183603	14018	8048	14283	28196	21921	64008
37347	3704	5834	1144	2122	4300	9570
26236	1171	659	684	1285	3200	7430
11111	2533	5175	365	680	1100	2140
			95	157		
33662	3604	5491	1011	1877	3800	8570
2212	738		80	160	300	900
4990	930	53	112	211	1100	1200
2550	830	30	70	140	500	800
8040	665	5308	278	527	260	1300
520			32	63	190	350
15350	441	100	439	776	1450	4020
3685	100	343	133	245	500	1000
2212	738		80	160	300	900
4990	1595	2898	210	399	1100	1200
17900	1271	130	509	916	1950	4820
3685	100	343	133	245	500	1000
8560		2463	212	402	450	1650
37347	3704	5834	1144	2122	4300	9570
	665	2845	98	188		
24353	1860	2889	749	1364	3180	5730

限额以上住宿业和餐饮业

指　　标	法人企业数（个）	年末从业人员数（个）	营业额	客房收入
二星	2	271	15054	7354
一星				
其他	2	37	13460	6887
二、餐饮业	29	2770	202200	43416
1、按餐饮行业小类分组				
正餐服务	27	2672	192680	39849
快餐服务	2	98	9520	3567
饮料及冷饮服务				
其他餐饮服务				
2、按登记注册类型分组				
内资企业	28	2714	195600	40316
国有企业	1	88	11797	3177
集体企业	1	30	2100	
股份合作企业				
联营企业				
有限责任公司	5	546	43292	15761
股份有限公司	2	106	8775	2493
私营企业	17	1864	121344	16526
其他企业	2	80	8292	2359
港、澳、台商投资企业	1	56	6600	3100
外商投资企业				
3、按控股情况分组				
国有控股	3	172	22285	7117
集体控股	1	30	2100	
私人控股	25	2568	177815	36299
港澳台商控股				
外商控股				
其他				
4、按经营形式分组				
独立门店	27	2625	191754	40770
连锁总店				
连锁门店				
其他	2	145	10446	2646

法人企业经营情况（二）

单位：千元

			客户间数（间）	床位数（个）	餐位数（位）	年末餐饮营业面积（平方米）
餐费收入	商品销售收入	其他收入				
6962	738		174	340	800	2900
6032	441	100	123	230	320	940
146256	10314	2214	13139	26074	17621	54438
140631	9994	2206	12979	25772	16791	52258
5625	320	8	160	302	830	2180
143056	10014	2214	12989	25784	17271	52838
6861	1112	647	94	185	800	2200
2100					1500	300
25553	1206	772	286	494	3216	13600
5997		285	106	198	515	3800
96748	7696	374	12423	24767	10740	31038
5797		136	80	140	500	1900
3200	300		150	290	350	1600
12824	1412	932	302	591	1650	4800
	2100				1500	300
131332	8902	1282	12837	25483	14471	49338
139116	9784	2084	1083	1962	16541	52510
7140	530	130	12056	24112	1080	1928

星级住宿业和限额以上餐饮业经营情况

单位：万元

指　　标	2008年	2007年	同比±%
营业额总计	21958.9	17864.3	22.9
一、按行业分组			
1、住宿业	11616.3	9585.3	21.2
2、餐馆业	10342.6	8279.0	24.9
二、按收入结构分组			
1、客房收入	6410.1	5285.7	21.3
2、餐费收入	13878.7	11283.0	23.0
3、商品销售额	1192.0	1041.0	14.5
4、其他收入	478.1	254.6	88.1

限额以上批发和零售业法人企业商品分类销售情况(一)

单位：千元

指　　标	销售额	批发额	零售额
总　计	13893191	7624723	6268468
一、批发业	7598696	7422059	176637
1、粮油、食品、饮料、烟酒类	4580821	4421847	158974
（1）粮油、食品类	322067	275569	46498
其中：粮油类			
肉禽蛋类	108705	108705	
水产品类			
蔬菜类			
干鲜果品类	8670	3110	5560
（2）饮料类	113724	75663	38061
（3）烟酒类	4145030	4070615	74415
2、服装、鞋帽、针纺织品类	15237	11936	3301
（1）服装类			
（2）鞋帽类			
（3）针纺织品	15237	11936	3301
3、化妆品类	10291	7775	2516
4、金银珠宝类			
5、日用品类	76911	74092	2819
其中：洗涤用品类	74704	72144	2560
儿童玩具类	2207	1948	259
6、五金、电料类	23426	18764	4662
7、体育、娱乐用品类			
8、书报杂志类	20225	17703	2522
9、电子出版物及音像制品类			
10、家用电器和音像器材类			
11、中西药品类	38733	38733	
其中：西药	38733	38733	
中草药及中成药类			
12、文化办公用品类	4716	3906	810
13、家具类	4976	3943	1033
14、通讯器材类			
15、煤炭及制品类			
16、木材及制品类			
17、石油及制品类			
18、化工材料及制品类	49057	49057	
其中：化肥类			
19、金属材料类	934634	934634	
20、建筑及装潢材料类	18000	18000	
21、机电产品及设备类			
其中：农机类			
22、汽车类			
23、种子饲料类			
24、棉麻类			
25、其他类	1821669	1821669	

限额以上批发和零售业法人企业商品分类销售情况（二）

单位：千元

指　　标	销售额	批发额	零售额
二、零售业	6294495	202664	6091831
1、粮油、食品、饮料、烟酒类	1284897	67149	12417748
（1）粮油、食品类	909046	67149	841897
其中：粮油类	175131		175131
肉禽蛋类	322715	67149	255566
水产品类	18646		18646
蔬菜类	24422		24422
干鲜果品类	40376		40376
（2）饮料类	92371		92371
（3）烟酒类	283480		283480
2、服装、鞋帽、针纺织品类	534925		534925
（1）服装类	338027		338027
（2）鞋帽类	105889		105889
（3）针纺织品	91009		91009
3、化妆品类	53216		53216
4、金银珠宝类	34181		34181
5、日用品类	127612	8640	118972
其中：洗涤用品类	67345	100	67245
儿童玩具类	21440		21440
6、五金、电料类	28631	800	27831
7、体育、娱乐用品类	3217		3217
8、书报杂志类	138229	7431	130798
9、电子出版物及音像制品类	72318		72318
10、家用电器和音像器材类	232490	40618	191872
11、中西药品类	244855	40352	204503
其中：西药	84962	5743	79219
中草药及中成药类	118896	33769	85127
12、文化办公用品类	39497		39497
13、家具类	41130		41130
14、通讯器材类	19523	2706	16817
15、煤炭及制品类	1000		1000
16、木材及制品类	300	300	
17、石油及制品类	3299229		3299229
18、化工材料及制品类	32727	32727	
其中：化肥类	26822	26822	
19、金属材料类	1079	1079	
20、建筑及装潢材料类	1535		1535
21、机电产品及设备类	18991	281	18710
其中：农机类	281	281	
22、汽车类	24847		24847
23、种子饲料类	581	581	
24、棉麻类			
25、其他类	59485		59485

主要统计指标解释

社会消费品零售额 指各种经济类型的批发零售业、住宿餐饮业和其他行业对城乡居民和社会集团的消费品零售额总和。这个指标反映通过各种商品流通渠道向居民和社会集团供应的生活消费品来满足他们生活需要，是研究人民生活，社会消费品购买力，货币流通等问题的重要指标。社会消费品零售额包括：（1）售给城乡居民作为生活用的商品和修建房屋用的建筑材料；（2）售给机关、团体、学校、部队、企业、事业单位的职工食堂和旅店（招待所）附设专门供本店旅客食用，不对外营业的食堂的各种食品、燃料；企业、单位和国营农场直接售给本单位职工和职工食堂的自己生产的产品；（3）售给部队干部、战士生活用的粮食、副食品、衣着品、日用品、燃料；（4）售给来华的外国人、华侨、港、澳、台同胞的消费品；（5）居民自费购买的中、西药品、中药材及医疗用品；（6）报社、出版社直接售给居民和社会集团的报纸、图书、杂志，集邮公司出售的新、旧纪念邮票、特种邮票、首日封、集邮册、集邮工具等；（7）旧货寄售商店自购、自销部分的商品；（8）煤气公司、液化石油气站售给居民和社会集团的煤气灶具和罐装液化石油气；（9）农业生产者售给非农业居民和社会集团的商品。不包括售给国民经济各部门企业、事业单位（包括国有经济的农场）生产经营用的各种原材料、燃料、设备、工具等和售给批发零售业、住宿餐饮业作为转卖用的商品、旧货寄售商店受托寄售卖出的商品、服务业的营业收入、邮局出售邮票的收入、自来水、电力、煤气生产（供应）单位的产品供应收入，也不包括农民之间的商品销售。

批发零售业商品购、销、存总额 指以各种经济类型的批发、零售业企业为总体的商品购、销、存。

商品购进总额 指从本企业（单位）以外的单位和个人购进（包括从国外直接进口）作为转卖或加工后转卖的商品。这个指标反映批发零售业从国内、国外市场上购进商品的总量。商品购进总额包括：（1）从工农业生产者购进的商品；（2）从出版社、报社的出版发行部门购进的图书、杂志和报纸；（3）从各种经济类型的批发零售企业（单位）购进的商品；（4）从其他单位购进的商品，如从机关、团体、企业、单位购进的剩余物资，从餐饮业、服务业购进的商品，从海关、市场管理部门购进的缉私和没收的商品，从居民收购的废旧商品等；（5）从国（境）外直接进口的商品。不包括企业（单位）为自身经营用和未通过买卖行为而收入的商品以及销售退回，商品升溢等。

商品销售总额 指对本企业（单位）以外的单位和个人出售（包括对国（境）外直接出口）的商品金额（含增值税）。该指标反映批发零售业在国内市场上销售商品以及出口商品总量。商品销售总额包括：（1）售给城乡居民和社会集团消费用的商品；（2）售给工业、农业、建筑业、运输邮电业、批发零售业、住宿餐饮业、服务业等作为生产、经营使用的商品；（3）售给批发零售业作为转卖或加工后转卖的商品；（4）对国（境）外直接出口的商品。商品销售总额不包括：出售本企业（单位）自用的废旧包装用品；未通过买卖行为付出的商品；经本单位介绍，由买卖双方直接结算，本单位只收取手续费的业务；购货退出的商品以及商品损耗和损失等。

年末库存 指年末各种经济类型的批发零售企业（单位）已取得所有权的商品。它反映各地区、各批发零售企业（单位）的商品库存情况，和对市场商品供应的保证程度。期末库存包括：（1）存放在批发零售业经营单位（如门市部、批发站、经营处）仓库、货场、货柜和货架中的商品；（2）挑选、整理、包装中的商品；（3）已记人购进而尚未运到本单位的商品，即发货单或银行承兑凭证已到而货未到部分；寄放他处的商品，如因购货方拒绝承付而暂时存放在购货方的商品和已办完加工成品收回手续而未提回的商品；（5）委托其他单位代销（未作销售或调出）尚未售出的商品；（6）代其他单位购进尚未交付的商品。不包括所有权不属于本单位的商品；拨付除批发零售业以外的其他行业所属独立核算加工厂等加工生产尚未收回成品的商品、代国家物资储备部门保管的商品等。期末库存总额计算方法是：农副产品采购单位按购进价计算；批发单位按进货价计算；零售单位按什么价格核算就按什么价格计算。

利用外资　指我国各级政府、部门、企业和其它经济组织通过对外借款、吸收外商直接投资以及用其它方式筹措的境外现汇、设备、技术等。

外商直接投资　是指外国企业和经济组织或个人（包括华侨、港澳台胞以及我国在境外注册的企业）按我国有关政策、法规，用现汇、实物、技术等在我国境内开办外商独资企业、与我国境内的企业或经济组织共同举办中外合资经营企业、合作经营企业或合作开发资源的投资（包括外商投资收益的再投资）以及经政府有关部门批准的项目投资总额内，企业从境外借人的资金。

海外旅游者　指来我国参观、访问、旅行、探亲、访友、休养、考察、参加会议和从事经济、科技、文化、教育、宗教等活动的外国人、华侨、港澳和台湾同胞的人数。不包括外国在我国的常住机构，如使领馆、通讯社、企业办事处的工作人员；来我国常住的外国专家、留学生以及在岸逗留不过夜人员。

国内旅游者　指我国大陆居民离开常住地在境内其他地方的旅游设施内至少停留一夜，最长不超过6个月的国内游客。包括在我国常住1年以上的外国人、华侨、港澳和台湾同胞。

旅游外汇收入　指入境旅游的外国人、华侨、港澳和台湾同胞在中国大陆旅游过程中发生的一切旅游支出，对于国家来说就是国际旅游（外汇）收入。

九、物　价

资料整理人员：倪继福

2008年流通消

指　　标	合计	黄州区	团风县
居民消费价格总指数	**106.42**	**106.40**	**105.39**
一、食品	113.89	114.20	108.78
二、烟酒及用品	102.02	100.11	100.52
三、衣着	98.08	100.47	99.83
四、家庭设备用品及维修服务	102.01	101.89	99.85
五、医疗保健和个人用品	102.84	106.12	102.06
六、交通和通信	100.21	96.93	103.91
七、娱乐教育文化用品及服务	100.46	105.56	100.07
八、居住	107.97	102.83	113.95
商品零售价格总指数	106.28	105.76	105.59
一、食品	114.62	114.49	110.20
二、饮料、烟酒	102.13	100.18	100.48
三、服装、鞋帽	96.93	100.38	99.83
四、纺织品	100.96	110.30	100.00
五、家用电器及音像器材	97.47	92.17	99.35
六、文化办公用品	98.83	98.55	99.94
七、日用品	103.40	101.53	100.06
八、体育娱乐用品	100.38	101.39	100.00
九、交通、通信用品	93.72	88.74	99.51
十、家具	101.46	100.43	100.00
十一、化妆品	98.38	104.34	100.00
十二、金银珠宝	120.08	133.17	113.93
十三、中西药品及医疗保健用品	101.93	102.74	100.52
十四、书报杂志及电子出版物	101.90	109.21	100.00
十五、燃料	110.22	96.27	130.94
十六、建筑材料及五金电料	109.25	110.52	107.11
农业生产资料价格指数	116.85	118.83	105.07
一、农用手工工具	113.00	111.71	103.27
二、饲料	105.74	77.71	99.73
三、产品畜	131.15	165.25	102.64
四、半机械化农具	108.07	95.67	96.64
五、机械化农具	103.20	93.21	100.00
六、化学肥料	123.59	132.22	108.65
七、农药及农药械	102.90	95.55	101.54
八、农用机油	107.81	114.70	106.64
九、其他农业生产资料	109.34	85.83	100.00
十、农业生产服务	111.50	104.33	102.23

费价格指数

红安县	麻城市	罗田县	英山县	浠水县	蕲春县	武穴市	黄梅县
107.21	**109.00**	**103.38**	**105.46**	**105.92**	**105.43**	**104.37**	**106.24**
117.10	120.65	106.80	106.56	114.34	105.92	111.23	117.70
101.31	101.93	99.92	104.36	101.29	106.09	101.81	101.93
98.72	90.95	99.18	98.32	93.79	105.98	98.74	98.54
99.39	105.65	100.64	104.81	102.67	100.26	99.93	98.90
102.11	103.73	100.67	108.12	102.15	102.55	98.79	99.87
98.08	102.11	100.01	107.93	103.00	102.59	98.34	96.23
103.04	98.09	99.82	101.47	97.93	101.43	98.88	97.97
107.77	114.70	104.44	109.88	108.60	113.47	106.09	103.74
106.48	109.04	103.27	106.53	106.04	103.32	104.37	105.68
117.66	121.12	106.70	107.59	115.21	104.82	111.94	117.08
102.13	103.59	98.46	105.25	102.99	104.27	100.65	100.54
98.53	90.92	99.05	97.90	93.10	106.42	98.93	98.42
99.26	102.41	100.00	110.42	93.90	102.17	99.10	97.82
100.08	96.40	101.13	103.75	101.42	103.70	94.81	88.96
96.86	103.41	99.80	100.67	98.94	92.79	96.14	95.67
101.38	108.78	100.00	105.59	102.25	107.96	99.55	101.62
99.78	101.20	100.00	105.81	98.87	102.79	97.52	98.87
89.09	93.71	99.39	102.90	96.27	91.81	96.61	84.27
94.86	108.18	100.00	102.40	100.04	94.78	101.48	101.90
100.17	100.92	100.00	107.64	93.88	92.22	98.11	88.56
128.98	131.27	103.50	113.91	111.45	116.41	110.47	104.00
102.43	100.99	100.00	105.72	103.88	96.87	98.28	102.20
99.73	100.96	100.00	105.87	95.07	97.72	110.62	101.24
107.95	116.53	109.64	121.72	112.16	117.69	110.23	110.17
104.50	115.41	106.37	110.62	110.87	107.99	100.93	110.27
122.83	124.78	105.17	113.79	117.89	112.77	122.70	118.65
116.10	111.50	100.00	96.61	139.31	103.39	97.14	141.28
120.14	110.68	100.00	103.85	114.01	107.70	101.08	107.18
152.66	117.78	138.42	115.20	126.81	87.56	115.65	193.80
114.31	103.59	100.00	95.58	114.73	100.73	100.00	133.32
125.58	100.00	100.00	104.36	112.01	102.07	100.23	96.04
130.34	146.69	105.73	121.11	125.12	117.87	140.77	111.24
108.89	98.25	102.85	94.76	105.23	124.88	97.47	95.42
108.53	109.00	105.29	104.48	111.16	119.55	98.24	103.93
98.08	134.62	103.44	122.17	101.03	99.41	113.79	104.15
116.98	122.37	100.00	100.58	105.22	111.18	133.79	117.18

2008年居民消费价格和商品零售

指　　标	1月	2月	3月	4月
居民消费价格总指数	**108.21**	**109.15**	**108.73**	**108.80**
一、食品	119.18	122.08	120.60	120.44
1、粮食	111.66	110.59	110.77	111.31
2、淀粉	109.34	112.77	108.95	107.72
3、干豆类及豆制品	124.76	125.49	125.52	128.11
4、油脂	135.79	141.98	143.28	140.62
5、肉禽及其制品	134.84	139.68	139.19	139.91
6、蛋	101.48	104.18	103.39	101.61
7、水产品	110.75	116.58	113.55	118.55
8、菜	132.34	141.53	120.85	117.12
9、调味品	103.80	103.35	103.24	98.98
10、糖	102.97	104.32	104.65	105.35
11、茶及饮料	102.39	101.68	101.29	100.40
12、干鲜瓜果	107.82	106.04	110.21	109.52
13、糕点饼干	103.60	103.64	103.76	104.51
14、液体乳及乳制品	102.42	103.19	100.79	101.19
15、在外用膳食品	112.34	113.28	117.15	117.02
16、其他食品	104.48	104.01	104.03	104.16
二、烟酒及用品	102.98	102.90	102.63	102.78
三、衣着	98.82	97.90	97.79	97.72
四、家庭设备用品及维修服务	101.56	101.66	101.60	101.72
五、医疗保健和个人用品	102.36	103.52	103.23	103.28

价格各月当月比指数（一）

5月	6月	7月	8月	9月	10月	11月	12月
108.44	107.50	106.72	105.83	105.26	104.53	102.88	101.57
118.81	115.89	114.44	111.54	110.52	108.90	105.18	102.26
113.08	113.54	112.65	111.38	111.92	110.85	107.97	105.24
111.14	108.32	111.36	105.98	104.97	102.65	98.22	98.07
127.83	122.78	126.50	119.64	117.59	115.76	111.26	99.04
134.80	125.70	121.37	114.85	109.04	104.93	94.32	86.47
131.19	123.30	116.41	110.28	109.65	108.04	103.80	99.43
94.79	93.67	95.95	93.86	94.62	92.63	91.67	89.66
123.48	120.96	121.42	118.06	117.53	112.62	106.77	107.57
115.92	120.86	120.04	114.31	114.38	111.95	99.43	100.55
98.84	99.65	100.70	102.52	101.97	102.69	102.42	102.05
104.94	105.17	106.59	106.71	104.76	104.15	103.48	101.20
101.59	101.00	102.22	102.83	102.70	102.34	101.63	101.79
113.68	112.89	113.23	113.78	111.23	106.55	106.83	99.36
104.66	105.34	106.11	106.08	105.26	104.73	104.06	103.16
101.31	101.52	104.53	104.57	104.79	103.67	104.57	104.34
117.05	113.58	114.63	114.34	112.64	112.33	112.34	110.49
104.42	104.95	103.17	102.05	101.80	101.42	101.42	100.29
102.66	101.75	101.66	101.23	101.26	101.08	101.94	101.37
97.53	97.59	97.08	98.31	98.54	98.77	98.37	98.51
101.72	101.76	101.66	101.59	102.43	102.31	102.97	103.16
103.67	103.53	102.25	102.70	102.13	101.83	102.09	103.46

2008年居民消费价格和商品零售

指　　标	1月	2月	3月	4月
六、交通和通信	100.27	100.09	100.00	99.91
七、娱乐教育文化用品及服务	99.97	99.37	100.63	100.72
八、居住	108.44	108.83	108.41	109.12
商品零售价格总指数	108.34	109.49	108.70	108.69
一、食品	120.79	124.06	121.83	121.62
二、饮料、烟酒	102.63	102.42	102.36	102.35
三、服装、鞋帽	98.02	96.83	96.56	96.42
四、纺织品	100.81	100.80	100.58	100.92
五、家用电器及音像器材	98.20	98.29	98.27	98.45
六、文化办公用品	99.01	98.89	99.14	99.13
七、日用品	103.41	103.62	103.71	104.13
八、体育娱乐用品	100.54	100.80	100.45	100.33
九、交通、通信用品	92.76	92.10	92.68	92.35
十、家具	101.52	101.29	101.70	101.82
十一、化妆品	97.62	97.25	96.51	96.49
十二、金银珠宝	109.48	114.47	115.97	117.88
十三、中西药品及医疗保健用品	102.92	104.13	103.72	103.91
十四、书报杂志及电子出版物	99.70	99.43	101.77	101.74
十五、燃料	110.44	111.37	107.86	108.32
十六、建筑材料及五金电料	108.20	108.65	110.27	110.51
农业生产资料价格指数	110.77	112.31	116.08	118.55

价格各月当月比指数（二）

5月	6月	7月	8月	9月	10月	11月	12月
100.28	100.65	100.86	100.97	100.01	99.97	100.02	99.47
100.70	100.68	100.49	100.52	100.65	100.62	100.60	100.54
110.16	110.48	109.66	109.55	108.19	107.10	104.21	102.15
108.37	107.54	106.87	105.80	105.09	104.28	102.18	100.71
120.08	116.77	115.30	111.98	110.85	109.22	104.78	101.98
102.56	101.84	102.06	101.80	101.88	101.70	102.21	101.74
96.18	96.20	95.67	97.15	97.39	97.87	97.44	97.45
101.42	101.23	101.37	100.81	101.03	100.93	100.82	100.76
98.44	98.25	98.02	98.25	96.32	95.88	95.83	95.29
99.21	99.65	98.84	98.57	98.26	98.28	98.29	98.63
104.29	103.88	103.59	102.89	103.29	103.21	102.63	102.25
100.27	99.92	100.14	100.12	100.11	100.30	100.81	100.81
93.47	93.52	94.35	95.10	93.84	94.00	95.18	95.49
101.22	101.28	101.93	101.99	101.79	102.11	100.87	99.98
96.65	97.60	97.98	100.06	100.02	99.91	100.34	100.40
126.98	126.13	125.35	125.52	124.29	122.85	120.72	111.14
103.16	102.79	100.18	99.48	99.65	99.30	100.62	103.47
101.74	101.69	101.77	101.83	102.46	102.79	103.58	104.35
108.56	115.19	116.02	116.75	114.90	112.83	104.02	98.15
112.06	112.69	112.32	111.33	109.77	107.68	105.33	102.84
119.41	118.40	120.52	121.41	119.64	117.74	115.02	112.21

主要统计指标解释

商品零售价格指数 是反映城乡商品零售价格变动趋势的一种经济指数。零售物价的调整变动直接影响到城乡居民的生活费支出和国家的财政收入，影响居民购买力和市场供需平衡，影响消费与积累的比例。因此，计算零售价格指数，可以从一个侧面对上述经济活动进行观察和分析。

居民消费价格指数 是反映一定时期内城乡居民所购买的生活消费品价格和服务项目价格变动趋势和程度的相对数。是综合了城市居民消费价格指数和农民消费价格指数计算取得。利用居民消费价格指数，可以观察和分析消费品的零售价格和服务价格变动对城乡居民实际生活费支出的影响程度。

城市居民消费价格指数 是反映城市居民家庭所购买的生活消费品和服务项目价格变动趋势及其程度的相对数。编制城市居民消费价格指数，可以观察和分析消费品的零售价格和服务项目价格变动对职工货币工资的影响，作为研交职工生活和确定工资政策的依据。

工业品出厂价格指数 是反映全部工业产品出厂价格总水平的变动趋势和程度的相对数。其中包括工业企业售给商业，外贸、物资部门的产品外，还包括售给工业和其他部门的生产资料以及直接售给居民的生活消费品。通过工业品生产价格指数能观察出厂价格变动对工业总产值的影响。

城镇居民家庭就业人口 指城镇居民从事社会劳动并取得劳动报酬或经营收入的人口，就业人口包括通过国家统筹规划和指导由劳动部门介绍就业，自愿组织起来就业和白谋职业等方式，就业人口数包括在国有制、集体所有制；中外合资；中外合作；外资在华独资的企事业单位和私营企业单位工作或从事个体劳动的有固定性职业或临时性职业的人员，被聘用和留用的离退休人员也计人就业人口。本指标可以反映城镇居民的就业情况、是计算就业面，负担系数的重要资料。

城镇居民家庭总收入 指调查户中生活在一起的所有家庭成员在调查期得到的工薪收入、经营净收入、财产性收入、转移性收入的总和，不包括出售财物和借贷收入。

城镇居民家庭可支配收入 指调查户可用于最终消费支出和其它非义务性支出以及储蓄的总和，即居民家庭可以用来自由支配的收入。它是家庭总收入扣除交纳的所得税、个人交纳的社会保障费以及调查户的记帐补贴后的收入。

城镇居民家庭总支出 指家庭除借贷支出以外的全部实际支出。包括消费性支出、购房建房支出、转移性支出、财产性支出、社会保障支出。

城镇居民家庭消费支出 指调查户用于本家庭日常生活的全部支出，包括食品、衣着、家庭设备用品及服务、医疗保健、交通和通讯、娱乐教育文化服务、居住、杂项商品和服务八大类等。不包括用于赠送的商品和服务。

农村居民家庭纯收入 指农村常住居民家庭总收人中，扣除从事生产性经营费用支出、缴纳税款、专项调查补贴和折旧等以后剩余的，可直接用于进行生产性、非生产性建设投资、生活消费和积蓄的那一部分收入，它是反映农民家庭实际收入水平的综合性的主要指标。农民家庭纯收入，既包括从事生产性经营收入和非生产性的收入，又包括来自在外人口寄回带回和国家财政救济、各种补贴等非经营性收入；既包括货币收入，又包括自产自用的实物收入。但不包括向银行、信用社和向亲友借款等属于借贷性的收入。

农村居民家庭整半劳动力 指农村常住居民家庭成员中有劳动能力并经常参加实际劳动的人员，农村男18周岁至50周岁、女18周岁至45周岁为整劳动力；男16周岁到17周岁、51周岁到60周岁，女16周岁到17周岁、46周岁至55周岁为半劳动力，农民家庭整半劳动力，既包括在上述规定劳动年龄内和在劳动年龄以外有劳动能力并经常参加实际劳动的男女整半劳动力；也包括农民家庭常住人员中属于职工的劳动力。但不包括在劳动年龄内已丧失劳动能力的人员。

农村居民家庭生活消费支出 指农村常住居民家庭年内用于日常生活的全部开支。它是用来反映和研究农民家庭实际生活消费水平高低的重要指标。农民家庭生活消费支出，包括用于吃、穿、住、烧、用等生活消费品开支和文化、生活服务费用开支两大部分。

十、财政、税收、金融

资料整理人员：顾援越

2008年分县（市、区）财政收入

单位：万元

县市区	全口径财政收入	一般预算收入	地方税收	非税收入
合　计	**596218**	**262065**	**121611**	**140454**
黄冈市	94621	33067	20343	12724
黄州区	35088	16070	9572	6498
团风县	23622	11387	6586	4801
红安县	61242	20931	9199	11732
麻城市	70298	34117	16449	17668
罗田县	38548	14657	6799	7858
英山县	26669	10874	4963	5911
浠水县	49286	24245	10696	13549
蕲春县	60124	29271	11379	17892
武穴市	82001	36021	15553	20468
黄梅县	54719	31425	10072	21353

2008年分县（市、区）国税收入

单位：万元

县市区	年度计划	本　期	同　期	占计划%	比同期（±）	
					总额	%
全　市	**18300**	**202438**	**159674**	**110.6**	**42764**	**26.8**
红　安	28860	29920	27215	103.7	2705	9.9
麻　城	18700	20966	15161	112.1	5805	38.3
罗　田	11000	11146	9772	101.3	1374	14.1
英　山	5050	5151	4603	102.0	548	11.9
浠　水	11750	14490	10295	123.3	4195	40.7
蕲　春	15180	17805	13308	117.3	4497	33.8
武　穴	23130	25963	19466	112.2	6497	33.4
黄　梅	11720	13035	10301	111.2	2734	26.5
团　风	5880	7106	5051	120.9	2055	40.7
黄州区	10280	11757	8702	114.4	3055	35.1
直属局	27180	27608	23509	101.6	4099	17.4
开发区	4380	5883	3470	134.3	2413	69.5
龙感湖	1900	1926	1677	101.4	249	14.8
车购办	7990	9682	7144	121.2	2538	35.5

2008年分县（市、区）分税种国税收入

单位：万元

县市区	全口径收入合计	增值税	消费税	企业所得税	个人所得税	车辆购置税
全　　市	**202438**	**149652**	**12455**	**21951**	**7825**	10555
红　　安	29920	14262	12133	983	488	54
麻　　城	20966	18164	18	1827	810	147
罗　　田	11146	9792	81	559	576	138
英　　山	5151	4265	5	377	427	77
浠　　水	14490	12245	6	669	1407	163
蕲　　春	17805	13192	30	3301	1181	101
武　　穴	25963	23177	154	1674	892	66
黄　　梅	13035	10986	21	1076	895	57
团　　风	7106	6106		695	250	55
黄 州 区	11757	10199	5	1414	139	
直 属 局	27608	18410	2	8486	710	
开 发 区	5883	5310		573		
龙 感 湖	1926	1544		317	50	15
车 购 办	9682					9682

2008年分县（市、区）地税税收收入

单位：万元

县市区	税收收入合计						
	省分计划	市分计划	累计完成	上年同期	占省分计划%	占市分计划%	占同期%
合　计	**110000**	**116130**	**129631**	**96762**	**117.85**	**111.63**	**133.97**
黄　州	8450	9200	10021	7436	118.59	108.92	134.76
团　风	5680	6020	7100	4991	125	117.94	142.26
红　安	8550	9080	9105	7526	106.49	100.28	120.98
麻　城	13700	14700	16226	12060	118.44	110.38	134.54
罗　田	6310	6550	7079	5551	112.19	108.08	127.53
英　山	5350	5660	5956	4695	111.33	105.23	126.86
浠　水	10600	11100	11444	9321	107.96	103.1	122.78
蕲　春	9650	10100	10734	8477	111.23	106.28	126.62
武　穴	15800	16950	19340	13909	122.41	114.1	139.05
黄　梅	9250	9690	11527	8138	124.62	118.96	141.64
东　坡	12660	12980	16845	12137	133.06	129.78	138.79
宝　塔	3000	3000	3138	1565	104.6	104.6	200.51
龙感湖	1000	1100	1116	956	111.6	101.45	116.74

2008年分县（市、区）财政支出

单位：万元

县市区	财政支出总计	一般预算支出	社保基金支出	政府性基金支出
合　计	**1217231**	**1022771**	**120166**	**74294**
黄冈市	139422	96516	16645	26261
黄州区	53377	46060	6931	386
团风县	65551	57193	3887	4471
红安县	99272	87451	8757	3064
麻城市	158552	137725	14860	5967
罗田县	93423	77248	9406	6769
英山县	79424	67217	6870	5337
浠水县	125099	113778	11321	
蕲春县	147925	121098	18425	8402
武穴市	132667	109544	13997	9126
黄梅县	122519	108941	9067	4511

2008年金融机构现金收支情况表

单位：亿元、%

收入项目				支出项目			
指标	年累计	占比	同比	指标	年累计	占比	同比
商品销售收入	137.48	10.66	-12	工资性及个人其他支出	120.84	9.41	-8
服务业收入	77.82	6.04	19	农副产品采购支出	56.16	4.37	8
行政税费收入	25.56	1.98	-5	工矿及其他产品采购支出	19.76	1.54	62
城乡个体经营收入	60.45	4.69	32	行政企业管理与经营费支出	37.45	2.92	-12
储蓄存款收入	912.09	70.74	3	城乡个体经营支出	51.93	4.04	-13
其他金融性公司收入	8.06	0.62	145	储蓄存款支出	928.88	72.31	5
居民归还贷款收入	19.13	1.48	-38	其他金融性公司支出	1.32	0.10	1
汇兑收入	9.78	0.76	-21	居民提取贷款支出	16.02	1.25	-28
有价证券及其他投资性收入	0.52	0.04	-5	汇兑支出	9.48	0.74	-38
其他收入	38.43	2.98	-26	有价证券支出	0.16	0.01	4
其中：兑换外币收入	0.03		-59	其他支出	42.67	3.32	-18
收入合计	1289.31	100	1	其中：兑换外币支出	0.01		-79
系统内现金收入	240.58		-5	支出合计	1284.66	100	1
由人行发行库领取现金	97.93		1	系统内现金支出	240.58		-5
由其他行、社业务领取现金	8.51		-8	交回人行发行库现金	102.21		6
前期业务库存	71.14		3	交回其他行、社业务库现金	8.51		-8
收入总计	1707.46			本期业务库存	71.51		2
国内保险保费收入	22.20		78	支出总计	1707		

2008年分县(市、区)金融机构存贷款增长情况

县市区	各项存款（亿元）			各项贷款（亿元）		
	余额	比年初	增长%	余额	比年初	增长%
黄冈市	635.13	134.42	26.85	252.44	34.31	13.59
黄州区	97.22	1.87	1.97	59.42	-2.20	-3.71
浠水县	78.17	20.42	35.36	22.56	0.88	3.92
武穴市	71.08	17.11	31.70	26.72	4.93	18.47
麻城市	76.79	21.22	38.18	49.79	16.34	32.83
蕲春县	80.17	20.32	33.96	24.14	2.51	10.39
黄梅县	76.21	17.80	30.47	18.70	3.06	16.39
罗田县	50.25	10.82	27.45	17.39	3.51	20.19
红安县	45.02	11.95	36.15	13.25	1.76	13.32
团风县	25.02	5.19	26.19	10.48	0.86	8.24
英山县	35.19	7.71	28.05	10.01	2.65	26.44

主要统计指标解释

财政收入 国家财政参与社会产品分配所取得的收入，是实现国家职能的财力保证。财政收入所包括的内容几经变化，目前主要包括：（1）各项税收；（2）专项收入；（3）其他收入等。

财政支出 国家财政将筹集起来的资金进行分配使用，以满足经济建设和各项事业的需要，主要包括：（1）基本建设支出；（2）企业挖潜改造资金；（3）地质勘探费用；（4）科技三项费用；（5）支援农村生产支出；（6）农林水利气象等部门的事业费用；（7）工业交通商业等部门的事业费；（8）文教科学卫生事业费；（9）抚恤和社会福利救济费；（10）国防支出；（11）行政管理费；（12）价格补贴支出等。

信贷资金 国家银行用于发放贷款的资金叫信贷资金。中国人民银行信贷资金的来源有各项存款、对国际金融机构负债、流通中货币、银行自有资金及当年结益等。信贷资金的运用有各项贷款、黄金占款、外汇占款、财政借款及在国际金融机构中的资产等。存款企业、机关、团体或居民根据资金必须收回的原则，把货币资金存人银行或其他信用机构保管并取得一定利息的一种信用活动形式。根据存款对象的不同可划分为企业存款、财政存款、机关团体存款、基本建设存款、城镇储蓄存款。农村存款等科目。它是银行信贷资金的主要来源。

贷款 银行或其他信用机构根据资金必须归还的原则，按一定利率，为企业、个人等提供资金的一种信用活动形式。我国银行贷款分为流动资金贷款、固定资产贷款、城乡个体工商户贷款以及农业贷款等科目。

保费 又叫保险费。是保险人根据保险合同的有关规定，为被保险人取得因约定危险事故发生所造成的经济损失补偿（或给付）权利，付给保险人的代价。包括财产险和人身险储金收入。

赔款 保险事故发生后，经查证确属保险责任范围以内的保险标的损失，保险人根据保险合同的规定履行赔偿义务，给予被保险人的款项叫做赔款。赔款可分为已决赔款和未决赔款两种。

十一、外　贸

资料整理人员：蒋　庆

2008年外贸进出口总值

单位：万美元

指　　标	累计完成	上年同期	同比±%
出口合计	**49454**	**36171**	**36.7**
外贸公司	29042	19057	52.4
生产企业	13538	11763	15.1
三资企业	6874	5351	28.5
进口合计	5863	5001	17.2

2008年外贸出口分县（市、区）情况

单位：万美元

县市区	累计完成	上年同期	同比±%
合　计	**49454**	**36171**	**36.7**
黄州区	10144	7436	36.4
团风县	2867	1462	96.1
红安县	705	514	37.2
麻城市	1221	900	35.7
罗田县	1125	968	16.2
英山县	1226	912	34.4
浠水县	4502	1715	162.5
蕲春县	5278	4521	16.7
武穴市	8767	7547	16.2
黄梅县	5804	4744	22.3
龙感湖	1788	1437	24.4
开发区	462	393	17.6
市　直	5565	3622	53.6

2008年外贸出口结构表

单位：万美元

结　　构	累　计	同比±%	比重%
初级产品	941	167.3	1.9
工业制成品	43617	21.8	88.2
机电产品	6956	75.3	14.1
高技术产品	1694	30.6	3.4
纺织品服装	14108	28.1	28.5
医药化工品	10521	15.8	21.3
一般贸易	44558	39.8	90.1
加工贸易	4896	14.2	9.9

2008年分县(市、区)实际利用外资情况表

单位：万美元

县市区	累计	去年同期	同比±%
合　计	**13366**	**11767**	**13.6**
黄州区	528	809	-34.7
团风县	48	40	20
红安县	285	172	65.7
麻城市	1454	4090	-64.4
罗田县	5	280	-98.2
英山县	4	15	-73.3
浠水县	232	20	1060
蕲春县	1685	329	412
武穴市	2941	1747	68.3
黄梅县	682	75	809
龙感湖	68	24	183
市　直	5434	4166	30.4

十二、劳动工资、高新技术

资料整理人员：夏　焱　林　红　戢志扬

2007、2008年劳动工资

	2008年在岗职工人数	2007年在岗职工人数	2008比2007增减%	2008年在岗职工年平工资	2007年在岗职工年平工资	2008比2007增减%
合　计	**337171**	**338820**	**-0.49**	**15351**	**12163**	**26.21**
黄州区	17600	20887	-15.74	16079	12114	32.73
团风县	37239	35244	5.66	14065	10686	31.62
红安县	24242	23581	2.80	12871	9827	30.98
罗田县	19560	19833	-1.38	14212	10384	36.86
英山县	16033	16308	-1.69	12516	9538	31.22
浠水县	39537	39545	-0.02	15088	11428	32.03
蕲春县	29321	34622	-15.31	16147	12981	24.39
黄梅县	30784	30038	2.48	15744	12400	26.97
麻城市	41631	41107	1.27	13978	12547	11.41
武穴市	40867	38079	7.32	17953	11861	51.36
龙感湖	14710	12247	20.11	8171	6490	25.90
市　直	25647	27419	-6.46	22917	20821	10.07

情况对比表

2008年从业人员人数	2007年从业人员人数	2008比2007增减%	2008年从业人员年平工资	2007年从业人员年平工资	2008比2007增减%	劳务派遣工人数	劳务派遣工平均劳动报酬
363766	**359190**	**1.27**	**14985**	**11882**	**26.12**	**3106**	**11489**
22166	23378	-5.18	15629	11575	35.02	1	9000
37833	35326	7.10	13954	10683	30.62	81	17519
25415	24485	3.80	12580	9743	29.12	228	11965
23047	23555	-2.16	13477	9680	39.23	140	12764
17830	18034	-1.13	12051	9363	28.71	174	11747
40368	40003	0.91	15022	11406	31.70	778	8978
33761	36535	-7.59	15010	12873	16.60	180	5181
31926	30912	3.28	15538	12240	26.94	235	13876
47047	45919	2.46	13286	12034	10.40	796	11436
41777	40421	3.35	17932	11488	56.09	104	11356
14830	12270	20.86	8179	6493	25.97	101	10400
27766	28448	-2.40	22754	20501	10.99	288	17729

2008年单位从业人员

	单位数（个）	年末人数（人）		
		单位从业人员年末人数		
			#女性	#非全日制
总　　计	**6914**	**363766**	**123070**	**11213**
国有控投	5362	219288	73123	5200
Ⅰ.国有单位合计	5494	218659	74313	4377
Ⅱ.城镇集体单位合计	445	14368	4492	1174
Ⅲ.其他单位合计	875	130739	44265	5662
一、按企业、事业机关分组				
1、企业	2101	199815	67524	9487
2、事业	2846	114409	43759	988
3、机关	1867	49542	11787	738
二、按国民经济行业分组				
（一）农、林、牧、渔业	228	21481	8963	1455
（二）采矿业	30	2534	458	24
（三）制造业	471	61640	31490	2378
（四）电力、燃气及水的生产和供应业	134	10987	3236	20
（五）建筑业	131	58034	5008	2327
（六）交通运输、仓储和邮政业	122	7666	2648	142
（七）信息传输、计算机服务和软件业	39	2785	1064	9
（八）批发和零售业	505	15277	6799	159
（九）住宿和餐饮业	38	3603	2244	293
（十）金融业	403	12974	5726	499
（十一）房地产业	77	6882	1038	2218
（十二）租赁和商务服务业	96	1642	434	
（十三）科学研究、技术服务和地质勘查业	210	3263	1003	31
（十四）水利、环境和公共设施管理业	142	6074	2594	188
（十五）居民服务和其他服务业	18	226	79	
（十六）教育	1564	67156	23664	920
（十七）卫生、社会保障和社会福利业	300	24353	12207	35
（十八）文化、体育和娱乐业	182	3082	1325	
（十九）公共管理和社会组织	2124	54107	13090	515

和劳动报酬情况(一)

年末人数（人）			平均人数（人）				劳动报酬和生活费(千元)	
单位从业人员年末人数		离开本单位仍保留劳动关系的职工年末人数	单位从业人员平均人数			离开本单位仍保留劳动关系的职工年末人数	单位从业人员劳动报酬	
1、在岗职工	2、其他从业人员			1、在岗职工	2、其他从业人员			1、在岗职工工资总额
337171	**26595**	**27408**	**357979**	**330466**	**27513**	**28097**	**5364166**	**5072869**
201333	17955	20589	217403	198484	18919	21267	3539958	3364438
200821	17838	19734	218141	199696	18445	20418	3569467	3397208
13850	518	5100	13551	13051	500	5105	206800	203115
12500	8239	2574	126287	117719	8568	2574	1587899	1472546
182547	17268	19886	194622	176506	18116	20135	2556958	2346615
106253	8156	5885	113789	105565	8224	6073	1770234	1705795
48371	1171	1637	49568	48395	1173	1889	1036974	1020459
18261	3220	1179	21418	18224	3194	1182	142236	126608
2425	109		2506	2415	91	19	34282	33454
59905	1735	4618	60805	59030	1775	4652	716806	702565
10746	241	991	11020	10748	272	1109	200449	196954
50047	7987	981	55831	47201	8630	969	757424	634454
7358	308	1648	7646	7338	308	1664	114451	111276
2534	251	739	2787	2533	254	743	59639	57104
14796	481	8243	15319	14835	484	8351	176379	170878
3504	99	237	3577	3459	118	239	36634	35639
9994	2980	1291	12848	9434	3414	1294	270646	232813
6481	401	228	4913	4811	102	266	102581	98716
1618	24	608	1630	1607	23	599	26908	26591
3125	138	282	3258	3121	137	287	46484	45508
5685	389	1033	6107	5743	364	1148	70522	67780
213	13	12	226	213	13	12	3101	2965
61463	5693	638	66847	61193	5654	640	1104710	1059610
23159	1194	2161	24016	22738	1278	2135	369383	356643
2979	103	470	3081	2978	103	472	46448	45661
52878	1229	2049	54144	52845	1299	2316	1085083	1067650

2008年单位从业人员

			补充资料：单位劳务派遣用工情况	
	2、其他从业人员劳动报酬	离开本单位仍保留劳动关系的职工生活费	本单位使用的劳务派遣工	本单位使用的劳务派遣工全年平均人数(人)
总　　计	**291297**	**81116**	**3106**	**3005**
国有控投	175520	70737	1770	1655
Ⅰ.国有单位合计	172259	67361	1532	1483
Ⅱ.城镇集体单位合计	3685	4276	3	3
Ⅲ.其他单位合计	115353	9479	1571	1519
一、按企业、事业机关分组				
1、企业	210343	51323	2902	2801
2、事业	64439	19004	105	105
3、机关	16515	10789	99	99
二、按国民经济行业分组				
（一）农、林、牧、渔业	15628	3243		
（二）采矿业	828	21		
（三）制造业	14241	3128	1106	1117
（四）电力、燃气及水的生产和供应业	3495	6955	37	37
（五）建筑业	122970	1303		
（六）交通运输、仓储和邮政业	3175	5268	432	428
（七）信息传输、计算机服务和软件业	2535	7957	442	443
（八）批发和零售业	5501	6149	690	586
（九）住宿和餐饮业	995	162		
（十）金融业	37833	17737	175	170
（十一）房地产业	3865	903		
（十二）租赁和商务服务业	317	941	2	2
（十三）科学研究、技术服务和地质勘查业	976	1413	6	6
（十四）水利、环境和公共设施管理业	2742	2211	2	2
（十五）居民服务和其他服务业	136	10		
（十六）教育	45100	2978		
（十七）卫生、社会保障和社会福利业	12740	7171	99	99
（十八）文化、体育和娱乐业	787	1864		
（十九）公共管理和社会组织	17433	11702	115	115

和劳动报酬情况(二)

本单位使用劳务派遣工	其中：已统计在本单位从业人员劳动报酬内（千元）	平均劳动报酬和生活费（元）				
		单位从业人员平均劳动报酬（元）	1、在岗职工平均工资	2、其他从业人员平均劳动报酬	离开本单位仍保留劳动关系的职工平均生活费	本单位使用的劳务派遣工平均劳动报酬
34525		**14985**	**15351**	**10588**	**2887**	**11489**
20255		16283	16951	9277	3326	12239
18360		16363	17012	9339	3299	12380
29		15261	15563	7370	838	9667
16136		12574	12509	13463	3683	10623
32337		13138	13295	11611	2549	11545
1024		15557	16159	7835	3129	9752
1164		20920	21086	14079	5711	11758
		6641	6947	4893	2744	
		13680	13853	9099	1105	
10433		11789	11902	8023	672	9340
1051		18190	18325	12849	6271	28405
		13566	13442	14249	1345	
3132		14969	15164	10308	3166	7318
5476		21399	22544	9980	10709	12361
9321		11514	11519	11366	736	15906
		10242	10303	8432	678	
2637		21065	24678	11082	13707	15512
		20880	20519	37892	3395	
25		16508	16547	13783	1571	12500
135		14268	14581	7124	4923	22500
16		11548	110802	7533	1926	8000
		13721	13920	10462	833	
		16526	17316	7977	4653	
924		15381	15685	9969	3359	9333
		15076	15333	7641	3949	
1375		20041	20203	13420	5053	11957

2008年高新技术分县

县市区	从业人数			项目数			科技经费支出		
	本期	去年同期	同比增幅	本期	去年同期	同比增幅	本期	去年同期	同比增幅
合　计	**22751**	**22088**	**3**	**102**	**92**	**10.9**	**163648**	**122787**	**33.3**
黄州区	5597	5794	-3.4	37	32	15.6	17884	16543	8.1
团风县	950	655	45		1	-100	380	350	8.6
红安县	512	512							
罗田县	1294	1418	-8.7						
英山县	466	445	4.7				6000	1000	500
浠水县	1490	1375	8.4	6	2	200	2360	2724	-13.4
蕲春县	2396	1790	33.9	18	17	5.9	18393	17339	6.1
黄梅县	1898	1965	-3.4						
麻城市	2471	2537	-2.6	30	24	25	8821	4620	90.9
武穴市	5677	5597	1.4	11	16	-31.3	109810	80211	36.9

（市、区）综合情况（一）

计量单位:人、个、千元

总产值			增加值			出口交货值			产品销售收入		
本期	去年同期	同比增幅	本期	去年同期	同比增幅	本期	去年同期	同比增幅	本期	去年同期	同比增幅
7264404	**5751219**	**26.3**	**2998534**	**2283815**	**31.3**	**1005916**	**767047**	**31.3**	**13518184**	**6291783**	**114.9**
1736767	1486197	16.9	842842	629867	33.8	261985	190161	37.8	2117142	1810259	17
287081	227406	26.2	100603	78358	28.4	7615	14653	-48	327745	261999	25.1
19157	16500	16.1	7729	6630	16.6				21505	18318	17.4
810584	701938	15.5	291018	266831	9.1	281800	287707	-2.1	5943474	76226	680.8
53085	44374	19.6	33219	27237	20.6				63775	46619	36.8
533848	439723	21.4	215948	177022	22	53231	31584	68.5	566774	439762	28.9
846891	671110	26.2	369079	289998	27.3				1051153	544545	93
212996	208809	2	99354	76094	30.6		473	-100	226478	227925	-0.6
358820	260592	37.7	153281	109450	40	19865	6290	215.8	356558	289413	23.2
2405175	1694570	41.9	885461	622028	42.4	381420	236179	61.5	2843580	1891717	50.3

2008年高新技术分县(市、区)综合情况(二)

计量单位:人、个、千元

县市区	利税总额			应交增值税			产销率	增加值率
	本期	去年同期	同比增幅	本期	去年同期	同比增幅		
合　计	**606120**	**638533**	**-5**	**202135**	**184681**	**9.5**	**186.1**	**41.3**
黄州区	108545	108362		68547	37141	84.6	121.9	48.5
团风县	6800	8655	-21	2597	4606	-43.6	114.2	35
红安县	5592	4014	39	1745	1391	25.4	112.3	40.3
罗田县	31542	22342	41	23288	24851	-6.3	733.2	35.9
英山县	4251	3950	8	3033	2705	12.1	120.1	62.6
浠水县	31237	19107	63	14755	17791	-17.1	106.2	40.5
蕲春县	57071	35893	59	38045	31209	21.9	124.1	43.6
黄梅县	5358	4931	9	7084	7849	-9.7	106.3	46.6
麻城市	57005	41255	40	24915	17976	38.6	99.4	42.7
武穴市	298119	390024	-24	18126	39162	-53.7	118.2	36.8

主要统计指标解释

出生率（又称粗出生率） 指在一定时期内（通常为一年）一定地域范围内出生人数与同期人口平均数之比。一般用千分率表示，计算公式：

$$出生率=\frac{年出生人数}{年平均人数}\times 1000‰$$

出生人数 是指活产婴儿，即胎儿脱离母体时（不管怀孕月数），有过呼吸或其他生命现象。

年平均人数 是年初、年底人口数的平均数，也可用年中人口数代替。

死亡率（又称粗死亡率） 指在一定时期内（通常为一年）一定地区的死亡人数与同期平均人数（或期中人数）之比，

一般用千分率表示。计算公式：

$$死亡率=\frac{年死亡人数}{年平均人数}\times 1000‰$$

人口自然增长率 指在一定时期内（通常为一年）人口自然增加数（出生人数减死亡人数）与该时期内平均人数（或期中人数）之比，一般用千分率表示。计算公式：

$$人口自然增长率=\frac{本年出生人数-本年死亡人数}{年平均人数}\times 1000‰$$

人口自然增长率＝人口出生率－人口死亡率

从业人员 指从事一定社会劳动并取得劳动报酬或经营收入的人员。包括：(1) 全部在岗职工；(2) 再就业的离退休人员；(3) 私营业主；(4) 个体户主；(5) 私营和个体从业人员；(6) 乡镇企业从业人员；(7) 农村从业人员；(8) 其他从业人员。这一指标反映了一定时期内全部劳动力资源的实际利用情况，是研究我国基本国情国力的重要指标。

职工 指在国有经济、城镇集体经济、联营经济、股份制经济、外商和港、澳、台投资经济，其他经济单位及其附属机构工作，并由其支付工资的各类人员。不包括：返聘的离退休人员、民办教师及在各单位工作的外籍人员和港、澳、台人员。

国有经济单位职工 指在国有经济单位及其附属机构工作，并由其支付工资的各类人员。

集体经济单位职工 指在城镇集体经济单位及其管理部门工作，并由其支付工资的各类人员。

其他经济单位职工 指在联营经济，股份制经济、外商投资经济、港、澳、台投资经济单位工作，并由其支付工资的各类人员。

职工工资总额 指各单位在一定时期内直接支付给本单位全部职工的劳动报酬总额。工资总额的计算原则应以直接支付给职工的全部劳动报酬为根据。各单位支付给职工的劳动报酬以及其他根据有关规定支付的工资，不论是计人成本的还是不计人成本的，不论是按国家规定列入计征奖金税项目的，还是未列入计征奖金税项目的，不论是以货币形式支付的还是以实物形式支付的，均包括在工资总额内。

职工平均工资 指企业、事业，机关单位的职工在一定时期内平均每人所得的货币工资额。它表明一定时期职工工资收入的高低程度，是反映职工工资水平的主要指标。计算公式为：

$$职工平均工资=\frac{报告期实际支付的全部职工工资总额}{报告期全部职工平均人数}$$

职工平均实际工资 指扣除物价变动因素后的职工平均工资。计算公式为：

$$职工实际平均工资=\frac{报告期职工平均工资}{报告期城镇居民消费价格指数}$$

十三、交通运输与邮电

资料整理人员：夏　焱　戢志扬

2008年民用车辆拥有量

单位：辆

指标	合计	总计				报废
		营运	非营运	进口	个人	
总计	**594149**	**54310**	**539839**	**1069**	**567238**	
一、汽车	72988	28272	44716	1048	48869	
1、载客汽车	41230	7935	33295	964	25950	
其中：大型	1928	1669	259	1	204	
中型	3267	2349	918	12	1113	
小型	35231	3775	31456	951	23954	
微型	804	142	662		679	
其中：轿车	22440	1929	20511	709	14967	
2、载货汽车	15650	11695	3955	54	8346	
其中：重型	1557	1470	87	7	271	
中型	6537	6090	447	39	2827	
轻型	7266	4022	3244	8	5032	
微型	290	113	177		216	
其中：普通载货	7184	4480	2700	20	4541	
3、其他汽车	16108	8642	7466	30	14573	
其中：三轮货车	4313	2588	1725		4294	
低速货车	10470	5589	4881	2	10055	
二、摩托车	501938	6823	495115	20	499498	
其中：普通	494602	6819	487783	20	492205	
轻便	7336	4	7332		7293	
三、拖拉机	18925	18925			18925	350
其中：大中型	8752	8752			8752	100
小型	10173	10173			10173	250
四、挂车	298	290	8	1	36	
五、其它类型车						

补充资料：机动车驾驶员613407 人　其中：汽车驾驶员：385920人

邮电通信行业基本情况

指标名称	计量单位	实际	指标名称	计量单位	实际
一、局所及通信网络			移动电话长途通话时长	万分钟	68968
营业网点	处	169	IP电话通话时长	万分钟	15628
信筒信箱	个	20527	移动短信业务量	亿条	8.03
邮路总长度	公里	2034	移动电话年末用户	万户	187.6
其中:汽车邮路	公里	2034	本地电话年末用户	万户	101.72
铁路邮路	公里	—	城市电话用户	万户	36
农村投递线路总长度	公里	27452	农村电话用户	万户	64.97
长途电话业务电路	2M	—	住宅电话年末用户	万户	88.64
数据通信网长途电路	2M	—	城市电话用户	万户	21.86
二、通信业务量			农村电话用户	万户	66.78
邮电业务总量(2000年不变价)	万元	174043	公用电话	万户	2.86
邮政业务总量	万元	29192	分组交换用户	户	—
电信业务总量	万元	144851	数字数据用户	户	789
函件	万元	335	宽带接入用户	户	138313
快递	万元	64	互联网上网人数	户	138458
订销报刊期发数	万份	56	三、电信主要通信能力		
订销报刊累计数	万份	5975	固定长途电话交换机容量	路端	25530
集邮业务	亿枚	0.0124	局用电话交换机容量	万门	72.53
本地网内区间电话通话量	万次	35504	用户交换机容量	万门	0.06
本地网内区内电话通话量	万次	60285	移动电话交换机容量	万户	373
本地区内拨号上网通话量	万次	535	四、长途电信线路		
固定传统长途电话通话时长	万分钟	23842	长途光缆线路长度	公里	1521
移动电话通话时长合计(含本地)	万分钟	497447	长途数字微波线路长度	公里	

十四、文化、卫生和民政福利

资料整理人员：夏　焱　童　泉　戢志扬

2008年文化机构数、

指标名称	总计				文化部门合计			
	机构数	从业人员数			机构数	从业人员数		
			高级职称	中级职称			高级职称	中级职称
总计	1054	4509	91	434	210	1998	91	434
文化及相关产业	1054	4509	91	434	210	1998	91	434
艺术业	29	797	49	150	24	712	49	150
图书馆	12	298	5	99	12	298	5	99
群众文化服务	141	544	17	105	141	544	17	105
艺术教育业	1	43	10	14	1	43	10	14
文化市场经营机构	842	2437			3	11		
文物业	18	256	10	66	18	256	10	66
其他文化产业及相关产业	11	134			11	134		

2008年文化机构从业人员数综合表

指标名称	总计		按单位性质分类							
	机构数	从业人员数	事业		企业		内资合计		国有企业（单位）	
			机构数	从业人员数	机构数	从业人员数	机构数	从业人员数	机构数	从业人员数
总计	1054	4509	207	1987	847	2522	1054	4509	197	1986
文化及相关产业	1054	4509	207	1987	847	2522	1054	4509	197	1986
艺术业	29	797	24	712	5	85	29	797	24	712
图书馆	12	298	12	298			12	298	12	298
群众文化服务	141	544	141	544			141	544	129	528
艺术教育业	1	43	1	43			1	43	1	43
文化市场经营机构	842	2437			842	2437	842	2437	2	15
文物业	18	256	18	256			18	256	18	256
其他文化产业及相关产业	11	134	11	134			11	134	11	134

从业人员数综合表

文化部门												其他部门			
国有经济				集体经济				其他经济							
机构数	从业人员数			机构数	从业人员数			机构数	从业人员数			机构数	从业人员数		
		高级职称	中级职称			高级职称	中级职称			高级职称	中级职称			高级职称	中级职称
196	1976	91	429	2	6			12	16		5	844	2511		
196	1976	91	429	2	6			12	16		5	844	2511		
24	712	49	150									5	85		
12	298	5	99												
129	528	17	100					12	16		5				
1	43	10	14												
1	5			2	6							839	2426		
18	256	10	66												
11	134														

（按单位性质和登记注册类型分）

按登记注册类型分类													
在内资企业(单位)中										港澳台商投资企业		外商投资企业	
集体企业(单位)		股份合作、联营企业		有限责任、股份有限公司		私营企业		其他					
机构数	从业人员数	机构数	从业人员数	机构数	从业人员数	机构数	从业人员数	机构数	从业人员数	机构数	从业人员数	机构数	从业人员数
2	6			9	108	595	1772	251	637				
2	6			9	108	595	1772	251	637				
						4	58	1	27				
								12	16				
2	6			9	108	591	1714	238	594				

2008年艺术表演场馆

指标名称	机构数	从业人员			坐席数	屏幕数
			高级职称	中级职称		
总计	3	64		3	4340	4
其中:附属剧场						
儿童剧场						
按登记注册类型分						
其中:国有	3	64		3	4340	4
集体						
其他						
按管理部门分						
文化部门	3	64		3	4340	4
其他部门						
按机构类型分						
剧场	1	11			1131	2
影剧院	2	53		3	3209	2
书场、曲艺场						
杂技、马戏场						
音乐厅						
综合性						
其他艺术表演场馆						
按隶属关系分						
中央						
省、区、市						
地、市						
县、市及以下	3	64		3	4340	4

基本情况综合表

单位：个、人、千场次、千人次、千元、千平方米

观众人次合计			收入情况			人员支出	年末固定资产原值	增加值	公用房屋建筑面积	
	艺术演出观众人次	电影放映观众人次	财政拨款	艺术演出分成收入	电影放映分成收入					演（映）业务用房
206	54	152	490	246	183	521	8711	1106	11	4
206	54	152	490	246	183	521	8711	1106	11	4
206	54	152	490	246	183	521	8711	1106	11	4
39	11	28	490	50	50	136	5070	410	3	1
167	43	124		196	133	385	3641	696	8	3
206	54	152	490	246	183	521	8711	1106	11	4

2008年分县(市、区)卫生

县市区	机构个数	床位数	人员数(人)			
			合计	卫生技术人员		
				小计	执业(助理)医师	
						执业医师
总　计	930	13039	26160	21834	9037	6703
市辖区	85	1337	2118	1582	657	576
黄州区	99	1090	1866	1578	621	485
团风县	19	840	1307	991	466	273
红安县	74	964	2196	1864	833	568
罗田县	59	1011	1968	1664	680	462
英山县	82	596	1546	1335	477	380
浠水县	165	1635	3959	3403	1242	880
蕲春县	99	1510	2437	2064	831	622
黄梅县	142	1274	2808	2381	1149	958
麻城市	32	1357	3243	2687	1114	765
武穴市	74	1425	2712	2285	967	734

机构、床位、人员数

人员数								
卫生技术人员						其他技术人员	管理人员	工勤技能人员
注册护士	药师（士）	技师（士）		其他				
			检验师		见习医师			
6137	2404	1303	874	2910	385	1225	1468	1620
612	108	100	81	105	45	191	125	220
558	157	96	62	137	32	33	129	126
250	121	71	51	83		157	95	64
513	161	125	68	240	12	49	169	105
449	243	119	64	164	30	45	169	90
319	186	87	54	260	79	63	72	76
863	452	185	120	661	46	131	179	246
516	334	135	84	245	18	122	105	145
655	179	89	82	299	30	162	103	162
791	268	160	109	343	42	137	186	233
611	195	136	99	373	51	135	136	153

2008 年 分 县(市、区)

县市区	合计	医院	疗养院	社区卫生服务中心（站）	卫生院	门诊部	诊所、卫生所、医务室	急救中心（站）
总　计	930	47		98	158		578	
市辖区	85	7					70	
黄州区	99	4		20	7		64	
团风县	19	3			12			
红安县	74	2		8	11		49	
罗田县	59	4			19		33	
英山县	82	2		62	11		4	
浠水县	165	4			26		130	
蕲春县	99	5			22		67	
黄梅县	142	7			16		115	
麻城市	32	5			18		4	
武穴市	74	4		8	16		42	

卫生机构数

采供血机构	妇幼保健院（所、站）	专科疾病防治院（所、站）	疾病预防控制中心	卫生监督所（中心）	医学科学研究机构	医学在职培训机构	健康教育所（站、中心）	其他卫生机构
1	11	7	11	10		4		5
1	1		1	1		2		2
	1	1	1	1				
	1	1	1	1				
	1	1	1	1				
	1		1					1
	1		1	1				
	1	1	1	1				1
	1	1	1	1		1		
	1	1	1	1				
	1		1	1		1		1
	1	1	1	1				

2008 年 婚 姻、收 养

指标名称	计量单位	数量
一、婚姻情况		
（一）登记结婚件数	对	59469
（二）登记结婚人数	人	118938
1、按居住地分类		
（1）内地居民登记结婚件数	对	59469
内地居民登记结婚人数	人	118938
（2）涉外及华侨、港澳台居民登记结婚件数	对	
内地居民	人	
其中：女性	人	
香港居民	人	
澳门居民	人	
台湾居民	人	
华侨	人	
外国人	人	
2、按婚前状况分类		
初婚人数	人	115157
再婚人数	人	3781
其中：女性	人	1599
恢复结婚件数	对	54
3、按年龄分类		
其中：20～24	人	43482
25～29	人	52478
30～34	人	10499
35～39	人	5842
40以上	人	6637
（三）离婚登记	对	5060

情况统计

指标名称	计量单位	数量
1、内地居民登记离婚	对	5060
2、涉外及华侨、港澳台居民登记离婚	对	
其中：外国人	人	
二、收养情况		
（一）收养登记合计	件	220
1、中国公民收养登记	件	220
其中：香港居民	件	
澳门居民	件	
台湾居民	件	
华侨	件	
2、外国人收养登记	件	
（二）协议解除收养关系登记	件	
其中：中国公民	件	
（三）被收养人合计	人	220
其中：女性	人	188
残疾儿童	人	7
1、社会福利机构抚养的孤儿	人	2
其中：被外国人收养	人	
2、社会福利机构抚养的弃婴	人	52
其中：被外国人收养	人	
3、社会弃婴	人	151
4、父母无力抚养的儿童	人	7
其中：被外国人收养	人	
5、其他	人	8
三、孤儿情况		
领取儿童福利证的孤儿数	人	48

主要统计指标解释

普通高等学校 指按照国家规定的设置标准和审批程序批准举办，通过国家统一招生考试，招收高中毕业生为主要培养对象，实施高等教育的全日制大学、独立设置的学院和高等专科学校、短期职业大学。成人高等学校指按照国家有关规定审批，招收通过全国成人高教统一招生考试的具有高中毕业或同等学历的在职从业人员利用脱产、半脱产、业余或函授等多种形式对其实施高等学历教育，培养高等教育专科或本科毕业水平的专门人才，修业年限、课程设置和总学时数均按高等学历教育要求付诸实施的学校。包括广播电视大学，职工高等学校、农民高等学校、管理干部学院。教育学院。独立设置的函授学院等。

独立研究与开发机构 指有明确的任务和研究方向，有一定学术水平的业务骨干和一定数量的研究人员，具有研究，开发、开展学术工作的基本条件，主要进行科学研究与技术开发活动，并且在行政上有独立的组织形式，财务上独立核算盈亏，有权与其他单位签订合同，在银行有单独户头的单位。包括国务院各部门、中国科学院、中国社会科学院和各省、自治区、直辖市以及地（市）以上[含地（市））各部门所属的国有独立的科学研究与技术开发机构。

独立研究与开发机构职工 指在科学研究与技术开发机构工作，并由其支付工资的人员。包括长期职工和临时职工，不包括编制以外的离休、退休人员和停薪留职人员，但包括招聘人员。发明指专利法及其实施细则所称的发明，指对有关产品、方法或其改进所提出的新的技术方案。

实用新型 指专利法及其实施细则所称的实用新型，指对产品的形状、构造或者其结合所提出的适于实用的新的技术方案。

外观设计 专利法及其实施细则所称的外观设计是指对产品的形状、图案、色彩或者其结合所作出的富有美感并适于工业上应用的新设计。

文化事业机构 指从事专业文化工作和为专业文化工作服务的独立建制的单位。不包括这些单位另外举办独立核算的其他机构和各部门的业余文化组织。

艺术表演团体 指从事戏曲、音乐、舞蹈、杂技等专业艺术表演，有独立帐户的单位。不包括半工半艺、半农半艺和民间职业剧团。

等级运动员人数 指经考核正式批准授予等级运动员称号的人数。运动员等级分为国际级运动健将、运动健将、一级运动员、二级运动员、三级运动员、少年级运动员。

等级裁判员人数 指经考核正式批准授予等级裁判员称号的人数。裁判员等级分为国际裁判、国家级裁判、一级裁判、二级裁判、三级裁判。

医院 指名称为医院，设有固定床位能收容病人住院并能为病人提供医疗、护理服务的医疗机构。包括县及县以上医院、农村乡卫生院、其他医院三部分。按所属性质分为卫生部门、工业及其他部门，集体经济单位三类。其中县及县以上医院按业务性质分为综合医院和专科医院。

卫生技术人员 指卫生事业机构支付工资的全部固定职工和合同制职工中现任职务为卫生技术工作的专业人员。包括中医师，西医师、中西医结合高级医师、护师、中药师、西药师、检验师，其他技师、中医士、西医士、护士、助产士、中药剂士、西药剂士、检验士、其他技士、其他中医、护理员、中药剂员、西药剂员、检验员，其他初级卫生技术人员。

医生 指经卫生部门审查合格，从事医疗工作的专业人员。分为中医医生和西医医生。包括卫生技术人员中的中医师、西医师、中西医结合高级医师、中医士、西医士和其他中医。

社会福利事业单位 指集中收养社会孤老、残、幼的机构。包括由民政部门管理的社会福利院、儿童福利院、精神病人福利院和城镇集体办的福利院，以及农村集体举办的敬老院。社会福利事业单位收养人数包括民政部门管理的和城镇及农村集体举办的社会福利事业单位中收养的老人、少年儿童、缺乏生活自理能力的残疾人员和精神病人。

律师　指受聘参加法律顾问处工作，担任法律顾问、刑（民）事代理人、刑事辩护人，办理非诉讼事件、解答法律询问，代写法律事务文书等主要从事律师业务的专职法律工作者和兼职律师。

公证人员　指在国家公证机关依法办理公证事务的司法人员。包括公证员、助理公证员和在公证处工作的其他人员。

办理公证文书　指公证处在一定时期内办结的公证文书件数。公证文书系按司法部规定或批准的格式制作。包括国内公证和涉外公证两部分。其中国内公证分为经济合同公证和民事法律关系公证两大类。

工业废水排放达标量　指各项指标都达到国家或地方排放标准的外排工业废水量，包括未经处理外排达标的和经过处理后外排达标的两部分。国家排放标准见GB8978—88。工业废气排放量指企业厂区内燃料燃烧和生产工艺过程中产生的各种排粉空气的含有污染物的气体的总量，以标准状态[273K，101325Pa]计。

工业粉尘排放量　指企业在生产工艺过程中排放的颗粒物重量。如钢铁企业的耐火材料粉尘、焦化企业的筛焦系统粉尘，烧结机的粉尘、石灰窑的粉尘、建材企业的水泥粉尘等。不包括电厂排人大气的烟尘。

工业固体废物产生量　指企业在生产过程中产生的固体状、半固体状和高浓度液体状废弃物的总量，包括危险废物、冶炼废渣、粉煤灰、炉渣、煤矸石、尾矿、放射性废物和其他废物等；不包括矿山开采的剥离废石和掘进废石（煤矸石和呈酸性或碱性的废石除外）。酸性或碱性废石是指采掘的废石其流经水、雨淋水的pH值小于4或pH值大于10.5者。

“三废”综合利用产品产值　指利用“三废”（废液、废气、废渣）作为主要原料生产的产品产值（现行价），已经销售或准备销售的，应计算产品产值；但留作生产上自用的，不应计算产品产值。

十五、人民生活

资料整理人员：夏建军　倪继福

2008年农村住户收支

指　　标	单　位	黄冈市	黄州区	团风县
一、总收入	元	4558.86	6188.69	3497.58
(一)工资性收入	元	1738.95	2234.25	1786.75
1.在非企业组织中劳动得到收入	元	125.65	53.46	38.07
乡村干部收入	元	71.74	50.16	38.07
乡村教师收入	元	33.47	3.30	
行政事业单位等职工收入	元	20.45		
2.在本乡地域内劳动得到收入	元	492.71	979.28	666.11
在企业中劳动得到收入	元	94.69	230.54	
乡镇企业收入	元			
其他企业收入	元			
在国家投资基建项目得到收入	元	5.20	5.32	
提供其他劳务收入	元	392.82	743.42	666.11
3.外出从业得到收入	元	1120.59	1201.52	1082.56
在乡外县内从业得到收入	元	82.06	511.38	13.04
在县外省内从业得到收入	元	91.65	176.85	188.66
在省外国内从业得到收入	元	946.88	513.28	880.86
(二)家庭经营收入	元	2558.58	3499.64	1372.04
1.第一产业收入	元	2241.58	3128.70	1262.77
农业收入	元	1692.13	2163.74	1223.38
农产品收入	元	1671.50	2163.41	1223.23
农业服务性收入	元	20.62	0.33	0.15
林业收入	元	52.30	0.42	
林业产品收入	元	52.04	0.42	
林业服务性收入	元	0.26		
牧业收入	元	350.45	162.33	32.11
牧业产品收入	元	343.86	162.33	30.72
牧业服务性收入	元	6.59		1.38
渔业收入	元	146.70	802.21	7.29
渔业产品收入	元	143.31	802.21	7.29
渔业服务性收入	元	3.39		
2.第二产业收入	元	117.22	61.43	6.85
工业收入	元	45.76	17.47	6.85
工业产品收入	元	10.72	0.16	0.37
工业服务性收入	元	35.04	17.31	6.48
3.第三产业收入	元	199.78	309.51	102.42
其他产品收入	元	2.66	6.10	8.12
第三产业服务性收入	元	197.12	303.41	94.29
(三)财产性收入	元	68.05	288.60	133.86
利息	元	3.80		1.38
集体分配股息和红利	元	0.28	3.10	

调查情况表（一）

红安县	罗田县	英山县	浠水县	蕲春县	黄梅县	麻城市	武穴市
3547.71	4110.16	4055.38	5204.11	4402.11	5110.24	4088.43	5461.70
1299.47	1737.19	1441.74	1813.32	1311.20	1953.21	1573.48	2261.74
76.02	137.43	41.21	93.14	190.52	198.85	30.98	358.57
72.00	44.30	41.21	54.66	102.78	99.82	30.98	169.71
4.02	93.13			87.73	50.89		79.24
			38.48		48.13		109.61
122.92	533.28	311.84	441.79	247.38	391.16	457.48	826.15
33.00	107.16	133.48		10.00	4.98	74.55	362.94
						43.24	6.95
89.92	426.12	178.36	441.79	237.38	386.19	339.69	456.26
1100.53	1066.48	1088.70	1278.39	873.30	1363.20	1085.02	1077.03
30.58	38.54	69.59		7.76	19.54	5.38	170.54
232.58	21.26	21.61	113.10	13.26	93.63	50.59	21.10
837.38	1006.68	997.51	1165.29	852.29	1250.03	1029.06	885.40
2115.72	2249.79	2418.45	3206.91	2580.24	3062.49	2216.61	2896.21
2109.54	1752.65	2039.36	2651.20	2353.58	2783.70	1869.84	2492.63
1870.38	1056.66	1289.74	2115.14	1844.83	2074.31	1291.43	1982.28
1864.87	1036.83	1227.69	2040.55	1838.40	2047.98	1280.77	1982.27
5.51	19.83	62.04	74.59	6.43	26.33	10.66	0.01
0.63	246.37	89.49	44.65	30.66	5.84	98.72	2.06
0.63	246.37	86.81	44.65	30.66	5.84	98.72	2.06
		2.68					
238.00	435.60	607.55	301.45	349.57	485.27	459.52	410.47
238.00	434.87	605.99	246.94	345.65	485.27	459.00	407.44
	0.72	1.56	54.51	3.93		0.52	3.03
0.53	14.02	52.58	189.96	128.52	218.29	20.17	97.82
0.53	14.02	45.80	167.78	125.06	218.29	18.63	97.82
		6.78	22.18	3.46		1.54	
	205.06	274.47	149.31	61.40	154.48	9.81	229.96
	30.95	167.17	15.13	12.03	154.48	9.68	37.77
	11.20	96.91	0.31				0.21
	19.76	70.26	14.82	12.03	154.48	9.68	37.56
6.18	292.09	104.62	406.40	165.26	124.31	336.95	173.62
1.22		1.87		0.83	0.15	2.98	6.01
4.95	292.09	102.75	406.40	164.43	124.16	333.98	167.61
15.49	44.89	6.53	18.62	24.84	22.96	151.97	11.52
	11.16	1.75	12.01	1.91	6.37	1.96	0.61

2008年农村住户收支

指　　标	单　位	黄冈市	黄州区	团风县
其他股息和红利	元	2.82		
租金(包括农业机械)	元	0.97		0.06
储蓄性保险投资收入	元	1.27		
土地征用补偿收入	元	43.03	247.66	131.90
转让承包土地经营权收入	元	4.08	3.43	0.52
其他投资收益	元	2.71	16.48	
其他	元	9.11	17.91	
(四)转移性收入	元	193.28	166.20	204.94
其中:家庭非常住人口寄回和带回收入	元	30.47	25.55	
城市亲友赠送收入	元	6.20	0.55	0.49
农村亲友赠送收入	元	60.24	18.27	85.78
退耕还林还草补贴收入	元	6.45		
粮食直接补贴收入	元	30.81	24.63	39.28
二、总支出	**元**	4543.92	5377.00	3179.49
(一)家庭经营经营费用支出	元	695.73	1201.33	395.42
1.第一产业生产费用支出	元	611.72	1090.34	384.78
农业生产费用支出	元	392.28	493.11	354.10
农业生产资料支出	元	326.92	464.60	265.55
农业服务性支出	元	65.36	28.51	88.55
2.林业生产费用支出	元	1.63	0.10	0.68
林业生产资料支出	元	0.77	0.10	0.68
林业服务性支出	元	0.86		
3.牧业生产费用支出	元	149.84	153.95	18.94
牧业生产资料支出	元	142.79	153.25	18.05
牧业服务性支出	元	7.06	0.70	0.89
4.渔业生产费用支出	元	67.96	443.18	11.06
渔业生产资料支出	元	57.85	398.66	10.94
渔业服务性支出	元	10.12	44.52	0.12
2.第二产业生产费用支出	元	15.49	4.29	2.22
工业生产费用支出	元	8.94	2.10	2.22
建筑业生产费用支出	元	6.54	2.20	
3.第三产业生产费用支出	元	68.53	106.70	8.42
(二)购置生产性固定资产支出	元	72.16	26.13	5.70
(三)建造生产性固定资产雇工支出	元	0.40	4.34	
(四)税费支出	元	5.22	5.70	
1.第一产业税	元	0.38	2.34	
工业生产纳税	元	0.04		
建筑业生产纳税	元			
2.第三产业税	元	2.14		
3.其他各种收费	元	2.70	3.26	
(五)生活消费支出	元	3513.19	3941.44	2502.05

调查情况表（二）

红安县	罗田县	英山县	浠水县	蕲春县	黄梅县	麻城市	武穴市
	26.87						
0.98		2.55	3.03			3.38	
		1.17			10.00		0.91
				3.46		81.29	
0.61						39.68	
				11.50		0.27	
13.91	6.86	1.07	3.58	7.96	6.59	25.40	10.00
117.03	78.29	188.65	165.26	485.84	71.58	146.38	292.24
	8.42	26.07	47.30	72.36		22.59	97.90
11.22		0.25	0.49	24.02		1.67	20.98
48.39		46.51	5.00	243.67		3.79	133.57
3.10	2.06	24.16	11.33	13.34	1.68	9.20	
34.68	23.18	44.07	31.60	36.09	28.37	44.88	3.65
3437.36	4205.89	5225.64	5200.27	4592.24	4739.96	4850.46	4747.77
379.13	559.55	617.41	1055.42	549.15	974.59	588.17	680.95
378.49	409.77	551.77	724.21	527.58	929.31	490.14	664.85
328.99	239.13	251.41	530.78	349.64	557.61	349.15	469.49
302.08	157.06	187.32	350.61	318.79	497.98	313.52	415.93
26.91	82.07	64.10	180.17	30.85	59.63	35.63	53.56
0.34	3.06	4.96	2.15	0.29	0.74	4.29	
0.34	1.14	0.53	1.36	0.22	0.74	2.73	
	1.91	4.43	0.80	0.07		1.56	
47.34	163.01	278.09	145.13	100.36	306.97	134.95	145.06
42.06	153.31	255.66	140.41	95.50	304.61	116.51	142.84
5.28	9.70	22.43	4.72	4.86	2.36	18.44	2.22
1.82	4.57	17.30	46.14	77.29	63.98	1.75	50.30
1.76	4.55	13.91	41.78	35.31	62.13	1.37	43.82
0.06	0.02	3.39	4.36	41.97	1.85	0.38	6.48
0.63	10.61	19.20	57.45	0.34	42.88	1.34	13.34
0.63	6.51	16.94	0.44	0.34	42.88	1.30	13.34
	4.10	2.25	57.00			0.04	
	139.17	46.44	273.76	21.23	2.40	96.69	2.77
67.37	145.35	138.35	29.82	198.58	18.16	53.50	27.55
				0.14			
		0.67	39.38	0.43	4.74		1.60
							1.60
							0.41
			21.37				
		0.67	18.01	0.43	4.74		
2818.61	3316.29	4161.63	3921.78	3419.21	3518.87	4049.73	3592.15

2008年农村住户收支

指　　标	单　位	黄冈市	黄州区	团风县
其中:服务性支出	元	1047.37	990.24	712.64
1.食品消费支出	元	1513.35	1674.65	1116.89
食品消费品支出	元	1303.60	1441.07	1050.50
食品消费服务性支出	元	209.75	233.58	66.39
2.衣着消费支出	元	141.96	184.96	120.76
衣着消费品支出	元	140.53	184.35	120.13
衣着消费服务性支出	元	1.43	0.62	0.63
3.居住消费支出	元	826.70	960.23	459.23
居住消费品支出	元	576.26	727.09	312.54
居住消费服务性支出	元	250.44	233.14	146.69
4.家庭设备用品消费支出	元	157.81	191.49	82.94
家庭设备用品消费品支出	元	152.98	183.25	81.30
家庭设备用品消费服务性支出	元	4.83	8.24	1.64
5.交通和通讯消费支出	元	264.82	375.22	221.77
交通和通讯用品支出	元	97.73	191.17	99.07
交通和通讯服务性支出	元	167.08	184.05	122.69
6.文化教育、娱乐消费支出	元	341.25	259.75	240.33
文化教育、娱乐用品消费支出	元	71.30	57.47	42.14
教育服务消费支出	元	208.86	186.63	181.01
文化、体育、娱乐服务消费支出	元	61.09	15.65	17.18
7.医疗保健消费支出	元	181.81	199.53	208.08
医疗保健用品	元	66.84	107.60	37.94
医疗保健服务消费支出	元	114.96	91.93	170.14
8.其他商品和服务消费支出	元	85.48	95.61	52.05
其他商品支出	元	56.56	59.21	45.78
其他消费服务支出	元	28.92	36.40	6.27
(六)财产性支出	元	13.36	2.69	1.23
1.宅基地有偿使用费	元	9.28		
2.承包其他农户转让费	元	3.33	2.69	1.23
3.其他	元	0.75		
(七)转移性支出	元	243.86	195.36	275.08
其中:寄给带给家庭非常人口	元	53.01	80.9	
赠送农村亲友	元	144.87	45.42	263.41
赠送城市亲友	元	3.63	3.85	
农村住户纯收入来源				
一、全年纯收入	元	3765.27	4896.05	2994.77
(一)工资性收入	元	1738.95	2234.25	1786.75
(二)家庭经营性收入	元	1821.07	2225.27	955.00
(三)财产性纯收入	元	68.05	288.60	133.86
(四)转移性纯收入	元	137.19	147.94	119.16
二、全年现金纯收入	元	2945.58	4517.12	2297.81
三、全年实物纯收入	元	819.69	378.93	696.96
四、直接计算的全年纯收入	元	3765.27	4896.05	2994.77
其中:家庭经营纯收入	元	1821.07	2225.27	955.00

调查情况表（三）

红安县	罗田县	英山县	浠水县	蕲春县	黄梅县	麻城市	武穴市
780.88	826.48	1228.02	988.36	1239.93	915.68	1691.89	1147.31
1365.87	1460.54	1770.41	1773.31	1355.05	1569.42	1751.42	1352.80
1113.82	1287.03	1519.75	1554.50	1137.83	1343.43	1569.17	1078.50
252.05	173.51	250.66	218.81	217.21	225.99	182.26	274.30
95.40	139.97	92.35	133.50	150.88	180.14	141.29	179.18
94.12	139.41	90.66	130.90	149.94	176.56	139.71	178.42
1.29	0.55	1.68	2.60	0.94	3.58	1.59	0.76
581.60	1010.26	1193.70	848.43	746.63	850.84	887.67	753.23
459.36	749.16	851.45	624.08	534.74	655.33	245.96	588.25
122.24	261.10	342.25	224.35	211.89	195.51	641.70	164.99
136.74	101.55	143.94	275.93	122.19	233.52	161.37	133.32
133.06	94.00	138.09	274.64	118.36	227.61	154.24	129.65
3.68	7.55	5.85	1.29	3.84	5.91	7.12	3.67
206.96	226.46	254.54	270.70	290.03	258.74	314.19	246.58
61.85	81.19	118.89	109.42	90.02	70.96	80.69	86.98
145.11	145.26	135.65	161.28	200.01	187.79	233.51	159.60
235.71	188.61	455.33	338.32	370.32	219.74	594.82	525.99
32.50	61.89	104.92	88.74	28.52	80.91	80.00	135.16
195.03	108.14	325.65	132.07	288.66	132.35	182.87	351.74
8.18	18.58	24.76	117.51	53.15	6.48	331.95	39.09
127.43	127.89	147.31	189.29	251.31	144.81	144.45	272.58
90.69	45.75	59.39	73.65	45.42	21.54	56.64	134.45
36.73	82.14	87.91	115.64	205.88	123.27	87.80	138.13
68.90	61.02	104.05	92.28	132.80	61.67	54.51	128.46
52.33	31.37	50.45	77.48	74.45	26.86	31.43	113.42
16.57	29.65	53.60	14.80	58.35	34.81	23.09	15.03
2.20	1.17			0.81	18.70	18.30	84.73
2.20				0.23	1.39	10.61	75.26
				0.58	17.31	5.97	5.02
	1.17					1.72	4.45
170.05	183.53	307.59	153.87	423.92	204.90	140.75	360.80
	150.38	28.86	119.15		144.75		0.12
131.54		256.29		286.68		118.48	335.01
20.87	0.28	0.95	0.25	9.85			
3098.53	3524.33	3355.77	4082.53	3578.05	4087.75	3460.21	4621.30
1299.47	1737.19	1441.74	1813.32	1311.20	1953.21	1573.48	226.74
1714.93	1663.96	1765.35	2067.58	1983.45	2040.00	1591.56	2188.53
15.49	44.89	6.53	18.62	24.84	22.96	151.97	11.52
68.64	78.29	142.14	183.00	258.56	71.58	143.21	159.51
1916.29	2550.85	2419.43	3292.13	2871.88	3464.25	2258.01	3916.01
1182.24	973.48	936.34	790.39	706.17	623.50	1202.17	705.29
3098.53	3524.33	3355.77	4082.53	3578.05	4087.75	3460.21	4621.30
1714.93	1663.96	1765.35	2067.58	1983.45	2040.00	1591.56	2188.53

2008年农村住户劳动力

指　　标	单　位	黄冈市	黄州区	团风县
农村住户劳动力外出务工情况	*			
一、外出就业的劳动力人数	人	1167	131	144
其中：受过专业培训的人数	人	308	45	8
（一）与户主关系	*			
户主	人	226	34	32
配偶	人	65	10	13
子女	人	865	86	95
孙子女	人	5		1
兄弟姐妹	人	3	1	1
其他亲属	人	3		2
（二）年龄结构	*			
16-20岁	人	197	18	24
21-25岁	人	335	41	38
26-30岁	人	185	15	22
31-35岁	人	155	8	19
36-40岁	人	112	14	13
41-45岁	人	101	9	17
46-50岁	人	40	10	6
50岁以上	人	42	16	5
（三）文化程度	*			
不识字或识字很少	人	25	3	7
小学	人	145	15	24
初中	人	768	78	98
高中	人	169	22	9
中专	人	47	13	4
大专及以上	人	13		2
（四）外出方式	*			
#政府（单位）组织外出人数	人	32	2	2
中介组织介绍	人	114	8	11
亲属介绍外出人数	人	642	75	129
（五）外出地区	*			

外出务工情况（一）

红安县	罗田县	英山县	浠水县	蕲春县	黄梅县	麻城市	武穴市
100	128	83	140	112	149	100	80
10	12	4	75	17	101	4	32
22	19	28	19	8	37	23	4
2	10	2	5	7	7	8	1
76	97	53	116	97	103	68	74
	2				1		1
					1		
						1	
16	32	5	13	17	24	23	25
38	31	19	45	37	45	22	19
15	11	11	28	21	22	22	18
6	27	16	19	22	16	13	9
6	13	13	15	8	14	10	6
11	11	13	11	6	15	6	2
8	2	3	3		5	2	1
	1	3	6	1	8	2	
1			4	1	2	5	2
3	20	12	20	6	26	9	10
81	89	50	89	75	103	62	43
13	14	14	22	26	12	16	21
	5	7	2	2	5	5	4
2			3	2	1	3	
1	1		9	4	4		9
60			6	3	20	2	4
36	16	64	111	45	53	62	51

2008年农村住户劳动力

指　　标	单位	黄冈市	黄州区	团风县
东部地区	人	866	61	76
中部地区	人	279	67	68
西部地区	人	22	3	
其他地区	人			
(六)外出地区类型	*			
直辖市	人	107	4	4
省会城市	人	263	26	15
地区级城市	人	476	67	60
县级市	人	267	31	64
建制镇	人	33		1
其他地区	人	21	3	
(七)与雇主签定劳动合同的人数	人	292	50	22
(八)参加工伤保险的人数	*	122	10	3
(九)外出务工时间	月	10698	1130	1289
(十)外出劳动力从业时间情况	*			
外出劳动力中从业累计1个月以下的人数	人	1	1	
外出劳动力中从业累计1-3个月人数	人	17	3	
外出劳动力中从业累计3-6个月人数	人	54	17	6
外出劳动力中从业累计6个月以上的人数	人	1095	110	138
(十一)外出人事的行业	*			
1、一产业就业劳动力	人	3		3
2、非农产业就业劳动力	人	1164	131	141
二产业就业劳动力	人	810	93	76
采矿业	人	3	1	1
制造业	人	520	60	36
电力煤气及水的生产供应业	人	13		2
建筑业	人	274	32	37
三产业就业劳动力	人	354	38	65
交通运输仓储及邮电通讯业	人	23	9	4

外出务工情况（二）

红安县	罗田县	英山县	浠水县	蕲春县	黄梅县	麻城市	武穴市
56	123	73	111	103	111	88	64
44	3	8	19	9	33	12	16
	2	2	10		5		
1	17	40	25	2	8	6	
78	4	2	36	5	71	22	4
9	40	18	70	50	45	61	56
2	62	23	9	31	22	11	12
10	5			8	2		7
				16	1		1
	20		42	69	24	14	51
	15		23	49	12	1	9
875	1227	726	1199	1121	1421	959	750
6		4	3	1			
3	5	5	4		7	3	4
91	123	74	133	111	142	97	76
100	128	83	140	112	149	100	80
59	112	69	127	88	65	82	39
				1			
31	100	43	65	83	17	60	25
	1		5		2	2	1
28	11	26	57	4	46	20	13
41	16	14	13	24	84	18	41
			1	2	3		4

2008年农村住户劳动力

指　　标	单　位	黄冈市	黄州区	团风县
批发和零售贸易	人	31	10	
住宿和餐饮业	人	46	7	13
居民服务和其他服务业	人	95	5	15
教育	人	3		1
卫生、社会保障和社会福利业	人	13	1	5
文化、体育和娱乐业	人	8	2	
其他	人	135	4	27
（十二）在外务工总收入	元	11062584	1691920	1409950
其中：寄回带回现金	元	3810008	453931	154940
1. 外出务工分地区收入情况	*			
在东部地区的收入	元	8193622	921300	764350
在中部地区的收入	元	2608562	707620	645600
在西部地区的收入	元	260400	63000	
在其他地区的收入	元			
2. 外出务工分地区类型收入情况	*			
在直辖市得到的收入	元	849605	49500	54600
在省会城市得到的收入	元	2360430	356000	129100
在地区级城市得到的收入	元	4828211	955300	610550
在县级市得到的收入	元	2498488	294120	605700
在建制镇得到的收放	元	315800		10000
在其他地区得到的收入	元	210050	37000	
（十三）雇主拖欠工资的人数	人	6		
（十四）雇主拖欠的工资额	元	9800		
（十五）外出从业的生产性费用支出	元	560851	48740	38120
1. 旅费支出	元	468641	41510	31230
2. 办理各种手续支出	元	92170	7230	6890
（十六）在外务工生活消费总支出	元	4256785	603705	590860
其中：食品	元	2303686	345605	329650
衣着	元	635436	95500	98880
居住	元	413660	43500	58680
交通通讯	元	551090	73100	76800
医疗保健	元	194624	21140	18980

外出务工情况（三）

红安县	罗田县	英山县	浠水县	蕲春县	黄梅县	麻城市	武穴市
1	2	1	6	8		1	2
4	2	2		1	1	3	13
2	4	4	4	8	33	7	13
				2			
2	1			1		1	2
1			1	1		3	
31	7	7	1	1	47	3	7
518100	1210600	434303	1136525	1303600	1777300	667816	912470
163600	281502	427963	521583	452200	512132	324056	518100
295200	1146600	360351	845055	1201100	1320700	602196	736770
222900	44000	70752	199970	102500	373900	65620	175700
	20000	3200	91500		82700		
8000	179000	195905	193000	25200	95000	49400	
403400	39000	9280	311400	43000	876650	140900	51700
60500	372500	105580	539975	605300	525500	411336	641670
8000	549100	123538	92150	378100	248100	66180	133500
38200	71000			9800	22000		76600
				154000	10050		9000
				1	2	3	
				5000	2800	2000	
	87700	17330	90730	94050	74220	47190	62731
	79200	16980	76950	74150	60470	42650	45501
	8500	350	13780	19900	13750	4540	17230
174400	512500	137650	584340	493250	573210	297850	289020
112900	277900	89650	309330	192650	323701	210700	111600
33600	61100	18700	66810	103100	84084	28062	45600
24000	16600		95200	66100	48010	20970	40600
500	57600	18910	72210	93000	93100	20230	45640
	35850	400	34690	36200	19120	13300	14944

2008年农村住户

指　　标	单　位	黄冈市	黄州区	团风县
(一)家庭常住人口	人	4084	364	405
其中:在家居住6个月以上的人口	人	2870	268	265
其中:16岁以上非在校人口	人	3203	304	324
(二)常住人口与户主关系	*			
户主	人	1004	101	102
配偶	人	951	98	88
子女	人	1684	139	170
孙子女	人	254	21	25
父母	人	156	3	13
兄弟姐妹	人	25	1	4
其他亲属	人	10	1	3
(三)家庭常住人口年龄状况	*			
6岁及以下	人	205	15	22
7-15岁	人	387	27	36
16-18岁	人	282	25	25
19-22岁	人	421	38	45
23-25岁	人	229	23	25
26-30岁	人	241	18	29
31-40岁	人	530	49	54
41-50岁	人	709	74	64
51-60岁	人	697	72	61

人口情况（一）

红安县	罗田县	英山县	浠水县	蕲春县	黄梅县	麻城市	武穴市
410	428	398	408	433	432	377	429
298	313	283	256	297	284	273	333
296	341	305	334	338	336	294	331
100	100	100	100	101	101	100	99
101	97	94	97	92	98	90	96
193	165	146	165	187	186	155	178
8	33	23	33	34	34	8	35
8	28	28	13	16	12	17	18
	5	7		2	1	3	2
				1		4	1
12	26	18	17	27	26	16	26
65	31	35	32	35	31	44	51
20	33	19	25	28	37	33	37
60	47	39	34	44	52	28	34
19	18	17	28	31	33	15	20
20	17	19	30	27	25	26	30
41	62	53	52	49	52	59	59
88	93	61	68	65	76	64	56
64	48	82	85	83	65	59	78

2008年农村住户

指　　标	单　位	黄冈市	黄州区	团风县
60岁以上	人	383	23	44
(四)在校学生人数	人	709	48	62
其中:7-15岁以下在校学生人数	人	385	27	36
小学一年级	人	13	1	1
小学二年级	人	36		3
小学三年级	人	35	3	4
小学四年级	人	28	2	5
小学五年级	人	36	5	3
小学六年级	人	65	4	11
初中一年级	人	62	2	3
初中二年级	人	56	7	5
初中三年级	人	42		1
(五)7-15岁非在校学生人数	人	2		
小学辍学	人			
初中辍学	人	1		
(六)享受农村最低生活保障的人数	人	32	1	1
(七)参加农村养老保险的人数	人	20	1	
参加城镇养老保险的人数	人	3	1	
参加商业养老保险的人数	人	11	1	
(八)参加农村新型合作医疗的人数	人	4015	357	403
参加商业养老保险的人数	人	20	15	
参加城镇养老保险的人数	人	8	4	

人口情况（二）

红安县	罗田县	英山县	浠水县	蕲春县	黄梅县	麻城市	武穴市
21	53	55	37	44	35	33	38
106	62	77	59	76	72	67	80
65	31	35	32	35	31	42	51
2	2				3	1	3
6	4	2	3	7	3	4	4
3	3	4	3	3	3	7	2
4	1	1	4	3	3	3	2
5	5	3	4	1	3	2	5
10	5	3	5	5	2	7	13
10	3	9	4	6	6	4	15
10	3	3	5	4	6	6	7
15	3	9	3	4	2	5	
						2	
						1	
5	2	8	1	8	2		4
			8	10			1
				1			1
			6		2	1	1
410	407	397	406	426	425	371	413
		1		1			3
				1	1		2

2008年农村住户

指　　标	单　位	黄冈市	黄州区	团风县
(一)整半劳动力数	人	3051	297	299
其中:男劳动力人数	人	1588	151	163
其中:整劳动力	人	1899	181	198
(二)与户主关系	*			
户主	人	988	99	97
配偶	人	932	97	81
子女	人	1046	98	112
孙子女	人	8		2
父母	人	51	1	2
兄弟姐妹	人	18	1	3
其他亲属	人	8	1	2
(三)年龄结构				
16-20岁	人	242	20	30
21-25岁	人	395	47	41
26-30岁	人	239	18	28
31-35岁	人	227	12	30
36-40岁	人	298	36	23
41-45岁	人	388	28	36
46-50岁	人	319	46	27
50岁以上	人	943	90	84
(四)劳动力文化程序				
不识字或识字很少	人	365	32	40
小学程度	人	844	59	73
初中程度	人	1426	154	160
高中程度	人	333	37	19

劳动力素质状况（一）

红安县	罗田县	英山县	浠水县	蕲春县	黄梅县	麻城市	武穴市
289	317	285	323	321	322	280	318
150	167	153	162	159	163	154	166
187	217	156	198	181	211	181	189
100	99	100	998	100	98	99	98
100	96	94	96	89	95	88	96
86	108	76	126	124	122	80	114
	2				1		3
3	8	11	3	6	5	7	5
	4	4		1	1	3	1
				1		3	1
19	34	9	14	22	30	27	37
42	33	26	48	47	52	26	33
20	17	18	30	27	25	26	30
11	33	23	20	26	23	28	21
29	29	30	32	22	28	31	38
47	57	39	40	32	39	42	28
41	36	22	28	33	37	21	28
80	78	118	111	112	88	79	103
27	19	36	41	56	35	43	36
76	104	97	88	66	97	71	113
157	152	115	157	137	153	122	119
27	36	27	29	53	26	34	45

2008年农村住户

指　　标	单　位	黄冈市	黄州区	团风县
中专	人	67	15	5
大专及以上	人	16		2
(五)劳动力接受培训情况	*	283	37	6
受过专业培训的人数	人	457	52	11
参加培训方式	*			
政府组织	*	64	4	7
企业组织	*	53	19	2
自发参加	*	340	29	2
本受过专业培训的人数	人	2594	245	288
未参加培训的原因	*			
不需要	*	742	98	62
本地没有劳动技能培训	*	188	11	5
培训的内容不需要	*	99		
交不起培训费	*	208		
没时间	*	199		82
其他	*	1158	136	139
愿意接受培训的人数	*	1407	97	184
(六)享受农村最低生活保障的人数	人	24		1
(七)参加农村养老保险的人数	人	20	1	
参加城镇养老保险的人数	人	3	1	
参加商业养老保险的人数	人	11	1	
(八)参加农村新型合作医疗的人数	人	3004	290	298
参加商业医疗保险的人数	人	1		
参加城镇医疗保险的人数	人	6	3	

劳动力素质状况（二）

红安县	罗田县	英山县	浠水县	蕲春县	黄梅县	麻城市	武穴市
	6	10	3	7	10	6	5
2			5	2	1	4	
6	34	6	61	25	66	4	38
10	39	6	100	32	135	4	68
	8		11	15	10		9
	10		11		8		3
10	21	6	78	17	117	4	56
279	278	279	223	289	187	276	250
209	13		40	75	61	91	93
30	5	1	6	6	23	86	15
			17	3	8	4	67
28			1	3		74	75
8	2		3	83	14	7	
4	258	278	456	92	81	14	
7	233	42	141	156	99	183	202
3	2	8	1	5			4
			8	10			1
				1			1
			6		2	1	1
289	304	284	322	316	318	276	307
		1					
					1		2

2008年农村住户

指　　标	单　位	黄冈市	黄州区	团风县
一、就业劳动力人数	人	3042	396	295
其中：男劳动力人数	人	1584	151	161
整劳动力人数	人	1892	180	196
受专业培训的人数	人	454	52	11
（一）与户主关系				
户主	人	988	99	97
配偶	人	931	97	80
子女	人	1039	97	110
孙子女	人	7		1
父母	人	51	1	2
兄弟姐妹	人	18	1	3
其他亲属	人	8	1	2
（二）年龄结构				
16-20岁	人	236	20	27
21-25岁	人	393	46	41
26-30岁	人	239	18	28
31-35岁	人	226	12	29
36-40岁	人	298	36	23
41-45岁	人	388	28	36
46-50岁	人	319	46	27
50岁以上	人	943	90	84
（三）文化程度				
不识字或识字很少	人	364	32	39
小学程度	人	844	59	73
初中程度	人	1419	153	157
高中程度	人	332	37	19
中专	人	67	15	5
大专及以上	人	16		2
（四）就业地点				

劳动力就业情况（一）

红安县	罗田县	英山县	浠水县	蕲春县	黄梅县	麻城市	武穴市
289	317	285	323	320	319	280	318
150	167	153	162	158	162	154	166
187	217	156	198	180	208	181	189
10	39	6	100	32	132	4	68
100	99	100	98	100	98	99	98
100	96	94	96	89	95	88	96
86	108	76	126	123	119	80	114
	2				1		3
3	8	11	3	6	5	7	5
	4	4		1	1	3	1
				1		3	1
19	34	9	14	21	28	27	37
42	33	26	48	47	51	26	33
20	17	18	30	27	25	26	30
11	33	23	20	26	23	28	21
29	29	30	32	22	28	31	38
47	57	39	40	32	39	42	28
41	36	22	28	33	37	21	28
80	78	118	111	112	88	79	103
27	19	36	41	56	35	43	36
76	104	97	88	66	97	71	113
157	152	115	157	137	150	122	119
27	36	27	29	52	26	34	45
	6	10	3	7	10	6	5
2			5	2	1	4	

2008年农村住户

指　　标	单　位	黄冈市	黄州区	团风县
乡内	人	1939	195	147
县内乡外	人	55	29	12
省内县外	人	142	12	43
国内省外	人	906	60	93
(五)行业分布	*			
一产业就业劳动力	人	1721	126	144
农业	人	1708	122	139
林业	人	3		2
牧业	人	1		1
渔业	人	9	4	2
非农产业就业劳动力	人	1321	170	151
二产业就业劳动力	人	869	118	84
采矿业	人	5	1	1
制造业	人	551	81	41
电力煤气及水的生产供应业	人	19	1	2
建筑业	人	294	35	40
三产业就业劳动力	人	452	52	67
交通运输仓储及邮电通讯业	人	46	13	5
批发和零售贸易	人	45	17	
住宿和餐饮业	人	51	7	13
居民服务和其他服务业	人	114	6	15
教育	人	13		1
卫生、社会保障和社会福利业	人	13	1	5
文化、体育和娱乐业	人	10	3	
其他	人	160	5	28
(六)年内从事各种行业时间	月	28578.00	2898.00	2768.00
从事农业的时间	月	15464.90	1235.50	1396.00
从事非农产业的时间	月	13113.10	1662.50	1372.00
(七)本地企业职工人数	人	48	14	1
与雇主签定劳动合同的人数	月	1		
参加工伤保险的人数	*			

劳动力就业情况（二）

红安县	罗田县	英山县	浠水县	蕲春县	黄梅县	麻城市	武穴市
202	194	211	185	211	175	181	238
4	1		1	1	5	2	
25	1	3	12	4	34	4	4
58	121	71	125	104	105	93	76
197	155	196	171	197	161	177	197
196	155	196	171	194	161	177	197
1							
				3			
92	162	89	152	123	158	103	121
51	125	68	130	89	65	80	59
		1		1	1		
31	99	40	66	83	17	57	36
	4	1	5		2	2	2
20	22	26	59	5	45	21	21
41	37	21	22	34	93	23	62
	5		2	3	3		15
1	3	3	6	8		3	4
4	2	2		1	3	3	16
2	8	5	7	10	37	8	16
	3			6	1	2	
2	1			1		1	2
1			1	2		3	
31	15	11	6	3	49	3	9
2756.00	2983.00	2598.00	2832.00	3005.00	3098.50	2575.50	3064.00
1867.00	1354.00	1724.00	1393.90	1685.00	1516.00	1389.50	1904.00
889.00	1629.00	874.00	1438.10	1320.00	1582.50	1186.00	1160.00
	10	12		1	1		9
							1

2008年城市住户

指　　标	计量单位	合计	黄州区	团风县
城镇居民可支配收入	元/人	9952	11860	8618
一、家庭总收入	元/人	10559	12633	9038
其中：（一）工薪收入	元/人	7971	10333	6660
其中：工资及补贴收入	元/人	7302	9477	5919
（二）经营净收入	元/人	890	500	1546
（三）财产性收入	元/人	225	612	277
（四）转移性收入	元/人	1747	1189	555
二、家庭总支出	元/人	9915	11370	7843
在生活消费支出：	元/人	7576	8705	5815
（一）食品	元/人	2626	2895	1976
（二）衣着	元/人	849	1058	754
（三）家庭设备用品及服务	元/人	608	758	464
（四）医疗保健	元/人	410	344	211
（五）交通和通讯	元/人	631	701	548
（六）教育文化娱乐服务	元/人	1184	1642	857
（七）居住	元/人	934	967	860
（八）杂项商品和服务	元/人	334	230	145
附：调查户数	户	400	50	30
调查人口	人	1324	166	100
有收入者人数	人	864	115	60
就业人数	人	678	89	54
居住面积	M/人	39	41	45

调查资料汇总表

红安县	麻城市	罗田县	英山县	浠水县	蕲春县	武穴市	黄梅县
9663	9910	9657	9480	9738	9685	10526	8935
10272	10390	10235	10101	10240	11696	11070	9915
7631	6587	5671	6554	8186	9378	8231	8329
7588	6126	5584	5229	8050	9087	7782	6855
1201	702	354	1014	730	427	773	1440
43	146	332	173	120	195	185	31
1397	2955	3878	2359	1208	1696	1882	115
10470	8740	13465	9222	10556	11539	8977	6970
6356	6819	9772	6933	7402	8648	7330	6156
2666	2989	2851	2276	3251	2848	2646	2339
579	751	991	590	865	1015	831	818
513	350	2757	427	34	337	525	751
251	438	636	592	353	421	414	222
518	588	763	588	893	747	662	363
556	824	851	1102	669	1930	1039	900
1172	699	555	1133	514	1063	1016	591
101	179	368	224	220	287	196	172
20	50	30	30	50	30	30	30
60	153	100	104	152	103	118	116
30	103	64	68	96	68	82	73
28	71	40	53	85	54	51	61
34	47	43	37	42	36	39	40

十六、社会发展

资料整理人员：夏　焱

2008年全市社会发展基本情况（一）

指　　标	计量单位	2007年	2008年
一、环境保护			
污染治理项目本年完成投资	万元	10774	9640
本年施工污染治理项目数	个	27	21
工业废水排放量	万吨	3666	4609
工业粉尘去除量	吨	15941	5132
二、人口状况			
1、年末总人口	万人	731	735
其中：女性	万人	347.3	349.4
2、乡村人口所占比重	%	23.1	23.1
3、0-14岁人口	万人	181.8	137.2
其中：女性	万人	78.9	82
4、15-64岁人口	万人	491.5	494.4
其中：女性	万人	239.2	240.5
5、65岁以上人口	万人	57.7	73.5
其中：女性	万人	29.2	31.5
6、人口出生率	‰	9.63	9.12
7、人口自然增长率	‰	5.06	3.68
8、成人识字率	%	93.8	94.01
9、平均预期寿命	岁	71.2	71.9
10、6岁及以上人口人均受教育年限	年	8.2	8.56
三、主要经济指标			
1、地区生产总值	亿元	473.74	600.75
2、人均地区生产总值	元	7095	9001
3、第三产业增加值	亿元	166	203.94
4、居民消费水平	元	2880	3836
5、社会消费品零售总额	亿元	223.7	282.3
6、全社会固定资产投资总额	亿元	258.5	370.8
7、地区财政收入	亿元	19.93	26.16
8、地区财政支出	亿元	74.47	102.28
9、全社会劳动生产率	元/人	13420	15364
10、进出口贸易差额	万美元	31170	43591
四、居民生活			
1、城镇居民家庭人均可支配收入	元	8314	9952
2、农村居民家庭人均纯收入	元	3295	3744
3、居民储蓄存款余额	亿元	378	464

2008年全市社会发展基本情况（二）

指　　标	计量单位	2007年	2008年
4、居民消费价格指数（上年为100）	%	104.46	101.57
5、城市人均住房建筑面积	平方米	38	40
6、农村居民人均居住面积	平方米	36.21	41.51
7、城镇居民家庭恩格尔系数	%	37	34
8、农村居民家庭恩格尔系数	%	41	43.1
9、城镇居民高收入户平均每人可支配收入	元	20000	19500
10、城镇居民低收入户平均每人可支配收入	元	2600	2675
11、城镇居民人均旅游消费支出	元	70	80
12、农村居民人均旅游消费支出	元	1.5	2.67
13、人均生活用电量	千瓦时	116	152
14、城市私人机动车保有量	万辆	2.6	7.3
其中：私人汽车保有量	万辆	1.8	4.9
五、劳动就业			
1、就业人员数	万人	353	363.1
其中：女性	万人	145.6	144.1
其中：城镇	万人	54	56.8
2、第三产业就业人员的比重	%	34.8	57.53
3、城镇登记失业率	%	4.1	1.7
4、工矿商贸事故死亡人数	人	26	20
5、劳动争议案件数	件		
六、社会保障			
1、民政经费	万元	55743	94943
2、城镇居民最低生活保障人数	万人	14.5	13.98
3、农村社会救助总人数	万人	26.11	26.57
其中：农村居民最低生活保障人数	万人	22	22.35
4、收养性社会福利单位数	个	669	616
5、收养性社会福利单位床位数	张	32617	30655
6、收养性社会福利单位收养人数	人	29175	25603
7、社区服务中心	个	33	33
8、城镇社区服务设施数	个	399	378
9、离婚办理	对	4212	5060
10、每千居民之离婚宗数	‰	0.19	0.21
11、参加城镇基本养老保险的人数	万人	43.1	46.68
12、农村社会养老保险参保的人数	人		
13、参加基本医疗保险的人数	人	35.14	40.85

2008年全市社会发展基本情况（三）

指　　标	计量单位	2007年	2008年
14、参加失业保险的人数	万人	22.2	22.64
15、养老、失业、医疗、工伤、生育保险基金当年支出额	万元	53500	55100
七、卫生保健			
1、政府卫生支出	万元	48480	71493
2、卫生机构	个	250	930
3、卫生技术人员	人	21327	21831
其中：执业（助理）医师	人	9106	9037
4、每千人口卫生技术人员	人	2.9	2.97
5、卫生机构床位数	张	11897	13039
6、每千人口医院卫生院床位数	张	1.63	1.77
7、医院病床使用率	%	59.3	67.3
8、孕产妇死亡率	1/10万	29.33	23.84
9、5岁以下儿童死亡率	‰	8.51	9.98
10、新生儿死亡率	‰	9.56	7.37
11、甲乙类法定报告传染病发病率	1/10万		
12、已改水受益人口占农村人口百分比	%	98	97.6
13、饮用自来水人口占农村人口百分比	%	48	65.2
14、农村卫生厕所普及率	%	67	55.6
八、教育科技			
1、教育经费总投入	万元	176199	247167
2、城镇居民人均教育费支出	元	1338	1642
3、高等学校普通本专科在校学生数	万人	3.5	3.4
其中：女生	万人	1.7	1.6
4、成人高等学校在校学生数	万人	1	1.2
其中：女生	万人	0.3	0.4
5、高中阶段在校学生数	万人	29.8	28.97
其中：女生	万人	12.7	12.4
中等职业教育学生数	万人	11.4	11.7
6、初中、小学在校学生数	万人	96.6	93.9
其中：女生	万人	42.2	40.9
7、初中毕业升学率	%	73.82	74
8、九年义务教育完成率	%	96.7	98.05
9、科技活动经费内部支出	万元	15264	9025
10、从事科技活动人员	人	1711	3500
11、R&D经费内部支出	万元	9890	26281

2008年全市社会发展基本情况（四）

指　　标	计量单位	2007年	2008年
12、新产品销售率	%	6.2	6.7
九、文化体育			
1、文化体育与传媒经费	万元	11463	11956
2、每万人口拥有公共文化机构数	个	0.3	0.3
3、公共图书馆藏书量	万册	137	139
4、订销报纸期刊累计份数	万份	5388.9	5412.3
其中：期刊	万份		
5、广播节目人口综合覆盖率	%	96.6	96.68
6、电视节目人口综合覆盖率	%	96.2	96.42
7、有线电视入户率	%	30.3	19.36
其中：农村	%	12.1	13.33
8、每百户城镇居民家庭拥有的家庭电脑数	台	49	51
9、城镇居民人均文化娱乐支出	元	1010	1184
10、农村居民人均文教、娱乐用品及服务支出	元	300.6	341.3
十、社会治安			
1、公共安全支出占地方财政支出的比重	%	7.3	7.4
2、律师人数	人	205	235
3、交通事故死亡人数	人	163	163
4、火灾事故死亡人数	人	1	4
5、交通事故损失额	万元	213	213
6、火灾事故损失额	万元	251	448
7、刑事案件立案数	起	1421	1500
8、治安案件查处数	起	15482	15513
9、未成年人刑事案件作案成员占全部刑事案件作案成员的比重	%	39.1	14.27
10、群众安全感指数	%		
十一、社会参与			
1、市级人大代表人数	人	521	521
其中：女性	人	84	84
2、市级政协委员人数	人	423	423
其中：女性	人	87	87
3、基层地方妇联组织数	个	4700	4700
4、基层工会组织数	个	7630	7651
5、工会会员人数	万人	81	82
6、县处级干部人数	人	958	981
其中：女性	人	117	123

2008年黄冈经济开发区主要经济指标

指　　标	计量单位	2008年	2007年	±%
一、基本情况				
1、开发区批准规模面积	公顷	1238.33	1238.33	
2、开发区实际开发面积	公顷	1023.33	1023.33	
3、企业个数	个	910	887	2.6
其中：工业企业	个	148	124	19.4
其中：规模以上	个	89	70	27.1
高新技术企业	个	13	13	
外商投资企业	个	28	23	21.7
第三产业	个	650	601	8.2
4、从业人员	万人	2.13	1.92	11.2
其中：工业企业	万人	1.59	1.56	2.2
其中：规模以上	万人	1.22	1.20	1.7
二、主要经济指标				
1、开发区生产总值	亿元	24.57	20.47	20.0
2、规模以上工业总产值	亿元	49.85	38.17	30.6
3、规模以上工业增加值	亿元	16.45	12.62	30.3
其中：高新技术产业	亿元	4.08	3.00	36.2
4、规模以上工业主管业务收入	亿元	45.49	34.96	30.1
其中：高新技术产业	亿元	6.38	4.72	35.3
5、固定资产投资总额	亿元	12.42	9.21	34.9
其中：基础设施建设投资	亿元	2.4	1.8	33.3
6、施工项目个数	个	40	36	11.1
其中：亿元以上项目	个	8	6	33.3
新开工项目	个	20	13	53.8
外商投资项目	个	6	6	
省外内资项目	个	4	3	33.3
7、税收总额	万元	29802	25462	17.0
8、财政收入	万元	33114	29613	11.8
9、招商引资总额	万元	80000	66023	21.2
其中：外商投资金额	万美元	2852	2398	18.9
省外境内投资额	万元	48000	41184	16.6
10、出口总额	万美元	3580	2809	27.4

第五部分 2008年黄冈主要经济指标在全省排名

资料整理人员：童卫红

地区生产总值（GDP）

单位：亿元、%

单　位	2007年	位次	增　幅	位次	2008年	位次	增　幅	位次
全　省	**9230.68**	—	**14.5**	—	**11330.38**	—	**13.4**	—
武汉市	3141.90	1	15.6	5	3960.08	1	15.1	5
黄石市	466.68	7	16.4	1	556.57	7	11.6	14
十堰市	411.42	9	16.4	2	487.64	9	10.7	16
宜昌市	820.90	2	15.0	7	1026.56	2	14.6	8
襄樊市	785.45	3	14.0	11	1002.46	3	14.6	8
鄂州市	208.71	13	15.8	4	269.79	12	15.8	2
荆门市	420.08	8	12.8	13	520.36	8	14.0	11
孝感市	480.79	5	14.6	8	593.06	6	14.7	7
荆州市	519.63	4	12.4	14	623.98	4	12.6	13
黄冈市	473.74	6	14.4	10	600.75	5	15.0	6
咸宁市	286.75	10	15.9	3	359.19	10	16.1	1
随州市	257.62	11	13.9	12	310.20	11	14.0	11
恩施自治州	210.35	12	6.3	17	250.28	13	11.6	14
仙桃市	190.40	14	12.2	15	233.50	14	15.4	3
潜江市	156.63	15	14.5	9	211.82	15	15.3	4
天门市	151.48	16	15.4	6	187.35	16	14.6	8
神农架林区	6.96	17	9.7	16	7.97	17	8.1	17

工业增加值（现价）

单位：亿元、%

单　位	2007年	位次	增　幅	位次	2008年	位次	增　幅	位次
全　省	**2822.97**	—	**23.6**	—	**3842.33**	—	**21.6**	—
武汉市	1055.18	1	22.1	15	1388.00	1	20.0	15
黄石市	211.19	4	24.0	10	258.20	4	12.6	16
十堰市	146.92	5	29.3	3	202.00	5	8.1	17
宜昌市	338.50	2	23.9	11	452.22	2	22.8	13
襄樊市	225.87	3	22.2	14	318.32	3	28.1	5
鄂州市	87.65	9	24.7	9	126.56	10	26.1	9
荆门市	126.88	7	23.0	13	172.17	7	25.0	11
孝感市	124.95	8	25.8	7	170.28	8	27.6	6
荆州市	126.94	6	27.3	6	173.85	6	24.5	12
黄冈市	84.91	10	30.1	2	141.30	9	30.6	2
咸宁市	79.37	11	30.7	1	113.41	11	30.5	3
随州市	70.01	12	25.4	8	87.91	13	21.5	14
恩施自治州	24.98	16	27.7	5	39.85	16	33.0	1
仙桃市	59.41	13	23.4	12	78.06	14	26.3	8
潜江市	55.95	14	21.0	16	102.00	12	27.6	7
天门市	35.46	15	28.7	4	51.34	15	30.2	4
神农架林区	1.32	17	20.8	17	1.79	17	25.4	10

城镇固定资产投资

单位：亿元、%

单　　位	2007年	位次	增　幅	位次	2008年	位次	增　幅	位次
全　省	**4131.26**	—	**27.8**	—	**5332.67**	—	**29.1**	—
武汉市	1687.15	1	30.1	12	2173.30	1	28.8	15
黄石市	166.38	6	34.3	11	216.18	7	29.9	14
十堰市	131.91	8	24.8	13	171.52	9	30.0	13
宜昌市	341.07	2	18.4	16	455.59	2	33.6	10
襄樊市	236.46	3	33.6	10	338.59	3	43.2	8
鄂州市	101.76	12	48.8	2	145.80	11	43.3	7
荆门市	125.28	9	21.5	15	181.91	8	45.2	5
孝感市	153.00	7	37.8	9	228.25	6	49.2	3
荆州市	171.83	5	42.6	5	255.24	5	48.5	4
黄冈市	208.54	4	52.5	1	315.81	4	51.4	1
咸宁市	109.80	10	39.9	6	164.52	10	49.8	2
随州市	78.90	13	44.5	3	113.65	13	44.0	6
恩施自治州	103.97	11	38.2	8	124.25	12	19.5	17
仙桃市	54.39	16	22.3	14	73.75	16	35.6	9
潜江市	63.68	14	42.3	4	79.06	14	24.2	16
天门市	57.41	15	39.2	7	75.55	15	31.6	12
神农架林区	5.46	17	0.6	17	7.25	17	32.7	11

地方财政一般预算收入

单位：亿元、%

单　　位	2007年	位次	增　幅	位次	2008年	位次	增　幅	位次
全　省	**590.36**	—	**24.0**	—	**710.24**	—	**20.3**	—
武汉市	221.68	1	24.1	9	277.32	1	25.1	9
黄石市	19.71	5	28.6	7	24.09	5	22.2	14
十堰市	15.59	6	18.1	14	19.89	7	27.6	5
宜昌市	35.57	2	30.0	5	44.27	2	24.5	10
襄樊市	24.02	3	16.5	16	30.06	3	25.2	8
鄂州市	8.51	12	31.6	1	10.70	12	25.8	7
荆门市	12.06	10	18.6	11	14.92	10	23.7	11
孝感市	16.63	7	30.7	3	21.46	6	29.0	3
荆州市	15.24	8	18.5	12	18.71	8	22.7	12
黄冈市	19.93	4	29.8	6	26.21	4	31.5	1
咸宁市	11.10	11	27.4	8	14.33	11	29.1	2
随州市	5.47	13	15.1	17	6.68	13	22.0	15
恩施自治州	13.05	9	30.2	4	15.40	9	18.0	17
仙桃市	3.31	15	18.3	13	4.21	15	27.1	6
潜江市	3.85	14	17.1	15	4.71	14	22.4	13
天门市	2.18	16	31.0	2	2.80	16	28.3	4
神农架林区	0.60	17	20.1	10	0.73	17	20.3	16

社会消费品零售总额

单位：亿元、%

单　　位	2007年	位次	增　幅	位次	2008年	位次	增　幅	位次
全　省	**4028.53**	—	**18.1**	—	**4965.82**	—	**23.3**	—
武汉市	1518.30	1	17.4	14	1850.05	1	21.8	17
黄石市	174.97	7	18.0	11	215.56	7	23.2	15
十堰市	170.19	8	17.6	13	210.18	8	23.5	13
宜昌市	311.34	3	18.7	5	388.19	3	24.6	5
襄樊市	328.87	2	18.3	7	410.29	2	24.8	4
鄂州市	84.58	13	18.2	9	104.89	14	24.0	9
荆门市	151.57	9	18.3	8	188.86	9	24.6	5
孝感市	218.19	6	18.9	4	270.45	6	23.9	10
荆州市	299.59	4	17.9	12	370.60	4	23.7	12
黄冈市	223.66	5	21.2	1	282.27	5	26.2	3
咸宁市	105.86	11	20.3	2	136.81	11	29.2	1
随州市	122.76	10	18.5	6	152.32	10	24.1	8
恩施自治州	75.94	15	20.3	2	93.80	15	23.5	13
仙桃市	82.52	14	17.3	16	105.85	13	28.3	2
潜江市	58.05	16	17.4	14	72.33	16	24.6	5
天门市	90.57	12	18.1	10	112.21	12	23.9	10
神农架林区	2.57	17	14.2	17	3.16	17	22.7	16

进　口　总　额

单位：万美元、%

单　　位	2007年	位次	增　幅	位次	2008年	位次	增　幅	位次
全　省	**668449.3**	—	**22.0**	—	**897464.0**	—	**34.3**	—
武汉市	520860.8	1	23.0	7	707267.9	1	35.8	8
黄石市	72789.9	2	14.6	8	69935.8	2	-3.9	13
十堰市	2397.6	10	110.0	1	2378.2	11	-0.8	11
宜昌市	24289.2	3	52.1	4	46626.1	3	92.0	3
襄樊市	12569.0	4	36.9	5	14931.5	4	18.8	9
鄂州市	5829.1	6	-12.5	12	8148.1	8	39.8	7
荆门市	4538.5	8	84.1	2	11719.8	6	158.2	1
孝感市	4517.7	9	-35.9	14	8772.8	7	94.2	2
荆州市	10282.7	5	0.2	10	14825.1	5	44.2	6
黄冈市	4998.9	7	83.7	3	5862.9	9	17.3	10
咸宁市	2319.1	11	12.3	9	2286.1	12	-1.4	12
随州市	874.5	13	23.3	6	1392	13	59.2	5
恩施自治州	46.1	16	-26.1	13	7.9	16	-82.9	16
仙桃市	1761.3	12	-7.0	11	3018.6	10	71.4	4
潜江市	153.2	15	-35.9	14	119.1	15	-22.3	14
天门市	221.6	14	-60.5	16	172.1	14	-22.3	14
神农架林区								

出　口　总　额

单位：万美元、%

单　　位	2007年	位 次	增　幅	位 次	2008年	位 次	增　幅	位 次
全　省	**817379.2**	—	**30.6**	—	**1159208.9**	—	**41.8**	—
武汉市	475318.2	1	25.8	11	690442.1	1	45.3	5
黄石市	48977.5	3	22.9	12	70883.1	3	44.7	6
十堰市	6440.5	14	64.3	2	12337.0	12	91.6	1
宜昌市	61141.3	2	49.3	4	90501.7	2	48.0	4
襄樊市	27719.5	6	25.9	10	37529.0	6	35.4	10
鄂州市	10125.2	12	31.8	8	9360.6	14	-7.6	15
荆门市	17349.9	9	39.6	6	20930.7	9	20.6	13
孝感市	18126.8	8	40.3	5	23395.3	8	29.1	11
荆州市	48747.2	4	59.1	3	61506.9	4	26.2	12
黄冈市	36173.5	5	75.2	1	49453.5	5	36.7	9
咸宁市	7990.2	13	33.6	7	10929.4	13	36.8	8
随州市	20110.0	7	28.4	9	33654.9	7	67.4	2
恩施自治州	4055.1	16	13.4	15	5642.0	15	39.1	7
仙桃市	16458.7	10	17.2	13	18890.7	11	14.8	14
潜江市	12767.5	11	4.2	16	19764.1	10	54.8	3
天门市	4989.3	15	4.2	17	3984.7	16	-20.1	16
神农架林区	888.9	17	15.3	14				

城镇居民可支配收入

单位：元、%

单　　位	2007年	位 次	增　幅	位 次	2008年	位 次	增　幅	位 次
全　省	**11485**	—	**17.2**	—	**13153**	—	**14.5**	—
武汉市	14358	1	16.2	13	16712	1	16.4	2
黄石市	11151	3	17.7	10	12734	3	14.2	8
十堰市	8647	14	12.0	16	10535	13	12.2	14
宜昌市	11401	2	18.5	7	12839	2	12.6	12
襄樊市	10912	5	19.7	5	12292	6	12.7	11
鄂州市	10827	8	20.1	4	12244	7	13.1	10
荆门市	11075	4	17.9	15	12690	4	14.6	5
孝感市	10867	6	25.9	1	12419	5	14.3	7
荆州市	10840	7	24.3	2	12195	8	12.5	13
黄冈市	8314	15	19.1	6	9952	15	19.7	1
咸宁市	9322	13	15.5	14	10597	12	14.9	4
随州市	10025	10	22.9	3	11592	9	15.6	3
恩施自治州	8274	16	9.0	17	9446	16	14.2	8
仙桃市	9663	11	16.9	11	10761	11	11.4	17
潜江市	10185	9	16.6	12	11426	10	12.2	14
天门市	9325	12	17.8	9	10448	14	12.0	16
神农架林区	8011	17	18.0	8	9164	17	14.4	6

农民人均纯收入

单位：元、%

单　　位	2007年	位次	增　幅	位次	2008年	位次	增　幅	位次
全　省	**3997**	—	**16.9**	—	**4656**	—	**16.5**	—
武汉市	5371	1	13.1	16	6349	1	18.2	4
黄石市	3742	12	17.6	3	4374	13	16.9	8
十堰市	2490	16	13.6	15	2841	16	14.1	13
宜昌市	4022	10	17.2	5	4686	10	16.5	10
襄樊市	4114	9	16.9	6	4880	8	18.6	2
鄂州市	4393	4	15.6	10	5096	4	16.0	11
荆门市	4652	3	14.6	13	5332	2	14.6	12
孝感市	3915	11	17.4	4	4636	11	18.4	3
荆州市	4140	8	18.2	2	4889	7	18.1	5
黄冈市	3295	14	15.2	11	3744	14	13.6	14
咸宁市	3737	13	16.3	8	4410	12	18.0	6
随州市	4177	7	16.6	7	4967	5	18.9	1
恩施自治州	2143	17	16.0	9	2519	17	17.5	7
仙桃市	4695	2	12.1	17	5247	3	11.8	17
潜江市	4378	5	14.8	12	4929	6	12.6	16
天门市	4207	6	14.2	14	4760	9	13.2	15
神农架林区	2850	15	19.0	1	3330	15	16.8	9

常　住　人　口

单位：万人、%

单　　位	2007年	位次	2008年	位次
全　省	**5699.0**	—	**5711.0**	—
武汉市	891.0	1	897.0	1
黄石市	241.9	11	242.2	11
十堰市	322.8	8	323.5	8
宜昌市	403.0	6	403.9	6
襄樊市	542.5	4	543.7	4
鄂州市	103.1	15	103.3	15
荆门市	283.9	9	284.5	9
孝感市	466.5	5	467.6	5
荆州市	642.3	3	645.7	3
黄冈市	666.7	2	667.5	2
咸宁市	250.6	10	251.2	10
随州市	219.9	12	220.4	12
恩施自治州	391.1	7	395.3	7
仙桃市	136.4	14	135.3	14
潜江市	93.9	16	93.6	16
天门市	137.6	13	136.6	13
神农架林区	7.4	17	7.5	17

居民消费价格指数

单　位	2007年	位 次	2008年	位 次
全　省	**104.8**	—	**106.3**	—
武汉市	104.1	15	105.7	14
黄石市	104.8	8	106.8	8
十堰市	105.3	4	107.1	6
宜昌市	106.1	2	105.5	15
襄樊市	105.1	6	105.2	16
鄂州市	104.5	12	106.4	9
荆门市	104.4	15	105.8	12
孝感市	104.7	9	107.0	7
荆州市	104.7	9	106.4	9
黄冈市	104.5	12	101.6	17
咸宁市	104.8	8	105.8	12
随州市	104.2	14	106.0	11
恩施自治州	106.0	3	107.7	2
仙桃市	104.6	11	107.4	5
潜江市	105.0	7	107.5	4
天门市	105.2	5	107.6	3
神农架林区	107.0	1	108.8	1

第六部分　全省县域经济排位情况

资料整理人员：童卫红

湖北省县域经济2008年度发展考核评价报告

湖北省经济委员会　湖北省统计局

根据《湖北省县域经济和社会综合评价考核暂行办法》（鄂政办发〔2005〕113号），省县域经济联席会议办公室根据各部门提供的有关统计数据和资料，对全省79个县（市、区）2008年度经济发展水平进行了考核评价。考核评价结果报告如下：

一、考核评价范围与指标体系

（一）考核范围

2008年度被考核的县（市、区）79个，比2007年度增加3个单位。主要是根据省委、省政府关于推进鄂州市城乡一体化的有关精神，增加了鄂州市鄂城区、华容区、梁子湖区。

（二）数据来源

考核评价中有关统计数据由省统计局审核把关，其它有关数据分别由省财政厅、省商务厅、省劳动和社会保障厅、省环保局、省安监局、省金融信用办等单位分别审核把关，省县域经济联席会议办公室组织综合考核，考核结果报省委、省政府审定。

（三）各项指标权重构成

考核指标体系权重总分值为100分，其中总量指标占19%，人均指标占12%，结构指标占16%，速度指标占29%，后劲指标占8%，效益指标占3%，环境建设指标占13%。

二、2008年县域经济发展概况

全省79个县（市、区）行政版图总面积约18万平方公里，占全省国土面积的96.82%；常住人口4646.44万人，占全省常住人口的82.6%；2008年共完成生产总值6060.2亿元，占全省生产总值的53.5%；地方一般预算收入188.02亿元，占全省的26.5%；全社会消费品零售额2626.35亿元，占全省的52.9%；全社会固定资产投资额2899.4亿元，占全省的50%。

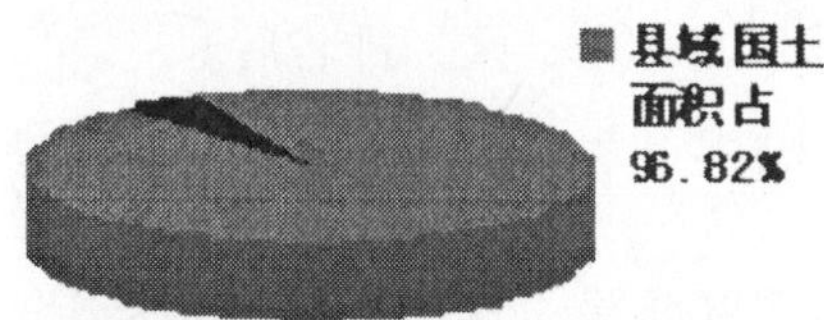

图1　县域国土面积占全省比重

图2　县域人口占全省比重

图3　县域生产总值占全省比重

图4　县域地方一般预算收入占全省比重

县（市、区）平均规模和增长速度：2008年列入考核评价的79个县（市、区）平均生产总值76.7亿元，按可比价格计算比上年增长14.4%；地方一般预算收入2.38亿元，增长29%；人均生产总值13043元，增长14.7%；农民人均纯收入为4559.3元，增长17%；人均地方一般预算收入为407.7元，增长29.8%。

生产总值过50亿元的县（市、区）50个，比上年增加6个；过100亿元的21个，比上年增加10个；20亿元以下的4个，比上年减少8个。其中最高的是仙桃市，达233.5亿元，最低的是神农架林区，为7.97亿元。

地方一般预算收入过2亿元的县（市、区）40个，比上年增加14个；过5亿元的6个，比上年增加4个；不足1亿元的9个，比上年减少11个。其中最高的是武汉市江夏区，达8.4亿元，最低的是江陵县，为4817万元。

三、考核评价排名变化

（一）综合排名。与上年度全省县域经济发展综合考核排名相比，2008年度79个县（市、区）中，33个县（市、区）进位。其中，进位最快的是巴东县，由上年的第69位升至第37位，进32位。黄陂区、英山县、房县等3个单位位次没有变化。40个县（市、区）排名后退，退10位及以上的有16个县（市），下滑最快的是恩施市，退31位。

（二）20强县（市、区）。2008年度县域经济发展评价考核排名前20位的县（市、区）依次是江夏区、宜都市、黄陂区、蔡甸区、仙桃市、新洲区、曾都区、黄州区、远安县、东宝区、夷陵区、潜江市、京山县、当阳市、赤壁市、枝江市、钟祥市、鄂州市鄂城区、天门市、武穴市。其中新进入20强的有4个县（市、区），分别是黄冈市黄州区、远安县、鄂州市鄂城区和武穴市。

（三）进位较快单位。2008年度进10位以上的单位有巴东县（进32位）、黄州区（进22位）、远安县（进19位）、通山县（进17位）、蕲春县（进13位）、老河口市（进13位）、孝昌县（进12位）、浠水县（进10位）。

表1 8个县（市、区）2007-2008年度县域经济发展综合排名变化情况

县市区	2008年度综合排名	2007年度综合排名	进位情况
巴东县	37	69	32
黄州区	8	30	22
远安县	9	28	19
通山县	48	65	17
蕲春县	30	43	13
老河口市	35	48	13
孝昌县	46	58	12
浠水县	43	53	10

这进位快的8个县（市、区）规模偏小，但速度快，后发优势明显。2008年，巴东县、远安县、黄州区生产总值分别增长26.6%、25.8%和21.9%，居全省79个县（市、区）前3位；巴东县工业增加值增长100.92%，居全省县域第1位；巴东县、蕲春县、远安县地方一般预算收入增长43.3%、42.4%和39.6%，居全省县域前列；孝昌县、老河口市、浠水县的主要经济指标增长速度均高于全省县域平均水平。

四、分类经济发展水平

按照考核评价结果，将全省79个县（市、区）分为三类：一是县域经济发展综合指数居前20名的县（市、区）（以下简称为Ⅰ类县市区）；二是第21名至59名的39个县（市、区）（以下简称为Ⅱ类县市区）；三是第60名至79名的20个县（市、区）（以下简称为Ⅲ类县市区，名单详见附件2）。

3类县（市、区）在地域分布、经济规模、发展速度、经济结构等方面具有较明显的差异性。

（一）地域分布

Ⅰ类20个县（市、区）大多聚集在我省经济最为活跃的武汉市经济圈，以及宜昌、荆门、随州等城市的周边，交通便利，区位优势明显，经济较为发达，国土面积仅占全省县域的四分之一，常住人口不到全省县域的三分之一，创造了全省县域42.3%的生产总值和42.8%的地方一般预算收入。

Ⅱ类39个县（市、区）分布在全省12个市州，遍及城郊、平原湖区、丘陵及山区，国土面积占全省县域的44.46%，常住人口约占全省县域的一半，创造了全省县域45.8%的生产总值和43.7%的地方一般预算收入，半数以上的县（市、区）是我省粮棉油和水产品的主要生产基地。

Ⅲ类20个县（市、区）主要分布在鄂西、鄂西北山区和江汉平原的农业大县，国土面积不足全省县域的三分之一，常住人口仅占全省县域的五分之一，其中15个是我省重点扶贫开发县。3类县（市、区）分布见表2。

表2 三类县(市、区)分布情况表

单位：个

市州	下辖县市区数	其中：		
		Ⅰ类县(市区)数	Ⅱ类县(市区)数	Ⅲ类县(市区)数
武汉市	4	4		
黄石市	2		2	
襄樊市	7		7	
荆州市	7		4	3
宜昌市	9	5	1	3

市州	下辖县市区数	其中:		
		Ⅰ类县(市区)数	Ⅱ类县(市区)数	Ⅲ类县(市区)数
十堰市	6		3	3
孝感市	7		7	
鄂州市	3	1	1	1
荆门市	4	3	1	
黄冈市	10	2	7	1
咸宁市	6	1	4	1
随州市	2	1	1	
恩施州	8		1	7
直管市	3	3		
林区	1			1

（二）经济规模

Ⅰ类20个县（市、区）。2008年创造生产总值2565.4亿元，对全省县域GDP增长的贡献率达到44.6%；工业增加值1058.8亿元，占全省县域工业总量的48.1%，对全省县域工业经济增长的贡献率达到51.3%；地方一般预算收入为80.5亿元，对全省县域地方一般预算收入增长的贡献率达到46.8%。其生产总值、工业增加值、地方一般预算收入的县均规模分别为128.27亿元、52.94亿元和4.02亿元，是全省县域平均规模的1.67倍、1.9倍和1.69倍。仙桃、潜江、曾都、天门、江夏、黄陂、新洲等7个区县的生产总值在79个县（市、区）中居前10位，其中仙桃市、潜江市和曾都区的生产总值突破200亿元，分别为233.5、211.8、206.9亿元，居前3位。江夏区、黄陂区、新洲区、蔡甸区、夷陵区、宜都市和潜江市的地方一般预算收入居全省前10位。

Ⅱ类39个县（市、区）。2008年共创造生产总值2777.28亿元，工业增加值971.42亿元，地方一般预算收入82.21亿元，对全省县域这三项指标增长的贡献率均在40%以上。其生产总值、工业增加值、地方一般预算收入县均规模与全省县域平均规模基本相当，分别为71.21亿元、24.91亿元和2.11亿元，占全省县域平均规模的92.8%、89.5%和88.6%。

Ⅲ类20个县（市、区）。2008年生产总值为35.87亿元，不到全省县域平均水平的一半；工业增加值县均8.47亿元，相当于县域平均水平的三分之一；地方一般预算收入县均规模1.27亿元，相当于全省县域平均水平的二分之一。

图5　3类县(市、区)生产总值、工业增加值、地方一般预算收入县均水平对比

单位：亿元

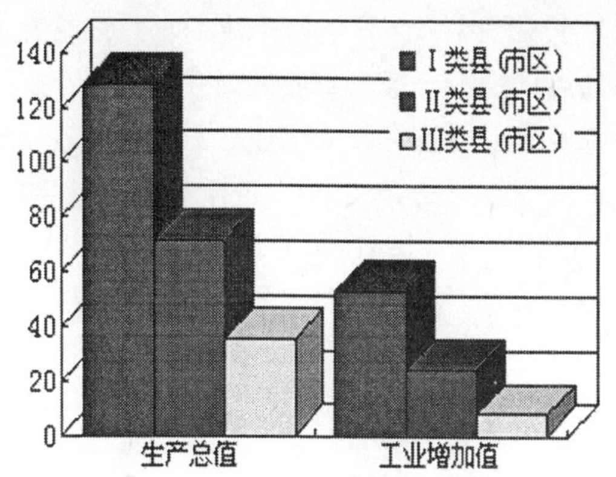

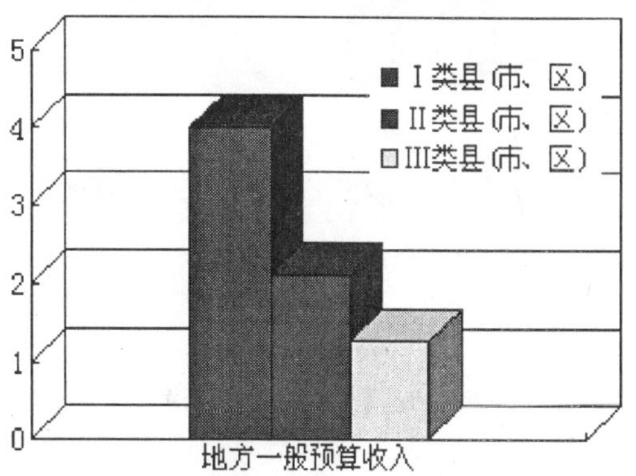

（三）发展速度

Ⅰ类20个县（市、区）经济发展活力较强。2008年生产总值增长15.6%，高出全省县域1.2个百分点；工业增加值增长25.5%，高出县域1.6个百分点；地方一般预算收入增长32.7%，高出县域3.7个百分点；全社会固定资产投资增长略低于县域平均速度，为42.4%，低1.9个百分点。远安县、黄州区、武穴市、鄂城区、宜都市、当阳市、新洲区、枝江市的生产总值增长速度居全省县域前10位；武穴市、鄂城区、钟祥市、黄州区、远安县固定资产投资增长均在70%以上，居全省县域前10位，武穴市增长91.6%，居全省县域第一。

Ⅱ类39个县（市、区）主要经济指标增速与全省县域平均增速基本持平，但投资强劲，后劲较足。2008年其生产总值、工业增加值增长14%和23.2%，与全省县域平均增速基本持平；地方一般预算收入增长27.1%，低于县域1.9个百分点；投资势头强劲，全社会固定资产投资增长48.74%，高出县域4.44个百分点，23个县（市、区）投资增速在50%以上。

Ⅲ类20个县(市、区)县域发展水平明显滞后于全省县域平均水平。2008年生产总值增长11.6%，低于全省县域生产总值增速2.8个百分点；工业增加值增长19.1%，低于全省县域工业经济增速4.8个百分点；地方一般预算收入增长24.1%，低于全省县域地方一般预算收入增速4.9个百分点；全社会固定资产投资增长35.3%，低于全省县域全社会固定资产投资增速9.1个百分点。

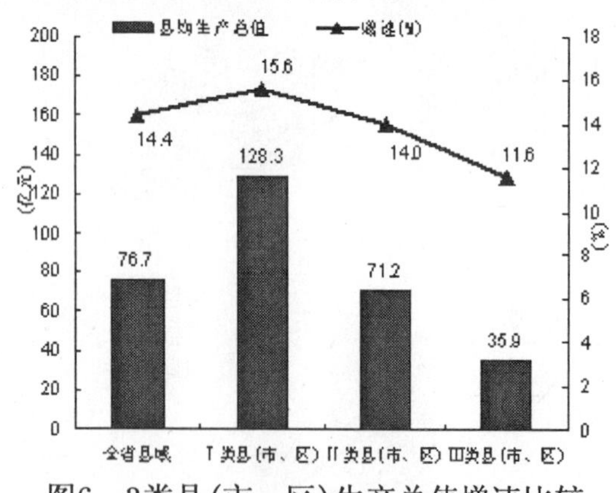

图6 3类县(市、区)生产总值增速比较

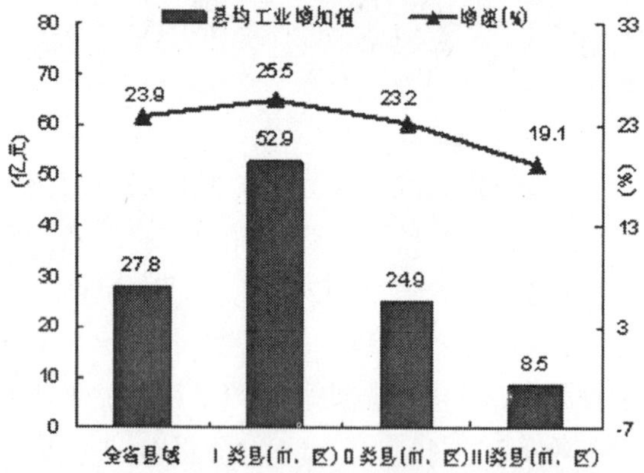

图7 3类县(市、区)工业增加值增速比较

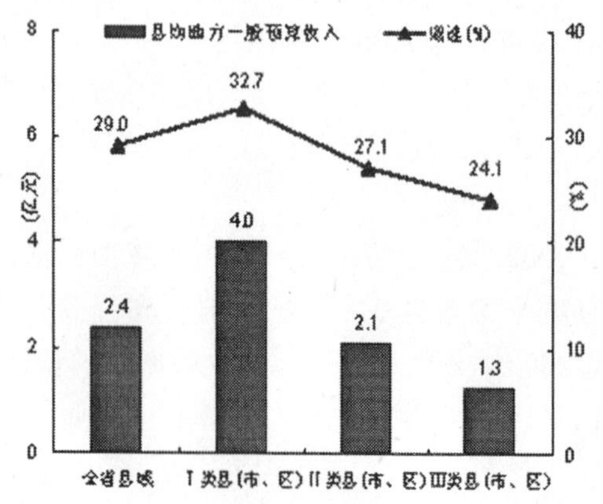

图8 3类县(市、区)地方财政收入增速比较

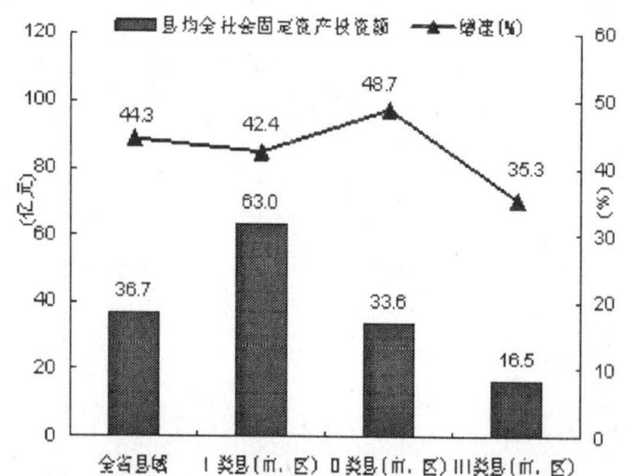

图9 3类县(市、区)固定资产投资增速比较

（四）经济结构

Ⅰ类20个县(市、区)2008年三次产业占比为20.2:46.5:33.3，非农产业经济比重达到79.8%，比上年提高6.2个百分点，高出全省县域平均水平4.5个百分点；工业化水平处于领先地位，工业化率达到41.3%，比上年提高3.2个百分点，高出全省县域4.98个百分点。地方一般预算收入结构较好，其中地方税收的比重达到68.7%，高出全省县域平均水平4.6个百分点。全省县域地方一般预算收入29%增速中的9.4个百分点由这20强县（市）的税收贡献。

Ⅱ类39个县(市、区)的三次产业占比为25.8：39.2：35，非农产业经济比重达到74.2%，仅比上年提高1.5个百分点，低于全省县域平均水平1.2个百分点；工业化率为34.98%，比上年提高2.78个百分点，低于全省县域1.31个百分点。地方一般预算收入中非税收入比重较高，地方税收占地方一般预算收入的比重为58%，低于全省县域平均水平6.1个百分点，9个县（市）的地方税收占一般预算收入的比重不到50%。

Ⅲ类20个县(市、区)的三次产业占比为36.8：27.1：36.1，一次产业比重明显偏高，高出全省县域12.1个百分点；非农产业发展滞后，占生产总值的比重为63.2%，与上年水平基本持平，低于全省县域平均水平12.1个百分点；工业化水平偏低，工业化率仅为23.6%，比上年高出不到1个百分点，低于全省县域平均水平12.69个百分点；其地方一般预算收入中的地方税收比重较高，达到68.97%，高出全省县域平均水平4.87个百分点，12个县（市、区）的地方税收占一般预算收入的比重超过70%。

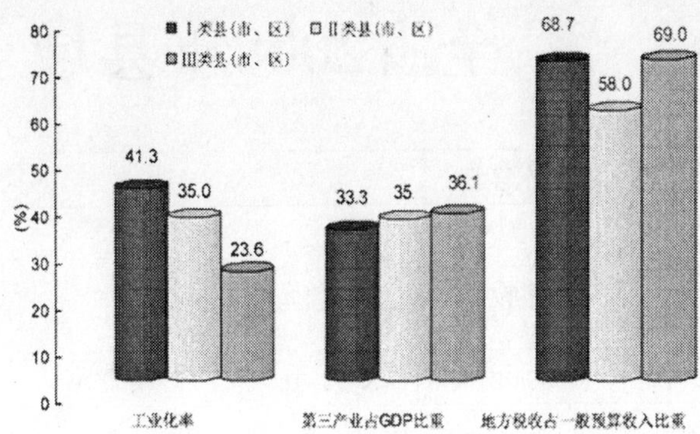

图10　3类县（市、区）工业比重、第三产业比重、地方税收占一般预算收入比重比较（%）

（五）人均占有量

Ⅰ类20个县（市、区）人均指标均高于全省县域平均水平，2008年人均生产总值为18680元，人均地方一般预算收入585.9元，农民人均纯收入为5405.9元，分别是全省县域平均水平的1.43倍、1.45倍和1.2倍；有8个县（市、区）的农民人均纯收入过5500元。

Ⅱ类39个县（市、区）人均指标略低于全省县域平均水平，2008年的人均生产总值为11815元，相当于县域人均生产总值的90.6%；人均地方一般预算收入349.7元，相当于县域人均地方一般预算收入的86.4%；农民人均纯收入与全省县域水平基本相当，为4415元，相当于县域平均水平的96.8%。

Ⅲ类20个县（市）2008年人均生产总值为7779元，不到县域平均水平的60%；人均地方一般预算收入274.7元，农民人均纯收入3373元，仅占全省县域平均水平的67.9%和74%。农民增收压力较大，12个县的农民人均纯收入增速不到全省水平(16.5%),13个县的农民人均纯收入不足3000元。

表3　三类县（市、区）人均占有量对比

单位：元

	人均生产总值	人均地方一般预算收入	农民人均纯收入
全省县域平均水平	13043	404.7	4559.3
Ⅰ类县(市、区)	18680	585.9	5405.9
Ⅱ类县(市、区)	11815	349.7	4415.3
Ⅲ类县(市、区)	7779	274.7	3373

2008年度全省县域经济发展评价考核结果，客观地反映了各县（市、区）经济发展实际和差异程度。2009年，我们将按照省委、省政府深入贯彻落实科学发展观的有关指示精神，总结近几年的考核评价工作，不断完善考核评价体系，使考核评价工作更具科学性，为在新的历史起点上推进全省县域经济又好又快发展发挥重要的科学导向和激励作用。

附件:湖北省县域经济发展评价考核指标体系

湖北省县域经济发展评价考核指标体系

指　　　标	单位	仅重
1、经济发展水平指标		
1-1经济总量		
地区生产总值	万元	5
地方一般预算收入	万元	6
社会消费品零售额	万元	4
外贸出口	万美元	4
1-2人均指标		
人均地区生产总值	元	4
人均地方一般预算收入	元	4
农民人均纯收入	元	4
1-3结构指标		
非农产业从业人员占社会从业人员比重	%	3
工业增加值占GDP比重	%	6
第三产业增加值占GDP比重	%	3
地方税收收入占地方一般预算收入的比重	%	4
2、可持续发展指标		
2-1速度指标		
地区生产总值增长速度	%	5
工业增加值增长速度	%	4
地方一般预算收入增长速度	%	5
全社会固定资产投资增长速度	%	4
农民人均纯收入增长速度	%	4
社会消费品零售额增长速度	%	3
地方税收收入增长速度	%	4
2-2后劲指标		
全社会固定资产投资	万元	5
实际利用外资	万美元	3
2-3效益指标		
工业经济效益综合指数	%	3
2-4环境建设指标		
万元工业增加值主要工业污染物排放强度	吨/亿元	4
信用县市等级		2
社会保险参保率	%	4
亿元GDP生产安全事故死亡率降幅	%	3

全省2008年县域

综合排名	单位	经济发展综合指数	经济总量				
			指数	地区生产总值（现价）	地方一般预算收入	社会消费品零售额	外贸出口
		（100）		亿元	万元	万元	万美元
1	江夏区	64.380	11.497	162.20	83760	481551	3266
2	宜都市	60.390	8.384	109.43	49803	341989	12050
3	黄陂区	59.663	11.268	161.40	70523	683132	3690
4	蔡甸区	58.841	6.939	96.40	54656	269449	2431
5	仙桃市	57.616	14.075	233.50	42129	1058460	18891
6	新洲区	57.456	11.019	147.59	62414	662653	9410
7	曾都区	55.086	13.369	206.89	23396	998561	30566
8	黄州区	54.906	5.768	72.77	16070	402449	16171
9	远安县	54.828	2.209	40.70	18226	136245	610
10	东宝区	53.140	4.895	100.80	20852	419829	1482
11	夷陵区	52.669	7.812	111.23	50619	410576	4976
12	潜江市	52.565	12.859	211.82	47126	723322	19764
13	京山县	52.032	6.724	105.09	27381	486561	9073
14	当阳市	51.289	5.797	106.06	34128	396871	421
15	赤壁市	51.112	5.901	102.16	36147	332372	2508
16	枝江市	51.109	6.828	109.34	37458	436766	4689
17	钟祥市	49.672	7.310	142.12	32586	513780	3486
18	鄂城区	49.608	5.787	70.79	33358	601049	1044
19	天门市	49.506	10.483	187.35	28000	1122119	5685
20	武穴市	49.338	6.594	87.79	36021	387473	8767
21	大冶市	49.214	10.097	169.73	62285	585200	862
22	咸安区	48.870	4.777	99.24	18791	389148	2905
23	荆州区	47.921	4.873	75.40	17347	487200	5767
24	孝南区	47.761	5.986	117.21	23638	476787	3829
25	广水市	47.023	6.148	110.00	26348	534660	3089
26	襄阳区	46.610	6.241	151.29	22484	425116	2116
27	华容区	46.371	2.406	66.17	10625	179139	1014
28	应城市	45.862	5.905	89.80	34243	422914	3203
29	云梦县	45.650	4.274	76.19	24138	347865	1015
30	蕲春县	45.530	5.109	74.77	29271	325600	5278
31	汉川市	45.194	9.368	143.90	42168	698800	8165
32	嘉鱼县	45.010	2.645	59.92	17420	159568	505
33	阳新县	44.542	5.207	96.47	28435	390812	1010
34	枣阳市	44.015	6.533	122.81	29087	570764	1256
35	老河口市	42.402	3.947	63.03	22730	373293	852
36	石首市	42.093	5.040	65.07	20060	371045	10470
37	巴东县	41.761	2.074	35.68	18117	100098	1506
38	通城县	40.887	2.336	43.97	12938	230560	1460
39	麻城市	40.401	5.458	83.63	34117	411610	1221
40	安陆市	40.317	3.691	65.29	18878	353200	1315

经济考核数据（一）

人均指标				结构指标				
指数	人均地区生产总值	人均地方一般预算收入	农民人均纯收入	指数	非农产业从业人员占社会从业人员比重	工业增加值占GDP比重	第三产业增加值占GDP比重	税收收入占地方一般预算收入比重
	元	元	元		%	%	%	%
11.550	25664	1325.32	6361	9.784	70.43	42.90	32.72	70.55
11.344	28278	1286.90	5846	10.900	75.86	46.92	35.62	71.77
8.025	17669	772.01	6026	8.429	70.09	29.48	33.14	73.17
10.798	22496	1275.52	6318	10.722	66.62	49.03	24.60	85.07
5.636	17188	310.11	5248	10.367	80.60	42.62	34.36	68.22
7.719	17023	719.88	6001	7.649	69.95	35.98	27.69	57.56
4.641	14593	165.03	5175	10.067	68.03	42.04	33.23	77.50
6.512	21337	471.19	4896	9.878	83.84	39.12	39.04	59.56
8.598	21884	979.89	5220	10.716	65.42	55.09	23.25	77.75
8.511	28055	580.35	5367	12.385	82.59	45.88	40.51	82.96
8.705	21391	973.44	5427	10.611	70.16	42.61	35.44	79.97
6.866	22594	502.68	4929	9.861	62.46	48.35	29.93	72.87
6.151	16989	442.63	5362	9.225	74.99	42.54	27.86	64.08
8.398	22188	713.97	5815	9.523	77.56	36.60	33.36	69.92
8.440	22562	798.30	5528	10.005	80.90	48.35	31.75	56.41
8.602	21955	752.17	5931	9.509	77.76	37.38	36.07	65.67
5.306	14108	323.47	5400	7.574	72.59	37.03	30.76	49.48
8.588	21223	1000.09	5257	9.838	64.81	40.85	30.46	81.84
4.179	13650	204.01	4761	8.877	81.13	35.55	36.49	56.44
5.315	14046	576.34	4621	7.132	71.47	39.34	28.28	43.18
7.433	20655	757.96	4997	10.656	74.56	44.85	34.51	73.96
5.395	18672	353.55	4629	9.821	71.40	41.61	41.95	63.24
5.165	13734	315.97	5350	10.395	79.40	36.60	34.52	79.10
4.710	13290	268.02	5134	8.785	76.49	32.79	41.68	58.69
4.692	14497	347.23	4665	7.747	65.62	38.11	30.10	57.08
5.618	16717	248.44	5504	8.275	61.61	31.86	43.81	64.52
7.432	26263	421.71	5121	10.462	58.50	66.16	10.83	75.02
6.560	15652	596.88	5495	8.625	67.87	40.37	33.60	60.12
5.880	14667	464.68	5417	8.965	75.47	37.75	36.25	59.49
2.460	8395	328.65	3578	5.894	70.00	26.21	38.01	38.87
5.378	14603	427.91	5058	9.371	71.26	46.82	29.45	61.09
6.542	18144	527.48	5280	8.063	73.05	37.78	35.01	50.43
3.141	11603	342.01	3660	9.473	79.36	40.29	35.45	59.70
4.624	12064	285.73	5200	6.362	70.16	23.75	38.19	48.89
5.662	13090	472.07	5446	6.183	67.00	33.74	30.87	40.55
4.445	11389	351.13	4932	8.865	79.99	37.53	32.75	57.81
1.578	8190	415.86	2482	7.386	47.04	33.13	34.33	72.70
3.741	10795	317.65	4454	8.661	78.50	40.00	42.10	43.29
2.209	7825	319.21	3460	7.663	80.17	31.71	34.96	48.21
4.073	11698	338.25	4560	8.278	74.52	25.56	43.35	63.36

全省2008年县域

综合排名	单　位	经济发展综合指数	经济总量				
			指数	地区生产总值（现价）	地方一般预算收入	社会消费品零售额	外贸出口
		（100）		亿元	万元	万元	万美元
41	宜城市	40.118	4.352	64.43	21689	339583	5257
42	谷城县	39.105	2.711	60.42	15880	196256	789
43	浠水县	38.259	5.007	78.06	24245	409818	4502
44	丹江口市	37.900	4.109	67.63	30444	241033	533
45	南漳县	37.423	1.990	50.18	10072	191920	509
46	孝昌县	37.179	2.010	41.74	13110	182704	584
47	团风县	37.036	1.582	29.58	11387	93925	2867
48	通山县	36.791	1.358	33.26	10118	120309	523
49	公安县	36.772	5.677	83.50	21240	481684	8428
50	大悟县	36.422	2.729	51.93	17074	238545	484
51	松滋市	36.095	4.362	69.15	20929	420588	2709
52	罗田县	35.893	2.158	39.97	14657	182463	1125
53	保康县	35.728	1.123	23.94	10622	116786	118
54	黄梅县	35.552	5.288	67.72	31425	353600	5804
55	沙洋县	35.417	3.447	88.29	11809	300618	1128
56	英山县	35.391	1.573	37.66	10874	111794	1226
57	兴山县	35.181	3.549	31.48	13111	103617	16297
58	竹山县	35.154	1.256	26.27	10276	139020	314
59	竹溪县	34.048	1.007	22.51	10051	107546	61
60	崇阳县	31.969	1.817	42.00	10738	176093	630
61	来凤县	31.708	0.608	19.53	7580	70151	4
62	洪湖市	31.566	4.066	81.43	14990	412018	2055
63	梁子湖区	31.512	0.440	19.89	5415	65795	38
64	秭归县	31.426	1.883	36.97	14236	139851	970
65	咸丰县	31.227	0.881	23.63	9119	80806	198
66	监利县	30.758	4.368	95.40	12455	496889	1085
67	长阳县	30.611	2.389	48.67	16841	159768	788
68	房　县	30.579	1.412	24.49	10717	151511	1200
69	恩施市	30.476	4.696	58.80	36329	326570	699
70	鹤峰县	30.305	0.797	18.17	8129	66678	1456
71	宣恩县	29.281	0.656	21.50	6820	72137	421
72	利川市	28.842	2.625	38.92	25088	134086	171
73	建始县	28.396	1.646	28.49	15808	87428	1152
74	红安县	27.944	2.803	48.89	20931	189441	705
75	五峰县	26.858	0.551	20.76	6002	73190	188
76	神农架	26.644	0.186	7.97	7266	31571	0
77	郧西县	25.816	1.024	23.89	8078	143167	103
78	郧　县	23.013	1.731	31.05	12048	197551	463
79	江陵县	16.959	0.907	27.02	4817	158400	150

经济考核数据（二）

人均指标				结构指标				
指数	人均地区生产总值	人均地方一般预算收入	农民人均纯收入	指数	非农产业从业人员占社会从业人员比重	工业增加值占GDP比重	第三产业增加值占GDP比重	税收收入占地方一般预算收入比重
	元	元	元		%	%	%	%
5.416	12559	422.79	5452	6.897	64.10	36.37	29.58	50.06
4.057	11975	314.77	4573	8.342	68.00	39.52	28.52	62.41
2.723	8263	256.64	4083	5.125	64.61	22.87	32.25	44.12
4.213	14052	632.54	3374	10.017	63.07	42.56	38.02	75.78
3.136	9442	189.50	4499	7.432	60.59	25.63	35.09	72.28
1.687	7148	224.52	3366	6.078	70.98	17.37	39.82	52.81
1.974	8848	340.62	2994	5.115	60.18	20.59	25.87	57.84
1.558	8709	264.94	2852	8.048	72.64	23.84	53.04	55.18
3.635	9061	230.48	4917	6.040	54.25	28.44	33.21	56.25
2.370	9153	300.92	3452	7.189	76.95	23.53	41.46	51.27
3.735	9029	273.26	4883	7.274	70.41	27.06	36.69	57.41
2.011	7280	266.95	3524	7.064	68.64	36.36	31.52	46.39
2.307	9137	405.42	3063	6.671	47.20	25.44	37.13	72.24
2.879	7452	345.82	4088	4.986	67.68	29.69	28.70	32.05
4.776	14683	196.39	5192	6.911	62.85	32.90	32.40	54.15
2.506	10482	302.69	3356	5.092	63.94	26.80	24.43	45.64
5.384	17987	749.20	3483	9.692	48.28	49.21	30.58	81.37
0.926	6164	241.08	2740	7.456	55.76	26.57	32.56	77.95
1.349	6947	310.22	2801	6.432	58.06	35.59	22.73	57.05
2.935	10358	264.81	3913	6.633	68.85	31.17	39.90	40.33
0.957	6967	270.47	2543	7.742	61.05	20.99	37.63	81.03
3.656	9784	180.11	4975	5.916	68.26	20.05	36.02	52.49
3.704	11659	317.41	4275	3.983	50.75	14.33	14.46	71.89
2.145	9832	378.62	2875	7.116	42.93	24.10	50.95	70.84
1.003	7213	278.36	2522	7.227	62.25	17.10	36.14	80.51
2.872	7448	97.24	4867	6.681	57.40	21.39	30.85	75.72
2.739	12016	415.83	2969	8.338	53.98	31.21	39.61	77.40
0.799	5689	248.94	2671	6.349	59.58	26.42	34.33	57.79
1.780	7841	484.42	2520	8.586	59.09	23.33	41.36	87.01
1.838	9276	415.06	2555	8.277	53.00	30.21	33.27	85.24
0.726	6930	219.79	2486	6.760	53.51	16.70	37.69	81.11
0.927	5333	343.81	2555	5.872	56.20	14.65	33.09	74.23
1.050	6312	350.24	2490	6.669	54.68	20.46	36.51	73.98
1.980	8129	348.01	3096	5.472	53.19	34.49	28.95	43.95
1.829	10617	307.01	2664	7.106	49.84	25.77	38.99	73.48
4.706	10695	975.23	3330	5.999	40.98	27.85	45.09	57.01
0.470	5056	170.94	2705	6.417	62.85	21.48	41.61	56.52
0.710	5456	211.70	2741	6.785	53.43	31.19	34.65	61.45
2.475	7411	132.12	4378	2.965	38.21	16.06	32.58	48.81

全省2008年县域

综合排名	单位	速度指标							
		指数	地区生产总值增长速度	工业增加值增长速度	地方一般预算收入增长速度	全社会固定资产投资增长速度	农民人均纯收入增长速度	社会消费品零售总额增长速度	地方税收收入增长速度
			%	%	%	%	%	%	%
1	江夏区	12.935	17.83	31.80	47.87	16.10	18.05	20.49	43.64
2	宜都市	13.421	20.10	19.90	31.22	50.80	20.27	24.82	31.80
3	黄陂区	13.019	17.13	28.20	44.79	33.20	19.04	19.42	37.16
4	蔡甸区	13.319	16.53	21.40	36.91	55.60	18.05	21.92	49.27
5	仙桃市	7.806	15.40	20.00	27.10	32.60	11.77	28.27	25.74
6	新洲区	13.927	19.20	51.90	33.25	55.80	19.50	19.54	25.50
7	曾都区	10.645	14.70	28.70	23.63	40.11	18.62	26.55	34.76
8	黄州区	17.259	21.90	44.70	34.97	85.60	18.86	27.00	39.70
9	远安县	19.344	25.80	38.00	39.60	74.20	23.35	26.56	36.78
10	东宝区	12.506	16.50	37.00	32.18	64.40	14.83	24.50	40.39
11	夷陵区	8.944	16.40	26.80	29.37	31.70	13.51	25.41	26.17
12	潜江市	5.906	15.30	20.10	22.40	22.00	12.59	24.61	11.39
13	京山县	13.467	17.50	40.50	39.70	54.50	15.24	36.40	21.03
14	当阳市	12.592	19.60	26.50	28.36	62.00	15.75	24.84	38.55
15	赤壁市	11.053	16.40	19.60	21.57	31.10	18.97	31.00	44.52
16	枝江市	10.488	19.20	25.80	26.47	31.30	15.33	24.59	38.26
17	钟祥市	11.843	16.30	30.50	25.01	70.10	16.65	26.20	29.32
18	鄂城区	14.458	20.39	31.41	30.92	89.10	16.23	23.91	32.58
19	天门市	7.524	13.80	22.20	28.33	27.90	13.19	23.90	26.70
20	武穴市	15.183	20.90	38.70	33.27	91.60	15.16	29.12	28.68
21	大冶市	6.781	13.10	15.60	22.09	22.70	15.75	23.50	23.98
22	咸安区	12.788	16.90	21.90	28.83	60.80	18.67	27.23	36.60
23	荆州区	12.556	16.90	29.90	34.57	54.10	17.50	26.31	28.96
24	孝南区	12.482	15.50	25.90	37.78	34.20	19.84	24.25	38.18
25	广水市	11.673	16.00	26.50	24.49	51.76	19.31	21.92	39.47
26	襄阳区	12.106	15.10	23.60	30.00	65.10	17.73	28.20	29.26
27	华容区	13.589	18.49	26.03	42.75	46.90	16.10	23.63	46.23
28	应城市	10.843	17.30	31.40	20.02	56.50	19.50	24.11	13.42
29	云梦县	12.106	16.30	28.80	27.40	43.70	19.66	28.77	31.92
30	蕲春县	15.832	16.80	34.66	42.41	71.90	17.12	38.67	35.21
31	汉川市	7.187	15.80	21.00	19.80	23.10	16.16	23.51	15.58
32	嘉鱼县	13.323	16.40	29.90	27.77	68.50	19.54	27.48	31.77
33	阳新县	13.695	17.20	16.30	22.26	67.10	18.71	49.70	27.03
34	枣阳市	11.593	16.50	36.00	25.36	50.80	19.05	28.10	18.16
35	老河口市	12.664	16.50	31.40	25.91	69.50	19.10	26.60	25.01
36	石首市	9.109	14.90	17.70	18.00	44.20	17.98	26.03	26.67
37	巴东县	18.933	26.60	100.92	43.29	41.10	18.05	19.17	46.74
38	通城县	12.249	17.70	36.60	21.48	50.00	18.08	28.79	38.67
39	麻城市	9.969	15.90	37.00	35.16	24.70	13.00	24.42	39.29
40	安陆市	12.044	18.70	24.70	22.58	47.20	19.51	30.20	27.47

经济考核数据（三）

后劲指标			效益指标		环境建设指标					
指数	全社会固定资产投资	实际利用外资	指数	工业经济效益综合指数	指数	万元工业增加值主要工业污染物排放强度		信用县市等级	社会保险参保率	亿元GDP生产安全事故死亡率降幅
						化学需氧量(COD)	二氧化硫排放量			
	万元	万美元		%		千克/万元	千克/万元		%	‰
6.141	1005694	3814	0.973	204.52	11.499	0.38	2.23	√	97.7	-22.66
3.763	636449	2433	1.375	243.41	11.203	4.18	5.80	√	98.0	-12.60
5.859	954092	3790	1.463	252.00	11.599	1.86	0.71	√	96.1	-39.04
5.187	477132	10029	1.430	248.72	10.446	0.45	2.68	√	94.2	-8.97
5.723	852441	5145	1.649	270.01	12.360	2.74	3.95	√	99.7	-43.84
6.722	851582	8500	0.348	143.89	10.072	2.91	75.28	√	97.7	-30.87
5.279	913095	2580	1.505	256.00	9.579	1.61	8.79		99.0	-21.16
4.147	512280	5926	1.570	262.30	9.772	0.72	1.95		97.6	-34.21
0.699	184980	225	1.170	223.54	12.092	1.35	2.72	√	98.8	-38.30
2.685	432122	2467	0.852	192.76	11.306	2.88	13.55	√	98.8	-16.89
3.174	577907	1507	2.036	307.50	11.387	0.63	0.89	√	96.6	-26.40
5.036	883240	2299	1.033	210.30	11.005	1.36	5.28	√	99.6	10.80
3.046	492337	2600	1.221	228.50	12.198	3.68	8.96	√	99.9	-40.41
2.021	388155	1028	1.365	242.50	11.593	3.53	14.18	√	98.9	-28.77
3.241	460512	3821	1.758	280.50	10.714	9.02	34.47	√	98.5	-16.19
3.288	618448	1168	1.391	245.00	11.002	4.14	10.59	√	96.2	-24.20
3.897	634452	2917	1.936	297.80	11.806	2.29	5.43	√	99.9	-20.44
2.873	409415	3500	0.727	180.60	7.337	9.79	91.99		98.1	-15.53
5.305	890709	3066	1.686	273.60	11.451	1.56	3.00	√	97.7	-21.89
2.772	421687	2941	1.425	248.24	10.918	6.47	15.71	√	96.1	-27.10
3.034	631782	80	1.332	239.31	9.880	2.64	22.54	√	89.7	-42.50
3.345	643161	918	0.930	200.30	11.814	5.78	2.97	√	97.4	-40.87
1.943	383491	850	1.195	226.00	11.794	8.54	1.10	√	97.0	-43.34
3.509	591173	2390	0.562	164.67	11.727	3.78	1.71	√	97.5	-34.48
3.013	557727	1326	2.035	307.36	11.716	1.88	2.34	√	98.9	-21.85
2.879	522769	1503	1.133	219.96	10.358	1.38	1.65		99.8	-39.68
1.317	257481	1000	1.299	236.10	9.866	2.25	18.73		97.8	-52.87
2.625	458851	1789	1.040	211.00	10.263	7.84	22.77	√	97.5	4.54
2.086	322090	2420	0.906	198.01	11.435	3.60	6.57	√	97.5	-26.73
2.765	491079	1685	1.186	225.08	12.284	1.14	3.44	√	99.6	-40.16
2.617	441007	2080	0.944	201.70	10.328	2.34	42.88	√	97.6	-13.04
1.446	323087	265	1.327	238.80	11.664	7.41	7.52	√	98.4	-31.30
2.138	467109	15	0.930	200.27	9.958	15.11	8.01	√	87.7	-55.45
1.978	380250	1025	0.803	188.05	12.122	4.29	4.86	√	98.5	-45.24
1.159	230008	962	0.471	155.88	12.315	2.50	4.00	√	99.8	-40.70
1.680	292005	1600	1.747	279.50	11.206	2.06	24.91	√	99.1	-19.86
0.480	151539	87	3.000	400.88	8.310	2.57	5.47		92.3	-23.43
0.860	225137	49	1.697	274.60	11.343	4.75	4.24	√	95.1	-42.04
2.797	510058	1454	1.262	232.50	11.043	2.57	6.11	√	95.9	-23.10
2.285	380135	2055	0.656	173.80	9.290	1.94	6.22		97.6	-19.41

全省2008年县域

综合排名	单位	速度指标							
		指数	地区生产总值增长速度	工业增加值增长速度	地方一般预算收入增长速度	全社会固定资产投资增长速度	农民人均纯收入增长速度	社会消费品零售总额增长速度	地方税收收入增长速度
			%	%	%	%	%	%	%
41	宜城市	12.302	16.50	27.40	25.45	58.10	19.26	26.63	32.29
42	谷城县	12.963	16.90	28.91	25.53	67.90	19.90	28.10	25.23
43	浠水县	11.436	15.90	30.30	35.02	44.30	15.66	25.56	34.34
44	丹江口市	8.159	14.70	20.60	19.57	67.40	12.53	25.55	17.96
45	南漳县	13.502	16.00	20.64	32.20	66.60	19.98	26.61	35.14
46	孝昌县	15.889	14.90	22.70	40.09	46.50	22.22	24.02	76.43
47	团风县	18.481	18.10	43.40	54.53	67.90	20.29	29.80	43.33
48	通山县	14.138	17.00	17.00	29.59	60.40	17.44	50.86	32.68
49	公安县	6.408	11.46	22.50	17.27	22.80	17.76	20.11	22.90
50	大悟县	11.565	14.90	18.60	29.83	43.70	19.52	24.00	40.40
51	松滋市	8.307	13.50	20.60	16.04	38.80	18.27	25.58	24.69
52	罗田县	13.014	18.00	33.00	31.41	71.70	15.56	28.11	29.21
53	保康县	13.894	16.80	21.10	30.06	57.90	20.13	25.56	52.15
54	黄梅县	9.739	15.70	24.50	25.60	40.40	15.08	22.65	40.93
55	沙洋县	8.640	14.60	21.20	18.00	56.10	14.40	31.45	19.38
56	英山县	12.714	15.10	75.25	36.59	50.90	13.51	29.88	24.39
57	兴山县	5.532	12.50	18.60	21.87	21.50	13.49	20.33	22.75
58	竹山县	13.115	14.70	19.90	34.05	66.70	14.43	25.39	69.49
59	竹溪县	13.041	15.30	20.50	38.58	61.70	14.89	25.61	55.94
60	崇阳县	9.757	16.10	18.00	22.00	36.20	17.56	26.99	32.73
61	来凤县	9.768	15.97	26.50	21.36	36.50	18.13	35.37	10.11
62	洪湖市	7.398	12.54	16.60	17.19	30.50	19.00	22.51	21.33
63	梁子湖区	13.254	13.59	43.58	42.20	45.80	16.36	22.43	53.75
64	秭归县	8.887	14.90	25.40	26.42	27.90	14.65	24.67	37.85
65	咸丰县	11.179	13.60	29.70	32.47	34.40	20.00	25.92	27.80
66	监利县	8.548	13.02	24.86	17.78	33.00	20.86	20.89	21.07
67	长阳县	5.723	12.30	15.70	26.09	21.50	14.14	19.29	17.83
68	房　县	12.569	15.10	22.00	34.92	86.10	14.83	25.55	31.60
69	恩施市	5.873	9.22	14.70	25.42	18.50	15.99	19.85	28.55
70	鹤峰县	7.898	9.93	4.00	32.01	31.80	16.03	23.86	37.40
71	宣恩县	9.095	13.62	26.30	29.41	13.20	17.83	24.92	33.98
72	利川市	10.850	12.69	34.70	26.64	57.50	15.87	32.23	29.23
73	建始县	11.015	12.65	29.40	26.92	76.20	18.45	18.26	24.48
74	红安县	8.813	16.10	30.80	20.42	51.60	13.16	25.09	25.33
75	五峰县	5.527	11.40	9.60	25.51	19.90	15.92	19.02	15.08
76	神农架	6.061	8.00	17.70	20.26	33.20	16.90	22.75	22.26
77	郧西县	6.037	13.80	18.80	17.07	44.00	14.36	25.37	0.04
78	郧　县	4.491	13.10	14.00	11.43	27.80	14.38	22.90	10.19
79	江陵县	4.318	10.03	20.50	20.97	24.40	12.92	16.91	19.46

经济考核数据（四）

后劲指标			效益指标		环境建设指标					
指数	全社会固定资产投资	实际利用外资	指数	工业经济效益综合指数	指数	万元工业增加值主要工业污染物排放强度		信用县市等级	社会保险参保率	亿元GDP生产安全事故死亡率降幅
						化学需氧量(COD)	二氧化硫排放量			
	万元	万美元		%		千克/万元	千克/万元		%	‰
1.900	253676	3018	0.835	191.15	8.416	7.22	10.56		94.6	-14.42
0.902	210487	448	0.536	162.11	9.594	4.17	5.50	√	98.6	59.13
1.257	289356	232	1.435	249.21	11.276	10.11	7.75	√	96.8	-30.32
1.289	304138	76	0.545	163.03	9.569	6.43	18.01	√	96.1	26.64
1.088	219949	903	0.584	166.77	9.691	7.91	8.33		95.5	-57.37
1.350	276064	780	0.676	175.70	9.489	2.44	2.95		97.4	-26.07
0.763	206842	48	0.875	195.00	8.246	0.39	0.94	√	81.0	-28.34
0.743	193737	215	0.515	160.06	10.432	26.27	22.09	√	93.6	-42.18
1.455	331546	144	1.835	288.00	11.722	5.37	7.83	√	98.7	-30.33
1.294	282297	480	0.974	204.57	10.302	4.94	25.13	√	97.3	0.72
1.737	355996	650	0.372	146.20	10.308	5.45	29.13	√	96.6	-9.01
2.044	450045	5	0.599	168.20	9.003	7.00	1.09	√	84.4	-33.84
0.587	158976	313	0.297	139.00	10.848	1.05	3.45	√	94.8	-21.38
1.578	324379	682	1.042	211.13	10.041	0.07	1.81		99.7	-27.50
1.355	253092	1205	1.052	212.14	9.237	5.86	14.44		98.0	-22.69
0.995	252975	4	0.873	194.82	11.638	0.14	1.17	√	96.9	-33.91
0.408	124765	323	1.753	280.05	8.864	4.88	10.05		92.7	-47.37
0.723	180349	386	0.809	188.57	10.868	9.90	23.62	√	93.9	-51.72
0.638	169144	303	0.402	149.16	11.177	7.68	14.33	√	96.2	-35.96
0.630	175328	165	0.803	188.00	9.394	3.87	6.96	√	90.6	-1.80
0.248	99141	245	0.930	200.32	11.454	1.81	10.17	√	97.5	-30.25
1.403	290471	700	0.432	152.10	8.695	13.56	7.97		95.6	-17.76
0.172	98500	0	0.019	112.07	9.940	1.06	2.44		97.5	-43.04
0.820	201108	342	0.346	143.70	10.228	0.43	22.08	√	96.1	-1.60
0.284	105282	256	0.368	145.90	10.284	2.25	61.82	√	97.2	-31.34
1.576	353889	150	1.221	228.50	5.493	12.27	10.52		80.8	-12.84
0.443	140696	155	0.564	164.84	10.415	3.43	5.45	√	92.1	-29.54
0.471	154632	0	0.243	133.70	8.738	24.49	8.12		97.4	-9.78
1.785	401070	10	0.659	174.10	7.097	2.38	22.84		91.2	2.39
0.335	105600	420	0.142	123.98	11.018	1.20	16.02	√	91.9	-64.36
0.166	95086	40	0.901	197.54	10.976	0.06	3.05	√	92.9	-42.26
0.640	185372	21	0.110	120.87	7.818	5.21	15.95		92.7	-10.22
0.505	157762	60	0.331	142.23	7.180	1.14	21.63		92.9	14.19
1.094	255800	285	1.923	296.50	5.859	5.82	4.13		80.4	-22.93
0.024	66222	80	0.932	200.49	10.889	6.98	11.67	√	94.8	-33.27
0.047	75006	0	0.638	172.02	9.007	0.77	5.41		98.3	-0.19
0.313	125017	0	0.287	137.99	11.269	5.22	14.90	√	95.1	-48.46
0.677	113009	1432	0.000	110.20	8.620	6.41	31.69		94.5	-42.46
0.222	100535	132	0.033	113.40	6.038	192.21	6.71		93.1	-5.18

第七部分　单位简介

资料整理人员：童卫红

深入贯彻落实科学发展观
推进黄冈妇女事业又好又快发展

2008年，全市各级妇联以促进妇女儿童全面发展为主线，以维护妇女儿童合法权益为根本，以推动妇女创新创业为着力点，各项妇女工作取得了新的进展。市妇联被评为全国“平安家庭”创建活动先进集体，“党建带妇建”、“平安家庭”创建、“关爱单亲特困母亲救助行动”、家教工作等分别在全省作了典型发言或书面交流，并荣获全市社会治安综合治理先进单位、党建工作先进单位、驻点扶贫工作先进单位、计划生育先进单位、市直级最佳文明单位等荣誉称号。

一、大力推进巾帼创业行动，统筹城乡妇女发展

一是搭建妇女创业就业服务平台。发挥女企业家协会组织引导作用，2008年元月举办女企业家协会年会暨女企业家创业经济论坛，编辑出版《铿锵玫瑰》，宣传20名女企业家创业历程，是市妇联历史上第一部正式出版发行的女性励志书籍。抓好农村妇女劳动力培训转移，2008年培训农村女劳动力1.3万人，转移9376人。

二是深化“双学双比”、“巾帼建功”活动。发挥妇女在新农村建设中的作用，鼓励各行各业女职工立足岗位建功立业。6月份召开了“巾帼示范岗”观摩推进会，命名表彰了一批“巾帼建功”标兵、先进个人、先进工作者和“巾帼示范岗”。联合市委组织部开展黄冈市首届“巾帼创业之星”命名表彰活动。

二、大力推进巾帼维权行动，积极维护妇女儿童合法权益

一是加大源头参与力度。加强马克思主义妇女观和男女平等国策宣传。落实市委妇女工作会议精神，加强督查落实。开展“三八”维权周活动。做好综治联系点工作。加强对妇女儿童发展的热点难点问题调研。

二是加大维权机制建设力度。发挥维权领导小组作用，完善社会化维权格局。建立维权合议庭、人民陪审员、110家庭暴力报警中心、家庭暴力伤残鉴定中心、法律援助中心妇女工作部、法律热线等社会化维权机构。7月份开通的“8612538”妇女维权服务热线接听热线66人次。全市办理12件法律援助案件；11个家暴报警中心接警473起，处置465起，处置率达98.3%；11个维权合议庭受理维权案件536件，妇联干部参与陪审案件143件。全年接待来信来访2900件，处理率100%，结案率96%。6月份成立的静远心理健康咨询中心接受咨询271人次。全市建社区维权服务站229个，城市务工妇女维权法律服务站11个。

三是加大实事化维权力度。为弱势妇女儿童群体办实事、办好事。推进“关爱单亲特困母亲救助行动”，全市共筹集爱心善款260多万元，帮助3400多名单亲特困母亲发展生产，解决生活困难，争取省支持，为单亲特困母亲建安居房321户，为5000多名贫困妇女免费实行妇科病检查。推进“关爱打工妹行动”，依托律师事务所在全市建立打工妹维权法律服务站11个，为近百名打工妹争取了合法权益。推进“关爱留守流动儿童行动”，全市共建立留守儿童爱心站100多个，留守儿童家长学校150余所，新建春蕾女童班2个，招募爱心志愿者3200多名，筹资280多万元，在浠水、蕲春、团风、黄梅建立4个省级留守儿童综合服务中心，安置留守学生360多人。

四是积极推动实施妇女儿童发展规划。推动各成员单位履行职责、形成合力，注重解决实施两个规划过程中的重点难点问题。配合统计部门做好数据收集、资料整理等工作，撰写监测评估报告。

三、大力推进巾帼文明行动，充分发挥妇女在精神文明建设中的重要作用

一是大力培植宣传妇女典型。发挥妇女典型的引导作用，2008年，我市有3人获全国“三八红旗手”称号，3个单位获全国“三八红旗集体”称号，2个家庭获第六届全国“五好文明家庭”称号，肖春花获第五届湖北省十大女杰称号，徐长珍获第五届湖北省十大女杰提名奖，市自来水公司吕端萍被省委省政府追授为全省抗雪救灾英模。在《黄冈日报》开辟专版、黄冈电视台开辟专栏，宣传推介创业女性。

*二是丰富“文明家庭”创建活动。*把和谐理念寓于各类特色家庭创建之中，统筹开展文明家庭、学习型家庭、绿色家庭、节能环保家庭、平安家庭、廉洁家庭等创建活动。命名表彰“文明家庭”1200多户，有50个家庭和5个单位分别获“湖北省文明家庭”和“湖北省文明家庭创建活动先进单位”称号。联合市公安局开展“十佳民警”、“十佳警嫂”评选表彰活动，联合团市委举行黄冈市首届青年集体婚礼暨第二届青年相亲文化节活动，联合市纪委开展“廉政文化进家庭”活动。联合人寿保险公司在青砖湖社区举行节能减排家庭社区行动启动仪式，联合市环保局等单位举行节能减排全民行动宣传活动。

*三是扎实推进儿童工作和家教工作。*6月份，全省第一个关爱留守儿童“爱心爸爸”联盟在黄梅县张塘村成立。9月份，在杜皮中学举行《爱心妈妈读本》首发式。在全市开展“十佳留守儿童”、“十佳爱心妈妈”、“优秀留守儿童”、“优秀爱心妈妈”评选表彰活动，有7名爱心妈妈和2名十佳留守儿童受省妇联表彰。10月份，依托静远心理咨询中心，在市实验幼儿园为200多名家长举行家教知识和儿童心理健康知识讲座。5所农村家长学校被评为湖北省农村示范家长学校，3所社区家长学校被评为湖北省社区示范家长学校。

四、大力加强妇联自身建设，为妇女工作创新发展提供组织保障

*一是加强基层妇联组织建设。*将妇建纳入党建整体规划，在全市开展妇联基层组织示范点创建活动。9月中旬，市妇联与市委组织部联合在蕲春县召开了全市“党建带妇建”工作现场会。认真做好第七届村级组织换届工作，截止年底，有4200个村进行了换届，其中3964个村配备了女干部，配备率达94.4%。

*二是加强妇联机关建设。*开展市妇联机关文明创建活动，加强机关党建工作和机关日常管理。

*三是加强妇联机关作风建设和廉政建设。*通过签订党风廉政建设责任状、开展警示教育等载体，形成了风清气正、谋事干事的局面。

2009年，我们将认真贯彻落实中国妇女十大和湖北妇女十大精神，进一步增强引领妇女参与经济社会发展的责任感和使命感。抓发展，统筹城乡妇女创新创业；抓维权，着力解决妇女群众最关心、最直接、最现实的利益问题；抓文明创建，发挥妇女在和谐社会建设中的重要作用；抓组织建设，不断提高妇联组织的凝聚力、战斗力和创造力。

奋进中的和谐清泉

近年来，浠水县清泉镇党委、政府始终坚持以邓小平理论和党的十七大精神为指导，认真贯彻落实科学发展观，紧密围绕县委提出的“三化”目标和镇委确定的工作重点，以打造经济强镇为目标，以推进重点项目推进为龙头，以创建平安清泉为主线，以实施“三化”建设为抓手，以加强党的建设为保障，各项工作得到顺利开展，全镇经济和社会事业取得了全新突破，经济和社会发展不断走向和谐与进步。2008年，全镇实现工农业总产值30.6亿元，其中工业产值26.3亿元，农业产值4.3亿元，分别比上年增60.2%和26.5%；个体工商户1.3万个，私营企业1100家；全社会固定资产投资9.6亿元，同比增长180%；财政收入实现3105万元，同比增长538万元，城镇居民人均可支配收入达到9738元，比上年同期增长1618元，农民人均纯收入达到4268元，比上年同期增长809元。

一、 大力改善农村基础设施条件，农业基础

地位明显加强

1、农业特色优势地位初步显现

全镇始终把推进农业产业化作为农业、农村工作的重中之重，突出抓好优质粮油、畜禽养殖、名优水产、特色蔬菜等四大板块，力争做到了产业发展上规模，品种质量上档次。2008年，全镇发展优质稻板块基地8.49万亩，双低油菜面积4.6万亩，同时大力发展避灾农业，全镇发展优质高产抗虫棉鄂杂棉10号1.7万亩，解决了1.43万亩农田灌溉死角的丰产丰收问题，经测算，此项举措直接为全镇农民增收1430万元。全镇利用毗邻城区及养殖基础优势，畜禽养殖得到快速发展，一大批养殖专业村、专业户不断涌现。2008年底，全镇蛋鸡存笼量达到189万只，比上年同期增加71万只，增长60.2%；养鸡过5000只以上的大户达到59户，其中，万只以上、两万只以下的专业大户达28户，2万只以上的大户11户，在2万只以上的大户中，十万只以上的专业大户有2户，全镇禽蛋产量在全省乡镇中名列前茅。2008年，全镇牲猪生产量7.7万头，比上年同期增加1.93万头，增长33.4%。牲猪年出栏量达200头以上的专业户达66户，500头以上的37户，千头以上的有18户。特色养殖全面推进，全镇养牛达80头以上的大户2户，养懒兔2000只以上的大户2户，养鸭5000只以上的大户3户，养山羊100只以上的大户3户。全镇蔬菜种植面积达5794亩，其中大棚蔬菜面积1422亩，分别比上年扩大1350亩、473亩，特别是河东大畈的大棚蔬菜，产量与效益逐年提高，已成为全省、全市的特色基地之一。天鹅村的食用菌生产方兴未艾，该村生产食用菌的专业户有近百户，年产量过十万斤的有24户。该村食用菌生产创始人万山雄还发起组建了清泉镇食用菌协会，目前已有75人自愿加入该协会。

2、农村基础设施建设不断完善

针对全镇部分地区基础设施条件差的客观现状，镇党委、镇政府内外并举，千方百计加强全镇农村基础设施建设。近三年，全镇共修建硬化通村公路96公里（其中2006年28公里、2007年40公里、2008年28公里），为全镇农民的农产品流通提供了便利条件。2008年，全镇开挖清污当家塘86口，增加蓄水量6.4万立方米；向县水利局争取国家资金2.6万元，整险加固了张坳口夏家湾、蔡铺村葫芦咀等水库和红石磙法河支渠等渠道，解决了水利灌溉死角面积4760亩。针对全镇少数地区农村居民饮水安全不能得到卫生保障的客观条件，镇委、镇政府积极争取国家政策支持，采取政府出大头，农户出小头的有效办法，逐步化解基层难题。如本镇小仙庙村4组部分村民因饮用水导致连续发生疾病的客观问题，镇委、镇政府充分发挥上下联动的有力措施，一方面从县水利局争取部分政策性资金，另一方面采取镇里出一点，受益户出一点的有效办法，该组农户都用上了清洁卫生的山泉水，农户心满意足。

二、积极推进项目建设，工业经济发展质效提升

如何将清泉这个人口大镇建设成全省经济强镇，一直是镇委、镇政府开展全镇工作的中心目标。因此，镇党委政府一班人牢固树立“抓发展必须突出抓工业，抓工业必须突出抓骨干企业”的发展理念，一方面不断引导中小企业实施“小巨人”发展战略，对现有项目通过高起点改造、多元化重组、低成本扩张、集约化经营，做大做强；另一方面不等不靠，出台优惠和奖励政策，组建专班，积极外出找项目、谋发展。目前，全镇规模以上企业由以前的8家增至16家，加上县里划拨我镇管理的14家，我镇规模企业共计有30家。为加快镇区工业发展，镇党委政府继续采取大员招商、大家招商与专班招商一起抓的办法，做到谈判签约、动工建设与投产生产一起抓，招商与安商一起抓，以此强力推进项目建设。近三年，全镇通过招商引进项目29个，其中投资过千万元的项目16个，完成总投资5.57亿元。

三、努力构建文明和谐清泉，各项社会事业明显进步

1、维稳工作成效明显

清泉镇作为全县的政治经济文化中心，人员多，流动性强，维护社会稳定的责任更重大。为了及时化解矛盾、解决问题，镇委、镇政府及时排查化解各类矛盾纠纷、及时解决群众的合理诉求，确保全镇社会稳定。为此，镇委、镇政府狠抓“三个到位”工作，即认识到位、组织到位、责任到位；开展“三大活动”，即矛盾纠纷大排查、领导大接访、包案大调处活动；建立“三项制度”，即信息日报制度、督办检查制度、责任追究制度。2008年奥运会之前，全镇梳理出影响社会稳定的重大矛盾纠纷42件、信访突出问题12件、重大安全生产隐患16件，358名“法轮功”人员全部在监控范围之内，32家安全生产单位全部摸排2遍，排查调处矛盾纠纷1012件，做到了奥运会期间无一例进京上访事件，无重大恶性事件发生，无集体越级上访，维护了一方的稳定，为全县的的安全稳定作出了重大贡献。

2、教育和卫生工作成效显著

全镇教育工作坚持全面贯彻党的教育方针，积极推进素质教育，努力提高教育教学质量，创办人民满意教育。全镇小学适龄儿童入学4658人，入学率100%，初中适龄少年入学9076人，入学率99.7%。全镇中小学普遍实行了免交杂费和课本费的规定，3428个贫困寄宿生享受了国家贫困生生活补助。中考成绩再创辉煌，5所中学再次全部进入全县十强，重点高中上线人数超过全县四分之一，普高上线率达70%。教科研成果突出，全镇先后有15位教师讲课获省市级奖，50多篇教学论文公开发表或获市级以上奖项。关爱学生促教育发展。余堰中学关爱留守学生、关心贫困学生、关注学困生，措施得力、经验典型，得到了省市领导和县委主要领导的高度赞扬。卫生工作突出“以医疗为中心、以质量为核心”的医疗服务管理理念。2008年，全镇新型农村合作医疗参合率达90%以上，就医人数25000余人，2009年度合作医疗参合率达100%。我镇是国家的防艾综合示范区，我们积极配合县卫生部门的艾滋病防治工作，组织全镇广大干部群众学习防艾知识，广泛开展防治艾滋病宣传工作，同时热情友善稳妥地接待艾滋病人上访，我镇艾滋病防治工作取得了阶段性成绩。

3、安全生产明显加强

以“安全只有起点，没有终点”为理念，对安全生产做到警钟长鸣、长抓不懈。2008年，全镇组织召开安全生产工作会议10次，下发文件12份，签定责任书384份，建立了全镇三级安全生产监督管理网络，每逢重大节假日，镇主要领导和各条战线领导亲自带队检查安全生产工作。定期对重点行业、重点部门的安全生产实行大检查，从经济发展办、社会事务办、农办、派出所、工商、税务、国土、卫生、教育等部门抽调65人次，共检查单位305家，查出各类安全隐患100多处，都已整改到位。深入推进安全生产专项整治工作，查出了无证办学单位14家，关停4家，规范创建10家，理顺了我镇的办学秩序；查处了二中路一家非法生产肝素钠的窝点，严厉打击了一些无证的生产经营单位，净化了我镇的食品药品市场；配合县质监局拆除了余堰豆油厂的两台土锅炉；配合县安检局对我镇辖区内280家经营烟花鞭炮的单位进行了排查，办理了168个烟花鞭炮经营许可证。

4、社区工作日益完善

各社区除积极完成镇委、镇政府中心工作外，还出色完成了县委县政府安排的其他突击性工作任务。一是组织九个社区居民为四川地震灾区捐款近30万元，社区党员以“特殊党费”形式向地震灾区献爱心2万多元；二是历时近三个月，深入各社区，精心编排，共计落实大门牌238块，小门牌9757块，楼栋牌161块，单元牌379块，户牌8455块，达到了单位门牌号码编制和制作100%和居民户门牌号码编制80%以上的要求。三是启动城镇居民医疗保险工作。今年七月份，各社区深入千家万户发放宣传单，登记居民应参保的详细信息，组织居民缴纳参保费，除举家外出务工人员外，其余居民参保的覆盖面达到了90%以上。四是全县第二次经济普查工作量的60 %在清泉镇，清泉镇85 %的工作在社区。经济普查工作涉及辖区所有产业活动单位，从事二三产业的所有个体工商经营户，工作量大，任务繁重。各社区按照镇委镇政府的部署，精心安排，严格按要求组织“地毯式”清查，较好地完成了本次经济普查工作任务。

5、社会优抚力度加大

以“以民为本、为民服务”为理念，努力提升民政工作管理和服务水平。坚持专款专用、重点使用、救助到户的原则，做好救灾救济工作，向灾民和困难群众公开发放救济款物8万多元。按照“动态管理、分类施保、规范管理、优质服务”的要求，做好了城乡低保工作，向6000多户、12900多人发放低保金1200多万元。继续提升五保供养水平，分散供养五保230人，每人每年生活费1000元，集中供养五保253人，每人每年1500元，同时不断改善五保居住条件、提高服务水平。重点做好优抚工作，全镇优抚对象810人，我们及时帮助他们申报有关补助金，帮他们解决看病难、生活难、住房难、读书难等问题。根据救灾工作规程要求，按照本人申请、群众评议、张榜公布、严格审核的程序，采取“户报、村评、乡镇审批”的办法，切实做好雪灾倒损住房恢复重建工作，全镇灾后重建住房117户，金额48万余元。发扬“一方有难、八方支援”的优良传统，积极组织镇政府干部和机关部门、社区、村组干部职工群众向四川地震灾区捐献款物近50万元。

四、积极加强党的建设工作，基层组织建设水平明显提高

全镇紧紧围绕“三化”主题，紧扣改革创新主线，大力实施基础工程、素质工程、堡垒工程和创新工程，基层党组织的凝聚力、战斗力不断加强。

1、大力实施基础工程，在强基固本上作出新努力。

一是精心搜集整理基本情况，为党委组织工作信息建库作好准备。全面摸清在职村干部和离任村干部的个人基本信息，摸清农村党员掌握一门以上致富技术和“双建双带”情况，收集全镇党员目标责任明白卡承诺事项，在网上进行公示。二是狠抓村级组织办公活动场所建设，为抓好基层党的建设搭好平台。

2、大力实施素质工程，党员干部队伍建设呈现新活力。

一是抓学习促提高。2008年，组派了156人的十七大精神宣讲团，集中半个月时间，组织全镇党员认真学习十七大精神，较好地促进了全镇党员干部的思想解放、观念更新、能力增强。二是抓培训强素质。全镇先后举办了村党支部书记培训班、党务干部培训班和入党积极分子培训班各一期。三是抓创业促发展。在全面摸清农村党员干部带头创业基本情况后，制订了一系列的支持、扶持、奖励等激励政策，鼓励创业、鼓励发展，“七·一”期间还对成绩突出的20名优秀创业党员进行了表彰和奖励。

3、大力实施堡垒工程，基层党组织建设取得新成绩。

一是“五个基本”建设继续深入推进。全面开展争创“五好”班子，争当“五型”干部的活动，支部的战斗力明显增强。十月社区党总支、河东街村党支部、华盖牧业党支部被评为全市“五个基本建设”先进单位。在机关企业单位支部中普遍开展“创优质服务、创优秀业绩、创优美环境、建文明和谐机关”的“三创一建”活动。“七·一”前，镇直机关为住点村送去化肥6吨、科技书籍4000册、支农扶持资金2.3万元。二是党员目标明白卡活动扎实开展，坚持“群众提、党员选、支部审”等程序，严格做到每名党员的承诺具体内容实在，说得出，做得到，评得准。全镇5000余名党员今年共承诺为群众办实事1.1万件。

4、大力实施创新工程，在试点探索上迈出了新步伐。

一是落实住村国家干部帮扶农村党员的责任上进行了探索。及时将“三会一课”、党员培训、电化教育、主题实践活动、党员创新、民主评议、党费收缴等十项具体工作的责任要求、并对国家干部岗位责任制进行考核结账。二是积极探索“支部＋协会”的党建工作模式。由村党支部牵头组织，以党员专业大户为骨干，动员本村专业大户参加，成立农业产业发展的产业协会。按照“支部＋协会”的模式，全镇先后新成立5个村级蛋鸡、牲猪、水产、蔬菜、食用菌种植养殖协会，较好地促进了全镇农业产业化的发展。全镇已初步形成专业村21个，发展专业大户895家，特别是蛋鸡养殖发展迅猛，规模达到300万只，跃居全省五强乡镇。三是在推进基层民主政治上进行了新探索。按照市县2008年统一安排，支部换届与村委会换届工作的顺利开展。全镇应参加支部换届选举的党员1885名，实际参加选举的党员1762名，占93%。全镇共选举产生党支部支委209名，村党支部书记69名，全镇应参加村委会换届选举的选民69526人，实际参加选举的选民50503人，其中委托代投22774人，参选率为72.6%。全镇共选举产生村委会成员261人，产生村委会主任69名，村委会副主任63名，村委会成员122名，其中妇女委员69名。69个村党支部书记、村委会主任全面实现“一肩挑”，248名村委会成员实现交叉任职。

雄关漫道真如铁，而今迈步从头越。过去清泉镇各项工作取得的成绩，主要得益于县委、县政府的正确领导，得益于县直各部门的大力指导与支持，得益于全镇上下顽强拼搏，群策群力。在看到成绩的同时，我们也清醒地认识到，我们的工作与组织的要求、群众的愿望相比，还存在一定的差距，但我们有信心、有决心、有能力保证今后的工作继续得到全面、健康、和谐开展。

坚持科学发展 壮大社保事业

黄冈市社会保险局

2008年市社会保险工作按照省、市劳动保障工作会议精神和全省养老保险工作会议部署，以“服务、效能、廉洁、诚信”为宗旨，坚持科学发展观，把确保养老金按时足额发放作为首要任务；加大扩面、接续、清欠力度，建立稽核、扩面、核定、支付联动机制；规范业务基础管理，积极稳妥推进核定时间、核定办法改革；竭尽全力服务政府中心工作，加强干部职工作风建设，提高工作质效，调动各方面积极性。全市上下克难奋进，不断创新，确保了养老保险各项工作顺利开展，全面完成省下达各项工作目标任务，社会保险跃上新台阶，连续四年获全省养老保险工作先进单位。

截止12月底，全市参加基本养老保险职工285068人，比上年同期净增16157人，超额完成全年任务的104%；实际缴费人数269920人，比上年同期净增16415人，增长率6.5%；其中市直参保职工39268人，完成年度任务的103%；实际缴费人数38865人，比去年同期增长7.2%，参保人数和缴费人数稳步增长。全市参保企业离退休人员98691人，比去年同期增加5184人，增长5.6%；全年应发基本养老金82855万元（含丧葬费、抚恤费），实际发放82855万元，做到了按时足额发放，社会化发放率达100%。其中市直参保企业离退休人员17534人，比去年同期增加951人，增长5.6%；应发养老金14472万元，共发放14472万元，发放率达100%。

2008年市社保工作主要特点表现在：养老金按时足额发放得到巩固，调待工作顺利完成；全力抓扩面征缴，掀起了扩面新高潮；申报核定“两调整”得到顺利实施；失地农民参保工作积极推进；业务流程得到进一步规范，基础管理得到了加强；个人帐户管理专项检查和企业年金移交工作有序推进；加大养老保险稽核、接续、清欠力度，征缴稳中有升；退休管理服务不断增强，社区管理日益完善；以“效能建设”为突破口，全面提升经办机构整体能力。

2008年市社会保险工作虽然取得了一定成绩，但与形势发展的要求还有一定的差距，工作中还存在一些困难和问题：养老保险费的收支不平衡的矛盾仍然突出，第一个三年调整已加大了基金支撑压力，紧接着今年又有新的调标任务，加之退休人员增长幅度大，破产改制清算也已基本到位，同时个人帐户做实迫在眉睫，因此，基金的收支矛盾越来越突出；社会保险工作机制不够活，一些地方扩面工作经费和奖励政策难以到位。

2009年是我国经济大调整，社会大发展的突破年，社会保险工作仍然面临着许多新的问题，需要不断的研究解决，我们将从以下几个方面加大力度：

一是加大养老保险扩面、接续、清欠工作力度，重点抓好外出务工人员的养老保险费接续工作。抓住“武汉城市圈”对接等各种机遇，继续做好个体工商户、灵活就业人员参加基本养老保险。对职工养老保险转入、转出做好政策宣传和解释工作，方便职工办理转移手续。

二是继续做好保发工作，确保养老金按时足额发放到位。积极筹措资金，确保“两节”期间及日常养老金按时足额发放，维护社会稳定。

三是认真抓好黄州城区失地农民参保启动工作。做好各项协调和政策宣传，认真听取失地农民各项反馈意见，积极加强与财政联系，做到应收尽收，确保参保资金到位。

四是加大养老保险制度改革力度，进一步规范业务流程，不断提高管理服务水平。继续抓好养老保险“两调整”改革，重点抓好市直、红安、黄梅等地试点运行，以点带面，促进全市整体推进。

五是进一步加强机关作风建设。将“效能建设”和“十佳三差”的活动内容有机结合，做到“活动结束、内容延续、机制不变、思想不懈”，使机关作风建设和各项管理更加规范。

2008年国有资产管理

一年来，国资委在市委、市政府的正确领导下，在省国资委的关心和指导下，认真学习贯彻党的十七大精神，紧紧围绕依法履行出资人职责和确保国有资产保值增值这一主线，进一步深化国有企业改革，大力推进国有经济布局结构调整和企业战略重组，认真履行出资人职责。积极开展“提高政府执行力”大讨论，狠抓机关作风效能建设，不断加强机关建设，进一步理顺了国资委的工作职能，为推动全市经济社会更好更快发展做出积极的贡献。

一、国企改革

到目前为止,全市国有企业改革面达到95.2%，职工解除劳动关系实行一次性安置的达到12.8万人，退出比例为71.9%。去年以来，通过减免费用、土地出让金、契税“先征后返”等方面的政策优惠，降低企业改制成本约1.2亿元，争取全省地方国企改制重组贴息借款1.3亿元用于市直和各县、市、区国有企业改制（其中市直4300万元）。一是“三个退出”（企业退出国有系列、资产退出国有经营、职工退出国有身份）明显加快。据统计，到目前为止，市直40户重点工业已基本改制完毕，解除职工国有身份共1.6万人。市直商贸、部门企业204户，其中有资产的企业91户。91户企业中，商贸企业23户，完成改制的19户，占82.61%；部门企业68户，完成改制的41户，占55.88%。二是严格企业国有产权转让和重大资产处置的审批关。三是抓好清产核资、损失认定、产权交易三个环节，严格工作制度，严肃工作纪律，杜绝各种徇私舞弊、贪赃枉法、转移、侵占、损害国有资产的行为。从4月份起，我们展开了对市属国有企业改制基本结束的破产清算组或改制工作组进行专项经济责任审计的工作，该项工作的开展，有助于防止违规违纪现象的发生，促进企业破产改制工作的健康发展。四是关心职工的切身利益，切实做好改制企业的维稳工作。认真开展坚决纠正在企业重组改制和破产中侵害职工合法权益的工作。广泛宣传，落实民主监督和民主决策。对职工身份、安置费用、养老保险费用交纳及改制过程中的资产评估、财务审计等情况进行公示。认真做好改制企业的信访工作，实行分管领导和职能科室划片包干的办法，加强对重点人员、重要时段的监控，印发维稳宣传资料500余份，接待国有企业退休教师、军转干、下岗职工集体上访10余次，个人上访70余人次，按政策做好宣传解释工作，化解了矛盾。

二、国有资产监管

一年以来，市国资委通过不断探索、大胆实践，使全市国资监管工作体制逐步走向完善。一是初步形成了市县两级国资监管机构-市级国有资产经营公司-出资企业的“三层构架体系”。二是完善国资监管平台，积极运作国有资产经营公司和产权交易中心，严把国资营运和产权交易关。一年来，黄冈市产权交易中心以扩大公开竞价交易为重点，加强产权交易中心建设，促进公有产权的有序流动和优化配置。认真落实企业国有产权进场公开交易制度，规范产权交易，加强产权交易信息的披露和管理，实行阳光操作。2008年1月至11月19日止，共公告13笔，成交7笔(3笔未到公告期限)，成交金额1251.15万元，我市产权交易工作步入正轨。今年以来，产权交易中心正着手准备在以企业国有资产交易为主的基础上，按照省国资委、财政厅统一协调，开展行政事业性资产的交易；同时拟向旧车交易、公共资源交易平台拓展。三是全力处置不良金融债务。到目前为止，先后打包四大金融资产管理公司46.6亿政策类贷款债权。做好了市直商贸、部门企业24家单位本息2.38亿元可疑类不良债权的转让处置工作，回购咸宁等地155户债权，本息共计1.12亿元。四是制定《关于对市直国有企业破产清算组（改制工作组）进行审计的实施方案》。启动了对市直国有企业破产清算组的审计工作。五是呈报市政府转发《市属企业国有资产产权登记工作方案》，正式启动了市属国有企业清产核资工作，以摸清市属国有企业家底，凡未参加资产统计和产权登记的，企业改制、产权过户、工商税务变更登记均不得进行。目前此项工作已接近尾声。六是深入调研，为政府决策当好参谋。在深入调研认真分析的基础上，对黄冈国家粮食储备库阳逻土地及地上附属物出售、黄冈市阳逻粮食中转站进行债权债务清算、市供销社所办学校资产性质及市级国有资本经营预算的实施等问题上，都提出了资产经营和处置相关的建议意见。同时，市国资委还认真完成了相关部门有关文件的征求意见反馈工作。对各部门送来市国资委征求意见的规范性文件，市国资委按照要求认真研究及时反馈，一年来先后对《黄冈市人民政府关于关于发展高新技术产业的意见》（讨论稿）、《黄冈市人民政府关于促进节约集约用地的意见》（送审稿）等重要文件提出了修改意见。

三、服务经济建设

市国资委一直都把搞好招商引资，服务经济建设作为一项重要工作来抓。一是继续全程服务振达钢管项目。市国资委自成功引进中洲窑炉热工项目后，又继续追踪联系，引进江苏无锡振达钢管制造有限公司2007年8月份落户城区西湖工业园区，投资兴建冷拔无缝钢管项目，总投资3亿元。工程于2007年9月动工，新建厂房4.5万平方米。市国资委作为项目专班的牵头单位，08年继续抽调精干力量做好了企业开工的办理手续和招工等方面服务协调工作，使得企业顺利投产。估计该项目年产值可达10亿元，可实现税收2000-3000万元。二是协助做好城投公司建设等工作。首先是按照《公司法》的要求和开发银行的意见，市国资委作为市城市建设投资公司的出资人。为壮大和完善城投公司、规范城投公司运作，市国资委抽调专人，为城投公司增加注册资本、完善法人治理结构、规范公司运作作了全程的指导和具体操作，为城投公司平台建设和加快融资步伐、提高融资额度作出了应有的贡献。其次是积极协调原毛绢纺织总公司、省二机床厂招商、拆迁等协调工作。与有关部门密切配合，公开出让了原毛绢纺织总公司（8350万元）、省二机床厂（6300万元）房地产。积极做好了在原毛绢纺织总公司厂区内等3家租赁企业的搬迁协调工作。认真做好了省二机开发商启动建设过程中的多项协调和职工集资建房等工作。

四、机关建设

一年来，通过抓学习，强素质，抓制度，促内部管理，委机关的战斗力进一步增强，机关干部的履职能力得到提高。一是继续组织委机关干部深入学习贯彻党的十七大精神，以十七大精神武装头脑、指导工作，在工作中全面贯彻落实科学发展观。认真学习、不断充实国资监管知识、法律知识及相关业务知识，打造具有良好综合业务素质的干部队伍。二是结合效能建设、十佳三差评选活动，着力转变机关作风，提升机关素质，树立机关形象。组织全体机关干部开展“提高政府执行力”大讨论，大家结合工作，认真查摆问题，并有针对性地提出了改进工作作风、提高工作效率的具体措施，进一步增进了团结，使得班子的凝聚力和战斗力明显增加。三是认真开展党风廉政建设。委内层层签订党风廉政建设责任状，建立和健全责任考核体系。认真贯彻落实各项条例规章，严格执行市委“七不准”规定，无违纪违规现象。四是认真完成“四城联创”相关工作任务，切实抓好社会治安综合治理、信访、计划生育、档案、保密等工作。

（撰稿人：胡胜新）

中华联合财产保险股份有限公司黄冈中心支公司

中华联合财产保险股份有限公司的前身为“新疆兵团财产保险公司”，是新中国成立的第二家具有独立法人资格的国有独资保险公司。2002年10月，新疆兵团财产保险公司更名为“中华联合财产保险公司”，这是国内唯一以“中华”冠名的保险公司。

2006年6月11日，更名为中华联合财产保险股份有限公司、中华联合寿险股份有限公司。

截止目前，中华联合财产保险股份有限公司已在全国设有分公司37家，各级分支机构1700余家，遍布全国23个省、市、自治区、计划单列市。公司开通了全国统一的服务热线电话：95585。

黄冈中华保险自2006年2月正式成立以来，当年实现保费1800万元，2007年保费收入突破3200万元，截止2008年底当年实现保费收入9000万元，累计支付赔款7712.5万元。其中支付政策性三农保险赔款3700万元。在黄冈财险市场位居第二。目前，在各县市都设有支公司，在全市所有乡镇都设立了“三农”保险服务点，保险服务已延伸到乡镇。2007年中华保险是国务院指定的政策性能繁母猪保险两家经营单位之一；2008年，也是国务院指定的政策性种植业保险经营单位之一，黄冈中支被省政府指定独家承保全市政策性“三农”保险。自开业以来，黄冈中支向社会捐赠款物16.3万元，其中：向四川灾区捐款4.3万元。累计上缴税金442.45万元，安排再就业460人，固定资产达到510万元。公司自进入黄冈财险市场，努力营造良好企业内在氛围。坚持“诚实守信、依法合规、稳健经营、持续创新”的经营原则，奉行“服务是企业生命”的经营宗旨，遵循“主动、迅速、准确、合理”理赔原则。发扬“团结、负责、勤奋、进取”的企业精神，把“客户满意最大化”作为公司服务的最高目标。秉承总公司“笃守信誉、回报社会”的服务宗旨，忠实履行国有保险企业三大社会保障功能的责任。积极为维护当地社会稳定，服务当地经济发展作出最大贡献。截止二〇〇八年底止，全市系统累计支付赔款达7712.5万元，为保户灾后恢生产提供了有力保障。

在全市系统员工共同努力下，公司各项经营指标均排在全省前列，公司经营成果得到了省公司充分肯定，二〇〇六年、二〇〇七年、二〇〇八年分别被省公司评为先进单位。

目前，中华保险黄冈中心支公司正在认真贯彻落实《国务院关于保险业改革发展的若干意见》，坚持诚信、规范经营，致力于维护保险市场秩序，致力于保护保险市场资源，致力于做大做强黄冈保险业，为我建设社会主义新农村、全面建设小康社会做出积极贡献。

黄冈市食品药品监督管理系统60年奋斗历程

黄冈市食品药品监督管理系统的前身是黄冈市燃化医药工业系统。其管理机构依年代递进分别是黄冈专员公署煤炭管理局（1958--1962）、黄冈地区革命委员会煤炭工业局和黄冈地区革命委员会燃料化学工业局（1970--1979）、黄冈地区行政公署燃料化学工业局（1980--1983）、黄冈地区燃料化学工业公司（1984--1986）、黄冈地区行政公署燃料化学工业局（1986--1988）、黄冈地区行政公署燃料化学医药工业局和黄冈市燃料化学医药工业局（1988--1997）、黄冈市燃料化学工业局和黄冈市医药管理局（1997--2001）。2001年11月16日成立药品监督管理局，2004年6月更名为食品药品监督管理局，目前实行省以下垂直管理。

一、全市燃化医药工业发展简况

黄冈市燃化医药工业基本由三大块组成，一是煤炭，二是化工，三是医药。煤炭工业起始于1841年。从1841--1949年大都是手工小窑开采，到解放前夕已是奄奄一息。解放后，经历了两次大办和两次大调整（1958--1962、1970--1986），最高年产量曾达到22万吨（1978年），到1986年累计生产原煤198万吨。化学工业长期处于空白状态，起始于1958年，到1965年工业总产值仅有145万元。在始于1970年的大办化肥热潮中，小氮肥厂、小磷肥厂、小农药厂相继建立。在1978年党的十一届三中全会以后，由于贯彻改革开放的方针，化学工业扩展到有机化工、精细化工、无机化工、医药化工等领域。1998年化工总产值达到7.18亿元。医药工业更是长期处于空白状态。起始于1971年，当年完成工业总产值仅1.35万元。1984年以后，各类化学原料药、制剂、中成药、医药中间体、医疗器械、卫生材料等生产厂相继建成投产。1988年医药工业总产值上升到3050万元，1998年扩大到6.06亿元。全行业企业达24家，职工6000人，生产品种达134个。

随着化学和医药工业生产规模的迅速扩展，其经济结构也出现了明显的变化，形成了全新的产业布局。这就是：以广药集团为龙头的医药化工，以富驰、祥云集团为支柱的磷化工，以恒日、池化、蕲农为主体的有机化工和精细化工，以回春为龙头的中成药制剂等四大板块，构成了全市燃化医药工业的主体。

1998年，长江发生特大洪水，全市长江沿线13个燃化医药企业遭受水灾袭击，6家减产，7家半停产，直接经济损失2642万元，简接损失5868万元。在这样严重的困难和恶劣的条件下，市燃化医药系统工业经济仍然得到了快速发展。全年完成工业总产值13.37亿元，（煤炭1263万元、化工71838万元、医药60627万元），比上年增长7%；销售收入8.4亿元，增长10.9%；利税8622万元，增长35.8%；利润6041万元，增长20%。主要产品产量比上年均有大幅度增长；碳铵25.33万吨，增7.8%；尿素3.89万吨，增32%；硫酸19万吨，增4.2%；磷铵4.24万吨，增49%；复混肥8.62万吨，增16.5%；农药(加工量)1.08万吨，增20%；核黄素335吨，增9.4%；喹乙醇1752吨，增17%；双乙烯酮655吨，增54%；中成药1269吨，增78%。

到1998年底，市燃化医药工业系统共有企业23家，职工12050人。全部资产总额为15.9亿元，其中固定资产6.5亿元，流动资产7.5亿元。其中：

煤炭工业系统：企业2家，职工583人，总资产3146万元，固定资产1447万元，流动资产1613万元。

化工系统：企业13家，职工8374人，总资产9.4亿元，固定资产4.2亿元，流动资产4.4亿元。

医药工业系统：企业8家，职工3093人，总资产6.2亿元，固定资产2.1亿元，流动资产2.9亿元。

这一年，市局获得了四块奖牌。

一是黄冈市人民政府授予的《1998年度工业经济目标责任考核先进单位》；

二是黄冈市人民政府授予的《1998年度技术改造基础设施建设先进单位》；

三是黄冈市人民政府授予的《1998年企业改革管理先进单位》；

四是湖北省医药管理局授予的《1998年度全省医药行业保目标保规划工作先进集体》。

到2005年底。医药产业已发展成为黄冈市的重要支柱产业，并形成以现代中药产业化为重点、生物医药工业为龙头的产业结构和药农、药工、药商、药械齐头并进、协调发展的格局。全市中药材种植面积达60多万亩，有2个地道药材茯苓基地在全省率先通过GAP认证，实现湖北省中药材道地品种GAP认证“零”的突破。全市13家医药生产企业全部通过GMP认证，生产剂型由原来6个传统型发展到18种剂型，注册品种由原来的50个发展到446个，完成60种中药材标准提取物的科研小试。全市26家药品批发企业、11家药品零售连锁企业、近760家药品零售企业全部通过GSP认证，形成了“公司直配”、“连锁配送”和医疗机构“代购分发”的药品供应模式，大市场、大流通的格局初步形成。2005年，全市医药工业实现销售收入13.6亿元，比上年增长27%；实现工业增加值3.1亿元，比上年增长30%；实现利税1.08亿元，比上年增长36%，到2008年底，全市共有33家药械生产企业、50家药品批发和零售连锁配送企业、1025家药品零售企业、2887家医疗机构，全市医药产业工业生产总值完成25亿元，医药经济规模位于全省各市、州第一位的水平（武汉市除外）。

二、成立（食品）药品监督管理局以来的发展情况

2001年，根据国务院和省政府关于药监体制改革的有关文件精神，在各县市政府和有关部门大力支持配合下，我们将原分散在医药管理局和卫生行政管理部门的药品监管职能实行归并，组建了市县两级药品监督管理机构；2004年5月，按照全省统一部署，市县两级药品监督管理局更名为食品药品监督管理局，全局系统下设10个县市区局和市药检所，现有人员223人，其中市局机关37人，市药检所33人。现阶段的主要职能是负责全市药品研究、生产、流通、使用全过程的行政监督和技术监督，同时承担对全市食品、保健品、化妆品安全管理的综合监督、组织协调和依法组织对重大食品安全事故进行查处的政府“抓手”职能。建局以来,在市委市政府和省局党组正确领导下，全局系统为保障全市人民群众饮食用药安全，推进食品医药经济平稳较快发展做了大量工作。

在食品安全综合监督方面，我们坚持认真落实市、县、乡、村四级食品安全监管责任制和责任追究制，大力推进覆盖全市城乡的食品安全责任网、监督网和流通网建设；坚持围绕重点品种、重点时段、重点问题，组织农业、质监、工商、卫生等相关部门开展食品安全专项整治；坚持开展食品安全“进农村、进社区、进学校、进工地”的四进宣传活动，不断增强社会公众饮食安全意识；坚持建立和完善食品安全应急工作机制，不断提高全市食品安全应急处置能力，近年来全市未发生等级以上食品安全事故。

在药品安全监管方面，通过全面实施药品放心工程，深入地整顿药品市场秩序，强制推行GAP、GMP、GSP、GDP认证，大力开展农村药品监督网和供应网建设，不断探索药品生产、流通和使用各个环节的监管，大力推进行政执法责任制，严厉打击制售、使用假劣药品和医疗器械违法行为。建局以来共查出假劣药品近5000余个品规，货值近1300余万元，全市药品市场秩序明显好转，较好地保障了辖区人民群众用药安全。

在服务和促进全市食品医药产业方面，我们努力践行科学监管理念，坚持“查、治、管、扶、建”相结合，把监管工作更好地融入促进产业发展之中，努力促进食品医药产业平稳较快发展。一是通过打假治劣、严格执法，规范市场秩序，创优发展环境。二是坚持整扶相济、管建结合，扶助企业规范管理，改进工艺，引进大品牌、大集团、大企业改造重组，在推进产业发展中提高质量安全水平。三是运用监管手段、信息服务，加强研发指导，合理引导仿制，支持自主创新。四是推进科学监管、服务创新，建立全市药品生产工艺处方技术核查评价办法，帮助企业防范药品质量安全风险。五是做好产业调研，及时提出推进我市食品医药产业发展的科学思路和积极举措，加快建设食品医药百亿产业集群步伐。2008年新开办湖北宏中、湖北多宝、海音生物、湖北红土地和湖北康友等5家中药、原料药、医疗器械生产企业，已分别通过生产许可证验收或GMP认证；指导服务李时珍医药集团二期工程、湖北宏源原料药生产园区、黄冈赛康、湖北安联和湖北汇中扩改建项目，新建的中药前处理、丸剂生产线达到国内一流水平，扩建的原料药生产车间达到ICH GMP国际互认标准；鼓励支持企业调整产品结构，已为广济药业、湖北汇中药业取得妇炎康颗粒、盐酸伐昔洛韦片等9个药品批准文号，正在服务湖北宏中等4家企业15个药品批文报批评审，促进非甾体抗炎药、咪唑系列药和抗肿瘤药生产基地建设；全市医药产业工业生产总值完成25亿元，较上年增长31.6%。

建局以来，局机关整体建设硕果累累，异彩纷呈。08年1月被国家局和人事部联合表彰为全国食品药品监管系统先进集体；2006年被省政府法制办和省人事厅联合表彰为全省政府法制工作先进集体，2008年所属团风县局被省政府授予全省“十佳依法行政先进单位”荣誉称号；连续五年在市三级干部会议上受到表彰；连续六年被评为全省药监系统年度工作先进单位；连续七年被市委市政府表彰为社会治安综合治理先进单位；连续五年被评为计划生育工作先进单位；07年被市政协评为“全市优化经济发展环境优秀单位”。